GRUNDSÄTZE

DER

FINANZWISSENSCHAFT

MIT BESONDERER BEZIEHUNG

AUF DEN

PREUSSISCHEN STAAT

VON

CARL JULIUS BERGIUS.

BERLIN.
VERLAG VON J. GUTTENTAG.
1865.

Vorwort.

Dies Buch ist eine etwas ausführlichere Bearbeitung von Vorträgen, die ich auf der hiesigen Universität gehalten habe.

Es könnte sein, dass man meine Arbeit nicht vollständig, systematisch und gelehrt genug findet. Zu meiner Entschuldigung vermag ich nur anzuführen, dass ich nicht auf dem gewöhnlichen Wege Universitätslehrer geworden bin. Mein Weg vom Gymnasium zur Universität ging durch das Comtoir und erst im Schwabenalter bestieg ich das Katheder. Andrerseits habe ich aber freilich auch als Regierungsmitglied in verschiedenen Gegenden, an der Havel, der Weichsel, der Mosel, dem Rhein, der Aa, der Oder, im Laufe mehrerer Decennien Gelegenheit gehabt, manche Beobachtungen und Erfahrungen zu machen.

Darüber, dass ich bei meinem Thema die politische Seite nicht übergangen habe, glaube ich, wird es nicht nöthig sein, dass ich mich besonders rechtfertige. Adam Smith, John Stuart Mill, Frédéric Bastiat und J. G. Hoffmann gehören ja auch nicht zu den unpolitischen Schriftstellern.

Wenn ich ferner bei einzelnen Materien auch Staatsrechtliches hervorheben zu müssen geglaubt habe, so wird man dies bei mir hoffentlich um so weniger missbilligen, als ich der erste war, welcher eine wissenschaftliche Bearbeitung des Preussischen Staatsrechts, im Jahre 1838, geliefert hat.

Zur Begründung meiner Ansichten schien es mir nothwendig, auf die Finanzeinrichtungen der einzelnen Länder einzugehen. Da ich den Preussischen Staat besser als andere Staaten kenne, so habe ich ihn natürlich vorzugsweise ins Auge gefasst. Ausserdem habe ich besonders die Verhältnisse Englands hervorgehoben, weil diese mir am lehrreichsten zu sein scheinen. Und ich denke auch, man wird wohl Cavour beitreten können, welcher sagte:

Von Petersburg bis Madrid, in Deutschland wie in Italien, betrachten die Feinde des Fortschritts und die Anhänger politischer Umwälzungen in gleichem Maasse England als ihren furchtbarsten Gegner. Die Einen klagen es an, der Herd, wo alle Revolutionen reifen, der sichere Zufluchtsort, so zu sagen die Citadelle der Propagandisten und Gleichheitsmänner zu sein. Die Anderen betrachten im Gegentheil, und vielleicht mit mehr Recht, die Englische Aristokratie als den Schlussstein des socialen Europäischen Bannes und als das grösste Hinderniss für ihre demokratischen Absichten. Dieser Hass, den England den extremen Parteien einflösst, sollte es den Mittelparteien, den Freunden des gemässigten Fortschritts, der graduellen und geregelten Entwickelung der Menschheit theuer machen, kurz allen denen, welche aus Princip den gewaltthätigen Umwälzungen wie der Unbeweglichkeit der Gesellschaft gleich feindlich sind.

Breslau im Juni 1865.

Inhalt.

Fünftes Kapitel.
Von der Besteuerung.

Sechstes Kapitel.
Von einzelnen Steuern.

Siebentes Kapitel.
Von den Staatsschulden.

Einleitung.

In den Lektionsverzeichnissen Deutscher Universitäten pflegt die Finanzwissenschaft noch unter der Rubrik der Staats- und Kameralwissenschaften aufgeführt zu werden.

Das Wort Kameralwissenschaft hängt mit Schatzkammer zusammen, oder mit Kammer, welchen Namen seit dem Ende des Mittelalters in vielen Deutschen Ländern die Behörde führte, welcher die Verwaltung der Domänen und Regalien oblag. Sie war, wie Roscher sagt, insgemein aus einer Deputation der Landesregierung ein selbstständiges Kollegium geworden. In Burgund soll dies bereits im Jahre 1409 geschehen sein; dort hätte nachmals Kaiser Maximilian I die Sache kennen gelernt und durch Errichtung der Hofkammern zu Inspruck und Wien 1498 und 1501 für Deutschland den Hauptanstoss zur Nachahmung gegeben. Den Kammern wurde ein grosser Theil der neu aufkommenden und wachsenden Polizeigeschäfte übertragen. Auch fiel ihnen ein wichtiger Theil der niederen Justiz zu.

In Preussen bestand bis zum Jahre 1808 — wo Sachminister an die Stelle von Provinzialministern traten — das General- (Ober-Finanz-, Kriegs- und Domänen-) Direktorium, welches Friedrich Wilhelm I im Jahre 1723 eingerichtet hatte, und unter demselben standen in den Provinzen die Kriegs- und Domänenkammern. Es waren Landespolizei- und Finanzbehörden und erhielten nun den Namen Regierungen. Die ihnen bis dahin übertragen gewesene Rechtspflege sollte zu den Gerichten übergehen, die Kammer-Justizdeputationen wurden aufgehoben. „Die kompetenten Gerichte erhalten die ungetheilte Verwaltung des richterlichen Amts, in Rücksicht sämtlicher Angelegenheiten des Kammeralressorts ohne Ausnahme, sie mögen dazu schon gehört haben, oder jetzt erst gelegt werden, es mag dabei auf Entscheidung eines Civilanspruchs, oder einer Kontravention ankommen, Fiskus bei der Sache interessirt sein oder nicht.“

Von den Männern, welche im siebenzehnten Jahrhundert über Kameralsachen schrieben, wurde zwar darauf gedrungen, dass neben der fiskalischen Seite auch die wirthschaftspolizeiliche der Kammern gepflegt werde. Indessen war die fiskalische Seite doch immer überwiegend, und das Interesse der absoluten Fürstenmacht fand in den Kammern ihr eigenes, von ständischer Einmischung ganz ungehindertes Werkzeug. Es wurde nun auch nöthig, dass die Männer, welche im Kameralfach angestellt werden wollten, sich darauf besonders vorbereiteten, da die Juristerei allein dazu doch nicht mehr ausreichen wollte. So kam eine eigene Doktrin auf, und in dieser Hinsicht that König Friedrich Wilhelm I von Preussen, der für seine Zeit ein guter Kameralist und Finanzmann war, einen grossen Schritt, indem er eigene Professuren der Oekonomie und Kameralwissenschaft auf den Universitäten Halle und Frankfurt errichtete. Danach bildete sich dann auf den Deutschen Universitäten eine förmliche Schule von Kameralisten. Das Wort Kameralwissenschaft wurde indessen in sehr verschiedenem Umfange gebraucht. Doch hat sich in Deutschland die Volkswirthschaftslehre aus der Kameralwissenschaft herausbilden müssen, während sie in Italien und England vorzugsweise von Betrachtung der Münzpolitik und des auswärtigen Handels ausgegangen ist. Sie ist dem Worte und der Sache nach den Italienern, Engländern und Franzosen fremd, die dafür wohl nur den Ausdruck Finanzwissenschaft gebrauchen könnten. Diese wird von ihnen in der Regel als ein Theil der politischen Oekonomie behandelt, und besonders kommt die Lehre von der Besteuerung in Betracht, wenig oder gar nicht aber die Lehre von den Domänen und Regalien — und ganz natürlich, da Domänen und Regalien beinahe nur noch in Deutschland vorkommen; in England und Frankreich hat sich davon wenig erhalten.

Auch in Deutschland sind die Einkünfte aus Domänen und Regalien längst nicht mehr ausreichend, um die öffentlichen Bedürfnisse daraus zu bestreiten. Allenthalben erlangten die Steuern grössere Wichtigkeit. Die Staatskassen sollten immer gefüllt sein. Es wurde also nöthig, dass die Staatsmänner sich damit beschäftigten, unter welchen Umständen und Bedingungen recht Viel aus Steuern gezogen werden könnte. Sie mussten also auf Mittel denken, damit die Unterthanen reich werden, um im prästationsfähigen Zustande zu sein, d. h. recht viel Steuern zahlen zu können. Die Staatsmänner mussten auch mit der Wissenschaft bekannt sein, welche Engländer, Franzosen und andere Völker politische Oekonomie nennen, die wir jetzt häufig ebenso, oder auch Volkswirthschaftslehre nennen, und die man weniger passend Nationalökonomie oder Staatswirthschaft genannt hat — denn mit der Nationalität hat sie nichts zu schaffen und unter Staatswirthschaft könnte man eher Finanzwissenschaft verstehen. Das Studium der Volkswirthschaftslehre ist nun immer wichtiger geworden, je weniger die Künste und Kunststücke der Kameralisten, aus Domänen und Regalien Geld herauszuschlagen, ausreichen. Die Zeit jener alten Kameralisten ist überhaupt vorbei. Sie waren allerdings hauptsächlich Finanzmänner. Auch jetzt ist es gut, wenn solche Kenntnisse von der Land- und Forstwirthschaft, vom Bergbau, von Gewerben und vom Handel haben. Doch müssen sie ausserdem und ganz besonders Oekonomisten oder Volkswirthe sein — was übrigens keineswegs bloss von denjenigen, welche sich dem Verwaltungsdienst widmen wollen, gilt, sondern überhaupt von Allen, welche ein Wirken im öffentlichen Leben beabsichtigen, sei es nun als Staatsdiener überhaupt, oder als Advokat, oder in dem immer wichtiger werdenden Beruf als Gemeindebeamter, oder endlich als Volksvertreter oder als Gemeindevertreter.

Im März 1805 schrieb Leopold Krug in der Vorrede zu seinen Betrachtungen über den Nationalreichthum des Preussischen Staats und über den Wohlstand seiner Bewohner: „Viele Menschen, die ihre Unfähigkeit zu wissenschaftlichen Untersuchungen selbst fühlen, glauben sich doch weise genug, staatswirthschaftliche Anordnungen der Regierung beurtheilen und neue Gesetze und Einrichtungen vorschlagen zu können. Aber es ist auch ein Erfahrungssatz, den wir oft bestätigt finden: dass das Studium dieser für alle Menschen interessanten Wissenschaft bei der Bildung unserer Geschäftsmänner, die man Kameralisten nennt, gar sehr vernachlässigt wird. Es ist wirklich auf Universitäten zum Sprichwort geworden, von einem Menschen, der nichts lernt und nichts lernen will, zu sagen: er studire Kameralwissenschaften. An diesem Missbrauche des Worts Kameralwissenschaft, welche doch nach der selbst geäusserten Meinung ihrer Lehrer die Staatswirthschaft in sich begreifen soll, sind unsere gewöhnlichen Systeme und Lehrbücher der Kameralwissenschaft selbst Schuld; sie lehren den Anschlag einer Brantweinbrennerei, einer Theerhütte und einer Grützmühle machen; sie lehren, wie viele Fäden die Leinwand und der Taft im Aufzuge und Einschlage haben müsse, aber — was Zirkulation und Nationalreichthum sei, das ist bei ihnen nicht zu finden; sie lehren, wie Käse gemacht und wie Eisen geschmolzen wird, aber sie lehren nicht, wie der Ackerbau, der Handel und alle Gewerbe Einfluss auf den Wohlstand des Staats und seiner Bewohner haben; sie lehren, durch welche Mittel man die

Maikäfer vertreiben kann, aber sie lehren nicht das für den Zweck der Staatswirthschaft wohlthätigste Verhältniss aller einzelnen Klassen im Staate. Kurz — sie lehren das, was dem Kameralisten in einzelnen Fällen nützlich sein kann, aber nicht das, was ihm in allen Fällen nicht bloss nützlich sondern unentbehrlich ist."

Eine geraume Zeit später waren wieder ähnliche Klagen gerechtfertigt. In einem Briefe, den Schön unterm 19. December 1842 mir schrieb, sprach er von „unserer heutigen unwissenschaftlichen Beamten-Zeit", und bemerkte, „dass der Beamte ohne Wissenschaft in seinem Fache bei weitem hinter dem Handwerker steht, indem dieser nur einen eng begrenzten Kreis auszufüllen hat, und ihn in der Regel ausfüllt, für den Beamten aber, die Wissenschaft in ihrer Unerschöpflichkeit, den Kreis bildet." Amtlich wurden sämtliche Regierungspräsidien am 5. November 1859 von den damaligen Ministern v. Patow und Graf v. Schwerin darauf aufmerksam gemacht, wie bei den Prüfungen für das Regierungsreferendariat die Wahrnehmung gemacht worden sei, dass die Vorbildung der Kandidaten in den „Staats- und Kameralwissenschaften" häufig der erforderlichen Reife und Gründlichkeit entbehre, weil die einschlagenden Disciplinen „während der akademischen Studienzeit mehr oder minder, zuweilen selbst gänzlich vernachlässigt, die in Folge hiervon gebliebenen Lücken nicht bis zu der, den Eintritt in die Verwaltung eröffnenden Prüfung ausgefüllt und die Bestrebungen der Kandidaten im Wesentlichen allein dahin gerichtet worden sind, sich zum Bestehen der Prüfung eben nur dasjenige, was unmittelbar diesem Zweck zu dienen geeignet ist, vorübergehend einzuprägen." Es wurde demnach „nachdrücklichste Strenge" eingeschärft und auf die Nachtheile „einer den ersten Eintritt in die Verwaltung mit unzeitiger Milde erleichternden Beurtheilung" hingewiesen. Dass seit Erlass dieses Rescripts die Prüfungen wirklich strenger geworden sind, kann ich nicht sagen, auch ist mir nicht bekannt, wie viele von den Kandidaten vorher und wie viele nachher durchgefallen sind. Es ist aber auch nicht bekannt, dass die Prüfungen zur Auskultatur und zum Gerichtsreferendariat jetzt schwieriger sind, als früher. Von den 1864 bei der Immediat-Justiz-Examinationskommission geprüften 285 Kandidaten bestanden nur 221 und 22 % fielen durch. Wenn nun von den bei der Ober-Examinationskommission Geprüften nicht verhältnissmässig noch mehr durchfallen, so dürfte kein besonderer Grund vorhanden sein, um anzunehmen, dass auf den Universitäten das Studium der Rechtswissenschaft eifriger betrieben wird, als das Studium der Staats- und Kameralwissenschaften.

Die Anforderungen an diejenigen, welche in den Verwaltungsdienst treten wollen, sind jetzt durchaus nicht höher, als in früherer Zeit. Nach der Regierungsinstruction von 1808 mussten die Referendarien die Staatswirthschaft und die übrigen darauf Einfluss habenden Hülfswissenschaften, insbesondere Polizeiwissenschaft, Technologie, Statistik, Experimentalphysik und Chemie, Botanik und Oekonomie u. s. w. auf einer Universität gründlich studirt haben, auch nachweisen, dass sie wenigstens ein Jahr hindurch Gelegenheit gehabt hatten, praktische Kenntniss von den vorzüglichsten Gewerben, besonders der Landwirthschaft sich zu erwerben. Dass sie gerade auf einem Domänenamt gewesen sein mussten, war nicht weiter erforderlich. Eine schriftliche und mündliche Prüfung ist sowohl in dieser als auch in der Instruktion von 1817 vorgeschrieben. Nach letzterer musste der Kandidat gute Schulkenntnisse in alten und neuern Sprachen, in Geschichte und Mathematik, in den Staatswissenschaften und deren Hülfswissenschaften, namentlich Oekonomie und Technologie, auch gründliche Kenntnisse des Rechts besitzen, die gehörige Zeit auf Universitäten studirt, nachher wo möglich praktische Kenntniss von der Landwirthschaft oder einem andern Hauptgewerbe erlangt, und in so fern es sein kann, als Auskultator bei einer Gerichtsbehörde einige Zeit gearbeitet haben.

Nach dem unterm 13. Mai 1838 von dem Staatsministerium über die Prüfung der Landrathsamts-Kandidaten erlassenen Regulativ, gegen dessen Inhalt der König am 10. Juli d. J. „nichts zu erinnern" hatte, sind nur diejenigen Kandidaten zu prüfen, welche nicht die Prüfung bei einer der beiden Ober-Examinationskommissionen bestanden, oder welche nicht nach vollendetem Regierungsreferendariat das Zeugniss der vollständigen Vorbereitung zu der Prüfung bei der Ober-Examinationskommission für die Beamten der höheren Verwaltung erworben haben, oder welche nicht von der Prüfung entbunden werden. Dies Regulativ benennt keine Wissenschaft, in welcher geprüft werden muss, schreibt auch nicht vor, dass der Kandidat eine wissenschaftliche Bildung haben, oder dass er eine Universität oder auch nur ein Gymnasium oder eine Realschule besucht haben muss. „Die mündliche Prüfung ist auf diejenigen Geschäftszweige, welche der landräthlichen Amtswirksamkeit angehören, zu beschränken, und, so weit irgend möglich, praktisch einzurichten." Als ein Mann der Wissenschaft ist der v. Rochow, welcher damals Minister des Innern und der Polizei war, nicht bekannt.

Das Regulativ über die Befähigung zu den höhern Aemtern der Verwaltung, welches unterm 14. Februar 1846 das Staatsministerium

— v. Boyen, Mühler, v. Nagler, Rother, Eichhorn, v. Thile, v. Savigny, v. Bodelschwingh, Gr. zu Stolberg, Flottwell, Uhden, Frh. v. Canitz — erlassen hat, wurde am 27. d. M. vom Könige genehmigt. Danach muss, wer Behufs seiner Vorbereitung zum höheren Verwaltungsdienst, als Referendarius bei einer Regierung eintreten will, nachweisen, dass er bei einem Gerichte als Auskultator gearbeitet und entweder die zweite juristische Prüfung bestanden oder doch das Zeugniss der Reife zu dieser Prüfung erlangt und eine vom Obergericht probemässig erklärte Proberelation geliefert habe; ferner muss er in einer, bloss mündlichen, Prüfung darthun, „dass er sich mit den Staatswissenschaften vertraut gemacht, die Hauptgrundsätze der Nationalökonomie, der Polizei- und der Finanzwissenschaft sich angeeignet und wenigstens allgemeine Bekanntschaft mit den kameralistischen Hülfswissenschaften, insbesondere auch der Landwirthschaftslehre erlangt habe." Bei der Ober-Examinationskommission ist auch ein Mitglied „für alle Zweige der Rechtswissenschaft, das gesammte öffentliche Recht eingeschlossen." Diese Kommission ist zur letzten und höchsten Prüfung derer bestimmt, welche ihre Qualifikation bewähren wollen, um zu Mitgliedern der Regierungen, wozu auch die Ober-Forstbeamten gehören, und der Provinzial-Steuerdirektionen, ingleichen zu weltlichen Mitgliedern der Konsistorien und Provinzial-Schulkollegien, und zu Oberkommissarien bei den Generalkommissionen befördert werden zu können. Diese Prüfung haben aber nicht zu bestehen: die Justitiarien für die gedachten Behörden — die von der höchsten Justiz-Examinationskommission, also bloss in der Rechtswissenschaft, geprüft werden — ferner die geistlichen Räthe, Schulräthe, Medizinalräthe und Bauräthe bei den Regierungen, und die Landrathsamts-Kandidaten, rücksichtlich welcher das Regulativ von 1838 noch gilt.

Obgleich die Landräthe den Rang der Regierungs-, so wie der Appellations- und Kammergerichtsräthe haben, so wird von ihnen doch nur eine geringere Befähigung verlangt, als von den Referendarien. Dass jetzt die Regierungsreferendarien vorher bei der Justiz arbeiten sollen, ist eine Anforderung, die ich nach meiner Erfahrung nicht für erforderlich halte. Da die Ober-Examinationskommission auch über alle Zweige der Rechtswissenschaft, das gesammte öffentliche Recht eingeschlossen, zu prüfen hat, so scheint mir die Beibehaltung der sogenannten Justitiarien nicht nöthig — namentlich wenn der Ausspruch eines der angesehensten Staatsrechtslehrer, H. A. Zachariä's, „dass viele Juristen von staatsrechtlichen Doktrinen überhaupt nicht viel wissen und sich unter einem durchaus civilistisch begrenzten Horizont bewegen"[1]), richtig wäre. In der Verwaltung sind jetzt viele Männer, die sich lediglich über den Besitz von Rechtskenntnissen ausgewiesen hatten. Dagegen ist aber, so viel ich weiss, noch keiner, der sich darüber ausgewiesen hatte, dass er neben tüchtigen staatswissenschaftlichen und volkswirthschaftlichen Kenntnissen auch in allen Zweigen der Rechtswissenschaft, das gesammte öffentliche Recht eingeschlossen, tüchtige Kenntnisse hat, aus dem Verwaltungsdienst in ein Richteramt oder in die Advokatur gekommen.

Am 18. Juni 1846, dem Tage, wo das Regulativ in der Gesetzsammlung erschien, schrieb Varnhagen: „Dagegen bringt die Staatszeitung eine weitläuftige Verordnung, wie es künftig mit den Beförderungen und Prüfungen zur höheren Verwaltung gehalten werden soll. Wenn es streng danach geht, so werden die Räder der Staatsmaschine alle trefflich gearbeitet sein und trefflich gehen, — bis etwas bricht. Wir nähern uns dem Chinesischen. Wie wär' es mir schrecklich, sollt' ich jetzt eine Staatslaufbahn beginnen! Ich begreife nicht, wie die jungen Leute sich durch alle diese Prüfungen durchwinden. Und die Vornehmen, Begünstigten, finden auch hier wieder ihre Rechnung!" In England erfolgt die Ernennung fast aller Beamten, vom Staff-Officer (Abtheilungs-Dirigent) an bis auf den niedrigsten Schreiber (Clerk), durch Patronage, und über das Unwesen derselben wird vielfach geklagt. Jetzt hat man in vielen Ressorts Examina eingeführt, die an Lächerlichkeit den früheren Aktuarienexamen gewisser Länder gleichkommen. Zu diesen Prüfungen muss ein Jeder zugelassen werden. Ist aber das Examen absolvirt, so entscheidet über die Anstellung der Examinirten nach wie vor nur die Patronage[2]). Wird das Englische Volk etwa schlechter regiert, als das Preussische? Wer nach Beendigung einer dreijährigen Universitätszeit nicht sogleich eine Prüfung über Staatswissenschaften, Volkswirthschaftslehre, Polizei- und Finanzwissenschaft, so wie alle Zweige

---

[1]) Zeitschrift für Staatswissenschaft 1863 S. 614. Ein anderer angesehener Jurist, Gneist, sagte in dem Polenprozess, wo er als ein Vertheidiger fungirte, am 17 November 1864: Die fortschreitende Arbeitstheilung hat es dahin gebracht, dass in den meisten Deutschen Staaten der Richterstand jeder Vorbildung, Ausbildung und praktischen Kenntniss des öffentlichen Rechts völlig fremd bleibt. In dem leeren Raum aber, in welchem die zusammenhängende Kenntniss öffentlicher Rechtsverhältnisse fehlt, schieben sich unbewusst politische Vorstellungen und Argumentationen ein. Und was noch schlimmer und doch psychologisch unabänderlich ist: je vollständiger dies Vacuum, um desto weniger wird es empfunden

[2]) Ed. Fischel, die Verfassung Englands, 2. Aufl. 1864 S. 143.

der Rechtswissenschaft, das gesammte öffentliche Recht eingeschlossen, gut bestehen kann, sollte zum Staatsdienst — ausser vielleicht zu Subalternstellen — nicht zugelassen werden. Diese Prüfung sollte jedesmal im Anfang der Universitätsferien, und zwar wie die Militärprüfungen in der Hauptstadt des Landes, aber öffentlich, abgehalten werden. Wer sie besteht, müsste als befähigt erachtet werden, Advokat oder Richter zu werden, oder ein höheres Verwaltungsamt zu bekleiden. Mehr als Eine Prüfung scheint mir nicht erforderlich zu sein [1]).

Im Preussischen Staate waren es besonders zwei Männer, welche sich um das Studium der ökonomischen Wissenschaft grosse Verdienste erworben haben: Kraus und Hoffmann. Beide haben, so lange sie lehrten, wenig durch Schriften gewirkt, viel dagegen durch ihre Vorlesungen, die nicht bloss zahlreich von den Studirenden, sondern auch von älteren Männern besucht wurden. Ihren Schülern hat die Preussische Gesetzgebung Vieles zu danken. Namentlich an der sogenannten Stein-Hardenbergischen Gesetzgebung haben ehemalige Zuhörer von Kraus mitgewirkt. Noch ein anderer Mann, der dieser Gesetzgebung vorarbeitete, doch nicht als Universitätslehrer, war der schon erwähnte Krug, der eigentliche Anreger und Begründer des statistischen Bureaus († 1843, 72 Jahr alt). Noch jetzt brauchbar ist sein 1808 herausgegebener Abriss der Staatsökonomie oder Staatswirthschaftslehre. Er sagt darin: „Die Staatsökonomie, Staatswirthschaftslehre oder Staatsfinanzwissenschaft giebt die Art und Weise an: wie das Staatseinkommen und Staatsvermögen — öffentliches Einkommen und Vermögen — auf die dem Wohlstande der Nation am wenigsten schädliche Art zusammengebracht, und zu den öffentlichen Zwecken auf die dem Nationalwohlstande zuträglichste Art verwendet werden müsse.“

Christian Jacob Kraus, geboren 1753 in Osterode, lehrte 1781 bis zu seinem Tode 1807 in Königsberg, war also ein Kollege, und auch ein Freund, Kant's. Nach Kraus setzt sich die Staatswirthschaft zwei besondere Zwecke vor: erstens der Nation reichliches Einkommen zu verschaffen, oder sie vielmehr in den Stand zu setzen, dass sie es sich selbst verschaffe, und zweitens die Regierung mit hinlänglichen Einkünften zur Bestreitung der öffentlichen Bedürfnisse zu versorgen; sie setzt sich vor, die Nation sowohl als die Regierung, d. h. den Staat zu bereichern. Nach diesem doppelten Zweck, worauf

[1]) Ueber Verwaltungsreformen, in den Deutschen Jahrbüchern, Bd. 3. 1862 S. 31 ff.

die Staatswirthschaft gerichtet ist, zerfällt sie in zwei Theile. Den ersten, welcher die Bereicherung der Nation zur Absicht hat, nennt Kraus Staatswirthschaft im engeren Sinne, den andern Theil, der sich auf die Bedürfnisse der Regierung bezieht, nennt er Finanzwissenschaft. Er las namentlich Staatswirthschaft, Finanzwissenschaft, Handlungswissenschaft, Landwirthschaft, Technologie. Nach seinem Tode wurde seine Staatswirthschaft in fünf Bänden 1808—11 von Hans v. Auerswald, geheimem Ober-Finanzrathe und Kurator der Universität, herausgegeben, welcher 1833 gestorben ist.

Johann Gottfried Hoffmann, geboren in Breslau, lehrte 1807—8 in Königsberg und 1821—35 in Berlin. Er war der erste, welcher zum Direktor des statistischen Bureaus 1810 ernannt wurde († 1847, 82 Jahr alt). In den 1823 veröffentlichten Nachrichten von dem Zweck und der Anordnung seiner Vorträge spricht er sich in folgender Weise aus. Seitdem die ehemaligen Kriegs- und Domänenkammern (Regierungen) wirkliche Landes-Verwaltungsbehörden geworden, hätten ihre Mitglieder längst aufgehört, nur höhere Wirthschaftsbeamte, Kameralisten im eigentlichen Sinne des Worts zu sein; und wenn auch einige derselben sich noch ferner besonders mit der Domänenverwaltung beschäftigten, so würde doch auch bei dieser Gutswirthschaft das allgemeine Landesinteresse von Amts wegen von ihnen wahrgenommen. Politische Bildung hätten sie daher auch nöthig. Sowohl die künftigen Verwaltungsbeamten, als auch die Studirenden der Rechte im Allgemeinen dürften aber ihre politische Bildung, neben der juristischen, nicht von bloss zufälliger Belehrung abhängen lassen. Es wäre ein folgenreicher Irrthum, dass die wissenschaftliche Kenntniss der Mittel, wodurch Völker und Regierungen den Aufwand für ihre Bedürfnisse bestreiten, und der Gründe, worauf die Polizeigesetze beruhen, in der Regel nur für ein ausschliessliches Bedürfniss der sogenannten Kameralisten geachtet würde; es wäre vielmehr diejenige Stellung, welche Rechtsgelehrte im Geschäftsleben einnehmen, höchst selten ohne gründliches Studium der vorgedachten Kenntnisse zu behaupten. „Es ist ein allgemeines Standesinteresse der Rechtsgelehrten selbst, dass ihre einflussreiche Laufbahn nicht ohne politische Bildung neben der rein juristischen angetreten werde. Haben Regierungen, welche weit von dem Gedanken entfernt sind, das Recht beugen und die Rechtspflege verkümmern zu wollen, sich durch Gründe der allgemeinen Wohlfahrt bewogen finden können, die Entscheidung strittiger Fälle gewisser Art, namentlich in Finanz- und Landespolizeisachen, auch da, wo Privatrechte davon berührt werden, durch besondere Verordnungen dem förmlichen richterlichen Erkenntnisse zu entziehen, und der Beurtheilung aus sogenannten Billigkeitsgründen vor den Verwaltungsbehörden anheim zu stellen: so dürfte nur die Wahrnehmung dazu Anlass gegeben haben, dass die bestehenden Gesetze und rechtlichen Geschäftsformen unzureichend sind, Fälle dieser Art sicher, schnell und angemessen zu entscheiden. Dieser Unzulänglichkeit, scheint es, müsste abgeholfen werden können, ohne den Wirkungskreis des Richters zu beschränken, wenn die Regierungskunst mit der Rechtspflege überall einig wäre. Man darf aber nicht zweifeln, dass jede Uneinigkeit zwischen beiden nur auf Irrthume beruhe: da die Regierung nie verkennen kann, wie sehr sie es sich selbst schuldig ist, die Kraft und Unverletzlichkeit der Rechtspflege zu stärken und zu ehren; und jeder Pfleger des Rechts sich bewusst sein muss, dass er nur im Namen und Auftrage der Regierung sein heiliges Amt verwaltet. Welches aber auch die Veranlassung zu solchem Irrthume sein könne, und auf welcher Seite er immer liege: so scheint die Aufklärung desselben nur von der Verbindung politischer Kenntnisse mit juristischen ausgehen zu können. Die lebendige und gründliche Kenntniss des Rechts muss die verwaltenden Behörden, die gleiche Kenntniss der Grundlagen der öffentlichen Wohlfahrt, und der ersten Bedingungen des Bestehens und Gedeihens der Staaten die richterlichen Behörden durchdringen. Die Verpflichtung derjenigen, welche Rathsstellen in den Provinzial- und Landes-Verwaltungskollegien suchen, sich zunächst durch ein vollständiges Studium der Rechtswissenschaft und selbst durch praktische Arbeiten als Auskultatoren bei Gerichtshöfen dazu vorzubereiten, ist im Preussischen Staate förmlich festgestellt, und auch sonst in Deutschen Landen anerkannt. Mit ehrendem Vertrauen bleibt es dagegen bis jetzt (1823) denjenigen, welche sich ausschliesslich dem Richteramte, oder dem Geschäfte eines Anwalts widmen, überlassen, sich neben der Rechtskenntniss, wovon sie Proben ablegen müssen, auch diejenige Kenntniss der Verfassung und Verwaltung des Staats zu verschaffen, welche wesentlich geeignet ist, ihre Amtsführung wirksamer und erfolgreicher zu machen, auch ausser den förmlichen Amtsverrichtungen ihrem wohlbegründeten Ansehn und Einflusse eine wohlthätige Richtung zu geben, und überhaupt ihr öffentliches Leben mit einer höhern Gemeinnützigkeit zu bereichern." — „Allerdings wird Niemand ein Staatsmann durch die Anhörung einiger staatswissenschaftlicher Vorlesungen. Aber der akademische Vortrag wird viel genützt haben, wenn er das Flittergold von den politischen Spielwerken abstreift, womit die Unerfahrenheit sich über die wichtigsten Verhältnisse der Staaten täuscht.

Auf dem Felde der Regierungskunst ist von Anbeginn so viel als unumstösslich und entscheidend behauptet worden, was schon die nächste Folgezeit, wo nicht widerlegt, doch wenigstens sehr gemildert und beschränkt hat, dass es dem redlichen Forscher nicht verargt werden mag, wenn er ebensowohl an der Zulänglichkeit seiner Kenntnisse, als an seiner eignen Unbefangenheit zweifelt. Der akademische Vortrag wird viel genützt haben, wenn er das vermeinte Wissen in ruhiges Forschen verwandelt, und den reifern Jahren, dem erstarkten Vermögen zu prüfen, dem Reichthume an sichern Thatsachen, die Urtheile vorbehält, welche so gern zu früh auf einen ärmlichen Vorrath flüchtiger Wahrnehmungen gegründet werden. Auch hier lernt der Student nur studiren, d. h. ein kurzes Leben für ein grenzenloses Forschen möglichst wirksam benutzen."

Die Lehre von den Steuern als Anleitung zu gründlichen Urtheilen über das Steuerwesen mit besonderer Beziehung auf den Preussischen Staat, welche Hoffmann im Jahre 1840, also nachdem er sein Lehramt aufgegeben hatte, herausgab, ist noch heute werthvoll, und gilt nach einem Vierteljahrhundert in manchen Punkten noch als eine Autorität.

Die Hauptkollegia Hoffmann's, welche er in regelmässiger Folge las, waren über Statistik des Preussischen Staats, Staatswirthschaft, Finanzwissenschaft und die Grundsätze der Polizeigesetzgebung.

In seinen Vorlesungen über die Finanzwissenschaft bezweckte er, seine Zuhörer auch mit denjenigen Thatsachen bekannt zu machen, worauf die Urtheile über die Finanzverhältnisse der Regierungen gegründet werden müssen. Er gab daher eine wissenschaftlich geordnete Uebersicht der Mittel, welcher sich die Regierungen der gebildeten Länder unserer Zeit bedienen, um Einkommen zu erlangen; der Gründe, welche sie darin zu leiten scheinen; der Erfolge, die aus dem Gebrauch dieser Mittel hervorgehen; der Schwierigkeiten, welche sich dabei zeigen; und der Hoffnungen, welche man vernünftiger Weise hegen könnte, durch Annahme anderer Grundsätze oder eines andern Verfahrens diese Schwierigkeiten zu vermindern.

In ähnlicher Weise beabsichtige ich nun die Finanzwissenschaft unter vorzugsweiser Bezugnahme auf den Preussischen Staat und zwar, wie Hoffmann in seiner Lehre von den Steuern sich vorsetzte, „von allen Formen der Schule entkleidet" hier zu behandeln.

Erstes Kapitel.

Von den öffentlichen Ausgaben.

Mit den öffentlichen Ausgaben beschäftigt sich die Finanzwissenschaft weniger, als mit den öffentlichen Einnahmen. Da aber öffentliche Einnahmen zu keinem andern Zweck erforderlich sind, als um die Ausgaben zu bestreiten, welche die Regierung für das Gemeinwesen zu machen hat, so lässt sich die Frage, welche öffentliche Ausgaben nothwendige sind, nicht umgehen. Man könnte sie überhaupt in nothwendige, in nutzliche und in schädliche eintheilen. Darüber, welche Ausgaben nutzlich oder schädlich sind, möchte mehr Meinungsverschiedenheit bestehen, als darüber, welche nothwendig sind. Die nothwendigen offentlichen Ausgaben werden dies wohl beinahe allenthalben und allezeit sein, während gewisse andere Ausgaben in einem Lande nützlich und in einem andern schädlich sein können. Möglich ist es auch, dass in demselben Lande eine gewisse Ausgabe zu einer Zeit für nützlich und zu einer andern Zeit für schädlich gehalten wird. Hiernach werden vorzugsweise die *nothwendigen öffentlichen Ausgaben* zu betrachten sein, wenn gleich auch über die Nothwendigkeit einige Meinungsverschiedenheiten obwalten mögen.

Diejenigen, welche öffentliche Einnahmen und Vermögen des Gemeinwesens zu verwalten haben, sind Verwalter fremden Guts, und daraus folgt von selbst, dass sie rechtlich *verantwortlich* sind, sowohl für die redliche und zweckmässige Verwaltung überhaupt, als auch für jede Ausgabe insbesondere. Da in Preussen das verfassungsmässig nothwendige Ministerverantwortlichkeitsgesetz noch nicht zu Stande gebracht worden ist, so lässt sich zwar die Form nicht angeben, wie ein Minister jetzt überhaupt strafrechtlich verfolgt werden kann. Dagegen bleiben die Mitglieder eines Ministeriums, unter welchem ohne die verfassungsmässige Genehmigung der Volksvertretung — d. h. zunächst des Abgeordnetenhauses, und demnächst auch des Herrenhauses — Staatsausgaben gemacht sind, so wie auch ihre Erben, dem Fiskus für den Ersatz dieser Ausgaben solidarisch verhaftet und können von diesem bis zum Ablauf der Verjährung jederzeit im Wege des Civilprozesses in Anspruch genommen werden. In England bilden gegenwärtig, wie Macaulay sagt, die ersten Diener der Krone einen Gesammtkörper. Man setzt voraus, dass sie unter einander auf dem Fusse freundschaftlichen Vertrauens stehen und über die Hauptgrundsätze übereinstimmen, nach welchen die auszuführende Verwaltung zu leiten sei. Wenn eine leichte Meinungsverschiedenheit unter ihnen entsteht, so wird sie ohne Mühe ausgeglichen; wenn aber Einer in einem Lebenspunkte von den Uebrigen abweicht, so ist es seine Pflicht abzutreten. So lange er sein Amt behält, wird er selbst für Massregeln verantwortlich gehalten, von denen er seinen Kollegen abzurathen versucht hat. Wenn Fischel sagt, dass die persönliche Verantwortlichkeit der Minister illusorisch geworden sei, so setzt er hinzu: „wohlgemerkt nur in Betreff der politischen Akte des Ministeriums"; von der civilrechtlichen Verantwortlichkeit spricht er nicht. „Es ist jedoch nöthig," sagt er, „unsere kontinentalen und Deutschen Leser wiederholentlich darauf aufmerksam zu machen, dass Thaten, wie sie die Minister unter den Stuarts vornahmen, in England nicht mehr möglich sind, dass die Magna Charta, die Petition of Rights, jetzt nicht ungestraft von einzelnen Beamten der Krone, und ständen sie noch so hoch, verletzt werden dürfen. Nehmen wir z. B. an, eine nicht bewilligte Steuer sollte erhoben werden. Nun dann würde das Parlament die Beamten, welche unbewilligte Steuern eintreiben, ohne Weiteres wegen Privilegienbruchs einstecken lassen. Jeder mit dem Rechte seines Landes vertraute Engländer würde solche Beamte nöthigenfalls mit Gewalt aus dem Hause jagen und sie wegen „trespass" (gewaltsamen Eindringens) vor den Gerichten zur Verantwortung ziehen. Auch würden die ganz unabhängigen Friedensrichter auf solche Beamte fahnden und sie nöthigen, Friedensbürgschaften zu bestellen. Dann würden Bills of attainder und impeachment gegen die Minister, welche solche Steuer ausgeschrieben, wieder aufleben. Wo es sich um die Verletzung von Rechten der Einzelnen und des Parlaments handelte, da würde der Satz Brougham's, dass die Minister nicht bloss für die Legalität, sondern auch für die Konstitutionalität ihrer Handlungen verantwortlich sind, zur Wahrheit werden." Minister übrigens, die der Mehrheit des Unterhauses sicher waren, haben viel auf sich genommen. So bewilligte Pitt im Jahre 1797 ohne Kenntniss und Wissen der Gemeinen dem Deutschen Kaiser 1,200,000 £ und dem Prinzen von Condé 200,000 £. Eine grosse Mehrheit des Unterhauses sanktionirte aber später diese unkonstitutionelle Handlungsweise als durch dringende Nothwendigkeit geboten. Eben so hat das Parlament von 1859 mehrere Millionen Ueberschreitungen des Budgets von 1857 sanktionirt [1]).

Uebrigens werden in England nicht alle Staatsausgaben jährlich durch das Parlament bewilligt. Damit hat es folgende Bewandtniss. Alle Anleihen, die aufgenommen wurden, wurden durch Kreirung von Taxen sichergestellt, deren Ertrag dafür angewiesen wurde, und andere waren noch aufgelegt zur Deckung der steigenden öffentlichen Ausgaben. Mehrere unter diesen Taxen, obgleich die Art der Einführung derselben verschieden war, lasteten auf denselben Artikeln, die für die allgemeinen Bedürfnisse schon nach dem Werth besteuert waren, noch nach dem Gewicht für eine Anleihe, nach dem Volumen für eine andere, zu so viel Procent, als sie schon für eine dritte belastet waren. Bloss bei den Zöllen zählte man acht und sechszig Arten Taxen und eine Menge von Gegenständen war vierzehn verschiedenen Abgaben unterworfen. Dieselbe Konfusion und dieselben Regellosigkeiten fanden sich auch bei dem Stempel und der Accise, wenn auch in geringerem Grade. Fruhere Ministerien hatten diesen Uebelständen abzuhelfen gesucht, waren aber davor zurückgeschreckt aus Besorgniss, das Pfand der Staatsgläubiger zu beeinträchtigen, und wegen der Schwierigkeiten, die daraus entstehen konnten. Pitt war kühner. Er meinte, die einfachste Losung wurde sein, alle Zolle, Accisen und Stempel abzuschaffen und sie durch eine einzige Abgabe von jedem Artikel zu ersetzen, die so hoch angesetzt wurde, dass sie so viel brächte, als früher davon aufkam. Der ganze Ertrag davon sollte den sogenannten consolidirten Fonds für die öffentliche Schuld bilden; wenn davon ein Ueberschuss bliebe, so würde dieser für die laufenden Ausgaben dienen, und falls er sich dazu nicht genügend erwiese, so müssten zu diesem Behuf Gelder bewilligt werden. Demgemäss legte er den Gemeinen mehr als dreitausend Resolutionen vor und gab über jede die erforderliche Auskunft, und 1787 wurde die Consolidationsbill in beiden Häusern ohne irgend eine Einwendung gegen das Princip angenommen. Die Steuern, deren Ertrag den consolidirten Fonds bildet, wurden permanent erklärt und waren demgemäss von der jährlichen Bewilligung des Parlaments ausgeschlossen. Die Ausgaben sollten bestehen aus den Zinsen der öffentlichen Schuld, der Civilliste und einigen bestimmten anderen Ausgabeposten. Die übrigen ordinären und extraordinären Ausgaben

---

[1]) Die Verfassung Englands S. 454. 461. 492 493.

— für die Armee, die Flotte, die Befestigungswerke, die Artillerie, verschiedene mit dem Namen Supplies bezeichnete Ausgaben — wurden fortwährend jährlich bewilligt, eben so wie die Wege und Mittel (ways and means), die zu ihrer Deckung bestimmt sind, einschliesslich der Malztaxe, der Landtaxe und anderer Taxen, die unter der Bezeichnung der additionellen Taxen aufgeführt werden. So wurde in England von der jährlichen Bewilligung der consolidirte Fonds ausgenommen, welcher für die früheren Zusagen auf Treu und Glauben, worauf die verschiedenen Anleihen abgeschlossen waren, eine specielle und unveräusserliche Garantie bietet; in Folge dessen wurde dieselbe Ausnahme auf die öffentliche Schuld, eine nicht bloss obligatorische, sondern auch geheiligte Last, welche die Englische Nation, eifersüchtig auf ihren Kredit haltend, sich zur Ehre rechnet, gewissenhaft zu bewahren, ausgedehnt; wogegen in Frankreich kein solches Pfand für die Staatsschuld besteht und die Zinsen derselben aus den allgemeinen Einnahmen des Schatzes bezahlt werden, ohne Unterscheidung des Ursprungs derselben, weshalb denn auch hier kein Anlass vorliegen würde, von dem heilsamen Princip der jährlichen Bewilligung der Einnahmen und Ausgaben abzugehen [1]).

Die Volksvertreter sind für die Bewilligung irgend einer Ausgabe rechtlich nicht verantwortlich. In Preussen können sie für ihre Abstimmungen in der Kammer niemals zur Rechenschaft gezogen werden. Vor der öffentlichen Meinung und moralisch verantwortlich sind sie natürlich doch für jede Ausgabe, die sie bewilligen. Und auf die Provinzial-, Kreis- und Gemeindevertreter werden wohl die Worte der Städteordnung von 1808 passen: „Das Gesetz und ihre Wahl sind ihre Vollmacht, ihre Ueberzeugung und ihre Ansicht vom gemeinen Besten der Stadt ihre Instruktion, ihr Gewissen aber die Behörde, der sie deshalb Rechenschaft zu geben haben."

Die Frage, ob sich der Gesammtbetrag der öffentlichen Ausgaben nach dem Gesammtbetrage der öffentlichen Einnahmen richten muss, lässt sich ebenso wenig unbedingt bejahen, als die Frage, ob der Gesammtbetrag der öffentlichen Einnahmen mit dem Gesammtbetrag der öffentlichen Ausgaben gleich gemacht werden muss. Dagegen wird man wohl sagen können, dass der Gesammtbetrag der öffentlichen Einnahmen mit dem Gesammtbetrag der nothwendigen öffentlichen Ausgaben gleich gehalten werden muss. Ein Gemeinwesen, wo dies nicht ausführbar ist, kann auf die Dauer nicht bestehen. Und die

[1]) Revue des deux mondes vom 15 Mai 1864 S 401—403

Geschichte erzählt uns auch von der Unterjochung und dem Untergang vieler einst selbstständiger Staaten.

Leichter ausführbar ist in der Regel eine Verminderung der öffentlichen Einnahmen, als der öffentlichen Ausgaben. Die Frage, ob ausser den nothwendigen öffentlichen Ausgaben auch noch nützliche öffentliche Ausgaben gemacht werden dürfen, sollte eigentlich nicht eher zur Erwägung gebracht werden, als bis nach Abtragung der etwa vorhandenen öffentlichen Schulden der Gesammtbetrag der öffentlichen Einnahmen den Gesammtbetrag der nothwendigen öffentlichen Ausgaben nicht bloss in Einem Jahre, sondern während mehrerer Jahre sehr bedeutend überstiegen hat, auch schlechte Steuern nicht mehr abzuschaffen, und an sich unverwerfliche Steuern nicht wohl noch zu ermässigen sind. Es werden nämlich in der Regel dem Volke durch Verminderung der Einnahmen des Staats grössere Vortheile erwachsen, als durch neue Staatsausgaben, welche von der Partei, welche zur Zeit die Majorität hat und am Ruder ist, für nützlich erklärt werden.

Ein Volk mit mässigen Staatseinnahmen und mässigen Staatsausgaben kann reicher und freier sein, als ein anderes Volk mit grossen Staatseinnahmen und grossen Staatsausgaben. Je mehr die Staatsausgaben erhöht werden, um desto schwieriger wird natürlich in der Regel auch die Aufbringung entsprechend grosser Staatseinnahmen, und mit dem Wachsen dieser Schwierigkeit dürften der Reichthum und die Freiheit des Volks schwerlich wachsen. Ein Volk ist, wie John Stuart Mill sagt, zuweilen frei geworden, weil es zuerst reich geworden war; oder reich, weil es zuerst frei geworden. Sicherlich sind grosse Staatsausgaben gefährlich, also keineswegs zu fördern, sondern möglichst zu erschweren.

Hiernach werden zuvörderst die öffentlichen Ausgaben und besonders insoweit sie nothwendig sind, und dann erst die öffentlichen Einnahmen zu betrachten sein. Auch Adam Smith († 1790) handelt in seinem fünften Buch, von den Einkünften des Staats oder des Landesherrn, nicht zuerst von den Einnahmen, sondern im ersten Kapitel von den Ausgaben des Staats oder des Landesherrn. Da das, was er hier sagt, auch jetzt im Ganzen noch als richtig anzusehen sein dürfte, so scheint es nicht bedenklich, ihm hier zu folgen.

Unter den Ausgaben eines Staats stehen die Ausgaben, welche die Vertheidigung des Landes erfordert, obenan. Die erste Pflicht einer Regierung besteht darin, die Unterthanen gegen die Angriffe anderer Staaten zu schützen. Es bedarf also einer

Kriegsmacht, und diese erfordert, sogar schon im Frieden, sehr bedeutende Kosten. Das Milizsystem ist weniger kostbar, als das System der stehenden Heere, wo nämlich jeder Soldat, nicht bloss zeitweise, regelmässig oder gelegentlich, sondern fortwährend Soldat ist und nichts als Soldat. Milizen halten aber gegen stehende Armeen nicht dauernd Stand — ausser etwa, wenn sie im Lauf längerer Kriege wirklich in stehende Heere sich umgewandelt haben. Schon lange sind in Europa für die grösseren Staaten blosse Milizen nicht ausreichend und stehende Heere unentbehrlich, wenn sie auch sehr kostspielig sind, und mit der Vervollkommnung der Waffen und der Kriegskunst immer kostspieliger werden. Soldaten einer stehenden Armee, wenn sie auch noch nie einen Feind gesehen hatten, haben doch schon in ihrem ersten Erscheinen im Felde gegen den Angriff solcher Truppen ausgehalten, die unter den Waffen grau geworden waren. „Als im Jahr 1756 die Russische Armee in die Preussischen Staaten einfiel: so schienen die Russischen Soldaten den Preussischen an Muth nichts nachzugeben, obgleich diese damals für die erfahrensten und zum Kriege gewöhntesten gehalten wurden. Als 1739 der Krieg zwischen Spanien und England ausbrach, hatte letzteres Land 28 Jahre lang im tiefsten Frieden gelebt. Gleichwohl war der Muth seiner Soldaten so wenig durch einen so langen Frieden geschwächt worden, dass er sich vielmehr nie so ausgezeichnet hat, als bei dem Angriffe auf Cartagena, der ersten unglücklichen Unternehmung dieses unglücklichen Krieges. Die Generale können zuweilen in einem langen Frieden die Kunst, ein Heer anzuführen, vergessen: aber die Soldaten einer wohl eingerichteten stehenden Armee vergessen nie den Muth, mit welchem sie fechten sollen." Und dies haben auch die Preussen 1864 in Schleswig gezeigt. Die Frage, ob eine geworbene Armee, wie England hat, praktisch besser ist, als das Preussische System der (theoretisch) allgemeinen Dienstpflicht — ist so leicht nicht zu beantworten, hier aber nicht zu erörtern. Es ist gegenwärtig nothwendig und unvermeidlich, auch im Frieden mit grossen Kosten eine Armee zu unterhalten — ob freilich, wenn es zum Kriege kommt, sie von guten Generalen glücklich geführt werden wird, kann man nicht sicher vorher sagen. „Männer von republikanischen Grundsätzen sind immer gegen stehende Armeen argwöhnisch gewesen, und haben sie als der Freiheit gefährlich betrachtet. Das sind sie auch in der That, wenn das Interesse des Generals und der vornehmsten Officiere nicht an die Aufrechthaltung der Staatsverfassung geknüpft ist."

Man mag noch so friedlich gesinnt sein, und noch so lebhaft die

Freiheit durch stehende Heere bedroht glauben — sie sind dennoch unvermeidlich, und von allen Ausgabeposten im Budget des Staats ist doch der Ausgabeposten für das Militär der grösste.

Die zweite Pflicht einer Regierung besteht darin, jeden Unterthan gegen Gewalt und Unrecht von Seiten seiner Mitunterthanen zu schützen. Diese Pflicht einer unparteiischen Rechtspflege erfordert auch einen Staatsaufwand, der aber in verschiedenen Zeiten und Ländern sehr verschieden ist.

Bei Jägervölkern, wo eigentlich Alle gleich sind, ist in der That von einer Regierung und Rechtspflege nicht die Rede. Bei Nomadenvölkern sind die grössten Heerdenbesitzer die Herrscher, und bei Landbauvölkern, Anfangs, die grössten Landbesitzer. Diese schützen die Schwachen gegen die Angriffe der Stärkeren. Reichthum und Geburt, mit ererbtem Reichthum, schaffen eine Art richterliche Gewalt, und eine Art bürgerlicher Regierung. Für einen Oberherrn oder Fürsten macht aber lange Zeit die Ausübung der richterlichen Gewalt keine Unkosten, ist vielmehr eine Quelle von Einkünften. Wer Recht sucht, giebt dem König Geschenke, um von ihm zu seinem Recht verholfen zu werden. Wer schuldig befunden wird, muss ausser der Genugthuung für den beleidigten Theil, für den Bruch des Landfriedens auch noch eine Busse an den Landesherrn zahlen. So war die Rechtspflege für diesen eine Einnahmequelle. Ursprünglich war der König selbst Richter und liess sich von beiden Parteien bezahlen. Nachher bestellte er dafür Stellvertreter. Die herumreisenden Richter in England, die Heinrich II 1176 bestellte, waren auch eine Art von Einnehmern, die gewisse mit der Rechtspflege verbundene Gefälle für den König erheben mussten: und dieses Einkommen scheint auch einer der Hauptzwecke gewesen zu sein, den man sich bei jener Verwaltung vorsetzte. Die Handhabung der Gerechtigkeit mochte dabei mangelhaft genug sein, wenn der Richter von beiden Theilen Geld erhob; aber der Zustand war doch besser, als wenn der König selbst Richter war: denn der König konnte doch vielleicht zuweilen dahin gebracht werden, einen ungerechten Richter zu bestrafen. Wenn der Richter aber zum Vortheil des Königs selbst ungerecht war, so gab es keinen Schutz.

Bei solchen rohen Zuständen, wo der grösste Grundbesitzer das Staatsoberhaupt, der Landesherr ist, lebt er von seinem Landbesitz und seine Unterthanen tragen in der Regel nichts zu seinem Unterhalt bei; nur wenn sie seinen Schutz und Beistand suchen, geben sie ihm Geschenke, und dies pflegen seine einzigen Einkünfte zu sein. Wenn bei Homer Agamemnon dem Achilles die Oberherrschaft über sieben Griechische Städte anbietet: so ist der einzige Vortheil, welchen er ihn davon hoffen lässt, der, dass das Volk ihn durch Darbringung reicher Geschenke ehren wird. So lange als solche Geschenke oder das, was man Gerichtssporteln nennen könnte, die einzigen Einkünfte waren, welche das Staatsoberhaupt von seiner Würde zog, konnte man billigerweise nicht verlangen, dass er sie ganz aufgeben sollte. Man konnte nur fordern, dass feste Sätze dafür bestimmt wurden. Aber wie war die Ueberschreitung dieser Sätze zu hindern?

Nachdem nun durch verschiedene Ursachen die Kosten, welche die Vertheidigung des Landes erfordert, so gestiegen waren, dass sie aus dem Einkommen von dem Privateigenthum des Landesherrn nicht ganz bestritten werden konnten, und nachdem dann die Unterthanen zur Bestreitung der Kosten anfingen Abgaben zu zahlen, schien es Regel zu werden, dass für die Handhabung des Rechts weder von dem obersten Richter, von dem Regenten selbst, noch von seinem Stellvertreter Geschenke genommen werden durften. Um nun den Richtern den Verlust zu ersetzen, den sie durch den Verlust ihrer früheren Einnahmen erlitten, mussten ihnen feste Gehalte ausgesetzt werden. Und nun sagte man, dass die Gerechtigkeit umsonst verwaltet würde. Das ist aber eigentlich in keinem Lande wirklich geschehen. Die Rechtsgelehrten und Sachwalter wurden immer von den Parteien bezahlt, und ihre Gebühren betragen wohl mehr, als die Gehalte der Richter. Dadurch, dass letztere von der Krone bezahlt werden, vermindern sich die Kosten der Prozesse nirgends sehr merklich. Aber die Rechtspflege wird besser, wenn die Richter Geschenke oder Sporteln von den Parteien nicht nehmen dürfen. Das Amt eines Richters ist so ehrenvoll, dass es sehr gesucht wird. In England ist das Amt eines Friedensrichters nur ein untergeordnetes Richteramt; obgleich es keinen Gehalt bringt, bewirbt sich doch der grössere Theil der Gutsbesitzer darum. In allen civilisirten Ländern betragen alle Richtergehalte und Kosten der Justizverwaltung doch nur einen verhältnissmässig geringen Theil sämmtlicher Staatsausgaben. Und dieser ganze Aufwand würde allenfalls auch durch Gerichtssporteln allein bestritten werden können.

Die Absonderung der richterlichen Funktionen von der Regierung oder Verwaltung überhaupt scheint ursprünglich daher entstanden zu sein, dass mit dem wachsenden Reichthum des Landes die Geschäfte beider Zweige zugleich wuchsen. Die Gerechtigkeitspflege erforderte ein besonderes Personal. Wer die ausübende Gewalt hatte, wählte sich also einen Stellvertreter für die Entscheidung der Rechtsstreitigkeiten der Privatleute. Als z. B. Rom anfing, ein grosser und mächtiger Staat zu werden, bekamen die Consuln so viel mit den politischen Geschäften zu thun, dass ihnen für Anderes wenig Zeit übrig blieb. Es wurde dafür ein besonderer Beamter bestellt, der Prätor.

So lange die richterlichen und politischen Funktionen in Einer Hand sind, wird die Gerechtigkeit der Politik leicht geopfert. „Die mit den grossen Angelegenheiten des Staats beschäftigten Personen können selbst, ohne dass ihre Leidenschaften sich einmischen, es oft für nothwendig halten, diesem grösseren Interesse das kleinere der Privatleute und ihrer Rechte nachzusetzen. Aber diese Berechnung ist immer sehr unrichtig. Auf der unparteiischen Verwaltung der Justiz beruht die bürgerliche Freiheit, beruht das Bewusstsein, das billigerweise jeder Mensch von seiner Sicherheit haben soll. — Um jedem Bürger im Staate dieses Bewusstsein der Sicherheit in Absicht aller seiner Rechte zu geben, ist es daher nothwendig, nicht nur, dass die richterliche Gewalt von der ausübenden abgesondert werde, sondern auch, dass sie von derselben, so viel als möglich, unabhängig sei. Dazu gehört, dass die ausübende Gewalt nicht nach ihrem Gefallen die Richter ihres Amtes entsetzen könne; und dass die Gehalte der Richter weder von dem guten Willen, noch selbst von der guten Wirthschaft jener Macht abhängen."

Die dritte Pflicht, die dem Staate oder Landesherrn obliegt, ist die Errichtung und Unterhaltung der öffentlichen Anstalten und Werke, die einer grossen Gesellschaft äusserst nützlich sind, aber von einer einzelnen Person oder einer kleinen Anzahl von Personen nicht errichtet und unterhalten werden können, weil für diese der Aufwand, den sie erfordern, niemals durch den Vortheil, den sie bringen, vergütet wird. Die Erfüllung dieser Pflicht erfordert natürlich zu verschiedenen Zeiten und in verschiedenen Ländern einen sehr verschiedenen Aufwand. Nächst der Vertheidigung des Staats und nächst der Rechtspflege sind der Handel und der öffentliche Unterricht die beiden hauptsächlichsten Gegenstände, für welche Werke und Anstalten nöthig sind. Die Unterrichtsanstalten sind von zweifacher Art; entweder für die Erziehung der Jugend, oder für den Unterricht der Erwachsenen.

Als öffentliche Anstalten und Werke, welche dem Handel eines Landes gewidmet sind, können angeführt werden: gute Landstrassen, Brücken, schiffbare Kanäle, Häfen u. s. w.

Natürlich ist ihr Aufwand sehr verschieden. Die Landstrassen müssen sich vervielfältigen und kostbarer werden, wenn die Anzahl und das Gewicht der Erzeugnisse des Landes zunimmt, die auf diesen Strassen hin und her geführt werden sollen. Ferner müssen die Brücken stärker und dauerhafter gebaut, die schiffbaren Kanäle und die Häfen vertieft und erweitert werden u. s. w.

Nothwendig erscheint es jedoch nicht, dass die Kosten der Anlage und Unterhaltung solcher öffentlichen Werke aus der eigentlichen Staatskasse, d. h. aus denjenigen Einkünften bestritten werden, deren Hebung und Anwendung der eigentlichen Staatsregierung überlassen ist. Aus vielen dieser Werke selbst lassen sich gewisse Einkünfte ziehen und mit ihnen der Aufwand, welchen sie erfordern, bestreiten, ohne dass die Kasse, wohin die allgemeinen Staatseinkünfte fliessen, damit beschwert wird. Eine Landstrasse, eine Brücke, ein Kanal kann häufig durch das Einkommen eines kleinen Zolls, der von allem darauf fahrenden Fuhrwerk gefordert wird, gebaut und unterhalten werden. Ein geringer Hafenzoll von jeder Tonne oder jedem Centner, den jedes Schiff, das in dem Hafen ein- oder ausladet, bezahlt, kann für den Bau und die Unterhaltung des Hafens ausreichen. Aehnlich ist es mit dem Geldprägen. Von den Einkünften der Münze sind mitunter nicht bloss die Unkosten derselben bestritten worden, sondern die Landesherren haben sich sogar noch einen Ueberschuss verschafft, der unter dem Namen des Schlagschatzes bekannt ist. Die Posteinrichtungen und in neuester Zeit auch die Telegraphen bringen in vielen Ländern der Staatskasse Ueberschüsse, statt bloss die Kosten zu decken. Müssen die Wagen und Schiffe nach Verhältniss ihrer Belastung und ihres Gewichts Zoll zahlen, so tragen sie für die Unterhaltung in demselben Verhältniss bei, als sie eine Abnutzung herbeiführen. Der Zoll wird von dem Zahler vorgeschossen, zuletzt aber vom Verzehrer der Waare im Verkaufspreis mit erstattet. Gute Strassen und Kanäle vermindern die Transportkosten sehr, und trotz des Zolls kommen die Waaren dem Verzehrer doch billiger zu stehen, als er sie ausserdem kaufen würde. Gewiss würde man von der Oderschiffahrt gern einen Zoll zahlen, wenn die Oder nur regelmässig befahren werden könnte. Billigere und vernünftigere Abgaben scheint es keine zu geben.

Wenn der Bau der Landstrassen, Brücken u. s. w. auf diese Weise auf Kosten desjenigen Handels geschieht, welcher auf denselben und vermittelst ihrer getrieben wird: so findet er nur da statt, wo dieser Handel vorhanden ist; und es wird kein anderer Bau dieser Art vorgenommen, als der wirklich nützlich und angemessen ist.

Auch wird dann die Grösse und Kostbarkeit dieser Bauten immer den Hülfsquellen entsprechen, die der Handel dazu herzugeben vermag. Wo aber Strassen, Brücken und Kanäle nicht aus solchen Zöllen, sondern aus den allgemeinen Einkünften des Staats angelegt werden, da kommt es leicht vor, dass sie da angelegt werden, wo sie weniger nothwendig für den Handel sind, und dass verschwenderische Prachtbauten gemacht werden — der Handel also weniger gefördert, als gehemmt und belastet wird.

In manchen Ländern ist der Zoll oder das Schleusengeld, das auf den Kanälen gezahlt wird, das Eigenthum von Privatpersonen, die dagegen gehalten sind, und so auch durch eigenen Vortheil getrieben werden, die Kanäle zu unterhalten: denn, wenn sie nicht im Stande sind, so hört die Schiffahrt auf und damit die Zolleinnahme. Würde der Zoll von Beamten erhoben, die keinen Antheil daran haben, so würden sie auf die Unterhaltung der Werke weniger Sorgfalt wenden. Der Kanal von Languedoc kostete dem Könige von Frankreich und der Provinz, worin er liegt, ausserordentliche Summen. Als er aber vollendet war, wusste man die Unterhaltung nicht besser sicherzustellen als dadurch, dass man die Zolleinnahme davon dem Ingenieur Riquet, der den Plan dazu gemacht und die Ausführung geleitet hatte, überliess. Diese Zölle machten später ansehnliche Erbstücke für mehrere Zweige der Familie desselben aus, und so musste der Familie die gehörige Instandhaltung sehr am Herzen liegen. Letztere wäre sehr viel weniger sichergestellt gewesen, wenn Beamten des Königs die Zölle zu erheben gehabt hätten.

Heerstrassen können gegen eine Zollerhebung einem Privaten nicht wohl als Eigenthum überwiesen werden, weil die Zollerhebung gar nicht ins Stocken kommt, wenn die Unterhaltung der Strasse auch sehr vernachlässigt wird. Die Strasse bleibt immer einigermassen passabel; ein Kanal mit Schleusen aber wird unbrauchbar, wenn die Unterhaltung vernachlässigt wird. Zur Unterhaltung von Strassen können Wegezölle erhoben werden, es müssen aber dabei besondere Beamten oder Aufseher angestellt werden. Wenn die Zölle aber höher sind, als die Unterhaltung der Strassen erfordert, so sind die Strassen nicht mehr zum Vortheil des Handels, sondern sie werden — ihrem ursprünglichen Zweck entgegen — dazu benutzt, um dem Handel Schaden zu bringen und ihn durch Steuern zu bedrücken. Vielfach mussten sonst — jetzt weniger — die gemeinen Landleute zur Unterhaltung der Strassen Handdienste und Fuhren leisten. Mittelst dieser unentgeltlichen Dienste — Corvées — wurden im alten Frankreich die grossen Strassen, die der Hof und der

Adel benutzte, ziemlich im Stande gehalten; die Nebenwege wurden aber vernachlässigt.

In China wurden schon vor sehr langer Zeit die Landstrassen und Kanäle gelobt. Dort, wie in anderen Asiatischen Ländern, zieht der Landesherr seine Haupteinkünfte von Ländereien, als einer Art Landrente. Diese steigt mit dem Ertrag der Ländereien; er hat also ein Interesse, diese Erträge durch Instandhaltung guter Strassen zu erhöhen. In Europa haben die Landesherren hierbei nicht ein so nahes Interesse.

Selbst diejenigen öffentlichen Werke, welche kein solches Einkommen verschaffen, woraus sie unterhalten werden könnten, deren Nutzen aber bloss auf einen gewissen Bezirk oder Ort eingeschränkt ist, werden gewöhnlich besser aus den besonderen Einkünften des Orts oder der Provinz, unter der Verwaltung von lokalen oder provinzialen Obrigkeiten, als aus den allgemeinen Staatseinkünften unterhalten; in welchem Falle auch die Verwaltung der eigentlichen Staatsregierung — der Centralverwaltung — anheimfällt. „Die Missbräuche, die sich zuweilen in die Verwaltung solcher Einkünfte einschleichen, welche in einem besondern Orte oder Bezirke erhoben werden, und unter der Aufsicht von Orts- oder Bezirksobrigkeiten stehen, mögen noch so ungeheuer scheinen: sie sind doch in der That wahre Kleinigkeiten gegen diejenigen Missbräuche, welche fast immer in der Verwendung der Einkünfte eines grossen Reiches statthaben. Sie lassen sich überdies leichter abstellen.“

Der Endzweck der bisher betrachteten Werke und Anstalten ist, dem Handel im Allgemeinen Erleichterungen zu verschaffen. Aber um einzelne Zweige desselben zu unterstützen, können auch besondere Anstalten nothwendig sein, die auch wieder eigenen Aufwand erfordern.

Diejenigen Zweige des Handels z. B., die mit wilden Völkerschaften geführt werden, wollen auf eine besondere Art geschützt sein. Blosse Waarenbehältnisse und Comtoire würden den Kaufleuten, die nach den Westküsten von Afrika handeln wollten, nicht genügende Sicherheit für ihre Güter verschafft haben. Um diese gegen die barbarischen Eingebornen zu vertheidigen, mussten die Plätze, wo sie aufbehalten wurden, auf eine oder die andere Art befestigt werden. In Ostindien schien eine ähnliche Vorsicht unentbehrlich. Wenigstens geschah es unter dem Vorwande, Menschen und Waaren vor Gewaltthätigkeiten zu sichern, dass einst die Französische sowohl, als auch die Englische Handelsgesellschaft Erlaubniss erhielt, Festungen in diesen Ländern anzulegen.

Bei andern Nationen, deren kraftvollere Regierung Fremden nie erlauben würde, Festungen auf ihrem Gebiete zu bauen [1]), kann es vielleicht zur Unterstützung des Handels mit ihnen nothwendig sein, einen Gesandten oder Consul zu unterhalten, der theils die Streitigkeiten unter seinen eigenen Landsleuten nach ihren Gesetzen und Gewohnheiten entscheiden, theils in ihren Streitigkeiten mit den Eingebornen, als eine öffentliche Person, mit mehr Ansehen auftreten, und nachdrucklicher, als es von einer blossen Privatperson geschehen kann, ihre Rechte vertheidigen konne. Das Handelsinteresse hat es oft nothig gemacht, Gesandte an Höfe zu schicken, die wegen sonstiger politischer Verbindungen keine solche Aufmerksamkeit erfordert hätten. Wahrscheinlich kommt uberhaupt die Gewohnheit der Europäischen Staaten, bei andern Staaten immerwährende Gesandtschaften zu unterhalten, davon her, dass der Handel das Interesse der Einwohner so mannigfaltig verwickelt hat. Die vielen Consuln in fremden Handelsstadten und Hafen werden aus der allgemeinen Staatskasse in der Regel nicht bezahlt, sondern beziehen meist nur Gebuhren fur die besonderen Dienste, die sie den Unterthanen — Kaufleuten, Schiffern u. s. w. — des Fursten, der sie angestellt hat, leisten. Haufig sind sie selbst nicht Unterthan dieses Fursten. — England hat sehr viel Consuln, die Englische Unterthanen sind und von der Englischen Regierung besoldet werden — und hält diese Staatsausgaben für gut angewendet. Was die Gesandten betrifft, die nicht auch Consuln sind, so kann man jetzt wohl im Allgemeinen sagen, dass, je mehr eine diplomatische Person im Handelsinteresse ihres Vaterlandes und ihrer Landsleute wirkt, sie überhaupt desto nutzlicher wirkt — und wenn sie in dieser Beziehung nicht nutzlich wirkt, so ist ihre kostbare Unterhaltung wahrscheinlich uberhaupt entbehrlich.

Es scheint nicht unbillig, dass der besondere Schutz und Beistand, den ein gewisser einzelner Handelszweig vom Staate verlangt, auch durch eine Abgabe, die auf diesen besondern Zweig allein gelegt wird, bezahlt werde; so z. B. dass bestimmte Procente von dem Werthe der betreffenden ein- und ausgefuhrten Waaren bezahlt werden. Die Zölle uberhaupt mögen dadurch aufgekommen sein, dass man für die Unkosten, die erfordert wurden, den Handel gegen Seeräuber oder Raubritter zu beschutzen, einen Ersatz verlangt hat. Wenn es nun für billig gilt, dem Handel überhaupt eine Abgabe aufzulegen,

---

[1]) Nach dem Vertrage mit Japan von 1861 können Preussen dort Befestigungen oder Festungswerke nicht anlegen.

weil die Beschützung desselben Kosten verursachte: so konnte es auch nicht unbillig scheinen, einem besondern Handelszweige, der einen eignen Schutz verlangt, auch zur Ersetzung der Kosten, die dieser Schutz verursacht, eine eigene Abgabe aufzulegen. Die Beschützung des Handels überhaupt wurde immer als ein Theil der Vertheidigung des ganzen Staats und also als eine Pflicht der Staatsregierung angesehen. Daher wurde es ihr auch überlassen, Handelszölle zu erheben und zu verwenden. Indessen hatten in den meisten handeltreibenden Ländern Europa's die Handelsgesellschaften, welche gewisse Zweige des Handels ausschliessend betrieben, die Gesetzgebung dahin gebracht, dass auch die Sorge für den Schutz dieser Zweige, welcher eigentlich dem Staate zukommt, ihnen mit aller der Gewalt, welche dazu erfordert wird, überlassen werden müsse. Die Zeit solcher monopolisirten Handlungsgesellschaften ist indessen gegenwärtig ziemlich vorbei. —

Die Anstalten zur Erziehung der Jugend können auf gleiche Weise so eingerichtet werden, dass sie selbst einen hinreichenden Fonds zu ihrer Unterhaltung abwerfen. Das Schulgeld oder Honorar, welches der Lehrling seinem Lehrer zahlt, bringt natürlicher Weise einen solchen Fonds hervor. Selbst da, wo die Belohnung des Lehrers nicht aus dieser natürlichen Quelle fliesst, braucht sie nicht nothwendig aus den allgemeinen Staatseinkünften genommen zu werden. In vielen Ländern fällt der Staatskasse die Unterhaltung der Schulen und Universitäten entweder gar nicht, oder doch sehr wenig zur Last. Sie wird aus gewissen örtlichen oder Provinzialeinkünften oder aus dem Ertrag von Landgütern oder Zinsen von Kapitalien bestritten, die vom Landesherrn oder von Privatpersonen geschenkt sind. Es ist aber zweifelhaft, ob hierdurch der Zweck am besten erreicht wird. Die Dotirung der Schulen und Universitäten hat unvermeidlich dazu beigetragen, die Nothwendigkeit des Fleisses bei den Lehrern zu vermindern. Wo das Einkommen der Lehrer weniger von ihrem Gehalt als ihrem Honorar abhängt, müssen sie sich mehr anstrengen. „Auf der Universität Oxford haben seit vielen Jahren die meisten öffentlichen Professoren auch den Vorsatz aufgegeben, Vorlesungen zu halten.“ In England sind die Schulen weit weniger verdorben, als die Universitäten. Auf letzteren findet die Jugend oft keine Gelegenheit in den Wissenschaften unterrichtet zu werden, zu deren Unterrichte diese gelehrten Korperschaften eigentlich bestimmt sind. Das Einkommen eines Schullehrers hängt meist nur von dem ab, was er von seinen Schulern erhält, und die Schulen haben keine Privilegien. Aber trotz aller Bevorzugungen sind die reichsten Universitäten am langsamsten gewesen, Verbesserungen vorzunehmen und haben sich einer Veränderung der Methode des Unterrichts am meisten widersetzt. Auf ärmeren Universitäten waren die Lehrer, weil ihre Einnahme von dem Rufe ihrer Brauchbarkeit abhängig war, weit mehr genöthigt, sich den Anforderungen der Zeit zu bequemen.

Gäbe es nun keine öffentlichen Lehranstalten, so würde keine Wissenschaft gelehrt werden, wonach nicht eine Nachfrage vorhanden ist, d. h. deren Erlernung nicht nach den Umständen und dem Geist der Zeit nothwendig oder Mode wäre. Soll aber der Staat um die Erziehung seiner Bürger sich gar nicht kümmern? Oder, wenn er es soll, für welchen Unterricht soll er sorgen? und für welche Volksklassen?

In einigen Fällen setzt der Zustand der Gesellschaft den grössten Theil der Glieder von selbst in solche Lagen, wodurch ohne alles Zuthun der Regierung alle diejenigen Talente und Tugenden in ihnen ausgebildet werden, welche dieser Zustand erfordert, oder auch nur erlaubt. In andern Fällen giebt der Zustand der Gesellschaft überhaupt den einzelnen Gliedern derselben diese völlige Bildung nicht; und die Sorge der Regierung muss hinzutreten, um eine völlige Verwilderung des grossen Haufens zu verhindern.

Bei der Erwägung der Frage über die Besoldung eines sogenannten gelehrten Standes sagt Mill: „In einigen Ländern sind Akademien der Wissenschaften, Antiquitäten, Geschichte u. s. w. gebildet, mit Gehalten verbunden. Der wirksamste und am wenigsten dem Misstrauen ausgesetzte Plan scheint der zu sein, Professuren zu ertheilen mit der Verbindlichkeit zu gleichzeitigen Lehrvorträgen. Die Beschäftigung, einen Wissenszweig, wenigstens in seinen höheren Stadien, zu lehren, ist eher eine Hülfe als ein Hemmniss systematischer Ausbildung in dem betreffenden Fache. Die Pflichten einer Professur lassen fast immer genug Zeit zum Forschen, und die grössten Fortschritte in den Wissenschaften, in den moralischen wie physischen, sind ausgegangen von öffentlichen Lehrern derselben, von Aristoteles und Plato herab bis auf die grossen Namen der Schottischen, Französischen und Deutschen Universitäten. Ich nenne nicht die Englischen, da ihre Professuren kaum mehr als nominell sind."

Die wissenschaftliche Wirksamkeit der Universitäten in England wird hiernach dort nicht hoch gestellt, die der Deutschen aber anerkannt. Wenn man indessen besondere Bau-, Berg-, forst- und landwirthschaftliche Akademien, so wie Gewerbeinstitute und ähnliche höhere Lehranstalten noch neben den Universitäten errichtet, so vermindert man die Zahl der strebsamen Studirenden und die Einkünfte der Universitätslehrer, entmuthigt dieselben also, vermehrt aber auch die Staatsausgaben überhaupt, und vermindert gewiss das Ansehen und den Nutzen der Universitäten. Für eine stark besuchte Universität lassen sich, ohne erhebliche Vermehrung der Staatsausgaben, die besten Lehrkräfte gewinnen, und abgesehen von der pekuniären Seite wird ein Mann, der vor hundert oder mehr Zuhörern liest, sich wahrscheinlich mehr anstrengen, als wenn er kaum auf zehn Zuhörer rechnen kann. Alles, was dergleichen besondere Anstalten leisten sollen, könnten, wenn sie nur bald wieder aufgehoben würden, auch die Universitäten wenigstens eben so gut leisten, und zwar mit geringeren Kosten für das Gemeinwesen.

Die Erziehung des gemeinen Mannes verdient weit mehr die Aufmerksamkeit der Regierung, als die Erziehung des vornehmen. Die wesentlichsten Theile alles Unterrichts, Lesen, Schreiben und Rechnen, können auch den Kindern der Aermsten beigebracht werden, und es kostet dem Gemeinwesen oder dem Staat auch nur einen verhältnissmässig geringen Aufwand, wenn er hierbei mithilft. Die Errichtung von Elementarschulen im ganzen Lande ist nothwendig und ausführbar, wenn die Lehrer zum Theil besoldet werden. Wenn aber die Lehrer vom Schulgelde ganz unabhängig sind und bloss vom Gehalt leben können, so ist zu besorgen, dass sie ihren Beruf vernachlässigen. So kann und soll das Gemeinwesen die nöthigen Opfer bringen, um guten Unterricht in den Elementarschulen einzuführen. Und Ausgaben dieser Art bringen nicht bloss den ärmeren Volksklassen, sondern auch dem Staat überhaupt grossen Nutzen. Zunächst nehmen die Verbrechen ab, die Rechtspflege kann also billiger werden. Demnächst ist ein verständiges und unterrichtetes Volk leichter zu regieren. Namentlich in Ländern, wo die Sicherheit der Regierung sehr von dem günstigen Urtheil abhängt, welches das Volk über ihr Verfahren fällt, ist es von der äussersten Wichtigkeit, dass das Volk nicht übereilt oder nach blossen Launen zu urtheilen sich gewöhne. —

Der Unterricht für die Erwachsenen, oder für Personen jedes Alters in einer Nation, ist grösstentheils kein anderer, als der Religionsunterricht. Dieser Unterricht hat nicht sowohl den Zweck, die Menschen zu guten Bürgern in diesem Leben zu machen, als sie für eine andere und bessere Welt, nach demselben, vorzubereiten. Die Lehrer, welche diesen Unterricht ertheilen, können, ebenso wie jeder andere Lehrer, ihren Unterhalt entweder von den freiwilligen und veränderlichen Beiträgen ihrer Zuhörer, oder aus einem unveränderlichen Fonds erhalten; es bestehe nun dieser in Ländereien, in einem Zehnten, oder einer Auflage auf Ländereien, — oder in einem festen Gehalte. In der ersten Lage werden sie wahrscheinlich sich mehr anstrengen, mehr Eifer und grösseren Fleiss beweisen, als in der letzteren. Deshalb haben die Lehrer neuer Religionen bei ihren Angriffen gegen die alten Systeme so grosse Vortheile, weil die Lehrer, welche diese vertheidigen sollen, auf ihre Pfründen sich verlassend, es gewöhnlich versäumt haben, den Glauben und die Andacht des Volks in einer gewissen Inbrunst zu unterhalten; und dann, weil sie zugleich aus Liebe zur Bequemlichkeit und zum Wohlleben alle die Kenntnisse und Geistesübungen vernachlässigt haben, die zu einem kräftigen Widerstande gegen ihre Gegner nothwendig wären. Die gut situirte Geistlichkeit einer Staatskirche pflegt sich vertheidigungslos zu fühlen, wenn sie von einem Haufen kühner und beim Volke beliebter, wenn auch unwissender Schwärmer angegriffen wird. Solche Geistlichkeit weiss sich nicht anders zu helfen, als dass sie den weltlichen Arm zu Hülfe ruft. So machte es die katholische Geistlichkeit, um die Protestanten, und die anglikanische, um die Dissenter zu verfolgen; und so lehrt überhaupt die Geschichte, dass jede Religionspartei, wenn sie 1—200 Jahre lang die Sicherheit einer durch Gesetze befestigten Herrschaft genossen hat, unfähig geworden ist, sich gegen eine neu entstehende Sekte, die ihren Lehrbegriff oder ihre Kirchenzucht angriff, mit Muth und Kraft zu vertheidigen. Die alte, herrschende Partei kann dabei die gelehrtere sein, aber in der Kunst, die Gemüther des Volks zu gewinnen, in den Künsten, welche Proselyten machen, werden ihre Gegner immer die Oberhand haben.

In der katholischen Kirche wird der Eifer und Fleiss der niederen Geistlichkeit durch die mächtigen Beweggründe des Eigennutzes, mehr als vielleicht in irgend einer protestantischen Landeskirche, aufrecht erhalten. Die Curatgeistlichen erhalten gewöhnlich einen beträchtlichen Theil ihrer Einnahmen durch freiwillige Opfer ihrer Pfarrkinder; und die Bettelorden erwarten ihren Unterhalt einzig und allein von solchen Opfern. „Sie befinden sich in der Lage, wie die Husaren und leichte Infanterie bei gewissen Kriegsheeren: wenn sie keine Beute machen, so haben sie auch keinen Sold. Die Pfarrer sind denjenigen Schul- und Universitätslehrern ähnlich, die zum Theil von festen Besoldungen, zum Theil von dem Ehrenlohne leben, den ihnen ihre Schüler und Zuhörer zahlen: einem Lohne, der immer mehr oder weniger von ihrem Fleisse und ihrem Rufe abhängt. Die Bettelmönche sind den Lehrern ähnlich, welche ganz allein von ihren Schülern bezahlt werden. Sie sind also zur Anwendung jedes Mittels genöthigt, welches das Feuer der Andacht bei dem gemeinen Mann anfachen kann.“ Die Franziskaner und Dominikaner haben im 13. und 14. Jahrhundert den schwach werdenden Glauben und die erkaltete Andacht der katholischen Kirche wieder belebt und erwärmt. Die Mönche und die ärmeren Pfarrer sind es, welche die Volksandacht fast ganz allein unterhalten. Die Prälaten und die übrige hohe Geistlichkeit, wenn sie auch gelehrt und in jeder Beziehung achtungswerth sind, geben sich doch selbst mit der Unterweisung des Volks gewöhnlich wenig ab.

Man könnte vielleicht meinen, dass der Stand der Geistlichen aller Kirchen ebenso behandelt werden könnte, wie z. B. Aerzte und Sachwalter, so dass die Freigebigkeit und Dankbarkeit der einzelnen Personen ihnen genügen sollte, die ihrer Lehre anhängen und durch ihre geistlichen Arbeiten erbaut und getröstet werden. Indessen wird doch ein solcher auf Eigennutz gegründeter Eifer der Geistlichen von manchem Gesetzgeber lieber verhütet werden. Ein solcher geistlicher Praktiker würde, um sich selbst seinen Anhängern theurer und in den Augen derselben geheiligter zu machen, sie mit dem grössten Abscheu gegen alle anderen Sekten erfüllen, und durch immer neue Erfindungen die ermattende Andacht seiner Zuhörer zu beleben suchen. So kann denn die Staatsregierung am Ende finden, dass sie die Ersparung sehr theuer bezahlt, welche sie zu machen glaubte, als sie den Geistlichen ein festes Gehalt versagte. Und sie kann nun glauben, ein gutes Geschäft zu machen, wenn sie durch Aussetzung fester Gehalte die Lauigkeit dieser geistlichen Führer in ihrem Amte erkauft, und so die Verfolgung verhindert oder wenigstens mässigt. Und in dieser Weise werden geistliche Stiftungen und Kirchengüter, ob sie gleich zuerst in bloss religiösen Absichten der Geistlichkeit übergeben worden sind, zuletzt auch dem politischen Interesse der Gesellschaft nützlich.

Indessen, Zeiten heftiger Religionsstreitigkeiten sind gewöhnlich auch Zeiten heftigen Parteikampfes im Staate, und in solchen Zeiten findet jede politische Partei es nützlich, sich mit einer oder der anderen mit einander streitenden Religionssekte zu verbinden. Wenn aber die Politik niemals die Religion zu Hülfe gerufen, — wenn die siegende Staatspartei, nicht schon während ihres Streits mit ihren Gegnern, sich mit einer der kirchlichen Sekten verbunden hätte: so würde sie auch nach ihrem Siege gegen alle Sekten gleichgültig oder unparteiisch gewesen sein, und jedem Menschen erlaubt haben, seine Religion und seinen Geistlichen nach Belieben zu wählen. In diesem Fall würde es ohne Zweifel eine grosse Menge von Sekten gegeben haben. Wo nun die Lehrer einer Religionspartei vor denen anderer Religionsparteien nicht begünstigt werden, da wäre es auch nicht nothwendig, die Lehrer von irgend einer in eine besondere Abhängigkeit von dem Landesherrn zu bringen, und sich in die Ernennung oder Entlassung derselben von Staatswegen einzumischen. Die Regierung hätte sich gar nicht weiter um sie zu kümmern, als insofern sie sich um alle ihre Unterthanen überhaupt kümmert, nämlich um den Frieden unter ihnen zu erhalten, und jeden insbesondere von der Beleidigung, Verfolgung und Unterdrückung der übrigen abzuhalten. So war es, wohl zuerst, in Pensylvanien, und jetzt ist dies ein allgemeiner Grundsatz in den Vereinigten Staaten, der sich bisher als sehr praktisch erwiesen hat.

Aber ganz anders ist es in einem Lande, wo es eine Staatskirche und eine herrschende Religion giebt. Selbst in den am meisten despotischen Reichen hat der Geistliche, der bei seiner eignen Klasse in gutem Ansehen steht, weniger für seine persönliche Sicherheit, oder für seine Rechte und Privilegien zu fürchten, als irgend ein anderer Unterthan des Staats von gleichem Range. Obgleich aber der geistliche Stand mit Gewalt nirgends leicht gezwungen werden kann: so kann er doch so leicht wie ein anderer, durch geheimen Einfluss regiert werden, und von den Mitteln, die der Landesherr dazu in Händen hat, hängt seine Sicherheit und die öffentliche Ruhe in grossem Masse ab. Diese Mittel bestehen vornehmlich in den Beförderungen zu höheren und einträglichen Aemtern, die der Landesherr vergiebt.

„In demjenigen Zustande, welchen die Dinge fast in ganz Europa etwa vom 10 bis zum 13. Jahrhundert hatten, konnte die Verfassung der Römischen Kirche als das fürchterlichste Bündniss angesehen werden, das jemals gegen das Ansehen und die Sicherheit der bürgerlichen Regierung geschlossen worden ist, — ein Bündniss, das zugleich eine Verschwörung gegen die Vernunft, die Freiheit und das Glück der Völker war: weil alle diese Vorzüge nirgends gedeihen können, wo nicht die bürgerliche Obrigkeit mächtig genug ist, sie zu beschützen." Wäre aber die Hierarchie nie von andern Feinden als durch die schwachen Waffen der Vernunft angegriffen worden: so hätte sie von ewiger Dauer sein können.

Die allmähligen Fortschritte in Manufakturen, Künsten und Handel zerstörten die weltliche Macht der Geistlichkeit, durch den grösseren Theil von Europa, auf eben die Weise, wie sie die Macht des hohen Adels zerstört hatten. In den Erzeugnissen und Waaren, welche dadurch geliefert wurden, fand die Geistlichkeit, wie der Adel, Gegenstände, die sie gegen ihr überflüssiges rohes Erzeugniss eintauschen konnten; und dadurch fanden sie zuerst Mittel, ihre grossen Einkünfte auf ihre eigenen Personen zu verwenden, ohne andere Leute an dem Genusse derselben einen beträchtlichen Antheil nehmen zu lassen. Ihre Mildthätigkeit wurde allmählig weniger ausgebreitet, ihre Gastfreiheit weniger verschwenderisch. Ihre Anhänger und die von ihr Abhängigen wurden also weniger zahlreich, und schwanden nach und nach völlig hinweg. Nun wünschte auch die Geistlichkeit, wie die weltlichen Gutsbesitzer, von ihren Ländereien höhere Renten zu ziehen, um den neuen Zusatz auf gleiche Weise, wie ihre bisherigen Einkünfte, auf die Befriedigung ihrer persönlichen Eitelkeit und Sinnlichkeit wenden zu können. Aber diese Erhöhung fand nur statt, wenn sie ihren Untersassen die Ländereien auf lange Zeit in Pacht gaben; und hierdurch wurden diese grossentheils von ihnen unabhängig, — die Bande des Interesse, welche die untern Volksklassen bis dahin an die Klerisei geknüpft hatten, rissen auf diese Weise, oder lösten sich auf. Sie rissen und lösten sich sogar eher, als die ähnlichen Bande, durch welche diese Volksklassen an den weltlichen Baronen hingen. Denn da die kirchlichen Pfründen grösstentheils kleiner als die Güter des hohen Adels waren: so war der Inhaber einer Pfründe noch weit eher im Stande, das ganze Einkommen derselben auf seine eigne Person zu wenden. Im 14. und 15. Jahrhundert war in den meisten Ländern die Macht des hohen Adels noch auf ihrem Gipfel. Aber die weltliche Macht der Geistlichkeit, die unumschränkte Herrschaft, welche sie sonst über den grossen Haufen des Volks ausgeübt hatte, war schon sehr im Verfall. Schon damals war ihre Macht fast nur auf ihr geistliches Ansehen eingeschränkt; und selbst dieses geistliche Ansehen fiel sehr, da es nicht mehr durch Gastfreiheit und Mildthätigkeit unterstützt wurde. Die unteren Volksklassen sahen nun nicht mehr auf den geistlichen Stand als ihren Helfer in der Noth und den wohlthätigen Versorger ihrer Dürftigkeit. Im Gegentheil wurden sie nun durch die Eitelkeit, das Wohlleben und den Aufwand der reicheren Geistlichkeit beleidigt, die das auf ihr eignes Vergnügen zu wenden schien, was zuvor als das Erbtheil der Armuth war angesehen worden.

Dann kam die Reformation. Unter den in allen Ländern Europa's zerstreuten Anhängern derselben gab es kein höchstes Tribunal, wie der Römische Hof für die katholische Kirche war; keine allgemeine Kirchenversammlung, welche die unter ihnen entstehenden Streitigkeiten hätte schlichten, und die genaue Grenze der Rechtgläubigkeit mit verbindlichem Ansehen für alle hätte bestimmen können. Wenn daher die Anhänger der Reformation in dem einen Lande mit ihren Brüdern in andern Ländern über Glaubenspunkte uneins wurden: so konnte der Streit, aus Mangel eines gemeinschaftlichen Richters, unter ihnen nicht beigelegt werden; — und Streitigkeiten der Art entstanden unter ihnen wirklich. Die für den Frieden und die Wohlfahrt der Länder wichtigste Streitigkeit war nun wieder die, welche das Kirchenregiment und das Recht, die geistlichen Aemter zu vergeben, betrifft. Sie gab auch zu der Trennung der beiden Hauptparteien unter den Protestanten Anlass.

Das Einkommen aller in den verschiedenen Ländern herrschenden Kirchen ist, wenn man die von Privatpersonen ihr geschenkten Ländereien ausnimmt, ein Zweig der öffentlichen Staatseinkünfte, der auf diese Weise zu einem ganz anderen, als ihrem eigentlichen Endzwecke, der Vertheidigung und Verwaltung des Staats, angewandt worden ist. Der Kirchenzehnte z. B. ist eine wahre Grundsteuer, die es den Gutsbesitzern unmöglich macht, zu den Bedürfnissen des Staats so viel beizutragen, als sie sonst wohl thun könnten. Je mehr also von dieser Quelle auf die Kirche abgeleitet wird, desto weniger kann dem Staate zufliessen. Es kann also als sicher angenommen werden, dass, je reicher die Kirche ist, desto ärmer entweder der Landesherr auf der einen, oder das Volk auf der andern Seite, in allen Fällen aber der Staat weniger fähig sein muss, sich zu vertheidigen. In verschiedenen protestantischen Ländern sind die Zehnten und Ländereien, die ehedem der katholischen Kirche gehörten, hinlänglich befunden worden, nicht nur die gesammte Geistlichkeit anständig zu besolden, sondern auch, mit Zuschuss anderer Einkünfte, alle anderen Staatsausgaben zu bestreiten.

Wenn irgend ein Amt oder ein dem Staate zu leistender Dienst gehörig versehen sein soll, so muss die Belohnung im richtigen Verhältnisse mit dem Werthe und der Schwierigkeit desselben stehen. Wird irgend ein Dienst zu schlecht bezahlt, so wird er sehr wahrscheinlich durch die Unfähigkeit und die niedrige Denkungsart derer, die ihn verrichten, leiden. Wird er zu gut bezahlt, so leidet er vielleicht noch mehr durch ihre Faulheit und die freiwillige Vernachlässigung ihrer Pflichten. Ein Mensch, der grosse Einkünfte hat, sein Beruf mag sein welcher er wolle, denkt, dass er so wie andere Leute, die grosse Einkünfte haben, leben — und einen beträchtlichen Theil seiner Zeit in Lustbarkeiten, mit Zerstreuungen und Befriedigung seiner Eitelkeit zubringen müsse. Einem Geistlichen aber raubt eine solche Lebensart nicht nur die Zeit, die zur Erfüllung der Pflichten seines Berufs nothwendig ist, sondern sie entzieht ihm auch die Achtung des gemeinen Mannes, ohne welche er jene Pflichten nicht mit gutem Erfolge ausüben kann. —

Ausser denjenigen Staatsausgaben, welche der Landesherr machen muss, wenn er die verschiedenen Pflichten seines Berufs erfüllen will, giebt es noch andere, welche die Würde seiner Person aufrecht zu erhalten dienen. Dieser Aufwand ändert sich, so wie die Staaten auf verschiedenen Stufen der Kultur stehen, oder so wie sie verschiedene Regierungsformen annehmen.

In einer reichen und aufblühenden Gesellschaft, wo alle Klassen ihren Aufwand in Bezug auf Gebäude, Hausgeräth, Tafel, Kleidung, Fuhrwerk fortwährend erhöhen, wäre es unnatürlich, wenn nicht der Aufwand des Landesherrn damit gleichen Schritt halten sollte. Sein Aufwand ist also natürlicher, oder vielmehr nothwendiger, Weise in allen diesen Punkten grösser, als der Aufwand irgend eines Privatmanns. Und selbst seine Würde scheint zu erfordern, dass er es sei.

Weil ein erblicher Monarch an Würde über seine Unterthanen mehr erhaben ist, als die höchste Obrigkeit irgend einer Republik über ihre Mitbürger, so wird auch zur Unterstützung jener höhern Würde ein grösserer Aufwand erfordert. Wir erwarten natürlich am Hofe eines Königs mehr Pracht, als in der Wohnung des Consuls, Protektors oder Präsidenten einer Republik.

Als Resultat der bisherigen Betrachtungen lässt sich Folgendes aufstellen.

1) Die beiden Arten von Ausgaben, welche zur Beschützung oder Vertheidigung des Staats und zur Aufrechthaltung der Würde des Landesherrn gehören, haben das Wohl der ganzen Gesellschaft zur Absicht. Daher ist es billig, dass auch alle Gesellschaftsglieder zur Bestreitung derselben beitragen, und zwar in dem möglichst genauen Verhältniss mit ihrem Vermögen.

2) Die Ausgaben für die Rechtspflege lassen sich auch als solche ansehen, welche das allgemeine Beste zum Zwecke haben — und es wäre deshalb nicht unbillig, sie durch Beiträge von allen Mitgliedern des Gemeinwesens zu bestreiten. Indessen sind es doch besonders die bei den Gerichten Hülfe oder Schutz suchenden Personen, von welchen diese Ausgaben veranlasst, und gemeiniglich durch Ungerechtigkeiten der einen oder der andern Art veranlasst werden. Und eben diese Personen, wenn sie durch die Gerichte im Besitz ihrer Rechte erhalten, oder in dieselben wieder eingesetzt worden sind, haben vorzugsweise den Vortheil, der durch jene Ausgaben beabsich-

tigt wird. Es erscheint also noch angemessener, dass der Aufwand der Rechtspflege grösstentheils von denjenigen Personen, welchen sie besonders zu Gute kommt, d. h. von den prozessführenden Personen, durch die Gerichtssporteln bezahlt werde, und dass die allgemeinen Beiträge der Gesellschaft in der Regel nur bei Kriminalprozessen zu Hülfe gerufen werden, wenn die Verbrecher nicht hinreichendes eignes Vermögen haben, alle Kosten zu decken.

3) Eine Ausgabe, die lediglich zum Vortheil einer einzelnen Ortschaft, eines Kreises oder einer Provinz gemacht wird, z. B. was Polizeianstalten einer Stadt oder eines besonderen Bezirks kosten, sollte auch aus den Einkünften der betreffenden Oertlichkeit bestritten und nicht der allgemeinen Staatskasse aufgebürdet werden. Unbillig wäre es, wenn die ganze Gesellschaft zu einer Ausgabe beisteuerte, deren Nutzen sich nur auf einen Theil der Gesellschaft beschränkt.

4) Die Ausgaben, welche auf gute Strassen und überhaupt auf eine leichtere Verbindung der verschiedenen Theile des Staats gewendet werden, befördern ohne Zweifel den Nutzen der ganzen Gesellschaft: und daher ist es nicht ungerecht, dass alle ihre Mitglieder Beisteuern dazu geben. Indessen ist doch die unmittelbarste Wirkung dieses Aufwandes nur eigentlich eine Wohlthat für diejenigen, welche von einem Orte zum andern reisen oder Waaren verführen, und für diejenigen, welche diese Waaren verbrauchen. Wenn also für das Benutzen und Passiren der Landstrassen Wegezölle oder Chausseegelder erhoben werden, so fallen die Ausgaben hauptsächlich denen zur Last, welche den Vortheil davon haben, und die allgemeine Staatskasse kann davon frei bleiben.

5) Auch derjenige Aufwand, welcher der Erziehung der Jugend und dem Religionsunterricht gewidmet ist, erstreckt seinen Nutzen auf die ganze Gesellschaft, und kann also billig die Beiträge der ganzen Gesellschaft fordern. Indessen ist es vielleicht eben so passend, und in mancher Beziehung noch vortheilhafter, dass diejenigen die Kosten dieses Unterrichts allein bezahlen, die unmittelbar die wohlthätigen Wirkungen davon erfahren, d. h. dass diese Kosten durch freiwillige Beiträge der Schüler, welche einen Lehrer der Wissenschaften, oder der Kirchkinder, welche einen Religionslehrer nöthig haben, aufgebracht werden. Der nützlichste und nothwendigste Unterricht ist der Elementarunterricht. Dennoch kann es nicht sehr gerathen sein, die ganzen desfallsigen Kosten der allgemeinen Staatskasse aufzubürden. Die Kosten müssen vielmehr zunächst von den Eltern der Kinder aufgebracht werden, da diese den Hauptnutzen da-

von haben. Sollten einzelne so arm sein, dass sie das erforderliche Schulgeld nicht ganz aufbringen können, so ist es Sache ihrer Verwandten und Nachbarn, ihnen zu Hülfe zu kommen, oder auch der Gemeinde, in welcher sie wohnen[1]).

6) Wenn diejenigen öffentlichen Anstalten oder Werke, welche für die ganze Gesellschaft wohlthätig sind, nicht durch die besonderen Beiträge der sie unmittelbar benutzenden Glieder der Gesellschaft erhalten werden können, so ist es natürlich die allgemeine Beisteuer der ganzen Gesellschaft, welche das Fehlende zuschiessen muss. Diese allgemeinen Einkünfte des Staats sind in der That dazu bestimmt, ausser den Kosten der öffentlichen Vertheidigung und denjenigen Kosten, welche die Aufrechthaltung der Würde des Landesherrn erfordert — zwei Ausgaben, die daraus allein bestritten werden, — auch das Deficit vieler besonderen und zu beschränkteren Zwecken bestimmten Kassen zu decken.

Im Februar 1849 veröffentlichte Frédéric Bastiat († 1850) eine Flugschrift unter dem Titel: Paix et liberté ou le budget républicain. Wenn ich hier Einiges daraus folgen lasse, so geschieht es, um zu zeigen, dass man auf so gute Ansichten, als Ad. Smith im vorigen Jahrhundert in England ausgesprochen hatte, in diesem auch in Frankreich gekommen ist.

„Zeigt mir ein Volk, welches ungerechte Ideen von auswärtiger Herrschaft, von missbräuchlichem Einfluss, von Präponderanz, von Präpotenz hegt; welches sich in die Angelegenheiten benachbarter Nationen einmischt, unaufhörlich drohend oder bedroht, und ich werde Euch ein Volk zeigen, welches von Steuern bedrückt ist. Zeigt mir ein Volk, welches sich Institutionen solcher Natur gegeben hat, dass die Bürger nicht denken, schreiben, drucken, unterrichten, arbeiten, tauschen, sich versammeln können, ohne dass eine Schaar von Beamten ihre Bewegungen hemmt, und ich werde Euch ein Volk zeigen, welches von Steuern bedrückt ist. Denn ich sehe wohl ein, wie es mich nichts kostet, mit aller Welt in Frieden zu leben. Aber ich kann nicht begreifen, wie ich es anfangen müsste, um mich fortwährenden Streitigkeiten auszusetzen, ohne mich ungeheuren Kosten zu unterwerfen, sei es zum Angreifen, sei es zur Vertheidigung. Und ich sehe wohl ein, wie es mich nichts kostet, frei zu sein, aber

[1]) Die Kosten, welche ein zeitgemässer Elementarunterricht dem Preussischen Volke überhaupt schon um das Jahr 1840 verursacht haben würde, hat Hoffmann (Sammlung kleiner Schriften staatswirthschaftlichen Inhalts, 1843, S. 152—154) auf mehr als 21½ Millionen Thaler jährlich berechnet.

ich kann nicht begreifen, wie der Staat auf eine für meine Freiheit verderbliche Weise auf mich einwirken kann, wenn ich nicht damit angefangen habe, kostbare Werkzeuge der Bedrückung, und auf meine eignen Kosten, in seine Hände zu legen. Suchen wir also Sparsamkeit. Suchen wir sie, weil sie das einzige Mittel ist, das Volk zufrieden zu stellen, es die Republik lieben zu machen, durch die Sympathie der Massen den Geist der Unruhe und der Revolution im Schach zu halten. Suchen wir die Sparsamkeit: Frieden und Freiheit werden uns als Zugabe gegeben werden. — Das Budget ist die ganze Politik. Es schwillt an oder nimmt ab, je nachdem die öffentliche Meinung mehr oder weniger von dem Staat verlangt. Wozu würde es nützen, darzuthun, dass die Unterdrückung dieses oder jenes Dienstes der Regierung diese oder jene bedeutende Ersparung mit sich führt, wenn die Steuerpflichtigen selbst den Dienst der Ersparung vorziehen? — Wenn wir unsere Ausgaben nicht vermindern können, so dürfen wir die Steuern nicht ermässigen, es ist sogar unsere Pflicht, sie zu erhöhen, da die Budgets jedes Jahr mit einem Deficit abschliessen. Wenn wir unsere Steuern erhöhen, so giebt es etwas, wofür wir keine Sicherheit haben, nämlich für das Wachsen unserer Einnahmen; aber es giebt etwas Anderes, worüber kein Zweifel möglich ist, nämlich, dass wir in diesem Lande Unzufriedenheit, Hass, Widerstand hervorrufen und die äussere Sicherheit nur auf Kosten der inneren erlangen können. — Man bedarf, sagt man, eine mächtige Marine, um unserm Handel neue Wege zu eröffnen und die entfernten Märkte zu beherrschen. Wahrlich, das Benehmen der Regierung gegen den Handel ist sonderbar. Sie fängt damit an, ihn zu hemmen, ihn zu drücken, ihn zu beschränken, ihn zu ersticken, und zwar mit grossen Kosten. Wenn davon ein Stück verloren geht, dann ist sie voll zärtlicher Sorge um diese Brocken, denen es gelungen ist, bei den Zollhäusern vorbeizukommen. Ich will die Handelsleute beschützen, sagt sie, und deshalb will ich dem Publikum noch 150 Millionen abnehmen, um die Meere mit Schiffen und Kanonen zu bedecken. Nun finden aber $^{99}/_{100}$ unseres Handels mit Ländern statt, wo unsere Flagge niemals sich zeigte oder zeigen wird. Haben wir Stationen in England, in den Vereinigten Staaten, in Spanien, im Zollverein, in Russland? Es handelt sich also von Mayotte und Nossibe, d. h. man nimmt uns durch Steuern mehr Franken ab, als uns Centimen durch den Handel wieder eingehen. — Die Politik der Nichtintervention, welcher unsere Väter 1789 beistimmten, zu welcher Lamartine unter dem Druck von Umständen, die stärker wie er waren, sich bekannte, welche Cavaignac stolz war zu verwirklichen, diese Politik zieht eine Unterdrückung aller Gesandtschaftsposten nach sich. Das ist in finanzieller Beziehung wenig. Es ist viel in politischer und moralischer Beziehung."

Auf dasselbe Thema kam Bastiat bei einer Rede, die er am 12. December 1849 in der gesetzgebenden Versammlung hielt:

„Ich behaupte, dass nach der Revolution, die sich begeben hat, Ihr Euch mit der politischen Lage, in der Frankreich ist, beschäftigen müsst, und dass diese Lage, erlaubt mir das Wort, jämmerlich ist; ich schiebe dies nicht auf die Männer, die heute regieren, dies reicht weit. Seht Ihr nicht, dass in Frankreich eine Bureaukratie, welche eine Aristokratie geworden ist, das Land aufzehrt? Die Industrie verkommt, das Volk leidet. Ich weiss wohl, dass es Hülfe in tollen Utopien sucht; aber darin liegt kein Verstand, ihnen dadurch den Weg zu öffnen, dass man schreiende Ungerechtigkeiten, wie ich auf dieser Tribüne andeute, fortbestehen lässt. Ich glaube, dass man nicht genug den Zustand des Leidens, in welchem sich das Land befindet, und die Ursachen, welche diesen Zustand herbeigeführt haben, berücksichtigt. Diese Ursachen liegen in den 1500 Millionen, die einem Lande aufgelegt sind, welches dieselben nicht bezahlen kann. Ich bitte Euch, eine Betrachtung anzustellen, die sehr einfach ist, die ich aber doch häufig anstelle. Ich frage mich, was ist aus meinen Jugendfreunden und Schulkameraden geworden? Und wisst Ihr, welches die Antwort ist? Von zwanzigen sind fünfzehn Beamte; und ich bin überzeugt, wenn Ihr dieselbe Rechnung anstellt, so werdet Ihr zu demselben Resultate gelangen. Ich lege mir noch eine andere Frage vor, und es ist diese: Wenn ich einen um den andern mit gutem Gewissen vornehme, leisten sie dem Lande wahre Dienste, die dem entsprechen, was das Land ihnen zahlt? Und beinahe immer bin ich genöthigt zu antworten: Das ist nicht der Fall. Ist es nicht bejammernswürdig, dass diese ungeheure Masse von Arbeit, von Kenntnissen, der wahren Produktion des Landes entzogen wird, um unnöthige und beinahe immer schädliche Beamten zu versorgen? Denn in Sachen der öffentlichen Beamten giebt es keine Neutralität: wenn sie nicht sehr nützlich sind, so sind sie schädlich; wenn sie nicht die Freiheit der Bürger aufrecht erhalten, so unterdrücken sie dieselbe. — Ich habe das Wort eines sehr berühmten Staatsmanns, Herrn Guizot, gelesen, welcher sagt: Die Freiheit ist ein zu edles Gut, als dass ein Volk darum feilschen sollte. Nun habe ich, als ich diesen Ausspruch vor langer Zeit las, mir gesagt: Wenn dieser Mann jemals das Land regiert, so wird er nicht allein die Finanzen, sondern auch die Freiheit Frankreichs zu Grunde richten. Und wahrlich, ich bitte Euch, darauf zu achten, dass die öffentlichen Beamten niemals neutral sind; wenn sie nicht nothwendig sind, so sind sie schädlich. Ich sage, dass eine radikale Unvereinbarkeit zwischen einer übermässigen Besteuerung und der Freiheit besteht. Das Maximum der Auflage ist die Sklaverei, denn der Sklave ist ein Mensch, dem man Alles nimmt, selbst die Freiheit seiner Arme und seiner Kräfte. Nun wohl, wenn der Staat nicht auf unsere Kosten z. B. einen Kultus bezahlt, würden wir nicht die Freiheit des Kultus haben? Wenn der Staat nicht auf unsere Kosten die Universität bezahlte, würden wir nicht die Freiheit des öffentlichen Unterrichts haben? Wenn der Staat nicht auf unsere Kosten eine sehr zahlreiche Bureaukratie bezahlte, wurden wir nicht die Gemeinde- und Departemental-Freiheit haben? Wenn der Staat nicht auf unsere Kosten Zollbeamte bezahlte, würden wir nicht die Handelsfreiheit haben? Denn was fehlt den Menschen dieses Landes am meisten? Etwas Vertrauen zu sich selbst, das Gefühl ihrer Verantwortlichkeit. Es ist nicht sehr zu verwundern, dass sie es verloren haben, man hat sie durch vieles Regieren gewöhnt, es zu verlieren. Das Land wird zu viel regiert, das ist das Uebel. Das Gegentheil ist, dass es lernt, sich selbst zu regieren, dass es lernt, zu unterscheiden zwischen den wesentlichen Attributionen des Staats und denen, die er auf unsere Kosten hinsichtlich der Privatthätigkeit an sich gerissen hat. Darin liegt die ganze Aufgabe. Ich meinerseits sage nun: Die Zahl der Dinge, welche zu den wesentlichen Attributionen der Regierung gehören, ist sehr beschränkt: die Ordnung, die Sicherheit walten zu lassen, jeden innerhalb des Rechts zu halten, d. h. Vergehen und Verbrechen zu steuern, und einige grosse Arbeiten zum öffentlichen Vortheil, zum Vortheil der Nation auszuführen, das, glaube ich, sind die wesentlichen Attributionen, und wir werden nur dann Frieden, Ruhe und Geldmittel haben, wir werden die Hyder der Revolutionen nur dann niedergekämpft haben, wenn wir durch Mittel des Fortschritts, wenn Ihr wollt, zu dem System zurückgekehrt sein werden, zu welchem wir uns hinwenden müssen.“ [1])

---

[1]) Der St. Simonismus — sagten bei dem Tode Enfantin's die „Times“ im September 1864 — enthielt nicht nur eine religiöse, sondern auch eine politische Lehre. Sein Stifter befasste sich eben so sehr mit der Entwickelung des Handels wie mit der Ausbreitung des Glaubens. Die beiden Zweige der Doktrin sind leicht von einander zu trennen, und während Frankreich die theologischen Irrlehren St. Simon's abgeschworen hat, krankt es noch an seinen volkswirthschaftlichen Verirrungen. Zur Zeit, als für den St. Simonismus die eifrigste Propaganda gemacht wurde, war der Kaiser gerade ins mündige Alter getreten und

Mill, der seine Grundsätze der politischen Oekonomie weder kurz nach, noch kurz vor einer Revolution in seinem Vaterlande schrieb, sagt darin, dass eine ungebührliche Ausdehnung des Gebiets der Regierung, in der Theorie sowohl als in der Praxis, besonders

---

durch eine schnelle Reihenfolge von Ereignissen der Erbe aller Glorien des Kaiserreichs geworden Gewiss ist, dass er den Fortschritt der Meinung in Frankreich mit Aufmerksamkeit und nicht immer ohne Sympathie studirte Ein Hauptglaubensbekenntniss St. Simon's war, dass die Centralgewalt die Pflicht und Schuldigkeit habe, öffentliche Bauten aller Art zu Nutz und Frommen des von ihr abhängigen Volks zu unternehmen, und Enfantin hatte ein Recht, auf dem Todtenbette sich zu rühmen, dass Frankreich nicht nur seine Lehre angenommen, sondern sich den speziell von dem Simonisten gepredigten Unternehmungen geweiht habe. Der Suezkanal war ein Plan St. Simons, und als er das Gefängniss verliess, begab er sich nach Egypten, um seine Ausführbarkeit zu prüfen; der Kaiser ging auf den Gedanken ein. Die Anlegung eines Schiffkanals über die Landenge von Panama schlug St. Simon der Spanischen Regierung nach seinem Feldzuge in Amerika vor, und wie man glaubt, ist die Idee mehr als einmal in den Tuilerien erörtert worden. Unter den ersten Schriften der St. Simonisten findet man eine von Michel Chevalier verfasste tolle Rhapsodie, die „Neue Genesis“ überschrieben, die da schildert, was aus den Gestaden des mexikanischen Meerbusens werden könnte, wenn sie mit einer Einwanderung aus dem thatkräftigen Norden gesegnet oder heimgesucht würden; und es ist ein seltsames Zusammentreffen, dass die Expedition nach Mexiko, die das Erstaunen Europas und den Unwillen der Vereinigten Staaten erregte, von Chevalier in der „Revue des Deux Mondes“ vertheidigt worden ist. Die auswärtigen Projekte sind jedoch kein so überzeugender Beweis wie die heimischen Bauten Anlegung von Kanälen, Förderung von Eisenbahnen, Wiederaufbau von Städten, die vorher eingerissen werden, Vertiefung von Häfen — kurz alle öffentlichen Unternehmungen des Kaiserreichs finden ihre Sanktion in den Geboten des erstorbenen Glaubens. Setzt man an die Stelle von St. Simon's Hierarchie den Erwählten des Volkes, so folgt fast ganz genau der Rest der Parallele von selbst. Die Thatsache wird man wahrscheinlich nicht leugnen wollen, aber dahin erklären, dass Frankreich das, was am St. Simonismus falsch war, verworfen und bloss das Wahre davon behalten habe. Unter zehn Franzosen glauben neun, dass die Exekutivbehörde in rechter Weise ihre Pflicht erfüllt, indem sie alle Arten öffentlicher Bauten unternimmt, und sie sehen nicht ein, dass das Resultat davon in einer Anhäufung von Schulden und Verwirrung besteht, welche die Energie der Nation niederdrücken muss, wenn sie nicht in unregelmässigen Zwischenräumen einen gewaltsamen Kampf um Freiheit hervorruft Nur eine kleine Minorität glaubt noch an individuelle Energie und sträubt sich gegen die Bevormundung und Einmischung des Kaiserreichs bei jedem industriellen Unternehmen, aber wir sind nicht ohne einige Hoffnung, dass die Minorität im Wachsen ist. Niemand hat den sozialistischen Charakter der Regierungseinmischung in das Gewerbeleben so überzeugend dargethan wie Frédéric Bastiat, und da seine Schriften einen so grossen Leserkreis in Frankreich gefunden haben, wird, Dank ihrem Einfluss, die für seine Landsleute so bezeichnende Gewohnheit des Wartens und Harrens auf die Initiative der Centralbehörde sich allmählig verlieren müssen.

in den Staaten des Kontinents zur Geltung gekommen sei, während in England das entgegengesetzte System entschieden vorherrsche. Er theilt nun die Funktionen der Regierung in solche, die nothwendig sind, und solche, die dies nicht sind, und die er daher optionale nennt. Nachdem er die ersteren erörtert und dann von der auf irrthümlichen Grundsätzen beruhenden Einmischung der Regierung gehandelt, auch von den hauptsächlichsten Gründen allgemeiner Art für die möglichst enge Beschränkung der Einmischung der Staatsgewalt in die Angelegenheiten des Gemeinwesens gesprochen hat, stellt er in Bezug auf die nicht nothwendigen Regierungsfunktionen den Satz auf, dass in jedem einzelnen Falle die Beweislast nicht denen obliege, die sich gegen die Regierungseinmischung wehren, sondern denen, welche sie empfehlen. Hinzugefügt wird indessen, dass die Einmischung der Regierung in der Praxis nicht immer die Grenze einhalten könne, welche die ihrem Wesen nach dafür geeigneten Fälle absondert. In den besonderen Umständen einer gegebenen Zeit und Nation gebe es kaum irgend einen für die gemeinsamen Interessen wirklich wichtigen Gegenstand, bei welchem es nicht als wünschenswerth und nothwendig erscheinen könnte, dass sich die Regierung damit befasse, „nicht weil die Privatleute die Sache nicht wirksam unternehmen könnten, sondern weil sie es nicht wollen. An gewissen Orten und zu gewissen Zeiten wird es keine Strassen, Docks, Häfen, Kanäle, Bewässerungswerke, Hospitäler, Schulen, Universitäten, Druckereien geben, wenn die Regierung sie nicht gründet; indem das Publikum entweder zu arm ist, um über die nothwendigen Mittel zu gebieten, oder zu wenig in der Bildung fortgeschritten, um den Nutzen einzusehen, oder auch nicht hinlänglich im gemeinsamen Wirken geübt, um zu der Vornahme fähig zu sein. Dies gilt mehr oder weniger für alle an Despotismus gewöhnten Länder und besonders für die, wo ein grosser Abstand in der Civilisation zwischen den Regierten und Regierenden ist, wie namentlich bei den Völkern, die erobert sind und durch eine energischere und civilisirtere Nation in der Unterjochung erhalten werden. — Die Regierungsunterstützung, welche lediglich in Ermangelung von Privatunternehmungen geleistet wird, sollte so eingerichtet sein, dass sie so viel wie möglich für das Volk ein Lehrkursus in der Kunst sei, grosse Aufgaben durch individuelle Thätigkeit und freiwilliges Zusammenwirken zu erfüllen.“ — Nach solchen Grundsätzen scheint England gegenwärtig in Indien zu regieren [1]).

---

[1]) Vergl. Die Fortschritte des Britischen Indiens, in den Deutschen Jahrbüchern. Bd. 12 (1864) S. 297—316

Wie J. G. Hoffmann meinte, würde die Staatsgewalt sich selbst entgegenarbeiten, wenn ihr Aufwand für öffentliche Anstalten die Kräfte der Einzelnen dermassen erschöpfte, dass die Summe des Gemeinnützigen, welches deshalb unterbleibt, den Werth des Vortheils überwöge, welchen die Gesammtheit aus diesen Anstalten zieht; dagegen aber würde die Regierung ihre Pflichten nur unvollständig erfüllen, wenn sie Verwendungen unterliesse, wodurch für das Wohl der Gesammtheit mehr gewonnen wird, als die Geldmittel, deren es dazu bedarf, in Privathänden zu bewirken vermögen. Wenn Hoffmann demnächst aber sagt, dass die Staatsgewalt nie zu viel Einkommen haben könne, so muss man dem entschieden widersprechen.

Ueber zu vieles Regieren ist in Preussen wohl immer noch weniger zu klagen, als in dem übrigen Deutschland, wo die Klein- und Mittelstaaterei verhältnissmässig mehr Hofleute, Minister, Diplomaten und sonstige Beamten erfordert. Preussen hatte

	1849	1855
Einwohner	16,331,187	17,202,831
und es gab, abgesehen von den Kommunalbeamten, Civilbeamte in Staatsdiensten, mit Ausnahme des geistlichen, Lehr-, ärztlichen und wundärztlichen Personals:		
bei der Justiz	15,283	17,833
bei der Verwaltung	23,903	31,574.

In sechs Jahren vermehrte sich also die Bevölkerung um 53 $^0/_{00}$, während die Zahl der Justizbeamten um 167 $^0/_{00}$ und die der Verwaltungsbeamten um 321 $^0/_{00}$ stieg. Dass es sehr viele vollständige Sinekuren giebt, lässt sich nicht gerade behaupten. Aber die Verwaltung, die seit länger als einem halben Jahrhundert eine Reorganisation von Erheblichkeit nicht erfahren hat, könnte in mancher Beziehung vereinfacht werden. So ist z. B. die Abschaffung der Regierungen und die Verminderung der Landrathsämter vorgeschlagen worden [1]). Nicht weniger empfehlenswerth wäre es, endlich alle industriellen Unternehmungen auf Staatsrechnung aufzugeben. Wenn aber ein Staatsamt als nicht mehr zeitgemäss oder als nicht nothwendig abgeschafft wird, so darf deshalb der Inhaber desselben nicht ganz oder theilweise brodlos gemacht werden. Die geringen Wartegelder, welche die Kabinetsordre vom 14. Juni 1848 entbehrlich werdenden Beamten in Aussicht stellte, erschweren die Abschaffung nicht nothwendiger Aemter, und somit manche Reformen, ganz ausseror-

[1]) Ueber Verwaltungsreformen, in den Deutschen Jahrbüchern Bd. 3 (1862) S 29 32 37—43.

dentlich. Verliert ein Beamter, auf welchem kein Makel haftet, lediglich deshalb sein Amt, weil die Beibehaltung desselben nicht nöthig ist, so sollte ihm sein bisheriges rechtmässiges amtliches Einkommen bis zu seinem Tode unverkürzt als Pension gelassen werden[1]). Hierin läge nichts weniger als eine Begünstigung, da ihm ja jede Aussicht, künftig jemals ein höheres Einkommen zu erlangen, genommen wird, er auch schwerlich noch im Stande ist, einen anderen Lebensberuf zu ergreifen. Uebrigens würde der Gesammtbetrag der an die Stelle der Gehalte tretenden Pensionen bald bedeutend fallen, da die ältesten und am höchsten besoldet gewesenen Beamten zuerst sterben, und die Zahl der jährlich absterbenden Pensionäre mit jedem Jahr grösser werden muss. Die Abschaffung unnöthiger Stellen sollte in jeder Weise gefördert und erleichtert werden, da der finanzielle Vortheil davon einleuchtend ist.

Ferner kommt in Betracht, dass, je mehr Soldaten gehalten werden, desto weniger Arbeiter bei der Landwirthschaft und bei der Industrie sind und dass daher die Klagen seitens der Arbeitsgeber über das Steigen der Löhne Grund haben[2]). Je stärker die Kriegsflotte ist, um desto schlimmer steht es, besonders bei den Kontinentalstaaten, mit der Bemannung der Handelsflotte. England hat eine starke Handelsflotte und eine starke Kriegsflotte, aber ein kleines Landheer; Preussen hat ein ziemlich starkes Landheer, aber noch eine mässige Kriegsflotte und auch noch eine ziemlich starke Handelsflotte; Frankreich hat ein starkes Landheer und eine starke Kriegsflotte, aber eine verhältnissmässig kleine Handelsflotte und — schlechte Finanzen. Je mehr Staatsindustrie, um desto weniger Privatindustrie, und je mehr Kriegsleute und Beamte oder Steuerverzehrer, um desto weniger Steuerzahler und unabhängige Wähler, und dies letzte ist von grosser Wichtigkeit in Preussen, welches seit fünfzehn Jahren aufgehört hat, eine absolute Monarchie zu sein: in dieser Zeit haben zwei Könige und jährlich Tausende von Unterthanen die Verfassung beschworen. —

---

[1]) Manchem wäre vielleicht der Bezug einer Pension weniger wünschenswerth, als der Empfang eines nach Massgabe seiner wahrscheinlichen Lebensdauer berechneten Kapitals. Der Staat zahlt gleich viel, ob er einmal ein Kapital oder jährlich eine entsprechende Leibrente zahlt.

[2]) Vergl. Engel's Zeitschrift 1864 S. 179. Nach einer Konvention mit Frankreich von 1808 durfte Preussen, welches damals etwa 4.653,000 Einwohner hatte, keine grössere Armee als von 42.000 Mann halten, d. h. 0,90 % der Bevölkerung. Von 1841 ab hat es 19 Jahre lang freiwillig eine verhältnissmässig kleinere Armee gehalten, da die Armee nicht in demselben Verhältniss zu wachsen braucht, wie die Bevölkerung.

Wenn nun gleich die Finanzwissenschaft sich mehr mit den Einnahmen als den Ausgaben beschäftigt, so ist es doch von grosser Wichtigkeit, sich über die Grundsätze klar zu werden, nach welchen jede öffentliche Ausgabe geprüft und gerechtfertigt werden muss. Ein Finanzminister darf es nicht als seine Aufgabe betrachten, bloss Gelder zu beschaffen, damit seine Kollegen irgend welche ihnen gut scheinende Ausgaben machen können; würdig wird er seine Stellung vielmehr nur dann ausfüllen, wenn er unnütze oder schädliche Ausgaben seiner Kollegen hindert und namentlich nicht von dem Kriegsminister, der von allen Ministern am meisten verausgabt, abhängig wird. In England [1]) ist der Kriegsminister ein reiner Verwaltungsbeamter und hat mit militärisch-technischen Dingen und Personalien direkt nichts, mehr aber mit dem Finanz- und Justizwesen der Armee zu thun. Während in Preussen der Kriegsminister seither immer ein Militär war, wird sein Amt in England gewöhnlich von einem Civilisten bekleidet. Die Bedeutung des Finanzministers [2]) ist in England vollständig anerkannt. Der erste Lord des Schatzes ist Premierminister. Ist er Mitglied des Oberhauses, so ist ein besonderer Kanzler der Schatzkammer erforderlich, welcher Mitglied des Unterhauses sein muss und stets Mitglied des Kabinets ist. Ist der erste Lord des Schatzes aber Mitglied des Unterhauses, so ist er zugleich Kanzler der Schatzkammer. Wenigstens scheint dies bis in die neuere Zeit Regel gewesen zu sein. In Preussen hat der Finanzminister solche Bedeutung noch nicht erlangt. Für das Volk dürfte es indessen doch vortheilhaft sein, wenn Premierminister und Finanzminister Eine Person wären.

Stein, der schon von 1804 bis Anfangs 1807 Minister gewesen war, trat, als er nach dem Tilsiter Frieden wieder ins Amt berufen wurde, an die Spitze der Preussischen Finanzverwaltung, bis im November 1808 v. Altenstein zum Finanzminister ernannt wurde. Im October 1810 übernahm der Staatskanzler v. Hardenberg auch das Finanzministerium, bis im November 1813 Graf v. Bülow Fi-

---

[1]) Fischel, die Verfassung Englands, S. 141 157. 165. 500.

[2]) Eine Dame, die aber durchaus nicht mit Unrecht als eine volkswirthschaftliche Autorität gilt, sagte in Bezug auf Lord Althorp, den schwachen Schatzkanzler der liberalen Kabinets der Lords Grey und Melbourne vom November 1830 bis December 1834, dass es vielleicht kein Amt der Regierung gäbe, welches so schwierig gut auszufüllen sei, als das des Kanzlers der Schatzkammer Harriet Martineau, Geschichte Englands während des dreissigjährigen Friedens von 1816 bis 1846. Aus dem Englischen übersetzt von C J Bergius Bd. 2 S. 290 sqq

nanzminister wurde. Darauf folgte im December 1817 v. Klewitz; im Juni 1825 v. Motz; im August 1830 Maassen; im Januar 1835 Graf v. Alvensleben; im März 1842 Ernst v. Bodelschwingh († 1854); im Mai 1844 Flottwell; im August 1846 v. Duisberg; im März 1848 Hansemann († 1864); im September v. Bonin; im November Kühne († 1863), der aber zum Minister nicht ernannt wurde; im März 1849 v. Rabe; im August 1851 v. Bodelschwingh, ein jüngerer Bruder des schon genannten. Nach dem Eintritt der Regentschaft wurde im November 1858 v. Patow Finanzminister. Ihm folgte als solcher im März 1862 Herr (jetzt Freiherr) v. d. Heydt, der seit Anfang Decembers 1848 Handelsminister gewesen war, und im Oktober 1862 wurde Herr v. Bodelschwingh abermals Finanzminister.

Zweites Kapitel.

Von den öffentlichen Einnahmen.

So schwierig es gewiss ist, die Einnahmen und Ausgaben aller Individuen in einem Lande, aller Privatpersonen, zu ermitteln und anzugeben, so leicht könnte es doch scheinen, die öffentlichen Einnahmen und Ausgaben anzugeben. Indessen nicht alle Einnahmen und Ausgaben, die nicht Staatseinnahmen und Staatsausgaben sind, darf man als Privateinnahmen und Privatausgaben ansehen. Es giebt öffentliche Einnahmen und öffentliche Ausgaben, die nicht Staatseinnahmen und Staatsausgaben sind. Auch giebt es Vermögen, welches nicht Privatvermögen, aber auch nicht Staatsvermögen, jedoch öffentliches Vermögen ist.

Wenn man Irrthümer und Verwechselungen vermeiden will, so darf man das Einkommen und das Vermögen des Staats nicht verwechseln mit etwas Anderem, namentlich mit dem Vermögen des Fürsten, mit dem Gemeindevermögen und mit dem Vermögen öffentlicher Anstalten, Institute und Stiftungen.

Alle Arten der Staatseinkünfte, welche aus dem Besteuerungsrechte, aus dem besondern Staatseigenthume, den nutzbaren Regalien und andern Staatsabgaben fliessen, werden unter der Benennung des Fiskus begriffen [1]).

Obgleich es einen König „Johann ohne Land" gab, so lässt sich doch ein Fürst ohne Volk und Land nicht denken. Völker ohne Fürsten kann es dagegen geben, hat es gegeben und giebt es noch. Im Alterthum, im Mittelalter und auch jetzt finden wir Stadtgemeinden, die einen Staat bilden. Hier giebt es kein Vermögen des Fürsten, und das Gemeindevermögen ist auch Staatsvermögen.

Im Mittelalter bildeten sich die Gutsherrlichkeiten. Von den Gutsherren hingen die Gutsunterthanen ab, die Leibeignen und Hörigen. Einen öffentlichen Aufwand und öffentliche Einnahmen gab

---

[1]) A. L.R. II. 14. §. 1. Nur Einen Fiskus giebt es im Preussischen Staate.

es eigentlich nicht. Nicht wie der Fürst um des Volkes willen ist, war der Gutsherr der Gutsunterthanen wegen da. Diese arbeiteten nicht für sich, sondern für ihn. Er hatte für sie kein anderes Interesse, als dass sie nur zu seinem Vortheil im arbeitsfähigen Stande blieben; und wenn er gewisse nützliche Anstalten errichtete oder unterhielt, so that er dies doch wesentlich in seinem eigenen Interesse, wenn auch die Unterthanen mittelbar Vortheil davon haben mochten. Aus der Gutsherrlichkeit entwickelte sich allmählig die Landesherrlichkeit. Aber die Landesherren blieben daneben doch noch Gutsherren. Aus ihrem Vermögen, ihren Gütern, Renten, Gefällen — aus Domänen und Regalien — bestritten sie auch den öffentlichen Aufwand. Erst wenn diese Einkünfte hierzu nicht ausreichten, liessen sich die Stände, die ihnen untergeordneten Gutsherren und Vasallen, zuweilen, später auch regelmässig, bestimmen, Steuern zu bewilligen. So konnte es mitunter zweifelhaft oder wenigstens streitig werden, welche Einnahmen öffentliche oder Staatseinnahmen waren, und was davon zum öffentlichen Aufwand zu verwenden war, und was der Fürst für sich verwenden durfte. Es waltete Streit darüber, ob gewisse Güter oder einträgliche Rechte zum Staatsvermögen oder zum Privatvermögen des Fürsten gehörten. An solchen Streitigkeiten hat es auch noch im gegenwärtigen Jahrhundert, besonders in den mittleren und kleineren Staaten Deutschlands, nicht gefehlt. Zur Beseitigung derselben haben die Fürsten ihre Domänen mitunter zu Staatseigenthum erklärt und sich dagegen aus der Staatskasse eine bestimmte jährliche Summe aussetzen lassen, welche in den Ländern, wo sie von ständischer Zustimmung oder von Zustimmung der Volksvertretung abhängig ist, Civilliste genannt zu werden pflegt. Mit dieser Bezeichnung hat es eine eigenthümliche Bewandtniss.

Wie Macaulay erzählt, war in England das ordentliche Einkommen, womit die Regierung vor der Revolution erhalten worden war, theils erblich gewesen, theils aus jedem Souverain auf Lebenszeit bewilligten Steuern gezogen worden. Das erbliche Einkommen war mit der Krone auf Wilhelm III und Maria übergegangen. Es floss aus den Renten der königlichen Domänen, aus Sporteln, aus Geldbussen, aus Weinlicenzen, aus den ersten Früchten und Zehnten von Pfründen, aus den Einnahmen des Postamts und aus demjenigen Theil der Accise, der unmittelbar nach der Restauration Karl II und seinen Nachfolgern für immer, statt der den alten Englischen Königen zukommenden Lehnsdienste, bewilligt worden war. Das Einkommen aus allen diesen Quellen wurde auf 4 — 500,000 £ geschätzt. Diejenigen Accise- und Zollgebühren, welche Jakob II auf Lebenszeit bewilligt worden waren, hatten am Schluss seiner Regierung etwa 900,000 £ betragen. Wilhelm wünschte dies Einkommen auf dieselben Bedingungen zu haben, unter denen sein Oheim es genossen hatte, und seine Minister thaten ihr Bestes, seine Wünsche zu befriedigen. Nach vielem Streit kam es 1690 zu einem Abkommen. Jenen Antheil der Accise, der Jakob auf Lebenszeit angewiesen worden war, und auf 300,000 £ geschätzt wurde, erhielten Wilhelm und Maria für ihr Leben angewiesen. Es wurde angenommen, dass sie mit dem erblichen Einkommen und mit 300,000 £ jährlich aus der Accise unabhängig von parlamentarischer Kontrole zwischen 7 und 800,000 £ jährlich haben würden. Aus diesem Einkommen war der Aufwand sowohl des königlichen Hofstaates, als jener Civilämter zu bestreiten, von denen eine Liste dem Hause der Gemeinen vorgelegt worden war. Dies Einkommen wurde daher die Civilliste genannt. Die Kosten des königlichen Hofstaats sind jetzt gänzlich von den Kosten der Civilregierung getrennt; aber mittelst einer wunderlichen Verdrehung ist der Name demjenigen Theile des Einkommens geblieben, der zu den Kosten des königlichen Hofstaats bestimmt ist. Noch seltsamer ist es, dass mehrere andere Nationen diesen nichtssagendsten aller Namen der Entlehnung werth geachtet haben. Jene Zollgebühren, welche Karl und Jakob nach einander auf Lebenszeit angewiesen worden waren und in dem Jahre vor der Revolution 600,000 £ abgeworfen hatten, wurden der Krone nur für einen Termin von vier Jahren bewilligt. Im Jahr 1698 wurde ein anderes Arrangement getroffen und dem Könige ein bestimmtes Einkommen ausgesetzt, welches 700,000 £ betrug.

Die Civilliste George's III wurde 1777 auf 900,000 £ festgesetzt, und gingen von da an die Erbeinkünfte der Krone in die allgemeine Staatskasse. Dem Könige lag noch immer die Last ob, die Richter und Gesandten und andere höhere Beamten zu besolden. Unter Wilhelm IV wurde die Civilliste von manchen Lasten befreit und auf 510,000 £ festgesetzt. Seit 39 u. 40 Geo. III c. 88 hat es Pitt durchgesetzt, dass der König wieder Privatvermögen haben darf (private and separate estate). Die Acte 1 u. 2 Vict. c. 2 bestimmt, dass alle Kronrevenüen, so lange die Königin lebt, einen Theil des Consolidated Fund (S. 14) bilden, daher Staatseinnahmen sein sollen, wofür der Königin eine Civilliste ausgesetzt wurde. Diese ihr bewilligte Civilliste betrug 385,000 £; davon sind 325,000 £ zur Bestreitung der Hofhaltung und 60,000 £ für ihren persönlichen Gebrauch bestimmt. Kein Staatsbeamter erhält jetzt noch aus der Civilliste sein Gehalt. Ferner bestimmte 25 u. 26 Vict. c. 37, dass diejenigen Grundstücke, welche die Königin aus den ihr für ihren persönlichen Gebrauch bestimmten 60,000 £ erwirbt, ihrer freien Verfügung unterliegen sollen. Sie kann über dieselben testamentarisch verfügen, muss aber alle Staats- und Gemeindelasten für dieselben entrichten. Juwelen, Schatz und Vieh gehen auf den Thronfolger über. Der König kann darüber während seines Lebens, aber nicht durch Testament verfügen. Bei Verheirathung von Prinzen und Prinzessinnen trifft das Parlament in der Regel Vorsorge, dieselben gebührend auszustatten. In der Australischen Kolonie New South Wales erhält die Krone 64,300 £ sogenannte Civilliste, aus der die Salaire der Richter, anderer höherer Beamten und der Geistlichen zu bestreiten sind [1]).

In Republiken scheint die Bezeichnung Civilliste nicht üblich zu sein. In der Schweiz hat der Bundespräsident eine Besoldung von nur 8700 Franken. In Amerika bezieht der Präsident der Vereinigten Staaten 25,000 Dollar.

In Frankreich hatte nach Artikel 62 der Verfassung vom 4. November 1848 der Bürger Louis Napoleon Bonaparte, nachdem er zum Präsidenten der Republik für die Zeit bis zum zweiten Sonntag des Monats Mai 1852 proklamirt worden, und, nach geschehener Abschaffung aller politischen Eide, er allein den im Artikel 48 vorgeschriebenen Eid: de rester fidèle à la République démocratique, une et indivisible, et de remplir tous les devoirs que m'impose la constitution, am 20. December 1848 feierlich geschworen hatte, nur eine Wohnung auf Kosten der Republik und ein „Traitement" von 600,000 Franken zu fordern. — In dem Französischen Budget für 1861 stand unter den Ausgaben die „Civilliste des Kaisers" mit 25,000,000 Franken, und ausserdem noch eine Dotation der Prinzen und Prinzessinnen der kaiserlichen Familie mit 2,200,000 Franken [2]). Die Französische Civilliste ist hiernach viel bedeutender als die Englische.

Nach einem Berichte des Finanzausschusses des Oesterreichischen Reichsraths über den Voranschlag für das Verwaltungsjahr 1862 fallen von der Gesammtausgabe des Staats auf den Hofstaat in Grossbritannien 11, Oesterreich 20, Spanien 21, Belgien 23, Niederlande 27, Russland 29, Preussen 37, Portugal 39 und Baiern 64 Promille.

In Preussen [3]) ist das Staatsvermögen entweder ge-

[1]) Fischel, die Verfassung Englands, S. 133. 137 522.

[2]) Jos. Garnier, Traité de Finances, 2 Aufl. 1862 S 409.

[3]) Preussen in staatsrechtlicher Beziehung, von C J Bergius. 2. Ausg 1848 S. 83 sqq

meines oder besonderes Eigenthum des Staats. Zu dem gemeinen Eigenthum gehören die Land- und Heerstrassen, die von Natur schiffbaren Ströme, die Ufer des Meeres und die Häfen; das Recht, gewisse Arten von herrenlosen Sachen in Besitz zu nehmen und Abzugsgelder zu fordern. Die Nutzungsrechte vorstehender Arten des Staatseigenthums sind die niederen Regalien. Alles übrige Staatsvermögen ist besonderes Eigenthum des Staats. Hierzu gehören auch die Domänen. Darunter werden verstanden einzelne Grundstücke, Gefälle und Rechte, deren besonderes Eigenthum dem Staate und die ausschliessliche Benutzung dem Oberhaupte desselben zukommt. Auch diejenigen Güter, deren Einkünfte zum Unterhalt der Familie des Landesherrn gewidmet worden, sind als Domänengüter anzusehen. Immobilien, welche der Landesherr selbst aus eigenen Ersparnissen, oder durch irgend eine andere auch bei Privatpersonen stattfindende Erwerbungsart an sich gebracht und worüber er weder unter Lebendigen, noch von Todeswegen verfügt hat, desgleichen die anheimgefallenen Lehne wachsen den Domänen zu. — Ob und welche, im Inlande und im Auslande gelegenen, Güter bei dem am 2. Januar 1861 erfolgten Tode Königs Friedrich Wilhelm IV den Domänen rechtlich zugefallen sind, ist mir nicht bekannt.

Friedrich Wilhelm I hatte 1713 die Unveräusserlichkeit der Domänen festgesetzt. Friedrich Wilhelm III bestimmte dagegen 1808, dass die Domänen des Staats, „deren Ertrag zu den öffentlichen Ausgaben bestimmt ist", veräussert werden können, und 1810 sagte er: „Wir haben die landesväterliche Absicht, Unsere Domänen zur Tilgung der Staatsschulden zu bestimmen." — „Ferner haben Wir beschlossen, die geistlichen Güter zu säkularisiren und verkaufen zu lassen, das Aufkommen davon aber gleichfalls dem Staatsschulden-Abtrage zu widmen."

Nach einem Promemoria des Finanzministers v. Klewitz vom 2. Juni 1825 [1]) stand in den Etats in Ausgabe: Sr. Majestät Hof 1817 1,301,924 Thlr., 1818 1,317,924 Thlr., 1819—25 2,500,000 Thlr. „Nach den Verhandlungen, welche dem Etat von 1820 vorangingen, wurden von den Einnahmen 2,500,000 Thlr. zum Kronfideikommiss abgetrennt, für dessen Zwecke vorher und zuletzt 1,584,586 Thlr. ausgeworfen gewesen waren."

Die Verordnung wegen der künftigen Behandlung des gesammten Staatsschuldenwesens vom 17. Januar 1820 garantirte für die

[1]) Schlesische Provinzialblätter. Bd. 1 1862 S 335 398.

Staatsschulden und deren Sicherheit, insoweit letztere nicht schon durch Spezialhypotheken gewährt war, mit dem gesammten Vermögen und Eigenthum des Staats, insbesondere mit den sämmtlichen Domänen, Forsten und säkularisirten Gütern im ganzen Umfange der Monarchie — mit Ausschluss derer, welche zur Aufbringung des jährlichen Bedarfs von 2,500,000 Thlrn. für den Unterhalt der königlichen Familie, den königlichen und sämmtliche Prinzlichen Hofstaaten, so wie auch für alle dahin gehörige Institute u. s. w. erforderlich sind. Nach Artikel 59 der Verfassung verbleibt dem Kronfideikommissfonds die durch das Gesetz vom 17. Januar 1820 auf die Einkünfte der Domänen und Forsten angewiesene Rente.

Die Bruttoeinnahmen von den Domänen und Forsten sind in dem Staatshaushaltsetat für 1861 zu 11,578,160 Thlrn. angegeben, mit dem Zusatz: „Davon geht ab die dem Kronfideikommissfonds durch das Gesetz vom 17. Januar 1820 auf die Einkünfte der Domänen und Forsten angewiesene Rente von $2^1/_2$ Millionen Thaler, einschliesslich 548,240 Thaler Gold, 2,573,099 Thlr." — Von den veröffentlichten Etats war der für 1844 der erste, welcher 73,099 Thlr. Agio von 548,240 Thlrn. erwähnt. Der Etat für 1861 führt unter den Ausgaben bei den Dotationen auf: „Zuschuss zur Rente des Kronfideikommissfonds 500,000 Thlr." Dieser Zuschuss beruht auf dem während der Regentschaft erlassenen Gesetze, betreffend die Erhöhung der Krondotation, vom 30. April 1859.

Der Ausdruck Civilliste ist in Preussen, wenigstens officiell, nicht üblich. Dieselbe betrug 1861 überhaupt 3,073,099 Thlr.

Das Gemeindevermögen ist nur da mit dem Staatsvermögen identisch, wo eine Stadt oder Gemeinde den Staat bildet, so die „freien Städte Deutschlands" Lübeck, Frankfurt, Bremen, Hamburg, ferner Danzig von 1807 bis 1814 und Krakau von 1815 bis 1846.

Die Selbstständigkeit der Gemeinden hat auf das Finanzwesen des Staats Einfluss. Je mehr den Gemeinden überlassen ist, desto geringer ist der Umfang der Geschäfte und die Verantwortlichkeit der Staatsregierung und desto weniger Anlass zur Unzufriedenheit kann letztere geben. Das Volk muss freilich immer alle Kosten der Verwaltung tragen. Aber es kommt darauf an, ob der Staat oder die Gemeinde besser und billiger verwaltet, und letzteren Falls sollte den Gemeinden möglichst viel überlassen sein. Was die Ueberwachung der Gemeindeverwaltung durch Organe der Staatsregierung betrifft, so kann man wohl sagen, dass, je weiter sie geht, sie desto kostbarer und unwirksamer wird und sich endlich in ein blosses Formenwesen auflöst, was mehr schadet als nützt. Bis eine Gemeinde ihre Angelegenheiten selbst gut verwalten lernt, kann sie Lehrgeld zu zahlen haben. Das ist unvermeidlich, auch nützlich. Können über örtliche Angelegenheiten die Einwohner selbstständig entscheiden, so erwächst ein Interesse dafür, was mehr wirkt, als alle Staatsaufsicht, und zuletzt zu einer guten und billigen Verwaltung führen kann. In England und in den Vereinigten Staaten findet eine eigentliche Beaufsichtigung der örtlichen Verwaltung durch Central- oder Provinzial-Verwaltungsbehörden nicht statt. In der Regel kümmert sich nur der Civil- oder Strafrichter um die Gemeindeverwaltung, wenn nämlich ein Kläger auftritt. Ob die vielfach durch Organe der Staatsregierung kontrollirte, geleitete und gemassregelte Verwaltung der Gemeinden in Frankreich deshalb besser oder billiger ist, darf sehr bezweifelt werden.

Der Aufwand der Gemeinden kann aus den Einkünften von ihrem Vermögen oder durch Beiträge ihrer Mitglieder, Abgaben, bestritten werden.

Gemeinden können zinsbar angelegte Kapitalien besitzen, Forderungen an Private, an den Staat, Eisenbahnaktien u. s. w. An sich kann dies nützlich sein, da solches Vermögen sich zur Bestreitung ausserordentlicher Ausgaben verwenden lässt. Ausstehende Forderungen zu besitzen und gleichzeitig Schulden zu haben, wird sich selten, wenn jemals, empfehlen, wenn dabei auch zuweilen ein kleiner Zinsgewinn stattfände. Die Activa zur Beseitigung der Passiva zu verwenden, ist viel sicherer und erspart überdies Verwaltungskosten.

Nicht selten besitzen Gemeinden städtisches oder auch ländliches Grundeigenthum. In den Händen von Privaten pflegt Grundbesitz höheren Ertrag zu bringen. Gemeinden mögen vielleicht besser als der Staat, können aber doch nicht so unbefangen und ungehindert und so erfolgreich wirthschaften, wie Privateigenthümer. Auch Forsten, Bergwerke, ferner Mühlen, Ziegeleien oder sonstige gewerbliche Anlagen befinden sich zuweilen in dem Besitz von Gemeinden. In der Regel würden dieselben aber besser thun, solchen Besitz zu veräussern, namentlich dann, wenn der Ertrag steigt, da in solcher Zeit der höchste Preis zu erlangen ist. Dieser kann nicht besser als zur Abtragung der Gemeindeschulden verwendet werden. Und wenn solche nicht vorhanden sind, so werden die Gemeindesteuern ermässigt oder zeitweise erlassen werden können. Und wenn auch dergleichen nicht wären, so wird eine gute Verwendung in der Regel doch möglich sein, wodurch die Einwohnerschaft wenigstens mittelbar gewinnt, z. B. durch Verbesserung der Gemeindeschulen und Verminderung des

Schulgeldes für die Elementarschüler. Manche Gemeinden mögen ihre Kämmereigüter aus Eitelkeit oder aus Irrthum, indem sie nicht gehörig rechnen, beibehalten; oder auch in dem Glauben, dass sie ihnen bei Kalamitäten oder in Kriegszeiten Hülfsquellen bieten könnten. Doch ist dies eine Täuschung, da dann gerade der Ertrag geringer wird oder aufhört und daneben die nöthigen Aufwendungen grösser werden, Kauflustige aber, die einen guten Kaufpreis zahlen würden, sicher nicht da sind.

Hat eine Gemeinde keine Einkünfte aus eigenem Vermögen, oder muss sie diese Einkünfte zur Verzinsung ihrer Schulden verwenden, so wird sie ihre Bedürfnisse durch Abgaben decken müssen. Dies ist der gewöhnliche Fall, und in den meisten Gemeinden haben die Einwohner, neben den Steuern für den Staat, auch Steuern für die Gemeinde zu zahlen. Die Gemeindesteuern können in verschiedener Weise erhoben werden. Diejenigen Gemeindesteuern, welche am leichtesten zu erheben sind, möchten die gefährlichsten sein. Wo beinahe von allen Lebensbedürfnissen, welche in die Stadt kommen, Verbrauchssteuern erhoben werden, da liegt die Gefahr nahe, dass die Gemeinden nicht bloss nothwendige, sondern auch sogenannte nützliche Ausgaben machen, und dass die Kontrahirung von Gemeinschulden wenig Bedenken findet. Städtische Verbrauchsabgaben und Gemeindeschulden finden sich häufig zusammen in Frankreich, und Paris excellirt im Schuldenmachen. Für Zinsen der städtischen Schuld waren dort 1864 mehr als $13^1/_2$ Millionen aufzubringen, und daher ist es kein Wunder, dass in Paris das Leben am theuersten wird. In England werden die örtlichen Bedürfnisse, oder die Ausgaben der Grafschaften, Städte, Kirchspiele, Armenverbände fast nur durch direkte Steuern vom Grundbesitz gedeckt, und in den Vereinigten Staaten werden für derartige Bedürfnisse in der Regel nur Steuern vom Vermögen erhoben. Sehr weise war in der Stein'schen Städteordnung den Städten das Recht zur Erhebung indirekter Abgaben nicht eingeräumt, wohl aber das Recht, von den Einwohnern Beiträge aus ihrem Vermögen zu erheben. In einem Lande, wo der Staat Verbrauchssteuern erhebt, wird der Ertrag derselben offenbar geschmälert, wenn auch Gemeinden Verbrauchssteuern erheben. Im höchsten Interesse des Finanzministers liegt es überhaupt, dass die Gemeinden sparsam wirthschaften, also Ausgaben, die nicht nothwendige sind, vermeiden und alle nicht nothwendigen, wenn auch nützlichen Einrichtungen und Anstalten der Privatindustrie, so wie dem gemeinnützigen Wirken und den freiwilligen Opfern der wohlhabenden und reich gewordenen Einwohner überlassen. Je mehr die

Gemeinden die Steuerkraft der Einwohner ausbeuten, desto weniger kann dies der Staat. Die Erhebung einer Gemeindesteuer sollte überhaupt nicht in anderer Weise und nicht für eine längere Zeit zulässig sein, als dies jedesmal durch ein besonderes Gesetz gestattet würde. Vielleicht würden die Gemeinden aber auch schon dann nicht nothwendige Ausgaben vermeiden, wenn sie die dazu erforderlichen Mittel nur durch direkte Abgaben von dem Vermögen und dem Einkommen ihrer Mitglieder und nur derart aufbringen dürften, dass die Wohlhabenderen, welche überdies in der Gemeindeverwaltung am meisten Einfluss haben, nach einem höheren [1]) Procentsatz steuern, als die Aermeren. Wo Gemeindevertreter gewählt sind, welche Ausgaben, die dem Staate obliegen, z. B. für Militär oder Justiz, oder Betheiligung an Eisenbahnspekulationen oder Feste und Geschenke aus dem Gemeindesäckel zulassen, da dürfen sich die Einwohner natürlich nicht über zu hohe Gemeindesteuern beklagen.

Dass in Preussen während der Kriegszeiten bis 1815 Städte und auch Kreise hatten Schulden machen müssen, lässt sich erklären und entschuldigen. Wenn aber in jetziger Zeit zur Bestreitung einer einmaligen für unvermeidlich erachteten Ausgabe eine Lokalverwaltung, anstatt einmal eine starke direkte Steuer aufzulegen, Schulden macht, also die Abzahlung oder ewige Verzinsung derselben Kindern und Enkeln, die für ihre eigenen Bedürfnisse gewiss schon tüchtig werden zahlen müssen, aufbürdet, so muss ein solches Verfahren, je leichter ausführbar es ist, doch in der Regel um desto unverantwortlicher erscheinen. Bloss der eine Jahrgang der Gesetzsammlung von 1864, welcher übrigens nur sieben „Gesetze" enthält, enthält Privilegien wegen Ausfertigung auf den Inhaber lautender Schuldverschreibungen über 610,000 Thlr. für 8 Städte, nämlich Düren 90,000 Thlr., Kempen 50,000 Thlr., Insterburg 100,000 Thlr., Graudenz 85,000 Thlr., Minden 60,000 Thlr., Elberfeld 120,000 Thlr., Kettwig 75,000 Thlr., Marienburg 30,000 Thlr., und über 1,104,000 Thlr. für 14 Kreise, nämlich Löbau 30,500 Thlr., Greifswald 70,000 Thlr., Gumbinnen 80,000 Thlr., Ragnit 112,000 Thlr., Johannisburg 80,000 Thlr., Rybnik 19,000 Thlr., Rössel 30,000 Thlr., Kosten 150,000 Thlr., Uckermünde 25,000 Thlr., Bomst 48,000 Thlr., Ortelsburg 50,000 Thlr., Pless 250,000 Thlr., Pr. Friedland 120,000 Thlr., Lötzen 40,000 Thlr.

In England scheint den Lokalverwaltungen das Schuldenmachen

---

[1]) In Breslau ist die Kommunaleinkommensteuer seit 1852 so eingerichtet, dass von einem Einkommen von mehr als 1000 Thlrn. geringere Procentsätze gefordert werden, als von einem kleineren Einkommen. C. J. Bergius, die Breslauer Gemeindeverwaltung, in den Schlesischen Provinzialblättern 1864 S. 151.

nicht so leicht zu sein. Dort fand man es nämlich zur Zeit der grossen Baumwollennoth nöthig, unterm 1. August 1862 ein besonderes Gesetz zu erlassen, wonach, wenn in der Zeit bis zum 1. März 1863 in einem Kirchspiele der Englischen Baumwollendistrikte die Armensteuer über 3 Schillinge per £, d. h. über 15 % von dem für die Armensteuer eingeschätzten jährlichen Einkommen steigt, dasselbe ein Darlehn aufnehmen kann, welches es vermittelst seiner Armensteuer zu verzinsen und innerhalb sieben Jahren zurückzuzahlen hat. Unsere Gemeindevertreter, so wie auch die Mitglieder der Kreis-, Kommunal- und Provinziallandtage sollten doch die Worte beherzigen, welche bei dieser Gelegenheit Lord Palmerston sagte: Es ist eine sehr plausible Sache, vorzuschlagen, Geld durch Anleihen aufzubringen, es ist der leichteste Weg, Geld zu bekommen, wenn Ihr Eure Augen vor der nachfolgenden Rückzahlung verschliesst — ich glaube, es kann kein schlechteres Princip in der politischen oder häuslichen Oekonomie geben, als zur Bezahlung laufender Ausgaben Geld zu borgen; und dies ist es, was man jetzt von uns verlangt, dass wir thun sollen, man fordert von uns, dass wir diese Kirchspiele ermächtigen sollen, zur Bestreitung laufender Ausgaben Schulden auf sich zu laden [1]).

Das Vermögen öffentlicher Anstalten, Institute und Stiftungen kann als Vermögen des Staats nicht angesehen werden, wenn es auch öffentliches Vermögen ist. Hierher sind namentlich zu rechnen Kirchen, Schulen, Universitäten, Hospitäler, Irrenanstalten. Wenn dieselben eigenes Vermögen oder eigene Einkünfte haben, so könnten die Einnahmen des Staats vielleicht um so geringer sein. Die Sache ist also finanziell nicht ohne Bedeutung, da der Staat an Ausgaben sparen kann. Ohne Bedenken ist sie aber auch nicht. Wenn der Staat in Geldnoth kommt, so steht zu erwarten, dass er dies Vermögen angreift; Kirchen- und Klostergüter haben dies in manchen Ländern erfahren. Das Vermögen kann auch grösser werden, als nöthig und nützlich ist. Die reich dotirten Englischen Universitäten leisten deshalb nicht mehr als die Deutschen, und die reich dotirten geistlichen Stellen in England sind mitunter Sinekuren. Nöthig ist es nicht, dass eine Kirche reich ist. Es ist auch nicht gut, dass die Geistlichkeit irgend einer Kirche durch Reichthum und namentlich durch Grundbesitz mächtig und unabhängig von der Staats-

---

[1]) K. G. Kries, die Englische Armenpflege, herausgegeben von K. Freih. v. Richthofen. 1863 S. 373—382

gewalt wird. Für den Staatskredit Preussens würde ein Gesetz empfehlenswerth sein, dass Kirchen und kirchliche Anstalten, sowie Religions-, Kirchen- und geistliche Gesellschaften aller Art anderes Eigenthum als Preussische Staatsschuldscheine künftig nicht mehr rechtlich erwerben könnten.

Es giebt auch Anstalten zum öffentlichen Gebrauch, die Privateigenthum sein könnten. Chausseen, Kanäle, Häfen, Brücken, Eisenbahnen können Eigenthum von Gemeinden, Gesellschaften oder auch Privatpersonen sein. Wenn diese sie mit ihren Kapitalien angelegt haben, so beziehen sie auch Einkünfte daraus. Es ist nützlich, wenn solche Anstalten nicht Staatsanstalten sind. Denn die Finanzen des Staats werden dann nicht ohne Noth verwickelt, der Staat bleibt von Risiko frei, die Regierung hat weniger zu verantworten, und kann mit grösserer Unbefangenheit und Unparteilichkeit die Interessen des Publikums gegen die Eigenthümer dieser Anstalten schützen.

Die bisherigen Betrachtungen werden ergeben, dass nach Angaben über die Einnahme und Ausgabe eines Staats ein Urtheil über den wirthschaftlichen Zustand eines Volks noch nicht gebildet werden kann. Die nicht selten danach aufgestellten Berechnungen über den Betrag der Steuern pro Kopf haben wenig Werth, und muss man sich hüten, danach allein Vergleichungen zwischen verschiedenen Ländern anzustellen. Es kann sich ein anscheinend geringer Steuerbetrag pro Kopf im Durchschnitt berechnen und dennoch können die Steuern sehr drückend sein, wenn sie ungerecht vertheilt sind. Der Steuerbetrag kann auch sehr hoch erscheinen, wenn man von dem Gesammtbetrag der öffentlichen Einnahmen diejenigen nicht abzieht, welche nicht aus Steuern kommen. Endlich kommt noch in Betracht, ob die Angaben über die öffentlichen Einnahmen sich auf den Bruttoertrag beziehen oder auf den Ertrag nach Abzug der Erhebungskosten. Zwei Staaten von ähnlicher Grösse und Bevölkerung und ähnlichen natürlichen Verhältnissen können bei gleichen Einnahmen und Ausgaben doch sehr verschieden sein. Es kommt dabei immer noch darauf an, was aus den Einnahmen des Staats zu bestreiten ist, und was Gemeinden, Kreise, Provinzen ausserdem für sich aufbringen und leisten müssen; ob Klerus und Schule vom Staat, von Gemeinden, oder von Stiftungen erhalten werden; ob Chausseen, Kanäle, Eisenbahnen, Telegraphen auf Kosten und Gefahr des Staats oder von Gesellschaften angelegt und erhalten werden; ob für Hospitäler und Armenanstalten viel Vermögen von Privaten geschenkt ist; und was überhaupt der Privatindustrie und der Wohlthätigkeit der Individuen anheimfällt.

Vergleicht man verschiedene Länder, so darf man nicht unbeachtet lassen, auf welche Zeit sich die vergleichenden Nachrichten beziehen, da man verschiedene Länder zu verschiedenen Zeiten nicht wohl wird vergleichen wollen. Fast allenthalben beziehen sich die Angaben auf den Zeitraum eines Jahres, aber nicht eben des Kalenderjahrs. Das Rechnungs- oder Finanzjahr beginnt in England mit dem 1. April; in den Vereinigten Staaten mit dem 1. Juli; in Preussen begann es sonst mit dem 1. Juni, doch seit dem 1. Januar 1815 ist das Kalenderjahr auch das Rechnungsjahr.

Nicht in allen Ländern kommen regelmässig und vollständig die Resultate der Finanzverwaltung ans Tageslicht; auch ist darüber nicht in allen Ländern die Regierung selbst im Klaren. So war in Deutschland mitunter das Kassenwesen so verwickelt, dass man den gesammten Betrag der Staatseinkünfte nicht zu ermitteln wusste. Es hatte sich vom Mittelalter her eine Unterscheidung zwischen Kammerkasse und Steuerkasse gebildet. Der Landesherr bezog seine Einnahmen aus Domänen und Regalien, die zur Kammerkasse flossen, und woraus in der Regel auch die Regierungskosten bestritten wurden. Den Ständen pflegte darüber Rechnung nicht gelegt zu werden. Nach dem Aufkommen von Söldnerheeren kamen die Stände in den Fall, Steuern zu bewilligen. So gab es denn, neben der Kammerkasse, noch eine Steuerkasse unter ständischer Kontrole.

In Preussen hörte die ständische Steuerbewilligung unter Friedrich Wilhelm I eigentlich auf. Es bestanden aber noch zwei Kassen, eine Kammerkasse unter dem Namen Domänenkasse und eine Steuerkasse unter dem Namen Kriegskasse. Die letztere erhob namentlich die Grundsteuer, Kontribution genannt. Beide kamen 1722 unter Eine Verwaltung, und es entstanden die Kriegs- und Domänenkammern. Ihr Hauptgeschäft war die Verwaltung der Domänen und Regalien, dann auch der Steuern, namentlich der Kontribution; nebenbei hatten sie auch die sonstige Verwaltung. Erst bei dem Generaldirektorium liess sich eine allgemeine Uebersicht der Staatseinnahmen aufstellen. Bis 1806 gab es bei jeder Kammer noch zwei Kassen. Die Obergerichte, welche bis 1808 Regierungen hiessen, wurden damals Oberlandesgerichte genannt und heissen seit 1849 Appellationsgerichte. Die Kriegs- und Domänenkammern erhielten 1808 den Namen Regierungen und wurden Bezirksbehörden im Wesentlichen für Alles, was nicht zur Justiz gehört; sie sollten in ihren Bezirken die gesammte Verwaltung umfassen, und zwar mehr, als dies gegenwärtig der Fall ist.

Es ist von grosser Wichtigkeit, dass das Kassen- und Rechnungswesen in einem Lande nach einem festen System geordnet und nach bestimmten Grundsätzen gehandhabt wird. Gewiss könnten die Finanzleute in dieser Beziehung von den Kaufleuten viel lernen.

Schon am Ende des sechszehnten Jahrhunderts schlug Simon Sterin au Brügge die Einführung der doppelten Buchhaltung in die Staatsrechnungen dem Statthalter der Niederlande Moritz von Nassau und dem Minister Sully in Frankreich vor. Durch ersteren wurde der Antrag wirklich angenommen, letzterer lehnte ihn jedoch ab. Auch 1716 machte der damalige Finanzminister Herzog von Noailles einen Versuch der Einführung dieser Buchhaltungsmethode, allein die damaligen Elemente des Staatshaushalts Frankreichs waren nicht der Art, dass eine geordnete und strenge Buchführung hätte auf sie angewendet werden können. Jetzt werden in Frankreich alle Bücher der Hauptrechnungsleger nach der doppelten Buchhaltung mit thunlichster Beibehaltung der im Budget enthaltenen Einnahme- und Ausgaberubriken geführt. Jeder Artikel des Journals erscheint unter passend gewählten Rubriken doppelt, unter den Einnahmen und unter den Ausgaben eingetragen, so dass stets jede Eintragung sich selbst kontrollirt. Danach ersieht man dann deutlich, was für jeden einzelnen Gegenstand, z. B. für einen bestimmten Bau, im Finanzgesetze veranschlagt, liquidirt, zur Zahlung angewiesen, wirklich ausgezahlt worden ist, welche Summen jedem einzelnen Rechnungsleger ursprünglich zur Last geschrieben waren, welche allmählig zugewachsen, abgeschrieben, getilgt worden sind, wie hoch sich also seine Schuldigkeit am Jahresschlusse stellt. Als festes Princip gilt übrigens, dass alle Einnahmen ohne Unterschied in das Ressort des Finanzministers gehören, und dass demnach kein Minister über Einnahmesummen, die unabhängig von den ihm bewilligten Krediten bei einzelnen der ihm unterstehenden Dienstzweigen sich ergeben könnten, verfügen kann. Aus diesen Gründen werden z. B. die Einnahmen von fortifikatorischen Gründen, von landwirthschaftlichen Instituten, von den écoles des arts et métiers, von Militärerziehungshäusern und dergleichen, dann von unbrauchbar gewordenen Materialien bei den Finanzkassen eingehoben und verrechnet, und nicht etwa bei Militärkassen [1]).

---

[1]) Vergl v. Hock, Finanzverwaltung Frankreichs, 1857 S. 91 ff. Garnier, Traité de Finances, p. 320. 321. 432

So viele gute Seiten die Französische Finanzverwaltung nun auch hat, so steht sie doch gegen die Englische in der Beziehung zurück, dass letztere die Resultate ihrer Verwaltung schnell der Welt bekannt machen kann. Schon in den ersten Tagen des Januars, Aprils, Oktobers und Decembers berichten alle grossen Englischen Zeitungen vollständig, was die Haupteinnahmerubriken im ebenverflossenen Quartal und Jahr eingebracht haben, und um wie viel dies den vorjährigen Ertrag überstiegen hat oder darunter geblieben ist.

Von Preussen bin ich nicht im Stande, von irgend einem Jahre anzugeben, wie hoch sich die gesammten Staatseinnahmen nach ihren verschiedenen Rubriken brutto oder netto wirklich belaufen haben. Das Preussische Kassen- und Rechnungswesen, welches in früheren Zeiten sehr gerühmt worden ist, hat sich zeitgemäss nicht so ausgebildet und vervollkommnet, wie zu wünschen sein möchte. Von der Regel, dass dem Finanzminister die Erhebung der Staatseinnahmen obliegt, kommen erhebliche Ausnahmen vor. So ressortiren die Posteinnahmen, die Einnahmen der Bergwerksverwaltung, die Einnahmen von den Eisenbahnen und den Telegraphen von dem Handelsminister; der Justizminister erhebt bedeutende Steuern unter dem Namen von Gerichtskosten; die Domänen- und Forstverwaltung war von 1835 bis 1848 vom Finanzministerium unabhängig, und selbst mit dem Staatsschuldenwesen hatte der Finanzminister als solcher in den dreissig Jahren von 1820 bis 1850 fast nichts zu thun. Bei allen Ministerien kommen Einnahmen vor.

Es ergiebt sich aus dem bisher Dargestellten, dass man mit den Kassen- und Rechnungseinrichtungen und mit der ganzen Verwaltungsorganisation eines Landes bekannt sein muss, wenn man über die wirthschaftliche und finanzielle Lage desselben ein begründetes Urtheil aussprechen will. Je mehr alle Schichten des Volks selbst damit vertraut sind, je mehr die Regierung also dafür sorgt, dass Jedermann über alle öffentlichen Angelegenheiten unterrichtet wird, desto weniger sind Aeusserungen der Unzufriedenheit über die Staatsregierung zu erwarten. So sind die Abgaben und Lasten, worüber, sei es mit Recht oder Unrecht, geklagt wird, häufig nicht vorzugsweise Staatsabgaben, sondern Abgaben für den Kreis und die Gemeinde, und dann muss man nicht die Staatsregierung oder die Volksvertretung, sondern die Kreisvertretung und die Gemeindevertretung anklagen.

Endlich darf man bei dem Urtheilen über ein Land auch nicht ausser Betracht lassen, welche öffentliche Lasten den Bürgern obliegen, die nicht in Gelde, oder die zwangsweise ohne vollständige

Geldvergütung geleistet werden. So musste in Preussen noch bis 1810 das platte Land die Fourage für die Kavallerie in Natura liefern, wenn auch nach geringen Sätzen eine Bezahlung dafür erfolgte. Militärvorspann und Militäreinquartirung kommt auch noch vor. Ein Preussisches Gesetz vom 11. Mai 1851 bestimmt im Voraus viele Leistungen, welche in Kriegszeiten von Gemeinden und Kreisen geschehen sollen, ohne dass der Staat dafür eine Vergütung oder wenigstens eine vollständige Vergütung gewährt. Ferner ist hier auch der Militärdienst, zu Lande und zur See, anzuführen, wenn er auch nicht ganz unentgeltlich, doch in vielen Ländern zwangsweise geleistet wird; endlich auch das Matrosenpressen in England, wenn gleich es faktisch seit Wilhelm IV durch freiwillige Anwerbung ersetzt worden ist.

Vergleicht man nun z. B. Preussen und England, so möchte es keinem Zweifel unterliegen, dass die Englischen Unterthanen im Ganzen an Staats- und Lokalabgaben aller Art mehr zahlen, als die Preussischen. Aber da sie im Durchschnitt reicher sind, und Lasten, die nicht Geldleistungen sind [1]), weniger haben, so glaube ich, dass die öffentlichen Lasten überhaupt in England jetzt leichter getragen werden, als in Preussen, zumal in England im letzten Vierteljahrhundert für eine Reform des Abgabenwesens mehr geschehen ist, als bei uns, so dass sie bei uns noch bedeutend weniger nach dem Massstab des Einkommens und Vermögens vertheilt sind, als dort.

Die Eintheilung der öffentlichen Einnahmen in Naturaleinnahmen und Geldeinnahmen ist nicht mehr von praktischer Bedeutung, da Dienste, welche die Unterthanen unentgeltlich oder zwangsweise leisten müssen, z. B. der Militärdienst, den öffentlichen Einnahmen nicht beigezählt und als solche nicht gebucht zu werden pflegen, und Naturalabgaben neben den Geldabgaben in den civilisirten Ländern Europa's kaum noch vorkommen.

Dagegen werden die öffentlichen Einnahmen nicht selten in ordentliche und ausserordentliche eingetheilt. Zu den ersteren gehören

---

[1]) Krug sagte in den Betrachtungen über den Nationalreichthum des Pr. St. Th. II S. 387, dass „die besoldete Klasse zu gering im Verhältniss gegen die übrigen Klassen im Staate belohnt wird, wenn die Kompletirung der Stellen durch Zwangsmittel bewirkt werden muss, und dies ist in den mehresten Staaten der Fall mit dem gemeinen Soldatenstande; seine Zahl ist oft im Verhältniss zum Nationaleinkommen und vorzüglich zu den Staatseinkünften zu gross, um die ökonomische Lage dieses Standes so verbessern zu können, als es für den Wohlstand dieser Klasse selbst und des ganzen Staats zu wünschen wäre."

diejenigen, welche alle Jahre ziemlich regelmässig fliessen, wie Steuern und Domäneneinkünfte. Die ausserordentlichen und zufälligen sind in der Regel im Ganzen nur von geringem Betrage. Die Preussischen Staatshaushaltsetats, welche ausserordentliche Ausgaben zwar regelmässig aufführen, haben bisher ordentliche und ausserordentliche Einnahmen noch nicht unterschieden.

Die Quellen der öffentlichen Einnahmen lassen sich in äussere Quellen und in innere eintheilen. Unter den ersteren sind diejenigen zu verstehen, welche dem Staate von aussen zufliessen, während die inneren diejenigen sind, welche aus dem Lande selbst kommen. Sowohl die äusseren als auch die inneren lassen sich in ordentliche und in ausserordentliche eintheilen. Wir beginnen mit den weniger wichtigen.

Als äussere und zwar ausserordentliche Quellen des öffentlichen Einkommens sind anzuführen:

1) Freiwillige Unterwerfung. Wenn sich ganze Territorien freiwillig einer fremden Herrschaft unterwerfen, so kann dies auch finanziell nicht ohne alle Bedeutung sein. So unterwarfen sich die Stände des Fürstenthums Neufchatel 1707 freiwillig Preussen, oder vielmehr dem Könige von Preussen; dieser verlor es 1806, erhielt es 1814 wieder und verlor es 1852 abermals. Ferner hatten sich 1460 die Schleswig-Holsteiner dem Könige von Dänemark unter bestimmten Bedingungen unterworfen, und dies hat Dänemark späterhin finanziell recht ausgebeutet.

2) Besitzergreifung herrenloser oder für herrenlos gehaltener Länder, so wie neu entdeckter Inseln.

3) Erwerbungen aus Erbschafts-, Lehns- und anderen Verträgen. Dadurch sind die heutigen Staaten Europa's grossentheils zusammengekommen und auch für die Zukunft ist dies noch eine Quelle für öffentliche Einkünfte, da meistens Primogenitur und Untheilbarkeit der Staaten besteht, auch Weiber in der Regel nicht successionsberechtigt sind. So kann im Lauf der Zeit manches Fürstenhaus aussterben und die Zahl der Deutschen Staaten in friedlicher Weise sich verringern.

4) Kauf und Tausch. Ohne Zahlung von 400,000 Goldgulden würde 1415 Burggraf Friedrich VI von Nürnberg wohl nicht Kurfürst von Brandenburg geworden sein, und daraus wurde allmählig der Preussische Staat. Tauschverträge hat Preussen mehrfach abgeschlossen. So überliess es 1815 Hildesheim, Goslar, Ostfriesland und Lingen an Hannover und erhielt dafür Lauenburg und Anderes.

Demnächst trat es Lauenburg an den König von Dänemark ab, zahlte ihm auch noch 600,000 Schwedische Bankothaler und 2,000,000 Thlr. Preuss. Cour., und erhielt dagegen Schwedisch-Pommern und Rügen. Von Sachsen-Koburg-Gotha erwarb es 1834 gegen eine jährliche Rente von 80,000 Thlrn. das Fürstenthum Lichtenberg (den jetzigen Kreis St. Wendel im Regierungsbezirk Trier); demnächst $18^{49}/_{50}$ von den Fürsten von Hohenzollern-Siegmaringen und Hohenzollern-Hechingen deren gesammte Staaten, ebenfalls gegen Renten; ferner trat 1850 der Fürst zu Lippe gegen eine Rente von 9120 Thlr. seine Landeshoheits- und Regierungsrechte über Lippstadt an Preussen ab; endlich erwarb Preussen $18^{53}/_{54}$ von Oldenburg gegen eine Geldentschädigung von 500,000 Thlrn. das Jahdegebiet. Grössere Käufe machten die Vereinigten Staaten, indem sie von Frankreich 1804 Louisiana für 15 Millionen, von Spanien 1819 Florida für 5 Millionen Dollars, später auch von Mexiko einen Theil erwarben.

5) Schenkungen und Subsidien. Zu dem Kriege gegen Frankreich erhielt 1813 Preussen Subsidien von England. In dem Befreiungskriege der Griechen kamen ihnen fast aus allen civilisirten Ländern Geschenke zu. In den Jahren $18^{48}/_{50}$ erhielt Schleswig-Holstein an Geschenken und Unterstützungen aus dem Auslande $1^1/_4$ Millionen Mark [1]), und 1864 vielleicht einen ähnlichen Betrag. Es kommt auch wohl vor, dass ein im Auslande Reichgewordener seinem Vaterlande zur Errichtung gemeinnütziger Anstalten etwas vermacht. Auch Schenkungen von Land und Leuten sind vorgekommen; Napoleon hat mehrmals einem Staate etwas genommen und es einem andern zugelegt.

6) Benutzung des Kredits im Auslande wird man auch hierher rechnen können, indem ein Staat im Auslande eine Anleihe macht. So machte Preussen 1817 und 1822 Anleihen in England.

7) Kriegskontributionen. Frankreich hatte Preussen bedeutende Kriegskontribution aufgelegt; wogegen 1815 die Verbündeten Frankreich 700 Millionen Franken auflegten.

8) Eroberung und Wegnahme durch Gewalt. Preussen hatte 1807 im Tilsiter Frieden Jérôme als König von Westphalen anerkannt. Was von seinen Staaten später an Preussen gelangte, hat er nicht mittelst Vertrages an Preussen abgetreten. Die Erwerbung von Seiten Preussens geschah also eigentlich im Wege der Eroberung. Ob und in wie weit eine Regierung in Kriegszeiten in fremden Ländern Steuern und Kontributionen erheben, Requisitionen und Liefe-

---

[1]) Archiv der politischen Oekonomie, 1851 S. 322.

rungen ausschreiben, das Vermögen und die Forderungen des feindlichen Staats und Staatsoberhauptes mit Beschlag belegen und konfisciren, ob sie im eigenen Lande und in den eigenen Häfen dem feindlichen Staate und dessen Unterthanen gehörige Waaren und Schiffe wegnehmen kann, wie sie auf der See das Privateigenthum der Unterthanen feindlicher und neutraler Mächte zu behandeln, und wie sie sich in Bezug auf Beute, Kaperei und Prisen zu verhalten hat, ist nach dem Staats- und Völkerrecht zu beurtheilen [1]) — hier ist nur darauf aufmerksam zu machen, dass alles dies in finanzieller Beziehung von Wichtigkeit ist. Endlich sind hier auch noch

9) Einwanderungen, und zwar etwas näher, zu betrachten.

In Preussen wanderten unter dem grossen Kurfürsten Hugenotten aus Frankreich ein, später aus Salzburg geflüchtete Protestanten und 1837 einige Tyroler, die in Erdmannsdorf bei Hirschberg sich niederliessen. Diese Personen waren wegen ihres Glaubens in ihrer Heimath verfolgt und fanden in Preussen eine neue Heimath. Im vorigen Jahrhundert suchte man auch durch besondere Begünstigungen Ausländer nach Preussen zu ziehen. Davon ist man aber zurückgekommen. Mitunter waren die so Angelockten nicht gerade die besseren Bewohner ihrer früheren Heimath, zuweilen kamen bei der Kolonisirung auch Missgriffe vor und es giebt in den älteren Provinzen jetzt noch sogenannte Kolonistendörfer, die mehr als hundert Jahre lang arm geblieben sind.

Viel wichtiger sind auch in finanzieller Beziehung die freiwilligen Einwanderungen, die ohne alle Begünstigungen Seitens des Staats stattfinden. Die grösseren gut regierten Staaten haben eine natürliche Anziehungskraft. So kommen aus den kleineren Deutschen Staaten Viele, besonders junge Leute in den kräftigsten Arbeitsjahren, zu ihrer Ausbildung nach Preussen, namentlich nach den grösseren Städten, und kehren nicht wieder in ihr Vaterland zurück. Dadurch hat Preussen einen bedeutenden Zuwachs von tüchtigen Ausländern erhalten, die dem Preussischen Volk keine Aufziehungskosten verursacht hatten und sonach grossen Gewinn brachten. Man hat seit 1844 über die Eingewanderten und Ausgewanderten Notizen gesammelt. Danach sind $18^{44}/_{59}$ aus Preussen beinahe 180,000 Personen nach den Vereinigten Staaten ausgewandert, und Engel [2]) meint, für deren Erhaltung und Erziehung bis zu der Zeit, wo sie auswanderten, hätten ihre Angehörigen vielleicht ein Kapital von 150 Mil-

[1]) Vergl. A. L.R. I, 9 §§. 193—219; II, 8 §§. 2034 ff. Verordnung vom 12. Juni 1856 in Betreff der Seerechtsdeklaration vom 16. April 1856.

[2]) Zeitschrift des K. Pr. statist. Bureaus 1861 S. 70. 81

lionen Thalern aufgewendet, was für immer der heimischen Erde entrückt worden sei. Offenbar gehen Viele nach Amerika, weil sie ihre besten Arbeitsjahre ungehindert für sich selbst nutzbar machen und nicht bis zum vierzigsten Jahre landwehr- oder seedienstpflichtig sein wollen. Wäre dies nicht der Fall, so hätte in Preussen das Auswandern Militärpflichtiger ohne Erlaubniss nicht mit Strafe bedroht zu werden brauchen. Die Zahl der Militärpflichtigen, gegen welche ein Verfahren nach dem Gesetz vom 10. März 1856 stattgefunden hat, betrug 1862 1648 und 1863 1782 [1]). Dessenungeachtet hatte Preussen doch eine grosse Anziehungskraft, wenn diese auch geringer geworden ist. Es sind mehr ein- als ausgewandert

in den Jahren 1817 bis 1834	533,537,
ferner in den Jahren 1835 bis 1840	485,041,
in den 24 Jahren $18^{17}/_{40}$ überhaupt	1,018,578,

was einen jährlichen Gewinn im Durchschnitt von 42,441 Menschen ergiebt. In den 9 Jahren $18^{41}/_{49}$ sind 7979 mehr aus- als eingewandert, was einen jährlichen Verlust von 887 zeigt. Ferner sind in den 9 Jahren $18^{50}/_{58}$ mehr aus- als eingewandert 118,373, was einen jährlichen Verlust von nicht weniger als 13,153 Menschen ergiebt. In den 3 Jahren $18^{58}/_{61}$ wanderten dagegen 3220 mehr ein, als aus, was endlich wieder einen Gewinn von jährlich 1073 Menschen zeigt. Preussen hatte hiernach nach den Freiheitskriegen unter Friedrich Wilhelm III eine viel grössere Anziehungskraft, als später, und diese Anziehungskraft war unter dem Ministerium Manteuffel am geringsten, nahm aber unter dem Ministerium Hohenzollern wieder zu. Während der letzten vierzig Jahre hat Preussen seine Einwohnerzahl stärker vermehrt, als die übrigen grossen Staaten des Europäischen Kontinents, welche grössere Armeen unterhielten und mehr Schulden machten [2]). Dennoch sind Einwanderungen in Preussen immer noch wünschenswerther als Auswanderungen.

Frankreich, welches anscheinend auf der Quadratmeile im Durchschnitt mehr Menschen ernähren könnte, als England oder Preussen, gewinnt wahrscheinlich durch Einwanderung mehr Menschen, als es durch Auswanderung verliert, und dennoch steigt die Bevölkerung dort viel langsamer. Da die Sterblichkeit dort wohl nicht grösser geworden ist, so kann der Druck der Staats-, Departements- und Gemeindesteuern dort auch eine Ursache für die geringe Zahl der Eheschliessungen und Geburten sein.

---

[1]) Zeitschrift des statistischen Bureaus 1864 S. 147.

[2]) Vergl Ueber Preussens Erstarkung, in den Deutschen Jahrbüchern Bd. 8 1863 S 461

Kein Land hat durch Einwanderungen so viel gewonnen, als die Vereinigten Staaten, so dass man ihre Bevölkerung für 1870 auf 42 und für 1880 auf 56 Millionen schätzt. Es kamen dort $18^{50}/_{60}$ 2,707,624 und $18^{20}/_{60}$ nicht weniger als 5,062,414 Menschen an, darunter 2,750,784 aus Grossbritannien und Irland und 1,546,976 aus Preussen, und von allen diesen Einwanderern sind nicht über 1 Million wieder fortgezogen [1]).

Was die Auswanderungen aus England betrifft, so stieg nach einem Bericht der Englischen Auswanderungskommission die Auswanderung aus dem Vereinigten Königreich in den Jahren $18^{15}/_{41}$ nur einmal auf 100,000 per Jahr. Die jährliche Durchschnittszahl betrug 49,751 für $18^{15}/_{46}$, und von 1846 ab bis jetzt ist die Zahl mit Ausnahme des Jahres 1861 nie unter 100,000 geblieben. Die Durchschnittszahl für die letztere Periode betrug 213,361. Für die acht Jahre $18^{47}/_{54}$ war sie 305,587. Die grossartige Auswanderung begann mit der Hungersnoth in Irland, im Jahre 1847, und nahm erst ab, als im Jahre 1854 der Krimkrieg eine Menge Rekruten forderte; sie lebte wieder auf im Anfang des Jahres 1857 und liess nach, als der Indische Aufstand eine neue Nachfrage um Rekruten hervorrief. Von 1857 an bis jetzt nahm die Emigration erst im vorigen Jahre wieder grössere Dimensionen an. Im Laufe des Jahres 1863 haben als Auswanderer das vereinigte Königreich verlassen 223,758 Menschen, darunter 61,243 Engländer, 15,230 Schotten, 116,391 Irländer; die Uebrigen Ausländer oder nicht näher bezeichnet. 18,083 von ihnen gingen nach dem Britischen Nordamerika, 146,813 nach den Vereinigten Staaten, 53,054 nach Australien und Neuseeland, 5808 anders wohin. Der landläufigen Behauptung, es sei die Auswanderung aus Irland im vergangenen Jahre hauptsächlich den Anwerbungen zur Unionsarmee zuzuschreiben, treten die Kommissare durchaus entgegen; sie bemerken, dass die Auswanderung des letzten Jahres im Verhältniss zur Bevölkerung eine geringere gewesen, als in irgend einem der Jahre 1847 bis 1854 (in welchem Zeitraum von 1,656,044 emigrirten Irländern 1,321,725 die Vereinigten Staaten aufsuchten), und sie fragen mit Recht, ob man, wenn die Zunahme der Auswanderung jenen Anwerbungen zuzuschreiben wäre, nicht erwarten müsse, dass die Zahl der ledigen Männer verhältnissmässig grösser sein müsse, als in früheren Jahren? Dies sei aber nicht der Fall. Die bedeutenden Dimensionen der Irischen Emigration seien vielmehr aus dem Elend zu erklären, welches in Irland herrsche, und

---

1) Vergl. Deutsche Jahrbücher Bd. 11 1864 S. 369 ff

der Freigebigkeit, welche die vorausgegangenen Landsleute gegen die Zurückgebliebenen bewiesen, um ihnen die Bestreitung der Ueberfahrtskosten zu erleichtern. 412,000 £ sind in dem einen Jahre 1863 aus Amerika nach Irland geschickt worden. Die Zahl der Emigranten nach Australien und Neuseeland hat zugenommen; die Nachfrage nach Dienstmägden ist noch immer ungeschwächt.

Zu den Ländern, die durch Auswanderungen geschwächt werden, gehört Mecklenburg-Schwerin, indem der dortige Grossherzog in den Jahren 1849—1864 durch Auswanderungen etwa ein Sechstheil seiner Unterthanen verloren hat.

Zu den ordentlichen äusseren Quellen des öffentlichen Einkommens lässt sich rechnen:

1) Bleibendes Einkommen durch Verträge. Dahin gehören z. B. die Jahresrenten, welche Mecklenburg-Schwerin aus der Rheinschiffahrtsoktroi nach dem Reichsdeputations-Hauptschluss von 1803 erhielt, ferner auch die schon erwähnten Renten, welche Sachsen-Koburg-Gotha und Lippe von Preussen beziehen, endlich auch die vertragsmässigen Tribute, welche einst an die Afrikanischen Raubstaaten gezahlt wurden.

2) Bleibendes Einkommen ohne Verträge. Es kann ein Staat innerhalb eines andern Staats Grundbesitz haben. So besass oder besitzt noch Preussen einige Domänen oder Domänenrenten in Hannover.

3) Einkommen aus natürlichen Monopolen. Wenn ein Land ein Erzeugniss ausschliesslich oder beinahe ausschliesslich hat, so kann es den Preis ziemlich willkürlich bestimmen und einen hohen Ausfuhrzoll davon erheben, den dann das Ausland zahlt. So war es ehemals mit dem Gewürzhandel der Holländer, bis zwischen 1774 und 1784 die Franzosen und Engländer diese Gewürze auch in ihren Besitzungen anpflanzten. Von der Ausfuhr der edlen Metalle aus Amerika konnten einst Spanien und Portugal einen hohen Ausfuhrzoll erheben, da noch Anfangs dieses Jahrhunderts $^6/_7$ alles Goldes und $^{13}/_{14}$ alles Silbers aus den Spanischen und Portugiesischen Besitzungen in Amerika kam.

4) Passagezölle. Hierunter werden Zölle verstanden, welche von Waaren, oft auch Transportmitteln, wie Schiffe und Wagen, und zuweilen selbst von Personen — wie einst der Judenleibzoll — entrichtet werden müssen, wenn sie an einer bestimmten Hebungsstelle vorbeikommen. Sie werden nicht, wie Chaussee-, Brücken- oder

Schleusengelder, für die Unterhaltung der Land- und Wasserstrassen gezahlt, sondern sind wesentlich eine Frucht der Macht, die Vorüberziehenden zur Zahlung zu nöthigen. Ein Beispiel davon war der Sundzoll, welcher mit dem 1. April 1857 aufgehört hat. Preussen verpflichtete sich, an Dänemark ein Ablösungskapital von 3,330,020 1/4 Thaler Preussisch zu zahlen, und zwar bis zum 1. April 1877 halbjährlich 121,731 Thlr. nebst Zinsen, behielt sich aber das Recht vor, die ganze Summe auch früher abzutragen. Im Mittelalter hielten sich die Grundherren für berechtigt, Alles was ihr Gebiet durchzog, mit einer Abgabe zu belegen, deren Höhe nur von der Möglichkeit einer nachhaltigen Hebung abhing. Auf Landstrassen waren diese kleinen und zerstreuten Gebiete meist leicht zu umgehen, und die Passagezölle mussten daher mässig bleiben. Die Stromschiffahrt konnte sich dagegen den Besitzern der Ufer nicht entziehen; die Passagezölle auf Strömen wurden daher so erhöht, dass es endlich wohlfeiler wurde, den grössten Theil der Waaren zu Lande zu transportiren. So verödete die Fahrt auf dem Rhein, dem Main, der Weser und der Elbe, indem jeder Reichsstand, der daran Besitzungen hatte, die Vorbeifahrenden zur Zahlung eines Zolles nöthigte. Erst als die Grenze Frankreichs bis an den Rhein reichte, wurde die Zahl der Passagezölle auf demselben vermindert, und ein mässigerer gleichförmiger und einfacher Tarif dafür eingeführt. Demnächst wurde auf dem Wiener Kongress bestimmt, dass auf allen Flüssen, welche schiffbar mehr als Ein Staatsgebiet berühren, an einer mässigen Anzahl von Hebestellen Passagezölle nach einem gemeinschaftlich festzustellenden Tarif dergestalt erhoben werden sollen, dass der Antheil jedes Uferbesitzers durch das Verhältniss der Länge seiner Ufer zu der Länge des ganzen schiffbaren Theils des Stroms bestimmt wird. Besondere Konventionen über die Schiffahrt auf den genannten vier Strömen sind abgeschlossen, und die Zölle, die für Preussen keine erhebliche Bedeutung mehr haben, allmählig heruntergesetzt worden. Dennoch sollten diese Passagezölle ganz aufhören. Denn Handel und Schiffahrt zu erleichtern ist eine viel bessere Finanzmassregel, als sie zu belasten.

5) Durchgangsabgaben oder Transitzölle sind den Passagezöllen ähnlich. Sie werden an der Grenze des Landes von den Waaren erhoben, die durch das Land durchgeführt werden, um in einem anderen Lande verbraucht zu werden. Das Land, welches den Durchgangszoll erhebt, erhebt ihn also vom Auslande. Bei zu hohen Sätzen vermindert sich die Durchfuhr und die Abgabe bringt dann wenig ein. Die Durchfuhr kann übrigens dem Lande keinen Nach-

theil, sondern nur Vortheil bringen. Die Zeit der Durchfuhrzölle ist aber vorbei.

6) Besteuerung der Ausländer. Wenn sie Grundbesitz im Lande haben oder Gewerbe treiben, so ist es billig, dass sie davon gleiche Abgaben zahlen, wie die Inländer, selbst wenn sie sich im Inlande nicht beständig aufhalten. Wenn sie sich im Inlande aufhalten, so können sie von Verbrauchssteuern nicht frei bleiben, auch wohl nicht von andern indirekten Steuern. Sie zu allen direkten Steuern heranzuziehen, dürfte aber nicht erforderlich sein. Der Preussische Staat kann einen finanziellen Gewinn schwerlich haben, dass einige Nichtpreussen unter gewissen Umständen nach §. 6 und 18 des Gesetzes vom 1. Mai 1851 zur Klassensteuer oder Einkommensteuer herangezogen werden. Freilassung von diesen Steuern würde mehr reiche Ausländer zum dauernden Aufenthalt in Preussen veranlassen, wo sie dann Verbrauchssteuern zahlen würden. Man muss die Fremden nicht ohne Noth belästigen und ihnen den Aufenthalt verleiden, durch besondere Abgaben, Sporteln, Gebühren, durch Quälereien mit Pässen und Passvisirungen, Lösung von Aufenthaltskarten u. s. w. In England und den Vereinigten Staaten fragt man nicht nach Pässen und doch erwächst dem Lande kein Nachtheil. Auf dem Europäischen Kontinent legt man immer noch etwas Gewicht auf einen richtigen Pass. Für die Verfolgung von Verbrechern sind Dampfschiffe, Telegraphen und Photographien wichtiger als Pässe und Steckbriefe, und überdies sind Pässe und Eisenbahnen doch wohl nicht mit einander in gehöriger Harmonie. —

Ob die Peterspfennige von der päbstlichen Regierung zu den ausserordentlichen oder den ordentlichen Einnahmen gerechnet werden, oder ob sie überhaupt eine solche Unterscheidung macht, ist mir nicht bekannt.

Von den Quellen des öffentlichen Einkommens im Innern des Staats sind zunächst die ausserordentlichen zu erwähnen. Dahin gehören:

1) Anfälle aus vorbehaltenem Eigenthum. Anheimgefallene Lehne haben das Staatsvermögen öfters vermehrt und die Staatseinnahmen erhöht. Auch für die Aufhebung des Lehnsnexus sind mitunter Kapitalien gezahlt oder Renten übernommen worden. Für die Zukunft ist auf solche Einnahmen in Preussen nicht viel mehr zu rechnen.

2) Kauf. In alten Zeiten kam es wohl vor, dass die Landesherren Domänen ankauften und dadurch ihre Einkünfte erhöhten.

Zuweilen mag es zweifelhaft sein, ob der Ankauf aus dem Privatvermögen der Fürsten oder aus dem Staatsvermögen geschehen war. In Preussen sind, wie schon (S. 49) erwähnt, die vom Könige angekauften Güter, über welche er weder unter Lebendigen noch von Todeswegen verfügt hat, für einverleibt in die Domänen des Staats anzusehen.

3) Geschenke und Vermächtnisse, welche Privatpersonen zur Bestreitung öffentlicher Bedürfnisse oder gemeinnütziger Anstalten machen. Auf dergleichen Einnahmen darf ein Staat nicht bauen. Die ordentlichen Abgaben sind immer die Hauptquellen des Staatseinkommens und in manchen Ländern sind die Pfennige des armen Mannes beinahe noch das wichtigste. Zu wünschen wäre, dass es in allen Kreisen und Ständen als eine Ehrensache gälte, bereitwillig die Abgaben in vollem Masse zu bezahlen. Wer die Staatskasse bestiehlt, steht moralisch doch wohl kaum tiefer, als wer ihr einen Theil des ihr Gebührenden vorenthält, also z. B. wissentlich weniger an Einkommensteuer zahlt, als er nach dem Gesetz zahlen sollte. Wenn so strenge Ansichten allgemein herrschten, so würde die Preussische Staatskasse mehr einnehmen, als gegenwärtig. — In Englischen Blättern findet man zuweilen Anzeigen des Schatzkanzlers über Summen, die er von Ungenannten auf Einkommensteuer erhalten hat. — Eine Preussische Kabinetsordre vom 25. April 1848 genehmigte, dass „die zur Bestreitung des Staatsbedarfs eingehenden freiwilligen Beiträge“ als eine Schuld des Staats angenommen und mit fünf Procent verzinst werden sollten. So kamen 15 Millionen auf, doch konnte von einem eigentlichen Opfer dabei wohl kaum die Rede sein. Nach dem Gesetz vom 13. Mai 1833 muss von gewissen Schenkungen Anzeige gemacht und Staatsgenehmigung eingeholt werden. Seitdem waren bis 1848 für Kirchen, Schulen, Armen-, Kranken- und Waisenanstalten und andere gemeinnützige Zwecke an 8 Millionen geschenkt worden; dabei sind gewisse geringere Summen nicht in Anschlag gebracht [1]). In den Vereinigten Staaten, insbesondere in Neuengland, kommen grossartige Schenkungen zu öffentlichen Zwecken der Mildthätigkeit und der Erziehung vor, und Mill führt an, dass in dreissig Jahren die im Staate Massachusetts, der erst 1860 1,687,404 Einwohner hatte, vorgekommenen derartigen Vermächtnisse und Schenkungen sich auf nicht weniger als auf 6 Millionen Dollars belaufen haben. Es scheint also für öffentliche Zwecke in den Vereinigten Staaten verhältnissmässig mehr geschenkt zu werden, als in Preussen. Uebri-

---

[1]) Dieterici, Mittheilungen des statistischen Bureaus. 1849.

gens wird man Macaulay doch beitreten müssen, wenn er sagt, die Erfahrung habe reichlich bewiesen, dass die freiwillige Freigebigkeit von Individuen, selbst in Zeiten der grössten Aufregung, im Vergleich mit strenger und methodischer Besteuerung, welche auf die Willigen und die Nichtwilligen zugleich drückt, eine spärliche finanzielle Hülfsquelle ist. — Ferner werden zu den ausserordentlichen inneren Quellen der Staatseinnahmen noch

4) im Lande selbst gemachte Staatsschulden, und

5) ausserordentliche Steuern gerechnet werden können. Durch zeitweise Erhöhung der Einkommensteuer hat England jetzt das Mittel, ohne besondere Schwierigkeit ausserordentliche Ausgaben bestreiten zu können. Ein ebenso erfolgreiches Mittel bietet die Preussische Einkommensteuer nicht. Daher wurden vom 1. August 1854 bis Ende 1856, sowie vom 1. Juli 1859 bis Ende Juni 1862 25 Procent Zuschläge nicht bloss zur Einkommensteuer, sondern auch zur Klassensteuer und sogar zur Mahl- und Schlachtsteuer erhoben. Als eine ausserordentliche Steuer ist auch der Zuschlag zu den Gerichtskosten von 6 Sgr. von jedem vollen Thaler, oder 20 Procent, anzusehen, welche nach dem Gesetz vom 10. Mai 1851 schon seit dem 1. Januar 1852 ununterbrochen erhoben wird: „die Ermässigung oder Aufhebung desselben soll eintreten, sobald das Verhältniss der Staatseinnahmen es gestattet.“ Die Volksvertretung sollte eine Steuer und besonders eine ausserordentliche immer nur für eine bestimmte Zeit genehmigen. Die Englische Einkommensteuer wurde immer nur auf bestimmte Zeit bewilligt.

Auch die sogenannte Prinzessinnsteuer kann als ausserordentliche Steuer erwähnt werden. Ob eine solche in Preussen wirklich erhoben worden, und wann dies zuletzt geschehen ist, weiss ich nicht. Von Seiten der Märkischen Stände scheint aber das Recht zur Erhebung ehemals anerkannt gewesen zu sein. In dem Landtagsrevers von 1472 sagte Markgraf Albrecht: er habe seine Landstände um Hülfe und Beistand angerufen, indem er ihnen eröffnet, in welche Schuldenlast die Mark von seinen Vorfahren „durch redliche Ursachen“ gebracht worden sei; er habe diese Schuld auf 100,000 Gulden gedeutet und sich erboten, was sich über diese Summe fände, selbst zu bezahlen. Darauf hätten „die Prälaten, Grafen, Herren, Ritterschaft, Mann und Städte versprochen, in 4 Jahren zu 5 Fristen diese Schuld zu bezahlen, jedoch so, dass dieses Geld, das sie jetzt geben, an die Schuld und nirgend anders angelegt wird.“ Dafür hätten sie sich ausbedungen, hinführo frei von der Landbede, einer Art Grundsteuer, zu sein, ausser in drei Ausnahmen: — 3) Wenn unsrer Brüder seel. Töchter oder unsere Söhne ihrer Erben und Nachkommen Töchter berathen (ausstatten) würden. Nach dem Landtagsrezesse von 1524 hatten „die gutwilligen und getreuen Unterthanen nochmals bewilliget, uns aus unsern Schulden gutwillig und unterthäniglich zu helfen, unsere Schulden zu bezahlen und die verpfändeten Schlösser und Oerter wieder zu lösen und zu freien." Sie hatten daher Hufenschoss auf 8 Jahren bewilligt, und dafür sagt ihnen der Kurfürst für sich, seine Erben und Nachkommen zu: dass sie hinfürder um einigerlei Steuer und Landbede nicht sollen angelanget werden, ausser in den oben angegebenen drei Fällen [1]).

Wann eine Prinzessinnsteuer zuletzt von den Ständen gefordert worden ist, habe ich nicht ermittelt. Dass sie noch gefordert werden könnte, ist zu bezweifeln, da, wie schon (S. 50) erwähnt, die Krone sich im Jahre 1820 eine Civilliste aussetzte. Seitdem ist eine Prinzessinnsteuer nicht gefordert, wohl aber mehrmals ausdrücklich erlassen worden, jedoch nicht ohne einen Vorbehalt, dessen rechtliche Bedeutung indessen nicht klar ist. In einer Kabinetsordre an den Staatskanzler vom 18. Juli 1822 sagte Friedrich Wilhelm III: Die Vermählung der Prinzessinn Alexandrine mit dem Erbgrossherzoge von Mecklenburg-Schwerin habe Anlass zu der Frage gegeben: „ob die, bei Vermählungen von Prinzessinnen Meines Königlichen Hauses herkömmlichen Prinzessinnen-Steuern auszuschreiben seien. Ich habe beschlossen, ganz so wie es bei den Vermählungen Meiner Tochter, der Prinzessin Charlotte von Preussen (1817), und Meiner Nichte, der Prinzessinn Friederike von Preussen von Mir angeordnet worden ist, aus Gnade und Milde, jedoch ohne Konsequenz für die Zukunft und ohne Meinen Nachkommen in der Krone dadurch etwas zu vergeben, Meine getreuen Unterthanen für dieses Mal mit solchem Beitrag zu verschonen, in der Gnädigsten Zuversicht, sie werden dieses Merkmal Meiner landesväterlichen Huld und Gnade mit Dank erkennen. Sie haben diesen Meinen Beschluss in den Provinzen und Landen, in welchen Sie solches für angemessen erachten, zur Kenntniss der Regierungen zu bringen, damit diese denselben gehörig bekannt machen mögen." In ähnlicher Weise ist die Prinzessinnsteuer mehrmals ausdrücklich erlassen worden, unter Vorbehalt des Rechts für künftige Fälle, von Friedrich Wilhelm IV auch noch nach der Beschwörung der Verfassung, am 5. Juni 1850, 24. Mai 1853, 25. Juni 1854 und 7. Juli 1856. Die Verfassung spricht im Artikel 100 von

---

[1]) Leop. Krug, Geschichte der Preussischen Staatsschulden, herausgegeben von C. J. Bergius, 1861 S. 5.

Steuern und Abgaben für die Staatskasse. Eine Prinzessinnsteuer ist nun zwar keine Abgabe für die Staatskasse. Aber dennoch ist nicht zu ersehen, weshalb diese Steuer ausdrücklich erlassen ist, da die Krone das Recht zur Erhebung einer Prinzessinnsteuer durch die Verfassung nicht wiedererlangt hat.

Besondere Prinzensteuern kommen in Preussen nicht vor. Nach dem Vertrage zwischen der Königin Victoria und dem Könige Friedrich Wilhelm IV in Betreff des Ehebündnisses I. K. H. der Prinzess Royal mit S. K. H. dem Prinzen Friedrich Wilhelm von Preussen vom 18. December 1857 werden die Kosten der gemeinschaftlichen Hofhaltung Ihrer K. Hoheiten auf die Apanage des Prinzen übernommen, welche vom Könige auf jährlich 92,000 Thlr. festgesetzt ist. Die Königin gab der Prinzessinn eine Mitgift von 40,000 £ und versprach ihr bis zum Ableben derselben eine jährliche Summe von 8000 £ zu gewähren. Der König verpflichtete sich auch, der Prinzessinn, im Fall sie Wittwe würde, ein entsprechendes Witthum zu gewähren.

Die ordentlichen Einnahmen aus dem Innern des Staats sind allenthalben die Haupteinnahmen. Sie lassen sich eintheilen in Regalien, Domänen und Steuern. Was unter Regalien und Domänen zu verstehen ist, lässt sich aus den Worten entnehmen [1]).

In einem ganz autokratisch regierten Lande würden die Steuern lediglich von dem Willen des Landesherrn abhängig sein; sie könnten dann zu den Regalien gerechnet werden, und es gäbe demnach ein Steuerregal. Nach älterem Herkommen in Deutschland waren Steuern aber nur subsidiarisch von den Ständen zu fordern, wenn nämlich die Einkünfte aus den Domänen und Regalien nicht ausreichten; ein Steuerregal lässt sich historisch nicht nachweisen. Davon verschieden ist das Zollregal oder die Zollgerechtigkeit, welche zu den niederen Regalien gerechnet wird, und wovon das A. L.R. II 15 §. 88—140 in dem Titel von den Rechten und Regalien des Staats in Ansehung der Landstrassen, Ströme, Häfen und Meeresufer handelt. Danach ist die Zollgerechtigkeit das Recht, von denjenigen, welche sich der Häfen, Ströme, Wege, Brücken und Fähren bedienen, eine gewisse bestimmte Abgabe zu fordern. Der eigentliche Zoll wird von Sachen und Waaren; Brücken-, Fähr- und Wegegeld aber nur von den Personen, dem Viehe, und den Fuhrwerken, welche die Brücke, die

[1]) Vergl. J G. Hoffmann, die Lehre von den Steuern als Anleitung zu gründlichen Urtheilen über das Steuerwesen mit besonderer Beziehung auf den Preussischen Staat, 1840 S. 23—29.

Fähre oder den Weg passiren, erhoben. Zoll, Brücken- und Wegegeld darf Niemand erheben, als dem das Recht dazu vom Staate verliehen oder aufgetragen worden. Nur allein der Staat kann die Zollabgaben, das Hafen-, Wege- und Brückengeld bestimmen, und den Tarif darüber vorschreiben. Unter dem Staat wird hier der König verstanden, da alle Rechte und Pflichten des Staats gegen seine Bürger und Schutzverwandten sich in dem Oberhaupte desselben vereinigen (II 13 §. 1).

Die Regalien überhaupt lassen sich auch noch aus einem andern als dem finanziellen Gesichtspunkte betrachten. Sie brauchen nicht nothwendig den Zweck zu haben, dem Staat ein Einkommen zu bringen. Ihr Zweck kann zunächst dahin gehen, nützliche Anstalten zu unterhalten, so dass die Einnahme davon nicht das Wesentliche, sondern Nebensache ist. Dies gilt z. B. vom Postregal und dem Münzregal, und man sollte alle Regalien so behandeln, dass dabei das Finanzielle etwas Untergeordnetes ist. Dann können Regalien auch in einer Republik vorkommen, wenn der Name dort auch nicht passen möchte. Die Vereinigten Staaten haben eine Postverwaltung und eine Münzverwaltung, doch bringen sie dem Staate weniger ein, als sie kosten.

Alle grösseren Staaten und beinahe alle Staaten haben ihre Haupteinnahmen aus Steuern.

Wie ein Amerikaner meinte, könnte man von England mit Recht sagen, dass, während es sich enorme Schulden aufbürdete, es die kostbarste und verschwenderischeste Regierung beibehielt. Obgleich die Zinsen seiner Schuld die Entwickelung der Hülfsquellen des Volks hinderten, und die Armee, die Flotte, die Kirche und die Justiz alle seine Geldarterien austrockneten, verschwendete es doch jährlich ungeheure Summen in der Form von Pensionen und Sinekuren an Militärs und Civilbeamte, an Generale, Admirale, gewesene Kanzler, Richter und Diplomaten, an heruntergekommene Adliche und deren zahlreichen Train von Verwandten und Anhängern, und in der That an jede sonstige Art von Anspruchmachern, die Einfluss oder Interesse hatten bei jeder Partei, die nach einander ans Ruder kam. Seitdem nun Sparkassen und ähnliche Anstalten ihre Fonds in der Staatsschuld angelegt haben, giebt es 2,000,000 Staatsgläubiger, von denen $^3/_4$ den mittleren und unteren Klassen angehören. Wenn ihre Anzahl sich auf 2—300,000 verminderte, so könnten die enorme Schuld, die ungeheuren jährlichen Ausgaben und die damit im Verhältniss stehenden Steuern das anregende Element bei einem Umsturz der Regierung abgeben. Die drei bedeutendsten politischen Revolutionen der neueren Zeit, Englands von 1644, Amerika's von 1775 und Frankreichs von 1789, ereigneten sich sämtlich bei dem Versuche, dem Volke Taxen aufzulegen, um solche Lasten der Staatskasse abzunehmen. Wenn England jemals wieder von einer Revolution erschüttert werden sollte, so ist es sehr möglich, dass dies durch übermässige Besteuerung geschieht. Aber der grosse Unterschied zwischen dem jetzigen England und dem England von 1644 oder Amerika und Frankreich von 1775 und 1789 liegt darin, dass, so sehr das Volk jetzt auch socialen und politischen Fortschritt und Beschränkung der Ausgaben erstrebt, die grosse Masse desselben doch zufrieden ist, dass sie unter einer freieren, glücklicheren und besser kontrolirten Regierung lebt als irgend ein anderes Volk in der Welt. Auf das alte Steuer- und Ausgabensystem hat die Parlamentsreform eingewirkt, aber nothwendig allmählig, Schritt vor Schritt. Jedes Jahr wurde die alte Pensionsliste kürzer, und wenig wurde neu darauf gesetzt, ausser unter allgemeiner Zustimmung. Viele unnütze Stellen wurden abgeschafft, wenn auch der volle Vortheil davon sich verzögerte, da den Inhabern Ruhegehalte gewährt wurden. Neue Principien der Sparsamkeit kamen in das ganze Regierungssystem. Aber noch mehr liegt es in der neuen Politik der Besteuerung, dass das Volk die direkten Früchte der Reform erntet. Der Freihandel hat schon die Preise einiger der wesentlichsten Lebensnothwendigkeiten heruntergebracht. Durch die bedeutende Ermässigung der Steuern von anderen sind dieselben einer so viel grösseren Masse der Bevölkerung zugänglich geworden, dass der Ertrag durch die Heruntersetzung wenig Einbusse erlitten hat; während bei der Anwendung der Einkommensteuer und anderer neuen Einnahmequellen die arbeitenden Klassen davon beinahe ganz freigeblieben sind. Die ganze Gesetzgebung der neueren Jahre strebte nach Verminderung der Lasten der Armen; und mitten im Frieden, im Gedeihen und in der vollkommnen Freiheit, die das Volk in den letzten Jahren genossen hat, während fast jedes Land auf dem Kontinent von Europa von politischem Streit, Revolution und blutigem Bürgerkrieg erschüttert wurde, gab es gewiss wenige, selbst unter den ärmsten Einwohnern Englands, die das Geld nicht für gut angelegt hielten, welches ausgegeben wird zur Aufrechthaltung der Institutionen eines Landes, in welchem sie alle Festigkeit einer monarchischen Regierung, mit allem freien Einfluss der öffentlichen Meinung und der Kontrole eines weise geleiteten Volkswillens geniessen, wie dies republikanische Institutionen ihnen nur sichern könnten. Der wahre Kampfplatz für weitere Siege erscheint jetzt in Betreff finanzieller Reform und der Durchsetzung einer weisen und liberalen Sparsamkeit in jedem Departement des Staats. Nach dieser Auffassung der Sache haben die Reformer Englands das Uebel an der Wurzel angegriffen; und in dem Departement der Finanzen und Steuern sich besonders auf das Werk beschränkt, die Regierungsausgaben zu vermindern und die Steuern derartig einzurichten, dass ihre Zahlung in gerechterer Weise sich vertheilt, und alle Hemmungen der freien Ausdehnung des Verkehrs und Handels zu beseitigen [1]).

Im Jahr 1847 sagte ein Franzose, Bastiat: „In welcher Weise man auch über die Politik Englands und die Rolle, welche es in der Welt übernommen hat, urtheilt, es ist unmöglich, nicht zuzugestehen, dass es in Allem, was Handel, Industrie, Finanzen und Steuern betrifft, Versuche durchgemacht hat, welche die anderen Nationen mit Nutzen für sich selbst studiren könnten und sollten. Man hat mit Recht gesagt, dass die Erfahrung die strengste Lehrerin ist; und wenn das Beispiel Anderer uns vor einigen Fehlern bewahren kann, warum sollten wir nicht versuchen, die Versuche und Proben, die anderswo gemacht worden sind, unserer nationalen Instruktion zu Gute kommen zu lassen?"

England zeigt uns übrigens auch, wie ein Ministerium, welches Tüchtiges geleistet hat, der Opposition entgegentreten und weiteres Vertrauen fordern kann. Mit berechtigtem Stolz sagte daher der erste Lord des Schatzes, Lord Palmerston, in der Unterhaussitzung vom 8. Juli 1864: „Zur Begründung eines Misstrauensvotums muss man alle Massregeln einer Regierung in Erwägung ziehen. Während der fünf Jahre, dass uns das Haus sein Vertrauen schenkte, hat sich das Land einer beispiellosen Wohlfahrt erfreut. Zwischen 1860 und 1864 haben wir die Steuerlast um 12,000,000 £ gemindert. Wir haben einen Handelsvertrag mit Frankreich geschlossen, der segensreiche Früchte trägt. Die Nationalschuld wurde um 11,000,000 £, die Staatsausgabe um 3,000,000 £ reducirt. Unsere Bauwerften werden befestigt. Unser auswärtiger Handel hat sich in wenigen Jahren um 67,000,000 £ gehoben. Ein grosser Ausfall in unsern Indischen Finanzen hat sich in einen steigenden Ueberschuss verwandelt. Wir haben während dieses Zeitraums den Frieden erhalten und gegen das Andrängen vieler Politiker einen unweisen Krieg mit Amerika vermieden. Während ich zugebe, dass die ehrenwerthen Gentlemen ge-

---

[1]) Reforms and Reformers of England. By H. B. Stanton. London 1853 S. 233—239.

genüber berechtigt sind, nach dem Besitz der Regierungsgewalt zu streben, behaupte ich, dass wir Anspruch auf das Vertrauen des Hauses haben."

Kein Staat befindet sich jetzt in besserer Finanzlage als England und die Finanzen des Britischen Indiens sind auch besser geworden. Dies ergeben die Rechnungen, wie aus dem Folgenden ersichtlich ist.

An Account of the Gross Public Income of the United Kingdom of Great Britain and Ireland, in the Year ended Dec. 31, 1863, and of the actual Issues or Payments within the same period.

Income or Revenue.

Ordinary Revenue.	£.	s.	d.
Customs	23,421,000	0	0
Excise	17,745,000	0	0
Stamps	9,252,000	0	0
Taxes (Land and Assessed)	3,208,000	0	0
Property Tax	9,806,000	0	0
Post Office	3,800,000	0	0
Crown Lands (Net)	302,500	0	0
Other Receipts.			
Produce of Sale of Old Stores, and other Military and Naval Extra Receipts	704,572	9	8
Amount received from the Revenues of India on account of the effective and non-effective charges of British Troops serving in that country	993,000	0	0
Allowance out of Profits of Issue received from the Bank of England, per Act. 24 Vict. c. 3	131,578	0	0
Miscellaneous Receipts, including imprest and other Moneys	857,634	16	1
China War Indemnity	212,335	0	0
Total Revenue	70,433,620	5	9

Expenditure.

Funded Debt.	£.	s.	d.
Interest and Management of the Permanent Debt	23,801,729	17	10
Terminable Annuities	1,992,013	15	11
Interest of Exchequer Bonds	108,750	0	0
" " " Bills	315,541	2	10
" " Deficiency Bills	175	0	0
Transport	26,218,209	16	7

	£.	s.	d.
Transport	26,218,209	16	7
Charges on Consolidated Fund.			
Civil List	405,712	17	2
Annuities and Pensions	301,823	1	1
Salaries and Allowances	178,751	17	11
Diplomatic Salaries and Pensions	169,684	0	0
Courts of Justice	687,491	16	6
Miscellaneous Charges	198,732	7	8
Supply Services.			
Army	15,021,481	4	4
Navy	10,491,596	3	1
Miscellaneous Civil Services	7,701,764	16	0
Salaries, &c., of Revenue Departments	4,541,732	3	9
Packet Service	908,082	7	9
Kertch and Yenikale Prize Money	85,925	0	0
Total Ordinary Expenditure	66,910,987	11	10
Expenses of Fortifications	900,000	0	0
Total Expenditure	67,810,987	11	10
Excess of Income over Expenditure	2,622,632	13	11
	70,433,620	5	9

Account of the Total Income of the Revenue of India and of the Public Expenditure in the Year ended April 30, 1863.

Revenue.

	£.
Land revenue, including tributes and contributions from Native States, Sayer and Miscellaneous, and Abkaree Revenues, &c.	22,767,570
Assessed Taxes	1,882,212
Customs	2,464,366
Salt	5,244,150
Opium	8,055,476
Stamps	1,489,638
Mint	371,116
Post Office	425,528
Electric Telegraph	75,525
Law and Justice, and Police	494,842
Marine	189,846
Public Works	443,553
Miscellaneous, Civil	404,557
" Military	802,309
Interest	34,364
	45,143,752

Expenditure.	£.
Repayments, Allowances, Refunds, and Drawbacks .	342,066
Charges of Collection and Payments in realization of the Revenue, including Cost of Salt and Opium .	5,835,110
Allowances and Assignments under Treaties, &c. . .	1,735,663
Allowances to District and Village Officers, &c. . .	568,046
Charges in India, including Interest on Debt and Value of Stores from England	28,319,920
Charges in England, excluding Stores supplied to India	4,943,428
Guaranteed Interest on the Capital of Railway and other Companies, deducting Net Traffic Receipts . . .	1,572,173
Excess of Income	1,827,346
	45,143,752

Dass die Finanzlage der Vereinigten Staaten, wo seit 1861 der Bürgerkrieg wüthet, jetzt schlecht ist, und noch eine Zeitlang schlecht bleiben wird, lässt sich nicht in Abrede stellen, wenn auch Präsident Lincoln in seiner Botschaft vom December 1864 sagte: Die materiellen Hülfsmittel sind jetzt vollständiger und reichlicher als je; die nationellen Hülfsmittel sind also unerschöpft und, wie wir glauben, unerschöpflich. Besser steht es zwar jetzt noch mit Frankreichs Finanzen, aber mit denen Englands sind sie nicht zu vergleichen. Ob die Finanzen Russlands sehr viel besser sind, als die Oesterreichs, ist wohl nicht leicht zu entscheiden, auch schwerlich zu beweisen, dass die Finanzen Italiens noch schlechter wären. Wie es aber in Oesterreich steht, weiss man dort am besten und die am 6. December 1864 mit grosser Majorität angenommene Adresse des Oesterreichischen Abgeordnetenhauses sagt es:

„Eure Majestät haben die besondere Aufmerksamkeit des Reichsrathes für die Reichsfinanzen in Anspruch zu nehmen geruht. Und in der That ist die Finanzlage des Reichs eine sehr ernste. Die Ausgaben überragen fortwährend die Einnahmen, die hochgespannte Steuerlast der Staatsbürger erträgt kaum mehr eine Erhöhung, das Staatsvermögen ist namhaft verringert, die stete Benützung des öffentlichen Kredits, auch in den Jahren des Friedens, muss zu schweren Bedrängnissen und kann endlich zu unheilvollen Krisen führen. Das Abgeordnetenhaus vermag in dem blossen Streben nach Ersparungen zur Anbahnung des Gleichgewichts im Staatshaushalte für eine ferne liegende Zeit eine genügende Gewähr für eine dauerhafte Ordnung des Staatshaushalts nicht zu erkennen, es hält vielmehr die Umkehr zur strengen Regelung der Staatsausgaben nach dem Masse der ordentlichen Einnahmen — ausserordentliche Fälle ausgenommen — für den unverweilt nöthigen und allein erfolgreichen Schritt, um jenes Gleichgewicht wieder herzustellen und die finanziellen Kräfte des Staates der Wiedererstarkung zuzuführen, deren das Reich bedarf, um seine Machtstellung zu behaupten und seine innere Wohlfahrt zu sichern. Namentlich erscheint es unerlässlich, nach den schon in früherer Zeit von Eurer Majestät ausgesprochenen Intentionen, die Ausgaben für Heer und Flotte herabzusetzen, und es kann dies bei einer erfolgreichen, nur durch die Interessen der Oesterreichischen Völker bestimmten Leitung der auswärtigen Angelegenheiten ohne Gefahr für das Reich geschehen. Ebenso gestatten die geänderten Einrichtungen im öffentlichen Leben der Gemeinden und Länder bereits im ausgiebigsten Masse die Vereinfachung der staatlichen Verwaltung. Wie das Abgeordnetenhaus diese Gesichtspunkte bei der Feststellung der Ausgaben für massgebend erachtet, wird es auch die Gesetzentwürfe zur Regelung der direkten Besteuerung im Interesse einer gerechten und gleichmässigen Vertheilung der Steuerlast sorgfältiger Würdigung unterziehen. Die Schlussfassung über die Zulässigkeit und Angemessenheit einer Feststellung des Staatsvoranschlages für das Jahr 1866 in unmittelbarer Folge auf jene für das 1865 glaubt das Haus dem Zeitpunkte der wirklichen Vorlage jenes Voranschlages vorbehalten zu müssen. Die Staatsrechnung für 1862 wird der verfassungsmässigen Prüfung vom Hause unterzogen werden; allein solche Prüfung kann nur durch das im Auftrage Eurer Majestät schon längst in Aussicht gestellte Gesetz über die Ministerverantwortlichkeit ihre wahre Bedeutung erlangen; und das Abgeordnetenhaus hält es für seine Pflicht, klar und bestimmt auszusprechen, dass dieses Gesetz eine der dringendsten Ergänzungen der konstitutionellen Staatseinrichtungen für Oesterreich bilde." [1])

---

[1]) Bei Berathung der Adresse sagte der Abgeordnete Herbst: Um die Finanzen zu regeln, wurden konstitutionelle Formen gegeben. Aber nicht die Formen sind es, welche die Verfassung durchführen und daher die Lage der Finanzen verbessern müssen, sondern der Geist, der die Formen beseelt. Eine Regierung, welche des bureaukratischen Geistes nicht losgeworden ist, eine Regierung, welche die Bevölkerung stets bevormundet und derselben nicht vertraut, muss zahlreiche Ueberwachungsorgane haben, welche den Finanzen zur Last fallen. Eine solche Regierung, welche die öffentliche Kontrole scheut, wird durch ihre eigenen Organe und Behörden ins Unendliche kontroliren. Daher kommt es, dass sie aus der Schreiberei nicht herauskommt; es giebt mehr Schreibereien, weil zu viele Beamte da sind, und es giebt mehr Beamte, weil zu viel Schreibereien sind. Eine solche Regierung muss auch ihre Pressorgane haben. Die Pflicht der Journale ist, der öffentlichen Meinung Ausdruck zu geben. Denken

Was' der Preussische Staat im Jahre 1864 oder 1863 ausgegeben und brutto oder netto im Ganzen oder im Einzelnen einge-

---

wir uns aber eine Regierung, welche jede Kritik gleichsam als Attentat auf die Regierung betrachtet, so wird sie sich eine gefällige Presse und ergebene Organe schaffen müssen, um die öffentliche Meinung zu beeinflussen, was jedoch Geld kostet. Wir haben eine Menge von Beamten und Organen zur Beeinflussung, die nichts wirken, nichts nützen, und die eigentlich nur dazu da sind, um die Steuerlast zu vermehren. Und so kommt es, dass wir inmitten des Friedens die Lasten des Krieges zu tragen haben. Es wurde von der Ministerbank hervorgehoben, dass diplomatische Unterhandlungen grössere Aussicht auf Erfolg haben, wenn Bayonnete zur Unterstützung derselben in Bereitschaft sind. Ich glaube jedoch, die beste Unterstützung der Diplomatie ist eine gute Politik, die das Wohl der eigenen Völker vor Allem im Auge hat. In den Tagen der Gefahr werden sich diese begeistern und die Regierung aufs kräftigste unterstützen, sie werden den letzten Thaler, wenn man ihn braucht, mit Freude opfern. Vorerst muss man jedoch trachten, dass man den Thaler zur rechten Zeit findet, ihn nicht aber voraus nimmt schon in den Tagen, wenn noch keine Gefahr ist. — Demnächst macht Redner die gesammte Regierung für den Stand der Finanzen verantwortlich. Der Finanzminister speziell habe nicht nur dafür einzustehen, ob Geld geschafft, sondern wie es geschafft wurde. Das Exposé des Finanzministers sei ein blosses Nebelbild. — Redner glaubt, dass nur eine geschickte Gruppirung der Ziffern das Deficit so klein (12 Millionen) erscheinen lasse, und sucht ziffermässig nachzuweisen, dass das faktische Deficit 78 Millionen betrage. Er geht hierauf in eine detaillirte Kritik einzelner Posten, sowohl des Ausgabe- als des Einnahmebudgets ein, und findet, dass Ausgabeposten zu klein, Einnahmeposten zu gross angesetzt sind. Auf den Rechnungsabschluss für 1862 übergehend, wies Redner darauf hin, dass mit Ende Oktober 1862 faktisch Kassabestände in der Höhe von 79 Millionen vorhanden waren, und fragt, was mit denselben geschehen? Er fürchtet, dass im Jahre 1863 der Voranschlag um diese Summe überschritten wurde. Aus dem Mindererträgniss einzelner indirekter Steuern, namentlich des Salzgefälles, glaubt Redner auf ein Sinken des Volkswohlstandes schliessen zu können, und weist dabei auch auf die zahlreichen Exekutionen hin, welche zur Eintreibung der direkten Steuer stets nothwendiger werden. In Böhmen sei die Zahl derjenigen, welche bei der letzten Gemeinderathswahl wegen Steuerrückstände aus den Wählerlisten gestrichen werden mussten, sehr zahlreich gewesen. Daraus könne man leicht entnehmen, dass die Steuern eine unerschwingliche Höhe erreicht haben. Die fortwährenden Kreditsoperationen drücken den Geldmarkt, vertheuern das Kapital für die Industrie, welche dadurch in ihrer Entwickelung gehemmt wird; die Eisenbahnen hätten eine Auslage, die man anderwärts gar nicht kenne, nämlich die Kapitalsbeschaffung, welche bald den dritten Theil der Baukosten erreichen. Das Anlehenmachen müsse um so mehr aufgegeben werden, als das Betreten dieses Weges nicht mehr möglich sei. Es müsse also ein neues Princip angenommen werden, dass nämlich in friedlichen Zeiten die Ausgaben sich nach den Einnahmen richten. Wohl wisse er, dass ein nationalökonomischer Satz sage: Im Staate müssten die Einnahmen sich nach den Ausgaben richten, aber, selbst wenn er richtig ist, habe der Satz auch eine Grenze, nämlich die Grenze der Möglichkeit, und diese sei bereits überschritten.

nommen hat, vermag ich nicht anzugeben. Im März 1863 brachte der Finanzminister von Bodelschwingh einen Gesetzentwurf, der aber nicht angenommen wurde, ins Abgeordnetenhaus, wonach die Einnahme mit 149,030,214 Thlr. 27 Sgr. und die Ausgabe mit 144,284,392 Thlr. 16 Sgr. 4 Pf. als Grundlage für die allgemeine Rechnung über den Staatshaushalt des Jahres 1862 festgestellt werden sollte. Die allgemeine Rechnung über den Staatshaushalt ist übrigens seither noch für kein einziges Jahr ganz verfassungsmässig dechargirt worden, weil das schon in der oktroyirten Verfassung verheissene Gesetz über die Einrichtung und die Befugnisse der Oberrechnungskammer noch nicht erlassen, selbst ein Entwurf zu diesem Gesetze der Volksvertretung noch von keinem Ministerium vorgelegt worden ist. Engel [1]) spricht sein Bedauern darüber aus, dass es bis jetzt noch nicht möglich war, statt der Etats und etatsmässigen Ausgaben die wirklichen mitzutheilen, da das „Soll“ vom „Ist“ nicht selten, und zwar in den Einnahmen wie in den Ausgaben, wesentlich verschieden sei; doch sei gegründete Hoffnung vorhanden, dass in nicht zu ferner Zeit eine völlig durchgearbeitete und in allen Theilen vergleichbare Statistik der Staatsrechnungen von 1820 ab zur Veröffentlichung gelange.

Der erste verfassungsmässig zu Stande gekommene Staatshaushaltsetat war für 1850, und schloss mit einem Ueberschuss von 364,055 Thlrn. ab; der letzte war für 1861 und schloss mit einem Deficit von 3,985,626 Thlrn. ab. Angegeben waren darin

	für 1850	für 1861
die Gesammteinnahmen . . .	91,338,448 Thlr.	135,341,701 Thlr.
davon direkte und indirekte Steuern	49,511,100 „	63,550,614 „
oder	54 Procent	47 Procent
die Betriebs-, Erhebungs- und Verwaltungskosten und Lasten der einzelnen Einnahmezweige waren veranschlagt zu	23,178,998 Thlr.	40,938,350 Thlr.
oder von der Gesammteinnahme	25 Procent	30 Procent
die verwendbare Nettoeinnahme stellte sich also nur auf . .	68,159,450 Thlr.	95,403,351 Thlr.
davon erforderten Kriegsministerium und die Marine .	27,205,735 „	42,475,032 „
oder	40 Procent	44 Procent.

Einen vollständigen Ueberblick über den gesammten Staatshaus-

---

1) Zeitschrift des stat. Bureaus 1862 S. 189.

halt gewähren indessen die Preussischen Staatshaushaltsetats noch nicht. So sind in dem Etat für 1861 rückständige Ausgaben und Einnahmerückstände aus 1860 und retro nicht aufgeführt, auch nicht die Ende 1860 im Staatsschatz, bei der Seehandlung und in allen übrigen Staatskassen vorhanden gewesenen Bestände an Geld, geldwerthen Papieren, Effekten, Aktiven überhaupt, ferner auch nicht die Betriebsfonds einzelner Verwaltungen, das Guthaben des Staats bei der Preussischen Bank. Da für ausserordentliche Einnahmen eine Rubrik nicht vorhanden ist, so finden sich Einnahmen durch ersparte Gehalte in Folge von Vakanzen ebenso wenig aufgeführt, als die Einnahmen des Staatsschatzes und die Einnahme aus Staatsanleihen.

Sehr zweckmässig schreibt die Städteordnung von 1853 vor, dass der Magistrat über alle Theile des Vermögens der Stadtgemeinde ein Lagerbuch führen und die darin vorkommenden Veränderungen den Stadtverordneten bei der Rechnungsabnahme zur Erklärung vorlegen soll. Ueber das Staatsvermögen sollten auch derartige Nachweisungen geführt und der Volksvertretung bei der Rechnungsabnahme jedesmal vorgelegt werden, damit diese in den Stand gesetzt wird, über die Lage der Finanzen ein begründetes Urtheil zu gewinnen. Dazu genügt offenbar nicht, dass ihr, wie die Verfassung ausdrücklich vorschreibt, mit der Rechnung bloss eine Uebersicht der Staatsschulden vorgelegt wird.

Drittes Kapitel.

Von den Regalien.

Der Ausdruck Regalien ist in verschiedener Weise aufgefasst worden. Früherhin hatte man wohl sämmtliche Rechte der Staatsgewalt mit diesem Namen bezeichnet. Dabei fand man es aber doch nöthig, die im Wesen des Staats begründeten nothwendigen Hoheitsrechte als höhere Regalien von denjenigen zu unterscheiden, welche nur in einzelnen Ländern zufolge eines besonderen thatsächlichen Grundes bestehen und sich auf die Benutzung gewisser Einnahmequellen beziehen. Diese nutzbaren oder niederen Regalien heissen jetzt vorzugsweise Regalien. Sie entstanden in Deutschland aus mancherlei Veranlassungen, vermehrten sich mit der Befestigung der Landeshoheit und erstreckten sich, je nachdem die Landeshoheit stärker oder schwächer war, mehr oder weniger weit. Der Umstand, dass sie zu den Kammereinkünften gezählt wurden und daher der Einwirkung und Aufsicht der Landstände entzogen waren, trug besonders dazu bei, sie bei den Fürsten, die nach unumschränkter Regierung strebten, beliebt zu machen.

Zum Wesen der Regalien gehört zunächst ein Vorrecht der Regierung, welches keine Privatperson ausüben kann, wenigstens nicht ohne Erlaubniss der Regierung, und ferner liegt immer eine Anstalt oder Einrichtung oder Anordnung zum allgemeinen Besten zum Grunde. Je mehr nun diese Anstalt oder Einrichtung dem Staate nutzbar ist, d. h. Einkommen bringt, desto wichtiger ist sie in finanzieller Beziehung. Mitunter ist aber bei einem Regale die volkswirthschaftliche oder polizeiliche Seite wichtiger, als die finanzielle. Uebrigens sind nicht in allen Ländern, auch in denselben Ländern nicht zu allen Zeiten, dieselben Gegenstände zu den Regalien gezählt worden.

In Bezug auf Preussen (vergl. oben S. 49) am Anfang dieses Jahrhunderts giebt Krug die beste Auskunft. „Der Begriff Regal ist fast überall und auch in der Preussischen Staatspraxis nicht bestimmt und begrenzt genug, und es wird hier mehr, dort weniger zu den Regalien gerechnet. In einigen Provinzen ist es gesetzlich bestimmt, was für Stücke zu den Regalien gerechnet werden müssen, in andern wird es oft erst bei vorkommenden Fällen, zuweilen auf dem Wege des Prozesses, ausgemacht. Es werden zwar manche Abgaben in unserm Staate mit dem Namen Regal belegt; indessen glaube ich: dass nur die Nutzung der Bergwerke, der Jagden, der grossen Gewässer, des Münzwesens und des Postwesens mit Recht dahin gezählt werden kann, da das sogenannte Salzregal, das Zollregal, das Stempelregal u. s. w. eigentlich zu den Gewerb- und Konsumtionssteuern gerechnet werden müssen. Die Nutzung der von mir angegebenen fünf Zweige der Regalien trägt jetzt eine beträchtliche Summe zu den Staatseinkünften bei; indessen wirken die drei beträchtlichsten: das Bergwerks-, das Münz- und das Postregal auf das Nationaleinkommen ebenso, wie die Zirkulationssteuern, und nur das Jagd- und Wasserregal, insofern letzteres nicht die Besteuerung, sondern die ökonomische Benutzung der Gewässer betrifft, sind mit der Benutzung der Domänen und Staatsforsten in eine Klasse zu setzen; die Grenzen, wie hoch diese beiden Zweige der Staatseinkünfte benutzt werden können, sind ihnen von der Natur angewiesen, und die einträglichste Benutzungsart ist bei den Jagden und den Fischereien, die dem Staate eigenthümlich gehören, ebenso die Erbverpachtung, als sie es bei den übrigen Grundstücken ist. Die Einnahme von denselben kann nicht willkürlich erhöht werden, denn es ist nicht möglich, den Produkten derselben durch Gesetze einen höheren Werth zu geben, als den Produkten solcher Jagden und Fischereien zukommt, welche Privatpersonen besitzen; ein Monopol kann hier nicht stattfinden, indem sonst die Privatbesitzer solcher Nutzungen grössere Vortheile aus denselben ziehen würden, als die königlichen Kassen. Eine andere Bewandtniss hat es mit den drei anderen genannten Regalien — mit dem Bergwerks-, Münz- und Postregal. Sie sind einer willkürlichen Erhöhung fähig (obgleich auch nur bis zu einer gewissen Grenze), denn sie sind ursprünglich Monopole der Regierung, deren Ausübung und Benutzung keinem Privatmanne zusteht. Es scheint in manchen Ländern ein eignes Studium der Staatswirthe zu sein: die Benutzung dieser Zweige der Staatseinkünfte bis zu dem höchstmöglichen Punkt zu bringen, wo der Ertrag derselben durch die geringste Erhöhung sich selbst wieder vermindern würde.“ [1])

In seinem öffentlichen Recht des Teutschen Bundes behandelt

[1]) Betrachtungen über den Nationalreichthum etc. Th. II S. 487. Staatsökonomie §. 167. 168 216—233

Klüber in dem Kapitel von der Finanzhoheit noch: Steuerregal, Strassen- und Geleit-Regal, Kommerz-Regal, Industrie-Concessions-Regal, Landesschutz-Regal, Landesdienst-Regal, Fiskal-Gewalt und Domänenrecht; und in besonderen Kapiteln handelt er noch von einem Privilegien-Regal und von einem Erziehungs- und Unterrichts-Regal. Rau nimmt ein Regal der Glücksspiele, ein Eisenbahn- und ein Telegraphenregal an. Der Tendenz, die Regalität irgend weiter auszudehnen, als sie sich in früherer Zeit schon entwickelt hatte und verfassungsmässig und gesetzlich ausdrücklich anerkannt ist, muss man entschieden entgegentreten, wenn man das Steuerbewilligungsrecht der Volksvertretung bewahren und nicht die Wiederherstellung des Absolutismus erleichtern will. In keinem Lande Europa's ist das Steuerbewilligungsrecht der Volksvertretung unbestrittener als in England und doch hat keine Regierung ausreichendere Einnahmen als die Englische, bei welcher Regalien kaum in Betracht kommen und welche auch aus der Postverwaltung nur einen mässigen Reinertrag hat.

Es lassen sich folgende Arten von Regalien anführen: 1) das Recht des Staats auf herrenlose Sachen; 2) das Recht des Staats auf Naturerzeugnisse, die nicht Privateigenthum sein können; und 3) das Recht des Staats, grosse öffentliche Anstalten anzulegen, die der Privatindustrie nicht wohl überlassen werden können.

Was nun zunächst das Recht des Staats auf herrenlose Sachen betrifft, so findet dasselbe darin seine Begründung, dass es ein allgemeines Interesse und eine Bedingung der Civilisation ist, dass Alles, was einen Herrn haben kann, auch einen solchen erhält. Ohne Anerkennung des Eigenthums giebt es kaum eine Civilisation. Wenigstens hat die Geschichte noch kein Beispiel geboten, dass ein auf den Kommunismus begründetes grosses Gemeinwesen einen dauernden Bestand gehabt hätte. Gemeingut pflegt entweder gar nicht, oder schlecht und unzweckmässig benutzt zu werden. Meistens wird es erst dann besser benutzt, wenn es Eigenthum Einzelner geworden, wenn es also getheilt ist. Wenn nun die Okkupation nicht durch Gesetze geregelt wäre, so würde eine grosse Verwirrung entstehen. Der Staat muss daher von Rechts wegen Eigenthümer sein, wo nicht eine Privatperson, eine Gemeinde, eine Korporation Eigenthumsrecht hat [1]).

Es lassen sich nun verschiedene Arten von herrenlosen Sachen unterscheiden.

---

[1]) A L.R. II 16 §. 1—8.

1) Neu entstehende Sachen. Diese sind nicht eben von Bedeutung. Dahin gehören namentlich Alluvionen und neu entstehende Inseln im Meere und in Flüssen. Wo nicht besondere Gesetze das Eigenthum daran Anderen, als den Uferbesitzern, zusprechen und ihnen dann auch wohl Verpflichtungen in Bezug darauf auflegen, wird der Staat Eigenthümer. Dieser bekommt damit aber nicht in jedem Fall einen finanziellen Vortheil; er kann Verpflichtungen damit erlangen, die dem Gemeinwesen Opfer kosten. Fallen z. B. bei grossen Strömen die Alluvionen dem Staate zu, so können die im Interesse der Schiffahrt nöthigen Uferbefestigungen grosse Ausgaben verursachen, die eine Privatperson, wenn sie Eigenthümerin würde, vielleicht nicht tragen könnte und deshalb ihr Eigenthum aufgeben müsste [1]).

2) Noch nicht in Besitz genommene Sachen. Viele Gegenstände werden deshalb nicht in Besitz genommen, weil man einen Nutzen davon noch nicht zu ziehen weiss. Die grössten Naturschätze lagen Jahrhunderte lang offen da, ohne dass Jemand ihren Werth erkannt und sie der Benutzung für würdig gehalten hätte. Der Guano ist ein eklatantes Beispiel; obgleich schon die alten Peruaner seinen Werth kannten, und er auch seit vielen Jahrhunderten in jenem Lande gebraucht wurde, so fiel es doch bis um das Jahr 1840 Niemandem ein, ihn als Exportartikel zu verwerthen und nach andern Ländern auszuführen. Jetzt sind Hunderte von Schiffen Jahr aus Jahr ein mit seinem Export beschäftigt; aus seinem Verkauf auf den kleinen Chincha-Inseln allein bezieht der Peruanische Staat jährlich einen Reingewinn von mindestens 16 Millionen Dollars, und die jetzt noch nach 20 jähriger Ausbeute vorhandene Guanomasse auf diesen Inseln schätzt man auf einen Werth von etwa 300 Millionen Thaler [2]). Hier kommt ferner auch Land, welches noch nicht okkupirt ist, in Betracht, namentlich in den Vereinigten Staaten. Es gilt nicht als Eigenthum des Staats, in welchem es liegt, sondern als Eigenthum der Union. Dergleichen kommt in älteren Staaten nicht leicht vor. Hier ist meistens alles Land schon okkupirt und der Besitz selbst und die Benutzung während einer bestimmten Zeit schützt gegen die Ansprüche des Fiskus; wo Privateigenthum anerkannt ist, wird auch ein Recht der Verjährung anerkannt.

3) Verlorne und gefundene Sachen. Es können Sachen einen Eigenthümer gehabt haben, einen solchen aber nicht mehr ha-

---

[1]) A. L.R. I. 9. §. 225 ff. 262. II. 15. §. 56. 57. 67.

[2]) Petermann, Mittheilungen aus der Geographie, 1863, XI S. 426.

ben. Dahin gehören verlorene und gefundene Sachen. In Preussen soll der Finder verlorener Sachen dieselben dem Eigenthümer zurückgeben. Dieser muss aber dem Finder 10 % des Werths lassen, und bei 500 Thlrn. oder mehr noch 1 % von dem Ueberschuss des Werths. Ist der Eigenthümer nicht zu ermitteln, so erhält der Finder die Sache; ist sie aber über 100 Thlr. werth, so erhält er 100 Thlr. voraus, und ausserdem von dem Ueberschuss die Hälfte, die andere Hälfte erhält die Armenkasse. Von gefundenen Schätzen, d. h. Sachen von Werth, die über oder unter der Erde verborgen sind, insofern der Eigenthümer unbekannt ist, erhält der Finder die Hälfte und der Eigenthümer des Bodens die andere Hälfte; ist der Finder Eigenthümer des Bodens, so erhält er das Ganze. Hat aber der Finder ohne Bewilligung des Eigenthümers nach Schätzen besonders gesucht, so fällt die ihm sonst gebührende Hälfte an den Fiskus [1]). In keinem Lande Europa's kann der Staat noch von gefundenen Schätzen erhebliche Einnahmen erwarten; und wenn auch in früheren Jahrhunderten das Recht des Landesherrn, die gefundenen Schätze, deren Eigenthümer unbekannt waren, sich zuzueignen, als eine Quelle beträchtlicher Einkünfte angesehen wurde, so meinte doch schon Ad. Smith, dass alle in der Zeit eines Jahres durch ganz Grossbritannien gefundenen Schätze, selbst für einen wohlhabenden Edelmann nicht mehr einen wichtigen Zweig seines Einkommens ausmachen würden.

4) Derelinquirte Sachen. Das Recht, unbewegliche verlassene Sachen in Besitz zu nehmen, gilt als ein Recht des Staats [2]). In Preussen sollen Gebäude in den Städten, die an Strassen oder öffentliche Plätze stossen, wenn sie ohne obrigkeitliche Erlaubniss zerstört oder vernichtet oder auch nur baufällig werden, unter gewissen Umständen der Kämmerei des Orts zugeschlagen werden. Dies gilt auch von solchen städtischen Gebäuden, die durch Feuer oder anderes Unglück zerstört sind. In Fällen, wo städtische Grundstücke der Kämmerei zugeschlagen werden, fallen Rustikalgründe der Obrigkeit des Orts zur anderweitigen Besetzung oder Vertheilung anheim [3]).

5) Durch Tod herrenlose Sachen. Klüber unterscheidet das fiskalische Okkupations- oder Heimfallsrecht (droit d'épave) von dem Heimfallsrecht im engeren Sinn (jus albinagii, droit d'aubaine) und versteht unter letzterem das Recht, nach welchem der ganze inländische Nachlass der im Lande verstorbenen Fremden dem Staatsfiskus heimfällt, mit Ausschluss aller Testaments- und Vertragserben,

[1]) A. L.R. I. 9. §. 19—106.

[2]) A. L.R. I. 9. §. 15. 16. II. 16. §. 12—15.

[3]) A. L.R. I. 8. §. 36—64.

und der auswärtigen (nicht der inländischen) Intestaterben. Dies Recht, welches Heffter unsittlich nennt, haben die meisten Staaten durch Verträge gegenseitig aufgehoben. In Preussen sind, wenn nicht durch Verträge ein Anderes bestimmt ist, Erbschaften eines Landeseinwohners, welche einem auswärtigen Unterthan zufallen, wenn sie aus dem Lande gehen, der Nachsteuer oder dem Abschoss (gabella hereditaria) unterworfen. Wenn das inländische Vermögen eines verstorbenen Ausländers einem andern Ausländer durch Erbschaft oder Vermächtniss zufällt, und aus dem Lande gezogen werden soll, so ist dasselbe dem Abschoss nur in so fern unterworfen, als der Erblasser selbst, wenn er dergleichen Vermögen hätte herausziehen wollen, Abfahrtsgeld davon zu entrichten schuldig gewesen wäre [1]). Wo weder Testaments- noch Intestaterben vorhanden sind, wird der Staat Eigenthümer des Nachlasses. Das Erbrecht des Staats auf erledigte Verlassenschaften kommt moralischen oder anderen Privatpersonen nur in so fern zu, als sie dasselbe vom Staat rechtsgültig erworben haben. Auf den eigenthümlichen freien Nachlass solcher Personen, die in eine öffentliche Anstalt zur unentgeltlichen Verpflegung aufgenommen worden, und in dieser Verpflegung gestorben sind, hat die Anstalt ein gesetzliches Erbrecht [2]). In Fällen des bürgerlichen Todes wegen Verbrechen, namentlich wegen Hochverrath, wird in manchen Staaten noch das ganze Vermögen der Verbrecher konfiscirt. Die Preussische Verfassung hob den bürgerlichen Tod und die Strafe der Vermögenseinziehung auf, d. h. die Konfiskation des ganzen Vermögens ist nicht mehr zulässig, wohl aber die Konfiskation einzelner Gegenstände. Für diejenigen, welche ohne Erlaubniss auswandern, um sich dem Dienst im stehenden Heer zu entziehen, so wie für Deserteurs ist an die Stelle der Vermögenskonfiskation eine Geldbusse oder Gefängnissstrafe gesetzt worden. Finanziell ist die Sache nicht erheblich. Durch diese Geldbussen erhält der Staat nicht viel, auch brachten sonst die Vermögenskonfiskationen wenig ein.

Mill hält zwar ein Recht zu Vermächtnissen für begründet; er möchte aber ein Intestaterbrecht für Kollateralen als gerechtfertigt nicht ansehen und für Descendenten und Ascendenten nicht ohne Beschränkung. Er will dem Staat einen Anspruch auf den Nachlass einräumen, wenn ein Testament nicht vorliegt, und auch Ascendenten und Descendenten nicht vorhanden sind. Davon erwartet er den Vortheil, dass der übermässigen Anhäufung grosser Vermögensmassen

---

[1]) A. L.R. II 17 §. 161 ff.
[2]) A. L.R. II. 16. §. 16—29 II 19. §. 50 ff

in den Händen Weniger würde entgegengewirkt werden. Mit solchen Ansichten einigermassen im Einklang steht ein Englisches Gesetz vom 4. August 1853 (16 und 17 Vict. c. 51), wonach von Erbschaften eine Abgabe von 1, 3, 5, 6 oder 10 % des Werths zu zahlen ist. Nur Descendenten, welche weniger als 100 £ erben, so wie Andere, welche weniger als 20 £ erben, bleiben von der Steuer befreit. In Preussen beträgt der Erbschaftsstempel nur 1, 2, 4 oder 8 %, und Ascendenten, Descendenten und überlebende Ehefrauen, in so fern sie zugleich mit hinterlassenen ehelichen Kindern ihres verstorbenen Ehemannes zur Erbschaft gelangen, bleiben vom Erbschaftsstempel ganz frei, selbst wenn sie Millionen erben.

Zu dem Rechte des Staats auf Naturerzeugnisse, die nicht Privateigenthum sein können, lässt sich rechnen 1) das Wasserregal, 2) das Jagdregal und 3) das Bergregal.

Das Wasserregal besteht in der dem Staate vorbehaltenen Benutzung des Meers und der im Staate belegenen Seen, Ströme und Flüsse. Dies Regal theilt sich in mehrere Zweige, indem es zum Theil die Produkte betrifft, welche das Wasser liefert — Fischereiregal, Bernsteinregal, Strandrecht — zum Theil die Nutzungen, welche von dem Wasser selbst gezogen werden können — Mühlengerechtigkeit, Flössungsrecht. Am besten sorgt man für das Volk, wenn man die Gegenstände dieses Regals so weit wie möglich der Nutzung der Staatsbürger gegen eine durch die Konkurrenz zu bestimmende Abgabe oder Pachtsumme überlässt; so weit dies aber nicht zulässig, sie mehr zu Gegenständen allgemeiner polizeilicher Beaufsichtigung als unmittelbarer Einnahme für die Staatskasse macht.

Vom Meere kann der Staat Einkünfte nur haben, in so fern er das Eigenthum eines Meeres oder wenigstens die Souveränetät darüber hat. Spanien und Portugal beanspruchten einst das Eigenthum der von ihnen entdeckten Meere. Grossbritannien eignete sich die Souveränetät über die vier die Britischen Inseln umschliessenden Meere (the narrow seas) an, ohne dass jedoch die Grenzen dieser Prätension jemals nach allen Seiten genau bestimmt worden sind. Venedig reklamirte das Adriatische Meer, Genua das Ligurische. Solche Ansprüche werden in neuerer Zeit nicht mehr ernstlich behauptet. Das Staatseigenthum oder, was hier gleichbedeutend ist, die Souveränetät jedes Landes wird aber, nach Heffter, noch ausgedehnt: 1) auf die darin befindlichen Flussstrecken; 2) auf Meerbusen, Buchten, Rheden und Häfen, welche sich im Schutz des Landes befinden und von da aus anderen Nationen durch Vertheidigungsanstalten verschlossen werden können; 3) auf das ganze Küstenmeer, so weit es von der Küste aus oder durch stets gegenwärtige Seemacht und Vertheidigungsanstalten in einem ausschliesslichen Besitz gehalten werden kann. Wie weit aber die Seegrenze reicht, ist nicht allgemein anerkannt, ob 100 oder 60 Meilen oder auf Kanonenschussweite. Als Zubehör des Landes gelten: 1) alle Seeeinbrüche in das frühere Landesgebiet, so lange sie in einer ausschliesslichen Herrschaft behalten werden; 2) alle Häfen, Buchten und Landungsplätze, sie seien künstliche, oder natürliche, und 3) die von einem oder mehreren Staatsgebieten völlig umschlossenen Binnenmeere. Das kleine und das grosse Haff, das frische Haff und das Kurische Haff befinden sich sonach unter Preussischer Souveränetät. Was im freien Meere befindlich ist, steht dem freien Genuss und der Okkupation Aller offen. Nur was auf den Küsten oder den mit ihnen noch zusammenhängenden Klippen und Sandbänken sich darbietet, gehört noch zum Lande und dessen Oberherrschaft. Ist eine solche über einen Theil des Meeres selbst begründet, so begreift sie in sich das Recht der Gerichtsbarkeit, Polizei und Besteuerung, so wie die Aneignung aller Vortheile des Meeres, wenn nicht auch anderen Nationen Rechte der Art zugestanden sind.

Flüsse, welche sich in das Meer ergiessen, gehören bis zu ihrer Ausmündung, d. h. wo sie die äusserste Linie zwischen ihren letzten Uferpunkten verlassen, zum Gebiet derjenigen Staaten, welche sie durchfliessen. Bildet ein solcher Fluss die Grenze zweier Staaten, so gilt in der Regel die Mittellinie desselben als die eigentliche Grenze. Sonst gehört er zum Gebiet jedes Einzelstaats, welchen und so weit er ihn durchströmt. Zweifelhafte Punkte und Fragen sind meistens durch Verträge geregelt.

In Preussen gelten die Häfen und Meeresufer und was auf diese von der See angespült wird, als Eigenthum des Staats. Derselbe begiebt sich aber des Strandrechts zum Besten der zur See Verunglückten. Jedes Orts Obrigkeit und die zur Beobachtung des Strandes angesetzten Beamten haben dafür zu sorgen, dass gestrandete Sachen gerettet, erhalten und den Eigenthümern zurückgegeben werden. Auch keine Privatperson darf solche gestrandete von ihr gefundene Sache sich anmassen, vielmehr sind darauf die Vorschriften von gefundenen Sachen (oben S. 85) anzuwenden. Die Eigenthümer der gestrandeten Sachen sind schuldig, ausser den aufgelaufenen Kosten ein billiges in den Strandungsordnungen jeder Provinz näher bestimmtes Bergelohn zu entrichten. Gestrandete Sachen, zu welchen kein Eigenthümer sich meldet, gehören dem Staate. Gegen fremde

Nationen, welche das Strandrecht noch ausüben, behält sich der Staat eben dies Recht zur Schadloshaltung seiner verunglückten Unterthanen ausdrücklich vor [1]). An der Elbe und der Weser wurde das Strandrecht 1821 und 1823 durch die Elb- und die Weserschiffahrtsakte ausdrücklich aufgehoben. Zu den Vorrechten, welche die Englischen Könige sich beilegten, gehörte ebenfalls das Strandrecht, doch hat schon Richard I dasselbe 1190 ganz aufgehoben.

Das Bernsteinregal, welches nur in Preussen bestehen kann, brachte sonst jährlich eine beträchtliche Anzahl von Menschen ins Zuchthaus. Die Entwendung des Bernsteins war nämlich mit ausserordentlich hohen Strafen bedroht. Derselbe wird an der Ostsee von Rügen bis Kurland gefunden; die steil abfallenden Ufer, die vom Leuchtthurm von Brüsterort nach Osten bis zum Fuss der Kurischen und nach Süden bis zum Kopfe der Frischen Nehrung sich erstrecken — das alte Samland — bilden die eigentliche Bernsteinküste. Das Bernsteinregal brachte 1782 — 1802 jährlich nur 4828 Thlr. netto ein. Bis 1806 fand eine bergmännische Gewinnung desselben statt. Von 1812 — 1823 war das Recht zur Einsammlung und Gewinnung für 11,000 Thlr. verpachtet. Seit 1837 wurde die Verpachtung des ergiebigen Bernsteinstrandes an die Strandeinsassen, so weit sie in jenen Landstrichen Bodeneigenthum hatten, ins Werk gesetzt. Dadurch wurde der Strand für Jedermann eben so gut zugänglich, wie andere Theile des Staats, und die zur Beaufsichtigung des Strandes bestellten Beamten verschwanden; der Verkehr erhielt nach allen Richtungen volle Freiheit. Die Pacht, welche für die Erlaubniss des Bernsteinsammelns bezahlt wurde, war wie eine Grundsteuer, die für eine besondere Güte des Bodens entrichtet wurde und die Preise der dortigen Grundstücke richteten sich allmählig nach der darauf haftenden Bernsteinpacht [2]). Uebrigens ist auch jetzt das Bernsteinregal von geringer finanzieller Bedeutung. In den Staatshaushaltsetats von 1853 bis 1861 steht der Ertrag desselben unter den Domäneneinnahmen, aber nicht specialisirt.

Die Nutzungen solcher Ströme, die von Natur schiffbar sind, gehören zu den Regalien des Staats, und dieser ist dagegen verpflichtet, für die zur Sicherheit und Bequemlichkeit der Schiffahrt nöthigen Anstalten zu sorgen. Wenn Privatflüsse in schiffbare Ströme verwandelt werden oder wenn der Eigenthümer eines Privatflusses ge-

---

[1]) A. L.R. II. 15. §. 80 — 87

[2]) Thomas, der Bernstein in naturwissenschaftlicher, industrieller und volkswirthschaftlicher Beziehung, im Archiv für Landeskunde der Preussischen Monarchie, im ersten und zweiten Bande von 1856.

nöthigt wird, den Gebrauch desselben zum Holzflössen zu gestatten, so hat der Staat vollständige Entschädigung zu gewähren. Ohne Staatserlaubniss dürfen Wasserleitungen aus öffentlichen Strömen weder geführt, noch Wasch- und Badehäuser daran angelegt werden. Auf schiffbaren Strömen unverbundenes Holz zu flössen, ist ein Vorbehalt des Staats. Das Recht, auf solchen Strömen Fähren und Prahmen zum Uebersetzen für Geld zu halten, gehört zu den Regalien des Staats. Ohne Staatserlaubniss darf neue Brücken über öffentliche Ströme auch auf eigenem Grund und Boden Niemand anlegen. Die Unterhaltung der Brücken über öffentliche Ströme liegt in der Regel demjenigen ob, welcher daselbst die Nutzung des Stroms hat. Die Ufer der öffentlichen Flüsse gehören der Regel nach den Eigenthümern der unmittelbar daran stossenden Grundstücke. Niemand darf an seinem Ufer etwas anlegen, wodurch der Lauf des Flusses zum Nachtheil der Schiffahrt gehemmt, eingeschränkt oder sonst verändert wird, auch nicht an oder in öffentlichen Flüssen ohne Staatsgenehmigung Wasserbaue führen. Ob die in einem öffentlichen Fluss entstehenden Inseln dem Staat oder den Uferbesitzern gehören, wird nach der Observanz oder den Provinzialgesetzen entschieden. Je nachdem die Inseln dem Staat oder den Uferbesitzern gehören, fällt auch das verlassene Flussbett jenem oder diesen zu. Hat der Staat durch veranlasste Durchstiche dem Strome einen andern Lauf angewiesen, so kann er über das verlassene Bette Verfügung treffen; muss aber die Anwohner des verlassenen Kanals und diejenigen, über deren Grundstücke der neue Kanal geführt ist, entschädigen, so wie auch die Fischereiberechtigten, wenn der verlassene Kanal von ihnen nicht mehr befischt werden kann und der neue Kanal nicht eine Fischerei von gleicher Art gewährt. Der Fischfang in öffentlichen Strömen gehört zu den Regalien. Wem die Fischereigerechtigkeit ohne Bestimmung gewisser Grenzen vom Staat verliehen ist, kann dieselbe nur soweit ausüben, als sein Besitz am Ufer sich erstreckt [1]). So weit Jemand mit der Fischereigerechtigkeit in Strömen, Seen und anderen Gewässern versehen ist, hat er ein ausschliessendes Recht, sich alle in diesen Gewässern lebende Thiere anzueignen. Doch gehört der Fang solcher Thiere, die zugleich im Wasser und auf dem Lande leben, wenn er mit Schiessgewehr, Fallen oder Schlageisen geschieht, ferner der Fischottern, Biber und Wasservögel zur Jagd. Insofern jagdbare Zugvögel ausser der Hegezeit mit Fischernetzen unter dem Wasser gefangen werden können, ist

---

1) A. L.R. II. 15. §. 38—79. 94.

solches dem Fischereiberechtigten erlaubt. Alle anderen Wasserthiere und Amphibien, welche mit Fischernetzen, Angeln oder mit der Hand im Wasser gefangen werden, gehören dem Fischereiberechtigten u. s. w. [1]).

Das Recht, Wasser- und Schiffsmühlen an und in öffentlichen Flüssen anzulegen, ist ein Vorbehalt des Staats. Wer vom Staate die Mühlengerechtigkeit auf einem schiffbaren Strom verliehen erhalten hat, muss bei der Ausübung seines Rechts, nach dem Inhalt seines Privilegii und der vom Staate ertheilten allgemeinen oder Provinzial-Mühlenordnungen sich achten. Will er von seinem Rechte durch Anlegung einer neuen, bisher noch nicht vorhanden gewesenen Mühle Gebrauch machen, so muss er sich bei der Landespolizei-Instanz melden und den Anweisungen derselben Folge leisten. Ein Gleiches findet statt, wenn eine alte eingegangene Mühle dieser Art wieder aufgebaut oder in der gegenwärtigen Anlage einer wirklich vorhandenen etwas verändert werden soll. Das Recht, Mühlen an Privatflüssen oder Windmühlen anzulegen, ist aber als ein Vorbehalt des Staats nicht bezeichnet. Aus dem Rechte, eine Mühle zu haben, folgte aber noch nicht der Mühlen- oder Mahlzwang, d. h. die Befugniss, Andere zu zwingen, dass sie sich derselben bedienen müssen [2]). Die Mühlengerechtigkeit und der Mahlzwang wurden in Ostpreussen, Litthauen, Ermeland und dem Marienwerderschen Kreise 1808, der Mühlenzwang wurde 1810 für den ganzen damaligen Umfang des Staats und endlich 1845 auch in den Landestheilen, wo er damals noch bestand, aufgehoben. —

Dass das Wasserregal in finanzieller Beziehung eine irgend erhebliche Bedeutung habe, wird wohl Niemand behaupten.

Das System, welches die Verbesserung und Unterhaltung der schiffbaren Flüsse dem Staat zur Last legt, hält Raudot [3]) für gefährlich und ungerecht. „Jeder Theil von Frankreich bemüht sich, den Staat zu Verbesserungsausgaben zu vermögen, welche oft gar nicht im Verhältniss stehen zum Erfolge. Ich kenne Flüsse, welche beträchtliche Summen gekostet haben, und der Vortheil, welchen die Schiffahrt durch diese Verbesserungen geniesst, erreicht nicht den zehnten Theil der Zinsen des ausgegebenen Kapitals. Das ist ein Verlust statt einer Vermehrung des Reichthums. Ist es nicht überdies ein sehr ungerechtes Verfahren, wenn man arme Landschaften,

---

1) A. L.R. I. 9. §. 170—192.

2) A. L.R. II. 15. §. 229 ff. I. 23. §. 23 ff.

3) Ueber die mögliche Grösse Frankreichs. Aus dem Französischen übersetzt von C. J. Bergius. 1852 S. 53 ff.

die keine schiffbaren Flüsse haben, zum grossen Theil die Verbesserungen der schiffbaren Flüsse bezahlen lässt und so den Verkehr und den Reichthum in den bevölkertsten und reichsten Thälern vermehrt? Die Natur hat nur wenigen Orten grosse Flüsse verliehen, darum müssen die Landschaften, welche davon Vortheil haben, wenn sie diesen noch vermehren wollen, dafür mindestens selbst bezahlen. Wenn ein Fluss nur in einem Departement schiffbar ist, so müsste der Departementsverwaltung die Sorge, ihn zu erhalten und zu verbessern, übertragen werden und diese dafür die Schiffahrtsgefälle beziehen; wenn ein Fluss mehrere Departements durchfliesst, so müsste diese Sorge einer besondern Verwaltung übertragen werden, deren Mitglieder von den betreffenden Generalräthen ernannt würden. Sie müssten ihren Direktor, ihre Ingenieurs und ihre Einnehmer wählen und alle Arbeiten anordnen. Wenn die Verwaltung jedes Flusses örtlich gemacht wäre, ohne zerrissen zu sein, so würden die Reparaturen und die Verbesserungen sich mit Schnelligkeit, Sparsamkeit, mit Einsicht der Bedürfnisse und vollkommener Sachkenntniss bewerkstelligen lassen. Folglich würde durch die Vermehrung der Wichtigkeit der Lokaladministrationen und durch die Freiheit, die sie genössen, der Einsicht und den Verbesserungen der Schwung zurückgegeben werden; jedes Land könnte seine Baumeister, seine Ingenieurs, seine Künstler haben. Die Gebäude würden ihren Charakter haben und wären nicht mehr zur Einförmigkeit verdammt. Das Talent würde nicht mehr von dem Rath der Civilgebäude oder dem oberen Rathe der Brücken und Chausseen auf das Bett des Prokustes gelegt werden." — Dies verdient die Beachtung der Grundbesitzer und Handelsleute in Schlesien, welche es gern hätten, dass ihnen ihre Oder von der Staatsregierung auf Gefahr und Kosten der Steuerpflichtigen der ganzen Monarchie recht bald und schön schiffbar gemacht würde. — Die Kanäle und Handelshäfen, ebenso wie auch die Eisenbahnen, möchte Raudot Gesellschaften überlassen, der Staat soll sich nicht damit befassen. „Ich möchte einen Hafen anführen, wo der öffentliche Schatz Millionen ausgeben wird, im Interesse des Handels, wie man sagt, und wenn man von den Handelsschiffen, die in diesen Hafen einlaufen, einen so hohen Zoll verlangen wollte, damit das ausgegebene Geld nicht 5, sondern nur 1 % brächte, so würden die Schiffe sich hüten, einzulaufen, und man könnte die schönen Arbeiten der Ingenieurs in vollkommener Einsamkeit bewundern. Wahrlich treffliche Pläne, und wie recht ist es, sie als bewundernswürdige Fortschritte anzuführen! Wenn man Gesellschaften die Sorge, diese grossen Arbeiten auf ihre Gefahr auszuführen, überliesse, so könnten sich ohne Zweifel dergleichen finden, die sich in ihren Berechnungen irrten; aber da das Privatinteresse immer klarer die möglichen Folgen eines Unternehmens erkennt, als die Regierung, die aus dem öffentlichen Schatze schöpft, da die Gesellschaft von ihrem persönlichen Interesse angetrieben, mit Sparsamkeit bauen könnte, und darauf denken würde, nur im Verhältniss zu der möglichen Einnahme auszugeben, so wäre wohl zu glauben, dass man nur selten ein schlechtes Unternehmen machte, das viel kosten und wenig einbringen würde. Und wenn die Sache unglücklich ausfiele, müssten wenigstens die Steuerpflichtigen nicht die Kosten tragen, und der Staat würde davon nicht mehr berührt, als von dem Falliment jedes anderen industriellen oder Handelsunternehmens."

Ein Jagdregal ist weder nothwendig, noch nützlich. Es besteht nicht einmal in allen Staaten Europa's, z. B. nicht in Norwegen, wo Jeder jagen kann, wenn es ihm beliebt. Ein Jagdrecht auf fremdem Grund und Boden ist eine Beschränkung des Eigenthums, welche den Ertrag desselben zum Schaden des Eigenthümers vermindert. In England ging 1829 ein Gesetz, welches den Verkauf von Wild freigeben sollte, im Unterhause durch, wurde aber im Oberhause, wo mehr Jagdliebhaber sitzen, verworfen. Bei dieser Gelegenheit kam es zur Sprache, dass das Wild derart geschont würde, dass der Werth an Nahrungsmitteln, welcher dadurch für Menschen verloren ginge, sich auf 5 Millionen £ jährlich beliefe. Nach einigen Jahren wurden die Jagdgesetze wieder angeregt, als Theuerung herrschte, die Wilddiebstähle zunahmen und aus Veranlassung davon Morde vorkamen; und 1845 wurde auf einen Antrag Bright's ein parlamentarisches Commitee zur Untersuchung der Jagdgesetze niedergesetzt. Dies stellte fest, dass die direkte Vernichtung von Nahrung in Folge der Verwüstung von Wild dem Betrage der Einkommensteuer gleich kam. Zwischen 1833 und 1844 gab es 41 Untersuchungen wegen getödteter Wildhüter und in 26 von diesen Fällen erfolgten Verurtheilungen wegen vorsätzlichen Mordes. Die Verurtheilungen wegen Uebertretungen der Jagdgesetze beliefen sich in England und Wales in dem einen Jahre 1843 auf 4529. Man hatte berechnet, dass der Kostenaufwand, welcher durch die Jagdgesetze verursacht wird, ausser der Vernichtung von Nahrung, bedeutender ist, als der ganze Aufwand in Folge des Armengesetzes [1]).

[1]) Martineau. Geschichte Englands. Bd. II S. 64—66. III S. 296. IV S. 208—214.

Wenn man diese Angaben für übertrieben hält, so möge man nur berechnen, was einem stark bevölkerten, fleissig angebauten Lande das Wild kostet. Aus Nassau brachten 1864 die öffentlichen Blätter darüber Nachrichten [1]).

---

[1]) Von Hattersheim, Hofheim und Criftel sind Petitionen wegen der Wiederherstellung der in der Reaktionsperiode aufgehobenen 1848r und 1849r Gesetze, insbesondere des Jagdgesetzes, abgegangen. Diese Petitionen enthalten interessante Berechnungen über den den Grundeigenthümern durch das Hegen des Wilds entstandenen Schaden. Wir entnehmen der desfallsigen Darstellung Folgendes: Nach der Einführung des Jagdgesetzes von 1854 hat der Wildstand besonders im Nassauischen Mainthal auf eine für den Landwirth höchst schädliche und beunruhigende Weise von Jahr zu Jahr zugenommen, und das Nützlichste für ihn, das Raubzeug, wird beinahe ausgerottet. Bei Schluss der Jagd am 1. Februar d. J. konnte man mit Gewissheit annehmen, dass einer jeden der Gemarkungen des Amtsbezirks Höchst je nach Umfang 300 bis 500 Hasen zur Fortpflanzung übrig gelassen waren, deren Ernährung den Grundbesitzern einzig und allein zur Last fällt. Sind z. B. in einer Gemarkung 400 Hasen und rechnet man per Stück dieser gefrässigen Thiere

à 24 Stunden nur $1/_2$ Pfd. Futter, so beträgt dieses vom 1. Februar bis zum 1. April	12,000 Pfd.
zugänglich der Jungen vom 1. April bis zum 1. Juli (nur 600 Stück)	27,000 „
zugänglich der Jungen vom 1. Juli bis zum 1. November (nur 900 Stück)	67,500 „
vom 1. November bis 1. Januar (nur 500 Stück)	22,500 „
also per Jahr zusammen	129,000 Pfd.

oder 1290 Centner!! — Das Eingeweide eines, Morgens frühe geschossenen Hasen wird Jeden überzeugen, dass ein Hase täglich mindestens $1/_2$ Pfd. Nahrung bedarf. Ein gezähmter Feldhase stirbt am Hunger, wenn ihm täglich nicht mehr als $1/_2$ Pfund gutes Futter gereicht wird. Diese Thiere leben im Felde nur von zarten, von 1 bis 5 Zoll grossen Kohl-, Korn-, Weizen-, Gersten-, Hafer-, Klee-, Erbsen-, Runkelrübenpflanzen, nur im Herbste gehen sie auch an Runkelrüben und pflücken die Blumen am Inkarnatklee ab. Würde ein Landwirth seine sämmtlichen Pflanzen in der erwähnten Grösse (ausschliesslich der Runkelrüben) à 5 Fl. verkaufen, so würde er bald ein Bettler sein. Berechnen die Grundbesitzer der gedachten Gemarkung die von den Hasen verzehrten 1290 Ctr. nur pro Centner à 5 Fl., so bringen sie dem Jagdpächter ein Opfer von 6450 Fl. per Jahr!! — während ihnen dafür an Wildschadenersatz wahrscheinlich nichts, oder höchstens nur wenige Gulden und diese mit vieler Mühe, Zeitaufwand und Unannehmlichkeiten verschiedener Art bezahlt werden. — Beschädigungen an jungen Bäumen, sowie an der Frucht, die in den Halmen steht und von den Hasen umgerannt und niedergetreten wird, ferner die vielen Hasenpfade (von den Jägern Wechsel genannt), welche durch ganze Fluren in Kreuz und Quer ziehen, worauf die Fruchthalme an der Erde abgebissen, sind unstreitig auch sehr bedeutend und oben nicht mitgerechnet. Diese sehr beklagenswerthen Verhältnisse schmälern dem Landmann seine Einnahmen auf die empfindlichste Weise und daher verliert auch sein Grundbesitz an Werth, sie entmuthigen ihn, er ver-

Das Wild kostet dem Lande viel mehr, als es einbringt. Fleisch und Häute der zahmen Thiere sind sehr viel wichtiger, als alle Jagdnutzung. Die Jagd muss daher dem Ackerbau weichen und darf nicht auf Kosten desselben floriren.

In England gab es zur Zeit der Eroberung noch ausgedehnte Waldstrecken; gleichwohl schuf Wilhelm einen Theil der Seeküste bei Winchester, ein Gebiet von 60 Kirchspielen, zum ungeheuren Jagdrevier um und liess alle Kirchen und Dörfer darin niederbrennen. Auf die Erlegung eines Rehes stand Verlust der Augen. Die Jagd wurde ein Regal. Der König ist noch heute gesetzlich der einzige Jagdberechtigte. Wer Wild tödten will, muss eine Berechtigung dazu von der Krone erlangen. Seit der Eroberung verliehen die Könige vielfach das Jagdrecht an die Adlichen und diese konnten es in umschlossenen oder offenen Jagdrevieren, in gewissen, aber nicht häufigen Fällen auf fremdem Grund und Boden ausüben. So kam die Jagd allmählig in die Hände der Landjunker. Wer nicht ein Freehold von 100 £ Jahresrente besass, durfte nicht einmal auf eigenem Grund und Boden jagen. Uebrigens musste man, um ein Rebhuhn zu schiessen, 50mal so viel Einkommen wie ein Parlamentswähler, 5mal so viel wie ein Geschworner haben. Das Gesetz 1 und 2 Will. IV c. 32 hält das Jagdrecht auf fremdem Gemeindelande aufrecht, so weit es — was nur selten vorkommt — speciell verliehen worden und wo es der Krone in ihren Forsten zusteht. Sonst kann Jeder frei auf seinem Grund und Boden jagen, der einen Jagdschein löst. Der Besitzer eingehegter Ländereien darf seit 11 und 12 Vict. c. 29 auch auf seinem eigenen Grund und Boden, ohne dass er einen Jagdschein zu lösen braucht, Hasen schiessen. Das neueste Jagdpolizeigesetz ist vom Jahre 1862. Nach diesem Gesetz 25 und 26 Vict. c. 114 können Friedensrichter und Polizeidiener bei Leuten, die der Wilddieberei verdächtig sind, Haussuchungen halten, und Wild und Waffen konfisciren [1]).

In Frankreich wurde das Jagdrecht auf fremdem Grund und Boden ohne Entschädigung im August 1789 aufgehoben. Hierbei verblieb es auch in den Preussischen Landestheilen auf der linken Rheinseite, indem die Verordnung vom 17. April 1830 anerkannte, dass jeder Grundeigenthümer das ausschliessende Recht

liert Lust und Fleiss, der allzu grosse Wildstand reizt zur Wilderei und zur Demoralisation!! Das jetzt bestehende Jagdgesetz steht der Entwicklung des Ackerbaues schnurgerade entgegen und von dessen schwerem Druck kann uns nur die Wiedereinführung des Jagdgesetzes vom 15. Juli 1848 erlösen

[1]) Fischel, Verfassung Englands, S 69

der Jagd auf eigenem Grund und Boden hat; nur die Ausübung dieses Rechts wurde aus Rücksichten auf die öffentliche Sicherheit Beschränkungen unterworfen, die jedoch dem Berechtigten die Nutzung nicht entziehen.

Das Jagdregal in Deutschland, welches, wie C. F. Eichhorn meint, die Juristen des sechszehnten Jahrhunderts gemacht haben, wurde dadurch besonders praktisch, dass man vermöge der Landespolizei den niederen Ständen die Jagd zu untersagen sich berechtigt hielt. Die Regalität der Jagdgerechtigkeit, der landesherrlichen ausschliessenden Befugniss, jagdbare wilde Thiere aufzusuchen und sich anzueignen, ist nach Klüber jetzt in fast allen Deutschen Bundesstaaten ein geltender Grundsatz des positiven Staatsrechts.

In Preussen wird zwischen dem Thierfang und der Jagdgerechtigkeit unterschieden. Das Recht des Thierfanges erstreckt sich nur auf solche Thiere, welche noch von keinem Menschen gefangen und gebändigt sind. Doch sind auch eingefangene und zahm gemachte Thiere, wenn sie in ihre natürliche Wildheit zurückgekehrt waren, ein Gegenstand des Thierfanges. Thiere, welche zwar frei herumschweifen, aber an den ihnen bestimmten Ort zurückzukehren pflegen, gehören nicht zum Thierfange. Sie gehören aber dazu, wenn sie die Gewohnheit, zurückzukehren, abgelegt haben. In dem betreffenden Abschnitt handelt das A. L.R. I. 9. §. 107 — 192 dann von Tauben, Insekten, Bienen und von der Jagd und Fischerei. Jagdbare wilde Thiere darf nur der, welcher die Jagdgerechtigkeit hat, unter den in den Polizeigesetzen vorgeschriebenen Einschränkungen schiessen, hetzen, beizen, fangen und auf andere Art sich zueignen. Der Merkwürdigkeit wegen mögen hier noch einige Bestimmungen wörtlich folgen. „Durch Klappern, aufgestellte Schreckbilder, oder sogenannte Scheusale, durch Zäune und durch kleine oder gemeine Haushunde, kann jeder das Wild von seinen Besitzungen abhalten. Doch müssen die Zäune, den Polizeigesetzen gemäss, dergestalt eingerichtet sein, dass sie nicht zur Beschädigung des Wildes gereichen. Auch darf Niemand, unter dem Vorwande, das Wild dadurch abzuhalten, gemeine Hunde ungeknüppelt herumlaufen lassen. Wer hohes Wild auf seinem Reviere in ungewöhnlicher Menge hegen will, ist schuldig, solche Veranstaltungen zu treffen, dass die angrenzenden bebauten Ländereien gegen die Beschädigungen desselben gesichert werden. Sind keine andern Mittel zur Abwendung solcher Beschädigungen vorhanden, so können die Besitzer der angrenzenden Ländereien darauf antragen, dass der Jagdberechtigte auf seine Kosten tüchtige Wildzäune anlege und unterhalte. Macht sich der

Jagdberechtigte in Anlegung oder Unterhaltung solcher Veranstaltungen einer Nachlässigkeit schuldig, so haftet er für allen durch das Wild in der Nachbarschaft verursachten Schaden. So lange der Jagdberechtigte sich eines Missbrauchs in Hegung des Wildes nicht schuldig macht, sind die Besitzer der angrenzenden Ländereien schuldig und befugt, die nach den Jagd- und Forstordnungen der Provinz zulässigen Mittel zur Abwendung des Wildschadens selbst vorzukehren. Das Wild, welches sich in Gärten, Höfe, oder andere an die Wohngebäude stossende geschlossene Plätze eingedrungen hat, kann ein Jeder fangen oder tödten. Er darf sich aber dazu keines Schiessgewehrs bedienen, und muss das gefangene oder erlegte Wild dem Jagdberechtigten abliefern. Der Jagdberechtigte ist schuldig, das gewöhnliche Schiessgeld dafür zu bezahlen; und muss, wenn er dieses nicht will, das Wild dem, welcher es gefangen oder erlegt hat, überlassen. Wo sich Wölfe aufhalten, mag jeder Grundbesitzer an abgelegenen Orten Wolfsgruben anlegen. Hat sich anderes jagdbares Wild in diesen Gruben gefangen, so muss dasselbe sofort wieder in Freiheit gesetzt oder dem Jagdberechtigten gegen Erlegung des Schussgeldes ausgeliefert werden. Wird Jemand von wilden Thieren angefallen, so sind ihm, zur Vertheidigung seines Lebens und seiner Gesundheit alle Mittel, dieselben von sich abzuhalten oder zu tödten, erlaubt. Wilde oder andere reissende Thiere bleiben demjenigen, welcher sie bei solcher Gelegenheit gefangen oder getödtet hat, eigen. Sind aber Hirsche, Schweine oder anderes dergleichen Wild bei solchen Gelegenheiten gefangen oder getödtet worden, so müssen sie dem Jagdberechtigten gegen Ersatz des Schussgeldes ausgeliefert werden.“ Das Recht, jagdbare wilde Thiere aufzusuchen und sich anzueignen, heisst Jagdgerechtigkeit. Was zu den jagdbaren Thieren gehört oder Gegenstand des freien Thierfanges ist, wird in den Provinzialgesetzen bestimmt. Im Mangel anderer Bestimmungen gehören vierfüssige wilde Thiere und wildes Geflügel, in so fern beide zur Speise gebraucht zu werden pflegen, zur ausschliessenden Jagdgerechtigkeit. Andere wilde Thiere sind in der Regel ein Gegenstand des Thierfanges. Dahin gehören Wölfe, Bären und andere dergleichen schädliche Raubthiere. Doch dürfen dergleichen Thiere in Wäldern und Jagdrevieren von denjenigen, denen daselbst keine Jagdgerechtigkeit zukommt, nicht aufgesucht, noch weniger Jagden darauf angestellt werden. Zur hohen Jagd werden gewöhnlich nur Hirsche, wilde Schweine, Auerochsen, Elennthiere, Fasanen, Auerhähne und Hennen gerechnet. Wo die Provinzialgesetze keine mittlere Jagd bestimmen, gehört alles übrige Wild zur niederen

Jagd. Die Jagdgerechtigkeit gehört zu den niederen Regalien und kann von Privatpersonen nur, wie bei Regalien überhaupt verordnet, erworben und ausgeübt werden. Unter der Jagdgerechtigkeit, welche den Rittergütern gewöhnlich beigelegt ist, wird in der Regel nur die niedere Jagd verstanden. Wer nur mit der Jagd überhaupt beliehen ist, hat nur ein Recht zur niedern Jagd. Wer aber mit allen Jagden, oder mit allen Arten von Jagden in der mehrern Zahl beliehen ist, hat auch auf die hohe Jagd Anspruch. So weit als Jemand zur Jagd berechtigt ist, kann er seine Befugniss, auf alle an sich erlaubte Arten das Wild zu jagen oder zu fangen, ausüben u. s. w. [1])

Nach dem Gesetz vom 31. Oktober 1848 ist jedes Jagdrecht auf fremdem Grund und Boden ohne Entschädigung aufgehoben, auch sind die bisherigen Abgaben und Gegenleistungen des Berechtigten weggefallen. Eine Trennung des Jagdrechts vom Grund und Boden kann als dingliches Recht künftig nicht stattfinden. Die Jagd steht jedem Grundbesitzer auf seinem Grund und Boden zu. Er darf sie in jeder erlaubten Art, das Wild zu jagen und zu fangen, ausüben. Die Grundbesitzer sind in der Ausübung der Jagd nur beschränkt durch die allgemeinen und die besonderen jagdpolizeilichen Vorschriften, welche den Schutz der öffentlichen Sicherheit und die Schonung der Feldfrüchte bezwecken. Das Recht der Jagdfolge ist aufgehoben. Auch wurden alle dem Gesetz entgegenstehende und besondere Bestimmungen, namentlich die schon (S. 96) erwähnte Verordnung vom 17. April 1830, desgleichen die jagdpolizeilichen Vorschriften über die Schon-, Setz- und Hegezeit des Wildes aufgehoben, also auch die Verordnung wegen der Strafen für Verletzung der Schonzeit des Wildes vom 9. December 1842 und das darauf bezügliche Staatsministerial-Publikandum vom 7. März 1843. Mit 271 gegen 69 Stimmen hatte die Nationalversammlung beschlossen, dass jedes Jagdrecht auf fremdem Grund und Boden ohne Entschädigung aufgehoben werden soll, und mit 285 gegen nur 41 Stimmen nahm sie das ganze Gesetz an.

Durch das Jagdpolizeigesetz vom 7. März 1850, welches die Verordnung vom 9. December 1842 und das Publikandum vom 7. März 1843 wieder in Kraft setzte, wurde die Ausübung des einem jeden Grundbesitzer auf seinem Grund und Boden zustehenden Jagdrechts besonderen Bestimmungen unterworfen. Danach hat Jeder, welcher die Jagd ausüben will, sich einen für den ganzen Staat geltenden auf ein Jahr und auf die Person lautenden Jagdschein vom Landrath er-

[1]) A. L. R. II. 15. §. 30—68.

theilen zu lassen, wofür jedesmal nur 1 Thlr. zu zahlen ist. Die eingehenden Beträge werden nach den Beschlüssen der Kreisvertretung verwendet. Der Staat bezieht also von den Jagdscheinen bis jetzt noch gar keine Einnahmen [1]).

Ueber das Jagdgesetz hatte die Nationalversammlung an fünf Tagen verhandelt. Einiges aus diesen Verhandlungen verdient erwähnt zu werden. Bornemann († 1864), der vom April bis Juni 1848 Justizminister gewesen war, sagte: „Jeder muss Herr seiner Person und seines Grund und Bodens sein, er muss Freiherr sein, mag er $^1/_4$ Morgen oder 100 Morgen oder 1000 Morgen haben. Es kommt nicht darauf an, dass er schiessen darf, sondern nur darauf, dass er sagen darf: Mein Grund und Boden soll nicht betreten werden. Die Kultur verdrängt das Wild. Die Elennthiere und die Auerochsen sind ganz in den Osten verdrängt, und der Wildstand wäre geringer, wenn die Wildschadengesetze besser gewesen wären, so wie der verewigte König in einer Kabinetsordre von 1827 wollte, wo er sagt:

> Ob der Wildstand übermässig ist oder nicht, den Landleuten muss Schutz gewährt werden, und da es auf andere Weise nicht geschehen kann, so muss ihnen gestattet werden, das Wild todtzuschiessen.

Leider ist dieser Grundsatz nur in kleinem Umfange zur Ausübung gekommen. Man hat das Schiessen der wilden Schweine ausserhalb der Schonzeit unbeschränkt erlaubt und die Regierungen ermächtigt, den Jagdbesitzern zu gestatten, das Roth- und Dammwild bei zu grossem Wildstand auch ausserhalb der Schonzeit zu schiessen. Also das, was der König damals wollte, ist nicht geschehen. Nur diese Hindernisse haben die Verminderung des Wildes in dem Masse nicht eintreten lassen. Wäre aber das Wild verringert worden, so würde die Zahl der Hausthiere gewachsen sein und, es ist ja gleich, ob man einen guten Hammelbraten oder einen Hasenbraten isst.“

Der damalige Finanzminister v. Bonin, der sich nicht für die unentgeltliche Aufhebung des Jagdrechts auf fremdem Grund und Boden aussprach, gab den Gesammtertrag der Jagdnutzung, die der Staat in verschiedenen Formen bezieht, auf 110,000 Thlr. an, und bemerkte, dass der Staat durch die Nutzung von Jagdberechtigungen auf fremden Grundstücken, die er durch Verpachtung der Jagd erzielt, jährlich einen Ertrag von 80,000 Thlr. erreiche. „Dass die

---

[1]) Jagdscheine wurden ausgegeben $18^{58}/_{59}$ 83,516, $18^{59}/_{60}$ 88,313, $18^{60}/_{61}$ 89,500. Der Nettoertrag der Jagden in den Staatsforsten betrug 1862 34,448 Thlr. Jahrbuch der amtl. Statistik, 1863 S 380.

Staatskasse nicht im Stande sein würde, den Verlust einer jährlichen Rente von 80,000 Thlrn. zu ertragen, ohne in irgend einer Weise wiederum den Ausfall gedeckt zu sehen, wird wohl keiner weiteren Ausführung bedürfen. Dass aber die Nothwendigkeit, diesen Ersatz zu gewähren, durch eine erhöhte Besteuerung dann auf einer Seite wieder, und zwar um so härter drücken würde, als der Erlass des ganzen Ertrages auf der andern Seite erleichtert, springt um so mehr ins Auge, wenn man erwägt, dass ein grosser Theil der Revenüen der Jagdberechtigung von denjenigen Grundstücken jetzt aufkommt, bei deren Ausfall die Besitzer grosser Güter allein den Vortheil von der unentgeltlichen Aufhebung der Jagdberechtigung ziehen würden. Es kann auch nicht unberücksichtigt daneben bleiben, dass der Ausfall gerade in dieser Art von Revenüen auch in anderer Beziehung für die Staatsverwaltung von wesentlichem Interesse ist. Ich meine, in Beziehung auf die Staatsschulden. Es ist den Herren bekannt, dass vorzugsweise die Domänen und Forstrevenüen für die Tilgung und Verzinsung der Staatsschulden bestimmt sind. Es kann nicht in Abrede gestellt werden, dass der plötzliche Ausfall einer Revenüe von 80,000 Thlrn. Rente auf den Staatskredit unzweifelhaft ungünstig einwirken kann."

Bornemann sagte noch: „Je grösser die Freiheit des Eigenthums ist, desto grösser wird und muss auch der Schutz desselben sein, während nur in despotischen Staaten das Eigenthum ungeschützt ist. Wenn ich nun dennoch mit Modifikationen für die unentgeltliche Aufhebung des Jagdrechts bin, so treiben mich andere Gründe. Es können Umstände eintreten, und sie waren im Jahre 1807 eingetreten, sie sind jetzt wieder eingetreten, wo ein freiwilliges Opfer des Eigenthums moralische Pflicht ist. Solche Umstände liegen jetzt vor. Mehrere Grundbesitzer, unter Anderen die Fürsten von Solms und Neuwied, haben ihr Jagdrecht schon ohne Entschädigung aufgegeben, weil sie fühlen, es bedarf dieses freiwilligen Opfers, und ich bin überzeugt, dass dies alle diejenigen fühlen, die sich der gegenwärtigen Zeitverhältnisse bewusst werden. Wir aber sind berufen, zu urtheilen: wo ist nach der gegenwärtigen Stimmung die moralische Pflicht, ein freiwilliges Opfer zu bringen, und haben dieser Stimmung den gesetzlichen Ausdruck zu geben. Ich will nicht die Wunden und Schäden aufdecken, die durch das Jagdrecht entstanden sind, aber die Folge davon ist eine Kompensationspflicht, dass nämlich Jeder sich moralisch verpflichtet hält, in die unentgeltliche Aufhebung zu willigen, nachdem es so bedrückend gewirkt hat. Aber ich habe noch besondere Gründe, und zwar dreierlei. Der erste Grund ist der, dass, so viel ich entnehmen kann, die Majorität dieser grossen Versammlung es wünscht, dass das Jagdrecht sofort oder baldmöglichst aufgehoben werde. Aber mit einer sofortigen Aufhebung steht jede Ablösung im Widerspruch. Eine Ablösung setzt Freiwilligkeit voraus: ich kann nicht gezwungen werden, „abzulösen“. Wenn also das Jagdrecht nothwendig aufhören soll, so kann nicht von einer Ablösung desselben die Rede sein, denn diese setzt Freiwilligkeit voraus, zur Ablösung bedarf es der Provokation. Der zweite Punkt, und dieser ist mir der Hauptpunkt, ist der, dass ein Aequivalent für das Jagdrecht sich gar nicht finden lässt. Es ist äusserst schwer, oder vielmehr kaum möglich, den Werth, den ein Jagdrecht hat, festzustellen. Ich spreche hier nicht bloss meine Ideen aus, sondern ich habe die Gesetzgebung für mich. Im Jahre 1830 haben die Revisoren des Landrechts eine Ablösung des Jagdrechts berathen; in den Jahren 1838 und 39 ist gleichfalls darüber berathen worden. Man kam aber dahin, dass Principien nicht festzustellen seien über die Werthbestimmung des Jagdrechts, und dass am Ende nichts übrig bleibe, als das Vergnügen, was man zu taxiren habe, weil, wenn man Alles, was die Jagd direkt und indirekt kostet, zusammenrechne und in Kompensation bringe mit dem, was sie einbringt, gerade gar nichts übrig bleibe. Das ist in beiden Berathungen angenommen worden. Aber selbst wenn man den Werth des Jagdrechts ermitteln könnte, so würde dennoch drittens die Ermittelung keine Bedeutung haben, denn es würde eine Ermittelung des künstlich erhaltenen Wildstandes sein. Hätten wir ein gutes Wildschadengesetz gehabt, so würde die Jagd unendlich weniger werth sein, als sie jetzt ist. Ich habe aber in Betreff der Ausmittelung des Jagdbetriebes noch eins zu bemerken. Wenn wir die Jagdberechtigung aufheben wollten, so müssten wir vor allen Dingen einen unbestrittenen Zustand der Jagdberechtigung haben. Dieser ist jedoch in Westphalen nicht vorhanden. Wenn in Westphalen die Prozesse nicht gehemmt werden, so werden Jahre hingehen, ehe man weiss, wer das Recht der Jagd hat, weil es in hundert und vielleicht tausend Prozessen streitig ist. In Betreff der Aeusserungen der Abgeordneten Hüffer und Waldeck wollte ich noch eine Bemerkung machen, welche zeigt, wie eigenthümlich das Jagdrecht dort entstanden ist. Es ist allerdings im Jahre 1814 von dem damaligen Civilgouverneur (v. Vincke) eingeführt worden, aber die Veranlassung dazu war eine sehr zufällige, nämlich der Landsturm. Nach dem Französischen Rechte durfte bekanntlich Keiner das Jagdrecht ausüben, der nicht einen Jagdschein für 30 Francs löste. Als der Landsturm aufgeboten wurde, hörte plötzlich die Möglichkeit,

Jagdscheine auszugeben, auf, denn ein Jeder konnte sich ein Gewehr anschaffen, dadurch kam der Civilgouverneur in Verlegenheit, und er gab den Altberechtigten das Jagdrecht wieder, ohne daran zu denken, zu welchen Konsequenzen die Wiedereinführung dieses Rechts, bloss weil der sehr entfernte Umstand des Landsturms eingetreten war, führen würde. Für die anderen Landestheile walten solche Streitigkeiten nicht ob. Wenn man aber in denselben den Werth des Jagdrechts für ganze Flächen auch ermitteln könnte, was ich nicht für möglich halte, so müsste doch auch ausgemittelt werden, wie viel die Jagd auf jedem kleinen Besitzthum werth ist, und das ist ganz unmöglich, da auf diesen Fleck vielleicht niemals Wild hinkommt. Man ist also bei diesen Ermittelungen nur auf das Arbiträre angewiesen, und wie arbiträr diese Ermittelung ist, das zeigt das Amendement, welches 2 Groschen pro Morgen als die Grenze aufstellt. Allerdings werden manche Jagdberechtigte schweren Schaden erleiden, ich gebe dies zu, aber es sind nur Ausnahmen, und Ausnahmen können nie eine Regel vernichten. Auch das Finanzministerium wird, wie uns in einer früheren Sitzung erklärt ist, einen Schaden erleiden. Aber, meine Herren, ich denke, dass der volkswirthschaftliche Vortheil, den wir durch die Aufhebung der Jagdberechtigung erreichen, mehr werth ist, als der Schaden, den das Finanzministerium erleiden wird."

Das Bergregal ist nicht in allen Ländern von erheblicher praktischer Bedeutung. In England z. B. sind königliche Minen nur die Silber- und Goldminen. Wird in Zinn-, Eisen- oder Bleiminen Gold und Silber gefunden, so hat der König nur ein Vorkaufsrecht auf diese edlen Metalle nach einem durch das Gesetz bestimmten Preise [1]).

Nach der Abhandlung über den Ursprung des Bergregals in Deutschland, welche C. J. B. Karsten — dem ich hier folge — 1844 in der Akademie der Wissenschaften in Berlin vorgelesen hat, kann weder im Römischen, noch im älteren Deutschen Rechte die Grundlage zu den Bestimmungen über die Regalität des Bergbaues gefunden werden.

Im Römischen Reich gab es 1) Staatsbergwerke, die entweder auf Grund und Boden des Staats betrieben wurden, oder durch Eroberungen dem Staat anheimgefallen waren, und 2) Privatbergwerke. Die ersten wurden in der Regel verpachtet; die letzten zahlten eine

---

[1]) Fischel, Verfassung Englands. S. 450.

Abgabe (vectigal metallorum, canon), welche in einer bestimmten Quote des gewonnenen Produkts oder in baarem Gelde bestand. Dem Besitzer der Oberfläche wurde das unterirdische Eigenthum durch den Staat niemals streitig gemacht. Auch in Deutschland geschah dies, wenigstens bis zum 14ten Jahrhundert, nicht.

Die ältesten Nachrichten über den Deutschen Bergbau sind unsicher. Erst gegen Ende des 9ten Jahrhunderts scheint im Fichtelgebirge ein Bergbau auf Silber stattgefunden zu haben; im 10ten wurden die Bergwerke im Harz, im 12ten in Sachsen betrieben. Aelter war der Böhmische, noch älter der Mährische, und noch älter vielleicht der Tyrolische, dessen blühendste Periode im 15ten Jahrhundert begann und ein volles Jahrhundert fortdauerte. Die Darstellung des (Stab-) Eisens war aber schon älter; die Eisenerzgruben wurden in früherer Zeit als Zubehör des Oberflächeneigenthums betrachtet.

Ein Bergbau, älter als der Deutsche, hatte sich in Niederungarn, in der Gegend von Schemnitz, wahrscheinlich schon im 8ten Jahrhundert erhoben, durch Einwanderer aus Mähren. Hier bildete sich eine Bergwerksverfassung aus, und die Schemnitzer Bergwerksgebräuche verbreiteten sich in Polen, Schlesien, Mähren, Böhmen, Sachsen und mit Modifikationen über ganz Deutschland, wurden auch nachher von den Landesherren bestätigt. Diese gewährten auch den Ortschaften, wo Bergbau aufkam, nachher besondere Vorrechte und Privilegien -- Bergfreiheit genannt.

Nach dem alten Schemnitzer Bergrecht hatte Jedermann das Recht, nach Mineralien zu suchen; und wer dabei vom Glück begünstigt ward, erhielt, als erster Finder, den Lohn für seine Mühe dadurch, dass ihm ein gewisser Raum (Grubenfeld) nicht vorenthalten werden durfte, innerhalb dessen Grenzen nur er allein, oder diejenigen, welchen er sein Recht abtreten oder gemeinschaftlich mit ihnen ausüben wollte, berechtigt waren, das gefundene Mineral zu gewinnen und zu Tage zu bringen. Das Recht des Suchens war ein Jedermann zustehendes, welches in den ältesten Bergwerksgebräuchen, als sich von selbst verstehend, vorausgesetzt wird. Auch der ältesten Deutschen Bergwerksverfassung liegen wesentlich das Recht des Suchens nach Mineralien und das Recht des ersten Finders zum Grunde. War dem ersten Finder sein Recht geworden, so konnte nach ihm Jedermann auf derselben Erzlagerstätte ein Grubenfeld begehren, und wer es zuerst begehrte, hatte vor den folgenden den Vorzug. Die Grösse des Grubenfeldes war nach einem besonderen Masse (mansus) bestimmt, welches einem Längenmasse von 7 Klaftern oder Lachtern entsprach. Ein solches Längenmass ward Laneus genannt. Die Benennung Laneus für ein gewisses Mass ist Slavischen Ursprungs und von dem Polnischen Worte Łan abzuleiten, welches ein abgemessenes Stück Landes bezeichnet. Es weist also auch diese Bestimmung der Grubenmasse nach Laneis, auf den Slavischen Ursprung der Art der Begrenzung der Grubenfelder nach alten Deutschen Bergwerksgebräuchen hin. Für Laneus gebrauchte man in der Deutschen Sprache den Namen Len, Lähen, Lechen oder auch Lehn; und brachte, wahrscheinlich nur durch den Wortklang geleitet, die Bestimmung der Grösse der Grubenfelder nach Lehen, auf eine ungeschickte Weise mit dem Lehnswesen in Verbindung, obgleich dies allerdings, nach den Rechtszuständen des späteren Deutschen Mittelalters, auch auf die Rechtsverhältnisse des Bergbaus, nämlich auf die Art der Uebertragung des Eigenthums, seine Anwendung finden musste.

Die Abgaben vom Bergbaubetriebe haben in der ältesten Zeit immer aus einer Quote des gewonnenen Minerals bestanden, welche Urbura, Frohne, auch Zehnt genannt wurden, wenn sie auch nicht immer $^1/_{10}$ der geförderten Erze betrugen. Ausserdem stand dem Landesherrn das Recht zu, ein bestimmtes Grubenfeld für seine Rechnung zu bauen. Bei der Zutheilung des Grubenfeldes für den ersten Finder ward der Laneus regalis sogleich mit abgegrenzt. Der Grundbesitzer, wenn auf Privateigenthum gebaut ward, erhielt entweder einen Antheil an der Urbar, oder ein Ackertheil, welches er, ebenso wie der Landesherr, auf eigene Kosten baute. Aber nicht bloss der König, oder statt seiner der Landesherr und der Grundherr, sondern auch die höchsten Hofbeamten erhielten zuweilen den Laneum dominorum — Herrenlehn — welchen sie für ihre Rechnung zu bauen berechtigt waren. Dafür mussten der Landesherr und der Grundbesitzer das Holz für die Grube den Grubenbetreibern anfänglich umsonst, später gegen eine mässige Bezahlung, von ihren Besitzungen liefern; obgleich nicht einmal ein Vorrecht von besonderer Bedeutung darin liegen konnte, dass der Landesherr und der Grundbesitzer, gleich allen andern Grubenbetreibern, ein Grubenfeld für eigene Rechnung mit zu bauen berechtigt waren. Als sich später der Werth des Grundes und Bodens erhöhte und das Holz im Preise stieg, haben die Landesherren den Laneum regalem fallen lassen und sich bloss auf die Erhebung der Urbar oder des Zehnten beschränkt.

Die Bergbautreibenden, sowohl die ersten Finder, als diejenigen, welche nach ihnen auf derselben Erzlagerstätte ein Grubenfeld verlangten und erhielten, konnten, wenn ihre eigenen Kräfte nicht zureichten, mit anderen in Verbindung treten und auf gemeinschaftliche

Kosten Bergbau treiben. Die Genossenschaft und Gewerkschaft, und die einzelnen Mitglieder derselben wurden Gewerke genannt. Man unterschied die ursprünglichen Gewerken von der später sich bildenden Gewerkschaft. Nur den ersteren ward das Grubenfeld durch den dazu bevollmächtigten Beamten zugetheilt, und die letzteren konnten ihr Recht als Mitgewerken nur erweisen, wenn sie sich in Gegenwart jenes Beamten in die Genossenschaft aufnehmen liessen. Die Gewerken, sowohl die ursprünglichen, als auch die später durch diese zusammengebrachten Gewerkschaften, konnten ihr Grubenfeld auch an andere Grubenbetreiber verpachten, also ihr Grubenfeld durch den Pachtzins, welchen sie davon zogen, nutzbar machen, oder für eigene Rechnung Bergbau treiben. Die Pächter wurden Lehnschafter genannt, sie mochten ihre Gruben um Lohn bauen lassen, oder selbst die Bergarbeit verrichten. Es konnten nämlich auch gemischte Verhältnisse eintreten, wenn die Bergarbeiter selbst zu einer Lehenschaft, oder gar zu einer Gewerkschaft gehörten. Waren die ursprünglichen Gewerken Bergarbeiter, die ihre Gruben selbst bauten und nicht um Lohn arbeiten liessen, so nannte man sie Eigenlöhner. Die Lanei regales wurden stets durch Lohnarbeit betrieben. Die Zutheilung eines Grubenfeldes konnte der erste Finder nur dann als ein zustehendes Recht begehren, wenn er die Bauwürdigkeit der aufgefundenen Lagerstätte nachgewiesen hatte. Die Zutheilung des unterirdischen Eigenthums erfolgte durch einen landesherrlichen Beamten, Leiher genannt, der in der Regel zugleich Bergmeister war, um den Bergbautreibenden auf Begehren Rath und Hülfe ertheilen zu können. Uebrigens war der Grubenbetrieb selbst den Gewerken überlassen; der Bergmeister hatte nur das Schiedsrichteramt bei Streitigkeiten; so wie auch die Entscheidung, ob Grubenantheile oder auch ganze Gruben sich verlegen hatten und an andere Bergbaulustige wieder ausgethan werden konnten, indem das Unterlassen der Bergarbeit innerhalb einer gewissen Zeit, das Verliegen zur Folge hatte.

Den Bergwerksgebräuchen von Schemnitz sind die von Iglau in Mähren, Beuthen in Oberschlesien, Freiberg, Goslar, Tyrol ähnlich. Aus diesen, bis zu Ende des 13. Jahrhunderts reichenden, Bergwerksgebräuchen und Gewohnheitsrechten ergiebt sich, dass die Regalität des Bergbaues, in dem heutigen Sinne, ganz unbekannt war, und dass das Bergwerksregal damals nichts weiter, als eine gewöhnliche Steuer von dem Bergbaubetriebe gewesen ist. Diese Steuer wurde von dem unter Privatgründen betriebenen gewerkschaftlichen Bergbau häufig von dem Grundbesitzer allein erhoben, bis der Landesherr, entweder durch die Bedeutsamkeit des Bergbaues, oder durch irgend eine andere Veranlassung aufmerksam gemacht, sein bergübliches Besteuerungsrecht gegen den Grundbesitzer geltend zu machen suchte. Dadurch entstanden auch zwischen diesem und dem Landesherrn Verträge über die Theilung oder über die gänzliche Ueberlassung der Abgaben; auch wurden wohl die Grubenbetreiber genöthigt, die Frohne an den Landesherrn und an den Grundbesitzer gleichzeitig zu entrichten. Das erste in Deutschland erlassene, aber nicht zur Ausführung gelangte, vorzugsweise für Kuttenberg erlassene Bergwerksgesetz: Constitutiones juris metallici Wenzeslai II regis Boemiae, von 1280, enthält nichts über die Regalität des Bergbaues. Für die Regalität hat man, wiewohl mit Unrecht, auch angeführt: ein Capitulare Karls des Gr. von 812, die Constitution Friedrichs I aus Mailand von 1158, den Sachsenspiegel von 1219, und Karls IV Goldene Bulle von 1356. Damals aber wurde in Deutschland kein Bergbau ausschliesslich für landesherrliche Rechnung betrieben. Bergwerksgebräuche räumten dem Landesherrn Rechte ein; die Besitzer der Oberfläche, denen das Aufkommen des Bergbaues auf ihren Besitzungen erwünscht war, weil der Absatz ihrer Bodenerzeugnisse zunahm, liessen sich die alten Bergwerksgewohnheiten ebenfalls gefallen. Die dargebotenen Entschädigungen waren auch dem damaligen geringen Werth der Bodenerzeugnisse angemessen; sie konnten sich ferner bei dem Bergbau, zu dessen Betreibung sie allein selten die Mittel hatten, mit betheiligen, ohne dass sie Mühe und Kosten auf Aufsuchung der Mineralien zu verwenden brauchten — der Schürfer musste alle Kosten allein tragen, und der Grundbesitzer hatte sich erst, wenn der Betrieb der Gruben wirklich begann, zu erklären, ob er sich betheiligen wollte. So kam durch Gewohnheitsrechte eine gewisse Norm in die Abgaben vom Bergbau, die sogar von den Grundbesitzern theilweise oder ganz an die Landesherren übergingen.

Die Entrichtung einer geregelten Abgabe von dem Bergwerksbetriebe an den Landesherrn war ein erster Schritt zur Regalität. Ein Eigenthumsrecht war damit aber nicht eingeräumt; die unter den Kammergütern und unter den fiskalischen Ländereien befindlichen Erze wurden hinsichtlich der Aufsuchung und der Vertheilung der Lehne ebenso behandelt, als die Erze, welche unter den Privatbesitzungen aufgesucht wurden. Ein unterirdisches Eigenthum konnte der Landesherr nicht nach Belieben für sich behalten oder an Andere übertragen. In der ersten bekannten Bergordnung, die für ein ganzes reichsständisches Land Geltung hatte, der Salzburgischen Bergordnung von 1477, findet sich nichts, was auf eine Regalität des Bergbaues bezogen werden könnte; sie setzt die Rechte des freien

Schürfens voraus und enthält keine den alten Gewohnheitsrechten widersprechende Bestimmungen. Kaiser Rudolph II musste sogar am 5. Februar 1577 eine Verordnung gegen das dem herkömmlichen Gebrauch entgegenstehende Verfahren der Schlesischen Grundbesitzer erlassen, sich dem freien Schürfen nicht zu widersetzen; und dies Verbot durch das General-Mandat vom 26. November 1606 erneuern. Hier waren es nicht die Fürsten, sondern die Gutsbesitzer, welche die alten bergüblichen Gewohnheitsrechte nicht anerkennen wollten, und die kaiserlichen Verordnungen lassen sich nicht als Zeugnisse für die Regalität des Bergbaues anführen, sondern hatten nur den Zweck, die herkömmlichen Rechte aufrecht zu erhalten. Geradezu ausgesprochen findet sich die Regalität des Bergbaues noch nicht in den im 16. Jahrhundert erlassenen Bergordnungen. Das Recht der Grundbesitzer erlitt aber Beschränkungen. Man suchte den Bergbau zu begünstigen, und auf Kosten der Grundbesitzer, aber nicht durch Ermässigung der Abgaben an die Staatskassen, in Aufnahme zu bringen. Das Eigenthumsrecht selbst hatten die Grundbesitzer durch das allgemein anerkannte Recht des Suchens nach Mineralien und durch das Recht des ersten Finders längst verloren. Es hätte also wenigstens die Entschädigung nicht kärglicher, sondern reichlicher als nach den alten Bestimmungen festgestellt, oder ihnen ein anderer, der Entbehrung ihres natürlichen Rechts angemessener Vorzug eingeräumt werden sollen, um den steigenden Werth des Eigenthums der Oberfläche mit dem Verlust des unterirdischen Eigenthums in ein richtigeres Verhältniss zu bringen.

Bestimmungen über die Verwaltung der Gruben kamen seit Ende des 15. Jahrhunderts auf, namentlich Massregeln zur Sicherstellung des Besitztitels durch Einführung der Bergbücher. Da man sich aber nicht darauf beschränkte, die Lehne, oder die Gesammtzahl derselben, welche als eine Grube betrachtet ward, in die Bergbücher einzutragen, sondern auch die ideellen Theile einer jeden Grube, deren in der Regel 128, Kuxe, vorgeschrieben waren, als ein unbewegliches Gut behandelte, so ward dadurch die Last der Verwaltung des Bergeigenthums ausserordentlich durch die Staatsregierung erhöht, und diese Last ist, als ein die freie Bewegung des Grubeneigenthums hemmendes und erschwerendes Erbtheil, bis auf unsere Zeit gekommen.

Nach altem Gebrauch wurden die Früchte von der Genossenschaft einfach in der Art genossen, dass das gewonnene Erz nach Verhältniss der Antheile, die jeder Theilnehmer bei den Gruben hatte, vertheilt wurde, nachdem der Frohntheil in Abzug gebracht war. Bergordnungen änderten dies nun dahin, dass die Erze für gemeinschaftliche Rechnung verschmolzen und die gewonnenen Metalle für die Gesammtrechnung der Genossenschaft verkauft werden mussten. Der Ueberschuss der daraus entspringenden Einnahme über die Ausgaben, zu welchen letzteren der Betrag des Zehnten hinzugefügt ward, bildete den Ueberschuss, woraus die an die Gewerken, nach Verhältniss ihrer ideellen Antheile zu vertheilende Ausbeute entnommen ward. Wenn der Bergbau Zuschuss erforderte, so musste jeder Theilnehmer den auf seinen ideellen Antheil fallenden Betrag als Zubusse einzahlen. Die Rechnungsführung erfolgte unter Aufsicht der verwaltenden Behörde, welche, wegen des dem Landesherrn zustehenden Zehnten, nicht bloss die Befugniss, sondern die Verpflichtung hatte, jede einzelne Einnahme und Ausgabe zu prüfen. Durch dies Eingreifen der Behörden in die Rechnungslegung wurden die Gewerkschaften dergestalt beschränkt, dass ihnen die Befugniss: die gewonnenen Produkte zu verkaufen und die zum Bergwerksbetriebe erforderlichen Materialien anzukaufen, nicht mehr zustand, wenn die Behörde zu den Verkaufs- und Ankaufspreisen nicht die Genehmigung ertheilte und von der Beschaffenheit der angekauften Materialien zuvor Kenntniss genommen hatte. Ueberhaupt wurde der Grubenbetrieb ganz durch landesherrliche Beamten geleitet, und die Staatsregierung erhielt somit die vollständige Disposition über den im Bergbau angelegten Theil des Vermögens der Gewerken, oder betrieb eigentlich den Bergbau mit fremdem Gelde, ohne sich der Gefahr eines möglichen Zuschusses oder Verlustes auszusetzen.

Diese Bestimmungen mussten dazu beitragen, die juristischen Ansichten von der Regalität des Bergbaues zu verbreiten und zu befestigen, und solche Ansichten kamen denn auch in die Bergordnungen hinein. Die Rudolphinische B.O. für Schlesien vom 5. Februar 1577 nahm von dem freien Schürfen und Bauen nach Bergwerksgebrauch das Salz aus; und durch die Rudolphinische B.O. für die Grafschaft Glatz wurden Alaun, Vitriol und Eisen vom freien Aufsuchen und Gewinnen ausgeschlossen, und deren Gewinnung einer speciellen Genehmigung durch die kaiserliche Kammer ausdrücklich vorbehalten. Die Markgräflich Brandenburgische B.O. vom 1. December 1619 gestattet mit Hinweisung auf kaiserliche und königliche Freiheit und Konfirmation ein freies Suchen und Bauen, und dehnt dies Recht auf alle Mineralien, „Schiefer-, Mühl- und Feuersteine nicht ausgenommen“, aus, setzt aber ausdrücklich fest, dass nur allein das Eisenerz dem Grundherrn verbleiben soll. Die Regalität lässt sich hier zwar nur auf die Bergwerksabgaben und auf das Bestätigungsrecht beziehen, — denn weiter hatte der Kaiser nichts verliehen, weil er selbst die Regalität in einem grösseren Umfang nicht besass, — und dann wäre die Ausnahme bei dem Eisenerz als eine landesherrliche Gnade zu betrachten, indem auf den Zehnten davon Verzicht geleistet ward; indessen zeigt gerade diese Ausnahme, dass der Markgraf, ohne es ausdrücklich auszusprechen, ein Eigenthums- und Dispositionsrecht über die Mineralien voraussetzte.

Die im 16. Jahrhundert vorbereitete und im 17. weiter verfolgte Absicht, nicht mehr die Abgaben vom Bergbau, sondern die Mineralien selbst zum Gegenstand des Bergregals zu erheben, blickt aus allen im 17. Jahrhundert erlassenen Bergordnungen deutlich hervor, aber in keiner derselben findet sie sich ausdrücklich ausgesprochen. Eine offene Sprache führte zuerst die Bergresolution vom 20. August 1771, welche in Folge des Bergpatents für das Fichtelgebirge vom 1. Januar 1769 erlassen ward, indem hier die Mineralien verzeichnet sind, welche dem Bergregal unterworfen, und welche davon ausgenommen sein sollen. Die Uebereinstimmung der gesetzlichen Vorschriften mit der Bergwerksverfassung, wie sie sich im 17. und 18. Jahrhundert unvermerkt ausgebildet hatte, ward durch die Bergordnungen von 1766 für Cleve, Meurs und die Grafschaft Mark, von 1772 für Magdeburg und Halberstadt, von 1769 für Schlesien und Glatz, und später durch das A. L.R. im Preussischen Staate hergestellt; in allen andern Deutschen Ländern ist aber die Regalität, obgleich sie faktisch besteht, noch durch kein Gesetz ausgesprochen. Dass eine Uebereinstimmung hinsichtlich der Gegenstände des Bergregals in den verschiedenen Bergordnungen sich nicht findet, erklärt sich daraus, dass die Gesetzgeber bei solchen Bestimmungen lediglich von finanziellen Rücksichten geleitet wurden, und diese überhaupt von je her bei der Deutschen Bergwerksgesetzgebung vorwaltend und leitend gewesen und geblieben sind. —

Wie lange die Mineralien ein unbestrittenes Zubehör des Grund und Bodens in Deutschland geblieben sind, lässt sich nicht nachweisen; im 12. Jahrhundert waren sie schon ein Gemeingut, welches von Jedermann aufgesucht und innerhalb gewisser Grenzen erworben werden konnte. Die von dem Gewerbe an den Landesherrn zu entrichtenden, in den alten Rechten bestimmten Abgaben, waren der Gegenstand des Regals; und dasselbe besteht auch noch in Deutschland gesetzlich in dem Recht der Steuererhebung und der landesherrlichen Bestätigung des unterirdischen Besitzes, wenn gleich es sich faktisch, etwa seit dem Anfang des 17. Jahrhunderts, als ein Eigenthums- und Dispositionsrecht des Regenten über die Mineralien darstellt. Die

Freierklärung des Bergbaues und die Bestimmungen über die Finderrechte, aus welchen die Bergregalität abgeleitet wird, sind nicht durch die Regenten, sondern durch altes Herkommen erfolgt; und der freierklärte Bergbau ist von je her die Form gewesen und geblieben, unter welcher der Bergbau in Deutschland ausgeübt worden ist. Die den Vasallen durch Schenkungen oder Verleihungen ertheilten Privilegien haben nur einen frei erklärten Bergbau, folglich die Erhebung der davon zu entrichtenden Steuern und das Bestätigungsrecht, aber nicht ein Ausschliessungsrecht zur Gewinnung der Mineralien zum Gegenstande, wenn der Wortlaut der Urkunden auch eine solche Deutung zulassen sollte. Urkunden, welche ausdrücklich ein Ausschliessungsrecht, mit oder ohne Ueberlassung der Bergwerkssteuern, bewilligen, sind durch den Machtspruch des Lehnherrn, der bestehenden gesetzlichen Verfassung zuwider, ertheilt worden.

Nur in Preussen geht das Bergregal weiter, aber erst in Folge der Gesetzgebung des vorigen Jahrhunderts.

Nach dem A. L.R. II. 16. §§. 69 ff. gehören nämlich alle Fossilien, woraus Metalle und Halbmetalle gewonnen werden können, in Ermangelung besonderer Provinzialgesetze, ausschliessend zum Bergwerksregal; desgleichen alle Edelsteine und andere Steinarten, wenn sie nicht, wie z. B. Marmor, Porphyr, Granit, Basalt, Kalk, Lehm, ausgenommen sind; ferner alle Salzarten mit den Salzquellen, vorzüglich Steinsalz, Salpeter, Vitriol und Alaun, so wie auch Inflammabilien, als Schwefel, Reissblei, Stein- und Braunkohlen. Andere Fossilien hingegen, die in ihrer natürlichen Gestalt sogleich zum ökonomischen Gebrauche, bei Künsten, Handwerken oder zum Bauen genutzt zu werden pflegen, gehören dem Eigenthümer des Grundes und Bodens, oder dem Gutsherrn, wenn derselbe nach den Provinzialgesetzen das Vorrecht darauf hat. Ueber die Bestrafung unbefugter Gewinnung und Aneignung von Mineralien erging unterm 26. März 1856 ein besonderes Strafgesetz.

Ueber den Bergwerksbetrieb gelten ausser den landrechtlichen Vorschriften noch verschiedene provinzielle Gesetze und alte, schon lange nicht mehr zeitgemässe Bergordnungen.

Auf der linken Rheinseite hat noch das Französische Bergwerksgesetz vom 21. April 1810 und ein kaiserliches Dekret vom 6. Mai 1811 Geltung.

Für alle übrigen Theile des Staats erging am 12. Mai 1851 ein Gesetz über die Verhältnisse der Miteigenthümer eines Bergwerks. Danach sind die Verhältnisse der Miteigenthümer eines Bergwerks (der Gewerken) unter sich nach dem unter ihnen bestehenden Vertrage, in so weit es an vertragsmässigen Verabredungen fehlt, nach den Bestimmungen dieses Gesetzes, und so weit diese nicht ausreichen, nach den allgemeinen Gesetzen zu beurtheilen. Die Aufhebung der Gemeinschaft durch den Verkauf des ganzen Bergwerks ist beim Widerspruche auch nur Eines Mitgliedes der Gewerkschaft unzulässig. Die Gewerke fassen ihre Beschlüsse nach den Antheilen, nicht nach den Personen. Zur Gültigkeit gewisser Beschlüsse ist eine Mehrheit von wenigstens $^3/_4$ aller gewerkschaftlichen Antheile erforderlich, so wie auch die Bestätigung der Bergbehörde. Wenn ein Bergwerk mehreren Personen verliehen oder in den Besitz mehrerer Personen übergegangen ist, so haben diese einen Repräsentanten als Generalbevollmächtigten zu bestellen, welcher die Gewerkschaft, der Bergbehörde gegenüber, vertritt. Derselbe hat auch die Grubenbeamten zu wählen, und die Verwaltung zu leiten und zu überwachen u. s. w.

Durch das Gesetz vom 10. und die K.O. vom 29. Juni 1861 wurde eine Vereinfachung der Verwaltung des Bergwesens bezweckt, indem die königlichen Bergämter aufgehoben, und ihre Befugnisse im Wesentlichen auf die Oberbergämter übergegangen sind. Dergleichen bestehen 1) zu Breslau, für die Provinzen Schlesien, Posen und Preussen; 2) zu Halle, für die Provinzen Sachsen, Brandenburg und Pommern; 3) zu Dortmund, für die Provinz Westphalen — mit Ausnahme des Herzogthums Westphalen, der Grafschaften Wittgenstein-Wittgenstein und Wittgenstein-Berleburg, des Fürstenthums Siegen und der Aemter Burbach und Neunkirchen — und von der Rheinprovinz für die Kreise Rees, Duisburg und Essen, so wie die nördlich der Düsseldorf-Schwelmer Staatsstrasse belegenen Theile der Kreise Düsseldorf und Elberfeld; 4) zu Bonn, für die Rheinprovinz und die Provinz Westphalen, in so weit diese Provinzen nicht unter dem Oberbergamt zu Dortmund stehen, so wie für die Hohenzollernschen Lande. Die Verwaltung der königlichen Steinkohlen-Bergwerke bei Saarbrücken ging mit Aufhebung des Bergamts in Saarbrücken auf die daselbst errichtete königliche Bergwerks-Direktion über, und ressortirt vom Oberbergamt in Bonn. Eine Vereinigung der Oberbergämter und Bergwerksbehörden mit den Regierungen war schon in dem Publikandum vom 16. December 1808 §. 19 in Aussicht gestellt.

Was die Bergwerksabgaben betrifft, so bestimmte die K.O. vom 30. August 1820, dass sie auf der linken Rheinseite in ihrem bisherigen Betrage von 5 % des reinen Ertrages einer Grube nach Massgabe der Rechnungen erhoben werden sollte. Zur Ausführung dieser K.O. erging die Verordnung vom 21. Januar 1857.

Für alle übrigen Landestheile wurde durch ein Gesetz vom 12. Mai 1851 der Bergzehent auf den Zwanzigsten oder 5 % ermässigt und das Rezessgeld für jedes vom Staate verliehene Bergwerk auf 1 Thlr. jährlich festgesetzt, und 24 andere Staatsabgaben von Bergwerken wurden aufgehoben. Zugleich wurde eine Aufsichtssteuer von 1 % eingeführt von dem Erlöse, beziehungsweise dem Werthe der Produkte des Bergwerks zur Zeit des Absatzes der letzteren. Die vom Staate abgeschlossenen Verträge über Bergwerksabgaben, und alle sonst auf gesetzliche Weise hinsichtlich der Bergwerksabgaben erworbenen Privatrechte und bestehenden Befreiungen von solchen Abgaben wurden durch dies Gesetz nicht berührt. Blei- und Eisenstein-Bergwerke sollten bis zum Erscheinen eines allgemeinen Bergwerksgesetzes den Zwanzigsten und die Aufsichtssteuer nur in dem Fall entrichten, wenn sich am Jahresschluss ergiebt, dass $^9/_{10}$ von dem rechnungsmässigen Werthe der im Laufe des Jahres fertig gestellten und von der Behörde abgegebenen Produkte den Betrag der rechnungsmässigen Ausgabe desselben Jahres übersteigen. Nach dem Gesetz vom 22. Mai 1861 sollte der Zwanzigste vom Ertrage der Bergwerke, so weit er nach den bestehenden Gesetzen in Gelde oder in Natura zu den Staatskassen fliesst, vom 1. Januar 1862 ab um $^1/_5$ oder von 5 auf 4 %, und sodann vom 1. Januar jedes Jahres ab, in dessen Vorjahre diese Abgabe, mit Hinzurechnung der Aufsichtssteuer, die Summe von 1,000,000 Thlr. erreicht hat, um ein ferneres Fünftheil ermässigt werden, bis er auf $^2/_5$ seines Betrages für 1861 oder auf 2 % des Ertrages herabgesetzt ist.

Das Gesetz vom 20. Oktober 1862 bestimmte: Die bisher von Eisenerz-Bergwerken an den Staat entrichteten Abgaben sind vom 1. Januar 1863 ab im ganzen Staat aufgehoben; desgleichen vom 1. Januar 1865 an auch das Rezessgeld von allen übrigen Bergwerken. Vom 1. Januar 1863 ab werden noch gewisse feste Staatsabgaben von Bergwerken aufgehoben. Die in den rechtsrheinischen Landestheilen nach dem Gesetz vom 22. Mai 1861 ausser der Aufsichtssteuer von dem Bruttoertrage der Bergwerke an den Staat zu entrichtende Bergwerksabgabe von 4 % wird mit dem 1. Januar 1863 auf 3 %, mit dem 1. Januar 1864 auf 2 % und mit dem 1. Januar 1865 auf 1 % herabgesetzt. Vom 1. Januar 1865 an hören alle seitherigen Befreiungen von der Aufsichtssteuer und der Bergwerksabgabe auf, soweit dieselben nicht auf privatrechtlichen Titeln beruhen. Von demselben Zeitpunkt an unterliegt der Betrieb der Hüttenwerke der Gewerbesteuer. In den linksrheinischen Landestheilen wird vom 1. Januar 1865 ab, statt der seitherigen Bergwerkssteuern, eine Bergwerkssteuer von 2 % von dem Werthe der Produkte des Bergwerks zur Zeit des Absatzes der letzteren, ausschliesslich der Eisenerz-Bergwerke, erhoben. —

Dass die Erhebung der Bergwerksabgaben und die Bergpolizei, so wie auch die Verwaltung der Staats-Berg- und Hüttenwerke von dem Handelsministerium ressortiren, ist nicht nothwendig. Wahrscheinlich ist es auch nicht, dass dadurch den nichtstaatlichen Werken irgend ein Vortheil erwächst. Das Ministerium des Innern könnte, wie die Forstpolizei, auch die Bergwerkspolizei handhaben, und das Finanzministerium könnte, neben den Staatsforsten, den Domänen und den indirekten und direkten Steuern, einschliesslich der Gewerbesteuer von den Hüttenwerken, auch noch alle Bergwerksabgaben, so wie die Berg- und Hüttenwerke des Staats verwalten. Es wäre besser, meint Rau, die Beaufsichtigung des Privatbergbaues ebenso wie die der Privatforstwirthschaft unter die, zur Volkswirthschaftspflege berufenen Oberbehörden zu stellen, da hierdurch die Versuchung, die Privatunternehmungen zu Gunsten der Staatsbergwerke zu beengen und zu belästigen, beseitigt würde.

Die Staatsbergwerke werfen im Ganzen, wenn auch einzelne ziemlich ergiebig sein mögen, in den meisten Ländern einen geringen Reinertrag ab. Den Grund hiervon findet Rau 1) in den grösseren Kosten des sowohl zur Verwaltung einzelner Werke als zur höheren Leitung bestellten Personals, 2) in der öfters eintretenden Versuchung zu unnöthigen Bauten, zur Anstellung unzweckmässiger Versuche und zu ähnlichen unwirthschaftlichen Massregeln, welche in einer Privatunternehmung sorgfältiger vermieden werden; 3) in der, allerdings sehr irrigen, Meinung, dass man aus volkswirthschaftlichen Gründen auch einen mit Verlust (Zubusse) verbundenen Grubenbau fortsetzen müsse.

Nicht alle Staaten besitzen Berg- und Hüttenwerke, z. B. nicht Frankreich und Grossbritannien. Die Beibehaltung eines solchen Besitzes für Preussen ist gewiss nicht nothwendig. Ein besonderer Nutzen davon für das Volk lässt sich nicht absehen. Daher empfiehlt sich der baldigstmögliche Verkauf aller Berg- und Hüttenwerke des Staats. Die Beibehaltung von Staatswerken, die wenig einbringen oder eigentlich dem Volke mehr kosten, als sie der Staatskasse netto einbringen, kann als vortheilhaft nicht gelten. Ganz besonders räthlich ist aber die Veräusserung der vorzugsweise einträglichen Werke, denn diese würden, wenn die Veräusserung nur in zweckmässiger Weise geleitet wird, die höchsten Kaufpreise bringen. Weshalb werden aber die Staatswerke nicht veräussert? Ich glaube, es geschieht deshalb nicht, weil eine Menge Beamten dagegen sind, die besorgen müssen, entbehrlich und auf ein sehr geringes Einkommen gesetzt zu werden. Aus den bereits oben (S. 42) angeführten Gründen würden daher die bei der Bergwerks-, Hütten- und Salinenverwaltung entbehrlich werdenden Beamten mit ihrem ganzen Gehalt pensionirt werden müssen.

Es ist übrigens sehr schwer, genau zu berechnen und anzugeben, was die Staatswerke netto einbringen. Es sind für 1861 angegeben [1]) bei den

	Gruben Thlr.	Hütten Thlr.	Salinen Thlr.	überhaupt Thlr.
die Einnahmen . .	7,558,619	2,990,835	1,383,138	11,932,592,
die Ausgaben . .	5,690,225	2,436,120	896,056	9,022,401,
bleibt	1,868,394	554,715	487,082	2,910,191.
Ausserdem wurden verwendet zusammen				104,050,
also Ertrag der fiskalischen Werke				2,806,141.

Hierzu bei	Einnahmen Thlr.	Ausgaben Thlr.	
der Ministerialabtheilung . . .	1,527	79,338	
den Oberbergämtern	2,611	117,556	
den Bergämtern	1,055,425	247,739	
zusammen	1,059,563	444,633	
ab Ausgaben	444,633		
bleibt			614,930
		zusammen	3,421,071.

Hieraus ergiebt sich, dass von denjenigen Einnahmen, welche nicht von den Staatswerken kommen, 42 % durch die Ausgaben absorbirt werden. Unter der Einnahmesumme von 1,059,563 Thlrn. sind 1,023,616 Thlr. Bergwerksabgaben, deren Erhebung gewiss nicht mehr zu kosten braucht als die Erhebung der indirekten Steuern, welche weniger als 13 % kostet. Man wird also annehmen müssen, dass von den 444,633 Thlrn. Ausgaben ein erheblicher Betrag nur durch die Staatswerke veranlasst wird, so dass der wirkliche reine Ertrag von denselben bedeutend geringer war als 2,806,141 Thlr.

Wenn alle Staatswerke in Privathänden wären, so würde ihr Ertrag wahrscheinlich grösser sein als jetzt, und sie würden dem Staat Abgaben bringen. Durch den Verkauf würde das Gebiet der Privatindustrie erweitert. Der Ertrag aller industriellen Unternehmungen ist wechselnd. Der reine Ertrag der Staatswerke steht in

[1]) Jahrbuch für die amtliche Statistik S. 429. 431.

den Etats aufgeführt für 1850 mit 1,086,851 Thlr., für 1855 mit 1,119,182 Thlr., für 1858 mit 2,605,228 Thlr., für 1861 mit 2,062,137 Thlr. Einnahmen, welche sich so wenig gleich bleiben und welche mit der Bevölkerung nicht steigen können, sind aber nicht die wünschenswerthen Staatseinnahmen. Ein Staat, der aus industriellen Unternehmungen einen irgend erheblichen Theil seiner Einnahmen bezieht, muss die Steuern erhöhen, wenn der Ertrag der Staatsindustrien weniger steigt als die Bevölkerung, oder wenn diese Industrien, statt Gewinne, Verluste bringen.

Diese Ideen machen auf Neuheit keinen Anspruch. Schon Krug sprach Aehnliches aus. „Wenn man die Unentbehrlichkeit des Eisens, Kupfers und Bleis zum Gebrauch nicht in Anschlag bringt, sondern bloss auf den baaren Vortheil dieser Metalle sieht, so sind einige hundert Morgen gutes Ackerland ein wichtigeres Kapital für den Staat, als manches sehr bekannte Bergwerk, denn der Acker ist unerschöpfbar, aber die reichsten Bergwerke werden erschöpft; die Reproduktion des Ackers bleibt sich in der Regel gleich, die der Bergwerke aber ist den grössten Schwankungen unterworfen, und es würden viele Preussische Bergwerke gar keinen Kaufwerth haben, wenn sie zum Verkauf ausgeboten werden sollten. Der wahre Werth der Bergwerke würde am besten erkannt werden, wenn die Regierung die Werke, die von ihr administrirt werden, zum Verkauf ausstellen wollte, jedoch ohne das Recht eines Monopols oder einer mit dem Verkauf der Bergwerksprodukte verbundenen Abgabe; man würde dann sich überzeugen, ob dieses oder jenes Werk auf Kosten des Nationaleinkommens, oder ob es mit Nutzen für dasselbe betrieben wird. Wenn sich kein Käufer zu diesen Werken findet, der mit den ausländischen Preisen der Bergwerksprodukte die Konkurrenz aushalten kann, so ist auch die Betreibung dieser Werke dem Nationaleinkommen schädlich, und dem Staate wäre besser gerathen, diese Werke unbebaut liegen zu lassen und die Kapitale und Menschenkräfte auf andere Nutzungen zu verwenden, welche reinen Ertrag bringen, die dann mehr eintragen würden, als die Quantität Bergwerksprodukte werth ist, welche wir dann von Ausländern kaufen müssten. Wenn der Staat die Betreibung der Kupfer-, Eisen-, Blei- und Salpeterwerke auch bei wirklichem Nationalverlust deswegen für nothwendig hält, weil sie zum Bedarf der Armee unentbehrlich sind, so hat dieses zwar einen Schein der Wahrheit für sich; indessen hat uns doch die Erfahrung häufig gelehrt, dass auch selbst in einem Kriege für Geld und andere Waaren diese Produkte vom Auslande in hinreichender Menge zu haben sind, und dass also eine Nation nicht nöthig hat, in Friedenszeiten deswegen ihr reines Einkommen anzugreifen, um einen Ertrag aus Werken zu erzwingen, welche ein wirthschaftlicher Privatmann so lange ungenutzt liegen lassen wird, bis der Weltpreis dieser Produkte so hoch steigt, dass bei der Gewinnung derselben reiner Profit zu erwarten ist." Krug glaubte nicht weit von der Wahrheit entfernt zu sein, wenn er „den Kapitalwerth aller unserer Bergwerke zu 7,500,000 Thlr." annähme [1]).

Der Werth der Berg- und Hüttenwerke und Salinen lässt sich natürlich ohne Rücksicht auf die Preise der Produkte nicht schätzen. Sind diese Preise auf Kosten der Verbraucher durch Schutzzölle oder Einfuhrverbote in die Höhe getrieben, so werden auch die Bergwerke, Hütten und Salinen einen höheren Werth haben. So lange nun der Staat noch Werke besitzt, hat die Verwaltung der Staatswerke an Beibehaltung der Schutzzölle dasselbe Interesse wie die Privatbesitzer, wenn auch der Finanzminister ein entschiedener Gegner aller Schutzzöllnerei wäre. Dass in Preussen und im Zollverein für Bergwerks- und Hüttenerzeugnisse Schutzzölle bestehen, zeigt der Zolltarif. Würden die Schutzzöllner es durchgesetzt haben, dass 1844 auf Roheisen ein Eingangszoll gelegt wurde und die Zölle von anderem Eisen erhöht wurden, wenn der Staat Gruben und Hütten nicht besässe? Die Einfuhr des Salzes ist Privaten verboten. Das Salz aus den Staatssalinen wird der Salzmonopolverwaltung zum Verkauf übergeben. Was diese der Salinenverwaltung dafür gut schreibt, ist eigentlich gleichgültig. Je höherer Gewinn bei der Salinenverwaltung in Anrechnung kommt, desto geringerer muss bei dem Salzmonopol sich herausstellen.

Im Verlag der Königlichen Geheimen Ober-Hofbuchdruckerei erschien 1862 eine kleine Schrift: „Ueber die Betriebs-Ergebnisse der Staats-Hüttenwerke in den Jahren 1853 bis 1860. Nach amtlichen Quellen." Darin ist gesagt, dass die Verwaltung der Staatswerke in einer in Berlin im Juli 1862 erschienenen (mir jedoch nicht zugänglichen) Druckschrift: „über die Betriebsergebnisse der Staatshüttenwerke in den Jahren 1853 bis 1860" angegriffen worden sei, indem in den genannten acht Jahren von den Staatshüttenwerken ein Verlust von 2,332,142 Thlr. 19 Sgr. 8 Pf. berechnet und behauptet würde, dass der fiskalische Betrieb ein Krebsschaden im Staate sei. Den baaren Ueberschuss von den königlichen Hüttenwerken giebt die officielle Schrift in einer Summe von 435,550 Thlr. 1 Sgr. 5 Pf. an. „In

---

[1]) Betrachtungen über den Nationalreichthum des Pr. Staats, Th. I S. 198. 268—270.

derselben ist der Antheil des Verwaltungsaufwandes für die oberen Bergbehörden, so wie der Ausgaben für Unterstützungen und Anziehung der Beamten und Arbeiter, für Zuschüsse zu Knappschaftskassen weggelassen, da er doch nur zu arbitriren sein würde und nicht so bedeutend ist, als dass dadurch das Resultat der Nachweisung erheblich alterirt werden könnte." Das Anlage- und Betriebskapital, heisst es ferner, wäre von Anfang 1853 bis Ende 1860

von	5,567,679 Thlr.	17 Sgr.	6 Pf.
auf	6,920,847 „	2 „	6 „
also um	1,353,167 Thlr.	15 Sgr.	— Pf.
gestiegen, welchem in Folge einer am Schlusse des Jahres 1858 vorgenommenen Revision und Herabsetzung der nach den früheren Taxprincipien ermittelten Werthe noch hinzuträte	134,751 „	19 „	4 „
so dass die Vermögensvermehrung betrüge	1,487,919 Thlr.	4 Sgr.	4 Pf.
hierzu obige	435,550 „	1 „	5 „
ergiebt einen Gewinn von . . .	1,923,469 Thlr.	5 Sgr.	9 Pf.

So berechnet die officielle Schrift einen Gewinn von 1,923,469 Thlr., während die Privatschrift einen Verlust von 2,332,142 Thlr. berechnet. Das ergäbe eine Rechnungsdifferenz von 4,255,611 Thlr. für acht Jahre, oder von 531,951 Thlr. für ein Jahr. Wer hat Recht?

Die officielle Schrift sagt, dass, wenn die Privatschrift die Geldeinnahme in acht Jahren zu

einnahme in acht Jahren zu . .	21,268,012 Thlr.	— Sgr.	6 Pf.
angegeben habe, noch	1,276,406 „	21 „	6 „
und	465,067 „	10 „	3 „
hinzuzusetzen sein. Dies ergiebt .	23,009,486 Thlr.	2 Sgr.	3 Pf.

Ferner, wird gesagt, hätte die Privatschrift zu viel an Verwaltungskosten für die Hüttenwerke angesetzt. Um welche Summe der Ansatz zu hoch ist, giebt die officielle Schrift aber nicht an.

Einen überzeugenden Beweis habe ich aus der officiellen Schrift nicht erlangen können. Denn die Angaben derselben über Anlage- und Betriebskapital sind doch nichts anders als Schätzungen und Behauptungen, die für eine Person, welche die Staatshüttenwerke kaufen möchte, doch nur einen geringen Werth haben könnten. Denn ein Kauflustiger wird gewiss nicht nach einem von dem Verkäufer angegebenen Werth den zu erwartenden Ertrag, sondern umgekehrt nach dem seitherigen wirklichen reinen Ertrag den Werth schätzen, um danach den Kaufpreis zu bestimmen, den er bieten könnte. Die Ueberschüsse haben in acht Jahren in der Wirklichkeit weniger als 435,550 Thlr., oder jährlich im Durchschnitt weniger als 54,443 Thlr. betragen. Ein Kauflustiger, der von seinem Kapital einen höheren Ertrag als 5 % nicht verlangen wollte, müsste also den Werth auf weniger als 1,088,860 Thlr. schätzen — wenn auch die Regierung das in den Staatshüttenwerken steckende Anlage- und Betriebskapital auf 6—7 Millionen schätzt. Hiernach würde mithin der Staat vielleicht noch kein schlechtes Geschäft machen, wenn er alle seine Hüttenwerke für eine Million Thaler verkaufen könnte. Sollte eine Versteigerung ein höheres Kaufgeld bringen, so wäre dies ein Beweis, dass der seitherige Nettoertrag unverhältnissmässig gering war.

Bei dem **Rechte des Staats, grosse öffentliche Anstalten anzulegen**, handelt es sich von solchen Anstalten und Anlagen, die ihrer Wichtigkeit und ihres Umfanges wegen der Privatindustrie vielleicht nicht ganz überlassen werden können. Es kommen hierbei namentlich die Kommunikationsanstalten und die Beglaubigungsanstalten in Betracht.

Zu den **Kommunikationsanstalten** sind hier 1) Landstrassen, 2) Eisenbahnen, 3) Telegraphen und 4) Posten zu rechnen. Solche Anstalten bestehen nicht bloss zum Vortheil Einzelner, sondern im Interesse der Gesammtheit, und man könnte daher meinen, die Anlage und Unterhaltung müsste auch auf Kosten der Gesammtheit erfolgen. Indessen könnte manche dieser Anlagen auch von Privaten ausgehen, wenn sie einen entsprechenden Ertrag von dem aufgewendeten Kapital gewährt. Ohne alle Beihülfe oder Genehmigung der Staatsgewalt werden solche Anstalten jedoch nicht leicht entstehen. Wenn die Kosten der Anlage und der Unterhaltung der Anstalt dadurch bestritten werden können, dass für die Benutzung eine Abgabe oder Gebühr erhoben wird, so werden Privatunternehmer für die Ausführung sich finden, und Anlage und Betrieb braucht nicht für Staatsrechnung zu erfolgen. Insoweit Privatunternehmer sich nicht finden, ist es doch nicht nothwendig, dass die Anlage auf Gefahr und Kosten des Staats erfolgt. Entweder kann dieselbe noch aufgeschoben werden, bis Privatleute sich von der Uebernahme Vortheil versprechen; oder, wenn es sich von einer Anstalt handelt, die mehr für eine bestimmte Gegend als für das ganze Land von Vortheil ist, so kann der betreffende Lokalverband, der Kreis oder die Provinz die Kosten und die Gefahr des Unternehmens, wenn auch vielleicht mit theilweiser pekuniärer Unterstützung Seitens des Staats, übernehmen. Für den Staat werden alle dergleichen Anstalten nur dann einträglich sein, wenn die für die Benutzung zu zahlende Gebühr hoch gesetzt wird, also die Natur einer Steuer erlangt oder einer Geldstrafe ähnlich wird. Daher sollte es Regel sein, dass sich der Staat mit der Anlage von Kommunikationsanstalten nur dann befasst, wenn die betreffende Anstalt für das Land wirklich schon unentbehrlich ist, und sie Privatunternehmern oder Lokalverbänden nicht überwiesen werden kann. Denn hart und unbillig muss es z. B. doch erscheinen, wenn die Einwohner von Rügen, Glatz und Saarlouis Steuern deshalb zahlen sollen, weil der Staat eine Chaussee bei Magdeburg und eine Eisenbahn bei Braunsberg baut, deshalb Schulden kontrahirt und davon Zinsen zahlen muss.

Unter Land- oder Heerstrassen werden in Preussen Wege verstanden, die von einer Grenze des Landes zu einer andern, oder von einer Stadt, von einem Post- oder Zollamte, entweder zu einem andern, oder zu Meeren und Hauptströmen führen. Ohne besondere Erlaubniss des Staats darf sich Niemand eine Verfügung über solche Strassen anmassen, auch dann nicht, wenn die Verfügung an sich dem Gebrauche der Strasse für die Reisenden unschädlich wäre. Dagegen ist der Staat berechtigt, die Land- und Heerstrassen zum allgemeinen Besten zu verändern und zu verlegen, und zwar unter Entschädigung der dadurch beschädigten Grundeigenthümer. Der freie Gebrauch der Land- und Heerstrassen ist einem Jeden zum Reisen und Fortbringen seiner Sachen gestattet. Alle anderen Nutzungen aber, welche von solchen Landstrassen gezogen werden können, gehören zu den niederen Regalien. Gegen den Genuss der dem Staate von den Landstrassen zukommenden Nutzungen ist er verpflichtet, für die Unterhaltung der Sicherheit und Bequemlichkeit derselben zu sorgen. Die Einwohner der an der Strasse liegenden Gegend sind zur Arbeit mit Hand- und Spanndiensten bei Unterhaltung und Besserung der Wege verbunden und diese Verbindlichkeit erstreckt sich auf alle Einwohner, durch deren Distrikt, Kreis oder Kirchspiel dergleichen Landstrasse geht und die zur Gemeinarbeit verpflichtet sind, alles unter Vorbehalt der näheren oder anderen Bestimmungen der Provinzialgesetze oder besonderer Verordnungen. Auch bei Anlegung neuer Wege kann der Staat von den zur Wegearbeit überhaupt verpflichteten Einwohnern, welche von einem neuen Wege Vortheil haben, Hand- und Spanndienste fordern. Bei der

Anlegung von Chausseen oder Dammstrassen, statt ordinärer Landstrassen, sind die zur Wegearbeit verpflichteten Einwohner nur nach dem Masse zu helfen schuldig, nach welchem sie bei Anlegung einer gewöhnlichen Landstrasse Dienste thun mussten. Den zur Anlegung, Verbreitung oder geraden Führung einer solchen Dammstrasse erforderlichen Boden, ingleichen die dazu nöthigen, auf den benachbarten Feldern befindlichen Materialien ist ein Jeder dem Staate gegen Entschädigung zu überlassen verbunden. Von der gewöhnlichen Unterhaltung solcher Strassen gilt alles, was von der Unterhaltung der Wege verordnet ist; zu Hauptreparaturen dagegen, die ohne Verschulden der zur Wegearbeit verpflichteten Einwohner entstanden sind, haben dieselben nur in dem Masse wie bei der Anlegung zu helfen [1]). Eine Verpflichtung der Anwohner zur unentgeltlichen Wegräumung des Schnees von den Chausseen wurde 1832 eingeführt, endlich aber 1849 wieder aufgehoben.

Es giebt Staats-, Provinzial-, Bezirks-, Kreis-, Aktien- und Privatchausseen. Nothwendig sind Staatschausseen in Preussen nicht. Wenn sie im Wege der Gesetzgebung zu Provinzialchausseen gemacht würden, so würde die Verwaltung nicht nothwendig schlechter und theurer sein, wie jetzt, und auch eine strenge und sorgfältige Kontrolle der Verwaltung durch die Provinzialvertretung könnte eintreten, wenn die durch die Chausseegelder nicht ganz gedeckten Anlage- und Unterhaltungskosten durch direkte Steuern von den Grundbesitzern der Provinz aufgebracht werden müssten.

Das Chausseegeld für Frachtfuhrwerk pro Pferd und Meile beträgt nach dem Tarif vom 21. Mai 1822 2 Sgr., nach dem vom 15. August 1824 $2^1/_2$ — $3^1/_2$ Sgr., und nach dem vom 28. April 1828 und 29. Februar 1840 1 Sgr. Nach Artikel 13 des Zollvertrages vom 4. April 1853 dürfen Hannover und Oldenburg ihre dermaligen Chausseegeldsätze nicht erhöhen. In den übrigen Zollvereinsstaaten sind die Preussischen Chausseegeldsätze von 1828 die höchsten zulässigen, mit alleiniger Ausnahme des Chausseegeldes auf solchen Chausseen, welche von Korporationen oder Privatpersonen oder auf Aktien angelegt sind oder angelegt werden möchten, insofern dieselben nur Nebenstrassen sind oder bloss lokale Verbindungen einzelner Ortschaften oder Gegenden mit grösseren Städten oder mit den eigentlichen Haupthandelsstrassen bezwecken.

---

[1]) A. L.R. II. 15. §. 1—37. Feldsteine, Sand und Kies werden zum Chausseebau unentgeltlich in Anspruch genommen auf Grund der K.O. vom 11. Juni 1825.

Etatisirt für 1861 waren die Chaussee-Unterhaltungskosten mit	2,384,913 Thlr.
und die Chaussee-Neubauten mit	1,000,000 „
zusammen	3,384,913 Thlr.
die Chausseegelder dagegen mit	1,317,000 „
so dass die Chausseen dem Staate	2,067,913 Thlr.

mehr kosten, als sie einbringen. Das Landstrassen- und Wegeregal bringt also der Preussischen Staatskasse nichts ein. Da überhaupt gute Strassen mehr kosten, als sie einbringen, so kommt es lediglich darauf an, wie sie für das Volk am wenigsten kostbar gemacht werden können.

Aus nicht unwichtigen Gründen empfiehlt Rau die Abschaffung der Chaussee- und Wegegelder und die Bestreitung des Strassenbaues aus den allgemeinen Staatseinkünften. Für Baden und andere Länder, die kleiner als eine Preussische Provinz sind, mag letzteres zweckmässig sein. Ersteres wäre räthlich, wo die Meile jährlich nur einige hundert Thaler bringt, wo also die Erhebungskosten unverhältnissmässig hoch sind, weniger auf den sehr frequenten Strassen, wo durch Verpachtung der Chausseegelderhebung an den Meistbietenden die Meile durchschnittlich einen reinen Ertrag von einigen Tausenden bringt. —

Die Ehre, die ersten systematischen Landstrassenerbauer gewesen zu sein, gebührt den Karthagern, von welchen die Römer diese Kunst erlernten, welche nicht weniger als die Disciplin ihrer Legionen dazu beitrug, sie zu Herren der Welt zu machen. Ihre Strassenzüge erstreckten sich vom Atlantischen Meere bis zu den Ufern des Euphrat und vom Wall des Antoninus bis zu der äussersten Kulturgrenze in Afrika. Die Hauptstrassenzüge wurden meist auf Staatskosten erbaut, gewöhnlich durch Unternehmer; und dann immer durch die Arbeit von Soldaten oder Verbrechern, oder durch Zwangsdienste, in einigen Fällen durch Steuern, von den Distrikten, durch welche sie gingen, unterhalten. Zölle zur Unterhaltung der Landstrassen scheinen unbekannt, oder doch selten in Anwendung gewesen zu sein. Die Ueberbleibsel Römischer Strassen unter barbarischen Stämmen werden der Weisheit des Königs Salomo oder fabelhaften Heroen zugeschrieben, und in civilisirten Ländern blicken die Wissbegierigen und Gelehrten mit demselben Interesse darauf, wie auf die fossilen Reste einer entfernten geologischen Epoche, wo die Existenzbedingungen von den ihrigen verschieden waren.

Höchst wahrscheinlich hatten Britannien und Gallien die ersten Strassen, welche diesen Namen verdienen, den Römern zu danken.

Nach dem gemeinen Rechte Englands war die Unterhaltung der Landstrassen nicht von dem Belieben der Distrikte, wo sie sind, abhängig. Sie sind des Königs Landstrassen, welche zu passiren alle seine Unterthanen ein Recht haben, und da die Kirchspiele, durch welche sie gehen, verpflichtet sind, sie zum allgemeinen Nutzen zu unterhalten, so kann Jedermann das Kirchspiel, welches diese Pflicht vernachlässigt, im Wege Rechtens dazu anhalten. Diese Verpflichtung steht derart fest, dass, wo eine Strasse selbst seit undenklicher Zeit von einem Stadtbezirk oder einem andern Theile eines Kirchspiels mit Hülfe von Zöllen oder mit andern Mitteln reparirt worden ist und nicht das Erforderliche für die Reparatur geschieht, die ursprüngliche Unterhaltungspflicht des Kirchspiels, die immer präsumirt wird, wieder auflebt. Der Constable des Kirchspiels hatte nach gemeinem Recht für den guten Zustand aller dortigen Strassen zu sorgen und war dafür zunächst verantwortlich. Die Inhaber von Land hatten im Allgemeinen die nöthigen Reparaturen auszuführen, vermöge ihrer allgemeinen Verpflichtung, zur Unterhaltung der Wege, der Brücken und der Vertheidigungswerke beizutragen.

Als im sechszehnten Jahrhundert die Eisenfabrikation einen erheblichen Aufschwung nahm, wurde den Besitzern von Eisenwerken die Verpflichtung aufgelegt, an und auf die Strassen eine Quantität Besserungsmaterial im Verhältniss zur Zahl und zum Gewicht der darauf fortgeschafften Ladungen Kohlen, Mineral oder Eisen zu bringen, oder statt solcher Leistung eine Geldzahlung von ihnen gefordert. Ein Gesetz von 1654 setzte an die Stelle von Zwangsarbeit gedungene Arbeit, und es wurden die Landstrassenaufseher, die nur aus den grossen Grundbesitzern gewählt werden sollten, jetzt zuerst angewiesen, eine Strassensteuer aufzulegen, in der Regel aber von nicht mehr als 1 s vom £, d. h. 5 % vom Ertrage des Landes. Unter der Regierung Wilhelm's III ging die Wahl der Aufseher von den Kirchspielsgenossen auf die Friedensrichter über, welche auch eine höhere Strassensteuer ausschreiben konnten. Wichtig war die Einführung von Wegezollen. Dies geschah zum ersten Mal auf der Strasse von London nach York. Dabei wurde bestimmt, dass, wenn die Zolle nicht die erforderliche Summe einbrächten, die Friedensrichter den Kirchspielen an oder nahe der Strasse, so weit sie davon Nutzen hätten, so viel Steuern, als sie dienlich erachten würden, auflegen sollten. Das Gesetz von 1835 bestimmt, dass zur Besserung der Landstrassen die Aufseher eine Steuer auf das Eigenthum der Kirchspielsgenossen legen sollen und schafft auch alle früheren Beschränkungen in Bezug auf das Gewicht der Ladungen, die Breite der Räder und die Zahl der Thiere, welche nur angespannt werden durften, ab.

Es hatte für die Unterhaltung der Landstrassen zwischen der Grafschaft und dem Kirchspiel an einer Zwischenabtheilung gefehlt, welche, wenn nöthig, einen Theil der Last trüge, auch dafür sorgte, dass die Kirchspiele ihre Obliegenheiten erfüllen. Demzufolge kam 1862 die Highway District Act zu Stande. Nach einem parlamentarischen Bericht vom 20. April 1863 war dieselbe in 30 von den 40 Grafschaften Englands zur Ausführung gekommen. Von 90,000 Miles Landstrassen, die mit einem jährlichen Kostenaufwande von 1,000,000 £ unterhalten wurden, waren für 30,000 Miles Distriktsbehörden bestellt und für 6000 Miles waren solche vorbereitet. Es waren 211 Distrikte, von sehr verschiedener Grösse, constituirt, an die Stelle der kleinen Bezirke von mehr als 5750 Kirchspielen, Ortschaften oder anderen Abtheilungen von Kirchspielen.

In Frankreich wurden, wie schon (S. 22) erwähnt, die Strassen durch Zwangsdienste, Corvées, unterhalten. Turgot milderte zuerst dies ungerechte System, welches Frankreich etwa 15,000 Miles gepflasterte oder harte Strassen verschafft, aber nicht wenig zu der grossen Unzufriedenheit, die zur Revolution führte, beigetragen hat. Man hat die Kosten dieser Arbeitstaxe für das Französische Volk zu schätzen versucht. Nach den niedrigsten Berechnungen betrugen sie 480,000 £, nach Necker nicht weniger als 800,000 £ jährlich; aber die anerkannte Unwirksamkeit der Arbeit war derart, dass Wenige es wagen, den Werth der gethanen Arbeit zu mehr als $^1/_2$, und Keiner zu mehr als $^2/_3$ der wirklichen Kosten zu schätzen. Die Englischen Wegezölle brachten zu derselben Zeit 600,000 £ jährlich ein, und hatten wenigstens den Vorzug, dass sie mehr die dabei unmittelbar interessirten Personen trafen, oder sich durch die erhöhten Preise der Handelsartikel auf das ganze Volk vertheilten. Die Corvées wurden 1786 ganz abgeschafft. Die mittelalterlichen Zölle hatten schon lange aufgehört. Bonaparte wollte ein System von Zöllen zur Unterhaltung der Strassen einführen, aber die Idee war so unpopulär, dass sie aufgegeben wurde. Nach dem Gesetz von 1836 giebt es chemins ruraux, chemins vicinaux, chemins vicinaux de grande communication und grands chemins, die grossen Strassenzüge des Landes, welche auf Staatskosten unterhalten werden [1]). Der schon (S. 92) erwähnte Raudot meint, dass die Centralregierung sich nicht mit der Unterhaltung von Strassen befassen sollte, und dass, wenn sie unter

[1]) The History of Highways, im Edinburgh Review, 1864 April, S. 340—368.

der Verwaltung des Departements ständen und auf dessen Kosten unterhalten würden, sie besser und wohlfeiler unterhalten werden würden.

Der Eisenbahnen könnte allenfalls auch bei den Domänen gedacht werden; doch scheint es mir zweckmässiger, sie bei den Regalien zu behandeln. Ehe es übrigens mit Lokomotiven befahrene Eisenbahnen gab, hat an ein Eisenbahnregal gewiss Niemand gedacht. Gesetz- oder verfassungsmässig ist ein solches, so viel ich weiss, nirgendwo ausdrücklich anerkannt.

Ohne irgend eine Mithülfe der Staatsregierung kann eine längere Eisenbahn nicht leicht zu Stande kommen, da die Erwerbung des dazu erforderlichen Terrains sich nicht immer ohne jeden Zwang herbeiführen lässt. Mit einer Chaussee ist es freilich ähnlich. Baut aber eine Gesellschaft eine Chaussee, so gestattet sie Jedem die Benutzung zum Transport gegen eine Abgabe. Wenn jedoch eine Gesellschaft eine Eisenbahn baut, so besorgt sie auch den Transport selbst gegen Fracht. So ist immer eine grosse Verwaltung und ein zahlreiches Personal unvermeidlich.

Die Regierung kann, anstatt einer Gesellschaft die Anlegung einer Eisenbahn zu gestatten, den Bau auch auf Staatskosten übernehmen; und weil die Fortschaffung auf einer Eisenbahn nicht von mehreren Unternehmern zugleich betrieben werden könne, vielmehr mit dem Eigenthum ein ausschliessliches Betriebsrecht verbunden sei; so, meint Rau, bestände das, sogenannte, Eisenbahnregal aus der doppelten Befugniss der Regierung, Eisenbahnen anzulegen und aus der Benutzung derselben ein Einkommen zu beziehen.

In einigen Ländern giebt es nur Privat-, in anderen nur Staatseisenbahnen, in noch anderen beiderlei Eisenbahnen neben einander [1]).

---

[1]) Eine besondere Art von Eisenbahnen ist die Friedrich-Franz-Bahn — Güstrow-Neubrandenburg — die eine Spekulation nicht einer Gesellschaft oder des Staats oder der Staaten, sondern des Grossherzogs von Mecklenburg-Schwerin ist. Der ganze Bauaufwand ist auf 5,025,000 Thlr. veranschlagt, wozu die Stände des Grossherzogthums Mecklenburg-Schwerin ein Voluntarium von 750,000 Thlrn. beisteuern, der Grossherzog von Mecklenburg-Strelitz und die Strelitzer Stände 250,000 Thlr. Angeliehen sind vom Grossherzog 2,000,000 Thlr. zum obigen Zweck zu 4 % Zinsen und 1 % Amortisation pro minimo. Wird die Bahn innerhalb eines bestimmten Zeitraums vollendet und von der Preussischen Grenze bis Pasewalk an die Vorpommerschen Bahnen weiter geführt, dann zahlt die Mecklenburgsche Bahn dem Grossherzoge ein Annuum vom Baukapital der Friedrich-Franz-Bahn bis pro maximo 27,500 Thlr. bis dahin, dass letztere 3½ % Rente giebt.

Manche halten es für vortheilhaft, dass wenigstens die Hauptbahnen des Landes auf Staatsrechnung hergestellt werden, weil die Regierung ihnen dann die beste Richtung geben könne. Indessen kann man ja nicht vorher wissen, in welcher Richtung künftig einmal Bahnen am zweckmässigsten gehen werden. Denn wie die Bedürfnisse des Verkehrs sich einst gestalten werden, vermag Niemand sicher vorherzusagen. Keine Regierung ist daher im Stande, einen allgemeinen Plan aufzustellen, der nach dreissig oder vierzig Jahren noch als ein ganz geeigneter anerkannt werden wird. Eisenbahnanlagen sind spekulative Unternehmungen, sie mögen nun für Rechnung des Staats oder für Rechnung von Gesellschaften unternommen werden, und ob eine Spekulation gut oder schlecht einschlagen wird, kann Niemand voraussagen. Daher sollte man es als Princip festhalten, dass Eisenbahnspekulationen lediglich der Privatindustrie zu überlassen sind, dass die Staatsgewalt dabei aber nicht hemmend, sondern fördernd zu wirken hat. Nur in wenig civilisirten Ländern, wo inländische oder ausländische Privatspekulanten sich gar nicht finden wollen, kann es vielleicht rathsam sein, dass einige Eisenbahnstrecken, die offenbar von grossem Nutzen für den Verkehr sein würden, auf Rechnung des Staats gebaut werden, wenn dieser nämlich die Mittel dazu hat.

Nun meint man zuweilen wohl, Eisenbahnen sollten vom Staate nicht deshalb gebaut werden, um die Staatseinkünfte zu vermehren, sondern lediglich zum Vortheil des allgemeinen Verkehrs, und es käme nur darauf an, dass das darauf verwendete Kapital die gewöhnlichen Zinsen brächte. Ohne Anleihen kann der Staat jedoch eine längere Eisenbahn nicht anlegen. Wenn nun durch einen Ueberschuss der Einnahmen über die Ausgaben die Zinsen des angeliehenen Kapitals nicht vollständig gedeckt werden, oder wenn die Einnahmen geringer sind als die Ausgaben, so müssen die Steuerpflichtigen allen Verlust aus einer ohne ihre Schuld missglückten Spekulation bezahlen. Bleibt dagegen bei dem Unternehmen ein Gewinn übrig, so ist dies ein Vortheil für die Staatskasse, woraus wenigstens ein Nachtheil anscheinend nicht erwächst. Sieht man indessen die Staatseisenbahnunternehmungen als Spekulationen nicht an, so kann ein Gewinn daraus doch immer nur dadurch erwachsen, dass die Regierung zu hohe Frachten nimmt, dass also mit der Fracht immer zugleich eine Steuer, oder eine Geldstrafe, für die Benutzung der Bahn gezahlt wird. Wenn man also Staatseisenbahnunternehmungen als Spekulationen für Rechnung des Staats, d. h. der Steuerpflichtigen, verwirft, so müssen die Frachten so niedrig gehalten werden, dass die Zinsen des angeliehenen Kapitals zwar aufgebracht werden, dass aber ausserdem ein Gewinn nicht bleibt. Beachtung verdient, was Raudot sagt: „Selbst wenn der Staat Besitzer der besten und einträglichsten Kanäle und Eisenbahnen wäre, so würden sie bald unter seinen Händen unfruchtbar und verderblich werden. Der Staat ist in der That nicht im Stande, rentirende Tarife aufrecht zu halten. Wenn er selbst verwaltet, wird er unaufhörlich belagert sein von Bitten um Herabsetzung der Preise, und selbst wenn er die Verwaltung Gesellschaften in Pacht gäbe, würde dies bei jeder Erneuerung der Verpachtung und lange vorher der Fall sein. Wie könnte er der Bevölkerung widerstehen, die ihm sagen würde: Deine zu hohen Gebühren schaden unserm Handel; das Interesse der Massen, die Ernährung des Volkes, die öffentliche Sicherheit, verlangen dringend ihre Herabsetzung? Das immer thätige Privatinteresse, welches sich besonders in Frankreich nur zu oft unter dem falschen Namen allgemeinen Interesses versteckt, wird Deputationen sehr bedeutender Städte, ganzer Departements und Repräsentantenkoalitionen hervorrufen, welche die Herabsetzung der Tarife verlangen werden; man wird wetteifern, wer unter dem Vorwande der Vaterlandsliebe am meisten Eifer zeigen wird, die Finanzen des Staats zu plündern. Die Regierung wird gewiss nachgeben.“

Wenn eine Regierung behauptet und dem Volke vorzurechnen sucht, dass die Staatseisenbahnen reine Gewinne gebracht haben, so wird letzteres darin liegen, dass das Volk zu hohe Frachten hat zahlen müssen. Denn dass die Regierung billiger verwaltet, als Privaten, lässt sich weder präsumiren, noch beweisen. Wenn die Eisenbahnen Privatunternehmungen sind, so bringen sie der Staatskasse keinen direkten Vortheil. Aber wenn die Frachten auf Privatbahnen niedriger als auf Staatsbahnen sind, so kann das Volk an Staatssteuern um so mehr zahlen, als es an Eisenbahnfrachten weniger zahlt. Wo übrigens thatsächlich die Frachten auf Privatbahnen nicht niedriger sind, als auf Staatsbahnen, kann dies darin liegen, dass erstere, thatsächlich oder gesetzlich, monopolisirt sind.

In manchen Ländern ist es schon anerkannt, dass die Staatseisenbahnen Verluste brachten; so z. B. in Russland, denn wenn die Warschau-Wiener Staatsbahn der Staatskasse nicht Verlust gebracht hätte, würde die Regierung dieselbe in den 1850ger Jahren schwerlich an eine Gesellschaft verpachtet haben. In Oesterreich, wo die Regierung von 1850 ab mehrere Privatbahnen an sich gebracht hatte, wurden von 1855 ab Staatsbahnen verkauft. Auch die Italienische Regierung beabsichtigte 1864 den Verkauf von Staatsbahnen.

Besser als nur Staatsbahnen ist es ohne Zweifel, wenn neben den Staatsbahnen auch Privatbahnen vorhanden sind und so zum Nutzen des Publikums wenigstens einiger Wetteifer zwischen den Staats- und den Privatverwaltungen herrscht. Es können sowohl Staatsbahnen als auch Privatbahnen gut und schlecht verwaltet werden. Dennoch lässt sich nicht behaupten, dass das Publikum in der Regel in den Ländern, wo es bloss Staatsbahnen giebt, deshalb besser daran ist und billiger bedient wird, als in Ländern, wo es bloss Privatbahnen giebt und wo diese nicht ein Monopol haben. Möglich ist es, dass die Centralisirung der Staatseisenbahnverwaltung einige Vortheile bringt — aber dieselben Vortheile werden sich auch erreichen lassen, wo Privatbahnen sind. Die verschiedenen Eisenbahngesellschaften in den vielen Staaten Deutschlands haben längst gefunden, dass es ihrem eignen Vortheil am besten entspricht, wenn sie sich in Vereinen und durch Berathungen zwischen Abgeordneten über ihre gemeinschaftlichen Interessen informiren und im Interesse des Publikums verständigen. Wenn eine Gesellschaft übrigens Verluste hat, so haben die Aktionäre, die überdies mehr Reiche als Arme sind, sich über die Regierung nicht zu beklagen. Sie hatten eine schlechte Spekulation gemacht, oder die Verwaltung war schlecht; und im letzteren Fall trifft der Verlust mit Recht die Aktionäre, die tüchtigere Verwalter hätten anstellen und sie gehörig überwachen sollen. Anders ist es bei Staatseisenbahnen. Wenn diese Verlust bringen, so haben den Verlust nicht mehr vorzugsweise Reiche, sondern alle Steuerpflichtige zu tragen, und es ist ganz natürlich, dass das Volk sich über die Regierung beschwert und unzufrieden wird.

So wird man sich denn nicht bloss aus finanziellen, sondern auch aus politischen Gründen gegen Staatseisenbahnen erklären müssen.

Im Grossen sind Staatseisenbahnen zuerst in dem damals noch jungen Königreich Belgien gebaut worden. In Baden und in einigen Süddeutschen Ländern hält man im Ganzen immer noch an dem Princip der Staatsbahnen fest.

Kein Land hat mehr Eisenbahnen als die Vereinigten Staaten. Sie sind dort in der Regel das Werk von Gesellschaften. Indessen haben sich ab und zu auch die Regierungen einzelner Staaten unter verschiedenen Formen mehr oder weniger direkt in die Ausführung von Eisenbahnen eingemischt. In den 1830ger Jahren, wo sich die Amerikaner überhaupt mit dem kühnsten Eifer auf grosse öffentliche Arbeiten warfen, hatten verschiedene Staaten den von den Eisenbahngesellschaften gemachten Anleihen Staatsgarantien bewilligt, namentlich New York, Indiana, Ohio, Michigan, Illinois. Dadurch wurden aber die lokalen Kräfte bedeutend überschritten. So wurde denn der Eisenbahnbau sehr unterbrochen; einige Staaten, die ihren Kredit erschöpft hatten, waren genöthigt, die Bahnen, die ihnen eine Last wurden, neuen Gesellschaften zu übereignen. Allmählig erholte sich die Privatindustrie wieder von ihrem Verfall; aber die Methode, Eisenbahnen mit mehr oder weniger direkter Staatshülfe auszuführen und Gesellschaften zu subventioniren, wurde immer mehr aufgegeben. Die Garantie der Privatanleihen wurde sogar in ausdrücklicher Weise durch Zusatzartikel zur Verfassung mehrerer Staaten verboten. Dagegen ist die Hülfe der Lokalregierungen in bestimmterer Weise den Eisenbahnen durch Abtretung von Staatsländereien gewährt worden. Die Unionsregierung hatte aber vor 1850 sich in keiner Weise bei dergleichen Unternehmungen betheiligt; damals jedoch dotirte sie in glänzender Weise eine Eisenbahnlinie von bedeutender Ausdehnung, nämlich die Illinoiscentralbahn, indem sie ihr Staatsländereien, deren Werth nicht weniger als 90 Millionen Franken betrug, bewilligte [1]). Während des 1860 endenden Jahrzehends wurden innerhalb der Centralgruppe, bekannt als die „Nahrung exportirenden Staaten", $413^1/_2$ Millionen Dollars zur Anlage von 11,212 Miles Eisenbahnen, um sie mit der Küste des Atlantischen Meers in Verbindung zu bringen, aufgewendet. In den zwanzig Jahren vor 1860 wurde ein Netzwerk von Eisenbahnen in einer Länge von 31,196 Miles gebaut, die den Endpunkt des westlichsten Zweiges am Missouri haben. Die Gesammtkosten betrugen 1151 Millionen Dollars, wovon 851 Millionen Dollars zwischen 1850 und 1860 verausgabt wurden. Es war aber von grosser Wichtigkeit, die Staaten des Atlantischen Oceans und des Mississippi mit dem stillen Ocean eng zu verbinden, und am 1. Juli 1862, beinahe fünfzehn Monate nach dem Ausbruch der Insurrektion und trotz der Nothwendigkeit, mehr als eine halbe Million Mann ins Feld zu rufen, nahm der Kongress die Akte zur Inkorporirung der Union Pacific Railway Company an und setzte 66 Millionen Dollars in den Obligationen der Vereinigten Staaten aus, mit der Vorschrift, dass die Bahn am 100sten Längengrade angefangen werde, sich aber mit vier Zweigbahnen ostwärts nach dem Missouri erstrecken solle [2]).

In England hat der Staat durch Eisenbahnspekulationen keinen Gewinn und die Steuerpflichtigen haben dadurch keinen Verlust

---

[1]) Revue des deux mondes vom 15. Mai 1855 S. 797.

[2]) Deutsche Jahrbücher Bd. 11 (1864) S. 373 ff.

gehabt. Die Regierung kam nicht in die Lage, sich wegen Eisenbahnspekulationen zu verantworten, es erwuchs ihr dadurch keine Opposition. Eisenbahnen haben die Englischen Staatsschulden nicht vermehrt und Staatsgarantien nicht herbeigeführt. Im Vereinigten Königreich gab es Ende 1863 12,322 Miles Eisenbahnen, die 404,215,802 £ gekostet hatten. Von den Gesammteinnahmen von 1863 von 31,076,165 £ absorbirten die Betriebskosten 15,027,234 £ oder 48 $^0/_0$. Danach hätte das Anlagekapital durchschnittlich ungefähr $3\frac{5}{4}$ $^0/_0$ Zinsen gebracht. — Schneller und sicherer als auf Eisenbahnen kann man nicht fahren, und auf den Englischen Bahnen wird schneller als auf den Deutschen gefahren. Dennoch wurden 1863 nur 35 Passagiere getödtet und von diesen verloren nur 14 ihr Leben aus Ursachen, deren Beseitigung nicht in ihrer Macht lag. Es kommt auf 14,615,362 Passagiere ein Getödteter. Die Gesammtzahl der Passagiere war über $204^1/_2$ Millionen. Die Zahl der allein in den Strassen von London durch Fuhrwerke getödteten Personen wurde für 1862 auf 433 berechnet, d. h. es kamen 31 mal so viel Personen um, als auf allen Eisenbahnen des Vereinigten Königreichs.

In Indien, wo es an Land- und Wasserstrassen ausserordentlich fehlte, hat die Regierung auch in den Eisenbahnbau sich eingemischt. Die Gesammtlänge der zehn grossen Eisenbahnlinien, in Bezug auf welche die Regierung sich verpflichtet hat, je einen bestimmten Zinsenbetrag für die zum Bau verwendeten Summen zu zahlen, beträgt mehr als 4700 Miles, wovon 2560 Miles für den Verkehr eröffnet sind. Das Gesammtkapital aller Bahnen, wovon die Regierung Zinsen garantirt hat, beträgt über 60,000,000 £, wovon beinahe 50 Millionen schon ausgegeben sind. Die Zinsen dieser grossen Summe bilden eine schwere Last für die Finanzen Indiens. Indessen wird wenigstens in Bezug auf einige Linien gehofft, dass der Tag nicht sehr fern ist, wo sie nicht allein die Dividenden des laufenden Jahres zahlen, sondern auch beginnen werden, an die Regierung die während des Baues vorgeschossenen Zinsen zurückzuzahlen [1]).

Frankreich hatte Anfangs 1860 Eisenbahnen in Betrieb . . . . 9,066 Kilometer,
im Bau und in der Vorbereitung . . . . . 5,595 „

14,661 Kilometer,
eventuell konzessionirt noch . . . . 1,647 „

zusammen 16,308 Kilometer.

---

[1]) Deutsche Jahrbücher Bd. 11 (1864) S. 306—309.

Die Ausgaben dafür überstiegen 4000 Millionen Franken, die noch zu machenden wurden auf 2350 Millionen geschätzt. Im Jahr 1859 brachten die Französischen Eisenbahnen ein . . 387 Millionen,
Betriebskosten durchschnittlich 45 % . . . . . 175 „
bleibt 212 Millionen.

Man legte oft Gewicht auf die Idee des Ankaufens der Eisenbahnen durch den Staat, der sich dies Recht in den Konzessionen vorbehalten hatte, und man hat den Fiskus namentlich durch die Höhe des jährlichen Ertrages zu ködern gesucht. Nun betrug die Einnahme für 1859, wie erwähnt, 212 Millionen — aber sie würde noch lange nicht hinreichen, um nur die Zinsen von der Kaufschuld zu bezahlen. Dazu kommt noch, dass der Staat den Betrieb mit weniger Vortheil führen würde, als die grossen Gesellschaften; dass er dahin kommen würde, nicht einmal die Betriebskosten zu gewinnen, und in kurzer Zeit das Doppelte der jetzigen Bahnen zu bauen, um alle lokalen Anforderungen zu befriedigen, nämlich 15,000 Kilometer, d. h. also die Schuld um 4—5000 Millionen zu vermehren, die zusammen mit den Ankaufskosten von 8—9000 Millionen das $1\frac{1}{2}$ fache Kapital der jetzigen Schuld ausmachen würde. Das wäre ein sonderbares Mittel, um die Finanzen zu verbessern. Wenn der Gesetzgeber sich durch dies Blendwerk fangen lässt, so lässt sich vorhersagen, dass der Staat nicht zögern wird, die entgegengesetzte Operation zu machen und die Eisenbahnen, die er für Renten angekauft hatte, an Gesellschaften für Geld wieder zu verkaufen, und das Resultat der Operation wären 10—15,000 Millionen Schulden mehr! [1])

In Preussen ist in Bezug auf die Eisenbahnen eigentlich kein festes Princip beobachtet worden. Es ist Gesellschaften der Bau von Eisenbahnen gestattet worden, es ist Gesellschaften Staatsgarantie gewährt, auch sind Staatsschulden gemacht, um Eisenbahnen zu bauen und Privatbahnen — z. B. die Niederschlesich-Märkische, 1852 — anzukaufen. Ferner hat die Staatsregierung sogar die Verwaltung von Privatbahnen für Rechnung der Aktionäre — z. B. die Oberschlesische, 1856 — übernommen. Dass Staatsbahnen verpachtet oder verkauft worden sind, ist in Preussen aber noch nicht vorgekommen.

Zu einer Zeit, wo man über Eisenbahnen noch wenig Erfahrungen hatte, wurde, wohl etwas voreilig, das Gesetz über die Eisenbahnunternehmungen vom 3. November 1838 erlassen, welches noch nicht wieder aufgehoben ist. Einige Bestimmungen desselben

---

[1]) Garnier, Traité de Finances, p. 425 sqq.

verdienen hier erwähnt zu werden. §. 33 bestimmt, dass, wenn sich an Zinsen und Gewinn ein Reinertrag von mehr als 10 % des in dem Unternehmen angelegten Kapitals ergiebt, die Fahrpreise in dem Masse herabgesetzt werden sollen, dass der Reinertrag diese 10 % nicht überschreitet. §. 36 legt den Gesellschaften zum Vortheil der Postverwaltung grosse Lasten auf, z. B. den unentgeltlichen Transport der Briefe, Gelder und aller anderen dem Postzwange unterworfenen Güter. §. 38 behält die Erhebung einer Abgabe vom Gewinn vor. Nach §. 42 bleibt es dem Staate vorbehalten, das Eigenthum der Bahn mit allem Zubehör gegen vollständige Entschädigung anzukaufen. §. 44 sagt: „Die Anlage einer zweiten Eisenbahn durch andere Unternehmer, welche neben der ersten in gleicher Richtung auf dieselben Orte mit Berührung derselben Hauptpunkte fortlaufen würde, soll binnen einem Zeitraum von 30 Jahren nach Eröffnung der Bahn nicht zugelassen werden, anderweite Verbesserungen der Kommunikation zwischen diesen Orten und in derselben Richtung sind jedoch hierdurch nicht beschränkt.“

Diese letzte Bestimmung ist besonders bedenklich. Welche Bahn eine Konkurrenzbahn sein würde, dürfte in einzelnen Fällen zu vielen Streitigkeiten Anlass geben können. Die Erfahrung hat gezeigt, dass Privateisenbahnen recht gute Gewinne bringen können, dass also ein Monopol, zumal auf 30 Jahre, für die Aktionäre nicht erforderlich ist. Die Aktionäre der Berlin-Potsdam-Magdeburger, der Köln-Mindener, der Magdeburg-Halberstädter, der Magdeburg-Leipziger, der Oberschlesischen Eisenbahngesellschaft haben mehr als 10 % Dividende in einem Jahre gezogen.

Dies Gesetz bewirkte nicht, dass Eisenbahnen so schnell gebaut wurden, als man erwartete. Man hätte denken können, dass, wo die Privatindustrie sich auf Eisenbahnunternehmungen nicht einlassen wollte, sie davon einen genügenden Gewinn nicht erwartete, dass also zur Zeit ein Bedürfniss dazu noch nicht vorhanden wäre. Auch aus anderen als den Interessen des Handels und Verkehrs konnte man Eisenbahnen wünschen, z. B. aus sogenannten strategischen Rücksichten; hierüber sind aber die Ansichten im Lauf der Jahre nicht immer dieselben geblieben. Vielleicht hat man auch geglaubt, dass, wo nur eine Eisenbahn vorhanden wäre, der Verkehr von selbst nachfolgen würde. Man wollte auch auf Rechnung und Gefahr des Staats Eisenbahnen bauen, selbst in Richtungen, wo auf die gewöhnlichen Zinsen von dem Anlagekapital nicht zu rechnen war.

Ohne Anleihen glaubte man Staatseisenbahnen gar nicht bauen zu können. Nach dem oben (S. 49) bereits erwähnten Staatsschuldengesetze vom 17. Januar 1820 konnten aber ohne reichsständische Genehmigung Anleihen nicht gemacht werden, und Reichsstände existirten nicht, sondern nur Provinzialstände. Nun wurden im Jahre 1842 sogenannte vereinigte ständische Ausschüsse gebildet und nach Berlin berufen. Sie sprachen sich mit geringer Majorität dahin aus, den Bau von Eisenbahnen nicht auf Staatsrechnung auszuführen, stimmten aber für Bewilligung von Staatsgarantien. Das Staatsschuldengesetz verbietet Staatsgarantien ohne reichsständische Genehmigung wenigstens nicht ausdrücklich und wörtlich, indem es dieselben nicht erwähnt. So wurden denn durch die Kabinetsordre vom 22. November 1842 Staatsgarantien für die Zinsen der Anlagekapitalien in Aussicht gestellt, und demnächst auch gewährt. Wahrscheinlich glaubte man, hierdurch würde die Staatskasse nicht gefährdet — dennoch musste sie Zahlungen leisten, z. B. für die Niederschlesisch-Märkische Eisenbahn, für welche $3\frac{1}{2}$ % Zinsen garantirt waren, und welche, wie (S. 131) erwähnt, demnächst vom Staate angekauft wurde. Nachdem die Staatsregierung grosse Staatsbahnen gebaut hat und die Verwaltung und Ueberwachung und Massregelung dieses Zweiges der Industrie immer mehr in ihre Hand und Gewalt gelangt ist, sind Eisenbahngesellschaften, die Garantien und Unterstützungen von Seiten des Staats nicht in Anspruch nahmen, in neuerer Zeit nur noch in geringerem Umfange zu Stande gekommen. Die vom Staate übernommene Zinsgarantie für Eisenbahnunternehmungen wird 1863 auf 140,590,000 Thlr. angegeben.

Unterm 30. Mai 1853 erging ein Gesetz, die von den Eisenbahnen zu entrichtende Abgabe betreffend. Wenn der Reinertrag von dem Aktienkapital sich auf 4 % oder weniger beläuft, so beträgt die Abgabe $^1/_{40}$ dieses Ertrages. Bei einem höheren Reinertrage ist ausserdem von dem Mehrbetrage über 4 bis 5 % $^1/_{20}$, über 5 bis 6 % $^1/_{10}$ und über 6 % $^2/_{10}$ zu bezahlen. Der Ertrag dieser Abgabe sollte Behufs Amortisation der in dem Eisenbahnunternehmen angelegten Aktienkapitalien in der Art verwendet werden, dass mittelst desselben Stammaktien der bezüglichen Gesellschaft im Wege des freien Verkehrs angekauft und die Zinsen und Dividenden, welche auf die angekauften Aktien fallen, zu gleichen Zwecken benutzt werden. Es hätten also die Aktionäre einen Theil ihres Gewinns, also ihres Eigenthums, bloss zu dem Zweck weggeben müssen, damit die Regierung damit ihnen einen anderen Theil ihres Vermögens, nämlich ihre Aktien, abkaufen, und zuletzt die Privatbahn in eine Staatsbahn verwandeln könnte. Diese ganz eigenthümliche Bestimmung wurde durch das Gesetz vom 21. Mai 1859 wieder aufgehoben, so dass die Eisenbahnabgabe zu allgemeinen Staatszwecken verwendet werden kann.

Der Staatshaushaltsetat für 1861, in so weit er sich auf Eisenbahnen überhaupt bezieht, führt im Ganzen auf an Einnahmen

	11,532,851 Thlr.
und an Ausgaben	8,447,550 „
was einen Ueberschuss ergiebt von	3,085,301 Thlr.

In den zwölf Jahren 1850 bis 1861 wurden 154,278,000 Thlr. verzinsliche Staatsschulden kontrahirt. In dieser Summe sind 69,680,000 Thlr. für Eisenbahnen kontrahirte Staatsschulden enthalten. Wenn man erwägt, dass ausserdem noch durch den Ankauf der Niederschlesisch-Märkischen Eisenbahn Eisenbahnstaatsschulden entstanden sind, so wie dass unter dem oben aufgeführten Einnahmeüberschuss von Eisenbahnen auch die Eisenbahnabgabe enthalten ist, so ergiebt sich, dass die Staatseisenbahnen weniger als 4,42 % einbringen, während die deshalb gemachten Staatsschulden nicht geringere, sondern wahrscheinlich höhere Zinsen kosten [1]).

Finanziell und politisch erscheint es mir am räthlichsten, dass die Staatsregierung die von ihr übernommene Verwaltung von Privatbahnen den Eigenthümern, nämlich den Gesellschaften, sogleich wieder zurückgäbe, dass Garantien für Eisenbahngesellschaften vom Staate nicht mehr übernommen und dass alle Staatseisenbahnen verkauft, dass Staatseisenbahnen aber künftig nicht mehr gebaut würden. Hierbei würde es mit Rücksicht auf das schon früher (S. 42. 115) Angeführte unvermeidlich sein, den nun entbehrlich werdenden Staatseisenbahnbeamten ihr seitheriges volles Amtseinkommen als Pension zu gewähren. Eisenbahnen können durch Gesellschaften ebenso solide gebaut werden, als durch Beamte des Staats. Vernünftige Aktionärs werden im Interesse ihres eigenen Beutels unnütze Prachtbauten, wie schöne Bahnhöfe, kunstvolle Brücken, theure Tunnels, die zu vermeiden gewesen wären, nicht gestatten, und wenn bei dem Unternehmen dennoch kein Gewinn, sondern Verlust ist, so haben wenigstens die Steuerpflichtigen dadurch keinen Schaden.

Dazu kommt noch Folgendes. Jede Eisenbahngesellschaft hat eine Art Monopol, namentlich wenn nicht ein schiffbarer Fluss oder Kanal mit der Bahn in ungefähr gleicher Richtung läuft. Im Interesse des Publikums muss die Verwaltung daher von der Staatsregierung überwacht werden. Wer soll aber diese überwachen, wenn sie die Verwaltung selbst führt? Wo der Fiskus bei Eisenbahngeschäften

[1]) Deutsche Jahrbücher Bd. 7 (1864) S. 3. 5. 6.

ganz unbetheiligt ist, wo solche nur von Gesellschaften betrieben werden, kann das Publikum von der Regierung Unparteilichkeit erwarten.

Der Staat besitzt in Oberschlesien Gruben und Hütten und die Produkte derselben werden auf der Oder oder auf der von der Staatsregierung verwalteten Oberschlesischen und der dem Staat gehörigen Niederschlesisch-Märkischen Eisenbahn befördert. Im Interesse der Gruben und Hütten liegt es offenbar, dass die Transportkosten niedrig sind. Die Eisenbahnverwaltung wünscht aber hohe Tarife und eine nicht schiffbare Oder. So stehen verschiedene Staatsverwaltungszweige, obgleich sie von demselben Ministerium ressortiren, mit einander nicht im Einklang. Wäre es unter diesen Umständen nicht besser, wenn alle Gruben, Hütten und Eisenbahnen in Privathänden wären? Privatpersonen können mit einander konkurriren, dass aber verschiedene Staatsverwaltungen entgegengesetzte Interessen haben, kann dem Volk keinen Nutzen bringen. Gewiss ist es besser, wenn die Regierung, die doch nur um des Volkes willen vorhanden ist, unparteiisch die verschiedenen Privatinteressen überwacht. Dadurch wird ihre Verantwortlichkeit geringer und die Opposition findet weniger Angriffspunkte — das ist für alle Minister vortheilhaft, namentlich auch für den Handelsminister und den Finanzminister.

Bei dem Abgeordnetenhause beantragten der Kaufmann C. Schierer und Genossen, principaliter: Die königliche Staatsregierung anzugehen, in ihrem eigenen Interesse auf Grund des §. 19 des hierüber zwischen der Staatsregierung und der Oberschlesischen Eisenbahn abgeschlossenen Vertrages vom 17. September 1856, von dem Vertrage mit der Oberschlesischen Eisenbahngesellschaft wiederum abzugehen und die letztere zur Zurücknahme der Selbstverwaltung zu veranlassen; — eventualiter aber: sollte das hohe Haus den Herrn Handelsminister angehen, die Oberschlesische Bahnverwaltung zu bestimmen, unverzüglich den Ein-Pfennig-Tarif für die Bezüge von Kalk, Kohlen, Eisen, Zink, so wie Rohprodukte überhaupt, ab jeder Station Oberschlesiens bis Breslau einzuführen. Die Petition trug 1620 Unterschriften aus allen Klassen der Bevölkerung, theilweise von Vorständen, von Kommunen und industriellen Gesellschaften, was das hohe Interesse bekundete, welches sich für den Inhalt der Petition ausspricht. Die darin enthaltenen Beschwerden konzentriren sich auf die Anklagen:

1) dass die königl. Verwaltung bei der Oberschlesischen Bahn Massregeln habe eintreten lassen, und zwar besonders die Erhöhung des Tarifs auf Kohlen, die einer Privatverwaltung nicht gestattet

worden wären und die für die Handelsindustrie sowie für die Staatskasse beträchtlichen Nachtheil ausübten;

2) dass die unmittelbare finanzielle Betheiligung des Staates bei der Oberschlesischen Bahn und besonders die Uebernahme der Verwaltung durch den Staat aus besonderer Vorliebe für die Eisenbahnen und zum Schutze der Einnahmen auf der Niederschlesisch-Märkischen Eisenbahn geschehen sei und die natürliche Wasserstrasse aus diesen Gründen absichtlich vernachlässigt werde und dass nicht sowohl

3) im Interesse der Aktionäre, sondern aus Rücksichten des allgemeinen Wohles ein dringendes Bedürfniss vorliege, die Bahnverwaltung aus den Händen derjenigen Behörde zu nehmen, die von Oberaufsichtswegen verpflichtet sei, im Interesse der Landeswohlfahrt das natürliche und das künstliche Monopol des Eisenbahnverkehrs zu überwachen.

In der Sitzung des Abgeordnetenhauses vom 22. April 1863 fand nur folgender Antrag Annahme: Die Petition C. Schierer und Genossen, soweit dieselbe die Verwaltung der Privateisenbahnen durch den Staat betrifft, der Staatsregierung als Material zur Berücksichtigung bei Revision des Eisenbahngesetzes vom 3. Mai 1838 zu überweisen.

Für 1862 wurde die Gesammtlänge der Preussischen Staatsbahnen angegeben zu . . . . 208 Meilen,
der unter Staatsverwaltung stehenden Privatbahnen zu 199 „
und der unter Privatdirektionen stehenden Privatbahnen zu . . . . 405 „
sind 812 Meilen.

Davon die ausserhalb Preussens gelegenen Bahnstrecken abgerechnet, verbleiben 736 Meilen, hingegen die 13 Meilen langen in Preussen gelegenen Strecken auswärtiger Bahnen hinzugerechnet, giebt eine Gesammtlänge der in Preussen vorhandenen Eisenbahnen von 749 Meilen. In allen Provinzen gab es Eisenbahnen, doch hatte Preussen noch keine Privatbahn, Posen keine durch eine Privatdirektion verwaltete Privatbahn, Sachsen keine unter Staatsverwaltung stehende Privatbahn, Pommern und Sachsen hatte keine Staatsbahnen. Am Schluss des Jahres 1863 betrug die Betriebslänge der gesammten Preussischen Eisenbahnen 855 Meilen.

Die Telegraphen, welche in Frankreich während der ersten Revolution in Anwendung kamen, auch in Preussen in den 1830ger Jahren zwischen Berlin und Koblenz bestanden, und bloss für die Regierung bestimmt waren, sind jetzt vergessen, da seit der Erfindung des elektromagnetischen Telegraphen es ein so vorzügliches Verbindungsmittel giebt, wie frühere Zeiten nicht ahnten. Insoweit nun Telegraphen verschiedene Länder, welche durch die See getrennt sind, verbinden, kann von einem Regal nicht die Rede sein. Nur im Innern der Länder liesse sich ein solches denken. Die schwierigeren, unterseeischen Telegraphenanlagen sind wohl ziemlich allenthalben Privatunternehmungen, wenn sie auch von einem oder mehreren Staaten Förderung und Unterstützung erhalten haben. Trotz der Beihülfen Seitens der Regierungen Englands und der Vereinigten Staaten ist aber eine wirklich praktische Telegraphenverbindung zwischen Europa und Amerika noch nicht geglückt.

So wie eine Briefpost als Staatsanstalt nützlich ist, können auch Telegraphen als Staatsanstalt für nützlich erachtet werden. Die dadurch entstehenden Ausgaben lassen sich durch die Einnahmen davon decken, so dass die nützliche Einrichtung keinen besondern Aufwand erfordert. Die Anlage von Privattelegraphen ist vielleicht nicht ohne einige Schwierigkeiten, aber doch auch ohne Staatshülfe leichter ausführbar, als eine Eisenbahnanlage. Ein Grundeigenthümer wird eher gestatten, dass ein Telegraphendraht über sein Grundstück geht, als eine Eisenbahn. Und wo eine Gesellschaft eine Eisenbahn gebaut hat, kann dieselbe daneben leicht auch Telegraphen anlegen oder Anderen die Anlage von Telegraphen gestatten. Dass es in einem Lande nur Staatstelegraphen giebt, ist durchaus nicht nöthig. Wenn auch nur für einzelne Linien Privattelegraphen neben Staatstelegraphen bestehen, so kann daraus ein Nachtheil nicht erwachsen; der Wetteifer zwischen Staats- und Privatindustrie pflegt immer Nutzen zu bringen und für das Publikum die Kosten zu erniedrigen. Die unbeschränkte Zulassung von Privattelegraphen empfiehlt sich daher. Doch kann der Staat vielleicht das Unternehmen leichter ausführen, da er die Landstrassen dabei benutzen kann.

Man hat wohl gemeint, Staatstelegraphen wären im Interesse des Handels und Verkehrs den Privattelegraphen vorzuziehen, indem durch staatliche Verwaltung Irrthum und Missbrauch eher verhindert würde. Dies ist aber nicht immer der Fall. Missverständnisse und Irrthümer kommen auch bei Staatstelegraphen vor. Und wenn Jemand dadurch Verlust erleidet, müsste diesen die Staatskasse rechtlicher Weise nicht ersetzen? Im Jahre 1854 war die berühmte Tartarennachricht von dem Falle Sebastopols durch Staatstelegraphen befördert worden. Auch politische Gründe machen es nicht nöthig, dass es nur Staatstelegraphen giebt. Durch Briefe, welche die Staatspost befördert, können Verschwörungen vorbereitet werden und die

Regierung wird dies nicht immer hindern können. Die schnelle Mittheilung durch Telegraphen könnte die Gefahr noch grösser erscheinen lassen. Aber Staatstelegraphen schützen auch nicht. Sehr unverdächtige Mittheilungen können andere Bedeutungen für die Betheiligten haben, so dass die Staatstelegraphenbeamten gar nicht aufmerksam darauf zu werden brauchen. Auch ein Verbot chiffrirter Schrift würde nicht schützen. Indessen braucht eine gute und populäre Regierung sich wirklich vor Verschwörungen wenig zu fürchten. Ein Beamter der Telegraphenverwaltung kann stark in Versuchung kommen, seinen Pflichten entgegen zu handeln. Zwar ist er auf Geheimhaltung besonders verpflichtet. Doch könnte er durch eine grosse Summe bestochen werden, eine wichtige Nachricht, die er zuerst erfahren hat, mitzutheilen. Er kann eine solche Nachricht auch für sich benutzen, ehe er sie weiter befördert. Nach öffentlichen Blättern waren 1855 auf dem Berliner Telegraphenamte 7—8 Beamte entlassen worden, welche sich Indiskretionen hätten zu Schulden kommen lassen; in der letzten Zeit wäre der Unfug so stark geworden, dass man alle telegraphischen Privatdepeschen oft mehrere Stunden vorher an der Börse kannte, ehe sie in die Hände derer kamen, an die sie gerichtet waren; man wäre so weit gegangen, dass man die Depeschen oft bis zum Schluss der Börse zurückhielt und sie dann erst absandte. In demselben Jahr kam auch in Paris eine skandalöse Geschichte vor. Es hiess nämlich in öffentlichen Blättern, eine hochgestellte Person aus der nächsten Umgebung des Kaisers, welcher derselbe sein ganzes Vertrauen geschenkt hätte, wäre plötzlich in Ungnade gefallen, weil sie einigen Banquiers wichtige telegraphische Depeschen gegen ein hohes Geldhonorar mitgetheilt hätte. Möglich ist es sonach, dass Telegraphenbeamte, ihre Vorgesetzte, und selbst Minister, die Telegraphen zu Privatspekulationen benutzen, wenn irgend ein wichtiges Ereigniss sich zugetragen hat. Alle dergleichen Schlechtigkeiten und Versuchungen werden wenigstens vermindert, wenn die Anlage und Benutzung von Privattelegraphen, neben den Staatstelegraphen, unbeschränkt stattfindet, da in diesem Fall ein Monopol wichtiger Nachrichten weniger vorkommt, indem dann Viele, und nicht bloss Einzelne, wichtige Nachrichten erhalten und für sich benutzen können.

Hiernach wäre es durchaus nicht zu wünschen, dass ein Verbot von Privattelegraphen gesetzlich, oder auch nur die Anlage von einer besonderen Staatsgenehmigung abhängig gemacht würde, wie es in Preussen einmal im Winter $18^{54}/_{55}$ versucht worden ist. Wenn nämlich die Regierung eine Genehmigung zu geben hat, so kann sie diese ja auch versagen, und sie bleibt dann faktisch im Besitz des Telegraphenmonopols. Lässt es sich bei einer solchen monopolisirten Anstalt in irgend einer Weise rechtfertigen, dass die Beförderung einer Privatdepesche verweigert oder verzögert wird? wer soll oder kann augenblicklich darüber entscheiden, ob die Beförderung einer Nachricht dem Gemeinwesen unersetzlichen Nachtheil bringen wird? müsste Fiskus nicht den Schaden ersetzen, der einer Privatperson dadurch erwächst, dass Telegraphenbeamte, die nicht Censoren sein können, die sofortige Beförderung einer Nachricht verweigert haben? Solche Fragen werden gar nicht praktisch, wenn das Publikum nach Belieben Staatstelegraphen oder Privattelegraphen benutzen kann. In Preussen ist die Beförderung oder Aushändigung von Telegrammen wirklich schon verweigert oder verzögert worden. Im April 1864 wurde ein Telegramm von Breslau nach Berlin, wonach die Russischen Gardehusaren in der Nähe von Warschau geschlagen sein sollten, „wegen Unzulässigkeit des Inhalts" nicht ausgehändigt. Ferner brauchte ein Telegramm von Posen nach Breslau, wonach 400 Polen, vortrefflich equipirt, mit 30 Französischen Officieren aus dem Grossherzogthum Posen nach Polen hinüber gegangen seien, mehr Zeit, als ein Brief gebraucht haben würde, weil die Telegraphenstation in Breslau bei der Telegraphendirektion in Berlin amtliche Rückfragen „wegen Zulässigkeit des Inhalts" machte.

Wenn man auch bedauern kann, dass Privattelegraphen mit Staatstelegraphen in Preussen noch nicht konkurriren, so muss man es doch billigen, dass wenigstens Staatstelegraphen bestehen [1]). Aber sie sind theurer, als nöthig ist. Ihr Zweck ist, den Unterthanen eine Wohlthat zu erweisen. Die Telegraphengebühren sollten sich daher nur so hoch belaufen, dass dadurch die Kosten der Anstalt eben gedeckt werden. Die Telegraphen sollten ebenso wenig als Finanzquellen benutzt werden, wie z. B. in der Regel [2]) Unterrichtsanstalten dazu benutzt werden; man erhebt nicht ein hohes Schulgeld, um einen Theil davon auch zur Bestreitung sonstiger Staatsausgaben, etwa zur Unterhaltung eines Regiments Soldaten, verwenden zu können.

Nach dem Staatshaushaltsetat für 1861 waren die Einnahmen der Telegraphenverwaltung auf 805,400 Thlr. und die Ausgaben auf

[1]) Das von der Breslauer Handelskammer behauptete Bedürfniss zur Anlegung zweier neuen Telegraphenleitungen zwischen Berlin und Breslau erkannte der Handelsminister im Januar 1865 nicht an.

[2]) In Halle soll einst die Universität dem Staate mehr eingebracht als gekostet haben. Preuss. Jahrbücher Bd. 4 (1864) S. 41

720,910 Thlr. veranschlagt, was einen Ueberschuss von 84,490 Thlr. ergäbe. In der Wirklichkeit dagegen betrugen die Ueberschüsse der Telegraphenverwaltung — welche 1849 bis 1854 und 1858 mehr kostete, als sie einbrachte — 1861 166,785 Thlr.[1]).

Auf dem Kontinent überhaupt sind die Telegraphen in der Regel Staatsanstalten. So ist es auch jetzt noch im Britischen Indien, wo übrigens schon alle Hauptstädte und Militärstationen durch Telegraphen in Verbindung stehen; auch war die Regierung schon 1863 damit beschäftigt, England über Konstantinopel und Bagdad mit Indien in Verbindung zu bringen. In den Vereinigten Staaten so wie auch in England besorgen Gesellschaften die Telegraphengeschäfte. Die London District Telegraph Company führt ihre Drähte über die Dächer der Häuser, die sie mit Genehmigung der Hausbesitzer als Telegraphenstangen benutzt. Im Januar 1862 hatte sie 113 Stationen, 92 Miles Länge und darauf 378 Miles Drähte — alle innerhalb Londons. Wo man dort auch ist, hat man immer eine Telegraphenstation in der Nähe. Die Kosten eines Telegramms innerhalb Londons betragen 4 oder 6 d. Auf allen Eisenbahnstationen sind auch Telegraphenbureaus; so giebt es innerhalb 6—8 Miles von der Paulskirche an 200 Telegraphenbureaus.

Am 28. Juli 1863 (26 u. 27 Vict. c. 112) erging eine Acte zur Regulirung der Ausübung der durch Specialacte ertheilten Befugnisse für die Anlage und Unterhaltung von Telegraphen. Diese Acte bestimmt, dass eine Gesellschaft, bevor sie einen Telegraphen über oder auf eine Landstrasse legt, die nicht eine Strasse in einer grossen Stadt oder eine öffentliche Landstrasse ist, oder Pfähle setzt, bekannt machen muss, dass sie die Zustimmung der die Strasse beaufsichtigenden Behörde erlangt habe, davon auch in den Wohnhäusern Nachricht geben muss und dass sie den Telegraphen erst nach 21 tägiger Anzeige legen darf, während welcher Zeit Einsprüche bei dem Handelsamt angebracht werden können; vorläufig gesetzte Pfähle, welche gefährlich erachtet werden, sind nach vorheriger Ankündigung wieder fortzunehmen; wenn aber die Gesellschaft dagegen Einspruch thut, hat das Handelsamt zu entscheiden. Wege und öffentliche Landstrassen sollen nur nach vorheriger Ankündigung aufgegraben werden, unter Ueberwachung der Behörde, welche die Strasse zu beaufsichtigen hat; die Arbeit muss in aller Eile ausgeführt, die aufgerissene Strasse eingehegt, bewacht und Nachts beleuchtet, auch für 6 Monate im baulichen Stande erhalten werden, bei Strafen, die 20 £

[1]) Jahrbuch für die amtliche Statistik S. 539.

nicht übersteigen, und 5 £ für jeden Tag, als das Vergehen fortdauert; und Verordnungen werden erlassen, damit der Verkehr so wenig wie möglich gehemmt wird. Zustimmung der Hauseigenthümer muss erlangt und Entschädigung gewährt werden, wo irgend ein Eigenthum benachtheiligt wird; auch kann von der Gesellschaft verlangt werden, den Telegraphen höher zu machen, wenn der Eigenthümer eines Hauses, über welches er geht, seine Absicht, es zu erhöhen, anzeigt; und er muss 6 Fuss über dem Hause sein, wenn nicht der Eigenthümer eine geringere Höhe gestattet. Jeder Telegraph muss allen Personen gleichmässig zugänglich sein ohne Gunst oder Vorzug, und die Gesellschaften haften für alle Zufälle, Verluste und Schäden auf Grund oder in Folge irgend eines Werkes der Gesellschaft. Wenn irgend eine Person im Dienst einer Gesellschaft vorsätzlicher- oder fahrlässigerweise die Beförderung oder Ablieferung einer Depesche unterlässt oder verschiebt, oder durch irgend eine absichtliche oder fahrlässige Handlung oder Unterlassung die Beförderung oder Ablieferung verhindert oder aufhält, oder den Inhalt einer Depesche ungehörigerweise irgend einer Person offenbart, so verfällt sie für jedes solches Vergehen in eine Strafe, die 20 £ nicht übersteigt. Alle Depeschen über den Dienst Ihrer Majestät haben den Vorzug, und auf das Verlangen des Handelsamts hat die Gesellschaft einen Telegraphen für den ausschliesslichen Gebrauch Ihrer Majestät zu unterhalten. Die Acte bestimmt ferner, dass im Falle dringender Nothwendigkeit Telegraphen für Ihrer Majestät Dienst in Besitz genommen werden können auf Grund eines Befehls des Staatssekretärs. Der Befehl soll nur eine Woche in Kraft bleiben, doch können auf einander folgende Befehle erlassen werden. In einem solchen Fall hat der Schatz der Gesellschaft für den erlittenen Verlust Zahlung zu leisten. Durch die Rechtsbeamten der Krone kann gegen eine Gesellschaft vorgegangen werden auf Grund einer Bescheinigung des Handelsamts, dass irgend einer Vorschrift der Acte nicht nachgekommen sei und dass die Befolgung zum öffentlichen Vortheil gereichen würde.

Ein ähnliches Gesetz giebt es in Preussen noch nicht. Hier hat sich die Gesetzgebung mit den Telegraphen noch nicht weiter befasst, als dass sie die Beschädigung und Störung der dem Staate oder einer Eisenbahngesellschaft gehörigen Telegraphenanstalten mit Strafen bedroht hat.

Der Verkehr durch Briefe, Frachtstücke und Reisen ist so nützlich und hängt so wenig mit den Abstufungen der Wohlhabenheit zusammen, dass seine Vertheuerung durch einen Regalgewinn, wie Rau meint, nicht zu rechtfertigen ist, ja dass es sich sogar vertheidigen liesse, wenn die Post mit einem Zuschusse aus der Staatskasse verwaltet würde. Auch L. H. Jakob sprach schon 1821 in seiner Staatsfinanzwissenschaft die Meinung aus, „dass sich das Postregal von keiner Seite auf solche Weise zur Finanzquelle empfiehlt, dass man sie nach richtigen finanziellen und staatswirthschaftlichen Principien billigen könnte. Vielmehr scheint es, dass es rathsamer sei, gänzlich darauf Verzicht zu leisten und alles Einkommen durch die Post bloss auf die Vervollkommnung dieser Anstalten zu verwenden, sobald sich andere eben so sichere, aber mit den nationalökonomischen Principien übereinstimmende Quellen der Staatseinnahme zeigen, welche jenes Einkommen ersetzen können." Er hielt übrigens die Privatadministration der Posten für das Publikum bequemer und zugleich wohlfeiler, als die öffentliche Verwaltung, und schloss daraus, dass der Staat, wenn er ein Einkommen von den Posten ziehen will, ein grösseres von Privatposten, als von öffentlichen ziehen könne, weil jene das, was die Administration der öffentlichen koste, ersparen und dem Staate zum Theil als Abgabe entrichten könnten. Zu Jakob's († 1827) Zeit war die Postverwaltung auch in Preussen noch sehr mangelhaft und man konnte damals allerdings sagen, „dass die Grobheit der Postbedienten zum Sprichwort geworden ist." Rau hält die Uebertragung der gesammten Briefpost eines Landes an einen einzelnen Unternehmer nicht empfehlenswerth, dagegen zweckmässig, dass sich einzelne kleine Staaten dem Postgebiet eines grösseren anschliessen. Die Fahrpost sieht er anders an, und will die Fortschaffung der Personen und Frachtstücke unter Umständen auch der Privatindustrie überlassen. Bei der Briefpost scheint ihm aber die Fortdauer der Regalität nothwendig.

Eine Fahrpost ist nicht nothwendig, wenn die Privatindustrie die Beförderung von Personen und Frachtstücken zur Zufriedenheit des Publikums bewirkt oder bewirken kann. In keinem Fall ist es aber gerechtfertigt, die Fahrpost mit Privilegien zu versehen und dadurch den Privaten die Konkurrenz mit ihr irgend zu erschweren, da dem Volke durch den Privatbetrieb neben dem Staatsbetrieb nur Nutzen erwachsen kann. Dagegen dürfte es nicht gerathen sein, die Briefpost als Staatsanstalt abzuschaffen. Die staatliche Verwaltung mag zwar kostbarer sein, als eine Privatverwaltung, aber sie kann dem Publikum auch Vortheile bieten, die in anderer Weise nicht wohl zu erreichen sind, namentlich in Bezug auf die Korrespondenz mit fremden Ländern. Dennoch erscheint es nicht erforderlich, der

Post ein Monopol zu gewähren und Privaten die gewerbsweise Beförderung von Briefen zu verbieten oder zu erschweren, zumal das Publikum der Staatspost, wenn sie sicher, schnell und billig ist, in der Regel den Vorzug giebt.

Dass das Postwesen nicht nothwendig Staatssache ist, zeigt auch Deutschland. Das Reichspostregal wurde nämlich 1615 dem fürstlichen Hause Thurn und Taxis als Lehn verliehen. Territorialposten kamen daneben auf, in Kurbrandenburg seit dem Westphälischen Frieden. Einzelne Territorialposten erstreckten sich auch auf benachbarte Gebiete; daneben bestanden auch wohl Reichsposten. Noch jetzt sind in Hamburg beinahe ein Dutzend verschiedener Postämter. Der Reichsdeputationshauptschluss vom 25. Februar 1803 garantirte den status quo des Reichspostwesens nach dem Zeitpunkte des Luneviller Friedens (9. Februar 1801). Die Regierungen des Rheinbundes (1805) erhielten mit der Souveränetät auch das Postregal. Am 1. December 1810 gab es, nach Klüber, auf der Grundfläche des aufgelösten Deutschen Reichs nicht weniger als 43 verschiedene Territorialpostanstalten. Die Deutsche Bundesakte erkannte die Ansprüche des Hauses Thurn und Taxis an. Doch fanden sich einzelne Staaten mit ihm ab, so Preussen, welches ihm 1819 Domänengüter, als Fürstenthum Krotoschin im Regierungsbezirk Posen, gab. Preussen verwaltet auch in einigen kleineren Staaten die Post. Natürlich muss die Postverwaltung durch Verträge mit vielen anderen Staaten regulirt werden. Eine einzige Postverwaltung steht für ganz Deutschland nicht in naher Aussicht. — In den Vereinigten Staaten und der Schweiz ist die Postverwaltung nicht Staats- oder Kantonalsache, sondern Sache der Union und der Eidgenossenschaft. — Doch lässt sich nicht in Abrede stellen, dass die Deutschen Regierungen bestrebt sind, das Postwesen zu vervollkommnen. Dies zeigt namentlich der, vorläufig bis Ende 1870 gültige, Postvereinsvertrag, welchen Preussen, Oesterreich, Baiern, Sachsen, Hannover, Würtemberg, Baden, Luxemburg, Braunschweig, Mecklenburg-Schwerin, Mecklenburg-Strelitz, Oldenburg, Lübeck, Bremen und Hamburg, so wie der Fürst von Thurn und Taxis am 18. August 1860 in Frankfurt a. M. abgeschlossen haben.

In Preussen hat das Gesetz über das Postwesen vom 5. Juni 1852 alle bisherigen allgemeinen und besonderen Bestimmungen über Gegenstände, worüber dasselbe verfügt, soweit jene Bestimmungen nicht auf Staatsverträgen und Konventionen mit dem Auslande beruhen, aufgehoben, also auch die Vorschriften des A. L.R. II. 15. §. 141—228. Der erste, von dem Umfange des Postregals und des

Postzwanges handelnde Abschnitt dieses Gesetzes definirt das Postregal als die dem Staat ausschliesslich zustehende Befugniss, Personen oder Sachen gegen Bezahlung mit unterweges gewechselten Transportmitteln oder zwischen bestimmten Orten mit regelmässig festgesetzter Abgangs- und Ankunftszeit zu befördern. Ein Fortschritt liegt in dem Gesetz vom 21. Mai 1860, indem es den Postzwang etwas mildert und die Freiheit des Publikums ausdehnt. Wichtiger sind die in neuerer Zeit eingetretenen Portoherabsetzungen, nachdem in England die Reform herzhaft und nicht zaghaft vorgenommen wurde, und den anderen civilisirten Ländern zum Muster diente.

Das Regulativ über das Posttaxwesen vom 18. December 1824 — welches die seitherigen Posttaxen für die Beförderung von Briefen, Packeten, Geldern, Zeitungen, Drucksachen, die Binnen-Portotaxen, das sogenannte Zuschlag- und Landporto, die observanzmässigen Erhebungssätze bei dem Briefträger-Packkammer-Gelde, so wie die Wagenmeister-Gebühren bei den Fahrposten, imgleichen alle Modifikationen der bisher bei den Preussischen Posten zur Anwendung gekommenen Portotaxen, mit Ausnahme der auf Konventionen beruhenden Sätze, aufhob — enthält komplicirte Vorschriften, mannigfaltige und hohe Sätze, welche durch die Kabinetsordres vom 5. November 1827, 18. August 1844 und 21. September 1848 nur wenig ermässigt wurden. Nach dem Regulativ war vom 1. Januar 1825 ab für einen einfachen Brief von $^3/_4$ Loth, ausser dem Briefträgerbestellgeld von $^1/_2$ Sgr., an Porto zu zahlen bis 2 Meilen 1 Sgr., bis 4 Meilen $1^1/_2$ Sgr., bis 7 Meilen 2 Sgr., bis 10 Meilen $2^1/_2$ Sgr., bis 15 Meilen 3 Sgr., bis 20 Meilen 4 Sgr., bis 30 Meilen 5 Sgr. und von da an für jede 10 Meilen 1 Sgr. mehr. Nach dem Gesetz vom 21. December 1849 sollte vom 1. Januar 1850 das Briefporto für die innerhalb des Preussischen Postgebiets gewechselte Korrespondenz betragen: a) nach Massgabe der Entfernung, bis 10 Meilen 1 Sgr., bis 20 Meilen 2 Sgr. und für alle weitern Entfernungen 3 Sgr. für den einfachen Brief; b) nach Massgabe des Gewichts: unter 1 Loth Zollgewicht das einfache, von 1 Loth bis exkl. 2 Loth das zweifache, von 2 Loth bis exkl. 3 Loth das dreifache, von 3 Loth bis exkl. 4 Loth das vierfache, von 4 Loth bis exkl. 8 Loth das fünffache, von 8 Loth bis exkl. 16 Loth das sechsfache Porto, so lange, bis das Porto mit der Packettaxe mehr beträgt. Das Gesetz vom 21. März 1861 bestimmte, dass vom 1. Mai 1861 ab nicht mehr von Briefen von 1 bis 8 Loth das zweifache bis sechsfache, sondern von Einem Loth und darüber nur das zweifache Porto als Maximum zu erheben sei, und endlich hat das Gesetz vom 16. September 1862 auch das Orts-Briefbestellgeld abgeschafft. Für frankirte Briefe ist aber das Porto noch immer nicht niedriger als für unfrankirte. Die Frankirungen können durch Freimarken oder Freicouverts, die bei den Postanstalten käuflich sind, geschehen.

Die Preussische Postverwaltung [1]) beschäftigte 1854 16,267 und 1862 21,734 Personen, darunter 1854 4046 und 1862 4267 Postillione. Postanstalten gab es 1821 1155, 1841 1514 und 1862 2225. Posthaltereien waren 1854 1113 und 1862 1119; Postpferde 1854 12,363 und 1862 12,344. Was die Personenbeförderung betrifft, so sind 1838 826,623, 1846 2,426,619, 1857 3,376,150 und 1862 3,244,763 abgereist. Die Preussische Post beförderte 1842 36 Millionen, 1854 90 Millionen und 1862 148 Millionen Briefpostgegenstände. Es betrugen bei der Postverwaltung

	1856	1862
die Einnahmen	10,749,684 Thlr.	12,203,545 Thlr.
die Ausgaben	8,992,736 „	9,992,936 „
also Ueberschuss	1,756,948 Thlr.	2,210,609 Thlr.

Nach der Verfassung ist die Beschlagnahme von Briefen nur in den gesetzlich bestimmten Fällen und Formen gestattet; ferner ist das Briefgeheimniss unverletzlich. Die bei strafgerichtlichen Untersuchungen und in Kriegszeiten nothwendigen Beschränkungen sind durch die Gesetzgebung festzustellen — was aber noch nicht geschehen, auch schwierig ist.

In England ist das Postamt unter der ausdrücklichen Bedingung errichtet worden, dass die Regierung zur Einsicht jedes beliebigen Briefs ermächtigt sein soll. Befehle zur Eröffnung von Briefen waren von 1799 bis 1844 erlassen worden 372, also jährlich im Durchschnitt etwas über 8: aber wenn man erwägt, dass 28 solcher Befehle auf das Jahr 1812 kamen, 20 auf 1842, 17 auf 1831 und 16 auf 1839, so kann man den Postdienst für gewöhnlich als unentweiht ansehen, und dies geschah auch Seitens des Parlaments im Jahre 1844, wo zur Sprache kam, dass Briefe an Mazzini von der Post zurückgehalten worden wären [2]).

Unter Carl I war eine rohe und unvollkommene Briefpostanstalt errichtet worden. Durch den Bürgerkrieg wurde sie zerstört. Unter der Republik nahm man den Plan wieder auf und bei der Restauration wurden die Nutzungen dieses Unternehmens dem Herzoge von York, nachmals Jakob II, überwiesen. Der Ertrag floss nicht bloss

[1]) Jahrbuch für die amtliche Statistik S. 516—532.

[2]) Vergl. Martineau, Geschichte Englands, Bd. IV S. 244—249.

aus dem Briefporto, das Postamt hatte auch das Monopol, den Reisenden Pferde zu stellen. Unter Carl II errichtete ein Privatmann eine Pennypost für London. Der Herzog von York klagte gegen ihn wegen Schmälerung seines Monopols und die Gerichtshöfe entschieden zu seinen Gunsten. Der Ertrag des Postwesens war von Anfang an unausgesetzt im Steigen. Im Jahre der Restauration wurde die Nettoeinnahme auf 20,000 £ geschätzt; am Schluss der Regierung Carl's II war sie wenig unter 50,000 £. Ein einfacher Brief kostete 2 d. Porto und bei einer grösseren Entfernung als 80 Miles 3 d. Macaulay meinte, dass 1849 durch die Post 70 mal mehr Briefe befördert worden wären als zur Zeit des Regierungsantritts Jakob's II.

Vor der Postreform kostete der kleinste Brief von einem entfernten Theil des Landes 18 d. und mehr, und selbst von einer benachbarten Stadt betrug das Porto 4 d., ein Porto, wofür jetzt ein Brief von Shetland nach Algier befördert wird. Mit der kleinsten Einlage war das Porto doppelt. Trotz der grossen Fortschritte, die das Land in den Jahren nach 1815 machte, blieb der Brutto- und Nettoertrag vom Postamt absolut stationär. Anfangs 1837 erschien nun ein Pamphlet Rowland Hill's, der damals nicht etwa Postbeamter, sondern ein Privatmann war, über Postamtsreform, worin er für inländische Briefe ein gleichförmiges Porto von 1 d. (oder etwa $10^1/_2$ Preussische Pfennige) vorschlug, wobei nur das Gewicht, ohne Rücksicht auf die Einlagen, in Betracht käme, und Vorausbezahlung des Portos durch Stempel, sowie Abschaffung des Bestellgeldes. Diese Vorschläge wurden 1839 Gesetz. Gestempelte Couverts, die Anfangs auch anwendbar waren, kamen wenig in Aufnahme. Bis 1850 wurden $^2/_3$ der Briefe noch durch Geld frankirt, was endlich verboten wurde. Die Zahl der beförderten Briefe hatte sich 1842 auf 208 Millionen vermehrt, und der Reinertrag der Post betrug 561,000 £. Der ganze Betrag der Money-orders (Zahlungen kleiner Geldbeträge durch Vermittelung der Post) war 1839 nur 313,000 £. Die Einrichtung wurde 1840 vervollkommnet und wohlfeiler, also den Aermeren zugänglicher, gemacht; 1841 wurden durch 1,552,835 Orders 3,127,507 £ versandt und 1863 durch 7,956,794 Orders 16,493,793 £. Bei mehr als 3000 Offices im Vereinigten Königreich werden jetzt Money-orders gewährt, und beinahe alle Money-order offices sind auch Sparkassen, wo Summen von 1 s. an derart sicher angelegt werden können, dass man, sobald man 1 £ eingezahlt hat, davon jährlich $2\frac{1}{2}$ % Zinsen zieht. Ueberhaupt wurden 4,702,000 £ in den Post-Office saving's banks eingezahlt, von welchen jetzt 3,376,000 £ den Niederlegern gutgeschrieben stehen, die ihr Guthaben bei einer beliebigen Office zurückgezahlt erhalten können. Ferner wurde 1848 eine Bücherpost eingerichtet. Bis dahin hatten alle Packete, ausser Zeitungen und Parlamentary proceedings, 2 d. per Unze Porto zu zahlen; jetzt kann ein einzelner Band für 6 d. per Pfund nach jedem Theil des Königreichs versandt werden; gedruckte Sachen und Manuscripte (nicht Briefe), auch Landkarten in Rollen u. s. w. für 1 d. per $^1/_2$ Pfund; Waarenproben zahlen ungefähr eben so viel. Die Bücherpost ist allmählich auch auf alle Kolonien ausgedehnt worden. London wurde 1856 in Postdistrikte eingetheilt. Bis dahin stieg die Zahl der Lokalbriefe in London jährlich um $3\frac{3}{4}$ $^0/_0$, seitdem um 7 $^0/_0$ und 1858 um 12 $^0/_0$; und jetzt gehen von einem Theile Londons nach einem andern mehr Briefe, als 1839 im Vereinigten Königreich überhaupt befördert wurden. Auch das Kolonialporto ist ermässigt worden. Sonst kostete ein Brief von London nach Paris 1 s. 8 d. und nach Marseille 2 s. 1 d. Seit 1854 beträgt das Porto eines Briefs von England nach Frankreich und Algier 4 d. per $^1/_4$ Unze, und 1858 wurden Briefe mit Privatschiffen nach irgend einem Theil der Welt auf den allgemeinen Satz von 6 d. gesetzt. Viele der Britischen Besitzungen haben ein inneres gleichförmiges Porto eingeführt; so kostet in Indien ein Brief nur 3 Englische Farthings (oder weniger als 8 Preussische Pfennige). Der Packetbootdienst kommt sehr theuer zu stehen. Bei sehr grossen Entfernungen steigt die Zahl der Briefe nicht sehr, wenn das Porto auch stark herabgesetzt wird. Man hat daher jetzt das Princip, lieber die Schnelligkeit zu erhöhen, als das Porto herabzusetzen. So hat man seit zwei Jahren das Porto nach dem Kap, der Westküste von Afrika und nach Westindien von 6 d. auf 1 s. erhöht; dabei hat die Zahl der Briefe sich wenig vermindert, aber der Ertrag beinahe verdoppelt. Zugleich wurde das Porto für Briefe, die mit anderen Schiffen als Packetbooten gehen, auf 4 d. herabgesetzt, so dass die ärmeren Klassen, die auf Schnelligkeit weniger sehen, doch Vortheil hatten. Es gingen nun 1863 überhaupt 642 Millionen Briefe durch das Postamt, beinahe $8^1/_2$ mal so viel, als 1839. Der Bruttoertrag stieg von 2,346,000 £ auf 3,863,000 £ und wird 1864 wahrscheinlich 4,000,000 £ erreichen. Der Nettoertrag (berechnet, wie nach dem alten System, ohne Abzug des Packetbootdienstes und ohne Zurechnung des Ertrages des Zeitungsstempels) stieg von 1,660,000 £ auf 1,814,000 £. Unter dem Einflusse Sir Rowlands Hill's — dem für seine Verdienste 1864 eine öffentliche Bewilligung von 20,000 £ zu Theil wurde — hat das Postamt aufgehört, ein bloss fiskalisches Instrument für privilegirte und theuere Mittheilungen zu sein; es ist das mächtigste und populärste Werkzeug zur Verbindung aller Klassen und Stände geworden; es hat den Verkehr aller Mitglieder des Staats bei jeder Entfernung beinahe so wohlfeil, rasch und leicht gemacht wie die Handlung des Sprechens, und es hat die Englische Seepost zum wirksamsten Bande der Einigung zwischen den Handelsinteressen des Erdballs umgeformt [1]).

Nach der Briefzahl sollte man meinen, dass die Engländer ein viel schreibenderes Volk sind, und also besseren Elementarunterricht haben müssen, als die Preussen. Aber ist es denn nützlich oder nothwendig, dass ein auch unfrankirter Brief von Memel nach Saarbrücken immer noch 3 Sgr. Porto kostet, während ein solcher von Aberdeen nach Falmouth weniger als 1 Sgr. Porto kostet? England ist Preussen in Bezug auf das Porto über ein Vierteljahrhundert voraus.

In Bezug auf das Recht des Staats zur Anlage grosser öffentlicher Anstalten ist bisher nur von den Kommunikationsanstalten gehandelt worden. Es ist aber hier auch noch der Beglaubigungsanstalten zu gedenken. Zu den wichtigsten Anstalten dieser Art gehören 1) die Justiz, 2) Probiranstalten oder Anstalten zur Beglaubigung von Maass und Gewicht und 3) die Münze.

Man kann die Justiz als eine Beglaubigungsanstalt betrachten. Die Gerichte sollen nicht Organe der Regierung sein, welche ihr Dienste zu leisten haben. Ihre Aufgabe ist vielmehr, unparteiisch Urtheile zu sprechen und dadurch zu beglaubigen, was Recht ist. Zu den Beglaubigungsanstalten lassen sich auch rechnen die sogenannte freiwillige Gerichtsbarkeit, sowie die Notariats- und Hypothekeneinrichtungen.

Die allgemeine oder höchste Gerichtsbarkeit gebührt nach Preussichem Recht dem Staatsoberhaupt und ist als ein Hoheitsrecht unveräusserlich. Die Ausübung der Gerichtsbarkeit über bestimmte Distrikte, Sachen, Personen oder Handlungen kann auch Andern übertragen werden. Dergleichen mit dem Besitz von Grundstücken verbundene Privatgerichtsbarkeit heisst Patrimonialgerichtsbarkeit. Zur Uebertragung der Jurisdiktionslasten sind den Gerichtsbelehnten bestimmte Rechte und Nutzungen beigelegt, namentlich Gerichtsgebühren, Geldstrafen, der Ertrag konfiscirter Gegenstände. Diese Nutzungen gebühren dem Staate, wo kein Privatinhaber der Gerichtsbarkeit vorhanden ist. Alle Gerichtsgebühren und dahin gehörende Einnahmen der Landes-Justizkollegien sollen dem Staate berechnet,

[1]) Vergl. Results of Post Office Reform, im Edinburgh Review vom Juli 1864 S. 58—93.

und besonders zu den bestimmten Besoldungen, auch andern Nothdurften der Rechtspflege angewandt werden. Zu den dem Staat vorbehaltenen Rechten der obersten Gerichtsbarkeit gehören auch die Abfahrtsgelder von ausser Landes gehendem Vermögen und Erbschaften (vergl. oben S. 87). Wer die Erlaubniss zum Auswandern erlangt hat, musste von seinem inländischen Vermögen dem Staate in der Regel 10 % als Abfahrtsgeld entrichten, falls nicht mit auswärtigen Staaten besondere Verträge oder Observanzen bestehen. Erbschaften eines Landeseinwohners, welche einem auswärtigen Unterthanen zufallen, sind, wenn sie aus dem Lande gehen, ebenso auch Brautschätze, Vermächtnisse und Schenkungen aller Art, die von einem Inländer an einen Ausländer gelangen, dem Abschosse unterworfen, welcher ebenfalls 10 % beträgt. Innerhalb des Deutschen Bundes findet weder Abfahrtsgeld, noch Abschoss statt, auch nicht bei Auswanderungen nach den Staaten, in welchen das jus detractus nicht mehr zur Anwendung kommt; eben so wenig bei Auswanderungen aus den Landestheilen, wo das A. L.R. nicht Gesetzeskraft hat[1]). Seit Verkündigung der octroyirten Verfassung von 1848 dürfen Abzugsgelder nicht mehr erhoben werden. Die Verordnung vom 2. Januar 1849 hob die Privat- und Patrimonialgerichtsbarkeit auch da, wo sie ausserhalb des Bezirks des Appellationsgerichts zu Köln noch bestand, auf und bestimmte, dass die Gerichtsbarkeit überall nur durch vom Staate bestellte Gerichtsbehörden im Namen des Königs ausgeübt werden soll. Durch die Gesetze vom 14. Mai 1852 und 26. März und 14. April 1856 ist indessen etwas Patrimonialgerichtsbarkeit wieder hergestellt worden.

Der Gerichtsgebühren ist schon (S. 19. 34. 58) gedacht worden. Sie sind nicht unbedingt zu verwerfen. Wenn aber durch angemessene Gerichtsgebühren die Kosten der Justiz nicht ganz gedeckt werden können, so muss die Gesammtheit der Unterthanen das Fehlende durch allgemeine Steuern aufbringen. Was insbesondere die Strafjustiz betrifft, so müssten die Verbrecher alle Kosten allein tragen, sowohl die Kosten der Untersuchung, als auch der Strafvollstreckung und der Einrichtung und Unterhaltung der Strafanstalten; indessen sind sie gewöhnlich nicht zahlungsfähig. Es ist nicht erforderlich, hier alle in Preussen über die Gerichtsgebühren geltenden Gesetze anzuführen. Schon oben (S. 69) erwähnt wurde aus dem Gesetz, betreffend den Ansatz und die Erhebung der Gerichtsgebühren, vom 10. Mai 1851 die Bestimmung, dass jedem vollen Thaler eines zu er-

---

[1]) Vergl. Bergius, Preussen in staatsrechtlicher Beziehung S. 65—81. 139.

hebenden Kostenbetrages noch 6 Sgr. zugeschlagen werden sollen und dass die Ermässigung oder Aufhebung dieses Zuschlages eintreten soll, „sobald das Verhältniss der Staatseinnahmen es gestattet.“ Hiernach sind also die Gerichtsgebühren ohne Rücksicht auf die Kosten der Justiz auf eine ganz unbestimmt gelassene Zeitdauer erhöht, obgleich nach den landrechtlichen Vorschriften die Gerichtsgebühren vorzugsweise für die Bedürfnisse der Rechtspflege zu verwenden sind. Im Jahre 1863 nahm das Abgeordnetenhaus den Antrag der Budgetkommission an, die Regierung aufzufordern, diesen Zuschlag — welcher jährlich mehr als eine Million einträgt und die Justiz für die rechtsuchenden Personen zu einer sehr kostspieligen Sache macht — sobald als möglich, spätestens aber am 1. Januar 1865 in Wegfall zu bringen. Die Antragsteller hoben hervor, dass vom 1. Januar 1865 das Verhältniss der Einnahmen zu den Ausgaben durch die Grund- und Gebäudesteuer derartig verändert würde, dass dem Lande die dringende längst in Aussicht genommene Wohlthat einer billigeren Justiz wohl gewährt werden könne. Der Justizminister widersprach vergebens, indem er andeutete, die Mehreinnahmen aus der Grund- und Gebäudesteuer würden durch die Militärreorganisation absorbirt werden. Jene künftige Mehreinnahme, wurde jedoch entgegnet, sei durch keinen Beschluss des Hauses für die Militärreorganisation bestimmt.

Nach den Staatshaushalts-Etats betrugen die Einnahmen:

	1850	1861
Gerichtskosten	5,131,957 Thlr.	9,161,780 Thlr.
Geldstrafen		296,390 „
sonstige Einnahmen beim Justizministerium	363,008 „	552,150 „
Kosteneinnahmen der Auseinandersetzungsbehörden . .	964,569 „	959.358 „
zusammen	6,459,534 „	10,969,678 „
Die Ausgaben:		
Justizministerium	9,041,326 Thlr.	11,503,781 Thlr.
Revisionskollegium und Auseinandersetzungsbehörden .	1,122,935 „	1,152,815 „
Straf- und Besserungsanstalten	684,857 „	1,615,127 „
zusammen	10,849,118 „	14,271,723 „
hiergegen die Einnahme . .	6,459,534 „	10,969,678 „
ergiebt, dass	4,389,584 „	3,302,045 „

zur Deckung der Kosten der Justiz aus den allgemeinen Steuern zu entnehmen war.

Anstalten zur Beglaubigung von Maass und Gewicht — welches zu bestimmen nach A. L.R. II. 13. §. 12 zu den Majestätsrechten gehört — sind für den Verkehr von solcher Wichtigkeit, dass die Staatsgewalt dafür Sorge tragen muss. Nach der Preussischen Maass- und Gewichtsordnung vom 16. Mai 1816, welche übrigens durch das Gesetz über Einführung eines allgemeinen Landesgewichts vom 17. Mai 1856 einige Aenderungen erfahren hat, besteht eine Eichungskommission in jedem Regierungsbezirke und eine in Berlin. Letztere hat auf Verlangen die Probemaasse und Gewichte der übrigen Eichungskommissionen gegen Erstattung der Unkosten anfertigen zu lassen. Unter Aufsicht der Eichungskommissionen stehen in den verkehrreichsten Städten Eichungsämter als Kommunalanstalten, welche die Richtigkeit der ihnen vorgelegten Maasse und Gewichte zu prüfen und durch Aufdrückung eines Stempels zu bescheinigen haben. Mässige Taxen bestimmen, was die Eichungskommissionen und Eichungsämter für die bei ihnen vorfallenden Arbeiten und von ihnen zu liefernden Werkzeuge nehmen dürfen. Es ist nur zu billigen, dass die Beaufsichtigung von Maass und Gewicht in Preussen nicht als Finanzquelle benutzt wird. — Oeffentliche Waage- und Schauanstalten können ebenfalls von Nutzen sein, wenn die Gebühren, welche die Benutzer zahlen müssen, nicht höher sind, als die Unterhaltung der Anstalt erfordert. Sind die Gebühren höher oder besteht gar ein Zwang, solche Anstalten, die übrigens seltener Staats-, als Gemeindeanstalten sind, zu benutzen, so muss ihr Bestehen als schädlich angesehen werden, da sie unbedingt nothwendig nicht sind. Vielleicht verdienen hier auch die Verordnung vom 18. August 1847 und das Gesetz vom 24. April 1854 zum Schutz der Fabrikzeichen an Eisen- und Stahlwaaren in den westlichen Provinzen erwähnt zu werden, da für die Eintragung der Zeichen besondere Gebühren erhoben werden.

Probiranstalten dürften im Preussischen Staat in ausreichendem Maasse jetzt kaum vorhanden sein. Gold- und Silberprobirer sollten nach dem Gewerbepolizeigesetze vom 7. September 1811 nur sein, die ein Gewerbe aus dem Probiren machen und deren Proben öffentlich Glauben beigemessen wird. Die Anordnung einer Aufsicht über den Feingehalt der Metalle, welche Goldschmiede und Silberarbeiter verarbeiten, wurde besonders vorbehalten, ist aber noch nicht erlassen. Auch ist die Bestimmung des Münzgesetzes vom 30. September 1821, dass zur Ueberwachung der umlaufenden inländischen und ausländischen Münzen von der Münzverwaltung unabhängige Münzwardeine angeordnet werden sollten, noch nicht zur Ausführung gekommen. Nach der Gewerbeordnung vom 17. Januar

1845 bedürfen diejenigen, welche den Feingehalt edler Metalle feststellen, einer Konzessionirung. Dass eine solche ertheilt worden, ist mir bisher noch nicht bekannt geworden. So viel ich weiss, besteht gegenwärtig im ganzen Staat nur noch Eine Anstalt, wo man Gold- und Silberbarren gegen Gebühren probiren lassen und darüber glaubhafte Bescheinigung erhalten kann, nämlich bei der königlichen Münze in Berlin.

Die Eigenschaften, welche einen Gegenstand als Geld geeignet machen, finden sich besonders bei den Metallen und von diesen eignet sich dazu am besten das Gold. Die Platinprägungen, welche in Russland 1828 anfingen, hörten 1845 wieder auf. Aus Goldmünzen kann aber das umlaufende Geld allein nicht bestehen, weil viele Stücke zu klein sein würden; aus denselben Gründen kann es auch aus Silber allein nicht bestehen. Daher sind noch Münzen aus werthloserem Metall erforderlich, wozu vorzugsweise Kupfer angewendet wird. Statt Kupfermünzen werden seit 1860 in England Bronzemünzen geprägt, bestehend aus 95 Gewichtstheilen Kupfer, 4 Zinn, und 1 Zink.

Es ist im Grossen nicht ausführbar, die edlen Metalle in völliger Reinheit darzustellen. Die Legirung der Gold- und Silbermünzen ist deshalb unvermeidlich, aber jetzt in viel geringerem Maasse als ehemals. Da nämlich die Chemie in dem Scheidungsverfahren durch Schwefelsäure ein wenig kostspieliges Mittel entdeckt hat, die Reinigung der edlen Metalle zu bewerkstelligen, so sind, wie Karmarsch[1]) richtig bemerkt, alle Gründe für Ausprägung sehr stark kupferhaltiger Silber- und Goldsorten unhaltbar geworden, desto kräftiger aber die Gründe gegen diese Methode hervorgetreten, nämlich die vermehrten Kosten und das vermehrte Gewicht der Münzen. „In ersterer Beziehung ist nämlich z. B. einleuchtend, dass — da beim Ausprägen einer Mark feinen Silbers zu 14 Thalerstücken jedes dieser Stücke zu gleichem Werth kursirt, mag es nun aus feinem, aus schwach oder stark versetztem Silber bestehen — der Kupfergehalt geradezu weggeschenkt wird; noch mehr: dieser Kupfergehalt wird sogar ein Hinderniss, wenn das Geld etwa eingeschmolzen und zu anderen Zwecken verbraucht werden soll, sobald dabei eine höhere Feinheit nöthig ist. In dem 12löthigen Silber der Deutschen Thalerstücke sind 3 Theile Silber gegen 1 Theil Kupfer enthalten; die Regierung also, welche feine Thaler ausprägen würde (wie Hannover bis 1840

---

[1]) Beitrag zur Technik des Münzwesens, 1856, S. 12 ff.

gethan), hatte an je 14 Thalern eine Ersparung von $5^1/_3$ Loth Kupfer, oder an 100,000 Thalern von 2380 Mark, welche man nahe 400 Thaler im Materialwerth anschlagen kann, ganz abgesehen von der ferneren Ersparung an Arbeitskosten durch die Verminderung der Metallmasse und die grössere Weichheit des feinen Silbers. Der ökonomische Vortheil des Münzherrn beim Ausmünzen ganz feinen oder wenigstens hochhaltigen Silbers liegt also klar am Tage.“ Karmarsch hält $13^1/_3$ löthiges Silber oder $^5/_6$ Gewichtstheile Silber und $^1/_6$ Gewichtstheile Kupfer für ein besseres Münzmetall als $^9/_{10}$ Silber und $^1/_{10}$ Kupfer und will nur für die kleinste Sorte einen Feingehalt von 8 Loth oder halb Silber halb Kupfer gestatten. „Jede Münze, welche mit ihrem erforderlichen Werthe in 8 löthigem Silber unpraktisch klein ausfiele, müsste unbedingt von Kupfer gemacht werden. In der That versündigt man sich ja an dem guten Geschmacke und an der Vernunft, indem man Münzstücke prägt, deren Masse $2^1/_2$- bis $5^1/_3$ löthig ist, d. h. auf 1 Theil Silber 2 bis $5^2/_3$ Theile Kupfer enthält, in welchen also das edle Metall offenbar nur des Namens wegen vergeudet wird. Deutschland ist vor Allen der Sitz eines solchen unnatürlichen Verfahrens; England, Frankreich, Belgien, die Niederlande, Russland, Nordamerika, Spanien, Griechenland etc., selbst die Türkei haben sich seit längerer Zeit davon frei gemacht.“ Unter den Ursachen, welche zur Versetzung der edlen Metalle mit grossen Antheilen Kupfers geführt haben, wird zuerst genannt: „Betrug (von einer Seite her, wo dieses Laster vielmehr hätte verhütet als selbst geübt werden sollen) oder Noth, indem man den Gehalt der Münzen bald aus Gewinnsucht, bald unter dem Drucke grosser Landesbedürfnisse verringerte.“ Die Münzverschlechterungen wurden nicht offen, sondern allmählich und im Geheimen vorgenommen. Philipp von Valois, Johann und einige andere Könige zwangen die Münzbeamten, zu schwören, dass sie den Betrug beim Münzprägen geheim halten und sich bemühen würden, die Kaufleute glauben zu machen, dass die Münzen von vollem Werth wären. Aber keineswegs bloss in Frankreich wurde mit dem Münzrecht der gröbste Missbrauch getrieben. In Schlesien z. B. war es im dreizehnten Jahrhundert feststehender Gebrauch, dass jährlich dreimal neue Münzen geprägt wurden, nachdem vorher die alten verrufen worden waren, welche dann gegen neue ausgewechselt, aber zu einem niedrigeren Satze angenommen wurden[1]).

---

[1]) Tagmann, Ueber das Münzwesen Schlesiens bis zu Anfang des 14. Jahrhunderts, in der Zeitschrift des Vereins für Geschichte und Alterthum Schlesiens. 1. Heft 1855 S. 44 ff.

Unter dem Münzregal versteht man gewöhnlich den Inbegriff aller auf das Münzwesen sich beziehenden Rechte der Staatsgewalt; im engeren finanzwissenschaftlichen Sinn ist es, nach Rau, das ausschliessliche Recht der Regierung, Münzen prägen zu lassen und in Umlauf zu setzen und daraus einen Gewinn zu ziehen. Ein Münzregal lässt sich nicht rechtfertigen, wenn es von der Staatsgewalt nicht ehrlich gehandhabt wird. Dass zu Münzen bestimmte Metallplatten mit einem Gepräge bedeckt werden, bezweckt nämlich nur eine Beglaubigung ihres Gewichts und Feingehalts, so dass Jeder des Nachwiegens und Probirens überhoben sein kann und die Uebergabe der Macht zu kaufen durch dies Werkzeug in ein blosses Zählen der Stücke verwandelt wird. Eine solche Beglaubigung braucht nicht nothwendig durch eine Staatsbehörde zu geschehen; sie könnte sogar von einem Privatmanne ausgehen und der Münzstempel würde hier wirken wie ein Fabrikzeichen, welches oft in weiten Entfernungen unter zahlreichen Abnehmern Vertrauen findet.

Das Münzrecht wird jetzt nur von den Regierungen ausgeübt. Doch gewann in England die Prägung von kupfernen Münzmarken (tokens) in den Jahren 1787 bis 1800 eine grosse Ausdehnung. Die Prägung solcher Münzen wurde nämlich damals Privatleuten gestattet, weil die königliche Münze nicht im Stande war, die Bedürfnisse des Publikums zu befriedigen. In Deutschland dürfte wohl die einzige Ausnahme in Mecklenburg vorkommen, wo die Stadt Rostock unter ihrem Wappen jetzt noch Münzen aus Kupfer zum Nominalwerth von $^1/_4$ Schilling oder $^1/_{192}$ Thaler prägt.

Gute Münzen lassen sich nur in grossen Münzanstalten prägen. Deshalb hat man in Preussen die Münzanstalten in Königsberg, Breslau, Stettin, Düsseldorf und in Westphalen eingehen lassen und prägt nur noch in der Berliner Münze. Kleine Staaten können und sollten das Münzregal aufgeben [1]). Je grösser eine Münzanstalt ist, desto geringer werden die Generalkosten und desto vollkommener kann sie sein. Aber die Kosten sind doch deshalb immer gross, weil die Anstalt nicht fortwährend gleichmässig beschäftigt ist und während der Zeit des schwachen Betriebes doch die Zinsen des auf die Anstalt

[1]) Dass dies in Deutschland noch gar nicht geschieht, wird vielleicht von Preussen gehindert, welches, und gewiss nur mit geringem Gewinn für seine Münzverwaltung, seit 1840 für Anhalt, Weimar, Schwarzburg, Reuss, Lippe, Waldeck, Mecklenburg und Hamburg Münzen prägt, sogar Scheidemünzen. Die letzteren cirkuliren wohl grossentheils in Preussen, obgleich hier ihr Umlauf bei Strafe verboten ist. Warum wird der Umlauf der vielen Nichtpreussischen $2^1/_2$ und 1 Silbergroschenstücke — welche die schon knappen Preussischen $^1/_6$ Thalerstücke, besonders die geränderten, neuesten, aus dem Umlauf drängen — geduldet?

verwendeten Kapitals und die Gehalte des Beamten fortlaufen. Jakob, der das Münzregal als einen Ausfluss des Bergregals ansah, meinte, dass die Münzfabrikation in den Händen des Staats mehr koste, als wenn sie in Privatfabriken unter Staatsaufsicht betrieben würde. In England bestand bei der königlichen Münze seit alter Zeit eine erst 1837 aufgehobene Münzerkörperschaft, welche mit der Regierung über die Ausführung des Münzens Verträge schloss und auf die angefertigten Münzen eine Provision erhielt. In Frankreich, wo noch sieben Münzstätten vorhanden sind, ist die Ausmünzung den Fabrikdirektoren überlassen, welche die Löhnung der Arbeiter, die Instandhaltung der vom Staate ihnen übergebenen Vorrichtungen, die Kosten der vom Staate ihnen übergebenen Stempel und die Kosten, welche für die Abwage, Abzählung und Prüfung des Materials und der Münzen erwachsen, aus Eigenem zu bestreiten haben; wogegen sie von den Privaten, welche Geld prägen lassen, die gesetzlich bestimmten Gebühren beziehen, vom Staate dagegen, wenn dieser prägen lässt, kleinere von Fall zu Fall vertragsmässig festgesetzte Vergütungen erhalten. Dass der Staat Münzen durch Unternehmer prägen liess, kam wohl zuerst in England vor. Boulton und Watt in Soho bei Birmingham übernahmen 1797 und 1806 für die Regierung die Prägung grosser Massen von Kupfermünzen, und die Birminghamer Firma Heaton, Ralph & Co. hatte auf der Londoner Ausstellung von 1862 schöne Proben von Bronzemünzen ausgestellt, welche sie für England, Frankreich und Italien geprägt hat.

Ein finanzieller Vortheil vom Münzregal wird durch die Münzfabrikation gesucht. Diese kann jetzt mit geringeren Kosten ausgeführt werden, als ehemals. Noch 1838 erklärte Hoffmann das Justiren, das Nachwiegen der Münzplatten, für die kostbarste aller Verrichtungen bei der Zubereitung der Münzen, weil es die einzige sei, welche gar nicht durch Maschinen erleichtert werden könne, sondern Stück für Stück durch Menschenhände geschehen müsse. Jetzt dagegen kann man in der Londoner Münze und der Bank von England durch Dampfkraft getriebene Maschinen sehen, welche die einzelnen Münzplatten oder Münzen sehr schnell wiegen und die zu schweren und die zu leichten aussondern. Trotz der Fortschritte in der Münzkunst lässt es sich aber doch nicht erreichen, dass jedes einzelne Münzstück ganz genau das Gewicht und den Feingehalt, wie das Gesetz vorschreibt, erhält. Die gesetzlich festgestellte Grenze der erlaubten Abweichung ist das Remedium, welches ehemals grösser sein musste, als jetzt erforderlich ist. So ward es den Münzmeistern möglich, die einzelnen Geldstücke so abzupassen, dass einerseits keines geringhaltiger oder leichter wurde, als das Remedium eben gestattete, und dass doch andrerseits keines einen höhern Feingehalt oder eine grössere Schwere erhielt, als es nach dem angenommenen Münzfusse nothwendig haben sollte. Das Nachwiegen und Probiren einzelner Stücke ergab daher niemals eine widergesetzliche Verkürzung an Gewicht und Feingehalt; aber dennoch blieb die ganze Masse des geprägten Geldes, durchschnittlich wenigstens, um den halben Betrag des Remediums unter dem gesetzlichen Schrot und Korn. Hierdurch ward also das Geld absichtlich schlechter als nach dem gesetzlichen Münzfuss ausgeprägt; wie Hoffmann anführt, stand man sogar nicht an, dieses für einen erlaubten Vortheil anzusehen und in den Münzetats das halbe Remedium als Solleinnahme in Ansatz zu bringen. Eine derartige Benutzung des Remediums ist durchaus zu verwerfen. In Frankreich ist, wie Hock meint, das Remedium zu gross, und es würden absichtlich mehr Münzen etwas unter als über dem gesetzlichen Maasse ausgeprägt, was auf eine Verschlechterung hinwirke; und da nun überdies die Münzen niemals von Staatswegen eingezogen und umgeschmolzen wären, Privatleute aber die alten, abgenutzten Münzen aus dem Umlauf zu ziehen nicht Anlass haben können, so sollte kein anderer Staat Französische Münzen als gesetzliches Zahlungsmittel bei sich dulden. Besser und auch durchschnittlich weniger abgenutzt als die Französischen Silbermünzen, sind die Englischen Goldmünzen, die bei grösseren Zahlungen immer gewogen werden, namentlich von der Bank von England. Wenn ihnen $\frac{2}{3}$ ⁰/₀ am gesetzlichen Gewicht fehlt, braucht man sie nicht anzunehmen; die Bank lässt alle zu leicht befundenen zerschneiden und umprägen.

Durch den Schlagschatz kann der Staat aus dem Münzrecht ein Einkommen haben, indem es nämlich die Münzen zu einem höheren Werth ausgiebt, als sie ihm zu stehen kommen. Dies kann er auf zweifache Art bewirken. Entweder er prägt das Geld auf seine Kosten aus, lässt sich aber von jedem, der seiner Münze bedarf, um so viel Procent in feinem Silber oder Gold mehr, als die überlassene Münze enthält, bezahlen, als er Einkommen davon erheben will. Oder er prägt bloss das Gold und Silber, welches man bei der Prägeanstalt einbringt, in Landesmünze aus, giebt aber dafür um so viel Procent weniger an feinem Gold oder Silber in den ausgemünzten Stücken zurück, als er durch Schlagschatz erheben will. Im Grunde läuft beides auf eins hinaus. Der Unterschied ist, wie Jakob — der auf jeden Schlagschatz zu verzichten räth — meint, bloss der, dass die Regierung im ersten Fall die Anschaffung des Goldes und Silbers übernimmt, um stets Münze in Vorrath zu halten; im letzten Fall aber bekümmert sie sich um diese Anschaffung gar nicht, sondern verrichtet bloss das Probir- und Prägegeschäft an dem Metall, das ihr eingebracht wird. Im ersten Fall hat sie mehr Mühe, als im letzten. Dort ist sie zugleich Kaufmann, hier bloss Münzpräger.

Wenn der Staat sein Münzwesen nicht in Unordnung bringen will, so kann er durch den Schlagschatz ein erhebliches Einkommen nicht erlangen. Zunächst kann nur ein gewisses Quantum Münzen geprägt werden. Wenn sie über den Bedarf des Volkes geprägt würden, so würden sie ins Ausland gedrängt werden, wo sie aber nur so viel Werth haben würden, als das Metall, woraus sie bestehen; sie würden demnach so bald wie möglich wieder zurückgebracht werden. Ferner kommt, als das wichtigste, in Betracht, dass, wenn der Schlagschatz erheblich höher ist, als die Münzkosten, Private sowohl im Inlande als auch im Auslande die Münzen nachprägen, um an diesem Gewinn Theil zu nehmen. Je höheren Gewinn der Staat ziehen will, desto vortheilhafter und also dessen massenhafter wird das Nachmünzen, und dabei werden die nachgemachten Münzen, wenn dies auch nicht nothwendig ist, doch wahrscheinlich von geringerem Metallwerth angefertigt werden. Es wird demnach die Masse der Münzen weit über den Bedarf vermehrt, worauf es dann nicht ausbleiben kann, dass die Münzen im Werthe fallen, d. h. alle Bedürfnissmittel im Preise steigen. Die Geldeinnahmen der Regierung werden also geringer, und sie muss für ihre Bedürfnisse mehr zahlen. Von Scheidemünzen, namentlich denjenigen aus unedlem Metall, deren Fabrikationskosten verhältnissmässig gross sind, pflegt ein höherer Schlagschatz genommen zu werden, als von Courantmünzen. Der davon aufkommende Gewinn verlockt zu einer übermässigen Prägung von Scheidemünzen durch den Staat und durch Private. Ein Uebermaass von Scheidemünzen verdrängt erfahrungsmässig die Courantmünzen aus dem Umlauf. Die Nachtheile einer Unmasse ächter und unächter Scheidemünze sind um desto grösser, je mehr der Nominalwerth der Münzen den Metallwerth derselben übersteigt. — Dass auch Papiergeld, zumal uneinlösliches, Metallgeld und zumal gutes, aus dem Umlauf verdrängt, wird hier, wo nur das Münzregal, nicht aber die ganze Lehre vom Gelde abzuhandeln ist, nur beiläufig erwähnt.

Zur Illustrirung des Gesagten dient die Geschichte des Preussischen Münzwesens. Dasselbe war in einem sehr schlechten Zustande, als 1750 eine Besserung durch Verschlechterung des Münzfusses von 1690 vorgenommen wurde. Die Umprägung der Münzen geschah aber nicht auf allgemeine Staatskosten. Im siebenjährigen Kriege, in welchem Friedrich II übrigens nur unbedeutende Staatsanleihen machte, wurden wieder Unmassen geringhaltiger Münzen geprägt. Sie wurden nachher, aber wieder nicht auf allgemeine Staatskosten, umgeprägt und der Münzfuss von 1750 wurde wieder hergestellt. Das desfallsige Edikt vom 29. März 1764 versprach ausdrücklich, dass an neuer Scheidemünze nur ein gar geringes Quantum ausgeprägt werden sollte. Seit 1764 wurden jedoch geprägt:

in Silberscheidemünzen verschiedener Art:

		Thlr.	Thlr
zu 15 Thlr. auf die Mark fein	1764—1786	677,873	
zu 18 „ a. d. M. f.	1764—1772	8,979,190	
zu 21 „ a. d. M. f.	1772—1811	42,215,672	
zu 24 „ a. d. M. f.	1764—1806	901,349	
in Kupfer	1764—1811	283,125	
in Scheidemünze überhaupt			53,057,209
Vermindert wurde die Scheidemünze 1772 durch Einziehung, um		8,979,190	
und 1808 und 1811 durch Reduction, um		18,478,723	
zusammen			27,457,913
so dass noch			25,599,296

bei Verkündigung des Münzgesetzes vom 30. September 1821 übrig sein konnten, natürlich ohne Rücksicht auf die im In- und Auslande nachgemachte Scheidemünze [1]). Seit jener Zeit hat Preussen überhaupt verhältnissmässig sehr wenig gemünzt, auch zur Verbesserung seines Münzwesens nur wenig aufgewendet. Mehr geschah in den Niederlanden, wo in Folge des Münzgesetzes vom 26. November 1847 eine Umprägung der alten Münzen, und zwar auf allgemeine Staatskosten vorgenommen wurde, wie auch früher in England geschehen war. Hier hatte man auf allgemeine Staatskosten 1696 die Silbermünzen, 1774 die Goldmünzen und 1797 die Kupfermünzen umgeprägt.

In den Jahren 1764—1860 hat Preussen geprägt:

in Golde	84,473,495	Thlr.
in Silbercourant	261,281,890	„
zusammen also in 97 Jahren nur . .	345,755,385	„

Dagegen wurden in England im Jahre 1853 in Golde 11,952,391 £ ge-

---

[1]) Wie in dem Polenprozesse der Rechtsanwalt Janecki am 21. November 1864 anführte, wurden in der ersten Zeit nach 1815 für das Grossherzogthum Posen besondere Polnische Scheidemünzen geprägt, worauf die Preussischen schwarzen Adler in einem Mittelschilde den weissen Polnischen enthielten. Nachher wurden sie wieder eingezogen. Welchen Gehalt sie hatten, ist mir nicht bekannt.

prägt, und seit jener Zeit jährlich im Durchschnitt nicht weniger als 5,000,000 £. Im Jahre 1863 wurden geprägt:

in Golde	7,293,243	Stücke	für	6,607,456 £
in Silber	3,259,598	„	„	161,172 £
in Bronze	46,185,120	„	„	151,648 £.

In England wurde von 1666 an weder von Goldmünzen, noch von Silbermünzen ein Schlagschatz erhoben. Aus einem Pfunde Standardsilber, d. h. $^{37}/_{40}$ Pfund Silber und $^{3}/_{40}$ Pfund Kupfer, wurden 62 Schillinge geprägt. Seit 1816 lässt die Regierung daraus 66 Schillinge prägen; sie hat also, wenn sie das Pfund Standardsilber für 62 Schillinge in Sovereigns kaufen kann, einen Schlagschatz von $6\frac{14}{31}$ %. Für Private prägt sie nicht Silbermünzen. Dagegen prägt sie für jeden, der ihr Gold bringt, aus 1 Pfund Standardgold, d. h. $^{11}/_{12}$ Pfund Gold und $^{1}/_{12}$ Pfund Kupfer, unentgeltlich $46^{29}/_{40}$ £ in Sovereigns. Hiernach werden aus 1 Pfund reinem Silber $3^{21}/_{37}$ £ und aus 1 Pfund reinem Golde $50^{107}/_{110}$ £ geprägt. Man erhält folglich für weniger als $14^{1}/_{3}$ Pfund reines Silber in Silbermünzen schon 1 Pfund reines Gold in Goldmünzen. Um 1 Pfund ungeprägtes reines Gold einzutauschen, musste man aber seither immer mehr als 15 Pfund ungeprägtes reines Silber geben. Silbergeld auszuführen oder einzuschmelzen, kann hiernach keinen Gewinn bringen; auch wird Niemand mehr Silbermünzen in Zahlung geben, als unvermeidlich ist, da man, wenn man in Sovereigns zahlt, einen geringeren Werth weggiebt. So ist in England die Goldwährung gesichert, bis man 1 Pfund Gold schon für $14^{1}/_{3}$ Pfund Silber kaufen kann, was wohl nicht zu erwarten ist.

Nach diesem Englischen System eine Preussische Münzreform vorzunehmen, haben Hoffmann[1]) und ich[2]) schon vor den Goldentdeckungen in Californien, wovon im Februar 1848 die erste Nachricht nach Europa kam, vorgeschlagen. Vor dem Abschluss des Münzvertrages vom 24. Januar 1857 — welchem bedauerlicherweise die Volksvertretung nachträglich zuzustimmen sich beeilte — habe ich rechtzeitig, aber vergeblich, auf die Gefahren diplomatischer Verhandlungen über Münzeinrichtungen hingewiesen[3]), demnächst aber auch darauf aufmerksam gemacht, dass für Preussen damit nichts ge-

---

[1]) Die Lehre vom Gelde als Anleitung zu gründlichen Urtheilen über das Geldwesen mit besonderer Beziehung auf den Preussischen Staat. 1838. Die Zeichen der Zeit im Deutschen Geldwesen als Zugabe zu der Lehre vom Gelde. 1841.

[2]) Das Geld- und Bankwesen in Preussen, 1846. Vorschläge zur Verbesserung des Preussischen Münzwesens, im Archiv der polit. Oekonomie. N. F. Bd. 7 Heft 2, 1847 S. 121—148.

[3]) Eine Deutsche oder eine Preussische Münzreform? in der Zeitschrift für Staatswissenschaft, 1854 S. 419—496.

wonnen ist, dass es zwar auch schon vor dem 31. December 1878, an die Stelle der Silber- und Kupferscheidemünzen, Bronzemünzen einführen, andere wichtigere Reformen selbsständig aber durchaus nicht vornehmen kann [1]). Von den Deutschen Bundesstaaten haben nur Hamburg, Bremen, Lübeck, Mecklenburg-Schwerin, Mecklenburg-Strelitz, Lauenburg, Holstein und Luxemburg in Bezug auf das Münzwesen ihre volle Souveränetät klüglicherweise bewahrt.

Durch diesen Münzvertrag, wonach aus 1 Zollpfund feinem Silber 30 Thlr. geprägt werden sollen, ist der Preussische Münzfuss zwar wieder etwas, um beinahe $\frac{1}{4}$ %, verschlechtert worden, wozu übrigens eine Nothwendigkeit gar nicht vorhanden war; aber was schon sehr lange vorher ausgesprochen war, dass Preussen vollhaltiges Silbergeld nicht ohne Schaden prägen konnte, gilt noch jetzt. Im November und December 1857 bezahlte man die Mark fein Silber mit mehr als 14 Thlr. und die Münze konnte also nur mit Schaden prägen. Im September 1864 war der Münzpreis für 1 Pfund feines Silber zwar zu 29 Thlr. 23 Sgr. notirt, man zahlte aber bis 30 Thlr. $1\frac{1}{2}$ Sgr. Vollhaltige Silbermünzen konnten also ohne Zuschuss nicht geprägt werden. In solchen Zeiten, wo das ungeprägte Silber mehr werth ist, als zu Münzen geprägtes, kann es gewinnbringend werden, für die Noten der Preussischen Bank sich Thaler oder auch Sechsteltbalerstücke geben zu lassen und die neuesten, also vollhaltigsten Stücke auszusuchen — zum Einschmelzen [2]).

[1]) Geld und Banken, von J. R. Mc Culloch. aus dem Englischen übersetzt von C. J. Bergius und J. L. Tellkampf, mit ergänzenden Abhandlungen beider Uebersetzer, 1859 S. 88—114. Zur Geschichte des Britischen Münzwesens, in den Deutschen Jahrbüchern Bd. 7 (1863) S. 205—230. Bd. 8 (1863) S. 19—37.

[2]) Erwähnen will ich hier noch die im August 1864 erlassene Erklärung des Handels- und Gewerbevereins zu Oldenburg über das Rundschreiben des bleibenden Ausschusses des Deutschen Handelstages, d. d. Berlin Februar 1864, die Deutsche Goldmünze betreffend: „dass Deutschland wohl thun werde, bei der, allem Anscheine nach nahe bevorstehenden, verallgemeinerten Annahme des metrischen Systems, sich mit England und Nordamerika wegen der Reduktion des Sovereigns und des halben Eagles auf den Goldwerth von 25 Franken zu verständigen; diese neue Goldmünze als Deutsches Zehnguldenstück ($6\frac{2}{3}$ Thlr.) anzunehmen und einzuführen; einstweilen aber sich mit dem Gebrauche der Goldkrone so weit auszusöhnen, wie die Verwendung einer Handelsgoldmünze im grössern es fordern mag. Sollte dann später die Werthrelation zwischen Gold und Silber sich so erheblich ändern, dass eine Agioberechnung der neuen Sovereigns gegen 10 Gulden Silber eine unbequeme würde, so würde Deutschland der vom Westen her immer mächtiger herandrängenden Goldwährung sich nicht länger entziehen wollen und den Zeitpunkt wahrzunehmen haben, wo es die Masse seiner vollhaltig ausgeprägten Silbermünzen ohne Verlust, ja vielleicht mit Vortheil gegen Gold verkaufen könnte."

Viertes Kapitel.

Von den Domänen.

Unter Domänen (vergl. oben S. 49) kann man alles Eigenthum des Staats, das derselbe mit gleichen Rechten und gleichen Zwecken wie Privatleute besitzt, verstehen. Grundherrliche Rechte, Landgüter, Forsten, Häuser, Anstalten zum Gewerbsbetrieb und zinsbar belegte Kapitalien sind Domänen, wenn der Staat sie wie ein Privateigenthümer benutzt. Regalien dagegen bestehen in Rechten, deren sich Niemand, ausser im besonderen Auftrage der Staatsgewalt bedienen darf. Einen wesentlichen Unterschied zwischen Domänen und Regalien findet Hoffmann darin, dass die Staatsgewalt sich jener nur gegen Vergütung entäussert, während sie die Verpflichtung anerkennt, diese ganz einfach aufzuheben, sobald ihre Fortdauer entbehrlich wird. Domänen, sagt er, werden nur gegen volle Vergütung ihres Werths verkauft und vertauscht, oder als angemessene Belohnung für geleistete Dienste verliehen; wenn aber beispielsweise die postmässige Beförderung von Personen und Gütern den Verkehr weniger erleichterte als belastete, so würde die Staatsgewalt sich durch ihr eigenes Interesse gedrungen fühlen, diesem Theil des Postregals zu entsagen, selbst wenn damit einiges Einkommen verloren würde. Seitdem der Nachtheil für den Verkehr erkannt ist, welcher aus der Vermehrung geringhaltiger Münzen über deren Anwendbarkeit als Scheidemünze hinaus entsteht, enthalten sich die Regierungen derselben, und verzichten freiwillig auf Einkünfte, welche sie sonst aus dem Münzregal bezogen.

Die Perser nahmen ihre Könige immer aus dem königlichen Hause; aus diesem erwählten sie einen religiösen, milden, feingebildeten, freigebigen, tapfern und edlen Mann und legten ihm dann die Verpflichtung auf, neben diesen Tugenden Gerechtigkeit zu üben, kein Grundstück zu erwerben und dadurch seinen Nachbarn Schaden zu bringen, noch Handel zu treiben und so danach streben zu müssen, dass die Preise der Waaren hoch stiegen, noch endlich sich durch Sklaven bedienen zu lassen, da diese zu nichts Gutem riethen. Wisse aber, dass des Herrschers Vermögen nur durch die Steuern wächst, und dass diese nur durch Gerechtigkeit und Rücksichtnahme gegen die Besitzenden reichlich gemacht werden. Denn dadurch bekommen sie Aussicht auf Gewinn und fangen mit gutem Muth an, ihr Vermögen fruchtbringend anzulegen, so dass der Herrscher grössere Steuern davon einnimmt. Aber andere Unternehmungen des Herrschers, sei es Handel oder Ackerbau, bringen den Unterthanen bloss schnellen Schaden, vermindern sehr die Steuern und thun der Kultur Abbruch. -- Das sind die Worte Ibn Chaldun's, eines Arabischen Geschichtsschreibers, welcher in der zweiten Hälfte des vierzehnten Jahrhunderts lebte [1]).

Aehnliche Ansichten hatte auch Ad. Smith, indem er allen Einnahmequellen, die nicht Abgaben der Unterthanen sind, wenig Gewicht beilegte. Er meint, sie beständen entweder in Kapitalien oder in Ländereien. Von den Kapitalien, deren Eigenthümer der Landesherr ist, könne er ebensowohl wie jeder Privatmann, auf eine doppelte Weise Einkünfte ziehen, indem er sie selbst anlegt, oder indem er sie auf Zinsen an andere ausleiht. So könnte die Regierung etwa Bankgeschäfte treiben wollen; ob aber einer Regierung, wie die Englische, „die, was auch ihre übrigen Vorzüge sein mögen, doch nie wegen ihrer guten Haushaltung berühmt gewesen ist, die in Friedenszeiten immer mit dem Leichtsinn und der Sorglosigkeit einer Monarchie, und in Kriegszeiten mit der Schwärmerei und der Wuth einer Demokratie verschwendet hat," die Betreibung eines kaufmännischen Unternehmens mit Sicherheit anvertraut werden könne, wäre zweifelhaft. Fürsten hätten oft sich in noch viele andere kaufmännische Spekulationen eingelassen, und wie Privatpersonen ihre Umstände durch gewagte Versuche in den gewöhnlichen Handlungszweigen verbessern wollen; es sei ihnen aber fast immer fehlgeschlagen. Was die Ländereien betrifft, so würden bei dem jetzigen Zustande des grössten Theils der Europäischen Monarchien sämmtliche Ländereien ihres Gebiets, wenn sie alle so schlecht bewirthschaftet wären, als sie es wahrscheinlich sein würden, wenn sie alle Einem Eigenthümer zugehörten, kaum so viel Einkünfte bringen, als jetzt auch in Friedenszeiten von den Unterthanen durch Auflagen erhoben werden. „Die jetzigen Kronländer Grossbritanniens bringen nicht den vierten Theil von dem, was wahrscheinlich ihr Ertrag sein würde, wenn sie Privatpersonen zugehörten. Wären diese

[1]) Deutsche Jahrbücher, Bd. 8 (1863) S. 144.

Kronländereien von noch grösserem Umfange, so würden sie wahrscheinlich auch noch schlechter bewirthschaftet werden. Obgleich gegenwärtig kein civilisirter Staat irgend einer Art in Europa ist, worin der grösste Theil der öffentlichen Einkünfte aus der Rente von Ländereien herkäme, die dem Staate gehörten: so sind doch noch in allen grösseren Europäischen Monarchien grosse Strecken Landes das Eigenthum der Kronen. Sie sind grösstentheils Forsten, und zuweilen Forsten, wo man mehrere Meilen reisen kann, ohne einen Raum zu finden; — blosses wüstes und verlornes Land, — verloren sowohl für die Bevölkerung, als für den Ackerbau."

Ein wichtiger Theil des Staatsvermögens, sagt Klüber, sind die Staats-Domänen, Kron-, Staats-, oder Kammergüter, Grundeigenthum des Staats, zum Theil verbunden mit grundherrlichen, nutzbaren Gerechtsamen, dessen Ertrag zu dem Staatsaufwand bestimmt ist. Die hauptsächlichsten Domänen in den meisten Staaten sind nach Jakob: Landbaugüter und Waldungen, sowie auch Bergwerke und Salinen, wovon schon oben (S. 114) die Rede war. Hier sollen nun betrachtet werden: 1) Kapitalien; 2) Wohngebäude; 3) grundherrliche Einkünfte; 4) land- oder forstwirthschaftlich oder anders benutzte oder benutzbare Ländereien; 5) Gewerbe für Staatsrechnung.

Dass ein Staat Kapitalien besitzt, welche dauernd gegen Zinzen ausgeliehen werden, ist weder nöthig, noch nützlich, kommt auch selten vor. Doch findet es noch in einigem Umfang in der Schweiz statt, sowohl bei der Eidgenossenschaft als bei einigen Kantonen. Schon Ad. Smith sprach von den ansehnlichen Einkünften, die der Kanton Bern von den Kapitalien, die er fremden Staaten geliehen, d. h. in den Fonds der verschiedenen verschuldeten Staaten Europa's, besonders den Französischen und Englischen, angelegt hatte; bemerkte aber dabei, dass die Sicherheit dieser Einkünfte theils von der Sicherheit der Fonds, worin die Kapitalien angelegt worden, d. h. von Treue und Glauben der Regierung, welche diese Fonds verwaltet, und theils von der Gewissheit oder Wahrscheinlichkeit, dass der Friede mit der Nation, welche das Geld geborgt hat, fortdauern wird, abhängig sei. Im Fall eines Krieges liesse sich sehr wahrscheinlich dies als die erste Handlung der Feindseligkeit von Seiten der Nation, welche Schuldnerin ist, erwarten, dass sie die Kapitalien ihres Gläubigers einzieht. — Dergleichen hat Preussen durch die Bayonner Konvention von 1808, wovon weiter unten die Rede sein wird, erfahren.

Viel mehr empfiehlt es sich, für die etwa vorhandenen Kapitalien inländische Fonds anzukaufen, wodurch denn die Schuld durch Confusion aufgehoben wird; eine neue Schuld würde nachher nur in verfassungsmässigem Wege entstehen können. Wenn z. B. eine Preussische Staatsbehörde, in Vertretung des Preussischen Fiskus, Preussische Staatsschuldscheine kauft, so treffen die Rechte des Gläubigers und die Verbindlichkeiten des Schuldners in Einer Person — dem Preussischen Fiskus — zusammen und „werden beide durch diese Vereinigung aufgehoben" [1]).

Wenn der Staat die ihm gehörigen Kapitalien an die eigenen Unterthanen ausleiht, und zwar gegen hohe Zinsen, so ist er gefährdet. Denn zu je höheren Zinsen sich ein Schuldner verstehen muss, um desto unsicherer ist er. Leiht die Regierung aber gegen mässige oder gar niedrige Zinsen aus, so begünstigt sie gewisse Personen oder gewisse Klassen von Unterthanen, oder scheint dies zu thun — in beiden Fällen wird die Meinung von der Unparteilichkeit der Regierung vermindert. — Ein Beispiel ist das königliche Kreditinstitut für Schlesien. Nach der von Mühler, v. Rochow und Rother kontrasignirten Verordnung vom 8. Juni 1835 waren dem Könige die „drückenden Vermögensverhältnisse vieler Schlesischen Gutsbesitzer" geschildert worden. Das Institut sollte daher Besitzern Schlesischer Rittergüter, die sich weder durch Pfandbriefs-, noch durch Privatkredit im Besitz würden halten können, Darlehne gewähren, und erhielt zu diesem Zweck nicht bloss eine Landesherrliche Garantie, sondern auch aus einem von der laufenden Staatsverwaltung unabhängigen, disponibel gewordenen Fonds einen angemessenen, sogar zinsfreien, Vorschuss überwiesen.

Wenn die Volksvertretung nur darauf hält, dass die Einkünfte des Staats zu keiner Zeit grösser werden, als seine nothwendigen Ausgaben erfordern, so werden sich Kapitalien gar nicht bilden, welche die Regierung ausleihen könnte. Sind aber dergleichen einmal vorhanden, so ist nichts empfehlenswerther, als sie zur Abtragung von Staatsschulden zu verwenden. Existiren solche nicht, so müssen durch Steuerverminderung oder zeitweise Steuererlasse die Lasten des Volks erleichtert werden, was, wie Rau richtig sagt, wenigstens zum Theil eine Vergrösserung des Kapitals im Volke, also der Gütererzeugung und unmittelbar wieder des Staatseinkommens verursacht. Was soll aber mit den zinsbar ausgeliehenen Kapitalien eines Staats geschehen, welcher keine Schulden hat und dessen Unterthanen keine Steuern zu

---

[1]) A. L.R. I. 16. §. 476.

zahlen haben? — Diese Frage wird für einen grösseren Staat schwerlich praktisch werden.

Von den oben erwähnten Kapitalien, die dazu bestimmt sind, fortwährend zinsbar angelegt zu werden, sind die Geldbestände zu unterscheiden, welche in grösseren oder geringeren Beträgen in den verschiedenen Staatskassen vorhanden zu sein pflegen, um die vorkommenden Ausgaben des Staats zu bestreiten. Der gesammte Betrag dieser Bestände muss in einem grossen Staate sehr bedeutend sein, und würde wahrscheinlich erheblich geringer sein können, wenn es, statt vieler, nur wenige Staatskassen gäbe. Es könnte wohl rathsam sein, die Bestände so viel wie möglich, gegen kurze Kündigung, Privatbanken für geringe Zinsen zu überlassen. Aber wenn der Staat von seinen Beständen auch Zinsen nicht beziehen könnte, so würde er doch an Verwaltungskosten erheblich sparen, wenn ein Theil der Staatskassen durch Privatbanken vertreten würde. Und dass eine solide Bank dem Staat durch das Vermögen ihrer Aktionäre grössere Sicherheit bietet, als die Kaution des Rendanten einer Staatskasse gewähren kann, wird zugestanden werden müssen. In England sind nicht so viele Staatskassen wie in Preussen, da die — von der Regierung unabhängige — Bank von England, mit welcher die Preussische Bank gar nicht zu vergleichen ist, sehr viele Geldgeschäfte für die Regierung besorgt.

Ein grosser Staat bedarf für die Zwecke der Regierung viele Gebäude, da er Kasernen, Zuchthäuser, Gerichtsgebäude und dergleichen miethsweise schwerlich erhalten könnte. Da aber die Aufführung und Unterhaltung eines Gebäudes dem Staat mehr zu kosten pflegt, als Privatpersonen, und da erfahrungsmässig die Regierungen oft durch Vorschläge Einzelner in Versuchung geführt werden, grosse Summen auf unzweckmässige oder doch entbehrliche Bauten zu verwenden, so sollte daran festgehalten werden, dass der Staat an Gebäuden nicht mehr aufführt oder behält, als für Regierungszwecke wirklich nothwendig und miethsweise nicht zu erlangen ist. Daher kann es auch nicht zweckmässig sein, dass der Staat spekulationsweise Gebäude, um davon einen Miethsertrag zu ziehen, behält oder erwirbt oder selbst baut, da ihm die zu Wohnungen vermietheten Gebäude im Verhältniss zu ihrem Ertrage fortwährend grosse Unterhaltungskosten zu verursachen pflegen. Es können hiernach nur geringe Nettoeinnahmen sein, welche der Staat durch Vermiethung von W o h n g e b ä u d e n zu ziehen im Stande ist. In einzelnen Oertlichkeiten ist es zuweilen unvermeidlich, dass gewissen Beamten, z. B. Grenzaufsichtsbeamten, Amtswohnungen zugewiesen werden. Dies sollten aber immer Ausnahmen sein. Ob in solchen Fällen einem Beamten eine Miethe abgefordert wird, oder ob er ein geringeres Gehalt erhält, als ein anderer Beamter gleicher Art, welcher sich selbst eine Wohnung beschaffen muss, kommt zuletzt auf Eins heraus. In der Regel und namentlich in den grösseren Städten sollten die Beamten jedes Ranges so besoldet sein, dass sie sich die erforderlichen Wohnungsräume selbst besorgen können. In diesem Fall hätten die Beamten, welche nicht Wohnungsluxus treiben wollen, sich nicht zu beklagen und der Staat brauchte an Ankaufs-, Bau- und Unterhaltungskosten und Zinsen für Amtswohnungslokale nur das Unvermeidliche aufzuwenden.

Zu den grundherrlichen Einkünften gehören feste, unveränderliche Geldrenten, die in bestimmten Terminen, meistens in jedem Jahre zu entrichten sind; auch Abgaben in Naturalien, z. B. in Getreide; Dienste, die in Natura zu leisten sind oder vielleicht in Gelde bezahlt werden können; ferner Erbpachtskanon und Zehnten verschiedener Art, sowie Gefälle, die bei besonderen Veranlassungen zu zahlen sind, wie Laudemien bei dem Besitzwechsel. Alle solche Einkünfte lassen sich in jetziger Zeit nicht mehr aufrecht halten. Den Verpflichteten ist auch in den meisten Ländern die Ablösung durch Kapitalzahlung oder Abtretung von Land gestattet.

Im Preussischen Staat ist aber diese Art von Einnahmen von allen Einnahmen, die zu den Domäneneinnahmen gerechnet werden, noch die bedeutendste. Der Betrag dieser Einnahmen, welche in den Etats für 1847 auf 4,057,513 Thlr., für 1853 auf 3,134,221 Thlr. und für 1861 auf 2,695,342 Thlr. Brutto veranschlagt waren, wird durch Ablösungen immer geringer. Nach dem Ablösungsgesetz vom 2. März 1850 §. 64 kann die Ablösung jetzt durch Zahlung des 18-fachen Jahreswerths erfolgen. Es dürfte rechtlich zulässig, auch wohl mit Vortheil ausführbar sein, dass der Staat das Recht zur Erhebung aller dieser Gefälle an Privatpersonen oder Gesellschaften, falls sich solche bilden sollten, verkauft. Je eher das dadurch zu erlangende bedeutende Ablösungskapital zur Abtragung von Staatsschulden verwendet wird, desto mehr kann auch an Verwaltungsaufwand überhaupt erspart werden.

Von besonderer Wichtigkeit sind unter den Domänen die dem Staat gehörigen nutzbaren Ländereien und Waldungen, die vorzugsweise als Domänen bezeichnet zu werden pflegen. Zuweilen werden auch nur die dem Staat gehörigen Landgüter Domänen genannt und die Staatsforsten besonders aufgeführt. Der Umfang der Staatsländereien ist nun in den verschiedenen Ländern sehr verschieden.

In Aegypten hat im ersten Viertel dieses Jahrhunderts Mehmed Ali, als Vicekönig, wie Rau nach Prokesch anführt, alle Privatländereien ins Staatseigenthum gezogen und die bisherigen Eigenthümer mit einer lebenslänglichen, dem abgeschätzten Reinertrage gleichkommenden Rente abgefunden. Die Bauern, Fellahs, entrichten die Grundsteuer (Miri) und liefern einen Theil der Produkte gegen baaren Ersatz ab. Die Fleissigen werden im Besitz der Güter gelassen.

In den meisten Theilen Indiens giebt es, nach J. S. Mill, in Bezug auf den Landbau nur zwei Parteien, den Grundherrn und den Bauer und dies scheint immer der Fall gewesen zu sein. Der Grundherr ist in der Regel der Souverain. Die Zahlungen der Bauern oder, wie man sie dort nennt, der Ryots, sind selten oder wohl nie durch Konkurrenz regulirt worden wie in Irland. Obschon die in einzelnen Gegenden geltenden Gewohnheiten unendlich von einander verschieden waren und gegen den Willen des Souverains praktisch kein Herkommen galt, so bestand doch immer eine Art Regel, die einer Nachbarschaft gemeinsam war; der Steuereinnehmer machte nicht seine Rechnung mit den einzelnen Bauern, sondern besteuerte jeden nach der für alle übrigen angenommenen Regel. Der Begriff eines Eigenthums, oder auf alle Fälle doch eines Rechts auf beständigen Besitz, ward so beim Landmann aufrecht erhalten. Es entstand die Anomalie einer dem Bauer zustehenden Erbpacht und daneben einer willkührlichen Macht, ihm die Bodenrente zu erhöhen.

Hier sehen wir in zwei Ländern grossen Domänenbesitz, aber das Volk ist arm. Man kann zweifelhaft sein, ob man das, was die Bauern zahlen, eine Pacht oder eine Grundsteuer nennen soll.

In den Vereinigten Staaten finden wir einen ungeheuren Domänenbesitz, der aber, so lange er dies ist, den Staaten oder der Union nichts einbringt, da sie das Land, selbst das goldreichste, weder bearbeiten oder anbauen lassen, noch verpachten. Man bestrebt sich nicht, von den nutzbaren Ländereien einen direkten pekuniären Vortheil zu erlangen, sondern sucht sie in Privathände zu bringen, in der Ueberzeugung, dadurch am schnellsten dem Lande eine starke und wohlhabende Bevölkerung zu schaffen. Im Mai 1863 waren noch 965 Millionen Acres Land unverkauft und der Unionsregierung zugehörig. Die Ländereien werden sorgfältig vermessen und von der Regierung zugetheilt, und zwar werden sie den derzeitigen Anbauern unentgeltlich verliehen oder für Preise, die $1^1/_4$ Dollar für den Acre nicht übersteigen, an Käufer, die nicht schon Anbauer waren, überlassen. Die Fläche, welche vermessen ist und zum Verkauf steht, betrug 1862 135 Millionen Acres[1]).

Wenn auch einige kleinere Deutsche Staaten einen erheblichen Theil ihrer Einnahmen aus Domänen beziehen, so machen doch gegenwärtig in den Europäischen grossen civilisirten Staaten die Einnahmen von Domänengütern, nur einen verhältnissmässig geringen Theil von den Gesammteinnahmen aus.

In England zieht die Staatskasse aus Domänen wenig Nutzen. Wie Macaulay berichtet, reichten in alter Zeit die erblichen Einkünfte des Königs bei wirthschaftlicher Verwaltung zur Deckung des ordentlichen Regierungsaufwandes hin. Seine eigenen Domänen waren von weitem Umfang. Er war zugleich Oberlehnsherr des gesammten Grund und Bodens in seinem Königreiche, und besass in dieser Eigenschaft manche zu fürchtende Rechte, die ihn in den Stand setzten, Diejenigen zu drücken und niederzubeugen, die ihm entgegentraten, und ohne Kosten für ihn selbst Solche zu bereichern und grösser zu machen, die seine Gunst genossen. Nach der alten Verfassung war der Souverain berechtigt, die Domänen der Krone in einer Weise zu vergeben und in dem Zustande zu belassen, wie es ihm gut schien. Kein Gesetz bestimmte die Zeitdauer, die er bewilligen durfte, oder den Betrag der Rente, die er sich vorbehalten musste. Seit der Eroberung war kaum eine Regierung verflossen, in der nicht grosse Güter von den Fürsten an begünstigte Unterthanen verliehen worden wären. Früher wurde freilich das mit verschwenderischer Gunst Verliehene nicht selten wieder auf gewaltsame Weise entrissen. Verschiedene Gesetze behufs der Wiederzurücknahme von Kronländereien wurden von den Parlamenten des vierzehnten und fünfzehnten Jahrhunderts erlassen. Zuletzt hatte ein Gesetz von 1485 die Schenkungen der Könige vom Hause York vernichtet. Seitdem waren zwei Jahrhunderte ohne irgend eine Akte der Wiederzurücknahme von Kronländereien vergangen, und ein Gut, das von königlicher Freigebigkeit herrührte, galt für einen sicheren Besitz. Auch Wilhelm III hielt sich für berechtigt, seine erblichen Domänen eben so frei wegzuschenken, wie seine Vorgänger die ihrigen verschenkt hatten. Das Gesetz des Landes gestattete ihm dies. „Es ist vollkom-

---

[1]) Deutsche Jahrbücher Bd. 11 (1864) S. 369—378.

men wahr, dass das Gesetz mangelhaft war und dass die Verschwendung, mit der Herrschaften, Abteien, Jagdreviere, Gehäge, Bergwerke, ganze Strassen, ganze Marktstädte an Höflinge verschenkt worden waren, sehr zu beklagen war. Nichts könnte mehr am Platze gewesen sein, als ein vorsorgendes Gesetz zu erlassen, dass das Wenige, was noch von dem Kroneigenthum übrig war, fest zusammenhielte. Aber durch ein rückwirkendes Gesetz Patentbriefe zu annulliren, die in Westminster-Hall für rechtskräftig erachtet wurden, würde einfach Raub gewesen sein. Solch ein Raub musste nothwendig jedes Eigenthum unsicher gemacht haben; und der Staatsmann muss kurzsichtig sein, welcher glaubt, dass das, was das Eigenthum unsicher macht, die Gesellschaft wirklich glücklich machen kann." Am 7. Februar 1698 bat indessen im Unterhause die Opposition um Erlaubniss, eine Bill einzubringen, die alle Schenkungen von Kroneigenthum, die seit der Revolution stattgefunden hatten, für ungültig erkläre. Das Ministerium, hierdurch sehr in Verlegenheit gesetzt, erklärte nun, dass es gegen eine solche Bill nichts weiter einzuwenden hätte, als dass dieselbe nicht weit genug ginge und suchte daher die Erlaubniss nach, noch zwei andere Bills einzubringen, von denen die eine alle Schenkungen Jakob's II, die andere die Schenkungen Carl's II für ungültig erklärte. So war die Opposition gefangen. Denn alle Parteien waren von den Königen beschenkt worden. Es wurden nun die drei Bills zusammen eingebracht, zum zweiten Mal zusammen verlesen, zusammen einem Ausschuss zur Berichtserstattung überwiesen, und dann zuerst ungeformt und endlich ruhig fallen gelassen.

So erklärt es sich, dass jetzt in England von Domänen kaum noch die Rede sein kann. Sie sind meist verschleudert worden — aber das Englische Volk ist deshalb nicht schlechter daran und nicht ärmer oder weniger frei als andere Völker; auch steht die Königin von England gewiss nicht weniger hoch, als irgend ein Deutscher Fürst, dessen Domänen einen verhältnissmässig grossen Theil seines Territoriums einnehmen.

In Frankreich[1]) wurden 1789 die Güter der Geistlichkeit für Nationaldomänen erklärt — eine Massregel, die schon vor Ablauf des Jahres 1864 der neue Kaiser von Mexiko ebenfalls auszuführen vorhatte — und derselben Behörde überwiesen, welche schon vor der Revolution die grund- und lehnsherrlichen Gefälle und zum Theil auch die Güter der Krone verwaltet hatte. Die Güter der königlichen

---

[1]) Hock, Finanzverwaltung Frankreichs. S. 209. 213. 218. 223 ff.

Familie wurden 1791 ebenfalls für Nationaldomänen erklärt. Die Einziehung der Güter der Emigranten steigerte den Umfang der Domänen noch. Zur Deckung der Assignaten und auch später sonst noch fanden 1790 bis 1830 nicht weniger als 1,209,669 einzelne Domänenverkäufe statt mit einem Erlöse von 4631 Millionen Franken. Anfangs 1851, ehe die Güter der Familie Orleans hinzutraten, befanden sich 750 nutzbare Objekte in einem Werth von 8,8 Millionen Franken in den Händen der Domänenverwaltung. Der Ertrag ist nicht bedeutend. Er wurde für 1857 zwar mit 15,3 Millionen veranschlagt; darunter bildet jedoch der Ertrag der Güterverkäufe, meist aus der Konfiskation der Orleans'schen Güter herrührend, die Hauptsumme von 8 Millionen. Der Ertrag der eigentlichen Domänen erscheint mit 450,000 Fr., der fortifikatorischen Güter mit 675,000 Fr., der dem Staat angefallenen Erbschaften und dergl. mit 610,000 Fr., der Forderungen aus verpfändeten und vertauschten Gütern mit 100,000 Fr., der Erlös aus Verkäufen von Materialien mit 3,700,000 Fr. und der Ertrag verschiedener Institute mit 1,560,000 Fr. in Rechnung.

Das Forstwesen wird in Frankreich immer noch nach den Principien eines Gesetzes von 1669 geleitet, d. h. im Geiste der Bevormundung und des Staatsschutzes, um das Holz zu erhalten, wenn auch die Umwandlung in Ackerland ökonomisch nützlicher wäre. Auch die Gemeindewaldungen stehen unter Staatsaufsicht, und selbst zur Abholzung von Privatwaldungen wird eine Erlaubniss nicht leicht ertheilt, wenn die Besitzer auch davon die am 2. Mai 1848 eingeführte hohe Taxe erlegen wollen. Die Ueberschwemmungen von 1856, welche mit in Folge der Entholzung der Quellengebiete der ausgetretenen Ströme stattgefunden haben sollen, werden dem alten Bevormundungssystem vielleicht noch „neuen Schwung verleihen, und man wird, wie bei allen reaktionären Bestrebungen, die Sünden der Ungebundenheit durch jene der Zwangsherrschaft zu überbieten suchen!“ Dennoch ist der Waldboden Frankreichs in Abnahme begriffen. Er belief sich 1850 auf 8,860,000 Hektaren, 1855 aber nur auf 8,675,000 Hektaren, wovon der Staat nur 1,171,000, die Gemeinden und Institute 1,892,000, die Krone und die Privaten 5,612,000 Hektaren besassen. Ende 1835 hatten die Staatsforsten 1473 Objekte mit einem Flächeninhalt von 1,019,000 Hektaren in einem Schätzungwerthe von 727 Millionen Franken umfasst. Die grössten Forsten befinden sich in den Forstdistrikten von Nancy, Epinal, Toulouse. Das Forstpersonal ist ausserordentlich gross. Der Ertrag war für 1856 sowie 1857 auf 26 Millionen Franken veranschlagt, darunter Holzschläge 21,9 Millionen. Im Jahre 1861 kamen aus der Verwaltung und dem Verkauf der Domänen beinahe 13 Millionen Franken ein und der Ertrag von den Forsten belief sich auf 33 Millionen [1]).

Nach der Julirevolution bis 1835 waren, wie Rau berichtet, 116,780 Hektaren Staatswaldungen verkauft worden für einen Kapitalwerth von 121,767,000 Franken; sie hatten vorher 3,996,400 Franken, also nur 3,28 % eingebracht. Ende 1864 ging man damit um, alle noch vorhandenen Staatswaldungen zu veräussern.

Oesterreich hat sowohl im vorigen als auch in diesem Jahrhundert sehr viele grosse Domänenherrschaften, zur Schuldentilgung, veräussert. Eine Masse von Staatsgütern, die auf 156 1/2 Millionen Gulden angeschlagen sind und 115 □ Meilen einnehmen, wurden 1855 der Nationalbank für ihre Forderungen an den Staat überwiesen, um sie zu verkaufen und sich dadurch bezahlt zu machen. In dem, in demselben Jahre stattgehabten, Verkauf von Staatseisenbahnen an eine Gesellschaft, für welche Französische Kapitalisten den Vertrag abschlossen, für 200 Millionen Franken waren auch 114,000 Hektaren Land einbegriffen. Auch im Jahre 1864 war wieder von dem Verkauf von Staatsgütern an Gesellschaften die Rede.

Wenn in andern grösseren Staaten noch ein verhältnissmässig bedeutender Domänenbesitz vorhanden ist, so darf daraus nicht etwa geschlossen werden, dass derselbe auf die Dauer wird erhalten werden. So ging man auch schon 1864 in Italien daran, Staatsgüter zu veräussern.

Den Nutzen der Domänen darf man durch andere als finanzielle Gründe nicht zu rechtfertigen suchen. Wenn z. B. Rau bemerkt, dass die Domänen auch gute Dienste leisteten, um landwirthschaftlichen Verbesserungen Eingang zu verschaffen und von jenen aus weiter zu verbreiten, wie Einführung besserer Viehraçen, Errichtung von Musterhöfen u. s. w., so muss man solchen Ideen entgegentreten. Zunächst kann darüber, was überhaupt Verbesserungen sind, vom Staat, d. h. von Beamten der derzeitigen Regierung, gar nicht entschieden werden. Weshalb Land- und Forstwirthschaft von Privateigenthümern schlechter betrieben werden sollte, als von den Organen der Regierung, und weshalb letztere besser sollten wirthschaften wollen und können, ist auch nicht einzusehen. Ueberdies gehört es gar nicht zu den Attributionen der Regierung, Musterwirthschaften betreiben zu lassen. Wenn diese schlechte Zinsen bringen,

[1]) Garnier, Traité de Finances. S. 410.

oder gar mehr kosten, als sie einbringen, so sind sie gewiss schlechte Muster. Die besten Muster bieten diejenigen Privatpersonen, welche, ohne alle staatliche Begünstigung oder Unterstützung, von ihrem Landbau, ihrer Viehzucht und ihrer Forstwirthschaft die höchsten Erträge dauernd beziehen und dadurch reich werden. Der Preussische Staatshaushaltsetat für 1861 führt Reinerträge von Staatsmusterwirthschaften nicht auf, wohl aber eine Ausgabe von 14,560 Thlr. „für die Verwaltung des Stammschäfereiguts Frankenfelde", und bei der Gestütsverwaltung sind die Ausgaben um 248,000 Thlr. höher veranschlagt als die Einnahmen. Dass Schafzucht und Pferdezucht ohne solche Staatsanstalten gedeihen können, beweist England — wo jedoch kein Ausfuhrzoll auf Wolle ruht, die Ausfuhr von Pferden auch nicht zeitweise verboten wird und das Eigenthum an Pferden in militärischem Interesse nicht beschränkt ist [1]).

Ein grosser Domänenbesitz ist durchaus nicht ohne Bedenken. Je entschiedener die Regierung Namens des Staates seine Eigenthumsrechte wahrnimmt und vertheidigt, desto leichter kann es den Anschein gewinnen, dass die Staatsgewalt das Eigenthum des Staats vor dem Eigenthum der Privatpersonen begünstigt; es kann der Regierung schwerer werden, immer unbefangen und unparteiisch zu bleiben, und schon der Schein der Parteilichkeit schadet ihrem Ansehen. Ein grosser Domänenbesitz kann zu vielen Prozessen Anlass geben. Wenn nun der Richter in einem Prozess, der zwischen dem Fiskus und einer Privatperson entsteht, namentlich wenn das Objekt kein bedeutendes ist, gegen den Fiskus entscheidet, so kommt dieser leicht in den Verdacht, sich auf einen frivolen Prozess, wo eine verständige Privatperson gleich nachgegeben oder sich wenigstens verglichen hätte, eingelassen zu haben. Schwerlich wurde die Regierung bei der Rustikalbevölkerung dadurch beliebter, dass die Domänenverwaltung in den 1840ger Jahren in Schlesien tausend oder mehr Prozesse wegen Laudemien führte. Aber auch aus Besorgniss, unbeliebt zu werden und Forderungen zu haben, welche etwas zweifelhaft sind, kann die Regierung sich bestimmen lassen, Ansprüche zu opfern, die in der That begründet sind. Und in solchen Fällen erleidet die Staatskasse doch Einbusse. Ferner hat der Staat, als grosser Grundbesitzer, dieselben Interessen, wie andere grosse Gutsbesitzer und die Inter-

[1]) Ueber Musterwirthschaften und Staatsgestüte vergl. Raudot, Ueber die mögliche Grösse Frankreichs. S. 91 ff. Die Ausfuhr von Wolle war in Preussen bis 1809 verboten, wo sie gegen einen Zoll von 2 Thlrn. pro Stein erlaubt wurde. vergl. Krug, Geschichte der Schafzucht in Preussen, in Engel's Zeitschrift. 1863, October.

essen dieser können den Interessen der kleinen Grundbesitzer und der Nichtangesessenen, der Mehrheit des Volks, entgegengesetzt sein. Ist nicht zu besorgen, dass bei einem grossen Domänenbesitz die Gesetzgebung selbst parteiisch wird und zwar zu Gunsten der Grundaristokratie? Von dem schwach bevölkerten Mecklenburg gehören 106 □ Meilen dem Domanium, 104 der Ritterschaft, 26 den Städten und 8 den Landesklöstern. Mehr als die Hälfte des ganzen Landes befindet sich demnach, als Eigenthum des Staates, städtischer Kommunen und geistlicher Stiftungen, in dem Besitze „todter Hände", und ist den Bewohnern des Landes zur Erwerbung von Privateigenthum entzogen. Es wird mit Ausnahme der Waldungen, welche durch Forstbeamte der Grundherrschaften verwaltet werden, durch Pächter und Bauern, resp. Erbpächter und Büdner bewirthschaftet. Eine Parcellirung der Grundstücke oder Zusammenziehung mit anderen Grundstücken, oder die Anlegung von Miethswohnungen auf denselben, kann nur mit Genehmigung der Grundherrschaft vorgenommen werden. Diese bestimmt die Grösse und Grenze der Grundstücke [1]). Wenn alle dem Staat und dem Landesherrn gehörigen Güter ohne Weiteres an die meistbietenden physischen Personen, seien dies Mecklenburger oder Nichtmecklenburger, verkauft würden, so würde in nicht langer Zeit die Zahl der Unterthanen und Steuerzahler sich verdoppeln können.

Von den finanziellen Vortheilen, welche die Domänen bringen oder bringen könnten, macht man sich zuweilen eine übertriebene Vorstellung, so dass man sogar geglaubt hat, dadurch Steuern entbehrlich machen zu können.

So sagte, allerdings zu einer Zeit, wo die Preussische Staatsschuld noch ziemlich mässig und die Schlacht von Jena noch nicht verloren war, Krug [2]), „dass die jetzigen Domänengrundstücke $2\frac{1}{8}$ % des ganzen nutzbaren Bodens im Staate enthalten und dass das jährliche Einkommen aus diesen Grundstücken, mit Einschluss aller Einkünfte, welche auf den Ertrag anderer Grundstücke fallen, über welche die Domänen gewisse Rechte ausüben, ohngefähr 4,140,000 Thlr. beträgt. Wenn nun die Staatswaldungen, die in

---

[1]) Vergl. R. Nizze, Volkswirthschaftliche Zustände in Mecklenburg 1861. S. 24. 25. M. Wiggers, Der Vernichtungskampf wider die Bauern in Mecklenburg. 1864. Die Wiederherstellung der Leibeigenschaft in Mecklenburg. Coburg 1864.

[2]) Betrachtungen über den Nationalreichthum des Pr. Staats Th. 2 S 471 —487.

ihrer Beschaffenheit so sehr geringen Nutzen bringen, nach den vorgeschlagenen Grundsätzen verwaltet würden, so müsste man nach Verlauf von 30 Jahren wenigstens die Hälfte des Ertrages von ihnen erwarten können, den jetzt die Domänen bringen; da die Staatsforsten $8\frac{13}{16}$ % des gesammten nutzbaren Bodens, oder viermal mehr Grund und Boden enthalten, als die Domänengrundstücke, so würde dann ihr jährlicher Ertrag zu 8,280,000 Thlr. anzuschlagen sein; der reine Ertrag aller Staatsgrundstücke wäre dann 12,420,000 Thlr., und es würde, um die zu den Staatsbedürfnissen nöthige, zu 33,000,000 Thlr. angenommene Summe zu erfüllen, noch 20,580,000 Thlr. jährlicher Ertrag aufgebracht werden müssen. Da nun, nach dem jetzigen Durchschnitt, der reine Ertrag eines Morgens Domänenland zu 1 Thlr. 15 Ggr. 5 Pf. genutzt wird, so wären noch 12,780,000 Morgen oder $10\frac{3}{4}$ % des ganzen nutzbaren Flächeninhalts erforderlich, um dieses Einkommen zu geben. Der ganze Antheil der grossen Kommune müsste daher $21\frac{3}{4}$ % des nutzbaren Flächeninhalts enthalten, um den Plan auszuführen, dass der Staat ohne alle Abgaben und Steuern und ohne alle Monopole und künstliche Benutzung bürgerlicher Gewerbe, bloss durch den Ertrag seiner Domänengrundstücke alle seine Ausgaben bestreiten könnte; wobei noch nicht Rücksicht auf die mögliche und höchst wahrscheinliche Erhöhung des Ertrages dieser Grundstücke durch die Vererbpachtung derselben genommen ist. Unsere letzten drei Regenten haben bewiesen, dass sie ausser den etatsmässigen Ausgaben noch jährlich ansehnliche Summen verwenden konnten, um Werke auszuführen, die nicht in den gewöhnlichen Ausgabeetats anderer Staaten ausgeworfen sind. Ein jährlich zu diesem Behuf verwendetes Kapital, mit welchem in allen Provinzen Güter, die zum Verkauf stehen, angekauft würden, müsste, da dessen Fond sich durch sich selbst jährlich vermehrt, mit der Zeit den wichtigen Zweck erreichen, und schon der Umstand, dass dies m i t d e r Z e i t und nicht plötzlich geschieht, würde für die Sache sprechen. Da man auch schon seit einiger Zeit angefangen hat, einzelne Domänenämter in Erbpachtsgüter zu verwandeln, so würde das von dieser Vertheilung einkommende Erbstandsgeld schon einen beträchtlichen Fonds abgeben, der auf keine bessere Art angelegt und der Zirkulation wieder gegeben werden könnte. Der Ruf, dass es einen Staat in der Welt giebt, der gar keine Abgabe auf Gewerbe, auf Konsumtion und auf Zirkulation duldet, würde eine Menge wohlhabender Menschen aus allen Gegenden reizen, Bürger eines solchen Staats zu werden; die Befreiung von allen Staatsabgaben würde alle Gewerbe heben und ein anderes so kräftig wirkendes Mittel für den Patriotismus, für die

Liebe zum Vaterlande, für die Vertheidigung desselben bis zur äussersten Anstrengung, gegen Feinde, die seine Ruhe stören wollen, scheint zu erfinden nicht möglich."

Dieses Projekt, gegen welches Krug vorzugsweise von Seiten des Adels Einwendungen erwartete, ist nicht ausführbar. Zunächst war der durchschnittliche Reinertrag der Domänengüter mit 1 Thlr. 15 Ggr. 5 Pf. pro Morgen wahrscheinlich zu hoch geschätzt. Dann würde auch der Ertrag von $21\frac{3}{4}$ % des ganzen Staatsgebiets nicht ausreichen, um die Steuern entbehrlich zu machen. In Mecklenburg-Schwerin sind 43 % des Landes Staatseigenthum, und doch ist das Volk nicht von Steuern frei. Wird jemals etwa ein Preussisches Ministerium die Volksvertretung um Bewilligung neuer Steuern und zur Abschliessung von Anleihen zum Domänenankauf zu dem Zweck angehen, um demnächst eine Verminderung der Steuern herbeizuführen? So wie ein Staat ohne Anleihen und Steuern Staatseisenbahnen nicht erlangen kann, eben so würde er ohne sie auch die Domänen nicht vermehren können.

Einnahmen aus Domänen darf man übrigens auch nicht etwa als besonders sichere Staatseinnahmen ansehen. Wenn Hoffmann darauf aufmerksam machte, dass das Einkommen aus Grundsteuern in trüben Zeiten am ersten ausbleibt und selbst nachher noch länger unsicher bleibt, als das Einkommen aus anderen Abgaben, und dass die Grundsteuern in unglücklichen Zeiten nicht eingehen, und nach langem Hinschleppen der Reste, verderblichen und dennoch fruchtlosen Exekutionen, doch endlich uneinziehbar bleiben, so gilt alles das in keineswegs geringerem Maasse auch von den Einnahmen von Domänen. Trotz der strengsten Pachtbedingungen kann die Pacht doch ausbleiben und muss mitunter erlassen werden, wenn man eine Deterioration der Güter vermeiden will. So können in Kriegszeiten die Einnahmen aus den Domänen theilweise oder ganz ausbleiben und die Ausfälle müssen durch Steuern gedeckt werden. Die Steuern müssen also gerade in den unglücklichsten Zeiten erhöht werden, wenn der Domänenbesitz bedeutend ist und die Regierung demnach überhaupt stark auf Domäneneinnahmen rechnet. „Die Einkünfte, welche in irgend einem civilisirten Staate die Krone von ihren Ländereien zieht, scheinen — wie Ad. Smith sagte — zwar keinem einzelnen Unterthan das mindeste zu kosten; sie kosten aber im Grunde der ganzen Gesellschaft mehr, als irgend ein anderes gleich grosses Einkommen, dessen die Krone geniesst. Es würde in allen Fällen dem Publikum vortheilhaft sein, wenn der Krone diese aus ihren Domänen entspringenden Einkünfte aus einer andern Quelle ersetzt, und seine Ländereien unter das Volk vertheilt würden — eine Sache, die nicht besser als durch einen öffentlichen Verkauf jener Domänengüter geschehen kann."

Man meint wohl, dass die Domänen gerade für unglückliche Zeiten conservirt werden müssten, weil sie dann dem Staat Geldquellen böten. In Kriegszeiten kann man aber die Domänen nicht verkaufen oder nur zu sehr schlechten Preisen, und eine Regierung, welche Kredit verdient, wird jetzt auch ohne Verpfändung von Domänen Anleihen kontrahiren können. Ueberdies ist eine solche Hypothek mit Domänen nicht von grossem Werth. Wenn die Regierung ihren Verbindlichkeiten nicht nachkommt, so kann der Gläubiger sein Pfandrecht faktisch nicht geltend machen, wenn er nicht etwa ein mächtiger Staat ist, der deshalb Krieg führen will [1]).

Bei Erörterung der Frage, ob überhaupt die Domänen beizubehalten oder zu verkaufen sind, giebt Rau den Rath, sie beizubehalten, wenn sich ein Steigen des Ertrages in Folge äusserer Ereignisse oder einer besseren Benutzung erwarten und annehmen liesse. Nach diesem Rath müsste man in gedeihlichen, friedlichen Zeiten, wo die Güterpreise hoch sind, noch nicht verkaufen. Ob nun aber die Preise hoch bleiben oder gar noch höher gehen werden, kann man nicht vorher wissen. Das Aufschieben des Verkaufs, wenn derselbe überhaupt stattfinden soll, ist also sehr gefährlich. Die Güter, von welchen man vorzugsweise erwarten darf, dass ihr Ertrag grösser werden wird, versprechen natürlich den besten Kaufpreis, und wenn das Princip des Verkaufens angenommen ist, so ist es Sache der Volksvertretung, mit aller Entschiedenheit darauf zu halten, dass der Verkauf nicht verzögert wird. Gewiss ist es sicherer, sogleich einen guten Preis zu nehmen, als auf einen höheren, vielleicht vergeblich, zu warten.

Auch politische Gründe möchten die Beibehaltung der Domänen nicht rechtfertigen. Nach der Schlacht von Jena wurde in Preussen der Verkauf der Domänen unumgänglich. „Die reichen Domänen des Preussischen Monarchen waren ohne diesen Schritt für Napoleon ein Köder mehr, der zur Einziehung des ganzen Staats verlockte [2])." Wenn in Kurhessen alle Domänen verkauft oder auch verschenkt worden wären, ehe ein Königreich Westphalen gemacht wurde, so wäre es für das Land gewiss besser gewesen.

---

[1]) Ueber die Domänenpfandbriefe und die Domänenschulden vergl. Krug, Geschichte der Preussischen Staatsschulden. S. 133—138. 281. 304. 307. 308. 312.

[2]) Gervinus, Geschichte des neunzehnten Jahrhunderts, Bd. 2. S. 543.

Was nun die Verwaltung der Domänen betrifft, so ist dieselbe vielleicht in keinem anderen Staate so umfangreich und so gut geordnet wie in Preussen. Das nutzbare Land der Domänenvorwerke umfasst etwa 1,156,000 Morgen oder über 50 Quadratmeilen, mithin mehr als das ganze Grossherzogthum Luxemburg, mit 200,000 Einwohnern. Die Staatsforsten enthalten 8 Millionen Morgen. Die Vorwerke und Forsten zusammen sind also erheblich grösser als die Provinz Westphalen — welche auf 369 Quadratmeilen etwa $1^2/_3$ Millionen Einwohner hat — und machen ungefähr $^1/_{12}$ des ganzen Staatsgebiets aus, und auf dieser ungeheuren Fläche, welche keine Stadt enthält, leben eigentlich nur Domänen- und Forstbeamte, Pächter, Wirthschaftsbeamte, Gesinde und Tagelöhner.

Der Staatshaushaltsetat für 1861 führt auf:

Gutsherrliche Hebungen und Hebungen von veräusserten Domänenobjekten		2,695,342 Thlr.
Ertrag von Domänen-Grundstücken, Kapitalien und dem Bernsteinregal		2,279,101 „
Sonstige Einnahmen		35,177 „
zusammen		5,009,620 Thlr.
Ausgaben		805,670 „
bleibt		4,203,950 Thlr.
Für Holz	5,835,370 Thlr.	
Nebennutzungen	695,181 „	
Sonstige Einnahmen . . .	37,989 „	
zusammen	6,568,540 Thlr.	
Ausgaben	3,327,340 „	
bleibt		3,241,200 „
Hierzu aus der Centralverwaltung der Domänen und Forsten		1,802 „
ergiebt Domänen- und Forsteinnahmen . .		7,446,952 Thlr.
Ausgaben der Centralverwaltung		140,740 „
bleibt		7,306,212 Thlr.
Davon geht ab für den Kronfideikommissfonds		2,573,099 „
bleibt		4,733,113 Thlr.

Wenn man erfahren will, was aus der Verwaltung der Vorwerke und den Forsten aufkommt, so muss man von der letzten Summe noch die Einnahmen an gutsherrlichen Hebungen abziehen. Dagegen darf man die im Etat ausserdem aufgeführten 800,000 Thlr. aus Ablösungen von Domänengefällen und aus Verkäufen von Domänen- und

Forstgrundstücken nicht hinzurechnen, weil dies eben nicht Einnahmen aus der Verwaltung sind.

Aecker, Wiesen, Gärten und Weiden — Landgüter, Vorwerke — durch besoldete Beamten administriren zu lassen, gilt als eine ungeeignete Benutzungsart, indem das Interesse des Staats mit dem der Administratoren schwer übereinstimmend gemacht werden kann. Diese Benutzungsart kommt daher auch in Preussen nur ausnahmsweise und vorübergehend vor. Die Verpachtung ist vielmehr Regel.

Der Verpachtung der Vorwerke pflegt eine Veranschlagung vorauszugehen. Ein solcher Ertragsanschlag ist gewöhnlich ein kostbares und kunstreiches Werk, giebt aber doch nicht einen sehr sicheren Anhalt, da verschiedene Personen, die als sachverständig gelten, den Ertrag eines Guts sehr verschieden abschätzen können. Eine Verpachtung an den Meistbietenden, besonders bei grösseren Gütern, erscheint geeigneter, als noch so künstliche Veranschlagungen. Geschieht die Verpachtung nicht an den Meistbietenden, oder derart, dass unter denen, welche die höchsten Pachtgebote gethan haben, einer als Pächter ausgewählt wird, so geschieht sie nach Gunst, oder es scheint wenigstens so. Auf Pachtkautionen ist nicht viel Gewicht zu legen. Je höhere Kaution verlangt wird, um desto geringer wird dadurch das Betriebskapital des Pächters, und doch muss der Verpächter immer wünschen, dass der Pächter ein grosses Betriebskapital hat und das Gut verbessert. Dadurch allein wird die Sicherheit für den Verpächter erhöht. Im Anfang dieses Jahrhunderts wurden die Domänen in Preussen in der Regel nur auf 6 Jahre verpachtet. Wenn auch zuweilen 12jährige Pachtungen und häufig Pachtverlängerungen stattfanden, so ist doch eine längere Pachtzeit, 20 oder 30 Jahre oder mehr, für Pächter und Verpächter besser. Denn der Pächter kann freier wirthschaften und das Gut zu seinem eigenen Vortheil verbessern und der Verpächter kann danach künftig vielleicht ein noch höheres Pachtgeld erlangen.

Die Frage, ob man die Ländereien in grösseren Komplexen oder mehr vereinzelt verpachten soll, dürfte allgemein nicht zu entscheiden sein. Je kleiner die Pachtobjekte sind, auf eine um desto grössere Anzahl Pachtlustiger, die den Pachtzins durch ihre Konkurrenz erhöhen, kann gerechnet werden. Die Generalpachten möchten aber für die Verwaltungsbehörden bequemer sein, weil sie dann nur mit wenigen wohlhabenden Personen zu thun haben. Unter Umständen kann auch von einem Generalpächter eine verhältnissmässig höhere Pachtsumme gezahlt werden, weil die verschiedenen zur Pachtung gehörigen Vorwerke sich in ihrer Bewirthschaftung zweckmässig unterstützen können, auch wohl eine vortheilhaftere Anwendung von Maschinen gestatten. Uebrigens sagte Kraus: „Unsere Amtshofwirthschaften sind grösstentheils noch erstaunlicher Verbesserungen fähig, die ein Eigner machen würde, aber ein Pächter nicht. Man vergleiche nur das Gütchen, das mancher Beamte, zwar in seinem Amtsbezirk nicht haben sollte, aber doch hat, oder das mancher, nachdem er aus der Pacht getreten ist, erwirbt, und eine Reihe von Jahren hindurch bewirthschaftet hat, man vergleiche es mit dem Domaniallande. Ueberhaupt bringt ein Kapital in der Hand des Eigners Wirkungen hervor, die sich von denen, welche dasselbe Kapital in der Hand des Pächters hervorbringt, sehr zu ihrem Vortheile unterscheiden."

In Preussen kann zunächst nur die Frage praktisch werden, ob überhaupt die Vorwerke und Forsten eine andere Verwendung erhalten können, als zur Abtragung von Staatsschulden. Ad. Frantz[1]) hat Mittheilungen über die Verpachtung der Domänenvorwerke gemacht. Wenn derselbe aber „der weiteren Veräusserung von Domänen ein Ziel zu setzen" wünscht, und sich für diese Idee auf die Autorität von Jakob beruft, so muss hiergegen bemerkt werden, dass dieser sich gar nicht unbedingt für die Beibehaltung der Domänengüter (§. 192), auch nicht ausdrücklich gegen die Meinung erklärt hat, dass zur Abtragung von Staatsschulden die Domänen und das sonstige disponible Staatseigenthum verkauft werden sollten, was Ad. Smith (Buch V. Kap. 2. Abth. 1), Rau (§. 95. 518) und Mill (Buch V. Kap. 7. §. 2) rathen, und was in Preussen gesetzlich ist. Kraus sagte: „In den fürstlichen Deutschen Staaten, wo, der Verfassung wegen, jura tertii bei Domänen obwalten, ist es schlimm genug, dass Domänen bleiben müssen, doch auch da können sie vererbpachtet werden" (Staatswirthschaft Th. 5. S. 12 ff.).

Durch die Domänenvorwerke in den beiden westlichen Provinzen, die nur 6000 Morgen in den Regierungsbezirken Minden und Münster umfassen, würde ein Feind jetzt weniger verlockt werden, als durch den so sehr viel grösseren Domänenbesitz im Osten. Das Nutzland der Domänenvorwerke beträgt in den Provinzen Posen und Schlesien je 5 Quadratmeilen ungefähr, in Sachsen und Brandenburg je 10 Quadratmeilen und in Pommern und Preussen je $11\frac{1}{2}$ Quadratmeilen. Durchschnittlich am höchsten verpachtet sind die Vorwerke im Regierungsbezirk Merseburg, 74,827 Morgen, am niedrigsten die im Regierungsbezirk Gumbinnen, 112,293 Morgen, erstere mit

---

[1]) Preussens Staats-Domänengüter nach Umfang, Werth und Ertrag. 1864.

3,03 Thlr. und letztere mit 0,76 Thlr. pro Morgen. Im Regierungsbezirk Magdeburg ist das meiste Domänenland, 126,612 Morgen, verpachtet zu 2,98 Thlr. pro Morgen. Im ganzen Staat waren 1864 in 509 Pachtungen 827 Vorwerke mit einem Nutzareal von 1,156,655 Morgen für 2,166,388 Thlr. Jahrespacht, pro Morgen im Durchschnitt für 1,89 Thlr., verpachtet. Für 1849 wird die Pacht pro Morgen auf 1,19 Thlr. angegeben. In 15 Jahren sind also die Pachten von 100 auf 158 in die Höhe gegangen und es ist auch glaublich, dass, wie Frantz sagt, viele Pachtungen, insbesondere die älteren, einen sehr guten Püchtergewinn abwerfen. Hieraus darf man wohl schliessen, dass, wenn alle diese Güter im Besitz von Privatpersonen wären, diese daraus einen höheren Reinertrag ziehen würden, als dem Staat daraus zu Theil wird.

Wenn man die Jahrespacht zu 4 %, also zum 25 fachen Betrage, kapitalisirt, so ergiebt sich von dem Nutzareal der Domänenvorwerke pro Morgen durchschnittlich ein Werth von $75\,^3/_4$ Thlr. im Regierungsbezirk Merseburg, von 19 Thlr. im Regierungsbezirk Gumbinnen, von $74\,^1/_2$ Thlr. im Regierungsbezirk Magdeburg und von $47\,^1/_4$ Thlr. im Staate überhaupt. Man darf jedoch nicht annehmen, dass der Staat das Kapital, welches die Vorwerke bilden, zu 4 % jährlich nutzt. Denn der wirkliche Reinertrag, welchen der Staat bezieht, ist erheblich geringer, als die vertragsmässige Jahrespacht, von welcher die Ausgaben noch abgezogen werden müssen. Der verhältnissmässig und auch absolut grösste Theil der Ausgaben der Domänenverwaltung wird aber eben durch die Domänenvorwerke veranlasst, da die Erhebung der gutsherrlichen Gefälle verhältnissmässig wenig kostet, wenigstens wohl nicht viel mehr zu kosten brauchte, als die Erhebung der Grundsteuer. Würde bei einem Verkauf aller Vorwerke nicht ein höherer Kaufpreis als durchschnittlich $47\,^1/_4$ Thlr. pro Morgen Nutzareal zu erlangen sein? Und wenn auch weniger als dieser Betrag aufkäme, so brauchte noch nicht nothwendig ein Verlust für die Staatskasse zu erwachsen, da die Domänen nach ihrer Veräusserung grundsteuerpflichtig würden.

Die Nachtheile, welche bei der Verpachtung der Domänen stattfinden, werden durch die vielfach empfohlene Vererbpachtung derselben vermindert. Zunächst wird dadurch die Verwaltung sehr vereinfacht, indem die vielen bei der Zeitpacht vorkommenden Geschäfte hinwegfallen, und neben der Erhebung des Kanons eine oberflächliche Beaufsichtigung der Wirthschaft genügt. Ferner wird das Land mit grösserem Eifer und Kapitalaufwande bewirthschaftet, da der Erbpächter nicht bloss ein zeitweises, sondern auch ein dauerndes Besitzrecht hat. Endlich hat die Regierung, abgesehen von dem Erbstandsgelde, welches neben dem jährlichen Kanon einmal gezahlt wird, also Zinsen bringt, noch Gewinn an Steuern, wenn der Erbpächter reich wird und an Einkommen- und Verbrauchssteuern mehr zahlt. Dieser Punkt kommt besonders dann in Betracht, wenn bei grösseren Gütern mit der Vererbpachtung eine Zerschlagung derselben verbunden wird, wo dann die Anzahl der Menschen auf dem einst verzeitpachteten Vorwerke grösser wird. Gegen die Vererbpachtung wird allerdings eingewendet, dass die Regierung die Aussicht verliert, künftig einmal eine höhere Pacht zu erlangen.

In Brandenburg hatte in den Jahren 1531 bis 1535 unter der Regierung Joachim's I der damalige Kammerdirektor Bernd v. Arnim ein Projekt vorgelegt, durch Zergliederung der Domänenvorwerke und deren erbliche Austhuung an einzelne Familien dem Lande grossen Nutzen zu verschaffen. Dabei wurde angenommen, dass ein gewöhnliches Amtsvorwerk durch Verpachtung oder Administration nicht höher als zu 274 Thlr. jährlich reinen Ertrag genutzt werden könne, da hingegen dieses Vorwerk unter 44 Unterthanen getheilt, ausser den indirekten Abgaben einen reinen Ertrag von 842 Thlrn. bringen müsse. Da dies Projekt keinen Anklang fand, so ging Arnim damit an den Sächsischen Hof, der dasselbe besser aufnahm und zum Theil auch ausführte.

Es findet sich keine Spur von Vererbpachtung der Domänen bis zum Jahre 1700, wo der nachmalige Kammerrath v. Luben ein Projekt zur Verbesserung der Domänen und Erhöhung der Einkünfte von denselben durch Zergliederung und Vererbpachtung vorlegte. Jetzt wurde der Vorschlag gut aufgenommen und man machte von Trinitat. 1701 an den Anfang mit der Erbverpachtung der Ucker-, Mittel- und Altmärkischen Aemter, und setzte dann die Operation in Magdeburg und Halberstadt fort, freilich nicht ohne viel Widerspruch, wenn gleich bei dieser Angelegenheit mehr Persönlichkeiten, Hass und Eifersucht gegen Luben und Eigennutz der dabei interessirten Personen, als Eifer für Wahrheit und wirkliche Vortheile für den Staat das Wort geführt zu haben scheinen. Die von allen in der Zeit von 1701 bis zum 4. Mai 1709 vererbpachteten Aemtern eingekommenen Inventarien-, Erbstands- und Kautionsgelder beliefen sich auf 609,873 Thlr. Obgleich in vielen Edikten die Erbpachten als nützlich für den Staat gepriesen waren, so hob doch Anfangs 1711 eine — auf Veranlassung des damaligen Kurmärkischen Kammerpräsidenten, nachherigen Ministers v. Görne, ergangene — allgemeine Anordnung sämmtliche

Kontrakte der Erbpächter wieder auf und befahl, dass alle Domänen wieder in Zeitpacht ausgethan werden sollten. Diese neue Operation kostete über 900,000 Thlr., die nun als Schulden auf die Domänen gelegt und durch die gute Wirthschaft des folgenden Königs wieder abgezahlt wurden; übrigens übernahmen die mehresten Erbpächter ihre Grundstücke in Zeitpacht. Bis 1716 waren in der Kurmark über 120 vererbpachtet gewesene Vorwerke wieder in Zeitpacht ausgethan. Da der König in einer Deklaration vom 17. September 1718 befahl, dass alle noch bestehenden Erbpachten wieder in Zeitpacht verwandelt werden sollten, so fragten die Kammern an, ob dieser Befehl auch von solchen Grundstücken zu verstehen sei, die an Erbpacht mehr brächten, als sie an Zeitpacht einbringen würden. Der König antwortete aber nicht darauf, sondern das Generaldirektorium beschied die Kammern: dass die in Erbpacht noch stehenden Domänenstücke genau untersucht, und im Fall sich bei einem darüber anzufertigenden Anschlage durch die Zeitpacht ein ansehnliches Plus, welches aber auch von Bestand sein und nicht durch andere Lasten aufgerieben werden müsse, ergeben möchte, oder wenigstens kein Schaden dabei zu befürchten wäre, alsdann zur Zeitpacht geschritten, und die Domänenpertinenzien zur Licitation ausgeboten werden sollten.

Nach der allgemeinen Wiederaufhebung aller Erbpachtskontrakte sind seit der Regierung Friedrich's II in der Kurmark viele Domänenvorwerke theils im Ganzen, mehrentheils aber in kleine Stücke getheilt, an Kolonistenfamilien und Dorfgemeinden in Erbpacht ausgethan worden. In Pommern wollten die Unterhandlungen wegen Vererbpachtung der Vorwerke vor Anfang des neunzehnten Jahrhunderts gar nicht recht gelingen, da sich selten Liebhaber meldeten. In Westpreussen versah man es Anfangs damit, dass man den Erbpächtern Bedingungen und Verpflichtungen auflegte, die einer beständigen fortgesetzten Aufsicht und Revision der Behörden bedurften. Im Jahre 1803 wurde bei Gelegenheit einer Vererbpachtung als Regulativ festgesetzt, dass bei Vorwerken, die sich zur Vererbpachtung qualificiren, der Abbau derselben in einzelne Bauerhöfe auch bei einiger Aufopferung des königlichen Domäneninteresse der Vererbpachtung im Ganzen vorgezogen werden solle. In den sieben Jahren 1800 bis 1806 wurden 85,833 Morgen vererbpachtet. Der davon zu entrichtende Kanon betrug . . . . 44,500 Thlr.

Dazu 4 % Zinsen von dem Erbstandsgeld von 358,116 Thlr	14,365 „
Summa	58,865 Thlr.,

so dass der Ertrag eines Morgens Land im Durchschnitt 16 Ggr. $4^9/_{85}$ Pf. und einer □ Meile 15,131 Thlr. betrug[1]). In einzelnen Fällen waren die Resultate glänzend. So wurden in der Neumark die bis dahin verzeitpachtet gewesenen Domänenvorwerke Wilhelmsaue, Solikante und Posedin, 3655 Morgen umfassend, zerschlagen und vererbpachtet. Dadurch vermehrte sich der Reinertrag für die Staatskasse von 4077 Thlr. auf 5175 Thlr., also um 26 %, und die Zahl der Menschen auf der angegebenen Fläche von 45 auf 595, also um 322 %, so dass der Ertrag der Steuern für den Staat auch verhältnissmässig zugenommen haben muss[2]).

Uebrigens hat in Preussen die Frage der Vererbpachtung der Domänenländereien aufgehört, eine praktische zu sein. Sie können jetzt nicht mehr anders benutzt werden, als durch Administration oder durch Verzeitpachtung oder durch Veräusserung. Von denjenigen Domänenländereien, welche früherhin vererbpachtet worden sind, kann der Kanon abgelöst werden, wodurch sie freies Eigenthum werden. Nach dem Ablösungsgesetz vom 2. März 1850 §. 91 ist bei erblicher Ueberlassung eines Grundstücks nur noch die Uebertragung des vollen Eigenthums zulässig. Nur feste Geldrenten können einem Grundstück noch auferlegt werden. Diese kann der Verpflichtete, sofern nicht vertragsmässig etwas Anderes bestimmt wird, mit dem 20fachen Betrage ablösen. Durch Vertrag kann die Ablösung auf eine längere Zeit als 30 Jahre nicht ausgeschlossen, auch ein höherer Ablösungsbetrag als der 25fache der Rente nicht bestimmt werden.

Sind Waldungen, Staatsforsten, ein so gutes Eigenthum für den Staat, dass er es behalten muss? Diese Frage scheint von den Neueren eher bejaht als verneint zu werden, z. B. von Rau, welcher es „rathsam findet, die meisten Staatswaldungen beizubehalten", und sogar den Ankauf von Waldungen empfiehlt; auch von Rob. Mohl, welcher sagt: „Eine Finanzverwaltung, welche auf der einen Seite Schulden, auf der andern Domänen hat, und mit dem Einkommen aus letzteren die Zinsen und die Verwaltungskosten der ersteren bezahlt, gleicht einem Manne, welcher fortwährend Geld aus einer Tasche in die andere steckt, dabei aber immer einen Theil fallen lässt und verliert." Dennoch will er die Staatswaldungen vom Verkauf ausschliessen! (Polizeiwissenschaft. 1844. §§. 111. 146.)

---

1) L. Krug, Geschichte der staatswirthschaftlichen Gesetzgebung im Preussischen Staate, von den ältesten Zeiten bis zum Ausbruch des Krieges im Jahre 1806. Bd. 1 1808. S. 533—723.

2) Nöldechen, Briefe über das Niederoderbruch. 1800.

Jakob sprach sich in seiner 1821 herausgekommenen Finanzwissenschaft (§§. 225. 239) auch nicht für den Verkauf der Staatswaldgründe aus, nachdem er (§. 214) bemerkt hatte: die Finanzwissenschaft betrachte die Staatswaldungen bloss als Quelle der Einnahme für die Regierung; die Frage, ob der Staat etwas thun, und was er thun müsse, um die Nation mit Brenn- und Bauholz zu versorgen, sei der Finanzwissenschaft fremd, und gehöre der Polizei oder der allgemeinen Fürsorge für das Gemeinwohl an. Was er nun in seiner schon 1808 abgefassten Polizeiwissenschaft (§§. 193. 194) selbst gesagt hat, verdient heut noch beherzigt zu werden. Er hält es für die beste Politik in Ansehung der Waldungen, die Benutzung der Privatwaldungen eines jeden Eigenthümers Willkühr zu überlassen, und alle Gemeinwälder und selbst die Staatswälder nach und nach in uneingeschränktes Privateigenthum zu verwandeln, wo nicht etwa andere wichtige Zwecke die Beibehaltung einiger Staatsforsten erfordern. Es liegen „weit mehr Gründe in der öffentlichen Verwaltung, die Waldungen schlecht zu benutzen, und selbst sie zur Unzeit zu ruiniren, als in der Privatbenutzung; denn 1) ist in der Regel jede öffentliche Wirthschaft weniger ökonomisch, als eine Privatwirthschaft, und dass es insonderheit die öffentliche Forstwirthschaft ist, weiss ein Jeder, der das Forstwesen etwas näher kennt. Die Gelegenheiten zum Betrug sind hier unendlich, und die Reize der Forstbedienten, das Holz zu vermindern, sind allenthalben stark. 2) Liegen der Regierung zur Zeit der Noth ihre Forsten eben so nahe als dem Privatmanne, und da die erstere sie zur Zeit der Noth nicht leicht verkaufen kann, weil sie zu grosse Kapitale gebraucht, die für den Ankauf der Grundstücke nicht entbehrt werden können, so hat sie den grössten Reiz, die Hölzer niederschlagen zu lassen, um auf die kürzeste und schnellste Weise zu Gelde zu kommen. Die Beispiele davon sind in der Geschichte nicht selten."

In kleineren Ländern sollten nur finanzielle Gründe über Beibehaltung oder Veräusserung der Staatsforsten entscheiden, da dort Mangel oder Ueberfluss an Holz doch von den Zuständen anderer Länder abhängig ist. Von den grossen Ländern Europa's hat wohl nur noch Russland grössere Staatswaldungen als Preussen. Russland kann aber hier ausser Betracht bleiben; die Preussische Staatsforstverwaltung wird weder von der Russischen, noch wohl auch von irgend einer anderen Erhebliches lernen können. Auch Oesterreich ist hier nicht zu berücksichtigen, da die Oesterreichische Regierung die dort noch vorhandenen Staatswaltungen schwerlich noch lange wird conserviren können, wenn sie auch wollte.

Es giebt in Preussen etwa 14 Millionen Morgen Privatforsten, 3½ Millionen Morgen Gemeindeforsten und 8 Millionen Morgen Staatsforsten, zusammen also 25½ Millionen Morgen. Der fünfte Theil des ganzen Staatsgebiets ist noch Forstland. Dabei besitzen wir ausser Torf und Braunkohlen viele reiche Lager von Steinkohlen. Wir führen auch sehr viel mehr Steinkohlen und Holz aus, als ein. Da man also im Ernst nicht behaupten kann, dass das Preussische Volk von Holzmangel bedroht ist, so ist es nicht nöthig, also auch nicht nützlich, dass die Regierung auf Rechnung der Steuerpflichtigen Holzbau treibt, um den Holzbedarf des Volks zu befriedigen. Von den Staatsforstbeamten darf man natürlich über die Frage, ob die Staatsforsten beizubehalten sind, ein unbefangenes Votum noch weniger erwarten, als von den Domänenpächtern über die Frage, ob die Domänenvorwerke unverkauft bleiben sollen.

Nach neueren Nachrichten [1]) sind für die 8,059,489 Morgen Staatsforsten nicht weniger als 3207 Beamte angestellt. Weniger als 100,000 Morgen Staatsforsten sind in jedem der Regierungsbezirke Münster, Köln, Düsseldorf, Arnsberg und Minden; zwischen 100,000 und 500,000 Morgen haben 15 Regierungsbezirke, noch mehr Marienwerder mit 713,307, Frankfurt mit 722,083, Potsdam mit 834,712, Gumbinnen mit 901,348 und Königsberg mit 904,159 Morgen. Diese 5 Regierungsbezirke enthalten die Hälfte aller Staatsforsten und sind nur schwach bevölkert; selbst der Regierungsbezirk Potsdam, ohne Berlin, hatte 1861 noch nicht 2500 Menschen auf der □ Meile. Wenn man in Betreff der Staatsforsten die gemischten (Laub- und Nadelholz-) Bestände halb zu Laub- und halb zu Nadelholzwaldungen rechnet, so nehmen die Laubholzwaldungen 30 und die Nadelholzwälder 70 % der Staatswälder ein. Der Antheil der Laubholzbestände an den bewaldeten Flächen beträgt in den Provinzen Posen 8, Brandenburg 19, Preussen 21, Schlesien 26, Pommern 36, Rheinland 80 und Westphalen 83 %. Verhältnissmässig am meisten Laubholzwaldungen hat der Staat in den Provinzen, wo er am wenigsten Forsten besitzt. „In den Privat- und Gemeindeforsten findet eine allmähliche Verminderung des Waldbodens statt, welche natürlich das bessere Land, mithin die Laubhölzer trifft; nach und nach wird daher die genügsame Kiefer auf reinem Sande den Hauptbestand der Privatforsten bilden, während die Staatsverwaltung seit längerer Zeit dem Wiederanbau

---

[1]) Jahrbuch für amtliche Statistik. S. 337—362.

der Eiche ihre Aufmerksamkeit widmet.“ Dass die Privatforstbesitzer hierbei unwirthschaftlicher verfahren, als die Staatsforstverwaltung, lässt sich nicht einsehen. Veranschlagt ist der Ertrag pro Morgen Forstland in den Provinzen Preussen auf 3,55, Posen auf 5,01, Pommern auf 15,62, Westphalen auf 17,31, Brandenburg auf 17,84, Schlesien auf 19,71, Rheinland auf 24,44 und Sachsen auf 31,39 Sgr. Im Regierungsbezirk Danzig ist der Ertrag nur auf 1,17 Sgr. und im Regierungsbezirk Münster, welcher aber noch nicht 8000 Morgen Staatsforsten enthält, auf 45,82 Sgr. veranschlagt, in den 10 Regierungsbezirken Gumbinnen, Königsberg, Danzig, Marienwerder, Bromberg, Posen, Köslin, Stralsund, Minden und Aachen auf weniger als $^1/_2$ Thlr., und nur in den 5 Regierungsbezirken Magdeburg, Merseburg, Münster, Düsseldorf und Köln, welche zusammen aber nur 697,359 Morgen haben, auf mehr als 1 Thlr. Für den ganzen Staat im Durchschnitt ist der Ertrag der Staatsforsten auf 14,58 Sgr. pro Morgen veranschlagt. Die Ueberschüsse der Forstverwaltung für 1860 sind auf 3,444,560 Thlr. angegeben, was durchschnittlich nur 12,82 Sgr. pro Morgen ergeben würde. Hiernach würde zu 4 $^0/_0$ der Kapitalwerth eines Morgens Staatsforsten in Preussen sich durchschnittlich nur auf 7,15 Thlr. berechnen, und ein Verkauf aller Forsten selbst zu diesem geringen Preise würde für die Staatskasse äusserst vortheilhaft sein, da sie dann auch jährlich noch ein ganz Erkleckliches an Grundsteuer gewönne.

Eine Benutzung der Staatsforsten in anderer Weise als vermittelst Administration durch Beamte, wird gewöhnlich nicht für ausführbar gehalten. Namentlich hält man eine Verpachtung für nicht wohl angänglich. Aber eine Regierung, die irgend eine Nutzung administriren lässt, wie es bei den Forsten geschieht, wird keine sehr glänzende Resultate erzielen, da die Haupttriebfeder des Fleisses, der verständige Eigennutz und der für den Gewerbtreibenden zu hoffende Gewinn hier entweder ganz wegfällt, oder nur sehr unvollkommen wirken kann. Wollte man den Beamten, um ihren Eifer zu erhöhen, etwa irgend eine Tantieme vom Ertrage zusichern, so wäre doch zu besorgen, dass deshalb die Forsten über ihre Kräfte angegriffen werden möchten.

Es dürfte gegenwärtig wohl geeignet sein, dasjenige in Erinnerung zu bringen, was schon im Jahre 1805 über die Verwaltung des Forstwesens von Krug gesagt worden ist. Er hielt schon damals die Klagen über Holzmangel, vorzüglich über den noch in Zukunft zu befürchtenden, im Preussischen Staat für ganz unbegründet. „Wenn nach des verstorbenen Ministers Heinitz Angabe die Glashütten in der Kurmark 1786 die Klafter Holz nicht höher als zu 10 Ggr. ausbringen konnten, in einer Provinz, wo die Hauptstadt des Staats eine so gewaltige Menge Brennmaterial konsumirt, und wo der Käufer doch gar nicht zu so niedrigen Preisen bezahlt, so kann man schliessen, wie hoch in den östlicher liegenden Gegenden, in den dicken Waldungen von 5, 10 und mehreren □ Meilen, eine Klafter Holz genutzt werden könne. Wenn man bei der jetzigen Lage der Dinge annehmen kann, dass der Staat 2—300 □ Meilen Holzland mehr hat, als er zur eigenen jetzigen Konsumtion bedarf, so ist die Berechnung nicht schwer, dass bei dem Unwerthe des Holzes in den dortigen Gegenden 10, 15 bis 20 □ Meilen, zum Ackerbau und zur Viehzucht angewendet, eben so viel — und wenn der Boden aus 2—300 □ Meilen ausgesucht werden kann — noch weit mehr reinen Ertrag geben werden, als der jetzt mit Waldung bedeckte grosse Landstrich von überflüssigem Holz. Diese Veränderung der Dinge, der erhöhte Werth der dann noch übrig bleibenden Waldungen, und die verbesserte Kultur derselben, welche durch den erhöhten Werth ihrer Produkte bewirkt wird, würden für den Nationalreichthum und für den Wohlstand der Staatskasse die wichtigsten Folgen haben, die auch nicht lange unbekannt bleiben könnten; sie würde, wenigstens in dem ersten Menschenalter, für die Macht des Staats wichtiger sein, als eine neu erworbene Provinz von 2 — 300 □ Meilen, denn sie würde mit der Vergrösserung der intensiven Kräfte alte eingeborne Preussische Unterthanen in eine wohlhabendere Lage versetzen."

Wenn häufig und vorzüglich in der neueren Zeit Klage über sogenannte Theuerung des Holzes geführt würde, so behauptete Krug, dass im Preussischen Staat das Holz nirgends seinen natürlichen Preis habe, und nach seinem wahren Werth bezahlt werde; es sei überall ein künstlich gemachter Preis. „Der wahre Werth des Holzes, sowie einer jeden käuflichen Waare, wird durch freie Konkurrenz der Käufer und der Verkäufer und also hier der Grundbesitzer und der Konsumenten bestimmt; bei keinem Punkt des Bodens ist die Einschränkung beider, der Käufer und der Verkäufer so gross, als bei dem Holze, und so lange der Besitzer eines Grundstücks nicht die Freiheit hat, auf seinem Grundstück Weizen oder Kartoffeln, Holz oder Krapp, Gras oder Kümmel zu bauen, so lange wird auch der Preis des Holzes gegen alle übrigen Produkte ein unnatürlicher Preis sein, und die Staatsbehörden werden niemals mit verbietenden und aufmunternden Gesetzen fertig werden, um das vermeintlich richtige Verhältniss in den Preis des Holzes zu bringen. Wer in einer fruchtbaren und reichen Provinz wohlfeile Holzpreise verlangt, der verlangt etwas Unnatürliches und kennt die Quellen nicht, aus denen der Nationalreichthum und der Wohlstand fliesst. Man wird da Reichthum und Wohlstand umsonst suchen, wo die Klafter Holz 4 Ggr. gilt; da wohnen nur arme Menschen, die zwar Holz genug haben, um zu kochen und zu braten, denen aber die Hauptsache zum Kochen und Braten fehlt; die das Holz auf die wegwerfendste Art verschwenden, und durch den Handel mit Asche, Russ und Kienöl oder mit hölzernen Waaren ihr Leben kümmerlich erhalten. In einem Lande, wo kein Grundbesitzer in der Benutzung seines Bodens eingeschränkt wird, ist der steigende Preis des Holzes ein Barometer des Wohlstandes und des Reichthums, wenn nicht brennbare Materialien unter der Erde, die in der Nähe zu haben sind, das Verhältniss verändern.“ — Als diese Worte geschrieben wurden, waren die Edikte Stein's und Hardenberg's vom 9. Oktober 1807, den erleichterten Besitz und freien Gebrauch des Grundeigenthums betreffend, und vom 14. September 1811, zur Beförderung der Landkultur, noch nicht ergangen. —

Ausserordentlich würde der Ertrag von den Staatsforsten steigen, wenn dieselben nach und nach in einzelnen Etablissements zu 300, 500 oder mehr Morgen nach Lage der Gegend und der Umstände in 20- oder 30jähriger Pacht ausgethan würden, und zwar mit völliger Freiheit, den Boden so zu benutzen, wie es der Besitzer für seinen Vortheil und also auch unausbleiblich für den Vortheil des Ganzen am besten benutzen könnte. „Viele jetzt menschenleere Wüsteneien würden nach Verlauf dieses Zeitraums fruchtbare, reiche und von fleissigen Menschen bewohnte Grundstücke sein, und würden dann vom Staate zu eben so hohem Ertrag als andere Domänen genutzt werden können; man würde dann unstreitig weniger Holzland haben als jetzt, aber man würde auch unstreitig mehr Holz auf dem Lande haben als jetzt. Die Hauländereien in dem ehemaligen Polen, wo der grosse Grundbesitzer nach Belieben seine Waldungen stehen lassen, oder abhauen, oder abbrennen konnte, sind ein obgleich unvollkommenes Beispiel einer solchen Melioration; sie waren auf dem platten Lande bei der in den mehrsten Ansichten so traurigen Verfassung des Staats die Grundstücke, auf denen man Wohlstand und verhältnissmässig Reichthum fand, und wenn dies Verfahren im ganzen Reiche allgemein geworden wäre, so hätten die Preussischen Officianten bei der Besitznehmung des Landes nicht so viel Armuth und Mangel gefunden, und das Holz würde nicht gefehlt haben, ob es gleich theurer gewesen sein würde. So lange der Staat zur Verwaltung seiner Forsten kein anderes Mittel als die Administration hat, so lange wird der kärgliche Ertrag derselben und die ärmliche Benutzung des Bodens so bleiben; sie wird das Nationaleinkommen immer gering erhalten und wird die Holzverschwendung begünstigen."

„Die Holzverschwendung, ein Uebel, welches mehr Aufmerksamkeit verdient, als die Holztheuerung, ist mit dem Unwerth und dem unverhältnissmässig geringen Preise des Holzes brüderlich verbunden, und eine nothwendige Folge solcher Anstalten, welche die Kultur und den Anbau des Holzes auf Kosten der übrigen Produkte vermehren sollen. Ich habe keine Nachweisungen erhalten können, wie viel Holz die hölzernen Schälungen, die Bretterwände und die hölzernen Brücken in Berlin jährlich konsumiren, um berechnen zu können, wie viel nutzbarer Boden durch diese Werke, die man in einer so schön und fest gebauten Stadt nicht vermuthen sollte, jährlich dem Einkommen der Nation und der Erzeugung nöthiger und jetzt so theurer Produkte entzogen wird, aber das habe ich erfahren, dass diese Bauart trotz der jährlich nöthigen Reparaturen weniger kostet, als ein massiver Bau, und dann — muss freilich der Staatswirth schweigen; ein Gesetz, welches diese Verwendung des Holzes verböte, würde vielleicht durch die verminderte Konkurrenz den Preis dieser Holzarten herunterbringen, würde aber eben durch die Verminderung des Preises die Holzverschwendung auf andern Wegen so lange vermehren, bis alles wieder ins alte Gleichgewicht gekommen wäre, ausser dass nun die Brücken und Einfassungen der Flüsse mehr als sonst zu erhalten kosteten."

Die Beibehaltung der Staatsforsten lässt sich durch die Behauptung, dass der Staat gegen künftigen Holzmangel Vorsorge treffen müsse, nicht rechtfertigen. Keine Regierung oder Gesetzgebung vermag auch zu bestimmen, wie viel Morgen Land z. B. zum Anbau des nöthigen Getreides angewendet werden müsse; und noch weniger ist es möglich, dies Verhältniss vom Holz zu bestimmen [1]), dessen Verbrauch noch einer grösseren Willkühr der Verbraucher unterworfen ist. Nur das richtige Verhältniss des Holzpreises zu den Preisen der übrigen Bodenprodukte wird die Holzverschwendung aufheben. Wenn also ein Morgen Land, mit Holz bepflanzt, in einer Gegend 2 Thlr. und ein Morgen von eben der Güte mit Getreide bepflanzt, 3 Thlr. reinen Ertrag bringt, so wird der Waldmorgen in Ackerland verwandelt werden, und zwar zum Vortheil des Volks, und das wird so

---

[1]) Dies scheint Umpfenbach, Lehrbuch der Finanzwissenschaft Th. 2. 1860, §§. 137. 140 in der That zu wollen, wenn er gleich eine einstige Veräusserung aller Staatswaldungen unvermeidlich hält.

lange geschehen, bis durch die verringerte Konkurrenz der Verkäufer und vermehrte Konkurrenz der Käufer der Morgen Holzland ebenfalls 3 Thlr. reinen Ertrag bringt. „Der wahre Vortheil eines jeden Grundbesitzers, sein Grundstück zum höchstmöglichen reinen Ertrag zu benutzen, ist auch die beste Triebfeder für ihn, seine Aufmerksamkeit auf die vortheilhafteste Kulturart zu leiten; er wird diese aber auch auf die einträglichste und sparsamste Art betreiben; er wird, wenn überhaupt sein Boden zur Holzkultur taugt, wenn der Preis des Holzes ihm einen der Güte des Bodens angemessenen Vortheil verspricht, und wenn er weder bei der Bearbeitung seines Bodens, noch bei dem Verkauf seines Holzes eingeschränkt ist, gewiss Holz bauen, aber auch gewiss nicht auf die Art, wie es jetzt in den ungeheuer grossen Waldungen gebaut, oder vielmehr sich selbst überlassen wird, sondern so, wie es ihm den mehrsten Vortheil bringt, mit mehr Aufmerksamkeit auf die Arten des Holzes, die ihm am vortheilhaftesten sind, und die sich am besten zu dem Boden schicken; auf die Bearbeitung des dazu bestimmten Bodens, und auf die geschickte Vertheilung desselben nach den übrigen nutzbaren Grundstücken; und die Besorgniss, dass bei gänzlicher Freiheit der Holzkultur es unseren Nachkommen gewiss an grossem Bauholz, an Mühlwellen, Fachbäumen und anderen grossen Stämmen fehlen würde, kann nur so viel bedeuten: dass unsere Nachkommen dann dergleichen Stücke zu einem Preise werden bezahlen müssen, der mit dem Aufwande und der Länge der Zeit, welche zur Erzeugung dieser Produkte erfordert werden, in gehörigem Verhältniss steht."

„Wenn unsere Vorfahren in den Gegenden, wo jetzt das Holz etwas Werth hat, und wo der Grund und Boden zu höherem Ertrage genutzt wird, denselben Grundsatz befolgt und die Ausrottung der dicken Waldungen durch Gesetze verhindert hätten, so würden wir zwar überall geringe Holzpreise haben, aber wie würde es mit der Kultur des Bodens und mit der Kultur überhaupt beschaffen sein? Schon jetzt hat der erhöhte Preis des Holzes manche nützliche Erfindung hervorgebracht, und die schiffbauenden Nationen verstehen es jetzt wohl, ihre Masten aus mehreren Stücken zusammen zu setzen, da die grossen Tannen zu selten und darum für sie zu theuer geworden sind; unsere Mühlen- und Hammerwerke, die jetzt das Holz zu grossen Stücken ungleich theurer bezahlen müssen, als vor 30 und mehreren Jahren, sind schon auf manche brauchbare Erfindung gekommen, um das Holz sparsamer zu gebrauchen, oder es auf andere Art zu ersetzen u. s. w. — Es giebt in allen Welttheilen noch Gegenden genug, die mit ungeheuren Waldungen bedeckt sind, welche noch gar nicht benutzt werden; dahin wird nach und nach die erhöhte Kultur unseres Bodens solche Nutzungen verweisen, zu denen unser Boden zu kostbar geworden ist, und wir werden mit den Produkten eines kultivirten Morgens die Produkte von 10 und 100 Morgen eines entfernten Landes bezahlen können. — Es giebt in Deutschland so manches Territorium, wo der Landesherr sich um den Holzanbau seiner Unterthanen eben so wenig als um den Roggenbau bekümmert, und wo er um die Forsten des Adels sich nicht bekümmern darf, und — die dortigen adlichen Güter haben dennoch Holz genug und die Unterthanen des Landes erfrieren nicht.“

Wen diese, vielleicht schon zu langen, Auszüge nicht überzeugen, dass die Besorgniss vor Holzmangel ungegründet, und dass Staatsforsten nicht erforderlich, also schädlich sind, der möge gefälligst Alles, was Krug darüber in seinen Betrachtungen über den Nationalreichthum des Preussischen Staats, Th. 2. S. 431—470 gesagt hat, lesen und bedenken.

Indessen, wenn man Staatsforsten auch für nützlich oder sogar für nothwendig halten wollte, so wird der Staat dieses Eigenthum doch nicht bewahren können. In Nothzeiten, die nicht ausbleiben, wird er endlich auch seine Waldungen opfern, wie er anderes Eigenthum opfert. Wenn Mohl meint, dass die „häufig als Finanzmassregel in Zeiten der Noth veranstaltete Veräusserung der Staatswaldungen ein sehr bedenklicher Schritt“ sei, so muss man dem beitreten, aber zu dem Schluss kommen, dass nicht erst in Zeiten der Noth, sondern vorher die Veräusserung vorgenommen werden sollte. In je grösserem Umfang in friedlichen gedeihlichen Zeiten die Veräusserung behufs Abtragung von Staatsschulden geschehen ist, zu desto günstigeren Bedingungen wird in Zeiten der Noth die Regierung neue Anleihen abzuschliessen im Stande sein. Damit nicht in Kriegszeiten zu schlechten Preisen verkauft werden muss, soll man schon in Friedenszeiten verkaufen, dadurch die Staatsschuld vermindern und so einen Zustand schaffen, der Vertrauen erweckt und Stärke verleiht, wenn Kriegsgefahr droht. Falls es aber nicht möglich wäre, alle Staatsforsten gleichzeitig zum Verkauf zu bringen, so möge man nicht die schlechtesten, sondern die besten zuerst verkaufen, weil durch den Kaufpreis der letzteren mehr als durch den der ersteren von der Staatsschuld sogleich abgezahlt werden kann, was sicher ein Gewinn ist. Bei dem Verkauf der Staatsforsten und auch der Domänenvorwerke darf die Regierung übrigens auf eine sehr bereitwillige Unterstützung derjenigen Beamten, die wegen der Domänen- und Forstverwaltung vorhanden sind, nicht bauen. Um den Verkauf überhaupt durchzuführen, ist es aus schon früher (S. 41) angeführten Gründen durchaus erforderlich, alle betreffenden Beamten sofort auf den Aussterbeetat zu bringen, ihnen Gehaltserhöhungen nicht zu gewähren, neue Anstellungen nicht vorzunehmen, und jeden Beamten, der entbehrlich wird, sogleich mit seinem bisherigen vollen Amtseinkommen zu pensioniren.

Man könnte nun vielleicht meinen, dass ein Verkauf der Staatswaldungen, so wie auch der Domänenvorwerke, in kleinen Parcellen ein grösseres Kaufgeld bringen möchte, als in grossen Flächen. Dies soll nicht in Abrede gestellt werden. Indess wäre dies doch unpraktisch. Die Ausarbeitung geeigneter Parcellirungspläne und deren Revidirungen würden so viel Arbeit und Schreibwerk kosten, dass viele Jahre darüber hingehen müssten. Verkäufe im Grossen, z. B. an eine oder mehrere Kapitalistengesellschaften würden schneller ausführbar sein, und wo dann Parcellirungen den Umständen nach vortheilhaft sind, werden sie von den Erwerbern im Laufe der Zeit ohne Zweifel bewirkt werden.

Im Preussischen Staat hatte, wie schon oben (S. 49) erwähnt, durch das Edikt vom 13. August 1713 Friedrich Wilhelm I die Unveräusserlichkeit der Domänen für immerwährende Zeiten festgesetzt. Diese Unveräusserlichkeit hat aber Friedrich Wilhelm III durch das Edikt und Hausgesetz vom 17. December 1808 aufgehoben. Stein, der am 4. Oktober 1808 zur Leitung der Geschäfte berufen wurde, und Vincke brachten dasselbe zu Stande.

Man legte damals Werth auf die Erfahrung, dass Verwaltung für Andere niemals dieselben Früchte trägt, als durch den Eigenthümer, mithin der Uebergang der Domänen in freies Eigenthum ein ausserordentliches Aufblühen des Landes zur Folge haben müsste, wie denn gerade in den Ländern, welche keine Domänen kannten, England und Frankreich, die Landwirthschaft am höchsten gestiegen sei. Das Nachtheilige der Domänen in Hinsicht auf Nationalvermögen, gute Organisation der Verwaltungsbehörden, Sittlichkeit derselben, war nach Stein's Urtheil unbezweifelt; ebenso führte Schön gegen die Beibehaltung der Domänen das Heer der Angestellten und den nachtheiligen Einfluss des Domanialinteresses auf die Landesgesetzgebung an. Und da alle Versuche, bedeutende Geldanleihen auf mässige Bedingungen zu machen, misslangen, so war es unbedingt vortheilhafter, Eigenthum abzutreten, welches nur zu 3 bis 4 % benutzt wurde, als auf Anleihen zu 10 bis 20 % einzugehen[1]), um so mehr, als der Ausfall des Ertrages der verkauften Domänen in der Jahreseinnahme sehr bald in Folge ihrer besseren Bewirthschaftung durch steigende Steuer gedeckt werden musste. So ward denn die Massregel selbst beschlossen und bald nach dem Tilsiter Frieden eingeleitet.

Im Jahre 1805 hatte Krug den reinen Ertrag des Domänenlandes auf 1 Thlr. 15 Ggr. 5 Pf. und den reinen Ertrag des Forstlandes auf 8 Ggr. für den Morgen im Durchschnitt berechnet; 1810 oder 1811 rechnete er aber den Reinertrag der Staatsforsten durchschnittlich nur etwas über 4 Ggr. $10^{29}/_{30}$ Pf. für den Morgen. Vincke[2]) nahm in Februar 1808 den Reinertrag der Domänengrundstücke nur zu 1 Thlr. 10 Ggr. 6 Pf. und der Forsten nur zu 1 Ggr. $7^1/_2$ Pf. für den Morgen an. Den Kapitalwerth der Domänengrundstücke, der beständigen Gefälle und sonstigen Nutzungen, sowie der Forsten nahm er zu 116,126,035 Thlr. an, und meinte, wenn die Domänen hierfür veräussert würden, und die Verkaufssumme nur zu 4 % genutzt würde, so würde solches jährlich ertragen

würde, so würde solches jährlich ertragen . . .	4,645,041 Thlr.
dazu Ersparnisse an Verwaltungskosten	568,909 „
gäbe einen Reinertrag von	5,213,950 Thlr.
dagegen der bisherige Ueberschuss gewährt hätte .	2,878,469 „
mithin ein jährlicher Vortheil von	2,335,481 Thlr.

Um die rechtlichen Hindernisse der Domänenveräusserung zu beseitigen, bedurfte es nun eines neuen Hausgesetzes unter Zustimmung aller regierungsfähigen Nachkommen Friedrich Wilhelm's I; der Entwurf dazu wurde dem Geh. Legationsrath v. Raumer aufgetragen. Einzelne Geschäftsmänner hatten sich in Rücksicht auf die Hausgesetze gegen die Domänenveräusserungen erklärt; das Abtreten ganzer Provinzen, meinte der eine, sei nicht so schlimm, als das Aufgeben des Grundsatzes der Unveräusserlichkeit; ein Aufhebungsdekret werde das Misstrauen gegen die Sache nicht wegnehmen, den Kredit noch vermindern, für Gegenwart und Zukunft schaden. Darauf war natürlich zu erwidern, dass, wenn die Rettung des Landes in Frage kommt, es nicht weniger rechtsgültig ist, Domänen zu veräussern, als ganze Provinzen abzutreten.

Den Entwurf des Hausgesetzes überreichte der Kanzler v. Schrötter

---

[1]) Die erste Anleihe, welche die Preussische Regierung im Auslande machte, liess sie 1793 in Frankfurt a. M. durch die Seehandlung abschliessen. Nach Hoffmann's Berechnung bezogen die Gläubiger mehr als $14\frac{1}{4}$ % Zinsen jährlich. Vergl. Krug, Geschichte der Preussischen Staatsschulden. S. 31—35.

[2]) Vergl. Schenkung und Verkauf von Staatsdomänen und Forsten, in den Schlesischen Provinzialblättern. Bd. 2. 1863. S. 587—599.

am 4. November 1808. Stein fand darin eine Abänderung nöthig. „Um Missbräuche zu verhüten, wird man die Befugnisse zur Veräusserung der Domänen einschränken müssen auf den Zweck der Schuldentilgungen; ein Verschenken muss aber schlechterdings verboten bleiben." Durch eine Kabinetsordre vom 9. desselben Monats wurde nun dem Kanzler aufgegeben, die Veräusserung nur auf die Nothwendigkeit zu beschränken und nach diesem Grundsatz die Fassung zu ändern. Mit dieser Umarbeitung wurde das Gesetz späterhin dem Könige wieder vorgelegt und auch, nachdem Stein am 24. November entlassen worden, von dem Könige und den Prinzen des königlichen Hauses am 17. December 1808 vollzogen.

Indem das Edikt und Hausgesetz die landrechtlichen Vorschriften, nach welchen Domänengüter nur in so weit an einen Privatbesitzer gültig gelangen können, als der Staat dagegen auf andere Art schadlos gehalten wird, deklarirt, verordnet es, dass eine Verschenkung der Domänen nicht stattfinde, vielmehr zu jeder Zeit, sowohl von dem Geschenkgeber selbst, als von seinem Nachfolger widerrufen werden könne, und dass dem jedesmaligen Souverain die Veräusserung gegen Entgelt nur in dem Fall gestattet sein soll, wenn das wahre Bedürfniss des Staats eintritt und mit dem Kaufgelde oder dem erliehenen Kapital Schulden des Staats bezahlt werden müssen, die in der Erhaltung desselben entstanden sind; „als solche erklären Wir zugleich alle jetzt vorhandenen Schulden und diejenigen, die zur Bezahlung der an Frankreich abzutragenden Kriegskontribution verwendet werden."

Für die Provinzen und Gebiete, auf welche das Edikt von 1808 nicht Anwendung findet, bestimmte die Verordnung vom 9. März 1819, dass Verschenkungen von Domänen nicht stattfinden können, bestätigte jedoch diejenigen Donationen ausdrücklich, „welche in Beziehung auf die glorreichen Ereignisse der Jahre 1813, 1814 und 1815 in den erwähnten Provinzen gemacht sind." Hinsichtlich ähnlicher in den Provinzen, auf welche das Edikt Anwendung findet, gemachten Donationen ist nachträglich durch eine als Gesetz verkündigte königliche Verordnung eine ausdrückliche Bestätigung nicht erfolgt, doch sind sie von dem Nachfolger des Geschenkgebers nicht widerrufen worden.

Dass Stein besonders bestrebt war, dem Verschenken von Domänen vorzubeugen, wurde wahrscheinlich durch die Verschenkung von Staatsgütern, deren Werth zu 20 Millionen Thaler angegeben worden ist, unter der Hoym'schen Verwaltung in Südpreussen veranlasst.

Die Staatsforsten sind in dem Edikt und Hausgesetz vom 17. December 1808 nicht ausdrücklich erwähnt. Dass sie aber unter den Domänen des Staats mit verstanden sind, ergiebt die in Königsberg schon am 20. Januar 1808 an den Geheimenrath Sack erlassene Kabinetsordre, welche hier folgt.'

„Dass die Veräusserung der Domänen in Rücksicht auf den Nationalwohlstand eine wohlthätige Operation sei, hat eine verständige Staatswirthschaft längst entschieden. Die Resultate der Erfahrung haben die Behauptungen der Theorie überall bestätigt, und die Güterkultur ist in den Ländern am blühendsten, in denen es keine Domänen giebt.

Dass die Nothwendigkeit diese Veräusserung jetzt gebiete, müsst ihr anerkennen, und eure Bemerkung, dass dadurch die Objekte der Sicherheit und des Kredits vermindert werden, erledigt sich von selbst, indem durch den Verkauf Geld zusammengebracht und in eben dem Maasse die auswärtige Anleihe unnöthig gemacht wird.

Es ist jedoch allerdings Unsere Absicht, den Verkauf der Domänen nicht zu übereilen, und eben deshalb ist die Ausfertigung von Pfandbriefen, als ein Mittel Kredit zu erhalten, gewählt worden, daher die Voraussetzung des Kr.- und D.-R. von Balthasar, als ob die von uns befohlene Einleitung der Domänenveräusserung die Bepfandbriefung entbehrlich mache, berichtigt werden muss. Was Wir in Ansehung der Veräusserung angeordnet haben, sind nur vorbereitende Massregeln, deren Ausführung erfolgen soll, wenn Wir den rechten Zeitpunkt dazu ersehen werden. Es versteht sich also auch von selbst, dass vor erfolgter Evakuation der Provinzen hierzu nicht geschritten werden wird, und die Sache mit der grössten Verschwiegenheit zu behandeln ist.

Was den Einwand der Unveräusserlichkeit der Domänen betrifft, so beruht solcher auf irrigen Rechtsbegriffen. Weder die Achilläische Disposition vom Jahre 1473 noch die Hausverträge vom 29. April 1599, 11. Januar 1603 und 24. Januar 1752 haben die Inalienabilität in der behaupteten Art festgesetzt; es ist in diesen nur das Primogeniturgesetz in Rücksicht auf die Succession, mithin die Untheilbarkeit der von dem regierenden Herrn hinterlassenen Staaten, angeordnet. Die Dispositiones von 1710 und 1713 setzen die Unveräusserlichkeit der Domänen als eines Familienfideikommisses, nach gewöhnlichen Staatsprincipien voraus und bestätigen solche. Aber die Eigenschaft eines Familienfideikommisses für das regierende Haus ist, wie auch der Inhalt des Edikts vom 13. August 1713 deutlich sagt, der Eigenschaft eines Staatseigenthums untergeordnet, und es kann keinem Bedenken unterworfen sein, den Souverain zu solchen Dispositionen über die Domänen, durch welche ihr schädlicher Einfluss auf das Nationalvermögen verhindert wird, zu ermächtigen. Diese Disposition muss und wird die Nation, die über ihren wahren Vortheil belehrt ist, ihm danken, und statt das öffentliche Vertrauen zu der Regierung, wie der Herr G. L.R. v. R. besorgt, zu schwächen, wird diese Operation das Band zwischen dem Regenten und den Unterthanen nur befestigen. Das Allgemeine Landrecht kann, wie der Kr.-R. v. Balthasar ohne Grund annimmt, nicht dahin gedeudet werden, dass es den Landesherrn nur zu Erbverpachtungen berechtige, da es mit der grössten Bestimmtheit sagt:

dass Domänengüter an einen Privatbesitzer gelangen können, wenn der Staat dagegen schadlos gehalten wird.

Diese Schadloshaltung ist der Kaufwerth, der in der gegenwärtigen Lage des Staats eine um so vollständigere Entschädigung genannt werden muss, als der Staat, wenn er die durch den Friedensschluss zu Tilsit von überlegener Macht ihm auferlegten Bedingungen erfüllen will, mit weit grösseren Kosten Geld anschaffen und das Nationalvermögen, welches durch den Verkauf von Domänen an Privateigenthümer gewinnt, weit beträchtlicher vermindern müsste, als durch die Verwendung des aus dem Domänenverkauf zu lösenden Geldes nunmehr geschehen wird. Die Verschuldung und Vererbpachtung der Domänen, welche doch der Kr.-R. v. Balthasar selbst vorschlägt, sind dem Wesen eines beständigen Familienfideikommisses eben sowohl zuwider als der Verkauf derselben.

Wenn man indess das Princip der Unveräusserlichkeit geltend machen will, so muss man andere Hülfsmittel für die jetzige Lage des Staates substituiren und muss beweisen, dass diese Hülfsmittel der Verlegenheit eben so sicher und eben so wohlfeil abhelfen, als der Domänenverkauf. Seit dem Frieden zu Tilsit hat sich das Verhältniss des Staats wesentlich geändert, und was auch immer gegen die Massregel des Domänenverkaufs in früheren Verhältnissen, obwohl ohne hinreichenden Grund, angeführt werden könnte, so kann man nicht über die Forderung der Nothwendigkeit, sich ihrer zum Wohl des Ganzen zu bedienen, hinauskommen. Das Testament des Königs Friedrich II Majestät, welches ihr mit eurem Bericht vom 10. d. M. eingesandt habt, ist übrigens so wenig entgegen, dass es die Massregel vielmehr begünstigt, indem darin der Schatz un bien appartenant à l'Etat qui ne doit servir qu'à défendre les peuples ou les soulager genannt wird

Was der Kr.-R. v. Balthasar wider die Verbindung der Domänen mit den ritterschaftlichen Kreditsystemen bemerkt, finden Wir der Sache nicht angemessen. Nur insoweit, als der Kredit der von den ritterschaftlichen Systemen auf Privatgüter ausgestellten Pfandbriefe durch die Vermehrung derselben geschwächt wird, könnte der Widerspruch der Ritterschaft motivirt werden. Wir haben jedoch zu ihrer patriotischen Anhänglichkeit an Unsere Person und an die Verfassung des Staats um so mehr Vertrauen, dass sie diesen Widerspruch in der gegenwärtigen Lage nicht manifestiren werden, als ihr Uns die Bereitwilligkeit der Churmärkischen Hauptlandschafts-Direktion vorläufig schon einberichtet habt. Dass der Zinsfuss und das bewilligungsfähige Quantum der Pfandbriefe jederzeit nach der Einrichtung des Kreditsystems sich richte, versteht sich von selbst.

Die Erbverpachtung findet nach der Natur der Sache immer weniger Konkurrenz, als der Verkauf des freien Eigenthums, weshalb bei der Einleitung des Verkaufsgeschäfts geblieben werden muss. Auch bleibt eine nur vererbpachtete Domäne noch immer, was sie war, Eigenthum in der todten Hand.

Hinsichtlich der Beibehaltung der Forsten können Wir eurem und des Kr.-R. v. Balthasar Sentiment nicht beipflichten. Erfahrung und Theorie stehen ihm entgegen, und es ist mit Sicherheit zu erwarten, dass die Klage über Holzmangel, die in Unseren Staaten so laut gehört wird, sich verlieren werde, sobald die grosse mit Holz nicht bewachsene Holzfläche (deren Ertrag der Kr.-R. v. Balthasar in der Kurmark und Pommern auf wenige Groschen pro Morgen anschlägt) ein Privateigenthum wird. Da die Forsten des Staats nur mittelst Administration benützt werden können, eine Benutzungsart, die man bei der Acker- und Viehwirthschaft schon verwerflich gefunden hat, so liess sich der Erfolg freilich nicht anders erwarten, als ihn die Erfahrung bisher erwiesen hat.

Die Forsten können daher vom Verkauf nicht ausgenommen werden, und habt ihr auch mit der Ausmittelung ihres Ertrages vorzugehen."

Nachdem die Publikation des Ediktes und Hausgesetzes über die Veräusserlichkeit der königlichen Domänen vom 17. December 1808 unterm 6. November 1809 befohlen worden war, wurde am 25. Oktober 1810 eine königliche Instruktion für die Regierungen über die Veräusserung und Benutzung der Domänen erlassen [1]).

[1]) Ein Auszug daraus befindet sich in Kraus, Staatswirthschaft. Th. 5. S. 297—318.

Danach konnten alle Domänengefälle abgelöst werden. Die abzulösende Summe wurde mit 7 %, also nur zum $14^2/_7$ fachen Jahresbetrage, zu Kapital gerechnet und in baarem Gelde oder Staatspapieren jeder Art nach dem Course bezahlt, doch wurden Münzscheine und Obligationen von der Holländischen Anleihe zum Nennwerth angenommen, obgleich man sie für viel weniger kaufen konnte. „Die Domänen werden entweder verkauft oder vererbpachtet oder in Zeitpacht ausgethan oder administrirt. Der Verkauf und die Vererbpachtung erfolgt in der Regel.“ Wenn Zeitverpachtung einträte, sollten kurze, die Kultur behindernde Pachtperioden möglichst vermieden, und zur Administration der Domänen nur im äussersten Nothfall geschritten werden. Bei Veräusserung durch Licitation war eine neue Veranschlagung in der Regel nicht nöthig; es wurde vielmehr die alte Pachtsumme zum Grunde gelegt. Der Ertrag, mit 6 %, also der $16^2/_3$ fache Jahresertrag, zu Kapital gerechnet, war das Minimum des Kaufwerths. Forstreviere, welche in den Grenzen der Vorwerksgrundstücke oder mit denselben in unzertrennlichem Zusammenhange liegen, werden stets mit denselben veräussert. Einzeln veräussert werden dagegen getrennte Reviere, deren Boden und Lage sich mit überwiegendem Vortheil zu Getreidebau, Wiesennutzung, Etablissements u. s. w. eignen. „Ausgenommen bleiben in der Regel von der Veräusserung sehr grosse Forsten, Strandforsten zum Schutze gegen Versandungen, Forsten, die sich an Strömen zu gleichem Zwecke befinden, Forsten, welche dem Staate zu Erhaltung wichtiger Fabriken oder anderer Zwecke wichtig sind. Wegen etwa zu machender Ausnahmen muss berichtet werden.“ Die Wünsche der Liebhaber sollten hauptsächlich bestimmen, welche Reviere zunächst zur Veräusserung kommen, doch war zur Ersparung der Administrationskosten möglichst dahin zu sehen, dass jedesmal ein ganzes Revier, oder doch so viel davon abgenommen werde, dass ein Forstbedienter für die Zukunft entbehrlich wird. „Erledigte Stellen, welche der bevorstehenden Veräusserung halber vielleicht ganz eingehen dürften, sollen nur interimistisch besetzt werden. Die Versetzung, Pensionirung oder Entschädigung der, durch die Veräusserung ganz entbehrlichen oder an ihren Einnahmen verkürzten Forstbedienten, erfolgt nach allgemeinen Grundsätzen, und müssen deshalb mit Rücksicht auf Lokalverhältnisse, Dienstzeit und Verdienste von den Regierungen jedesmal besondere Vorschläge gethan werden.“ Es sollten die Forsten abgeschätzt werden. Wenn der Boden nur zur Holzkultur geeignet war, so sollte sowohl bei Kauf als Erbpacht der Werth des bereits haubaren Holzes als Kauf- oder Erbstandsgeld erlegt werden. Zweidrittel des forstwirthschaftlich berechneten künftigen Ertrages gaben den Erbkanon, und mit 6 % zu Kapital gerechnet, den Kaufpreis der Forst. Wenn der Forst zur Urbarmachung geeignet ist, so sollte der Ertrag ökonomisch abgeschätzt und danach der Kapitalwerth à 6 % ermittelt, der Holzwerth hinzugerechnet, die Radungs- und Urbarmachungskosten aber abgerechnet werden. Bei Verkauf oder Vererbpachtung der Vorwerke ohne Licitation war eine genauere Ertragsermittelung nöthig. Von der Licitation wurde abgestanden, wenn Jemand das nach der alten Pachtsumme ermittelte Ertragsquantum nicht allein decken, sondern noch besondere Vortheile bieten wollte, und auch in einigen anderen Fällen. Bei Veräusserungen oder Vererbpachtungen mit Licitation konnten $^2/_3$ des Kauf- oder Erbstandsgeldes in Staatspapieren u. s. w. nach dem Nennwerth berichtigt werden.

Dass nach dieser von Hardenberg kontrasignirten Instruktion die Forstbeamten ihren Einfluss geltend machen würden, um dem Verkauf der Staatsforsten entgegenzuarbeiten, hätte man wohl denken können. Den Forstbeamten, welche durch den Verkauf des von ihnen verwalteten Reviers entbehrlich wurden, war eine gesicherte Zukunft nicht in Aussicht gestellt; sie werden also weniger für, als gegen den Verkauf gewirkt haben. Man hätte allen entbehrlich werdenden Forstbeamten nicht bloss ihr ganzes rechtmässiges Amtseinkommen als Pension gewährleisten, sondern ihnen auch aus den Kaufgeldern noch eine tüchtige Tantieme versprechen sollen. Denn wenn man ein grosses Werk durchführen will, so muss man auch die entsprechenden Mittel daran setzen, und dazu hätte nothwendig gehört, dass man die bereitwilligste Unterstützung und eifrigste Dienstleistung von Seiten des grossen Corps der Forstbeamten erkaufte.

Das zwei Tage später, am 27. Oktober 1810 erlassene Edikt über die Finanzen sprach öffentlich die Absicht des Königs aus, die Domänen zur Tilgung der Staatsschulden zu verwenden; zu dem Ende sei ihr successiver Verkauf beschlossen, wobei die Staatspapiere zu $^2/_3$ nach dem Nominalwerth angenommen werden sollten; ferner sollten die geistlichen Güter säkularisirt und verkauft und das Aufkommen davon gleichfalls dem Staatsschuldenabtrage gewidmet werden. Schon am 30. desselben Monats erschien das Edikt über die Einziehung sämmtlicher geistlichen Güter der Monarchie. Dadurch wurden alle Klöster, Dom- und andere Stifter, Balleyen und Kommenden, sie mögen zur katholischen oder protestantischen Religion gehören, für Staatsgüter erklärt.

Die Forsten sind auch in dem Finanzedikt vom 27. Oktober

1810 nicht ausdrücklich erwähnt. Es heisst darin: Wäre es thunlich, nur Unsere Domänen schnell genug gegen baares Geld umzusetzen, so würde der Werth derselben allein hinreichen, Unseren Verpflichtungen zu genügen, ohne irgend einen Anspruch an das Kapitalvermögen Unserer getreuen Unterthanen zu machen." Dass aber hier unter Domänen auch die Staatsforsten verstanden sind, erweisen das Edikt wegen Veräusserung der Domänen, Forsten und geistlichen Güter vom 27. Juni 1811 und das schon oben (S. 49) erwähnte Staatsschuldengesetz vom 17. Januar 1820.

Nach der Verordnung vom 16. März 1811 über die Ablösung der Domanialabgaben jeder Art sollte die abzulösende Summe 25 mal genommen oder mit 4 % zu Kapital gerechnet und in baarem Gelde oder in anerkannten Staatspapieren, die damals sehr niedrig standen, nach dem Nennwerth bezahlt werden. In dem eben erwähnten Edikt vom 27. Juni 1811 wird wiederholt die Absicht erklärt, die Schulden des Staats nach berichtigter Kontributionszahlung an Frankreich allmählich zu tilgen. Zu dem Ende sollte die Veräusserung der Domänen, Forsten und geistlichen säkularisirten Güter die erforderliche Ausdehnung erhalten und — ganz praktisch — nach dem Grundsatz geschehen, dass die reine Rente mit einem gleichen Betrage von Zinsen von Preussischen Staatspapieren erworben werden konnte. Nicht bloss die pachtlosen, sondern auch alle übrigen Aemter, deren Pacht noch fortläuft, sollten nach einander zur Veräusserung gestellt und bei der letzteren sollten die Pächter an die Erwerber mit überwiesen werden. Eine neue Veranschlagung war in der Regel nicht erforderlich. Der Werth der Forsten jedoch sollte forstmässig, jedoch mit Berücksichtigung der Lage und sonstigen örtlichen Verhältnisse abgeschätzt werden. Das Edikt führte auch diejenigen Staatspapiere an, die als Zahlung zum Nennwerth angenommen werden konnten. Das Staatsschuldengesetz von 1820 bestimmte, dass der Verkauf der Staatsgüter und die Ablösung der Domanialrenten, Erbpachtgelder u. s. w. nur noch gegen baares Geld zu bewirken sei. Durch einige bald nachher ergangene Bestimmungen wurde aber gestattet, dass Domänengefälle, besonders gewisse Arten und namentlich auch links der Elbe nicht zu 4 % oder zum 25 fachen Jahresbetrage, sondern für einen geringeren Betrag abgelöst werden konnten.

Nach den geheimen Beschlüssen der Wiener Konferenzen vom 12. Juni 1834 sollten die Deutschen Fürsten durch Erhaltung der Domänen von der Volksvertretung unabhängig gehalten werden [1]).

[1]) Vergl. K. Weil, konstitutionelle Jahrbücher. 1844. Bd. 2. S. 250. 257. 263. 278.

Als nun in dem hierauf folgenden Jahre in Preussen nach dem Ableben des Finanzministers Maassen die Domänenverwaltung von dem Finanzministerium an das Ministerium des königlichen Hauses, als eine besondere Abtheilung — zu deren Chef Ladenberg mit Sitz und Stimme im Staatsministerium für die Gegenstände seines Ressorts ernannt wurde — gelangte, hörten die Verkäufe von Domänenvorwerken beinahe ganz auf, und durch eine Kabinetsordre vom 19. Juni 1837 wurde auch die Ablösung der Domänengefälle erschwert. Sie sollten nicht mehr zum 20fachen, sondern überall nur zum 25fachen Jahresbetrage zugelassen werden. Dennoch fanden fortwährend Ablösungen statt, bis die Sache, wie oben (S. 166) erwähnt, 1850 anderweit geordnet wurde.

Die Veräusserung von Staatsforsten hat in grossem Umfange überhaupt nicht stattgefunden, weder vor noch nach Verkündigung des Staatsschuldengesetzes von 1820. Die Kölnische Zeitung brachte zwei Bekanntmachungen vom 7. Juli 1862 und vom 10. Juni 1863. In der ersteren gab der damalige Finanzminister v. d. Heydt die Gründe an, weshalb die Veräusserung von Domänen- und Forstgrundstücken schon seit dem Jahre 1859 etwas emsiger als bisher habe betrieben werden müssen, in der letzteren sagte aber sein Herr Amtsnachfolger, dass die Staatsverwaltung nach wie vor an dem Grundsatze festhalte, die königlichen Forsten zu conserviren.

Nachdem im Jahre 1820 der König den Staatsgläubigern auch mit den Staatsforsten Garantie geleistet hatte, erliess am 16. Juli des folgenden Jahres Pabst Pius VII die Bulle de salute animarum. Als ein Vertrag oder Konkordat ist sie nicht anzusehen. Doch wurde sie durch eine Kabinetsordre vom 23. August 1821 ihrem wesentlichen Inhalte nach, nämlich in Bezug auf die Ausstattung der Erzbisthümer und Bisthümer der katholischen Kirche des Preussischen Staats landesherrlich sanktionirt. Nach der Bulle sollten auf die dazu angewiesenen Staatswaldungen so viel Grundzinsen errichtet und im Jahre 1833 eingetragen werden, als auszustattende Sprengel da sind, so dass jede Diöces ein Einkommen hat, welches die ausgesetzten Einkünfte deckt; und wenn bis 1833 diese Grundzinsen auf die Staatswaldungen nicht sollten eingetragen werden können, so sollten mit baarem Gelde des Staats so viel Grundstücke erkauft und den Kirchen zum eigenthümlichen Besitz übergeben werden, als erforderlich sind, um durch ihr jährliches Einkommen den Betrag jener Grundzinsen zu erreichen.

Diese Bestimmungen sind nicht zur Ausführung gekommen [1]),

[1]) Am 6. Juni 1843 schrieb Varnhagen: Am Rhein regen sich Ansprüche

doch scheint im Jahre 1847 noch an ihre Ausführung gedacht zu sein. Es heisst nämlich, nach den öffentlichen Blättern, am Schluss eines an die damaligen Minister Eichhorn, v. Bodelschwingh, Graf zu Stollberg und v. Duesberg gerichteten Kabinetsbefehls vom 15. Januar 1847 wörtlich: „Dagegen erachte ich es nach den in Gemässheit der Bulle de salute animarum der Römisch-Katholischen Kirche ertheilten Zusage für recht und nothwendig, die versprochene Radizirung ihrer Dotation auf bestimmte Revenüen von Staatswaldungen endlich in Erfüllung zu bringen, weshalb auch in dieser Beziehung die erforderlichen Einrichtungen zu treffen sind, ohne dass jedoch der Kirche dabei Besitz und Verwaltung bestimmter Güter einzuräumen ist. Indem ich hiernach die Dotationsverhältnisse der evangelischen sowohl als der Römisch-Katholischen Kirche baldigst regulirt wissen will, wobei hinsichtlich der zu wählenden rechtlichen Form die Ansicht der beiden Justizminister zu vernehmen sein wird, veranlasse ich Sie, diese Angelegenheit zu schleuniger Berathung im Staatsministerium zu bringen und sehe dessen gutachtlichem Bericht, mit welchem die Entwürfe der entsprechenden Verordnungen vorzulegen sind, baldigst entgegen."

Weder durch Artikel 12 der oktroyirten, noch durch Artikel 15 der beschworenen Verfassung hat die Römisch-Katholische Kirche oder Geistlichkeit irgend einen Anspruch an die Staatsforsten erlangt. Vorher hatten sie einen solchen weder auf Kosten der Staatsgläubiger, noch überhaupt erlangen können. Denn der Pabst, der überdies im Preussischen Staat niemals Gesetze zu erlassen im Stande war, konnte und kann über die ihm nicht gehörigen Preussischen Staatsforsten in keiner Weise zu Gunsten irgend einer physischen oder juristischen Person verfügen. —

Was von den Resultaten der Veräusserung von Domänen und Forsten bekannt geworden ist, zeigt, dass von dem Kapitalwerth

---

auf die Dotation, welche der katholischen Kirche in liegenden Gründen zugesagt worden — durch den Niebuhr-Hardenberg'schen Abschluss in Rom. Versprochen ist solche Dotation, aber sehr bedingt, abhängig von der Zuständigkeit der Sache und den vorhandenen Hülfsmitteln. Wenn der König hierin je nachgiebt, so hört Preussen auf, das Preussen zu sein, was es bisher war! Das wäre schön, wenn man dies heillose halbe Versprechen erfüllte, und das weit entschiedenere wegen der Volksrepräsentation nicht! Dass die Sache sich am Rheine regt, ist schon schlimm genug! Alles kommt von dem einen Missgriff her, den Herrn v. Droste zum Erzbischof gemacht zu haben, von der Liebhaberei, die Katholiken recht katholisch zu sehen, wie man noch jetzt die Juden wieder recht jüdisch sähe! Traurige Richtung!

derselben der Staat viel geringere Zinsen zog, als er seinen Gläubigern zu zahlen hatte.

In einer Rede Hardenberg's an die im Jahre 1811 in Berlin versammelten ständischen Deputirten nannte er die Veräusserung der Domänen und der säkularisirten Güter eine der Hauptgrundlagen unseres Finanzsystems und sagte: „Die bisherigen Resultate sind, trotz der ungünstigen Zeit, in der wir leben, über alle Erwartung vortheilhaft; es kommt nur darauf an, der Operation die möglichste Ausdehnung zu geben und sie auf die wohlthätigste Weise für die Rechnung des Staats und für die Erleichterung seiner Bewohner zu benutzen. Nach einem hier vorliegenden Abschlusse, welcher einen Theil des Domänenverkaufs aus allen Provinzen enthält, und bei dem nicht etwa die vortheilhaftesten ausgewählt sind, ist aus diesen Domänen, deren bisherige reine Rente 62,513 Thlr. war, wenn man die Kaufgelder nur zu 4 $^0/_0$ Rente und den Erbkanon, die Dienstgelder u. s. w. dazu rechnet, ein Nettoertrag gelöset worden von 112,310 Thlr., zu welcher Summe noch der Betrag der baar einzuzahlenden Inventariengelder hinzukommt. Angenommen, dass ein Theil der Kaufgelder baar, ein anderer in Holländischen Obligationen, welche 5 $^0/_0$ Zinsen tragen, eingezahlt ist, so ist der Doppelte des alten Ertrages, welcher theils als Rente eingeht, theils durch Abtragung der Staatsschulden als Zins erspart wird, eingekommen."

Im Regierungsbezirk Aachen wurden in den Jahren 1818 bis 1822 für 1,255,461 Thlr. Domänengüter verkauft, die einen jährlichen Ertrag von 37,423 Thlr. gebracht hatten, d. h. weniger als 3 $^0/_0$. Ferner wurden im Coblenzer Regierungsbezirk im Laufe des Jahres 1820 in zehn Versteigerungen 327 Domänenparcellen und 50 Forstparcellen für 401,670 Thlr. verkauft, die bis dahin 7421 Thlr. eingebracht hatten, also weniger als 2 $^0/_0$.

In den Jahren $18^{20}/_{32}$ und $18^{33}/_{42}$ flossen an Domänenveräusserungs- und Ablösungsgeldern zur Staatskasse 23,818,476 Thlr. und 14,792,072 Thlr. oder überhaupt 38,610,547 Thlr. Nach den veröffentlichten Etats betrugen die Domäneneinnahmen 1821 5,604,650 Thlr. und 1841 4,020,000 Thlr., die Grundsteuereinnahmen dagegen 1821 9,326,000 Thlr. und 1841 9,889,000 Thlr. Nach dem allgemeinen Abgabengesetz vom 30. Mai 1820 waren Domänen- und Forstgrundstücke bei ihrer Veräusserung mit Grundsteuer zu belegen und daher erklärt sich die Erhöhung der Grundsteuereinnahmen. Die Einnahme aus den Domänen muss natürlich geringer werden, je mehr davon verkauft werden. Es haben sich also die Domäneneinnahmen

um	1,584,650 Thlr.
vermindert, dagegen die Grundsteuereinnahmen um	563,000 „
vermehrt, so dass der Staat nur	1,021,650 Thlr.

an Einnahme jährlich gegen Empfang eines Kapitals von 38,610,547 Thaler aufgegeben hat. Es hätten demnach die Domänen durchschnittlich nur 2,64 % eingebracht. Höchstwahrscheinlich hatten sie sich aber in der Wirklichkeit noch erheblich geringer verzinst, denn unter den beinahe 39 Millionen war ohne Zweifel der grössere Theil nicht Kaufgeld für Grundstücke, sondern Ablösungskapital für Domänengefälle, die wohl grösstentheils zu 5 % oder mit dem 20fachen Jahresbetrage abgelöst sind und deren Erhebung nur geringe Kosten veranlasst hatte [1]).

Zur Empfehlung eines Gewerbebetriebes für Staatsrechnung, wovon zum Theil schon oben bei dem Bergregal, den Eisenbahnen, den Telegraphen, dem Postregal die Rede war, lässt sich wohl kaum etwas Erhebliches anführen [2]). Mill ist entschieden dagegen. Wie viel schlechter die Vornahme von gewöhnlichen industriellen oder kommerziellen Verrichtungen von Seiten der Regierung geschieht, sagt er, beweise die Thatsache, dass sie sich fast niemals gegen die gleiche Mitbewerbung von Privatleuten halten könne, wo diese über die genügenden Mittel verfügen und den erforderlichen Grad gewerblichen Unternehmungsgeistes haben. Alle die Vortheile, welche die Regierung hinsichtlich der Erlangung von Sachkunde geniesse, alle die Mittel, die sie zur Belohnung und daher Erwerbung der besten verfügbaren Kräfte auf dem Markte besitzt, sie wögen nicht den Einen grossen Nachtheil eines geringeren Interesses am Erfolge auf. „Nicht allein ist die Entwicklung thatkräftiger Fähigkeiten durch eine sich über das ganze Gemeinwesen erstreckende Uebung an sich eines der werthvollsten nationalen Güter, sondern es wird durch den Umstand, dass ein hoher Grad dieser unentbehrlichen Aus-

1) Krug, Geschichte der Preussischen Staatsschulden S. 216. Bericht der Hauptverwaltung der Staatsschulden über ihre Geschäftsführung seit dem Jahre 1820. Gedr. in der Decker'schen Geh. Oberhofbuchdruckerei. Desgl. Bericht für die Jahre 1833 bis 1842 in der Allg. Preussischen Zeitung vom 2. Februar 1844.

2) Eine Produktion auf Staatsrechnung hält Umpfenbach (Lehrbuch der Finanzwissenschaft § 18) sogar für geboten, wenn der Staat ausnahmsweise billiger produciren könne, als es Private vermöchten, was namentlich dann zu erwarten sei, wenn ihm bereits für andere Zwecke nöthiges Personal und Material zur Verfügung stehe, welches ohne entsprechende Kostensteigerung noch nebenbei zur Herstellung des gewünschten Erzeugnisses benutzt werden könne u. s. w.

bildung systematisch in den Häuptern und Beamten des Staats aufrecht erhalten wird, nicht weniger, sondern nur in noch höherem Grade nothwendig. Denn es kann für die menschliche Wohlfahrt nichts gefährlicher sein, als wenn Talent und Intelligenz in einem hohen Grade bei einer regierenden Körperschaft unterhalten, dagegen ausserhalb dieses Kreises entmuthigt und verkümmert werden. Ein solches System verwirklicht mehr als irgend ein anderes die Idee des Despotismus, indem es mit geistiger Ueberlegenheit als einer neuen Waffe diejenigen ausrüstet, die schon die gesetzliche Macht haben. Es führt so nahe wie bei dem organischen Unterschiede zwischen menschlichen Wesen und Thieren möglich ist, zu einer Regierung wie die der Schafe durch den Hirten, nur dass hier bei weitem nicht das Interesse vorhanden ist, das der Hirte für das Gedeihen seiner Heerde hat. Die einzige Sicherheit gegen politische Sklaverei ist, die Regierenden durch die Verbreitung von Thätigkeit, Intelligenz und Gemeingeist bei den Regierten, in gewissen Schranken zu halten [1]."

Die Erfahrung hat gezeigt, dass Gewerbe, welche die Regierung durch ihre Beamten und sonstigen Organe für Rechnung des Staats betrieben hat, wenig oder gar keinen Gewinn, oder Verlust gebracht haben; und dennoch hat der Leiter einer staatlichen Gewerbsunternehmung zuweilen mancherlei Mittel, um den mit ihm konkurrirenden Privatunternehmern Erschwerungen ihres Geschäfts zu bereiten, wozu noch kommt, dass jeder einzelne Privatunternehmer weniger Kapital und Kredit hat, als der Staat. Ein Fabrikgeschäft für Staatsrechnung wird nicht leicht einträglich, wenn nicht die Regierung die Ausfuhr des Rohstoffs verbietet oder mit hohem Ausfuhrzoll belegt und auch die Einfuhr des Fabrikats verbietet oder mit einem Einfuhrzoll belegt, welcher einem Verbote beinahe gleichkommt. Wie leicht kann eine absolute Regierung zu derartigen Edikten und Ukasen gebracht werden? Gewerbe für Staatsrechnung werden mitunter auch geradezu monopolisirt. Wenn das auf solche Art angewendete Kapital, welches die Regierung doch nur entweder aus Steuern oder aus Anleihen erlangen kann, hohe Zinsen bringt, so würde dem Na-

---

[1]) Pol Oekonomie, Buch V. Kap. 11. §§ 5. 6 Denselben Gedanken behandelt Mill auch in seinem Buch On Liberty. 2 Ed. 1859. S. 203, wo er sagt: If we would possess permanently a skilful and efficient body of functionaries — above all, a body able to originate and willing to adopt improvements; if we would not have our bureaucracy denegerate into a pedantocracy, this body must not engross all the occupations which form and cultivate the faculties required for the government of mankind.

tionalvermögen dennoch besser gedient sein, wenn dergleichen Gewerbe der allgemeinen Konkurrenz überlassen würden. Denn der Kapitalgewinn ist nur ein scheinbarer; in der Wirklichkeit ist er nichts Anderes, als eine auf grossen Umwegen erhobene Steuer, welche die grössten Administrationskosten verursacht.

Staatsgewerbe, mögen sie nun mehr oder weniger monopolsweise betrieben werden, sind ungerecht und verderblich, da die Regierung die Gewerbsamkeit der Bürger schirmen aber nicht beschränken soll, auch die in der Form von Staatsmonopolien erhobenen Verbrauchssteuern empfehlenswerthe Steuern nicht sind. Sonach sind Staatsgewerbe ein Uebel, welches aber gewöhnlich ein bleibendes ist, weil viele Personen an der Beibehaltung ein starkes Interesse haben, und weil die mit der Abstellung ausfallende Staatseinnahme gewöhnlich Verlegenheiten bereitet. Kraus sagte: „Um mehr Sorgfalt und Sparsamkeit in seine Fabrik zu bringen, pflegt der Fürst auch wohl sich zu associiren mit einem Einzelnen oder mit einer Compagnie. Ersteres war der Fall mit der Gold- und Silbermanufaktur in Berlin, und mit der Kartenfabrik in Potsdam. Immer bleibt, so lange das Monopol dabei stattfindet, jene Ungerechtigkeit und Verderblichkeit. Die, welche sagen, der Fürst soll anfänglich für eigene Rechnung Fabriken anlegen und sie hernach an Privatunternehmer abtreten, bedenken nicht, dass, wenn die Fabrik glücklichen Fortgang hat, er (und vollends die Officianten) sie nicht wird abtreten wollen, und wenn sie nicht gedeiht, Niemand sich damit befassen wird, es sei denn, dass der Staat ihn durch Geld oder verderblichen Zwangsabsatz unterstütze."

Ein Geschäft, welches ganz besonders vom Staate, und zwar monopolsweise ausgebeutet wird, ist das Tabacksgeschäft. In England indessen, wo, so viel ich weiss, jetzt überhaupt ein Gewerbsbetrieb für Staatsrechnung nicht stattfindet, giebt es kein Tabacksmonopol. In Portugal wurde 1864 die Abschaffung desselben beschlossen, nachdem es etwa 150 Jahre bestanden und zuletzt einen Reinertrag von jährlich 1500 Contos oder 2¼ Millionen Thaler gebracht hatte. In Spanien, Oesterreich und Frankreich besteht das Tabacksmonopol noch und es ist wenig Aussicht, dass es dort wird aufgehoben werden, weil es den Staatskassen wirklich bedeutende Einnahmen bringt und die dortigen Finanzmänner bessere Einnahmen nicht zu finden, die Staatsausgaben auch nicht zu vermindern wissen. Thiers meinte sogar, dass, obgeich der Tabacksverbrauch einer Begünstigung wenig würdig sei, er doch im Interesse der Finanzen einer Ermuthigung würdig sei! In Frankreich ist der Tabacksbau im Allgemeinen verboten und wird nur in wenigen Departements erlaubt. Es wird durch eine besondere Verwaltung die Ernte angekauft, der Taback fabricirt und verkauft, auch führt dieselbe fremden Taback ein. Es wird die Einnahme der Reinertrag

für 1815 zu	54	32
„ 1830 „	67	45
„ 1840 „	95	70
„ 1861 „	183	126

Millionen Franken angegeben. Wenn man nun auch das Tabacksmonopol als einen Modus ansehen wollte, um von dem Verbrauch des Tabacks eine einträgliche Steuer zu erheben, so muss doch eine Steuer, die so grosse Erhebungs- und Verwaltungskosten verursacht, verworfen werden. Diese Kosten sind auch in allen Ländern, wo dies Monopol besteht, sehr bedeutend.

Ausser dem Tabacksmonopol giebt es in Frankreich[1]) noch ein Pulver-, Spielkarten- und Zündhütchenmonopol.

Ein Brantweinmonopol bestand in Russland unter dem Namen der Brantweinpacht. Die Regierung kaufte den Brantwein von den Erzeugern und liess ihn zu einem höheren Preise an die Pächter ab, die ihn ausschliesslich in bestimmten der Krone gehörigen Schenken verkauften. Der Pächter musste sich zur Abnahme einer gewissen Menge anheischig machen, erhielt aber, wenn er mehr absetzen konnte, den weitern Bedarf, wie Rau sagt, um den Betrag, den die Regierung selbst zahlt. Die Brantweinpacht, welche 1827 eingerichtet wurde und 1863 durch eine Accise auf Brantwein ersetzt werden sollte, brachte 1840 36, 1850 52, 1855 68 und 1859 129 Millionen S. R. ein.

In Oesterreich sind ausser dem Taback, noch Kochsalz und Schiesspulver Gegenstände der Staatsmonopole, d. h. der ausschliesslichen landesfürstlichen Verfügung für den Staatsschatz vorbehalten. Das Salpeterregal wurde 1853 aufgehoben, das Tabacksmonopol 1855 aber auch in Ungarn eingeführt. Für Dalmatien sind neben dem Schiesspulver auch die Bleikugeln Gegenstand des Staatsmonopols[2]).

In Würtemberg besteht ein Eisenmonopol, auf Grund dessen die Staatshüttenverwaltung unter anderem die Befugniss zur Errichtung und zum Betriebe von Hochöfen ausschliesslich für sich in Anspruch nimmt und die Ausfuhr von Eisenerzen aus dem Lande verbietet[3]).

[1]) Garnier, Traité de Finances. S. 157. 167. 459.
[2]) Dessary, Grundsätze der Oesterreichischen Finanzgesetzkunde. 1855.
[3]) Zeitschrift für Staatswissenschaft. 1863. S. 337.

Holland hat ein Kaffeemonopol in Java. Die Javanen, unter den Engländern $18^{11}/_{16}$ freie Bauern, sind jetzt Kronleibeigene. Für den grossen Grundherrn, den grossen Kaufmann, die Holländische Regierung, müssen sie pflanzen, was dieser Regierung gut dünkt und diese Regierung zahlt ihnen für die schönen gelben Bohnen des Javakaffees die Hälfte des Marktpreises [1]).

In dem Handelsvertrage, welcher zwischen der Türkei und Preussen am 20. März 1862 abgeschlossen wurde, heisst es: Alle im Ottomanischen Reiche bestandenen Monopole, welche die Produkte des Ackerbaues oder irgend ein anderes Erzeugniss betrafen, sind und bleiben für immer abgeschafft.

In Preussen ist ein Gewerbebetrieb für Staatsrechnung nichts Neues. Mit Taback, Kaffee, Kalendern, Spielkarten und Holz handelt der Staat zwar nicht mehr, doch fabricirt er noch Porcellan, handelt mit Salz, hat Gestüte, eine Lotterie, eine Staatsdruckerei, eine Seehandlung und Antheil an einer Bank. Wenn alle in diesen gewerblichen Unternehmungen steckenden Kapitalien einschliesslich aller dazu gehörigen Grundstücke, Vorräthe etc. flüssig gemacht und veräussert, auch zur sofortigen Abzahlung von Staatsschulden verwendet, ausserdem alle disponibel werdenden Beamten aus den schon oben (S. 41. 115. 134. 192. 199.) angegebenen Gründen mit ihrem vollen Gehalt pensionirt würden, so würden die Einnahmen des Staats sich vielleicht verringern, seine Ausgaben an Zinsen aber in nicht langer Zeit sich wahrscheinlich noch erheblich mehr verringern, was ohne Zweifel ein finanzieller Fortschritt wäre.

Das Tabacksmonopol wurde 1763 zuerst eingeführt, aber „Unzufriedenheit kam mit dem Steigen der Preise; betrügliches Einbringen von der Grenze ward als ein Beweis von Schlauheit geachtet, und Rechtshändel, nichtswürdig in ihrem Gegenstand und gleichwohl kostspielig reihten sich einer an den andern.“ Friedrich Wilhelm II hob es am 6. Januar 1787 auf, und legte eine mässige Abgabe auf den Taback, die später noch etwas erhöht wurde, führte aber im Jahre 1797 das Tabacksmonopol wieder ein. Es wurden Staatsschuldscheine unter dem Namen Tabacksaktien im Betrage von 2,000,000 Thlrn. zu 6 % ausgefertigt; als Specialhypothek wurde dafür der Ertrag des Tabackregals verschrieben, 1811 wurden die Tabacksaktien in Staatsschuldscheine umgeschrieben. Dies Monopol hob Friedrich Wilhelm III sehr bald nach seinem Regierungsantritt, nämlich schon am 25. December 1797 wieder auf, was grosse Zu-

[1]) Deutsche Jahrbücher. Bd. 6 (1863) S. 70.

friedenheit erregte [1]). Eine Wiedereinführung des Tabacksmonopols möchte wohl kein Preussischer Finanzminister durchzuführen im Stande sein, wenn er auch ein so schlechter Finanzmann wäre, dass er dies überhaupt wollen könnte.

Die Steuer auf Kaffee wurde 1770 sehr erhöht, da aber die Bewohner des platten Landes von dem Kaffee, den sie unmittelbar bezogen, keine Gefälle entrichteten, in den Städten davon jedoch Accise gezahlt werden musste, so nahmen die Unterschleife jährlich zu. Es wurde daher 1778 bestimmt, dass die Landbewohner den nämlichen Abgaben unterworfen sein sollten, wie die Städter, und ihren Kaffee einzig aus den Städten beziehen sollten. Die Unterschleife hörten aber nicht auf. Das mit 6 Ggr. 2 Pf. belegte Pfund Kaffee wurde in vielen Städten mit 9—10 Ggr. verkauft! Nun sollte nach einer Verordnung von 1781 die Verwaltung allen Kaffee selbst kommen lassen. Er wurde von den Zollbehörden in eigenen Anstalten gebrannt und dann verkauft. Rohe Bohnen durfte Niemand kaufen und im eigenen Hause brennen. Zur Kontrolle wurden besondere Spürer besoldet. Die Unzufriedenheit war gross; deshalb wurde 1784 der Preis heruntergesetzt. Endlich hob Friedrich Wilhelm II dies Kaffeemonopol am 6. Januar 1787 auf [2]).

Die Herausgabe der Kalender geschah sonst durch die Akademie der Wissenschaften. Nach dem Edikt vom 10. Januar 1811 wurde die Herausgabe der unter öffentlicher Autorität erscheinenden Kalender einer königlichen Kalenderdeputation übertragen. Der Verkauf anderer inländischer und ausländischer Kalender war nur unter Bedingungen zulässig. Nach der Kabinetsordre vom 30. August 1816 sollten Privatverleger nicht ohne die jetzt weggefallene Censur und Genehmigung der Kalenderdeputation Kalender herausgeben. Von Kalendern wird jetzt noch eine Stempelabgabe erhoben.

Das Spielkartenmonopol ist durch die Verordnung vom 16. Juni 1838 aufgehoben worden. Die Anfertigung und der Verkauf von Spielkarten erfordert aber eine besondere Erlaubniss und unterliegt strengen Kontrollen. Von den Spielkarten wird jetzt eine nur sehr mässige Stempelabgabe erhoben.

Auch einen Holzhandel hat der Preussische Staat betrieben. Es bestand einst ein Generalholzhandelsinstitut und eine Hauptnutz-

---

[1]) Manso, Geschichte des Preussischen Staats etc. 2. Ausg. Bd. 1 S. 11. 143 173 375. Bd. 2. S. 6. Krug, Geschichte der Preussischen Staatsschulden. S. 41.

[2]) Manso a. a. O. Bd. 1. S. 13. 74. 84. 96. 143.

holz und Hauptbrennholzadministrationskasse. Diese hatten Schulden gemacht, und sowohl die Brennholzobligationen als auch die Nutzholzobligationen, im Betrage von etwa 1 $^1/_2$ Millionen Thaler, wurden später als Staatsschulden anerkannt [1]).

So schlechte Geschäfte wie mit dem Holzhandel hat der Staat mit der Porzellan- und Gesundheitsgeschirrfabrikation nicht gemacht. Zu den Staatsmonopolen gehört dies Geschäft zwar nicht, doch ist es ein stark geschütztes. Die Einfuhrzölle von Steingut- und Porzellanwaaren betrugen um 1848 50 bis 70 $^0/_0$ vom Werth [2]), jetzt betragen sie wahrscheinlich noch mehr, da die Zollsätze geblieben, die Preise aber wohl heruntergegangen sind. Es ist daher nicht zu verwundern, wenn Privatpersonen, die sich mit dieser Fabrikation befassen, reich werden. Was die Staatskasse aus den genannten beiden Fabriken an Reinertrag bezieht, ist im Etat für 1861 nur auf 30,000 Thlr. angegeben. Wenn die Betriebsfonds, Vorräthe u. s. w., so wie die im letzten Menschenalter so ausserordentlich im Werth gestiegenen Grundstücke flüssig gemacht und veräussert und mit dem Erlös Staatsschulden abgezahlt würden, so ist kaum zu bezweifeln, dass der Staat einem Einnahmeverlust von 30,000 Thlrn. eine erheblich grössere Ausgabeersparung gegenüber stellen könnte.

Salz wird von der Natur in ungeheuren Mengen dargeboten, im Meerwasser, in Salzquellen und als Steinsalz. Da es zum Genuss und vielfachen Gebrauch allen Menschen unentbehrlich ist, so hat die Staatsgewalt fast in allen Ländern ihre schwere Hand darauf gelegt, um den Verbrauch in verschiedenartiger Form so zu besteuern, dass Niemand steuerfrei bleibt. In besonders hohem Maasse und in harter Weise geschah dies in Frankreich vor der ersten Revolution.

In Preussen giebt es Salzwerke, die, wie schon (S. 115. 117.) erwähnt, dem Staate gehören, und andere im Privatbesitz befindliche. Diese dürfen aber ihr Erzeugniss nur an den Staat verkaufen. Die Staatswerke werden von der Bergwerksverwaltung betrieben, welche das gewonnene Salz der Steuerverwaltung zum Verkauf überlässt. Die Steuerverwaltung und die Salinenverwaltung, wenngleich unter verschiedenen Ministern stehend, vertreten dieselbe juristische Person, den Fiskus: dennoch bezahlt oder berechnet die Steuerverwaltung der Salinenverwaltung das Salz zu einem Preise, der so gestellt wird, dass auch die Salinenverwaltung einen Gewinn zu machen scheint.

---

[1]) Krug a. a. O. S. 103. 122.

[2]) Entwurf zu einem Zolltarif für das vereinte Deutschland. 1848. S. 63. 84.

Der Zolltarif sagt: „Salz (Kochsalz, Steinsalz) ist einzuführen verboten; bei gestatteter Durchfuhr wird die Abgabe besonders bestimmt.“ Seit 1861 sind die Abgaben für den Waarendurchgang aufgehoben. In Bezug auf Salz ist eigentlich das ganze Gebiet des Zollvereins in eine Anzahl einzelner Salzterritorien zerspalten, in welchen verschiedene Salzpreise, verschiedene Verkaufseinrichtungen etc. bestehen, und welche in Bezug auf den Salzverkehr vollständig von einander abgesperrt sind. Die Absperrung der einzelnen Salzgebiete gegen einander wird strenge gehandhabt, weil das bedeutende Einkommen, welches die meisten Staaten aus der Salzsteuer beziehen, Sicherungsmassregeln nothwendig macht. Hannover, Oldenburg und die dem Zollverein 1856 angeschlossenen Gebietstheile von Bremen bilden jedoch ein Salzterritorium für sich, wo der Verkehr mit Salz völlig freigegeben ist, abgesehen von den Veranstaltungen, die zur Verhütung der Salzeinschwärzung in das benachbarte Ausland getroffen sind. Die Salzsteuer wird an den Erzeugungsorten, an den Salinen etc. erhoben. Der Ertrag ($12^1/_2$ Sgr. pro Centner) ist gemeinschaftlich und wird zwischen den genannten Staaten nach Verhältniss der Bevölkerung getheilt. Eine ähnliche Einrichtung ist für den ganzen Zollverein vorgeschlagen worden, da die Erhebung einer Steuer bei den Salinen eben so wenig schwierig sein kann, als die Erhebung eines gleich hohen Eingangszolls von fremdem Salz. Die Salzproduktion im Zollverein soll etwa 5 $^1/_2$ Millionen, die Konsumtion 6 Millionen Zollcentner, der Ertrag der Salzsteuer etwa 9 Millionen Thaler betragen. Es giebt 73 Salinen, davon, besonders in Hannover und Thüringen, 33 Privatsalinen. Die Produktionskosten pro Centner Salz sollen sich im Zollverein durchschnittlich auf 15 Sgr. belaufen. Der Verkaufspreis im Grossen beträgt aber in Preussen 3 Thlr. 5,1 Sgr., in Baiern 2 Thlr. 10,2 Sgr. bis 3 Thlr. 12 Sgr., in allen andern Zollvereinsländern weniger, in Hannover nur 1 Thlr. 21,1 Sgr. Es ist neuerlich ein Salzsteuersatz von $1^1/_3$ bis $1^2/_3$ Thlr. pro Centner in Vorschlag gekommen. Bei einem Verbrauch von 6 Millionen Centner würde sich danach ein Bruttoertrag von 10 Millionen Thaler ergeben. Dabei würden die Staatskassen keinen Schaden leiden und im grössten Theil des Zollvereins würde das Salz billiger werden. Betragen Produktionskosten und Abgabe zusammen 2 Thlr. 5 Sgr. pro Centner, so würde der Preis allerdings in Hannover um 13,9 Sgr. und in Oldenburg um 12,5 Sgr. steigen, in allen andern Zollvereinsländern aber fallen, namentlich in Preussen um 1 Thlr. 0,1 Sgr. pro Centner[1]).

[1]) Zeitschrift für Staatswissenschaft. 1863. S. 138—158.

Die Hauptausfuhrartikel der Preussischen Häfen sind voluminöse Artikel wie Holz, Getreide. Die Einfuhrartikel dagegen sind sehr werthvoll, daher müssen immer viele Schiffe bloss mit Ballast einlaufen; und dazu eignen sich besonders Salz, Steinkohlen und dergleichen. Da hierbei die Fracht wenig beträgt, so könnte Englisches Salz, sowie Seesalz aus Spanien und Portugal in den Ostseehäfen sehr billig zum Verkauf gestellt werden, wenn der Handel damit ein freier wäre. Das war einst der Fall, und der Handel mit Salz war für unsere Handelsleute, namentlich in Königsberg, Memel, Elbing, Braunsberg ein sehr einträgliches Geschäft. Aber man untersagte es ihnen und es wurde ihnen für ihren Verlust eine Entschädigung nicht zu Theil.

Ein Edikt vom 3. Oktober 1772 kündigte an, dass eine Gesellschaft unter dem Namen Seesalzhandlungskompagnie errichtet und ihr der Alleinhandel mit Seesalz zugetheilt werden sollte. Friedrich II. muss aber seinen Plan über diesen Gegenstand sehr bald wieder geändert haben. Denn in dem am 14. desselben Monats für die Seehandlungsgesellschaft erlassenen Patent wird dieser Preussischen Salzhandlungsgesellschaft als eines von der eigentlichen Seehandlungsgesellschaft abgesonderten Instituts gedacht, welches bloss das Geschäft der Anfuhr des Salzes aus Spanien, Frankreich und England besorgen und diese Waare dann der Seehandlungsgesellschaft zum Verkauf überlassen solle. Für diese eigentlich nur zur Frachtfahrt eingerichtete Gesellschaft wurde durch ein neues, ebenfalls vom 14. Oktober datirtes Edikt ein eigener Fonds bestimmt, der aus 500 Aktien, jede zu 1000 Thaler Friedrichsdor, bestehen sollte, wovon 6 % Zinsen jährlich ausser der Dividende von dem noch überschiessenden Gewinn zugesichert wurden. Diese Gesellschaft scheint indessen gar nicht zu Stande gekommen zu sein. Nach einem besonderen Edikt, ebenfalls vom 14. Oktober, sollte nirgends in einem Preussischen Hafen oder an einer Seeküste fremdes Salz auf andern als der Seehandlung gehörigen oder von ihr autorisirten Schiffen eingeführt werden. So hatte die Seehandlung das Salzmonopol. Mit ihr wurde 1796 die Generalsalzadministration vereinigt. Die Generalsalzkassen-Obligationen und Kautionen wurden 1811 in Staatsschuldscheine umgeschrieben [1]). Nach der K. O. vom 17. Januar 1820 sollte die Seehandlung den Ankauf des überseeischen Salzes aus England, Frankreich und Portugal dirigiren und das benöthigte Quantum bis in die, den Küsten zunächst belegenen Magazine liefern, wo

[1]) Krug, Geschichte der Preussischen Staatsschulden. S. 104 sqq. 122 205. 219.

solches der weiteren Disposition der Salzdebitspartie übergeben wird, auch die Salzdebitsüberschüsse in Ost- und Westpreussen, Litthauen und Schlesien für Rechnung der betheiligten Kassen einziehen. Diese auf den Salzhandel bezüglichen Geschäfte gingen nach der K. O. vom 14. Februar 1845 von der Seehandlung auf die Steuerverwaltung über.

Die Salzpreise waren in den Provinzen Kurmark, Neumark, Ostpreussen, Litthauen, Westpreussen, Netzdistrikt, Magdeburg, Halberstadt, Saalkreis, Mansfeld und Hohenstein seit länger als 30 Jahren und in den Provinzen Süd- und Neuostpreussen seit der ersten Einrichtung nicht erhöht worden, als das Edikt vom 26. December 1805 für die Provinzen Kurmark, Neumark, Pommern, Ostpreussen, Litthauen, Westpreussen, Netzdistrikt, Neuostpreussen und Südpreussen eine Preiserhöhung anordnete. Um die Salzrevenüen zu sichern, da nicht allenthalben gleiche Preise waren, waren die Konsumenten an bestimmte Faktoreien und Magazine gebunden, und dieserhalb entweder durch eine Konscription oder andere höchstlästige Mittel kontrollirt. Zu ihrer Erleichterung wurden nun die Salzverkaufspreise in den genannten Provinzen überall gleich gestellt, und zwar für die Last von 3240 Pfund auf 82 Thlr. 8 Ggr. oder für die Tonne von 405 Pfund auf 10 Thlr. 7 Ggr. Dies galt von allen Salzarten mit Ausnahme des Gallizischen Salzes, bei dessen Verkauf es auf dem bisherigen Fuss blieb. In den Provinzen Magdeburg, Halberstadt, Saalkreis, Mansfeld und Hohenstein, wo bisher die niedrigsten Salzpreise gewesen waren, wurde der Preis für die Last auf 72 Thlr. 7 Ggr. 3 Pf. erhöht. In Schlesien und Glatz, sowie in den Westphälischen und Fränkischen Provinzen, fand keine Erhöhung der Preise statt, weil dieselben zum Theil schon höher als in anderen Provinzen standen. Im Jahre 1816 erging am 9. Mai ein Edikt, die Aufhebung der Salzkonscription in dem am rechten Ufer der Elbe belegenen Theile des Herzogthums Sachsen betreffend, sowie eine K. O. wegen Ermässigung und Gleichstellung der Salzverkaufspreise, desgleichen auch Aufhebung der Salzkonscription in Schlesien und Glatz, und am 10. Juni ein Edikt über die Ausübung des Salzregals auf der linken Elbseite. Die Verordnung vom 17. Januar 1820 bestimmte, dass das Salz zum inländischen Verbrauch aus den Niederlagen der Salinen und der Faktoreien überall zu demselben Preise, wie bis dahin schon in den Provinzen Schlesien und Posen, nämlich die Tonne von 405 Pfund zu 15 Thlr. Courant verkauft werden sollte, dass aber Jeder den Bedarf an Salz aus derjenigen Niederlage entnehmen könnte, welche ihm gelegen ist. Nach der Verordnung vom 16. und dem Regulativ vom

21. Juni 1838 wurden für Salz zur Viehfütterung und zum Gebrauch bei einigen inländischen Gewerben die Preise ermässigt. Für das übrige zum inländischen Verbrauch bestimmte Salz setzte die Verordnung vom 22. November 1842 den Preis für die Tonne von 405 Pfund auf 12 Thlr. herab. Nach dem Gesetz vom 17. Mai 1856 ist die Tonne Salz zu $378\,^4/_5$ Zollpfund zu rechnen.

Die mit dem Jahre 1843 eingetretene Preisherabsetzung betrug 20 % im Grossen und im Kleinen, der Detailpreis ging von 15 auf 12 Pfennig pro Pfund herunter. Fine Familie, die wöchentlich 1 Pfund Salz verbraucht, ersparte danach jährlich 13 Sgr. und das war ohne Zweifel eine Wohlthat für die arbeitenden und ärmeren Klassen. Denjenigen, welche für grosse Wirthschaften das Kochsalz tonnenweise kaufen, war die Ersparung allerdings merkbarer, denn sie betrug pro Tonne 3 Thlr., und diese Personen, also namentlich Dominialbesitzer, würden sich wahrscheinlich am stärksten gegen eine Wiedererhöhung der Salzpreise erheben.

Das reine Einkommen, welches der Staat aus dem Alleinhandel mit Salz durch den inländischen Absatz bezog, betrug jährlich im Durchschnitt

1822—27	—	4,222,960	Thlr.
1828—33	—	5,282,799	„
1834—39	—	5,777,814	„

Die Preisherabsetzung musste den Ertrag vermindern, man durfte aber mit dem Steigen der Bevölkerung wieder ein Steigen desselben erwarten, wenn auch wenig darauf zu rechnen war, dass die Leute ihren Verbrauch, etwa durch Versalzen ihrer Suppe, sehr erhöhen würden. Die Etats veranschlagten den Nettoertrag für

1844	zu	4,315,300	Thlr.
1849	„	5,450,900	„
1851	„	5,258,000	„
1856	„	5,561,900	„
1861	„	5,731,850	„

Hiernach stieg der Ertrag von 1844 bis 1861 von 100 auf nicht ganz 110. Die Bevölkerung stieg von 1843 bis 1861 von 15,471,765 auf 18,491,220 oder von 100 auf mehr als 119. Es scheint also, dass der Verbrauch des Kochsalzes weniger zugenommen hat, als die Bevölkerung, dass also der Preis doch so hoch ist, dass er den Genuss des Salzes beschränkt. Wenn der Salzverbrauch, trotz der Preisherabsetzung, nicht abgenommen hat, so hat die Herabsetzung des Preises, d. h. der Steuer, den Verbrauch doch nicht erhöht. Es muss demnach der Salzverbrauch von dem Preise des Salzes, also von der darauf gelegten Steuer — mag diese nun in der Form eines Monopols oder in einer andern Form erhoben werden — ziemlich unabhängig sein. Als im Jahre 1841 in der Deputirtenkammer die Ermässigung der Salzsteuer verhandelt wurde, meinte Bastiat[1]), dass diejenigen, welche die Herabsetzung der Steuer vom Salz bekämpft und sich darauf gestützt hätten, dass der Verbrauch, trotz der Auflage, ganz so gross sei, als er sein könne, ohne es zu merken, den stärksten Grund, den man denken kann, gegen die Uebertreibung dieser Steuer vorgebracht hätten. Es sei, als wenn sie gesagt hätten: „Das Salz ist eine für das Leben so unentbehrliche Sache, dass man in allen Ständen, in allen Klassen davon immer eine bestimmte und unveränderliche Quantität verbraucht, wie auch immer der Preis sein mag. Haltet es auf einem hohen Preis, es ändert nichts; der Arbeiter wird sich in Lumpen kleiden, er wird sich in der Krankheit Arznei versagen, er wird Wein und selbst Brod entbehren, ehe er auf irgend eine ihm nothwendige Portion Salz verzichtet. Setzt den Preis herab, und man wird den Arbeiter sich besser kleiden, sich besser ernähren, aber nicht mehr Salz verbrauchen sehen." Man hat wohl gesagt, wenn man eine Kopfsteuer erheben wolle, die jedem Kopf eine gleiche Summe auflegt, so müsste man eine Salzsteuer einführen. Die Steuer würde aber nicht einmal für Alle gleich sein, der Arme würde wahrscheinlich absolut mehr zahlen als der Reiche, denn dem Aermsten wird, wie Hoffmann[2]) 1841 richtig sagte, das Kochsalz um so unentbehrlicher, je gröber und minder nahrhaft die Speisen sind, womit er sich nährt, er bedarf mehr Salz als die einzige Würze seiner Speise. Man kann nun aber die Steuer nicht so einrichten, dass der Reiche einen höheren Steuersatz von dem Salze zahlt, als der Arme. Hiernach möchte man denn zu dem Resultate gelangen, dass jede Besteuerung des Salzes im Princip zu verwerfen, also ein Salzmonopol ebenso wenig wie ein Tabacksmonopol neu einzuführen ist.

Hieraus folgt aber dennoch nicht, dass man wenigstens die stattgefundene Herabsetzung des Salzpreises gutheissen müsste. Der Ertrag des Salzmonopols wurde für 1861 veranschlagt zu 8,741,650 Thlr.

Ankauf des Salzes zu	1,735,703	„
bleibt	7,005,947	Thlr.

Die Verwaltungskosten betragen aber überhaupt 1,274,097 Thlr. oder

[1]) Ausgewählte volkswirthschaftliche und politische Schriften. Aus dem Französischen übersetzt von C. J. Bergius 1859 Bd. 2. S. 82—93.

[2]) Nachlass kleiner Schriften staatswirthschaftlichen Inhalts. 1847. S. 499—521.

etwa 18 $\frac{2}{5}$ % und müssen vom Volke gezahlt werden. Die Erhebung der Steuern kostet dem Volke verhältnissmässig viel weniger. Die Herabsetzung des Salzverkaufspreises macht die Verwaltungskosten nicht in demselben Verhältniss geringer, erhöht sie vielmehr verhältnissmässig. Wollte man das Monopol des Salzes daher nicht ganz abschaffen, so hätte man die Salzverkaufspreise lieber unverändert lassen sollen. Wenn man das Volk ernstlich erleichtern wollte, so hätte man eine andere Steuer ganz abschaffen müssen; in diesem Falle wären damit auch die Erhebungs- und Verwaltungskosten davon ganz weggefallen. Dann hätten die Einnahmen der Regierung freilich ebenso viel abgenommen, aber die Ausgaben des Volks hätten noch mehr abgenommen.

Hoffmann, der für Heruntersetzung des Salzpreises und für Abschaffung der Besteuerung des Salzes nicht war, meinte: „Jetzt kostet das Pfund Salz im Einzelnhandel 15 Pfennige: bei völlig freiem Verkehr und gänzlicher Steuerfreiheit würde dasselbe vielleicht nach Verschiedenheit der Gegenden für 6 — 12 Pfennige zu erkaufen sein. Eine Arbeiterfamilie, die wöchentlich 1 Pfund Salz braucht, würde demnach im günstigsten Falle 9, im ungünstigsten 3 Pfennige wöchentlich durch diese Befreiung des Salzes gewinnen. Die Gegenden, welche die grösste Ersparniss treffen würde, sind einerseits die mittleren Theile der Provinz Sachsen zwischen Magdeburg und Naumburg, und anderntheils die Umgebungen der grösseren Handelsplätze — die geringste Ersparniss träfe dagegen grösstentheils diejenigen Landestheile, welche weit von den ergiebigsten Salinen, von den Seehäfen und von den grossen inneren Wasserverbindungen entfernt sind.“ Nach Abschaffung des Salzmonopols würde natürlich das Salz nicht allenthalben im gleichen Preise stehen. Aber warum sollen denn überhaupt die Gegenden, welche von der Natur mit Salz gesegnet sind, dafür mehr als nöthig zahlen, damit die Gegenden, welche die Natur nicht mit Salz gesegnet hat, dafür weniger als nöthig zahlen? Wenn das Salz ungünstigsten Falls auch irgendwo 12 Pfennige pro Pfund kostet, so erwächst dadurch doch keiner andern Gegend Nachtheil. Vortheil dagegen erwächst allen Gegenden, welchen das Salz billiger als 12 Pfennige zu stehen kommt. Ohne Zweifel würde die Abschaffung des Salzmonopols der Privatindustrie einen grossen Geschäftszweig wieder eröffnen. Die Transportirung und Vertheilung des Salzbedarfs im Lande muss in allen Fällen geschehen und von den Verbrauchern bezahlt werden. Aber eine staatliche Verwaltung, zumal eine solche, die durch keine Konkurrenz zu Ersparungen gezwungen wird, kommt sehr viel theurer zu stehen, als eine solche durch Private, die durch ihre Konkurrenz unter einander genöthigt sind, den Verbrauchern alle Vortheile zu schaffen, die überhaupt geschafft werden können. Wenn dasselbe Einkommen, welches dem Staate seither durch den Nettoertrag des Salzmonopols zufloss, durch eine Verbrauchssteuer von Salz ersetzt werden müsste, so würden die Verbraucher doch weniger zu zahlen haben, weil die seitherigen Verwaltungskosten ohne Zweifel höher sind, als sie bei freiem Privatbetriebe sein würden.

Bei den Verhandlungen der zweiten Kammer über Abschaffung des Salzmonopols und Einführung einer Verbrauchssteuer vom Salz im Jahre 1852 wurde angegeben: dass der Produktionsgewinn der Salinenverwaltung sich auf 6 $\frac{2}{3}$ Sgr. pro Centner belaufe (d. h. zwischen der Salinenverwaltung und der Steuerverwaltung so berechnet wird); dass die Salinenverwaltung des Staats und das Salzmonopol in einem unzertrennbaren Zusammenhange nicht ständen; dass Steinsalz in England loco Saline zu 2 $^{1}/_{2}$ Sgr. pro Centner gefördert werde und ebenso auf der Französischen Saline zu Dieuze; dass auch die Auffindung neuer Salzlager im Inlande wahrscheinlich; endlich dass die Salzverwendung zu gewerblichen Zwecken einer grossen Ausdehnung fähig sei.

Wenn an die Stelle des Monopols eine Steuer tritt, so wird das für die Salzregie jetzt nothwendige sehr grosse Betriebskapital an Grundstücken, Gebäuden, Geräthen, Vorräthen u. s. w. disponibel. Sobald dies dann zur Abzahlung von Staatsschulden verwendet ist, erspart der Staat jährlich Erhebliches an Ausgaben für Zinsen. Eine weitere Ausgabeverminderung tritt ein, wenn auch die Staatssalinen veräussert und mit dem Erlöse Staatsschulden abgetragen werden.

Unausführbar ist es durchaus nicht, den Salzbergbau freizugeben, das Salzregal aufzuheben, die inländische Gewinnung von Salz mit einer Steuer zu belegen, und von dem ausländischen Salz eine gleich hohe Eingangsabgabe zu erheben, im Uebrigen aber den Handel mit Salz ebenso unbeschränkt zu lassen, als den Handel mit Getreide und anderen Gegenständen des allgemeinen Verbrauchs. In diesem Falle könnten die Privatsalinen an Jedermann ihr Salz zu einem beliebigen Preise verkaufen. Dass sie ihr Erzeugniss nicht eher verkaufen, als bis die Steuer davon entrichtet ist, lässt sich überwachen, ebenso wie dies bei den Spiritus- und Zuckerfabriken möglich ist. Das Einschwärzen von Salz aus dem Auslande würde auch künftig noch überwacht werden können, ebenso wie das Einschwärzen von Zucker, Kaffee, Seidenzeug überwacht wird. Die Umwandlung des Monopols in eine Steuer kann unmöglich bewirken, dass das Einschwärzen stärker würde, als es schon jetzt ist.

Das einzige wirksame Mittel zur Verminderung von Steuerdefraudationen überhaupt ist Ermässigung der Steuersätze. Wenn an die Stelle des Monopols eine Steuer tritt, deren Nettoertrag nicht höher ist, als der Nettoertrag des Monopols war, so wird doch der Preis im Durchschnitt niedriger werden; die Verbraucher haben also weniger auszugeben — folglich wird das Defraudiren etwas weniger gewinnreich und demnach wahrscheinlich etwas nachlassen. Der Salzverbrauch für landwirthschaftliche und industrielle Zwecke ist noch grosser Ausdehnung fähig. Ohne Verlust für die Staatskasse würden die Steuersätze mit der Zeit heruntergesetzt werden können, sobald eine Preisverminderung den Verbrauch erhöht hat. Vorgeschlagen wurde 1848 als Eingangszoll pro Centner a) Salz (Kochsalz) raffinirtes, 15 Sgr.; b) Steinsalz, rohes, in Stücken, 5 Sgr., mit dem Bemerken, dass, da der Durchschnittswerth von Salz im freien Verkehr nur 23 Sgr. pro Centner sei, der Satz von 15 Sgr. auf 65 % auskomme [1]).

Es giebt nach Rau vier verschiedene Systeme der Behandlung des Salzes: 1) Regalität der Gewinnung, Bereitung und des Verkaufs von Salz, in Baden, Baiern, Oesterreich, Preussen, Weimar, Würtemberg; 2) Regalität des Salzhandels allein, in Nassau, Sachsen, Schweiz; 3) Erhebung einer Salzsteuer ohne Regalität, in Belgien, Frankreich, Hannover, Russland; endlich 4) gänzliche Freiheit, in England. Dies letzte System ist ohne Zweifel das Wünschenwertheste, und wenn England ohne Besteuerung dieser Lebensnothwendigkeit seine Staatsausgaben, namentlich die Zinsen seiner ungeheuren Staatsschuld immer pünktlich hat bezahlen können, so sollte man meinen, dass dies in einem noch so viel weniger verschuldeten Staate, wie Preussen, auch möglich gemacht werden könnte.

Wie Macaulay berichtet, wurde das erste Lager von Steinsalz nicht lange nach der Restauration in Cheshire entdeckt, scheint aber damals nicht bearbeitet worden zu sein. Das Salz, welches mittelst eines rohen Verfahrens aus Salzquellen gewonnen wurde, ward nicht sehr geschätzt. Die Pfannen, in welchen die Bereitung vor sich ging, dünsteten einen schwefligen Geruch aus, und wenn die Verdampfung vollendet war, so war die zurückbleibende Substanz kaum geeignet, bei der Speise gebraucht zu werden. Aerzte schrieben die unter den Engländern verbreiteten skorbutischen und Lungenbeschwerden diesem ungesunden Gewürz zu. Es war daher von den höheren und mittleren Klassen selten gebraucht, und es fand eine regelmässige und

---

[1]) Entwurf zu einem Zolltarif für das vereinte Deutschland. S. 60. 82. 83.

beträchtliche Einfuhr aus Frankreich statt. Massen vortrefflichen Salzes werden dagegen jetzt aus England ausgeführt. Die Besteuerung des Salzes begann 1696 und der Ertrag sollte zur Zahlung der Zinsen von einer damals kontrahirten Anleihe dienen. Bis 1823 war der Verbrauch von Salz in Grossbrittannien einer Accise von 15 s. per Bushel unterworfen, diese wurde nun auf 2 s. ermässigt und mit 1825 ganz aufgehoben. In den 8 Jahren 1801 bis 1808 war der durchschnittliche Salzverbrauch nur 1,928,739 Bushel, in den 8 Jahren 1827 bis 1834 dagegen durchschnittlich 11,051,555 Bushel, was eine Zunahme von etwa 470 % ergiebt. Die Produktion betrug 1801 9, 1830 20 und 1840 26 Millionen Bushel, und die Ausfuhr 1801 7, 1830 10 und 1849 über 18 Millionen Bushel [1]).

Die Bestrebungen, die Abschaffung des Salzmonopols in Preussen herbeizuführen [2]), verdienen gewiss alle Unterstützung. Die Ertragsfähigkeit der Salinen liegt, wie erwähnt, in der Hand der Salzmonopolverwaltung. Sie zahlt für die einheimischen Produkte gut oder schlecht, je nachdem sie Gewinn im Interesse des Salzmonopols machen will. Es sind zwei Staatssäckel, die ihre Erträge in die allgemeine Staatskasse ausschütten; ob einmal mehr in dem einen und weniger in dem andern oder umgekehrt, vorhanden ist, ist für die Finanzen gleichgültig. Die Bergverwaltung berechnet sich jetzt die Selbstkosten des Kochsalzes durchschnittlich auf 15 Sgr. 1/2 Pf., die des Steinsalzes auf 4 Sgr. 3,9 Pf. pr. Centner, das macht unter Hinzufügung von 5 % Gewinn beim Verkauf, pr. Tonne von 378,8 Zollpfund Kochsalz 59 Sgr. 9,92 Pf., Steinsalz 17 Sgr. 2,38 Pf. Die Preise des Englischen Salzes stellen sich in den Preussischen Ostseehäfen: weisses Salz 31 Sgr. die Preussische Tonne oder 8 Sgr. 1 1/2 Pf. pr. Centner, Steinsalz 28 Sgr. 8 Pf. die Pr. Tonne oder 7 Sgr. 6 Pf. pr. Centner. Der Englische Landwirth hat das reine Salz weit unter dem halben Preise, den die begünstigteren Preussischen Gewerbetreibenden für das schlechteste Steinsalz in Stassfurt bezahlen müssen, welches die Regie, wie jedes andere für den Gewerbebetrieb zu wohlfeileren Preisen verabfolgte Salz, noch obenein mit allerhand Stoffen verunreinigen lässt, so dass der Käufer ein Produkt zur Verwendung erhält, das nur zum Theil Salz oder ein völlig anderer Stoff, z. B. Glaubersalz ist. Das Salzmonopol brachte 1859—62 jährlich im

---

1) Wochenschrift für politische Oekonomie 1850 S 102

2) Vergl. S. G. Kerst, Das Salzmonopol in seinen Wirkungen beleuchtet. 2te Aufl. 1865. S. 22 ff. 98.

Durchschnitt	9,080,104 Thlr.
ein; davon ab Ankaufspreis des Salzes	1,648,030 „
bleibt	7,432,074 Thlr.
die Verwaltungskosten betrugen hiervon 16½ % nämlich	1,231,652 „
bleibt Reinertrag	6,200,422 Thlr.

Es sind 566 Beamten ganz und 408 zum Theil bei dem Salzdebit beschäftigt. Obgleich man 1863 in Stassfurt nur 459,249 Tonnen, in Erfurt nur 20,134 Tonnen Steinsalz, in der ganzen Monarchie nur 1,058,510 Tonnen Salz produzirte, ist doch die Monopolverwaltung in Verlegenheit, wohin sie mit dieser kleinen Menge Salz soll. Im Inlande hält sie den Preis desselben so hoch, dass der Konsum dadurch auf ein Minimum beschränkt wird; einen Absatz in die benachbarten Zollvereinsstaaten hat sich die Regierung selbst verschränkt durch Verträge, welche das Salzmonopol schützen sollen, und so hat sie selbst die unermesslichen Schätze Preussens in Salz absolut brach gelegt. Im vergangenen Jahre hat sie Versuche gemacht, ihrem wohlfeilen Salze in Böhmen, Holland, England, Russland u. s. w. Absatz zu verschaffen, und während die eigenen Staatsangehörigen wegen der exorbitanten Preise Salznoth leiden, soll dem Auslande Gelegenheit gegeben werden, mit äusserst wohlfeilem Preussischen Salze seinen Wohlstand zu fördern, denn dahin führt diese Salzpolitik.

Es ist schon oben (S. 84) bemerkt worden, dass ein Regal der Glücksspiele, wie Rau annimmt, nicht gerechtfertigt ist. Man kann meinen, dass Gesetze gegen Hazardspiele überhaupt nicht zu rechtfertigen sind, dass Jeder das Recht haben muss, Hazardspiele zu spielen, und zwar in seiner eigenen Wohnung oder auch anderswo, wo bloss die Mitglieder einer geschlossenen Gesellschaft Zutritt haben, dass aber öffentliche Spielhäuser nicht geduldet werden dürfen. Freilich ist ein solches Verbot nicht ganz wirksam, und wie tyrannisch auch die Macht der Polizei sein mag, so werden Spielhäuser doch immer unter irgend einem Vorwande gehalten werden können, aber sie werden doch genöthigt sein, ihre Existenz geheim zu halten, so dass Niemand etwas von ihnen weiss, als derjenige, der sie besucht. Ein Mehreres wird von Seiten des Staats nicht erreicht werden können, als dass das Hazardspielen nur im Geheimen geschieht [1]). „Bei der unleugbaren Gemeinschädlichkeit der Leidenschaft des Spieles sollte man in sämmtlichen Staaten die aufrichtigsten und ange-

[1]) On Liberty by J. S. Mill. S. 176—179.

strengtesten Bemühungen zur Unterdrückung aller öffentlichen Anreizungen zum Spiel erwarten. Dies ist aber nicht nur nicht der Fall; sondern nicht selten vergessen sich die Regierungen so weit, dass sie selbst Spielanstalten begründen, wenigstens schützen. Ein verkehrteres Beginnen und eine grössere Missachtung der offenbarsten Verbindlichkeit lässt sich nicht denken, und die angeblichen Gründe des Nutzens oder gar der Nothwendigkeit zeigen sich bei der leichtesten Untersuchung nur als die Verschleierung der Gewinnsucht. Wie lächerlich ist es z. B., zu behaupten, der Staat müsse öffentliche Spielhäuser errichten, damit er betrügerische Winkelspiele überflüssig mache. Hat er sonst kein Mittel das Uebel auszurotten, als eine allgemeine Anreizung dazu? Ebensowenig stichhaltig ist der Grund, dass die Blüthe der Badeanstalten eine Gestattung von öffentlichen Hazardspielen erfordere. Das Beispiel sehr berühmter Heilquellen beweist das Gegentheil. Und in der That ist eigentlich nichts Widersinnigeres, als in einer Heilanstalt die Leidenschaften aufzuwühlen — zum Besten der Genesung! Am schmählichsten ist aber wohl die aus dem grossen Gewinne für die Staatskasse hergenommene Rechtfertigung. Soll denn der Staat durch tausendfaches Unglück, durch Entsittlichung seiner Bürger seine Einkünfte vermehren, soll er seine Kassen mit Geld füllen, das mit dem Blute des Selbstmörders und den Thränen verzweifelnder Familien benetzt wird? Die Finanzwissenschaft weiss weniger schädliche Abgabenarten anzugeben. Oder, man schränke einige überflüssige Ausgaben ein, und man wird einen solchen Zuschuss gar nicht bedürfen [1])."

Die Deutsche Nationalversammlung beschloss am 8. Januar 1849 ein Gesetz: „Alle öffentlichen Spielbanken sind vom 1. Mai 1849 an in ganz Deutschland geschlossen und die Spielpachtverträge aufgehoben;" ferner beschloss sie die Aufhebung des Lotto in allen Deutschen Staaten, in welchen es noch besteht, und sollte dieselbe von der provisorischen Centralgewalt in kürzester Frist bewirkt werden. Diese Beschlüsse hatten keinen Erfolg. Die Preussische Regierung beantragte 1854 am Bundestage die Aufhebung der öffentlichen Spielbanken in Deutschland. Der Antrag war unpraktisch, da eine Zustimmung Seitens der Spielstaaten — Hessen-Homburg, Nassau, Kurhessen, Baden, Mecklenburg-Schwerin — nicht erwartet werden konnte. Endlich kam es im December 1862 durch Majorität zu einem ziemlich nichtssagenden Beschluss. Die Volksvertretungen müssen die öffentlichen Spielbanken beseitigen, der Bundestag wird es nicht

---

[1]) R. v. Mohl, Polizeiwissenschaft. 2te Aufl. 1844 Bd. 1. S. 574

thun, da die dazu erforderliche Stimmeneinhelligkeit nicht zu erlangen ist.

Was die Lotterien betrifft, so sind Privatlotterien verboten. Eine Staatslotterie ist ein Gewerbe auf Staatsrechnung, und zwar ein Staatsmonopol. In England wurde die Lotterie 1826, im Grossherzogthum Hessen 1832, in Frankreich 1836, in Schleswig-Holstein unter der provisorischen Regierung von $18^{48}/_{50}$, in Baiern 1861, in Hannover 1865 aufgehoben. In Preussen, wo öffentliche Spielbanken nicht geduldet werden, besteht die Lotterie noch. Die Nettoeinnahme wurde für 1852 auf 971,200 Thlr. und für 1861 auf 1,315,900 Thlr. veranschlagt, was auf der Voraussetzung zu beruhen scheint, dass das Lotteriespielen stärker zunimmt als die Bevölkerung. Wenn das Volk einst allgemein das Lotteriespielen als etwas Verwerfliches ansehen wird, so wird in der Staatskasse vielleicht ein Deficit entstehen, aber die Lotterie aufgehört haben. Uebrigens sind die Lotterien auch schlechte Mittel, Geld aufzubringen. Sie kosten dem Spieler ungeheuer viel mehr, als sie dem Unternehmer einbringen, mag dieser nun der Staat oder etwa ein Verein für religiöse, wohlthätige oder sonstige Zwecke sein. Diejenigen, welche in der Lotterie spielen, geben eigentlich den ganzen Einsatz wie eine Steuer und nur wenige bekommen davon etwas zurück. Denn wenn viele kleine Gewinne sind, wird wenig gespielt; die grossen Gewinne locken. Freilich ist der Einsatz eine freiwillige Steuer, dadurch wird aber die Sache nicht besser. Nicht die reicheren Leute sind es, die vorzugsweise in der Lotterie spielen, sondern die ärmeren. Diese werden auch vorzugsweise von der Regierung verlockt. Denn ihretwegen eben wird der Einsatz nicht in Einer Zahlung gefordert und, um den Aermeren das Spielen noch mehr zu erleichtern, werden sogar die Loose getheilt. So können auch die Aermsten in der Lotterie spielen, wenn sie sich Nothwendiges abdarben und mit Vielen gemeinschaftlich ein Loostheil nehmen. Soll die Lotterie Erkleckliches bringen, so muss das Volk durch solche Mittel verführt werden.

Auf dem Vereinigten Landtag wurde die Aufhebung der Lotterie beantragt, aber dieser am 29. Mai 1847 zur Verhandlung gekommene Antrag wurde nicht angenommen. Der Generalsteuerdirektor Kühne, welcher beiläufig bemerkte, dass die Rheinprovinz — welche nicht für die ärmste, sondern eher für die reichste Provinz gehalten wird — in der Lotterie am wenigsten spiele, sagte: „Dafür, dass der Staat dies Spiel hält, wird der achte Theil vom Einsatz am Gewinnste innebehalten, und dieser achte Theil bildet die Einnahme, die in dem Staatsbudget figurirt.“ Wenn also 100 Thlr. in die Lotterie gesetzt werden, so hat der Staat davon $12^1/_2$ Thlr. Die Lotterie kommt also einer Steuer gleich, deren Erhebung und Verwaltung nicht weniger als $87\frac{1}{2}$ % davon absorbirt. Der damalige Finanzminister v. Duesberg sprach sich gegen den Antrag aus, er wusste den entstehenden Ausfall nicht zu decken.

Für den Antrag sprach der Abgeordnete Herr (jetzt Freiherr) von der Heydt, welcher von 1848 bis 1862 Handelsminister und Finanzminister war. Er sagte: „Es hat auf mich stets einen peinlichen Eindruck gemacht, unter den Zweigen unserer Staatsverwaltung ein Institut zu erblicken, welches, meines Erachtens, seiner Tendenz nach doch wohl nur als ein unmoralisches betrachtet werden kann. In einem christlichen Staate, wie man es liebt, den unsrigen zu nennen, bei einer Staatsregierung, welche Religion, Moralität und gute Sitte so hoch hält, wie die unsrige, muss es einen schmerzlichen Eindruck machen, die Lotterie als ein Mittel zur Vermehrung der Staatseinkünfte benutzt zu sehen. Es mag sein, dass die Lotterie nicht in allen Theilen der Monarchie gleich schädlich einwirkt; so weit ich habe wahrnehmen können, sind es aber vorzugsweise gerade die bedürftigen Volksklassen, welche durch die Anreizung des Gewinnes zur Theilnahme an der Lotterie verführt werden und dadurch sich und den Ihrigen häufig den nothwendigsten Unterhalt entziehen. Es ist von dem Herrn Finanzminister gesagt worden, dass er sich dem Antrage der Aufhebung der Lotterie aus zweien Gründen widersetze: einmal, weil der Staatshaushalt für jetzt den Gewinn nicht entbehren könne, dann, weil der Zweck doch nicht erreicht werden würde. Bisher haben wir aber nur von Ueberschüssen reden hören, die Steuererlasse zulässig gemacht haben, wir haben immer nur von dem blühendsten Finanzzustande reden hören; so dass, wenn die Abschaffung der Lotterie wünschenswerth erscheinen möchte, doch nicht gerade in dem Finanzzustande ein Grund zu finden sein möchte, die Aufhebung zu unterlassen. Der Herr Finanzminister hat gesagt: dass nicht angeführt sei, wie die Summe zu ersetzen sei. Ja, ich gebe zu, es wäre für die Stände sehr wünschenswerth, wenn dieselben im Stande wären, zu sagen, in dieser oder jener Weise solle der Ersatz gefunden werden. Dann müsste aber die Bewilligung der Feststellung des Finanzetats nothwendigerweise vorhergehen. Die Stände müssten alle Einnahmen und Ausgaben diskutiren dürfen, um das Mittel zum Ersatz in Vorschlag bringen zu können. So lange dies aber nicht der Fall ist, können auch die Stände dergleichen Ersatzmittel im Allgemeinen nicht vorschlagen und sich nur darauf beschränken, die Wünsche des Volkes oder ihre eigenen Wünsche Sr. Majestät vorzutragen und dann der Krone die Erwägung zu überlassen, ob der Ausfall ersetzt werden kann oder nicht. Der zweite Grund, den der Herr Finanzminister angeführt hat, ist der, dass der Zweck ohnehin nicht erreicht werde, weil die benachbarten Staaten auch erst die Lotterie aufheben müssten. Nun frage ich aber, ist die Aufhebung der Lotterie einmal wünschenswerth, wird dies Institut, ich wiederhole es, als unmoralisch betrachtet, soll dann nicht Preussen mit einem guten Beispiele vorangehen? Soll die Lotterie so lange in Preussen bestehen bleiben, bis auch die anderen Staaten sie aufgehoben haben, und sollen wir so lange dies Institut noch erhalten? Dies scheint mir nicht wünschenswerth; Preussen müsste in allen edlen Dingen mit gutem Beispiele vorangehen, und ich habe die Ueberzeugung, dass dann die anderen Staaten viel eher folgen würden, als sie jetzt mit der Aufhebung vorangehen möchten. Ich trete daher dem Antrage des Herrn Antragstellers bei und wünsche, dass die hohe Versammlung die Aufhebung der Lotterie beantragen möge. Es ist von einem der früheren Redner gebilligt worden, dass man die Leidenschaften benutze, um da, wo sie mit dem Interesse der Staatskasse zusammentreffen, die Staatskasse zu bereichern. Einem solchen Grundsatz kann ich aber nicht beitreten, ich besorge nicht, dass ein solcher Grundsatz hier Geltung finden oder dass man ihn auch auf andere Leidenschaften anwenden werde, wenn man ihn heute in Bezug auf das Lotteriespiel billigen wollte. Es würde mir ferner leid thun, wenn die Aufhebung der Lotterie nothwendig die Folge haben müsste, dass die ärmeren Klassen dadurch mehr besteuert werden, ja ich würde, wenn kein anderes Mittel da wäre, den Vorschlag machen, dass man bei Bestimmung einer Einkommensteuer diesen Ausfall auf die wohlhabenden Klassen lege und es thatsächlich zeige, dass man wirklich ein Herz für die ärmeren Volksklassen habe. Es ist von jenem Mitgliede noch geäussert worden, dass es das Bevormundungsprincip nicht liebe; ich frage aber, ob sich das verehrte Mitglied bei den bisherigen Diskussionen und Abstimmungen diesem Princip irgend mehr widersetzt habe, als diejenigen, welche für die Aufhebung der Lotterie gesprochen haben. Es war zu dieser Bemerkung wohl um so weniger Veranlassung gegeben, als es sich hier gar nicht um eine Bevormundungsmassregel handelt, sondern darum, ob der Staat selbst das Lotteriespiel befördern will. Möchte aber andererseits die Beseitigung der Bevormundung in dem Sinne gefordert werden, dass ein Antrag gestellt würde, das Privatlotteriespiel zu gestatten, so würde ich mich auch diesem Antrage widersetzen. Denn auch in den freiesten Staaten findet man manche Bevormundung ganz angemessen, darunter namentlich das Verbot des Lotteriespiels. Auch in den freiesten Staaten ist dieses Verbot in Anwendung gebracht. Also brauchten auch wir uns desselben nicht zu schämen."

Die Anstalt im Staate, welche das Schuldenwesen desselben mehrentheils leitete, auswärtige Anleihen negoziirte und deren Rückzahlung besorgte, war die sogenannte Seehandlung [1]), welche durch ein königliches Patent vom 14. Oktober 1772 errichtet wurde. Der König sagte darin, dass er eine Handelsgesellschaft zu errichten beschlossen habe, welche unmittelbar und unter Preussischer Flagge die Häfen von Spanien und alle andern Plätze beschiffen und tüchtigen Gewinn an den Ausfuhren machen solle. Um seine Unterthanen zu anderweitigen Handelsunternehmungen anzuführen, solle der zu diesem Etablissement nöthige Fonds aus königlichen Kassen hergegeben werden, jedoch würden die Unterthanen aufgefordert, an diesem Etablissement auch Theil zu nehmen. Um diese Handelsgesellschaft bei möglichen Verlusten sicher zu stellen, damit sie sich um so zuversichtlicher in solche Handelsunternehmungen einlassen könne, die dem Lande zum allgemeinen Besten gereichen, wurden ihr zwei ausschliessliche Handelsartikel beigelegt: nämlich (wie schon oben S. 212 erwähnt) das fremde Seesalz und das auf der Weichsel aus Polen kommende Wachs. Vom 1. Januar 1773 ab zwanzig Jahre lang sollte kein anderes Schiff zum Auf- und Verkauf des Salzes in Preussischen Häfen und Rheden zugelassen werden, als das dieser Gesellschaft gehört, und der Fordoner Zoll an der Weichsel oder die Stadt Bromberg wurde zum Stapelplatz für alles aus Polen kommende Wachs bestimmt. Auch bei dem Ankauf des fremden aus Polen kommenden Holzes wurden der Gesellschaft mancherlei Vorrechte zugestanden und ihr bei Fordon, Danzig, Stettin und Memel geräumige Plätze zu Schiffswerften und Magazinen angewiesen. Der ursprüngliche Fonds dieser Handelsgesellschaft sollte vor der Hand nur aus 2400 Aktien à 500 Thlrn. bestehen, wovon der König selbst 2100 Stück für sich nehmen und dafür die Summe von 1,050,000 Thlr. einzahlen wollte; die übrigen 300 Aktien sollten an Privatpersonen gegeben werden, welche sich dazu melden würden; übrigens wurde versprochen, dass bei glücklichem Erfolge der Unternehmungen noch mehr Aktien aus-

---

[1]) Krug, Geschichte der Preussischen Staatsschulden. S. XL. XLI. 30. 31. 102—116. 205. 219. 271. 272 322. Die Verhältnisse des königlichen Seehandlungs-Instituts und dessen Geschäftsführung und industrielle Unternehmungen. Gedr. in der Decker'schen Geh. Oberhofbuchdruckerei — dem wesentlichen Inhalt nach ein Bericht Rothers an den König vom 30. November 1844

gefertigt und denen gegeben werden sollten, welche sich zuerst dazu melden würden. Diese Papiere sollten von allem Abzugs- und Abschossrecht, sowie von der Gefahr der Konfiskation, selbst in Kriegs- oder Repressalienfällen befreit sein, und ein Jeder sollte sie verkaufen können, an wen er will; auch sollte das Institut stets eine Diskontoanstalt besitzen, um nöthigenfalls diese Aktien von dem, der sie vor Ablauf der ersten 20 Jahre realisiren wollte, für den Nennwerth einzulösen. Um ihnen einen sicheren Cours zu schaffen, wurde vor aller Vertheilung der aus den Geschäften der Anstalt entstehenden Profite ein bestimmter Zins von 10 % jährlich versprochen, der den Besitzern der Aktien in halbjährigen Terminen gegen dazu ausgefertigte Zinscoupons ausgezahlt werden sollte. Nachher sollte erst der Gewinn der gemachten Geschäfte unter die Aktionäre vertheilt werden. Nach Ablauf der festgesetzten 20 Jahre sollte, wenn das Privilegium nicht erneut würde, das ganze vorhandene Vermögen des Instituts unter die Aktionäre vertheilt werden. Der König ernannte zur Führung der Geschäfte dieser Anstalt eine Generaldirektion, die aus einem Chef, der unmittelbar unter ihm selbst stand, aus drei Direktoren, von denen einer in Cadiz seinen Sitz haben sollte, und einem Kassirer bestand. Die Kurmärkische Landschaft — ein Kreditinstitut des Staats und der Ritterschaft und Städte in den Marken, welches durch Verordnung vom 17. Januar 1820 aufgehoben wurde und dessen Verpflichtungen und Schulden der Staat übernahm — übernahm durch eine am 14. December 1772 ausgefertigte Akte die Garantie der 10 % Zinsen, welche für die ausgefertigten Seehandlungsaktien zu zahlen versprochen waren; jedoch nur zum Nutzen der Preussischen Unterthanen, aber nicht bloss auf die bestimmten 20 Jahre, sondern auf so lange, als die Regierung diese Gesellschaft zu erhalten und ihre Privilegien zu erneuern für gut finden sollte. Für die Sicherheit des Kapitals ist übrigens darin keine Bürgschaft übernommen; auch wird in dem Dokumente erwähnt, dass der König der Landschaft Rücksicherheit geleistet habe.

Schon am 9. Februar 1776 wurden die Rechte und die Verfassung der Seehandlung bis zum 1. Januar 1796 verlängert und durch das Patent vom 4. März 1794 bis zum 1. Januar 1808. Nach §. 23 desselben blieb ihr fernerhin verstattet: „mit allen im Lande und zum Transito nicht verbotenen in- und ausländischen Waaren sowohl zum inneren als auswärtigen Gebrauch en gross Handlung zu treiben, auch Wechselgeschäfte zu machen, Comtoire in allen Preussischen See- und Handlungsstädten auch auswärts zu unterhalten, mit Fremden und Einheimischen zu verkehren, zu kaufen und zu verkaufen, Schiffe zu bauen, Rhederei zu treiben und alle kaufmännischen Geschäfte ohne Ausnahme zu unternehmen.“ Den bisherigen Aktionären, denen ein jährlicher Zins von 10 $^0/_0$ garantirt war, wurde überlassen, ob sie ihre Aktien sich entweder baar zurückzahlen lassen oder sie gegen neue Aktien umtauschen wollten. Diese neuen Aktien, deren Zahl auf 3000 Stück à 500 Thlr bestimmt war, trugen 5 $^0/_0$ jährliche Zinsen. Die Besitzer hatten jedoch bei der Verwaltung des Instituts keine Stimme, sondern die Dispositiou über die Operationen desselben hing allein von der Generaldirektion und dem ihr vorgesetzten Chef ab, der unmittelbar unter dem Könige stand. Die Direktion konnte wegen unternommener und misslungener Handelsoperationen nicht verantwortlich gemacht werden. Die Beamten derselben wurden auf Vorschlag des Chefs vom Könige angestellt.

Wenn auch die Inhaber der Aktien Anfangs wirklich mehrere Jahre hindurch 2 $^0/_0$ Dividende erhielten, so wurden doch die Erwartungen, welche das Patent von 1772 aussprach, durch die ersten Operationen wenig erfüllt. Dem ersten Chef der Seehandlung, Minister v. d. Horst, folgte 1774 v. Görne. Er hatte, angeblich in der Hoffnung, dereinst zum König von Polen gewählt zu werden, Polnische Herrschaften an sich gebracht und dazu die Fonds der Seehandlung verwendet, wurde 1782 verhaftet, demnächst zum Ersatz von 1,022,097 Thlr. nebst Zinsen, zur Konfiskation seiner Güter und zu lebenslänglichem Festungsarrest verurtheilt, aber 1793 begnadigt. Nach seinem Sturze erhielt die Leitung der Seehandlung der Minister v. d. Schulenburg-Kehnert, der den Bankodirektor v. Struensee zum ersten Disponenten des nunmehr die Firma „Generaldirektion der Seehandlungssocietät“ führenden Instituts ernannte. Dieser wurde 1791 Staatsminister und selbständiger Chef des Instituts bis zu seinem Tode 1804, worauf Stein die Verwaltung übernahm. Die Ereignisse von 1806 und ihre Folgen bewirkten, dass die Thatkraft und der Kredit der Seehandlung auf einige Jahre fast gänzlich gelähmt waren.

Unter Friedrich Wilhelm II wurden zuerst sowohl die Bank als auch die Seehandlung zur Anschaffung von Kapitalien benutzt, die zur Deckung ungewöhnlicher Staatsausgaben im In- und Auslande gebraucht wurden und auf diese Art gerieth bald die ganze Staatsschuldenpartie in die Hände der Seehandlung. In Folge der ihr gewährten Begünstigungen wurde sie das erste Handlungshaus des Staats, und die grosse Bereitwilligkeit wohlhabender Privatpersonen, Geld bei ihr anzulegen, wofür eigene Obligationen zu 4 $^0/_0$ ausgefertigt wurden, verschafften ihr grossen Kredit und grosse Geldsummen. Anfangs, als die Regierung noch in Amsterdam, Frankfurt, Kassel und

Leipzig anzuleihen suchte, machte die Seehandlung dabei nur den Unterhändler; sie brachte mit den ausländischen Banquiers, welche die Anleihen eröffneten, die Bedingungen ins Reine, bezog von ihnen die Gelder, remittirte die Zinsen und die Kapitalsrückzahlung, aber die Anleihen selbst gingen nicht auf ihren, sondern auf des Staats Namen; der König vollzog die Obligationen und es wurden darin die Einkünfte des Staats oder bestimmter Provinzen zum Unterpfande verschrieben. Als aber der Kredit der Seehandlung so zunahm, dass die Kapitalisten des Inlandes grosse Summen darboten, ohne irgend eine Hypothek als die Sicherheit der Anstalt, da fing die Regierung an, diesen Kredit für die Staatsbedürfnisse zu benutzen und die Summen, welche man zu ausserordentlichen Bedürfnissen bedurfte, auf diesem Wege zu erhalten, auch beträchtliche Zahlungen in Seehandlungsobligationen zu leisten, da sie bald auf den Börsen mit dem baaren Gelde gleichstanden. Ende 1804 schuldete die Regierung der Seehandlung 24,936,665 Thlr. Es waren bei der Seehandlung gegen 4 procentige Obligationen schon 1800 an 8 Millionen und Ende 1806 mehr als 16 Millionen Thaler angelegt; 1804 hatte man es rathsam gehalten, nur noch 3 procentige Obligationen auszufertigen, damit der Bank, welche noch niedrigere Zinsen gab, mehr Geld zuflösse. Nach einer K. O. vom 16. December 1805 sollten aus den Generaldepositorien der Gerichte und Vormundschaftskollegien keine Gelder gegen Verpfändung von Seehandlungsobligationen geliehen werden: „nicht als ob die Seehandlungsobligationen nicht für vollkommen sicher zu halten wären, sondern weil die Beleihung derselben aus den gerichtlichen und Vormundschaftskassen in die Geldgeschäfte der Bank und Seehandlung nachtheillg eingreift."

Am 20. Oktober 1806 hörten die Zahlungen der Seehandlung auf. Die Seehandlungsobligationen, die bis dahin keinen steigenden oder fallenden Börsencours gehabt hatten, gingen schon im Anfang des folgenden Monats auf 88 herunter, sanken im Juni 1808 sogar bis auf 25 und standen Ende December 1810 auf $54^1/_2$. Das Finanzedikt vom 27. Oktober 1811 sagte: „Alle übrigen Staatsschulden aber ohne Ausnahme — mit Einschluss der Schulden, Aktien und Papiere der Seehandlung — sind — zu konsolidiren — auf einerlei Zinsfuss von 4 $^0/_0$ zu setzen und die bisherigen Verschreibungen gegen neue einzuwechseln. Abseiten der Gläubiger darf keine Kündigung stattfinden." Bis Ende 1819 waren wirklich in Staatsschuldenscheine umgeschrieben: Seehandlungsobligationen 14,563,513 Thlr. und Seehandlungsaktien 1,147,000 Thlr. Es gab nun also keine Aktionäre mehr und keine Seehandlungsgesellschaft, die Seehandlung war durchaus nichts anderes als eine Staatsbehörde oder Staatsanstalt; was sie hatte, war Staatsvermögen, und für ihre Schulden hatte lediglich der Staat aufzukommen.

Unterm 3. November 1817 wurde die Verwaltung der Seehandlung dem Finanzminister abgenommen und dem neu errichteten Schatzministerium, in welchem Rother Direktor wurde, zugewiesen. Nach einer K. O. vom 17. Januar 1820 an den Staatskanzler wurde Rother mit unumschränkter Vollmacht zum Chef der Seehandlung — die mit ihren bereits vorhandenen oder künftig noch zu errichtenden Comtoirs ein für sich bestehendes, von dem Ministerio des Schatzes unabhängiges Geld- und Handlungsinstitut des Staats bilden sollte — ernannt. Es wurde zugleich bestimmt, dass die Seehandlung, obgleich sie gar keine Gesellschaft mehr war, jetzt ein Institut genannt wurde, und lediglich eine Staatsanstalt war und ist, dennoch die Firma „Generaldirektion der Seehandlungssocietät" beibehalten sollte. Hinzugefügt wurde noch, dass für die von dem Institute übernommenen Geschäfte und die daraus hervorgehenden Verpflichtungen der Staat vollständige Garantie leistet.

Die Seehandlung nahm auch von dem Publikum wieder zu den früheren Bedingungen Geld an und fertigte darüber neue Obligationen zu 4 % aus. Auch ein Papiergeld, Seehandlungskassenscheine genannt, gab sie aus. Nach einer K. O. vom 5. December 1836 sollte es aber eingezogen und durch Kassenanweisungen ersetzt werden.

Wie Rother berichtet, hat die Seehandlung 1820 einen Kapitalstamm von 1,035,110 Thlr. 11 Sgr. 9 Pf. gehabt und 1832 1,374,090 Thaler an den Staatsschatz abgeführt. Wenn er aber selbst hierbei dem Könige sagt: „Sonach bildet der gegenwärtige bedeutende Ueberschuss des Aktivstandes ein ohne Beiträge von Seiten der Unterthanen unter manchen Opfern für das Gemeinwohl lediglich durch Betriebsamkeit und Umsicht im In- und Auslande erworbenes selbstständiges Vermögen, woran die Staatskassen keinen Theil haben," so möchte man doch fragen, wen er für den Eigenthümer dieses Vermögens gehalten hat? Noch während Rother's Verwaltungszeit führte der allgemeine Etat der Staats-Einnahmen und Ausgaben für 1847 unter der Einnahme auf: „aus dem Gewinn der Seehandlung 100,000 Thlr.", und nach seinem Abgange, nachdem am 17. April 1848 die Seehandlung dem Finanzminister untergeordnet worden, findet sich ein gleicher jährlicher Einnahmebetrag in den Staatshaushaltsetats für 1851 bis 1857; die Etats für 1858 und 1859 führen 200,000, und der für 1861 300,000 Thlr. auf.

Die Unternehmungen der Seehandlung — wozu auch seit 1834

eine königliche bevorrechtete Pfandleihanstalt in Berlin gehört — waren im Lauf der Zeit immer mannigfaltiger und ausgedehnter geworden, so dass endlich in den 1840ger Jahren sich eine sehr grosse Unzufriedenheit darüber zeigte, dass sie bei vortheilhaften Geschäften der Privatindustrie gefährliche Konkurrenz mache. Durch eine K.O. vom 14. Februar 1845 an Rother, welche nicht als Gesetz publicirt ist, wurde nun bestimmt, dass neue Fabrikanlagen von der Seehandlung in der Regel nicht weiter unternommen werden sollten. In einer zweiten, als Gesetz publizirten, K. O. von demselben Tage an Rother und Flottwell, der damals Finanzminister war, wurde aber nicht bloss, wie (S. 213) erwähnt, der Uebergang der auf den Salzhandel bezüglichen Geschäfte auf die Steuerverwaltung, sondern auch verordnet, dass der Seehandlung die ihr in dem schon (S. 226) erwähnten §. 23 des Patents vom 4. März 1794 — welches jedoch nur bis zum 1. Januar 1808 Geltung hatte und nicht verlängert worden ist — beigelegte Befugniss zum Betriebe kaufmännischer Geschäfte und industrieller Unternehmungen nach wie vor verbleiben sollte.

Aus dem Staatsschatz erhielt die Seehandlung 1843 1 Million, die sie 1847 zurückzahlte. Durch ihre vielfachen grossen industriellen Unternehmungen hatte sie ihre Mittel so zersplittert, dass sie durch die Ereignisse des Jahres 1848, in welchem sie keinen Gewinn gemacht hatte, zu vielfachen und schweren, ihre Kräfte übersteigenden Opfern gezwungen wurde. Deshalb erhielt sie abermals 1 Million aus dem Staatsschatz, die sie im Juli 1849 zurückzahlte. — Es sind also die Kassen der Seehandlung nicht immer im Stande gewesen, die Hülfe anderer Staatskassen zu entbehren; dass diese in Nothzeiten auf eine Hülfe durch die Kassen der Seehandlung mit Sicherheit würden rechnen können, lässt sich folglich gar nicht annehmen.

Nach der Verfassung findet die Aufnahme von Anleihen für die Staatskasse nur auf Grund eines Gesetzes statt. Der Direktor und die Mitglieder der Hauptverwaltung der Staatsschulden haben, ausser ihrem Eid auf die Verfassung, nach dem Gesetz vom 24. Februar 1850 noch einen besonderen Eid zu leisten, dass sie weder einen Staatsschuldschein, noch irgend ein anderes Staatsschuldendokument über den in den bestehenden oder in Zukunft zu erlassenden Gesetzen bestimmten Betrag hinaus ausstellen oder ausstellen lassen wollen. Einen solchen besonderen Eid haben die Beamten und der Chef der Seehandlung und der ihm vorgesetzte Finanzminister nicht zu leisten. Wenn also unter der Firma der Seehandlung Schulden gemacht werden, so scheint den Worten nach die Verfassung oder ein Gesetz nicht verletzt zu werden. Ohne Gefahr ist es aber doch gewiss nicht, dass die Seehandlung durch jede Benutzung ihres Kredits, d. h. des Kredits des Staats, die Lasten und Schulden des Staats erhöht.

In der Sitzung der zweiten Kammer vom 28. Januar 1850 wurde der Antrag: auch schon von jetzt ab auf die allmähliche Auflösung der Seehandlung hinzuwirken, nicht angenommen. Später ist über diese Frage von der Volksvertretung noch nicht wieder abgestimmt worden, dieselbe aber doch im August 1862 angeregt in dem Bericht der Budgetkommission über den Etat des Seehandlungsinstituts, worin es heisst:

Auch die Frage nach einer gänzlichen Aufhebung des Instituts ist wieder angeregt wie im Jahre 1850; „es erscheint kaum angemessen, dass der Staat auf seine Rechnung Banquiergeschäfte macht, und die Stellung des Instituts bei der jetzigen Lage der Industrie und des Handels nicht mehr gerechtfertigt, endlich ist die Existenz zweier solcher Geldinstitute wie die Preussische Bank und Seehandlung, in direkter Verbindung mit dem Staate sowohl überflüssig als bedenklich. Dessenungeachtet ist es bei der gegenwärtigen Lage des Instituts und unter den jetzigen politischen Verhältnissen nicht für zweckmässig gehalten, Anträge auf durchgreifende Aenderungen oder auf künftige Aufhebung zu stellen. Dagegen ist es allseitig für nothwendig erachtet, dass der Landesvertretung [1]) von der Vermögenslage und dem Geschäftsbetriebe der Seehandlung eingehende und zuverlässige Kenntniss gegeben werde." Mit dem Antrage, alljährlich den kaufmännischen Bücherabschluss des Seehandlungsinstituts der Landesvertretung vorzulegen, hat sich die Regierung, vorbehaltlich der in Bezug auf dritte Personen zu beobachtenden Diskretion, einverstanden erklärt; dagegen hat sie den Antrag, „zu beschliessen, dass die Budgetkommission zur Prüfung des Staatshaushaltsetats berechtigt ist, die Einsicht und Prüfung der Geschäftsführung und der Rechnungen im Einzelnen vorzunehmen und darüber dem Hause wie über andere Etats Bericht zu erstatten," bekämpft. Die Kommission stellt nur den ersten Antrag, da sie es nicht für erforderlich erachtet, das im zweiten Antrage beanspruchte Recht durch eine besondere Resolution zu wahren, und da in der Regel das Detail der einzelnen Geschäfte und Rechnungen der Oberrechnungskammer zur Prüfung zu überlassen sein wird. —

---

[1]) Dieser Ausdruck ist nicht richtig. Das Land, d. h. das Grundeigenthum, sollten nach dem Gesetze vom 5. Juni 1823 die Provinzialstände vertreten. Nach der Verfassung sind die Mitglieder der Kammern Vertreter des ganzen Volkes.

Das Fortbestehen der Seehandlung vermag ich weder für erforderlich, noch auch für nützlich zu erachten, wenn auch ihr Geschäftsbetrieb gegenwärtig vielleicht etwas weniger mannigfaltig und verwickelt sein sollte, wie vor zwanzig Jahren. Wenn demnach mit ihrem gesammten Beamtenpersonal ebenso verfahren würde, wie hinsichtlich des Forstpersonals oben (S. 191. 192. 199) vorgeschlagen worden ist, so glaube ich, dass die Auflösung der Seehandlung binnen Jahresfrist durchgeführt werden könnte. Denn Rother schloss schon seinen Immediatbericht vom 30. November 1844 mit den Worten: „Auch könnte die gänzliche Auflösung der Seehandlung nur mit der grössten Vorsicht geschehen und erst im Laufe von einigen Jahren vollständig bewirkt werden, da die Geschäfte und Dispositionen ohne empfindliche Vermögensverluste nicht sofort abzuwickeln sind und die vielen industriellen Etablissements besondere Bestimmungen erforderlich machen.“ Merkwürdig ist es, dass Rother die industriellen Etablissements der Seehandlung anscheinend nur „gegen Ersatz der darauf verwendeten Kapitalien in den Privatbesitz übergehen“ lassen wollte. Bei solchen Ideen ist auf Käufer kaum zu rechnen. Was ein Etablissement dem Verkäufer gekostet hat, ist dem Käufer natürlich gleichgültig. Kein Kauflustiger wird einen höheren Preis zahlen, als einen solchen, welcher mit dem seitherigen oder wahrscheinlichen künftigen Reingewinn in einem angemessenen Verhältniss steht.

Dem Etatsentwurf für 1865 wurde ein Verwaltungsbericht der Seehandlung für das Jahr 1863 beigefügt. Danach besass die Seehandlung Ende 1863 (ausser ihrem Dienstgebäude in der Jägerstrasse und den drei Diensthäusern des k. Leihamtes in der Jäger-, Kloster- und Linienstrasse) folgende Etablissements: die Flachsgarn-Maschinen-Spinnereien zu Erdmannsdorf und Landeshut in Schlesien, das Zinkwalzwerk zu Thiergarten bei Ohlau und die Mühlen-Etablissements zu Thiergarten und Bromberg. Dieser gesammte Besitz stellte einen Buchwerth von 3,643,791 Thlr. 19 Sgr. 10 Pf. dar. Die Verwaltung desselben hat im Jahre 1863 ein überaus glänzendes Resultat ergeben, welches den grössten Gewinn, der jemals früher erzielt wurde, erheblich übersteigt: sie hat ausser Verzinsung der Anlage- und Betriebskapitalien und einem sehr reichlich bemessenen Betrage für Abnutzung, einen Gewinnüberschuss von 232,468 Thlrn. 24 Sgr. 9 Pf. gewährt, also mehr als $^1/_4$ des Kapitalwerthes, mit dem die industriellen Etablissements zu Buche stehen. Den bedeutendsten Beitrag haben dazu die Flachsgarnspinnereien geliefert, in Folge der hohen Preise für Twiste und baumwollene Gewebe. Es gelang eine der Preissteigerung für das Rohmaterial entsprechende Erhöhung der

Garn- und Leinenpreise durchzusetzen. Der günstigen Konjunctur, dem raschen, wenig Zinsen absorbirenden Umsatze und dem trefflichen technischen Betriebe der Anstalten ist das günstige Resultat zuzuschreiben. Trotzdem Mehl und Getreide 15—20 pCt. im Preise wichen, arbeitete die Mühle in Ohlau mit mässigem, die in Bromberg mit bedeutendem Reingewinn. Der Nettogewinn der Seehandlung betrug im Jahre 1863: 540,839 Thlr. 5 Sgr. 10 Pf., wovon $^1/_2$ Million an die Generalstaatskasse abgeführt, der Rest dem Kapitalvermögen der Seehandlung zugeschlagen wurde, das am 31. Dezember 1863 sich auf 10,639,048 Thlr. 18 Sgr. 2 Pf. belief. Der niedrige Cours der Effekten an diesem Tage bewirkt, dass der Effektenbestand ein Minus von 205,872 Thlr. 6 Sgr. gegen das Vorjahr aufweist. Bei dem Effektenverkauf von 2,347,000 Thlrn. im Jahre 1863 ist kein erheblicher Verlust eingetreten.

Wenn ein Kapital von 10,639,048 Thlrn. einen Gewinn von 540,839 Thlrn. gebracht hat, so ist dies nur 5,08 $^0/_0$. Niemand wird in Abrede stellen, dass dieser Gewinn in dem Verhältniss zu dem Risiko der Geschäfte sehr gering ist. Warum verwendet der Preussische Fiskus nicht den ganzen Werth seiner Seehandlung zur Abtragung von 10,639,048 Thlrn. seiner 1859 kontrahirten Schuld, welche ihm beinahe $5\frac{1}{3}$ $^0/_0$ Zinsen kostet? Ein Privatmann, welchem sein Betriebskapital 5 $^0/_0$ kostet, würde seine Handels- und Fabrikgeschäfte gewiss nicht fortbetreiben, wenn er im besten Geschäftsjahr trotz aller seiner Arbeit nicht mehr als 5,08 $^0/_0$ verdient.

Es waren ziemlich unklare Ideen, welche zur Errichtung der Berliner Bank [1]) führten. Schon unterm 23. September 1753 erging ein Octroi für eine in Berlin zu errichtende Giro- und Wechselbanque. Friedrich II, der seinen eigenen Unterthanen den Gewinn zuzuwenden wünschte, den fremde Handelsstädte namentlich Hamburg nach seiner Meinung auf eine ungebührliche Art von seinem Lande zogen, wollte durch Zusammentritt mehrerer Interessenten in seinem Staate selbst eine Bank errichten und ihr allerlei Privilegien geben. Ihr Fonds sollte in ganzen, halben und viertel Reichsthalern (Bankgeld) bestehen. Die inländischen Kaufleute sollten alle in Partien aus dem Lande gehende Waaren den Ausländern gegen kein anderes

---

[1]) Krug, Geschichte der Preussischen Staatsschulden. S. XLI. 31. 108. 109. 329—346. C. J. Bergius, das Geld- und Bankwesen in Preussen. 1846. S. 43 sqq. Geschichte der Königlichen Bank in Berlin von der Gründung derselben (1765) bis zum Ende des Jahres 1845. Aus amtlichen Quellen (von dem nachmaligen Kabinetsrath Niebuhr) 1854

Geld bei 100 Thlr. Strafe überlassen. Auch die Waaren, welche aus Hamburg verschrieben werden, sollten in diesem Gelde bedungen und bezahlt, auch alle Wechsel von 100 Thlrn. und drüber bei Strafe der Ungültigkeit und noch anderer willkührlicher Strafe in diesen Münzsorten ausgestellt werden. Dass sich zu diesem Plane keine oder zu wenig Theilnehmer fanden, lag darin, dass solche Bestimmungen von den Kaufleuten nicht als Mittel zur Förderung ihres Handels und ihrer Geschäfte angesehen werden konnten. Nach Beendigung des siebenjährigen Krieges nahm der König die Sache wieder auf. Da er aber wohl glauben musste, dass sich zu wenig Theilnehmer finden würden, um eine solche Anstalt als einen Privatverein anzufangen, so gab er derselben durch das Edikt und Reglement vom 17. Juni 1765 eine andere Gestalt. Es sollte darnach eine Wirbel- oder Girobank errichtet und damit eine Diskonto- und Leihanstalt verbunden werden. Der König verbürgte sich und seine Nachfolger für alle in diese Bank eingelegten Gelder und versprach ein Kapital von 8 Millionen Thaler aus seinem Schatze herzugeben, das in der Diskonto- und Leihbank rouliren solle. Diese 8 Millionen hat die Bank jedoch niemals erhalten. Alle Rechnungen und Zahlungen sollten auf Bankopfunde lauten, in solchen Pfunden sollten die Bücher der Bank und aller in Berlin ansässigen Kaufleute geführt werden; alle Wechsel über wenigstens 100 Thlr. sollen ebenfalls auf Bankopfunde lauten und durch die Bank gezahlt werden. Das Diskontokomtoir soll Wechsel u. s. w. gegen $\frac{1}{4}$ % monatliche Zinsen diskontiren; bei Verpfändung von Gold und Silber soll der Zins monatlich nur $\frac{1}{6}$ % betragen. Auch wurde die Errichtung kleiner Leihhäuser an anderen Orten versprochen, wo man auf Pfänder auf 2 bis 12 Monat so leihen würde, dass bei einer Summe über 100 Thlr. monatlich $\frac{1}{2}$, von 11 bis 100 Thlr. 7$\frac{1}{3}$ % genommen, kleine Posten bis 10 Thlr. aber ohne allen Zins geliehen werden sollten. Für eine auch in Königsberg zu etablirende Giro- und Leihbank erging in demselben Jahre ein ähnliches Edikt und Reglement am 19. September, scheint aber nicht in Ausführung gekommen zu sein. In Breslau wurde am 1. Mai 1765 für Rechnung der Stadtkämmerei eine Leihbank eröffnet, wo gegen Unterpfand Geld zu 8 % jährliche Zinsen ausgeliehen wurde. Sie wurde nachher in ein von der Berliner Hauptbank abhängendes Bankokomtoir verwandelt.

Am 29. Oktober 1766 wurde an die Stelle des Edikts vom 17. Juni 1765 ein revidirtes und erweitertes Edikt und Reglement für die Banken in Berlin und Breslau erlassen. Man habe sich, so heisst es darin, entschlossen, „mit diesen Banken einen neuen Valeur zu verbinden“, der in Bankonoten bestehen soll, die von diesen beiden Banken und von den noch anzulegenden Diskontokassen ausgegeben werden und vom 1. Januar 1767 an im ganzen Lande circuliren sollen; diese Papiere sollen die Masse des circulirenden Geldes vermehren, die Zinsen herunterbringen, die Handelsgeschäfte erleichtern und dem Handel ein unfehlbares Mittel verschaffen, sich immer mehr und mehr auszubreiten. Das Bankopfund, wonach die Bücher und Rechnungen zu führen waren, sollte nun zu 24 Bankogroschen à 12 Bankopfennigen gerechnet werden. Man konnte die Noten bei den Diskontokomtoiren in Berlin und Breslau kaufen und zwar 100 Pfund für 125 Thaler Friedrichsdor oder $131\frac{1}{4}$ Thaler Courant und alle Königliche Kassen in Berlin und Breslau sollten sie zu diesem Werthe annehmen. — Es wurden auch 1 Million Bankothaler in Silber geprägt, das Stück zu $^1/_4$ eines Friedrichsdors nach dem angenommenen Course; sie kamen aber wenig in den Verkehr und wurden bald wieder eingeschmolzen. — Die Bestimmungen wegen der Girobank sind eigentlich niemals wirklich zur Ausführung gekommen. Bis Ende 1818 wurden die Bücher der Bank in Bankopfunden geführt, von da aber nur in der wirklich coursirenden Münzsorte. Die Bücher der allermeisten Kaufleute sind niemals in Bankopfunden geführt worden.

Der ursprüngliche Fonds der Bank bestand in 450,000 Thlr. In der Zeit vom 20. Juli 1765 bis 1. Juni 1767 hatte sie 159,618 Thlr. Verluste und am 1. Januar 1768 ein Deficit von 13,854 Thlr. Hierauf befahl eine K. O. vom 16. Juli 1768: dass alle gerichtlichen Deposita und Pupillengelder, die nicht entweder bei erfolgter Deposition schon besprochen, oder 6 Wochen längstens nach geschehener Deponirung bei den Gerichten auf sichere Hypothek gegen mehr als 3 % Zinsen ausgeliehen werden können, ohne alle Ausnahme bei dem Lombard der Berliner Hauptbank oder in Breslau zu 3 % Zinsen belegt und daselbst zum Besten des Publikums und vieler es sehr suchenden Particuliers emploirt werden sollen. Nach einer Instruktion vom 31. März 1769 wurde die Anordnung, müssig liegende Gelder der Bank zu übergeben, auch auf die bei Stiftern, Hospitälern, Waisenhäusern und übrigen milden Stiftungen ausgedehnt. Auch Privatpersonen konnten Gelder bei der Bank zu 3 % anlegen. Späterhin wurde der Zinsfuss für gewisse Kapitalien heruntergesetzt. Nach der jetzt noch geltenden K. O. vom 19. April 1839 hat die Bank für die bei ihr aus den Depositorien der Gerichts- und Vormundschaftsbehörden belegten Kapitalien an Zinsen zu zahlen: 3 % für Gelder der Minderjährigen und Blödsinnigen, bis zum Tage der Majorennität oder

Aufhebung der Blödsinnigkeitserklärung; $2\frac{1}{2}\,\%$ für Gelder, welche Majorennen und Minorennen gemeinschaftlich gehören, welche zu Konkurs-, Liquidations-, Gehaltsabzugs- und andern Prioritätsstreitmassen gehören, und für solche, über welche Prozesse schweben; und $2\,\%$ für Gelder, deren Niessbrauch Majorennen gebührt, imgleichen für Gelder der Abwesenden, Verschwender und anderer Majorennen, mit Ausnahme der Blödsinnigen, und endlich in allen übrigen Fällen.

So flossen der Bank natürlich sehr bedeutende Kapitalien zu geringen Zinsen zu, so dass sie sogar in Verlegenheit kam, dieselben nützlich zu verwenden. Vieles wurde zu höheren Zinsen auf Hypotheken, besonders in Südpreussen, angelegt, bis Stein an die Spitze der Bank kam und den Hypothekenverkehr beschränkte und zuletzt ganz untersagte. Der Betrag der Zwangs- und der freiwilligen Depositen nahm immer zu bis 1804, wo er sich auf 32,893,204 Thlr. (davon zu $2\,\%$ 19,349,445 Thlr.) belief. Zu Trinitatis 1806 war er noch 28,598,380 Thlr. (davon zu $2\,\%$ 16,357,415 Thlr.). Später haben die Depositen niemals wieder den Betrag von 1804 erreicht, auch nicht bis 1846, selbst nicht bis 1853. Am Jahresschluss $180\frac{5}{6}$ schuldete die Bank auf Bankobligationen und Zinsen 29,438,989 Thlr. und hatte auf hypothekarische Schuldverschreibungen 12,998,124 Thlr. ausgeliehen, davon 9,175,000 Thlr. in den Polnischen Provinzen.

Vom 1. Juni 1777 bis 1. Juni 1806 soll die Bank 8,982,944 Thlr. Gewinn abgeführt haben. Ihr Gesammtgewinn in 39 Jahren wird auf 9,884,069 Thlr. angegeben, oder jährlich im Durchschnitt 253,437 Thlr. Diesen Gewinn hat sie hauptsächlich dadurch gemacht, dass ihr Kapital zu geringen Zinsen zufloss, grösstentheils zwangsweise, und sie dies Kapital gegen höhere Zinsen, besonders auf Hypothek, auslieh. Nach ihrem Status am Jahresschluss $180\frac{5}{6}$ hatte sie einen Ueberschuss von 1,178,764 Thlr. Ihre Aktiva waren aber grösstentheils festgelegt und uneinziehbar, ihre Passiva dagegen binnen 8 Tagen zahlbar. Die Kriegsereignisse traten ein, „einem vollständigen Bankerott konnte eine Bank nicht entgehen, die nach so bedenklichen Principien administrirt wird". Anfangs Oktober waren die Geschäfte der Bank sistirt. Was von den Beständen der Bank und ihrer Comtoire nicht den Franzosen in die Hände fiel oder Preussischerseits zu Kriegsbedürfnissen verwendet wurde, wurde erst nach Stettin und dann nach Königsberg gebracht. Was in Berlin sonst in den letzten Tagen der Auflösung geschehen ist, liegt im Dunkel. Von den Aktivis der Bank bestanden weniger als $^{1}/_{10}$, noch nicht 4,000,000 Thlr., in Wechseln und nur diese gingen ziemlich schnell und vollständig ein. In Königsberg etablirte sich vorläufig das Hauptbankdirektorium und ist auch bis Ende 1809, mit Ausnahme eines kurzen Aufenthalts in Memel, dort geblieben.

Trotz der Bestimmungen im Tilsiter Friedenstraktat vom 9. Juli 1807 [1]) trat Napoleon durch die Bayonner Konvention vom 10. Mai 1808 auch die von der Bank im Herzogthum Warschau angelegten Kapitalien an den König von Sachsen als Herzog von Warschau ab. Die Summe der wirklich konfiscirten Kapitalien betrug über 17 Millionen Thaler, und davon war ein sehr kleiner Theil wirkliches Eigenthum des Königs; bei weitem das meiste gehörte Preussischen Instituten und Privatpersonen. Der Antheil der Bank war zwischen 9 und 11 Millionen. Die Bayonner Konvention wurde im Jahre 1815 zwar wieder aufgehoben, dennoch konnte die Bank ihre Forderungen in Polen nur sehr schwer und langsam einziehen und nicht ohne erhebliche Verluste.

Das Finanzedikt vom 27. Oktober 1810 stellte die Zahlung aller laufenden Zinsen vom 1. Januar 1811 ab in Aussicht, „sowohl von den ausländischen als inländischen Staatsschulden, desgleichen von denen der Geldinstitute des Staats, als namentlich der Bank und der Seehandlung". Als Staatsschulden wurden auch bezeichnet die „Schulden, Aktien und Papiere der Seehandlung und der Hauptbank". Bei den Bankobligationen sollte die bisherige Verzinsung bleiben, abseiten der Gläubiger aber keine Kündigung stattfinden können. Durch die Verordnung wegen des Verkehrs mit der Bank vom 3. April 1815 wurden „sämmtliche, seit dem Wiederanfange des Bankoverkehrs im Jahre 1810 bei der Hauptbank in Berlin und deren Provinzialcomtoirs neu belegten Kapitalien, sowie alle diejenigen Kapitalien, welche von jetzt ab bei der Hauptbank und deren Comtoirs fernerweitig be-

---

[1]) §. 25: Die Fonds und Kapitalien, welche entweder Privatpersonen, oder öffentlichen Religions-, Civil- und Militäranstalten in den Ländern, welche S. M. der König von Preussen abtritt, oder auf die Sie durch gegenwärtigen Traktat Verzicht thun, angehören, und die entweder bei der Bank in Berlin, oder bei der Seehandlung, oder auf irgend eine andere Art in den Staaten Sr. M. des Königs von Preussen untergebracht sind, können weder konfiscirt, noch kann auf solche Beschlag gelegt werden, vielmehr schalten die Eigenthümer frei über besagte Fonds und Kapitalien, und geniessen solche ferner, sowie auch die jetzt oder künftig davon fälligen Zinsen nach dem Inhalt der darüber ausgestellten Kontrakte und Obligationen. Ebenso wird es gegenseitig gehalten werden in Absicht aller Fonds und Kapitalien, welche zur Preussischen Monarchie gehörige Unterthanen oder öffentliche Etablissements irgend einer Art in Ländern belegt haben, die S. M. der König von Preussen abtritt, oder auf welche Sie nach dem gegenwärtigen Traktat Verzicht leisten.

legt werden, als wahre Staatsschulden" anerkannt. Unterm 3. November 1817 wurde die Bank für ein für sich bestehendes, von der Verwaltung des Staatsministerii unabhängiges Institut erklärt. Obgleich die Schulden der Seehandlung wirklich als Staatsschulden anerkannt wurden, so ist dies doch mit den Schulden der Bank nicht geschehen. Eine K. O. vom 7. Februar 1845 an das Staatsministerium ordnete ein öffentliches Aufgebot der aus der Zeit von 1765 bis zum Ablauf des Jahres 1810 herrührenden Ansprüche an die Bank an und bestimmte eine Präkludirung der vor Ablauf des Termins nicht angemeldeten Forderungen, sagte aber nichts über die Bezahlung der vor Ablauf des Termins angemeldeten.

Mit dem Oktober 1806 hörte die Thätigkeit der Bank und die Kapitals- und Zinszahlung der Bankobligationen auf. Sie wurden ein verkäufliches Papier und erlangten einen wechselnden Cours. An der Berliner Börse standen sie im November 92—95, und im December 1806 85—90 $^0/_0$. Der niedrigste Cours war am 21. Juni 1813, nämlich 26. In der zweiten Hälfte des Jahres 1824 standen sie 89 $^3/_4$, Ende 1825 92 $^3/_4$, Ende 1826 97 $^1/_2$, Ende Januar 1829 99. Die Obligationen aus dem neuen Verkehr haben niemals einen wechselnden Cours gehabt. Die alten Obligationen hat die Bank unter dem Nominalwerth aufgekauft. Der neue Depositalverkehr gab die Mittel, theils die alten Bankobligationen aufzukaufen, theils die belegten Kapitalien auf Ansuchen von bedürftigen Gläubigern zurückzuzahlen. Auch andere Mittel wurden, sowie es die Umstände zuliessen, dazu verwandt, und namentlich trug die Annahme von Bankobligationen in Zahlung bei Einziehung der alten Forderungen wesentlich zur Verminderung der ausstehenden alten Depositenschulden bei. Durch diese verschiedenen Operationen gelang es, die ältere Kapitalschuld, die Anfangs 1818 noch 16,940,276 Thlr. betragen hatte, bis Anfangs 1828 auf 2,069,334 Thlr. herabzubringen, und die älteren Zinsrückstände von 780,798 Thlr. auf 110,851 Thlr. zu vermindern. Was Waisen, milde Stiftungen u. s. w., deren Vermögen bei der Bank zu niedrigen Zinsen angelegt werden musste, im Ganzen an Kapital und Zinsen verloren haben, ist ganz unberechenbar.

Als im Dezember 1817 Friese die Verwaltung der Bank übernahm, war sie in einem hoffnungslosen Zustande. Sie hatte zwar einen nominellen Ueberschuss von 920,000 Thlr., aber ein wirkliches Deficit von 7,192,000 Thlr. Als nach Friese's Tode (1837) Rother, der schon Präsident der Hauptverwaltung der Staatsschulden und Chef der Seehandlung war, dazu noch die Verwaltung der Bank übernahm, betrug das Deficit 4,787,962 Thlr. und Ende 1845 1,392,643 Thlr.

Es war also Jahrzehende lang mit einem Deficit gewirthschaftet worden, wovon die Welt nichts wusste. Nachdem 2,000,000 Thlr. aus Staatsmitteln überwiesen waren, hatte die Bank einen Vermögensüberschuss von 990,345 Thlrn.

Seit dem Jahresabschluss pro $180^5/_6$ war bis 1817 keine förmliche Rechnung gelegt worden. Die Staatsfinanzen waren ganz ruinirt; gerade in diesem Augenblicke hatte man sich genöthigt gesehen, in London eine Anleihe von 5 Millionen £ zu nogociiren, und musste sich, wollte man anders überhaupt Geld bekommen, ziemlich harte Bedingungen gefallen lassen. Hardenberg schrieb im Februar 1818 an den mit der Anleihe in London beauftragten Rother: „Bei Empfang dieser Zeilen sind Sie hoffentlich im vollen Gange. Wir müssen nothwendig Geld haben, zu so manchen Zwecken. Die Erhaltung des Staats fordert es laut. Mit Ungeduld sehe ich Nachrichten von Ihnen entgegen.“ Das Höchste, was vom Staate zu erwarten war, war eine Konsolidirung seiner Schuld und regelmässige Zinszahlung auch für die vor 1815 kontrahirten Darlehen — denn für die späteren wurden die Zinsen bereits richtig gezahlt; — für dieses aber und das nächste Jahr durfte man auch darauf noch keine sichere Hoffnung setzen. Auf die Zahlung der von der Krone Polen für die ihr abgetretenen Hypotheken versprochenen Summen durfte man noch weniger rechnen. Landschaften und Kommunen waren bankerott, und von den Posenschen Gutsbesitzern war für jetzt gar nichts zu erwarten. Die einzige Aussicht auf eine Verstärkung der Mittel der Bank gab die, allerdings mit Sicherheit zu erwartende, Zunahme der neuen Deposital-Belegungen, die aber immer ein Palliativ war; eine alte Schuld ward nur durch eine neue gedeckt.

Die Bestimmung des Reglements, dass die Bank nur mit Noten diskontiren und Darlehne geben sollte, ist nie praktisch geworden. Der Banknotenverkehr trat ganz in den Hintergrund, als der Betriebsfonds der Bank durch die Depositenkapitalien so stark vermehrt war, und die Notenemission ruhte ganz bis zum Revolutionskriege. Sie begann dann 1793 und belief sich im Ganzen auf 1,325,000 Thlr., von denen am Jahresschluss $180\frac{5}{6}$ ungefähr die Hälfte noch im Publikum umlief. Seit 1806 waren keine Banknoten ausgegeben worden. Seit 1820 wurden aber so viel sogenannte Bankkassenscheine ausgegeben, als sich nur eben im Umlauf erhalten liess. Davon waren 1836 $4^1/_2$ Millionen im Umlauf. Eine K.O. vom 5. December 1836 an die Hauptverwaltung der Staatsschulden verordnete aber ihre Einziehung und statt derselben die Ausgabe von 3 Millionen Thaler Kassenanweisungen, wogegen ein gleicher Nominalbetrag von

Staatsschuldscheinen — die unter Pari standen — bei der Hauptverwaltung der Staatsschulden niedergelegt werden sollte. Ferner bestimmte eine an das Staatsministerium gerichtete K. O. vom 31. Januar 1841, zur Erledigung angeblich entstandener Zweifel mit Rücksicht auf das Reglement vom 29. Oktober 1766, wonach die Bank als Girobank gegründet wäre, dass sie auf jeden Inhaber und zwar stempelfrei ausgestellte Anweisungen der Girointeressenten auf deren Guthaben im Giro zu acceptiren befugt sein sollte.

Endlich wurde durch eine K. O. vom 11. April 1846 an Rother die Ausgabe von Banknoten im Betrage von 10 Millionen Thaler gestattet und sollte die Hauptverwaltung der Staatsschulden eine Kontrolle über die Anfertigung der Banknoten, insbesondere auch darüber übernehmen, dass niemals mehr als 10 Millionen Thaler Banknoten ausgegeben würden. Eine zweite an demselben Tage an Rother ergangene, als Gesetz aber nicht publicirte, K. O. verheisst die Zulassung der Errichtung von Privatbanken durch Gesellschaften mit vereinigten Fonds bei solidarischer Verhaftung aller Theilnehmer. In einer ferneren K. O. vom 16. Juli desselben Jahres an Rother heisst es: zwei Mitglieder der Hauptverwaltung der Staatsschulden [1]) hielten die beabsichtigte Emission von Banknoten für eine Verletzung der Verordnung vom 17. Januar 1820 über das Staatsschuldenwesen und glaubten ihre Theilnahme an der der Hauptverwaltung der Staatsschulden übertragenen Kontrolle über die Anfertigung und Ausgabe der Banknoten mit Bezugnahme auf den von ihnen geleisteten Eid versagen zu müssen. Die Bedenken dieser Beamten wären ungegründet. Die angeordnete Mitwirkung der Hauptverwaltung der Staatsschulden wurde aber doch aufgehoben und an die Stelle eine besondere Immediatkommission (v. Duesberg, Carl, Rohlwes) gesetzt.

Die am 5. Oktober 1846 erlassene Bankordnung sagt in ihrem

---

[1]) Diese Mitglieder waren Natan und Knoblauch. Varnhagen schrieb am 15. Juni: Schwierigkeiten wegen der neuen Bankverfügung; zwei Mitglieder der Schuldenverwaltung wollen sich nicht überzeugen, dass die Ausgabe von Bankzetteln keine neue Staatsschuld sei, und berufen sich auf ihren Eid. Ferner am 4. August: Ueber die hiesige Stimmung: nichts gebessert seit den fünf Wochen, die ich nicht hier war. Die Bankfrage erregt nur Missfallen, auch bei den höheren Beamten selbst. — Vergl. auch die Ende Juni 1846 geschriebene in Hamburg, Verlag von C. F. Vogel, herausgekommene Schrift: Die neuen Bankverordnungen in Preussen, unmassgebliches Votum eines Finanzmannes. S. 26—35. Hier wird auch erzählt, dass die Königliche Bank, welche keine wirklichen eigenthümlichen Fonds besässe, dem Depositenleger laut dem gedruckten Formular ihrer Depositenscheine bis vor Kurzem die Gelder der Pupillen und Minorennen des Staats zur Sicherheit verpfändet habe.

Eingange, dass, da Privatpersonen sich durch Zeichnung eines Einschusskapitals von 10 Millionen Thalern bei den Geschäften der Bank betheiligt hätten, die Bank eine den gegenwärtigen Bedürfnissen entsprechende Verfassung erhalten, und demnach das bisherige Bankinstitut als Preussische Bank fortbestehen solle.

Sie kann Wechsel und Geldanweisungen, so wie inländische Staats- und auf jeden Inhaber lautende ständische, Kommunal- und andere öffentliche Papiere diskontiren, und für eigene Rechnung oder für Rechnung öffentlicher Behörden und Anstalten kaufen und verkaufen; gegen genügende Sicherheit Kredit und Darlehn geben; Wechsel und Geldanweisungen ertheilen, acceptiren und für andere Rechnung einziehen; Geldkapitalien gegen Verbriefung so wie in laufender Rechnung zinsbar und unzinsbar annehmen, edle Metalle und Münzen kaufen und verkaufen. Andere kaufmännische Geschäfte, namentlich Waarenhandel, sind ihr untersagt. Ferner kann sie Gold und Silber, gemünzt und ungemünzt, Pretiosen, Staatspapiere und Dokumente aller Art, so wie verschlossene Packete ohne Kenntnissnahme des Inhalts gegen Ausstellung von Depositalscheinen und eine dafür zu entrichtende Gebühr in Verwahrung nehmen. Das Betriebskapital der Bank besteht aus dem mit 10 Millionen Thalern von Privatpersonen und aus dem vom Staate eingeschossenen Kapitale, und aus dem zu bildenden Reservefonds, ferner aus den der Bank unter Garantie des Staats gesetzlich überwiesenen Depositen der Vormundschafts- und Gerichtsbehörden, der Kirchen, Schulen, milden Stiftungen und anderen öffentlichen Anstalten. Das vom Staate eingeschossene Kapital besteht aus dem bei der Bank vorhandenen Ueberschusse der Aktiva über die Passiva, welchem fortan die jährlichen Dividenden von diesem Kapital zuwachsen sollen. Der Reservefonds und alle eingeschossenen Kapitalien haften für die Verbindlichkeiten der Bank. Es verbleibt bei der Verpflichtung der Gerichts- und Vormundschaftsbehörden und der Verwalter von Kirchen, Schulen, Hospitälern und anderen milden Stiftungen und öffentlichen Anstalten, die müssig liegenden Gelder bei der Bank zu belegen, auch bei der Staatsgarantie für diese Belegungen. Für andere, freiwillig bei der Bank belegte Kapitalien haftet der Staat aber nicht. „Die Bank ist befugt, nach Bedürfniss ihres Verkehrs Anweisungen auf sich selbst als ein eigenes Geldzeichen unter der Benennung Banknoten auszugeben. Keine Banknote darf auf einen geringeren Betrag als 25 Thaler Preussisches Silbergeld ausgestellt werden." Der Gesammtbetrag der Banknoten darf 21 Millionen Thaler nicht überschreiten. Von dem Gesammtbetrag der im Umlaufe befindlichen Banknoten müssen in den Bankkassen, ausser den zu den übrigen Geschäften erforderlichen Baarfonds und Effekten, $^{2}/_{6}$ in baarem Gelde oder Silberbarren, $^{3}/_{6}$ mindestens in diskontirten Wechseln und der Ueberrest in Lombardforderungen mit bankmässigen Unterpfändern vorhanden sein. Die Bank muss ihre Noten in allen ihren Kassen in Zahlung annehmen und auf Verlangen der Inhaber bei der Hauptbankkasse zu Berlin zu jeder Zeit, „bei den Provinzialbankkomtoiren aber so weit es deren jedesmalige Baarbestände und Geldbedürfnisse gestatten," gegen baares Geld unweigerlich einlösen. Sofern jedoch Banknoten auf ein Provinzialbankkomtoir ausdrücklich ausgefertigt worden sind (was aber, so viel ich weiss, nicht geschehen ist), müssen solche bei diesem jederzeit sofort eingelöst werden. Nicht bloss die Staatskassen, sondern auch alle öffentlichen Kassen müssen die Noten der Preussischen Bank unter allen Umständen zum Nominalbetrag in Zahlung annehmen. „Im Privatverkehr soll aber Niemand zur Annahme gezwungen sein."

Die Bank ist ein von der Finanzverwaltung des Staats unabhängiges Institut. Der Chef der Bank — gegenwärtig der Handelsminister Graf v. Itzenplitz selbst, — welcher die Bankverwaltung mit uneingeschränkter Vollmacht leitet, stellt die Beamten an. „Sämmtliche Beamte, die Mitglieder der verschiedenen Ausschüsse, namentlich alle diejenigen, welche Behufs der Revision und Kontrolle zur Einsicht der Bücher und Portefeuilles berechtigt sind, sind verpflichtet, über alle einzelne Geschäfte der Bank, besonders über die mit Privatpersonen, über den Umfang des denselben gestatteten Kredits, so wie über die Zahl der Bankantheile, welche Einzelne besitzen, das unverbrüchlichste Schweigen zu beobachten. Die Deputirten des Centralausschusses und ihre Stellvertreter, so wie die Beigeordneten bei den Provinzialcomtoirs sind zur Bewahrung des Geheimnisses mittelst Handschlages an Eides Statt vor Antritt ihrer Funktionen besonders zu verpflichten." Eine K.O. vom 15. Juli 1850 an das Staatsministerium bestimmt, dass die Jahresrechnung der Bank künftig durch die Oberrechnungskammer und nicht mehr durch das Präsidium derselben revidirt, dass aber die Decharge nicht von ihr, sondern von dem Chef der Bank und zwar unabhängig von der durch die Oberrechnungskammer vorgenommenen Revision ertheilt werden soll.

Nach einem Vertrage zwischen der Bank und dem Finanzminister vom 28. Januar 1856 verpflichtete sich die Bank, 15 Millionen Thaler in Kassenanweisungen an die Hauptverwaltung der Staatsschulden zur Vernichtung abzuliefern, und ihre Effektenbestände von Ende Dezember 1855 im Nennwerth von 9,400,040 Thlr. dem Finanzminister zu übereignen. Der Finanzminister zahlt ihr 7,802,000 Thlr. baar und 16,598,000 Thlr. in $4^1/_2$ procentigen Staatsschuldverschreibungen. Zur Verzinsung und Tilgung dieser Staatsschuldverschreibungen zahlt die Bank der Hauptverwaltung der Staatsschulden jährlich 621,910 Thlr. Nach einem Gesetz vom 7. Mai 1856 sollten von der auf 30,842,347 Thlr. festgestellten unverzinslichen Staatsschuld 15,000,000 Thlr. Kassenanweisungen eingezogen und dagegen 16,598,000 Thlr. $4^1/_2$ procentige Staatsschuldverschreibungen von der Hauptverwaltung der Staatsschulden ausgefertigt und an die Preussische Bank nach näherer Anordnung des Finanzministers ausgehändigt werden. Ein anderes Gesetz von demselben Tage ermächtigte die Bank, noch über den festgesetzten Betrag von 21 Millionen Thaler hinaus, „nach Bedürfniss ihres Verkehrs", Banknoten auszugeben. Von dem im Umlaufe befindlichen Mehrbetrage muss in den Bankkassen stets mindestens $^1/_3$ in baarem Gelde oder Silberbarren und der Ueberrest in diskontirten Wechseln vorhanden sein. Auch wurde die Bank ermächtigt, Banknoten in Appoints von 20 Thlrn. und 10 Millionen Thaler in Appoints von 10 Thlrn. auszufertigen. Auf Grund königlicher Verordnung können auch noch mehr Banknoten in Appoints von 10 Thlrn. ausgegeben werden. Die Bestimmung der Bankordnung, dass die jährlichen Dividenden von dem Einschusskapital des Staats diesem Kapital zutreten sollen, trat ausser Kraft. Das Einschusskapital der Bankantheilseigner kann um 5,000,000 Thlr. erhöht werden.

Die beschränkende Vorschrift der Bankordnung, dass die Bank bei Lombardgeschäften nicht über 6 % Zinsen nehmen darf, wurde aufgehoben, aber nicht durch ein Gesetz oder wenigstens eine königliche Verordnung, sondern lediglich durch bloss vom Handelsminister kontrasignirte an ihn gerichtete Allerhöchste Erlasse vom 7. und 24. Oktober 1864.

Es betrug zu Ende der Jahre	1846	1847
der Einschuss des Staats . .	1,197,550 Thlr.	1,260,000 Thlr.
das Kapital der Privaten . .	3,489,750 „	10,000,000 „
der Reservefonds	—	108,700 „
Betriebskapital überhaupt . .	4,687,300 Thlr.	11,368,700 Thlr.

Nach den Etats sollte die Bank, welche 1848 3 Millionen aus dem Staatsschatz erhielt, einbringen 1849 163,000 Thlr., 1851 110,000 Thlr., 1856 225,600 Thlr., 1857 987,000 Thlr., 1860 1,168,000 Thlr. und 1861 1,146,000 Thlr., nämlich 458,412 Thlr. Gewinnantheil des Staats, 65,678 Thlr. Zinsen von dem Einschusskapital des Staats und 621,910 Thlr. Zuschuss zur Verzinsung der

Staatsanleihe von 1856. Der Budgetkommission des Abgeordnetenhauses erschien im August 1862 bei dem Antheil am Gewinn der Preussischen Bank der Ansatz für 1862, welcher den dreijährigen Durchschnitt nicht innehält (weil das Jahr 1861 wegen des hohen Diskontosatzes der Bank einen unverhältnissmässig geringen Gewinn gegeben hat), um 132,000 Thlr. zu hoch gegriffen; sie beantragt, die Position auf 157,000 Thlr. herabzusetzen; zu erwähnen ist, dass der Gewinnantheil des Staats seit 1857 beständig gesunken ist; auch für 1863 beantragt die Kommission, nur 157,000 Thlr. anzunehmen.

Die Preussische Bank bringt zwar recht gute Dividenden, aber doch nicht so sehr viel höhere als andere solide Banken, obgleich man dies doch eigentlich von einer Anstalt erwarten sollte, die viele Privilegien geniesst, auch in der That das Vermögen der Waisen [1]), Kirchen, milden Stiftungen stark besteuert.

Das Fortbestehen der Preussischen Bank ist in der That weder nöthig, noch nützlich, noch ungefährlich. Wenn ihre baldmöglichst zu wünschende Auflösung erfolgt, so erhält der Staat ein Kapital, welches er zur Abtragung von Schulden zu verwenden hat, und wird ausserdem von einer besonderen Garantie frei. Wenn dann das Gesetz anordnete, dass für alle Gelder, welche seither gegen 3, $2^1/_2$ oder 2 % Zinsen bei der Bank angelegt werden mussten, Staatsschuldscheine angekauft werden müssen, so erhalten die Eigenthümer dieser Kapitalien bei unverminderter Sicherheit höhere Zinsen und der Kredit des Staats wird gestärkt.

In Oesterreich [2]) haben sich die Staatsmänner noch nicht fähig gezeigt, die jämmerliche und seit geraumer Zeit schon hoffnungslos

---

[1]) Die grossen, auch finanziellen, Nachtheile der langen Minderjährigkeit hat schon 1805 L. H. Jakob (Annalen der Preussischen Staatswirthschaft und Statistik, Bd. 2. S. 104—117) überzeugend dargethan. Im Preussischen Staat wurden sonst mit 20 Jahren die Juden und mit 21 Jahren die Christen im Magdeburgischen und in Schlesien grossjährig. Jetzt wird man nur im Bezirk des Kölner Appellationsgerichts (wie in Sachsen, Baiern, Würtemberg, Baden, Hannover, Frankreich, England u. s. w.) mit 21 Jahren grossjährig, in allen übrigen Landestheilen mit 24 Jahren. Dass letzteres nicht geändert und gebessert wird, liegt im Interesse der Bankantheilseigner.

[2]) Im September 1864 hatten „Daily News" gesagt: „Zwischen den Interessen einer unumschränkten Erbmonarchie und den Anforderungen der Handelswelt besteht ein wesentlicher Widerstreit. Ein erblicher Absolutismus stützt sich auf die Treue einer bevorzugten Klasse. Diese Klasse durch schutzzöllnerische Gesetze zu füttern, das Vermögen und den Einfluss der Nation dadurch in ihren Händen möglichst zu concentriren, ist augenscheinlich eine Politik, die für einen

erscheinende Finanzlage des Staats zu verbessern. Daher ist es von Bedeutung, dass im November 1864 die Staatsschulden-Kontrollskommission sagte: „Die k. k. Regierung wird aufs Dringendste aufgefordert, der immer bedauerlicher sich gestaltenden Lage der Finanzen und des öffentlichen Kredits die ernsteste Erwägung zuzuwenden und nunmehr die Herstellung des unerlässlich nothwendigen Gleichge-

---

vom Volkswillen unabhängigen Fürsten eben so vortheilhaft, wie den Interessen seiner Unterthanen nachtheilig ist. Die Treue solcher Pensionäre ist nimmer zu erschüttern, denn das allmächtige Band des Eigennutzes knüpft sie unwiderstehlich an den Thron. Wenn man den Kaiser Franz Joseph ersucht, an die Stelle des jetzigen prohibitiven Tarifs ein Freihandelssystem zu setzen, so muthet man ihm zu, sich anstatt auf die bevorzugte Klasse, die alles der kaiserlichen Gunst verdankt, und ihre Erkenntlichkeit durch unbegrenzten Servilismus beweist, auf die grosse Masse seiner Unterthanen zu stützen, die eine lange Rechnung von Unterdrückung stehen haben, und gewiss als Entgelt für ihre Unterstützung missliebige Zugeständnisse verlangen würden. Dass eine solche Politik schliesslich zur Befestigung der Dynastie beitragen würde, kann nicht geleugnet werden, allein es ist eben so offenbar, dass im Charakter der Regierung dadurch eine vollständige Aenderung eintreten würde. Von dem Augenblick, wo die durch den prohibitiven Tarif geschaffenen künstlichen Unterschiede aufgehoben sind, wo eine praktische Gleichheit commercieller Rechte wieder hergestellt ist, hört der Kaiser von Oesterreich auf, ein unverantwortlicher Willkürherrscher zu sein. So innig wir daher wünschen, die ungeheuren und bisher todt liegenden Hilfsquellen des Kaiserstaats erschlossen zu sehen, können wir uns doch nicht die unwillkommene Thatsache verhehlen, dass die in diesem Falle zu überwindenden Schwierigkeiten weit gewaltiger sind als diejenigen, die der Annahme neuer volkswirthschaftlicher Wahrheiten in der Regel entgegenstehen. Politische Freiheit und Freihandel müssen, wenigstens innerhalb gewisser Grenzen, mit einander vorschreiten. Dass der Kaiser das wahre Wohlsein seiner Unterthanen aufrichtig zu fördern wünscht, bezweifeln wir nicht im mindesten. Aber leider befindet er sich in derselben Lage, wie der Jüngling in der Parabel, der traurig fortging, denn er besass viel irdische Habe. Die guten Dinge, auf die er verzichten soll, wie ihm die Stimme der Vernunft und Wissenschaft zuruft, — die kennt er und fühlt er, während der Schatz, der ihm dafür verheissen wird, in der dämmernden Ferne einer ungekannten und unerforschten Zukunft liegt." — „Unbegrenzte Vortheile," sagte der „Economist" im Januar 1865, „würde die Freihandelspolitik dem Kaiserstaate bringen. Er wird gegenwärtig von Riesenmonopolen aufgefressen, die den Preis der Lebensmittel erhöhen und zugleich, indem sie die Energie des Menschen lähmen und die Fruchtbarkeit des Bodens unbenutzt lassen, die Möglichkeit des Lebens erschweren. Wenn Oesterreich wirklich nach der Führerschaft in Deutschland strebt, kann es nichts Besseres thun, als mit Preussen im Freihandel wetteifern. Die erste Wirkung davon wäre freilich, den Arbeitsmarkt in Verlegenheit zu setzen, aber wir wissen aus Erfahrung, wie bald diese Verlegenheiten schwinden. Die Vortheile wären nicht bloss finanzieller und kommerzieller Art. Wenn Oesterreich einmal Preussen im ökonomischen Fortschritte überholt, wird es ihm auch bald im politischen Einfluss gewachsen sein."

wichts zwischen den Einnahmen und Ausgaben des Staats, vor Allem durch entsprechende Verminderung der letzteren auszuführen.“ Dies hatte Bastiat schon 1849 von der Französischen Regierung verlangt. Er wollte die Herstellung des Gleichgewichts zwischen Einnahmen und Ausgaben oder die Beseitigung der Deficits nicht durch Erhöhung der Einnahmen herbeiführen, sondern er wollte die Einnahmen vermindern, aber die Ausgaben in einem noch stärkeren Verhältniss vermindern. In Preussen wäre dies wohl ausführbar. Wenn die Regierung nur endlich ohne allen Verzug alle Arten von Domänen veräussert und mit dem ganzen Erlös sogleich Staatsschulden abzahlt, so vermindert sie zwar ihre Einnahmen, vermindert gleichzeitig aber auch in noch grösserem Maasse ihre Ausgaben — für Verzinsung der Schulden, — verbessert also die Finanzen des Staats.

Ich glaube dies Kapitel kaum würdiger schliessen zu können, als mit den Worten unseres Hoffmann: „Je mehr die Regierungen ihren Beruf anerkennen, in reiner ehrfurchtgebietender Hoheit, unbefangen von jedem Privatinteresse, über allen sich mannigfaltig kreuzenden Richtungen des Bestrebens nach Erwerb und Genuss stehend, und immitten derselben, Jedem das Seine, Allen aber Recht, Ordnung und den möglichst freien Gebrauch ihrer Kräfte zu schützen und zu bewahren: desto misslicher müssen sie selbst es finden, als Domänenbesitzer an dem Streben der Rentenirer nach Genuss, oder der Gewerbtreibenden nach Gewinn Theil zu nehmen. Bestehen sie wirklich vermöge der hohen Bildung ihrer Organe die Prüfung glücklich, welcher sie die Leichtigkeit aussetzt, ihr Interesse als Rentenirer oder Gewerbtreibende mit der Macht der Staatsgewalt zu vertheidigen, so werden sie doch dem Verdachte einer Parteilichkeit für den Stand der Rentenirer oder für besondere Klassen der Gewerbetreibenden kaum entgehen, und jedenfalls wird die Besorgniss, dass sie doch endlich einmal von ihren überlegenen Kräften Gebrauch machen könnten, diejenigen in Aufregung und Befangenheit erhalten, welche zugleich ihre Mitwerber und ihre Untersassen sind. Deshalb wächst mit den Fortschritten der Bildung ganz besonders derjenige Theil des öffentlichen Aufwandes, der durch Einkommen aus dem Eigenthum der Regierungen nicht bestritten werden kann, sondern aus Beiträgen ihrer Untergebenen gezahlt werden muss.“

Fünftes Kapitel.

Von der Besteuerung.

Die von der Regierung befohlenen oder geforderten Einkünfte, im Gegensatz zu den von der Regierung erworbenen, nennt Rau Auflagen, oder Staatsauflagen, im Gegensatze von Gemeindeauflagen oder Umlagen. Die Auflagen theilt er in Gebühren und Steuern, und meint, wenn die Gebühren bisher gewöhnlich zu den Steuern gerechnet würden, dies nur dann zulässig wäre, wenn man unter Auflagen Steuern im weiteren Sinn verstände, in welchem Fall dann die Steuern in engerer Bedeutung den Gebühren gegenüber ständen. Dem Worte Abgabe legt er eine allgemeinere Bedeutung bei; es zeige jede dauernde Einrichtung an, z. B. aus dem gutsherrlichen Verbande, oder des Sohnes, der den Hof übernommen hat, an die Eltern. Es gäbe daher Privat- und Staatsabgaben, bedungene und auferlegte, und letztere seien Auflagen. Umpfenbach, der sich etwas darauf zu gut thut, zuerst eine Charakteristik der Gebühren gegeben zu haben, meint, Rau habe den Namen der Gebühren, ohne jedoch ihr Wesen nur entfernt ausreichend erfasst zu haben; er rechne z. B. die Einnahme, die der Staat bei Privaterbschaften zieht, zu den Gebühren, wohin sie nicht gehöre, und lasse dafür wichtige Gebühreneinrichtungen, wie Münze, Post, weg, indem er sie zu den Regalien schlage.

Die Unterscheidung von Gebühren und Steuern scheint mir nicht eben von grosser praktischer Bedeutung zu sein. Im Porto z. B. ist beinahe wohl in allen Staaten auch eine Steuer enthalten, und wenn die Stadt Berlin oder Breslau, anstatt ihre Strassengaserleuchtung lediglich durch Unternehmer besorgen zu lassen, auch für eigene Rechnung Gas fabricirt und verkauft, so erhebt sie in dem Gaspreise auch eine Steuer, und je grösseren Gewinn sie von ihrer Gasfabrikunternehmung haben will, eine um desto höhere Steuer muss sie natürlich mit dem Preise nehmen. Zwischen Steuern und Abgaben macht der gewöhnliche Deutsche Sprachgebrauch in der That keinen Unterschied und man wird beide Worte wohl als gleichbedeutend ansehen dürfen.

Unter Steuern versteht Hoffmann die Beiträge der Einzelnen zur Bestreitung desjenigen Theils des öffentlichen Aufwandes, welcher durch Einkommen aus dem Eigenthum der Regierungen nicht bestritten werden kann. Natürlich hat der öffentliche Aufwand Grenzen. „Der Heller muss in der Hand des Einzelnen bleiben, oder zur Verwendung durch öffentliche Behörden eingezogen werden, je nachdem er dort oder hier das Meiste zur Förderung der Staatszwecke beiträgt. Allerdings ist der Staat um des Menschen, nicht der Mensch um des Staates willen geschaffen; allerdings ist öffentliches Wohl nichts anderes als die Summe des Wohls aller Einzelnen; aber diese Summe wird nur dann ein Grösstes, wenn jedes Privatinteresse dem richtig erkannten öffentlichen untergeordnet wird. Es kann nicht gemeint sein, den Raub des Privateigenthums unter dem schnöden Vorwande des Staatsbedarfs anzupreisen; aber der heuchlerischen Selbstsucht ist ergreifend vorzuhalten, dass der Grund, welcher Alle bewegt, das Eigenthum des Einzelnen zu schützen, nur in dem allgemeinen Interesse liegt, dass Alles, was durch menschliche Kraft und Einsicht nutzbar gemacht werden kann, auch wirklich möglichst benutzt werde.“ —

Die Grundregeln der Besteuerung, welche schon Ad. Smith aufgestellt hat und welche Mill — dem überhaupt in diesem Kapitel im Wesentlichen zu folgen mir unbedenklich scheint — als klassisch bezeichnet, sind folgende:

1) Die Unterthanen müssen zur Unterstützung der Regierung so genau als möglich nach dem Verhältniss ihrer Fähigkeit beitragen, d. h. nach Massgabe der Einkünfte, welche ein jeder unter dem Schutze des Staats geniesst. Je mehr diese Grundregel befolgt oder vernachlässigt wird, um desto gleichmässiger oder ungleichmässiger ist die Besteuerung.

2) Die Steuer, welche jeder Einzelne zu zahlen hat, muss fest bestimmt, und also nicht willkürlich sein. Die Zahlungszeit, die Zahlungsart, die Summe, welche zu zahlen ist, müssen dem Steuerpflichtigen selbst, so wie auch jedem Andern klar und deutlich sein. Wo dies nicht der Fall ist, da steht jeder mehr oder weniger in der Gewalt der Steuererheber, die, wenn sie ihm nicht günstig sind, ihn stärker belasten, oder durch Drohung damit ihm Geschenke oder sonstige Nebengefälle abpressen können. Die Unbestimmtheit in der Besteuerung befördert die Bestechlichkeit und Unverschämtheit einer Klasse von Personen, die doch niemals populär sind. Dass jeder genau weiss, was er zu bezahlen hat, ist im Steuerwesen so wichtig,

dass selbst eine ziemliche Ungleichmässigkeit lange nicht so schlimm ist, als ein sehr geringer Grad von Unbestimmtheit.

3) Jede Steuer muss zu der Zeit und in der Weise erhoben werden, wann und wie es dem Steuerpflichtigen wahrscheinlich am leichtesten fällt, sie zu bezahlen. Grundsteuern z. B. müssen wo möglich zu einer Zeit fällig werden, wo der Steuerpflichtige voraussichtlich Einnahmen von seinem Grundbesitz hat. Es kann unter Umständen auch rathsam sein, die Steuer lieber vierteljährlich oder alle Monate in kleinen Beträgen, als in Einer Summe für das ganze Jahr einzuziehen. Eine beliebige Vorausbezahlung der Steuer unter Abzug eines mässigen Diskonto's; so wie unter Umständen auch eine Stundung der Steuer gegen Sicherstellung und Zahlung von nicht ganz niedrigen Verzugszinsen, sollte zulässig sein, da dergleichen für die Staatskasse in der Regel unschädlich, für den Steuerpflichtigen zuweilen aber eine Erleichterung ist. Verbrauchsteuern von Luxusartikeln werden am Ende von dem Verbraucher und zwar meistens auf eine ihm ganz bequeme Weise bezahlt; er entrichtet sie immer in geringen Beträgen, so oft er Anlass findet, diese Waaren zu kaufen. Da es überdies von ihm abhängt, ob er sie überhaupt kaufen will, oder nicht, so ist es seine eigene Schuld, wenn ihm die Entrichtung solcher Steuern jemals sehr lästig werden sollte [1]).

4) Eine jede Steuer muss so eingerichtet sein, dass sie aus der Tasche des Unterthans so wenig als möglich über die Summe hinaus, welche sie der Staatskasse einbringt, nimmt, oder derselben dauernd entzieht. Hiergegen kann eine Steuer in mehrfacher Weise verstossen, nämlich:

a) die Erhebung kann ein grosses Beamtenpersonal erfordern, dessen Unterhaltung und Bezahlung einen grossen Theil des Ertrages der Steuern absorbirt;

b) durch die Steuer kann ein Theil der Arbeit und des Kapitals des Gemeinwesens von einer produktiven Anwendung zu einer minder ergiebigen gelenkt werden;

c) sie kann so angelegt sein, dass die Steuerpflichtigen vielfach in Versuchung fallen, sie zu umgehen und dann können die Konfiskationen und Strafen, welche die beim Schmuggeln Ertappten tref-

---

[1]) Bei gewissen Verbrauchssteuern, die bei der Fabrikation gezahlt werden müssen, wird in Preussen den Steuerpflichtigen, gegen Sicherstellung, nicht selten Stundung der Steuer gewährt. Eine Vorausbezahlung der Klassen- und der Einkommensteuer ist zwar gesetzlich zulässig, erfolgt aber gewiss sehr selten, weil kein Vortheil dabei ist. In England ist es gestattet, die Einkommensteuer vor der Verfallzeit zu zahlen und dann 4 % fürs Jahr abzurechnen.

fen, diese am Ende zu Grunde richten; und dann geht auch der Nutzen, den das Publikum aus der Anwendung ihres Kapitals hatte, verloren. Eine Steuer, welche eine grosse Versuchung zum Schmuggeln bietet, ist nicht vernünftig angelegt. Endlich

d) kann eine Steuer den Unterthanen durch häufiges Visitiren und gehässige Kontrollirungen von Seiten der Steuerbeamten vielen Aerger, Mühe und Bedrückung verursachen, und die Regierung dadurch unpopulär und verhasst machen. Beschränkende Anordnungen und Kontrollvorschriften zur Sicherung der Steuererhebung sind übrigens nicht allein lästig und kostspielig, sondern legen auch oft der Vervollkommnung der Fabrikationsmethode unübersteigliche Hindernisse in den Weg.

Die drei letzten dieser Grundregeln sind bei den einzelnen Steuern näher zu betrachten. Die erste, Gleichmässigkeit der Besteuerung, wird indess öfters missverstanden und erfordert hier noch eine Erläuterung.

Gleichmässigkeit in Bezug auf die Besteuerung muss die Regel bilden, weil dieselbe in allen Angelegenheiten der Regierung herrschen muss. So wie die Regierung bei den Ansprüchen, welche die verschiedenen Personen und Klassen an sie richten, keine bevorzugen oder zurücksetzen soll, so sollten auch die Opfer, welche sie von ihnen verlangt, Alle möglichst gleichmässig treffen, und das wäre denn zugleich die Weise, wie der Gesammtheit am wenigsten aufgebürdet wird. Trägt nämlich einer weniger als seinen billigen Antheil an der gemeinsamen Last, so muss ein anderer dafür mehr als den ihm nach Billigkeit zukommenden Antheil auf sich nehmen; und die Erleichterung des ersteren ist unter sonst gleichen Umständen für diesen nicht so viel werth, als die vermehrte Belastung für den andern ein Uebel ist. Gleichmässigkeit der Besteuerung bedeutet daher so viel wie Gleichmässigkeit des Opfers; der Beitrag jedes Einzelnen zu dem öffentlichen Aufwande soll so bestimmt werden, dass er durch seinen Antheil nicht mehr und nicht weniger belastet wird, als alle anderen durch den ihrigen. Wenn dies auch nicht ganz zu erreichen sein wird, so muss doch möglichst dahin gestrebt werden.

Man behauptet wohl, die von Jedem gezahlte Steuer sei ein Aequivalent für einen Werth, den Jeder in der Form eines ihm von der Regierung geleisteten Dienstes empfange. Wer doppelt so viel zu beschützendes Eigenthum habe als ein anderer, empfange von dem Staat auch doppelt so viel Schutz und müsse also doppelt so viel an Steuern bezahlen. Da nun die Person so gut wie das Eigenthum Schutz bedürfe, so müsste dafür jeder eine bestimmte Kopfsteuer zahlen, und ausserdem noch nach Massgabe der Grösse seines Eigenthums steuern. Indessen ist der Zweck des Staats und die Bestimmung der Regierung nicht grade darauf beschränkt, Schutz der Person und des Eigenthums zu gewähren. Ihre Aufgaben sind umfassender, aber in Zahlen nicht so bestimmbar, um danach die Steuern abzumessen. Man kann nicht sagen, dass wer im Besitz von 10mal so viel Eigenthum ist, nun auch 10mal so viel Schutz oder Wirksamkeit der Regierung nöthig hat. Wollte man den Werth des Staatsschutzes schätzen, so könnte man eher sagen, je weniger Eigenthum Jemand hat, um desto mehr ist der Schutz dieses Eigenthums für ihn werth und er könnte dafür verhältnissmässig mehr Opfer bringen, müsste also verhältnissmässig am meisten Steuern zahlen. Die Regierung ist indessen eine Angelegenheit, die Alle in so hohem Maasse angeht, dass es eigentlich unnütz ist, bestimmen zu wollen, wer das meiste Interesse daran hat. Sollten einzelne Klassen so wenig Vortheil von dem Staate haben, dass diese Frage sich überhaupt aufdrängen kann, so muss doch wohl der Schaden anderswo liegen, als in der Besteuerung; und dann muss man vor allem dieses Uebel zu heilen, und nicht darin einen Vorwand zu einer Steuerermässigung suchen. Wie bei einer freiwilligen Sammlung für einen Zweck, bei dem alle interessirt sind, alle ihre Schuldigkeit gethan haben, wenn jeder nach seinen Kräften beiträgt, d. h. für die gemeinsame Angelegenheit ein gleiches Opfer bringt, so sollte dieser Grundsatz auch bei den erzwungenen Beiträgen gelten, ohne dass man für diesen Grundsatz einen weiteren und tieferen Grund zu suchen braucht. —

Kommt nun die Grundregel, dass ein gleiches Opfer von allen verlangt werden muss, dann wirklich zur Anwendung, wenn jeder dieselbe Quote seiner pekuniären Mittel beisteuert? Diese Frage wird vielfach verneint, weil es schwerer falle, von einem kleinen Einkommen $^1/_{10}$, als von einem viel grösseren Einkommen dieselbe Quote abzugeben. Hierauf gründet sich denn der Vorschlag einer sogenannten progressiven Steuer, d. h. einer solchen, bei welcher die Quote mit der Höhe des Einkommens steigt [1]).

---

[1]) Als Beispiel einer Progressivsteuer kann die Preussische Eisenbahnsteuer (S. 133) angeführt werden. Steuern, die beinahe umgekehrte Progressivsteuern sind, hat es schon früher gegeben und giebt es noch. Dahin gehören Verbrauchssteuern von Brod, Fleisch, Salz, Brennmaterialien. Zu Steuern solcher Art trägt ein Tagearbeiter verhältnissmässig sehr viel mehr bei als ein Millionär. Nach dem schon (S. 149) gedachten Gesetze vom 10. Mai 1851 sind in Preussen auch die Gerichtskosten in vielen Fällen umgekehrte Progressiv-

Wenn man Jemandem, der 10,000 Thlr. Einkommen hat, davon 10 % oder 1000 Thlr. nimmt, so entzieht man ihm eigentlich wohl noch nichts, was wirklich zum Unterhalt und zur Bequemlichkeit des Lebens gehört. Wer aber nur 200 Thlr. Einkommen hat und davon 10 % oder 20 Thlr. abgeben muss, hat ganz gewiss ein Opfer zu bringen, was ihm sehr viel schwerer sein wird. Ein billiges und gerechtes Mittel zur Ausgleichung dieser ungleichen Last wäre, ein Minimum von Einkommen steuerfrei zu lassen und die Steuer nur von dem Mehrbetrag zu erheben. Wäre ein Jahreseinkommen von durchschnittlich z. B. 200 Thlr. ausreichend, um einer Arbeiterfamilie gesunden Unterhalt zu gewähren und sie gegen leibliches Elend zu schützen, ohne ihr jedoch überflüssige Genüsse zu gestatten, so müsste dies als Minimum gelten, welches steuerfrei bliebe, wogegen die Steuer von dem Mehrbetrage zu erheben wäre. Bei einer Steuer von 10 % müsste also, wer 250 Thlr. Einkommen hat, 5 Thlr., und wer 1000 Thlr. Einkommen hat, 80 Thlr. Steuer geben. Jeder würde dann nicht von seinem ganzen, sondern nur von seinem nicht unentbehrlichen Einkommen 10 % steuern. Ein Einkommen von weniger als 200 Thlr. müsste danach gar nicht, weder direkt, noch durch Verbrauchssteuern belastet werden; denn wenn es als das geringste Einkommen angenommen wird, mit dem eine Arbeiterfamilie auskommen kann, so sollte der Staat es nicht noch verkleinern. Solche Anordnung würde auch die Beibehaltung oder Einführung von Verbrauchsabgaben von Luxusgegenständen rechtfertigen. Denn wenn das zum Lebensunterhalt nothwendige Einkommen steuerfrei bleiben soll, so muss es auch wirklich zu diesem Zweck verausgabt werden. Wenn es der Arme theilweise zu entbehrlichen Ausgaben verwendet, so kann und muss er auch gleich allen Anderen in Bezug auf Luxusausgaben seinen Beitrag zu den Staatsbedürfnissen entrichten. Die Steuerbefreiung zu Gunsten eines geringeren Einkommens sollte nicht weiter ausgedehnt werden, als das Bedürfniss wirklich erfordert.

---

steuern. Engel (Zeitschr. des statist. Bur. 1861 S. 45, 47) macht darauf aufmerksam, dass die Kosten der Hypothekenbestellung sich belaufen bei einer Schuld von 50 Thlr. auf mehr als 5 %, von 100 Thlr. auf beinahe 5 %, von 1000 Thlr. auf wenig über $1\frac{1}{3}$ %, von 5000 Thlr. auf etwas über $\frac{3}{8}$ %, und von mehr als 10,000 Thlr. nur auf etwas über $\frac{1}{3}$ %. Die Kosten der blossen Uebertragung einer Hypothekenforderung belaufen sich bei einer Forderung von 50 Thlr. auf etwa $3\frac{1}{2}$ %, von 100 Thlr. auf 3 %, von 1000 Thlr. auf 1 %, von 5000 Thlr. auf $\frac{1}{3}$ %, von 10,000 Thlr. auf nur $\frac{1}{5}$ %. Von welcher Bedeutung diese Verhältnisse sind, ergiebt sich, wenn man bedenkt, dass der Werth des Grundbesitzes im Preussischen Staat auf 6318 Millionen und seine Verschuldung auf 2500 Millionen Thaler geschätzt wird.

Wenn zur Erhaltung des Lebens und der Gesundheit so wie zur Befreiung von leiblichem Ungemach in einem Lande jährlich 200 Thlr. im Durchschnitt eben ausreichen, so erhält, bei einer Steuerbefreiung für 200 Thlr., ein Einkommen von 300 Thlr. ganz ebensoviel Erleichterung, als es im Vergleich mit einem Einkommen von 3000 Thlr. irgend beanspruchen kann. Wenn man es etwa für weniger drückend hält, bei 30,000 Thlr. Einkommen von 29,800 Thlr. 10 $^0/_0$ abzugeben, als bei 3000 Thlr. Einkommen von 2800 Thlr. ebenfalls 10 $^0/_0$, so lässt sich doch auf solche Unterscheidung eine praktisch ausführbare Regel für die Besteuerung nicht gründen. Es scheint vielmehr ausreichend, dass derjenige Betrag des Einkommens, welcher als unentbehrlich anzusehen ist, steuerfrei bleibt, und dabei scheint es durchaus recht und billig, von allen Personen, wie auch ihre Vermögensumstände sein mögen, die nämliche arithmetische Proportion ihres überflüssigen Einkommens, als Steuer zu nehmen. Dies führt zur Verwerfung der Progressivsteuern, wenigstens im Allgemeinen, und zwar aus folgenden Gründen.

Wenn man Personen mit grossem und namentlich mit sehr grossem Einkommen mit einem höheren Procentsatz belegen wollte, als Personen mit einem geringen Einkommen — welches nicht ein zum Leben unentbehrliches Einkommen ist, — so wäre dies eigentlich nichts Anderes, als die Erwerbthätigkeit und Sparsamkeit besonders zu besteuern, und den Fleissigen deshalb mit einer Strafe zu belegen, weil er mehr gearbeitet und gespart hat, als Andere. Es wäre eine parteiische Besteuerung, die sich einer Beraubung nähern würde. Dem ehrlichen Erwerb, selbst des grössten Vermögens, darf keine Erschwerung bereitet werden. Um aber der Ansammlung sehr grossen Vermögens in Händen solcher, die es nicht durch eigene Anstrengungen erworben haben, entgegenzuwirken, kann es gerathen sein, eine Grenze für das, was Jemand durch Schenkung, Vermächtniss oder Erbschaft erwirbt, aufzustellen. Erbschaften und Vermächtnisse, welche einen gewissen Betrag überschreiten, sind daher sehr geeignete Gegenstände der Besteuerung; und der Staat sollte daraus eine so grosse Einnahme ziehen, als nur möglich wäre, ohne sich dadurch gar zu sehr Umgehungen durch Schenkung unter Lebenden oder Verheimlichungen auszusetzen. Bei Erbschafts- und Vermächtnisssteuern (vergl. oben S. 88) erscheint der Grundsatz einer progressiven Steuer daher nicht verwerflich. Auch bei Luxussteuern ist er gerechtfertigt, soweit er sich praktisch anwenden lässt. —

Was gegen eine Progressivsteuer einzuwenden ist, wäre in noch höherem Grade gegen eine a u s s c h l i e s s l i c h e Besteuerung des Vermögens einzuwenden, welches der Eigenthümer nicht als Kapital im Geschäft anwendet, wie Grundstücke, öffentliche Fonds, Hypotheken, Aktien. Für solchen Vorschlag — welcher dem Vorschlage, die öffentliche Schuld zu annulliren, ähnlich wäre — lässt sich nicht anführen, was für eine Progressivsteuer angeführt wird, dass man nämlich die Last denen auflegen müsse, welche am besten im Stande seien, sie zu tragen; denn solches Vermögen begreift auch fast alles dasjenige in sich, was zur Versorgung von Arbeits- und Erwerbsunfähigen, Waisen und Alten, bestimmt ist, und was oft aus sehr kleinen Beträgen besteht. Und die Last, welche so ausschliesslich den Eigenthümern eines kleineren Theils des Volksvermögens aufgebürdet werden soll, würde nicht einmal diese Klasse für alle künftige Generationen treffen, sondern ganz ausschliesslich auf die Individuen fallen, welche zur Zeit der Auflegung der Steuer grade diese Klasse ausmachen. Da das Grundeigenthum und diese besonderen Arten von Vermögen in Folge der Steuer einen geringeren Ertrag geben würden, im Vergleiche mit dem allgemeinen Zinsfuss und dem Gewinne aus Gewerben, so würde sich das Gleichgewicht durch eine dauernde Werthsverminderung dieser Arten von Eigenthum wieder herstellen müssen. Künftige Käufer würden im Verhältniss der aufgelegten Steuer niedrigere Preise dafür zahlen und so der Steuer entgehen, während die ursprünglichen Besitzer belastet bleiben würden, selbst wenn sie verkauft hätten; denn sie würden einen im Verhältniss der Steuer geringeren Kaufpreis erhalten haben. Die Auflegung einer solchen Steuer wäre daher wie eine Konfiskation, zu Gunsten des Staats, von einer Quote ihres Eigenthums, welche der ihrem Einkommen auferlegten Steuerquote entspräche. —

Die Englische Einkommensteuer von 1842 sollte 7 d. vom £ oder $2\frac{11}{12}$ % betragen, jedoch alles Einkommen unter 150 £ frei lassen. Gleich Anfangs tadelte man aber, dass das Einkommen aus allen Quellen gleich behandelt wurde, dass z. B. der, welcher eine Zeitrente von 200 £ hatte, davon sogar im letzten Jahre 5 £ 16 s. 8 d. zahlen sollte, während der, welcher 200 £ jährliche Pacht von einem Landgut bezog, bloss dieselbe Summe zahlte; ferner dass der, welcher von den Einnahmen seines Berufs lebte, wie ein Arzt oder Sachwalter, und welcher vielleicht gegen das Ende seines Lebens anfing, jährlich 1000 £ zu verdienen, aber für seine Familie, der mit seinem Tode auch der Verlust ihres Einkommens bevorstand, noch keine Vorsorge hatte treffen können, die Auflage in derselben Höhe zahlen sollte, wie ein Grundeigenthümer, welcher seinen Kindern eine Rente von 1000 £ hinterlässt. Ueber diese Mängel ging man Anfangs hinweg, weil die Steuer als eine vorübergehende vorgeschlagen wurde, auch weil man einsah, dass die grosse Mühe und Schwierigkeit, die nöthigen Anordnungen für die Ermittelung der Einkommensquellen und für die Veranlagung der Steuer zu treffen, kaum würde bewältigt werden können, ehe die Zeit der Erhebung herankäme. Die Steuer ist mehrmals, und ohne dass man diese Mängel beseitigt hätte, erneuert worden unter Billigung der Mehrheit der aufgeklärten und von Gemeinsinn beseelten Männer, von welchen viele eine Erhöhung der Steuer auf 10 % gern sehen würden, um dann andere Steuern abschaffen zu können. Nach Abzug der Einkommen unter 150 £, welche ein Viertel des ganzen Ertrages gebracht haben würden, erwartete man, dass die Abgabe, welche damals in Irland nicht eingeführt wurde, etwas über $3\frac{1}{2}$ Millionen eintragen würde. Sie sollte nach drei Jahren aufhören, oder auch bis zu fünf Jahren fortdauern, je nachdem es das Parlament dann angemessen finden würde.

Wenn alle Arten von Einkommen mit demselben Steuersatz belegt werden, so lässt sich übrigens nicht behaupten, dass die Grundregel, wonach die Besteuerung im Verhältniss der Fähigkeit geschehen soll, arithmetisch verletzt wird. Wer von einem zeitweiligen Einkommen weniger zu steuern verlangt, als von einem dauernden, kann auf die Erwiederung gefasst sein, dass ein Einkommen, welches nur zehn Jahr dauert, auch nur zehn Jahre die Steuer zahlt, während das immerwährende Einkommen die Steuer immerwährend zu zahlen hat. Indessen ist doch der, welcher in aller Musse eine immerwährende Rente aus Grundbesitz oder Staatsfonds bezieht, besser daran, als ein anderer, der sich sein Einkommen erarbeiten muss, sei es nun durch ein Gewerbe oder ein Amt. — Daher sollte auch nach dem Entwurf des Preussischen Einkommensteuergesetzes von 1847 fundirtes Einkommen 3 %, unfundirtes dagegen nur 2 % Steuer zahlen; und nach dem Preussischen Stempelgesetz vom 7. März 1822 wird der Werth eines stempelpflichtigen Gegenstandes so ermittelt, dass von immerwährenden Nutzungen der 20fache Jahresbetrag, von einer Leibrente oder einem Niessbrauchsrecht auf Lebensoder eine andere unbestimmte Zeit dagegen der $12\frac{1}{2}$fache Jahresbetrag als Kapitalwerth angenommen wird. — Wenn man nun, wie oft geschieht, behauptet, dass das Einkommen nicht nach Verhältniss seines jährlichen Betrages, sondern nach Verhältniss seines Kapitalwerths besteuert werden müsse, so wird eigentlich das Einkommen mit einem andern Massstab bemessen, als die Steuerzahlung; kapitalisirt man das Einkommen, so müsste man auch die Steuerzahlung kapitalisiren. Wenn eine immerwährende Rente von

100 Thlr jährlich, die jährlich 10 Thlr. steuert, einen Kapitalwerth von 3000 Thlr., und eine lebenslängliche jährliche Rente von 100 Thlr. einen Kapitalwerth von 1500 Thlr. hätte, so meint man, dass letztere nur 5 Thlr. Steuer zahlen dürfe. Dabei wird jedoch übersehen, dass die Rente von 3000 Thlr. Kapitalwerth zur Einkommensteuer Jahr für Jahr immerfort 10 Thlr. zahlt, was nach derselben Berechnung einem Kapital von 300 Thlr. gleichkommt, während die zeitweilige Rente ebenfalls jährlich 10 Thlr., aber nur auf die Lebenszeit des Inhabers zahlt, was nach obiger Berechnung einem Kapitalwerth von 150 Thlr. entspricht. Es zahlt also ein Einkommen, das nur halb so viel werth ist, schon jetzt nur halb so viel Steuer; wollte man nun obendrein seine jährliche Quote von 10 Thlr. auf 5 Thlr. heruntersetzen, so würde es nicht die Hälfte, sondern nur ein Viertel von dem zahlen, was das immerwährende Einkommen zu zahlen hat. Um es gerecht erscheinen zu lassen, dass das eine Einkommen jährlich nur halb so viel zahlt als das andere, müsste es diese Hälfte für denselben Zeitraum entrichten, nämlich für immer. Hiernach scheinen alle Versuche, einen Anspruch zu Gunsten zeitweiligen Einkommens arithmetisch zu begründen, vergeblich zu sein, da auf Zahlen sich ein solcher nicht begründen lässt.

Indessen, trotz der nominellen Gleichheit des Einkommens, kann der Inhaber einer Zeitrente von jährlich 1000 Thlr. davon nicht so leicht 100 Thlr. an Steuer abgeben, als der Inhaber einer ewigen Rente von jährlich 1000 Thlr. dies kann. Will ersterer für sein Alter und für seine Kinder sorgen, so muss er von seiner jährlichen Einnahme etwas zurücklegen und sparen. Das Princip der gleichmässigen Besteuerung — was nach seinem wahren Sinn nur Gleichmässigkeit des Opfers bedeuten kann — verlangt also, dass dem, welcher für sein Alter und seine Angehörigen nur durch Ersparniss von seinem Einkommen sorgen kann, die Steuer für den Theil seines Einkommens, welchen er wirklich zu diesem Zweck verwendet, erlassen wird. Es müsste wenigstens nach Recht und Billigkeit bei Anlegung der Steuer berücksichtigt werden, was hiernach die verschiedenen Klassen der Steuerpflichtigen vernünftigerweise ersparen sollten. Dass dies praktisch nicht ohne Schwierigkeit ist, muss zugegeben werden. Man wird sich mit einer ziemlich allgemeinen Regel begnügen müssen und verschiedene Steuersätze anzunehmen haben, für immerwährendes und für zeitweiliges Einkommen. Dabei wird Willkür nicht ganz zu vermeiden sein, da den individuellen Verschiedenheiten nicht Rechnung getragen werden kann. Vielleicht könnte man ein Viertel zu Gunsten lebenslänglichen Einkommens abziehen, worin dann liegen würde, dass ein Viertel der lebenslänglichen Jahreseinnahme etwa ein passendes Verhältniss wäre für das, was man zum Besten des Alters und der Nachkommen zurückzulegen hätte. Danach würde der, welcher eine Leibrente, ein Gehalt oder eine Pension von 1000 Thlr. bezieht, davon ein Viertel zurücklegen und nur von 750 Thlr. steuern. Von dem Reingewinn der Geschäftsleute kann man einen Theil als Zinsen für Kapital und als fortdauernd annehmen und den übrigen Theil als Vergütung für die Arbeit und die Geschicklichkeit der Geschäftsleitung. Der Ueberschuss über die Zinsen ist von dem Leben des Individuums und selbst von seinem Bleiben im Geschäft abhängig und ist zum vollen Betrage der den zeitweiligen Einkommen gewährten Befreiung berechtigt. Derselbe hat aber einen gerechten Anspruch auf noch weitere Befreiung, nämlich in Betracht der Unsicherheit. Wenn Inhaber von Leibrenten nur von $^3/_4$ ihrer Jahreseinnahme steuern, so scheint es, dass Geschäftsleute nur von einer noch geringeren Quote von ihrer Jahreseinnahme, etwa von $^2/_3$, steuern sollten.

Der Grundsatz über gleichmässige Besteuerung wurde bei vorstehenden Beispielen so aufgefasst, dass die Menschen nicht im Verhältniss zu dem, was sie haben, sondern zu dem, was sie ausgeben können, zu besteuern sind. Dies Princip lässt sich freilich nicht auf alle Fälle konsequent anwenden. Wer nur ein lebenslängliches Einkommen und dabei eine prekäre Gesundheit hat, oder von dessen Erwerbe viele Personen abhängen, muss sich, wenn er für sie noch nach seinem Tode sorgen will, mehr einschränken als andere, die besser gestellt sind. Wenn gleich die Besteuerung sich solchen Unterschieden nicht genau anpassen kann, so ist es doch immer besser, es geschieht einigermaassen, als wie jetzt gar nicht. Wenn zwei Inhaber von Leibrenten von jährlich 1000 Thlr., von denen der eine 60 und der andere 20 Jahr alt ist, gleich besteuert werden, so erscheint dies hart; noch härter würde es aber doch sein, wenn sie beide so hoch besteuert würden wie der Inhaber einer ewigen Rente von gleichem Jahresbetrage.

Der Antrag Hubbard's: dass die Einkommensteuer nicht auf Kapital und Vermögen, sondern auf das aus angelegtem Vermögen erwachsende jährliche Nettoeinkommen fallen sollte; und dass bei der Besteuerung des Nettogewinns oder Gehalts von Privatgeschäftsgewerbsleuten oder honorirten Personen ein Abzug stattfinden sollte, damit ein billigeres Verhältniss zwischen den auf sichern Besitz und auf die unsichern Früchte geistiger Arbeit fallenden Lasten hergestellt werde — wurde in der Sitzung des Unterhauses vom 13. Mai 1862 mit 99 gegen 62 Stimmen verworfen. Der Schatzkanzler Gladstone sagte, er beharre in der vor einigen Monaten ausgesprochenen Meinung, dass eine Einkommensteuer nicht als permanente Einnahmequelle betrachtet werden könne. Er wundere sich daher nicht über die Motionen gegen die Steuer, aber die meisten Vorschläge zu ihrer Modificirung halte er für unpraktisch. Er gestehe, dass die Anträge viel für sich hätten, aber Hubbard's Plan würde die Staatseinnahme um mehr als 2,500,000 £ verringern und doch eine Reihe der ungerechtesten Ungleichheiten hervorrufen.

Will man die Begünstigung der Inhaber immerwährender Einnahmen abschaffen, so braucht man nicht nothwendig den Steuersatz für zeitweilige Einnahmen herunterzusetzen: man könnte den Steuersatz für immerwährende Einnahmen erhöhen. Dabei würde die Staatskasse nicht einbüssen, sondern gewinnen, und dieser Gewinn müsste zur Abschaffung schlechterer Steuern verwendet werden. Diesem Vorschlag Geltung zu verschaffen, sollten nicht bloss die Finanzminister, sondern auch die honorirten Personen, Gewerbtreibenden, Beamten, Pensionärs sich angelegen sein lassen, wenngleich Fondsbesitzer und schuldenfreie Grundbesitzer nicht einstimmig dafür sein dürften. —

Wenn es eine Art von Einkommen gäbe, welches die Tendenz hätte, beständig zuzunehmen, ohne irgend eine Anstrengung von Seiten der Eigenthümer, und wenn diese bei völliger Passivität ihrerseits im natürlichen Lauf der Dinge immer reicher würden, so würden die Grundsätze, auf welchen das Privateigenthum beruht, nicht verletzt, wenn der Staat diesen Zuwachs des Reichthums gleich bei seinem Entstehen wenigstens theilweise für sich in Anspruch nähme. Dadurch würde eigentlich Niemandem etwas genommen, es wäre nur eine gemeinnützige Verwendung einer lediglich durch die Umstände herbeigeführten Vermehrung des Vermögens, die sonst einer besondern Klasse zufallen würde. Ein solcher Fall findet in der That mit der Bodenrente statt. Der regelmässige Fortschritt einer an Reichthum zunehmenden Nation führt eine Vermehrung des Einkommens der Grundeigenthümer herbei und erhöht nicht allein den Belauf desselben, sondern giebt ihnen einen stärkeren Antheil im Verhältniss zu dem übrigen Nationalvermögen, und zwar auch ohne Auslagen oder Bemühungen ihrerseits. Wie im Schlaf, ohne besondere Arbeit, ohne Risiko, ohne Ersparung werden sie reicher. Sonach wäre darin nichts Ungerechtes, wenn die Gesellschaft diesen von selbst stattfindenden Zuwachs der Bodenrente so hoch besteuern könnte, als es die Finanzbedürfnisse erfordern mögen. Freilich lässt sich nicht für jedes einzelne Grundstück feststellen und unterscheiden, in wie weit seither diese Erhöhung der Bodenrente nur durch die allgemeinen Umstände der Gesellschaft oder auch durch die Geschicklichkeit und Auslagen des Eigenthümers herbeigeführt worden ist. Aber für die Zukunft liesse sich, wie es scheint, geeignete Anordnung treffen. Der gegenwärtige Werth alles Bodens müsste geschätzt werden und von der Steuer frei bleiben. Nach Verlauf einiger Zeit, während die Bevölkerung und das Kapital des Landes zugenommen haben, könnte ein allgemeiner Ueberschlag der von selbst entstandenen Zunahme der Rente seit jener früheren Schätzung vorgenommen werden. Einen Maassstab dabei würde der durchschnittliche Preis der Produkte abgeben. Ist dieser gestiegen, so darf sicher geschlossen werden, dass die Rente höher geworden ist. So liesse sich annähernd schätzen, wie viel die Grundstücke in Folge natürlicher Ursachen an Werth zugenommen haben; und wenn man danach eine allgemeine Grundsteuer, die noch erheblich hinter dem ermittelten Betrage zurückbliebe, auflegte, so würde man mit Sicherheit diejenige Vermehrung des Einkommens aus Grundstücken nicht mit treffen, welche durch verbesserte Bewirthschaftung oder Kapitalauslagen Seitens der Eigenthümer bewirkt worden ist.

Die Berechtigung des Staats zu einer solchen Grundsteuerauflegung ist wenigstens in den Ländern nicht zu bestreiten, wo die Grundsteuer seither nach den Bedürfnissen der Finanzen anerkannterweise Erhöhungen und Ermässigungen, ohne Rücksicht auf andere Steuern, erfahren hat. Anders ist es da, wo die Grundsteuer seither für unveränderlich erachtet wurde, oder wo sie wenigstens faktisch seit einem Menschenalter nicht verändert worden ist — wie in England, und eigentlich auch in Preussen bis zum Erlass des Gesetzes vom 21. Mai 1861. Den hieraus herzuleitenden Ansprüchen der Grundeigenthümer wird aber wohl hinreichend Rechnung getragen, wenn der ganze Zuwachs an Einkommen, der ihnen seit der letzten Grundsteuerfestsetzung lediglich durch natürliche Gesetze, nicht durch Bemühung oder Kapitalaufwendung, zugefallen ist, von irgend einer besondern Steuer verschont bleibt. Von jetzt ab aber oder von irgend einem späteren durch die Gesetzgebung festzustellenden Zeitpunkt ab könnte jede künftige Zunahme der Bodenrente einer besonderen Besteuerung unterliegen. Jeder Schatten von Ungerechtigkeit gegen die Grundeigenthümer fällt weg, sobald ihnen der gegenwärtige Marktpreis ihrer Ländereien gesichert wird; denn dies würde den gegenwärtigen Werth aller künftigen Erwartungen in sich schliessen. Das Kriterion der Besteuerung wäre in einem Steigen der Rente oder der Produktenpreise, oder vielleicht noch besser in dem allgemeinen Steigen des Preises der Ländereien gegeben. Die Steuer dürfte keinesweges einen Betrag erreichen, welcher den Marktpreis der Ländereien unter die ursprüngliche Schätzung reduciren würde, und bis zu diesem Punkte würde diese Steuer, wie viel sie auch immer betragen möge, den Grundeigenthümern kein Unrecht thun.

Abgesehen davon, ob man eine aus natürlichen Ursachen künftig erfolgende Erhöhung der Bodenrente für besteuerungsfähig erachtet oder nicht, sollte man doch die bestehende Grundsteuer, namentlich wenn sie seit geraumer Zeit unverändert geblieben ist, eigentlich nicht als eine Steuer ansehen, sondern vielmehr als eine Reallast zu Gunsten des Gemeinwesens — als einen Theil der Bodenrente, den sich der Staat seit unvordenklicher Zeit vorbehalten hat, der niemals zum Einkommen der Grundeigenthümer gehört hat, und ihnen daher nicht als Theil der Steuerlast angerechnet werden kann, so dass sie etwa deshalb verlangen könnten, zu anderen Steuern weniger beizutragen. Alle, welche Land gekauft haben, seitdem die Steuer besteht, kauften es als dieser Steuer unterworfen. Sie zahlten deshalb weniger Kaufgeld, eben so wie Jemand Land, worauf ein Zehent haftet, wohlfeiler kaufen würde, als wenn es zehentfrei wäre. Eine solche Grundsteuer kann man gar nicht als eine Zahlung betrachten, welche die gegenwärtige Generation von Grundeigenthümern trifft.

Diese Betrachtungen sind auf die Grundsteuer nur in so weit anwendbar, als sie eine besondere Steuer ist, und nicht, wenn sie nur eine Weise ist, von den Grundeigenthümern denselben Beitrag zu den öffentlichen Ausgaben zu erheben, der von anderen Klassen geleistet wird. Wo es besondere Steuern für andere Arten von Einkommen giebt, wie z. B. in Frankreich die Mobiliar- und Patentsteuer und wo die Grundsteuer nur ein Aequivalent für diese ist, da kann man nicht behaupten, der Staat habe sich eine Rente vom Grundeigenthum vorbehalten. Ueberall aber, wo und soweit das Einkommen vom Grundeigenthum gewissermaassen durch Verjährung einem Abzuge für die Staatsbedürfnisse unterworfen ist über das Besteuerungsmaass für andere Arten des Einkommens hinaus, da ist dieser Ueberschuss nicht eigentlich eine Steuer, sondern ein Antheil am Grundeigenthum, den sich der Staat vorbehalten hat. In England giebt es keine besonderen Steuern von anderen Klassen, welche der Grundsteuer entsprechen oder zu ihrer Ausgleichung bestimmt sind. Die Grundsteuer ist dort also nicht eine Steuer, sondern eine Rentenzahlung, gleichsam als hätte der Staat nicht einen Theil der Bodenrente, sondern einen

Theil des Landeigenthums selbst sich vorbehalten. Die Steuer ist also keine Belastung des Grundeigenthümers. Dieser hat weder ein Recht auf Entschädigung dafür, noch einen Anspruch, sie als einen Theil seiner Steuerlast betrachtet zu sehen. Das Fortbestehen der Grundsteuer in ihrer seitherigen Weise ist also auch keine Verletzung des Grundsatzes der gleichmässigen Besteuerung, selbst wenn Grundsteuerexemtionen beständen und fortdauerten.

Diese Bemerkungen gelten auch für die Lokalabgaben, wie Grafschafts- und Kirchspielsabgaben, die in England grösstentheils auf dem Grundbesitz haften. So weit diese Last von Alters her besteht, ist sie als ein verjährter, für das allgemeine Wohl vorbehaltener Abzug von einem Theil der Bodenrente anzusehen, und alle neueren Erhöhungen sind entweder zum Vortheil der Grundeigenthümer eingetreten oder wurden durch ihre Schuld verursacht, so dass sie in beiden Fällen keinen gerechten Grund zur Beschwerde haben. —

Ausser den oben (S. 248) aufgeführten ist bisweilen noch eine weitere, fünfte, Grundregel der Besteuerung aufgestellt worden, nämlich dass dieselbe das Einkommen, und nicht das Kapital treffen solle. Sehr wichtig ist es freilich, dass die Steuern nicht in das Nationalkapital hineingreifen; wenn dies aber geschieht, so ist es nicht sowohl Folge einer besonderen Art von Besteuerung, als vielmehr ihrer übertriebenen Höhe. Eine weit genug getriebene übermässige Besteuerung ist im Stande, das betriebsamste Gemeinwesen zu Grunde zu richten, besonders wenn Willkührlichkeit damit verbunden ist, so dass der Steuerpflichtige niemals weiss, was ihm von seinem Erwerbe übrig bleiben wird; oder wenn die Steuern so angelegt sind, dass sie Erwerbthätigkeit und Sparsamkeit wirklich zu einem schlechten Geschäft machen. Falls jedoch solche Fehler vermieden werden, und die Steuern nicht noch höher sind, als in den jetzt am höchsten besteuerten Ländern Europa's, ist wohl nicht zu besorgen, dass sie dem Lande einen Theil seines Kapitals entziehen.

Uebrigens liegt es gar nicht in der Macht der Staatsgewalt, es unbedingt durchzusetzen, dass die Besteuerung ganz auf das Einkommen und gar nicht auf das Kapital fällt [1]). Keine Steuer giebt es,

---

[1]) Krug (Staatsökonomie §. 148) meinte, dass die Wirkungen einer schon von Alters her bestehenden Steuer ganz anders seien, als die einer neu einzurichtenden. Nach den schon eine Zeitlang bestehenden Steuern hätten sich alle Verhältnisse der einträglichen und besteuerten Gegenstände und Gewerbe so eingerichtet, dass eine Abänderung, wenn nicht die Steuer in der Quantität überhaupt vermindert wird, immer bedenklich sein müsse. Bei den Steuern, deren Einfluss auf das Vermögen der Nation vorübergehend und nicht dauernd sei,

die nicht zum Theil aus dem bezahlt wird, was sonst gespart worden wäre; auch giebt es keine Steuer, deren Betrag, wenn sie erlassen würde, ganz zu vermehrten Ausgaben, und nicht wenigstens theilweise zur Vermehrung des Kapitals benutzt werden würde. Alle Steuern werden daher in einem gewissen Sinn zum Theil dem Kapital entzogen und in einem armen Lande können Steuern gar nicht aufgelegt werden, die nicht die Vermehrung des Kapitals hemmen. Wo dagegen Ueberfluss an Kapital und ein starker Hang zum Ansammeln ist, da wird diese Wirkung der Besteuerung kaum fühlbar sein. Hat das Kapital den Punkt erreicht, wo nur ununterbrochene neue Verbesserungen in der Produktion den alsbaldigen Stillstand seiner weiteren Vermehrung verhindern und wo es selbst diese Verbesserungen überflügelt, so dass Kapitalgewinn sich nur noch durch Uebersiedelung von Kapital und durch solche periodische Verheerungen, wie die Handelskrisen sind, über dem Minimum erhält, da entziehen die Steuern nur das dem Nationalkapital, was sonst durch Uebersiedelung oder durch Handelskrisen verloren ginge, und bewirken daher nur, was diese gethan haben würden, nämlich dass für weitere Ersparung Raum gewonnen werden würde.

Deshalb haben auch in einem reichen Lande die Einwendungen gegen Erbschafts- und Vermächtnisssteuern, dass sie Steuern vom Kapital seien, keine Bedeutung. Allerdings treffen diese Steuern das Kapital. Wenn Jemandem durch eine Weinsteuer und eine Wohnungssteuer 100 Thlr. abgenommen werden, so wird er wahrscheinlich diese Ausgabe durch Ersparung wenigstens theilweise decken, indem er billiger wohnt oder weniger Wein trinkt oder sich sonst einschränkt; wird ihm aber die Summe von 100 Thlrn. durch eine Erbschaftssteuer entzogen, weil ihm ein Legat von 1000

---

würde das Alter ein wichtiger Grund sein, sie beizubehalten; und ein Staat, der in seinem Steuersystem oft Neuerungen vornimmt, würde dem Wohlstand der Nation mehr schaden, wenn er auch verhältnissmässig weniger von seinen Bürgern verlangte, als ein anderer bei übrigens gleichen Umständen, der nach einem alten immer gleich bleibenden System etwas mehr von seinen Bürgern ziehe. In ähnlicher Weise sind später auch von Hoffmann (Lehre von den Steuern, S. 58. 60. 69. 70. 318. 319) und Anderen die alten Steuern besonders gepriesen worden. So sagt derselbe, dass die Gesetzgebung sich vergebens bemühe festzusetzen, wer die Steuer tragen müsse; und ferner, dass in den meisten Fällen, bei altgewohnten Steuern wahrscheinlich in allen, gar nicht allgemein anzugeben sei, wer eigentlich eine Steuer trage. — Das scheinen mir Uebertreibungen zu sein, da man bei solchen Ideen beinahe darauf verzichten müsste, jemals durch Verbesserungen in den Steuereinrichtungen das Volk erleichtern zu können, was in England in den letzten 20—30 Jahren doch geschehen ist.

Thalern zugefallen ist, so rechnet er sich letzteres wahrscheinlich nur zu 900 Thlrn. und wird dadurch schwerlich bewogen, seine Ausgaben einzuschränken. In diesem Fall wird die Steuer ganz vom Kapital gezahlt werden. Hiergegen ist in solchen Ländern kaum etwas einzuwenden, die eine Staatsschuld haben, und einen Theil der jährlichen Einkünfte zur Abtragung derselben verwenden, da der so verwendete Ertrag der Steuern noch Kapital bleibt und nur aus den Händen der Steuerpflichtigen in die des Staatsgläubigers übergeht. Und in einem Lande, wo das Vermögen in einem starken Zunehmen begriffen ist, würde der jährliche Ertrag selbst einer sehr hohen Erbschaftssteuer nur einen sehr geringen Theil der jährlichen Kapitalsvermehrung ausmachen.

Man pflegt die Steuern in direkte und indirekte einzutheilen. Rau, der die Gebühren von den Steuern absondert, theilt letztere in Schatzungen und Aufwandsteuern und unterscheidet dann unmittelbar erhobene Aufwandsteuern, Accise oder Aufschlag und Grenzzölle; und Umpfenbach, von ähnlichen Ideen geleitet, unterscheidet Schatzungen oder Ertragsteuern von Aufschlägen oder Verwendungssteuern (Aufwandssteuern, Konsumtionssteuern), und dann wieder Zollaufschläge von Mauthaufschlägen (Accisen). Diese Unterscheidungen werden aber schwerlich praktisch werden. Im nördlichen Deutschland wird man wohl, wie in Frankreich und England, bei der alten Unterscheidung von direkten und indirekten Steuern verbleiben. Diese Eintheilung ist, wie Hoffmann sagte, in Jedermanns Munde, auch verbinden wohl die Meisten ungefähr dieselben Begriffe damit. In Preussen sind es bestimmte Abgaben, welche in den Staatshaushaltsetats als direkte, und andere, welche als indirekte Steuern bezeichnet werden, während wieder andere weder unter den direkten, noch unter den indirekten aufgeführt stehen, wie Porto, Telegraphengebühren, Bergwerksgefälle, Gerichtskosten. Zu den direkten Steuern werden z. B. gezählt die Gewerbesteuer und die Eisenbahnabgabe, und zu den indirekten die Eingangsabgaben und diejenigen Abgaben, welche in den Zollvereinsverträgen „innere Steuern" genannt werden und sonst auch Accisen heissen.

Direkte Steuern sind solche Steuern, die von eben den Personen gefordert werden, die sie nach der Absicht oder dem Wunsch der fordernden Staatsgewalt, Provinz oder Gemeinde auch tragen soll. Indirekt dagegen ist eine Steuer, die von Jemandem gefordert wird, von dem man erwartet oder beabsichtigt, dass er sich dafür auf Kosten eines Anderen eine Entschädigung oder Erstattung verschaffen wird, wie bei der Accise oder den Zöllen. Wer eine Waare producirt oder einführt, wird angehalten, davon eine Steuer zu zahlen. Es wird nicht beabsichtigt oder erwartet, dass er sie selbst trägt, es bleibt ihm vielmehr anheimgestellt, die Waare wo möglich zu einem um den Betrag der Steuer erhöhten Preise zu verkaufen, so dass den Verbrauchern der Waare zuletzt die Steuer zur Last fällt.

Entweder auf das Einkommen oder auf die Verausgabung fallen die direkten Steuern. Die meisten Steuern von der Verausgabung sind aber indirekte; einige derselben jedoch direkte, wenn sie nicht dem Produzenten oder Verkäufer der Sache aufgelegt werden, sondern dem Verbraucher unmittelbar. So ist z. B. eine Haussteuer, welche von dem Bewohner, Nutzniesser oder Miether erhoben wird, eine direkte Steuer. Erhöbe man sie von dem Erbauer oder Eigenthümer, so wäre sie eine indirekte Steuer. Steuern von Wagen, Pferden, Hunden gehören zu den direkten Steuern auf Ausgaben. —

Die Quellen des Einkommens sind Bodenrente, Kapitalgewinn und Arbeitslohn, und darin sind alle Arten von Einkommen begriffen, ausser Geschenk und Raub. Es können nun auf jede der drei Arten von Einkommen Steuern gelegt werden, oder auch auf alle eine gleichmässige Steuer. Wir werden sie der Reihe nach betrachten, um zu sehen, wie sie wirken und wen sie treffen. —

Eine Steuer von der Bodenrente fällt ganz auf den Grundeigenthümer und er kann sie in keiner Weise auf einen Anderen abwälzen. Auf den Werth oder Preis der landwirthschaftlichen Erzeugnisse wirkt sie nicht ein, da dieser durch die Produktionskosten unter den ungünstigsten Umständen bestimmt wird, und unter solchen Umständen eben keine Bodenrente aufkommt. Eine Steuer von der Bodenrente hat demnach keine andere Wirkung, als dass sie das, was sie dem Grundeigenthümer nimmt, auf den Staat überträgt.

Strenge genommen ist dies aber nur in Bezug auf diejenige Bodenrente richtig, welche Folge naturlicher Umstände oder solcher landwirthschaftlicher Verbesserungen, die Pächter vorgenommen haben, ist. Wenn solche Verbesserungen vom Eigenthümer gemacht sind und dadurch die Einträglichkeit des Grundstücks erhöht ist, so wird dies dem Eigenthümer durch eine Extrazahlung des Pächters vergütet und diese Zahlung, welche für den Grundeigenthümer eigentlich einen Kapitalgewinn bildet, schmilzt mit der Bodenrente zusammen. So weit nun eine Grundsteuer sich auf diesen Theil der Bodenrente erstreckt, kann sie zwar den Grundeigenthümer von der Vornahme landwirthschaftlicher Verbesserungen abhalten; aber daraus folgt nicht, dass sie auch den Preis der landwirthschaftlichen Erzeugnisse erhöhen wird. Die nämlichen Verbesserungen kann auch der Pächter mit seinem Kapital vornehmen, wenn die Pacht so lange dauert, dass sich ihm die Verbesserungen vor deren Ablauf lohnen. Wenn aber etwas im Wege steht, dass Verbesserungen in der Weise stattfinden, wie es der Grundeigenthümer oder der Pächter, falls dieser sie vornimmt, wünscht, so kann es leicht kommen, dass sie ganz unterbleiben; und deshalb ist eine Grundsteuer ungeeignet, falls sich nicht ein Mittel findet, um denjenigen Theil der Bodenrente, welcher eigentlich als Kapitalgewinn des Grundeigenthümers anzusehen ist, von der Steuer freizulassen. Dieses Arguments scheint es indessen nicht einmal zu bedürfen, um die Grundsteuer zu verwerfen. Jede besondere Besteuerung des Einkommens einer Klasse, die nicht durch Steuern, welche die anderen Klassen treffen, aufgewogen wird, ist eine Verletzung der Gerechtigkeit und kommt einer theilweisen Konfiskation gleich. Daher dürfte sich nur eine solche Steuer empfehlen, welche, unter Schonung der bestehenden Bodenrente, sich begnügte, einen Theil jedes künftigen, durch die blosse Wirkung natürlicher Ursachen herbeigeführten Zuwachses derselben zu erfassen. Wo eine Steuer von der Bodenrente nicht allein steht, sondern durch Steuern von anderem Einkommen aufgewogen wird, da fällt der Einwand, dass sie den Gewinn für geschehene Verbesserungen trifft, hinweg. Denn wenn Kapitalgewinn eben so gut besteuert wird, wie die Bodenrente, so bezahlt der Kapitalgewinn, welcher die Form der Bodenrente annimmt, nur seinen gebührenden Steuerantheil. —

Eine Steuer vom Kapitalgewinn muss, wie die Steuer von der Bodenrente, wenigstens zunächst ganz auf den fallen, welcher sie bezahlt. So wie sie alles Kapital gleichmässig trifft, kann sich ihr Niemand durch eine Veränderung seines Geschäfts entziehen. Würde die Steuer auf den Gewinn einer bestimmten produktiven Benutzung des Kapitals gelegt, so würde sie die Produktionskosten in diesem Geschäftszweige vermehren und schliesslich eine Erhöhung des Werths und Preises des betreffenden Artikels herbeiführen. Dadurch würde die Steuer auf die Konsumenten des Artikels übergewälzt werden und auf den Kapitalgewinn nicht weiter einwirken. Eine allgemeine und gleichmässige Steuer auf alle Arten von Kapitalgewinn würde aber im Allgemeinen die Preise nicht afficiren, sondern wenigstens zunächst den Kapitalisten allein zur Last fallen.

In einem Lande, wo überhaupt eine Zunahme des Kapitals stattfindet, wird dieser Zuwachs verzögert werden, wenn die Steuer einen Theil des Kapitalgewinns fortnimmt. Die unvermeidliche Folge der Steuer wird dann sein, dass ein Theil ihrer Last vom Kapitalisten auf den Arbeiter und Grundeigenthümer gewälzt wird. Bei einer Abnahme in der Ansammlung von Kapital werden nothwendig entweder der Arbeiter oder der Grundeigenthümer verlieren. Nimmt nämlich die Bevölkerung so stark zu, wie vorher, so leidet der Arbeiter darunter; nimmt dagegen die Bevölkerung nicht so stark zu wie vorher, so wird der Landbau im Fortschreiten gehindert und die Grundeigenthümer verlieren den Zuwachs an Bodenrente, den sie sonst gehabt haben würden. —

Die Wirkung der Steuern vom Arbeitslohn ist verschieden, je nachdem sie den Lohn für gewöhnliche, keine besondere Geschicklichkeit erfordernde Arbeit, oder die Vergütung für solche geistige oder körperliche Beschäftigung trifft, die erlernt sein will oder privilegirt und der gewöhnlichen Sphäre der Konkurrenz durch ein natürliches oder künstliches Monopol entzogen ist.

Bei dem in den meisten Ländern doch noch ziemlich niedrigen Zustande der Volkserziehung haben eigentlich beinahe alle höheren Grade geistiger und eine gewisse Bildung verlangender Arbeit eine Art Monopolpreis, der den Lohn gemeiner Arbeiter in weit höherem Maass übersteigt, als nöthig wäre, um den Aufwand von Kosten, Mühe und Zeit zu vergüten, der zur Befähigung für solche Geschäfte verausgabt worden ist. Jede Steuer von solchen Gewerbsarten, die dieselben noch über (oder doch nicht unter) ihrem richtigen Verhältniss zu andern Arbeiten lässt, fällt nothwendig auf die Zahler derselben, und diese können sich dafür nicht auf Kosten anderer Klassen entschädigen. Gleiches gilt auch von dem gemeinen Arbeitslohn in Ländern wie die Vereinigten Staaten oder neue Kolonien, wo das Kapital gemeiniglich so schnell anwächst, als die Bevölkerung sich nur immer vermehren kann und wo der Lohn durch die Vermehrung des Kapitals hochgehalten wird, und nicht durch das Festhalten der Arbeiter an einem bestimmten Maass äusseren Wohlseins. In solchen Fällen könnte wohl die Lage der Arbeiter durch die Steuer etwas verschlechtert werden, ohne dass die Vermehrung der Bevölkerung grade gehemmt würde. Die Steuer fiele dann auf die Arbeiter selbst.

In den meisten Ländern aber richtet sich der Arbeitslohn allmählich nach dem Maassstabe der üblichen Lebensweise, an dem die Arbeiter festhalten. Sollte der Lohn tiefer herabgedrückt werden, so würde die Zahl der Arbeiter sich nicht weiter vermehren. Wo ein solcher Maassstab besteht, da wird allerdings die Besteuerung des Arbeitslohns eine Zeitlang von den Arbeitern selbst getragen; sofern aber der dadurch ausgeübte Druck nicht die Wirkung hat, diesen

Maassstab selbst herabzudrücken, so muss die Vermehrung der Bevölkerung gehemmt werden; was dann wieder den Lohn hebt und die Arbeiter in ihre frühere Lage zurückversetzt. Die Frage, auf wen nun in diesem Falle die Steuer fallen wird, lässt sich nur dahin beantworten, dass ein Steigen des Lohns, welches durch die Besteuerung verursacht wird, wie jede andere Vermehrung der Produktionskosten, aus dem Kapitalgewinn bestritten werden muss. Wenn man also in einem alten Lande — im Gegensatz zu einer Kolonie, wie etwa Australien, wo es an Arbeitskräften, nicht aber an Kapital fehlt — Tagelöhner besteuern will, so legt man eine Steuer auf alle Arbeitsgeber — wenn nicht die Steuer die noch schlimmere Wirkung hat, den Maassstab einer eben erträglichen Existenz in den Ansichten der ärmsten Volksklassen auf die Dauer noch tiefer herabzudrücken.

Aus dieser Betrachtung ergiebt sich abermals, dass direkte Besteuerung sich nicht auf diejenigen Klassen von Einkommen erstrecken darf, welche den Menschen nur das zu einer gesunden Existenz eben Nothwendige darbieten. Solches geringe Einkommen wird fast immer durch Handarbeit erworben; und jede Besteuerung dieser Klasse von Arbeitern drückt entweder noch mehr ihre Lebensweise herunter, oder fällt auf den Kapitalgewinn und belastet dann die Kapitalisten mit einer indirekten Steuer, neben ihrem Antheil an den direkten Steuern. Und dies unterliegt zweifachem Vorwurfe, weil es die Grundregel der Gleichmässigkeit verletzt, und weil eine besondere Besteuerung des Kapitalgewinns sich für das Nationalvermögen und daher auch für die Steuerfähigkeit des Landes nachtheilig zeigt. —

Nachdem wir die Steuern von den einzelnen Arten des Einkommens erwogen haben, sind noch zwei oder drei andere Steuerarten zu betrachten, nämlich eine Steuer, die auf alle Arten von Einkommen gelegt wird, eine Steuer, die nach den Ausgaben erhoben wird und eine Vermögenssteuer.

Wenn eine Einkommensteuer mit der Gerechtigkeit im Einklang stehen soll, so müssen dabei, wie wir oben (S. 252—258) gesehen haben, folgende Bedingungen erfüllt werden: 1) Ein Minimum von Einkommen muss steuerfrei bleiben; dies Minimum darf aber nicht mehr betragen, als der nothwendige Lebensbedarf erfordert. Die Befreiung alles Einkommens unter 100 £ jährlich und der niedrigere Steuersatz für die Einkommen zwischen 100 und 150 £ bei der jetzigen Englischen Einkommensteuer lässt sich nur dadurch rechtfertigen, dass fast alle indirekten Steuern schwerer auf den Einkommen zwischen 50 und 150 £ als auf allen übrigen lasten. 2) Ein höheres

Einkommen muss nur hinsichtlich des diese Grenze übersteigenden Betrages besteuert werden. 3) Lebenslängliches Einkommen, sowie das Einkommen der Beamten, Gewerbetreibenden, Aerzte, Sachwalter und dergleichen ist niedriger zu besteuern, als vererbliches, und zwar in dem Grade niedriger, als dem aus der vorübergehenden Natur des Einkommens sich ergebenden grösseren Bedürfniss des Sparens am meisten entspricht, wobei auch in den Fällen veränderlicher Einkommen deren Unsicherheit Rechnung zu tragen ist.

Dass eine nach diesen Grundsätzen genau aufgelegte Einkommensteuer in Bezug auf Recht und Billigkeit die untadelhafteste von allen Steuern wäre, wird nicht bestritten. Dagegen wird behauptet, dass es unmöglich sei, das wirkliche Einkommen der Steuerpflichtigen zu ermitteln. Eine besondere Härte ist jedoch nicht etwa darin zu finden, dass die Menschen genöthigt werden, den Betrag ihres Einkommens anzugeben. Die Sucht, reicher zu scheinen, als man ist, kann man nicht loben. Wer nicht reicher scheinen kann, als er ist, hat weniger Versuchung mehr auszugeben, als er sollte, oder sich wirkliche Bedürfnisse zu versagen, um nach aussen hin einen falschen Schein anzunehmen. Andererseits freilich ist es mitunter vielleicht gut, wenn einer reicher scheint, als er ist, wenn er nur an Bildung und Gesinnung höher steht, als ein Andrer, welcher bloss wegen Reichthum anmassend und übermüthig ist.

Man meint, dass wenn auch die Steuerbehörde die grösste inquisitorische Macht habe und das Volk äusserst geduldig sei, die Steuer sich doch nicht genau nach den Umständen der Steuerpflichtigen veranlagen lasse. Wenn auch Bodenrente, Besoldungen, Leibrenten und alle Arten festen Einkommens ziemlich genau ermittelt werden könnten, so liesse sich doch der wechselnde Gewinn bei Aerzten, Advokaten, ferner besonders bei Handelsleuten mit irgend einer Aussicht auf Genauigkeit nicht schätzen. So müsse man sich denn hauptsächlich auf die eigenen Angaben der Steuerpflichtigen selbst verlassen. Nach so gerechten Grundsätzen die Steuer auch immer ausgedacht und angeordnet sein möge, so würde sie in der praktischen Ausführung eine der ärgsten Unbilligkeiten mit sich führen, dass sie nämlich die Gewissenhaftesten am härtesten träfe. Den Gewissenlosen gelänge es, einem grossen Theil ihrer Schuldigkeit zu entgehen. Selbst solche, die im gewöhnlichen Leben Ehrlichkeit üben, kämen in Versuchung, es mit dem Gewissen nicht so genau zu nehmen, besonders da, wo es gilt, einen irgendwie zweifelhaften oder bestreitbaren Punkt zu eigenen Gunsten zu entscheiden; wogegen die, welche strenge bei der Wahrheit bleiben, oft in den Fall kämen, mehr zu zahlen, als das Gesetz verlangt, wegen der Macht willkührlicher Schätzung, welche die Einschätzungsbeamten, als letztes Mittel gegen die Verheimlichungen von Seiten der Steuerpflichtigen, nothwendig haben müssen.

Solche Erwägungen haben zu der Ansicht geführt, dass direkte Steuern vom Einkommen nur als ein ausserordentliches Hülfsmittel für grosse nationale Nothfälle vorbehalten werden sollten, wo die Nothwendigkeit eines sehr vermehrten Staatsbedarfs alle minder wichtigen Rücksichten überwiegt.

Wer eine Reihe von Jahren bei der Veranlagung der Einkommensteuer mitgewirkt hat, wird wahrscheinlich nicht in Abrede stellen, dass die Irrthümer bei der Veranlagung sich allmählich vermindern und dass die Besteuerung im Lauf der Zeit richtiger wird. Soll nun aber in Nothzeiten die Einkommensteuer eine wesentliche Hülfe gewähren, so muss man sie schon in gedeihlichen Jahren einführen und ihre Veranlagung von Jahr zu Jahr vervollkommnen, so dass man in Nothzeiten nur eine Erhöhung der Sätze vorzunehmen hat.

Uebrigens scheint es mir, als wenn die Einkommensteuer praktisch nicht so schlimm ist, als von Personen, die zu den reichsten Klassen gehören, zuweilen behauptet wird. Dass sie in den Mittelklassen eine vorzugsweise gehässige Steuer wäre, bezweifle ich. Und kann man glauben, dass unter den Reichsten verhältnissmässig am meisten solche sind, die dem Staat die ihm gebührende Einkommensteuer entziehen wollen? In England kam es 1843 vor, dass ein Mann, der bei Entrichtung der Einkommensteuer den Gewinn von seinem regelmässigen Geschäft ehrlich angegeben hatte, nachher aber sich in seinem Gewissen beschwert fühlte, dass er von dem Einkommen, welches ihm der Schmuggel brachte, keine Steuer gezahlt hatte, dem Schatzkanzler 14,000 £ übersandte, als die für ein dreijähriges Einkommen schuldige Summe. Und nicht selten zeigt der Schatzkanzler den Empfang von Summen öffentlich an, die ihm von Ungenannten auf schuldige Einkommensteuer zugekommen sind. Was aber besonders für die Einkommensteuer spricht, ist, dass sie in England seit 23 und in Preussen seit 14 Jahren in Hebung ist, und ihre Abschaffung in Preussen noch weniger als in England zu erwarten steht. Am 11. März 1842 kündigte Sir Robert Peel die Einkommensteuer im Unterhause an und schon vom 5. April an trat sie in Wirksamkeit. Die Einkommensteuer und der Freihandel haben es bewirkt, dass die Finanzlage Englands, die vorher schlecht gewesen war, sich jetzt vor der aller anderen Staaten auszeichnet. Daher dürfte es wohl geeignet sein, auf die Peel'schen Massregeln von 1842 zurückzublicken [1]).

„Ich habe," sagte er, „eine vollständige, eine deutliche, eine freimüthige, aber, wie ich hoffe, eine nicht übertriebene Darlegung der finanziellen Verlegenheiten, in denen wir uns befinden, gegeben. Es giebt Lagen, wo ein Minister der Krone, im Einklang mit der Ehre und einer guten Politik, sich bedenken mag, die Legislatur zur Annahme von Massregeln, die er an sich für richtig hält, zu drängen. Es giebt aber auch Lagen, und jetzt ist eine solche, wo eine Regierung auf einen Kompromiss nicht eingehen kann — es giebt Lagen, und jetzt ist eine solche, wo es die dringende Pflicht einer Regierung ist, der Legislatur denjenigen Rath zu geben, welchen sie für den richtigen hält — die Verantwortlichkeit für die Beantragung der Massregeln zu übernehmen, welche sie für den öffentlichen Nutzen als erspriesslich erachtet, und der Legislatur die Verantwortlichkeit für die Annahme oder Verwerfung dieser Massregeln anheimzugeben. Ich habe seitens der Regierung Ihrer Majestät meine Pflicht gethan. Ich habe mit dem vollen Gewicht und der Autorität der Regierung vorgeschlagen, was ich für die öffentliche Wohlfahrt als förderlich erachte. Ich wälze nun auf Sie die Pflicht, welche Ihnen besonders obliegt, die Massregeln, welche ich in Vorschlag bringe, reiflich zu erwägen und über ihre Annahme oder Verwerfung schliesslich zu entscheiden. Wir leben in einem wichtigen Zeitalter der menschlichen Angelegenheiten. Es mag ein natürliches Streben sein, die Grösse der Krisis, in welcher wir uns befinden, oder die besondern Fälle, mit denen wir selbst zu thun haben, zu hoch anzuschlagen; aber ich glaube, man kann unmöglich in Abrede stellen, dass die Periode, in welche unser und unserer Väter Loos gefallen — die Periode, welche seit dem ersten Ausbruch der ersten Französischen Revolution verlaufen ist — eine der merkwürdigsten Perioden war, welche die Weltgeschichte darbieten wird. Der Gang, welchen England während dieser Periode verfolgt hat, wird für Jahrhunderte die Aufmerksamkeit und, ich glaube fest, die Bewunderung der Nachwelt auf sich ziehen. Diese Periode kann man in zwei Theile von ungefähr gleicher Länge eintheilen; eine fünfundzwanzigjährige Periode fortwährenden Kampfes — des bedeutendsten, welcher jemals die Kräfte einer Nation in Bewegung setzte — und fünfundzwanzig Jahre, in welchen die Meisten von uns gelebt haben, fünfundzwanzig Jahre tiefen Europäischen Friedens, herbeigeführt durch die während der Kriegsjahre

[1]) Martineau, Geschichte England's Bd 4 S 88—102 203

gebrachten Opfer. Es wird eine Zeit kommen, wo die zahllosen Millionen, die von uns abstammen, viele Theile der Erde bewohnend, unter Institutionen, die den unsrigen nachgebildet sind, lebend, dieselbe Sprache, in welcher wir unsere Gedanken und Gefühle ausdrücken, sprechend — denn das wird das schliessliche Resultat unserer weit verbreiteten Kolonisation sein — die Zeit wird kommen, wo diese zahllosen Millionen mit Stolz und Bewunderung auf das Beispiel von Beharrlichkeit und Muth blicken werden, welches unsere Väter während der wichtigen Periode des Krieges zeigten. Sie werden mit Bewunderung auf unsere zu Lande und zur See vollbrachten Thaten blicken, auf unsere Entschlossenheit, den öffentlichen Kredit aufrecht zu halten, und auf diejenigen Eigenschaften, durch deren Entfaltung wir endlich in den Stand gesetzt wurden, vermöge des Beispiels, welches wir fremden Nationen gaben, die Befreiung Europa's zu sichern. Im Rückblick auf diese Periode wird die Haltung unserer Väter während der Kriegsjahre mit der Haltung derjenigen von uns, welche nur während der Friedensjahre gelebt haben, in nahen Kontrast kommen. Ich spreche jetzt zu Ihnen nach einer fünfundzwanzigjährigen Friedensdauer. Ich lege Ihnen jetzt die finanziellen Schwierigkeiten und Verlegenheiten vor, in denen wir uns befinden; und mein sicheres Hoffen und Glauben ist, dass Sie dem Beispiel derer, die Ihnen vorangegangen sind, folgend, diesen Verlegenheiten ins Antlitz schauen und sich nicht weigern werden, ähnliche Opfer zu bringen, wie Ihre Väter sie brachten, um den öffentlichen Kredit aufrecht zu halten. Sie werden bedenken, dass es sich nicht von einer zufälligen und vorübergehenden Verlegenheit handelt. Sie werden bedenken, dass unter allen höheren Klassen der Gesellschaft die Anzeichen von vermehrtem Wohlbehagen und Genuss — von vermehrtem Gedeihen und Wohlstand wahrzunehmen sind, und dass neben diesen Anzeichen ein mächtiges Uebel vorliegt, welches in den letzten sieben Jahren gestiegen ist, und welchem entgegen zu treten Sie nun berufen sind. Wenn Sie, wie ich glaube, den Muth und die Ausdauer, wovon Sie ein Beispiel aufgestellt haben, besitzen, so werden Sie nicht dafür sein, mit zusammengelegten Armen das jährliche Wachsen dieses mächtigen Uebels anzusehen. Sie werden sich in ihrem Gewissen nicht damit beruhigen, von ermässigten Auflagen eine Hülfe zu suchen. Sie werden nicht das traurige Auskunftsmittel ergreifen, im Frieden und inmitten dieser Anzeichen von Reichthum und zunehmendem Gedeihen die Lasten, welche die Nachwelt zu tragen berufen sein wird, zu erhöhen. Sie werden dieses Uebel nicht einen so gigantischen Wuchs gewinnen lassen, dass es zuletzt

Ihre Macht, es aufzuhalten und zu bändigen, überstiege. Wenn Sie dies Uebel fortwachsen lassen, so müssen Sie ein strenges, aber nur gerechtes Urtheil von der denkenden und auf die Vergangenheit blickenden Nachwelt erwarten. Ihr Benehmen wird dem Benehmen Ihrer Väter gegenüber gestellt werden, die mit unendlich viel drückenderen Schwierigkeiten zu kämpfen hatten, und die, bei einer Meuterei auf der Nore, einem Aufstand in Irland und Unglück auswärts, doch mit erhebender Kraft und allgemeinem Beifall (während die Fonds unter 52 standen) einer Einkommensteuer von 10 % sich unterwarfen. Ich glaube, dass Sie sich keinem nachtheiligen und unwürdigen Kontrast aussetzen werden. Es ist mein fester Glaube, dass Sie die Nothwendigkeit fühlen werden, den öffentlichen Kredit unverletzt zu bewahren, -- dass Sie die Mittel, den öffentlichen Kredit durch die rechtmässige Verminderung der Last der öffentlichen Schuld aufrecht zu erhalten, nicht verwerfen werden. Mein sicheres Hoffen und Glauben ist, dass Sie jetzt, wo ich die Verantwortlichkeit auf Sie übertrage, sich Ihrer Mission würdig erweisen werden — Ihrer Mission als Vertreter eines mächtigen Volks; und dass Sie den Ruhm, welchen als die glorreichste Erbschaft zu pflegen Ihre Pflicht ist, nicht verdunkeln werden — dass Sie den muthvollen und rechtlichen Charakter nicht verleugnen werden, welcher, sowie die Herrschaft der Meinung sich über die Herrschaft der physischen Gewalt erhebt und überwiegt, für jedes Volk, aber vor allen für das Volk von England — ich spreche von Ruf und Charakter — das Hauptwerkzeug ausmacht, durch welches ein mächtiges Volk feindliche Angriffe zurückzuwerfen und ein ausgedehntes Reich aufrecht zu erhalten vermag."

Durch die Einkommensteuer und einige andere geringere Abgaben wollte Peel nicht allein die Deficits auf die Dauer beseitigen, sondern auch einen Ueberschuss erlangen, um zugleich schlechte Abgaben zu beseitigen und die Handelsfreiheit anzubahnen. So sollten von 1200 mit Zöllen belasteten Artikeln 750 ermässigt werden.

Die vorigen Minister hatten eine sehr schickliche Entschuldigung, wenn sie nicht sofort eine Meinung über einen Plan aussprachen, der so umfassend war, dass er viel Ueberlegung erforderte; und Lord John Russel begnügte sich mit einigen kleinen Bedenken, die ihm im Augenblick gerade aufstiessen, sprach aber doch seinen Entschluss aus, bei jedem Stadium der Diskussion zu opponiren — bei den Resolutionen, bei der Berichtserstattung, der ersten Lesung, der zweiten Lesung und der dritten Lesung. Die Opposition suchte die Berathung und Entscheidung hinzuziehen.

Als das Haus nach den Osterfeiertagen zusammenkam, gab es eine Debatte von vier Nächten über ein Amendement Russells, welches auf Verwerfung der Auflage abzielte; aber es stellte sich die Thatsache heraus, dass man nur die Wahl hatte, entweder zu einer Einkommensteuer oder zu Anleihen seine Zuflucht zu nehmen. Das Vertrauen des Volks zu dem neuen Ministerium hatte die Fonds gehoben, und einige Whig-Fuhrer wiesen deshalb darauf hin, welche günstige Zeit für eine Anleihe wäre. „Ich fordere Sie auf," sagte Peel in Erwiederung von Russells Vorschlag einer neuen Anleihe, „eine grosse Anstrengung zu machen; und der erste Schritt, den Sie zur Rettung thun — das erste Zeugniss Ihrer Bereitwilligkeit — wird der halbe Sieg sein. Wenn Sie vor Opfern sich fürchten, wenn Sie in glühenden Farben die elende Lage derer malen, welche Steuern zu zahlen haben — wenn Sie sagen, es sei besser, bei dem jetzigen System zu verbleiben und die Schuld, die auf 91 steht, etwas zu vermehren — nun, warum stehen denn die Dreiprocentigen auf 91? Wer hat sie auf 91 gebracht? Der öffentliche Kredit ist hoch — die Fonds haben sich gehoben — und, sagen Sie, „jetzt ist eine Anleihe leicht zu haben!" O! Ihr elenden Finanzmänner! — Die Fonds stehen eben deshalb hoch, weil Sie keine Neigung gezeigt haben, in Friedenszeiten zu einem Anleihesystem Ihre Zuflucht zu nehmen." Russells Amendement wurde am 13. April mit 308 gegen 202 Stimmen verworfen; und ein anderes Amendement, welches vorschlug, die Lesung der Bill erst nach sechs Monaten vorzunehmen, wurde am 18. durch eine Mehrheit von 285 gegen 188 beseitigt. Mit ausserordentlicher Schnelligkeit ging die Bill durchs Komittee. Nachdem noch einige Amendements verworfen waren, wurde wenig Opposition weiter erhoben. Achtzig Clauseln wurden in der Nacht vom 2. Mai erledigt, und am 30. Mai wurde die letzte Lesung mit einer Majorität von 130 vollzogen, und die Bill passirte die Gemeinen. Bei den Lords war keine Debatte bis zur dritten Lesung, und die Debatte, welche dann stattfand, verhinderte nicht, dass die Bill noch denselben Abend mit einer Majorität von 71 durchging. —

Die nicht in Abrede zu stellenden Schwierigkeiten einer ganz gerechten Steuer vom Einkommen haben zu dem Vorschlage geführt, nicht von der Einnahme, sondern von der Verausgabung eine Quote als direkte Steuer zu erheben. Die in einzelnen Ländern bestehenden direkten Steuern von der Verausgabung treffen nur besondere Arten von Ausgaben und unterscheiden sich von Verbrauchssteuern nur dadurch, dass sie von demjenigen, der die Sache besitzt, verzehrt oder braucht, unmittelbar entrichtet und nicht vom Produzenten oder Verkäufer vorgeschossen und diesem dann durch den Preis ersetzt werden, wie Steuern von Pferden, Wagen, Hunden, Dienstboten. Sie fallen offenbar auf diejenigen, welche dieselben zahlen und diese Steuerobjekte benutzen. Eine hierher gehörige, aber wichtigere Steuer ist die Haussteuer.

Die Rente eines Hauses lässt sich in Grundrente und Baurente zerlegen. Erstere richtet sich nach den gewöhnlichen Prinzipien der Bodenrente; sie ist eine Vergütung für den Gebrauch des überbauten Grundstücks und variirt in ihrem Betrage von dem blossen Aequivalent derjenigen Rente, welche das Grundstück bei landwirthschaftlicher Benutzung gegeben hatte, bis zu der Monopolrente, welche für eine günstige Lage an verkehrreichen Stellen einer grossen Stadt bezahlt wird. Die Baurente dagegen ist das Aequivalent für die auf das Bauen verwendete Arbeit und Kapitalien. Sie umfasst den üblichen Gewinn des Erbauers oder Bauunternehmers für sein Kapital und eine jährliche Vergütung, welche nach Deckung aller dem Eigenthümer obliegenden Reparaturen nach dem landesüblichen Zinsfuss hinreicht, um das Stammkapital bis zu der Zeit, wo das Haus verfällt oder nicht mehr reparirt werden kann, zu ersetzen.

Eine in einer Quote der ganzen Hausrente bestehende Steuer fällt gleichmässig auf die Grundrente und die Baurente. Je höher die Rente des Hauses ist, um desto mehr Steuer ist zu zahlen, gleichviel ob die Beschaffenheit des Gebäudes oder die günstige Lage desselben die Ursache ist. Indessen ist die Wirkung jedes Theils der Steuer doch näher zu betrachten.

In so weit die Steuer die Baurente trifft, muss sie schliesslich auf den Konsumenten, d. h. hier den Bewohner, fallen. Da nämlich der Kapitalgewinn beim Bauen oder bei Bauunternehmungen durchschnittlich nicht höher ist, als in anderen Gewerben, so müsste derselbe, wenn die Steuer nicht den Bewohner oder Miether, sondern den Eigenthümer träfe, niedriger werden, als der Gewinn bei nicht besteuerten Geschäftszweigen; und der Häuserbau würde dann aufhören. Wahrscheinlich indessen würde die Steuer während einer gewissen Zeit nach ihrer Einführung grossentheils nicht auf den Miether, sondern auf den Eigenthümer fallen. Viele nämlich würden die frühere, um den Belauf der Steuer gesteigerte Miethe nicht bezahlen können oder wollen und sich mit geringeren Wohnungen begnügen. Es würde danach eine Zeitlang das Angebot von Wohnungen die Nachfrage danach übersteigen. Die Folge hiervon würde bei den meisten andern Artikeln eine sofortige Verminderung des Angebots sein; aber bei einer so dauerhaften Waare, wie Häuser sind, nimmt der Vorrath nicht schnell ab. Der Häuserbau würde einstweilen aufhören; inzwischen würde der augenblickliche Ueberfluss an Häusern die Miethen herabdrücken und die Konsumenten würden vielleicht dieselbe Art von Wohnungen für die nämliche Bezahlung wie früher, einschliesslich der Steuer, erhalten. Allmählich jedoch würde die zunehmende Bevölkerung die Nachfrage erhöhen und die Miethen würden wieder steigen, bis es wieder einträglich wird, Häuser zu bauen. Das geschieht aber erst dann, wenn die Steuer gänzlich dem Miether zur Last fällt. Zuletzt also trägt der Bewohner den Theil der Steuer, welcher auf die Vergütung für das Gebäude selbst fällt, abgesehen von dem Grunde, auf dem es erbaut ist.

Da eine Steuer von der eigentlichen Bodenrente auf den Grundeigenthümer fällt, so könnte man denken, dass eine Steuer von der in der Hausrente mit enthaltenen Grundrente ebenfalls auf den Eigenthümer des Bauplatzes fallen müsste. Dies würde aber nur dann der Fall sein, wenn eine gleichmässige Besteuerung der Bodenrente überhaupt stattfände. Die niedrigste Rente für Boden, welcher zum Bebauen mit Häusern bestimmt ist, wird sehr wenig mehr betragen, als die Rente dafür bei landwirthschaftlicher Benutzung sein würde, da man annehmen kann, dass ein Grundstück in der Regel zum Bebauen mit Wohnhäusern nicht verpachtet oder verkauft werden wird, so lange es bei landwirthschaftlicher Benutzung entschieden mehr eintragen würde. Wenn also die Bodenrente nicht überhaupt besteuert, aber auf die Häusergrundrente eine Steuer gelegt wird, so müsste die Folge davon sein, dass, sofern die Steuer nicht etwa ganz unerheblich wäre, der Ertrag aus der Häusergrundrente noch tiefer herabgedrückt würde, als der gewöhnliche Ertrag der Bodenrente ausmacht, und dies müsste den Häuserbau ebenso gut zum Stillstand bringen, als eine Besteuerung der Baurente, bis wieder die vermehrte Nachfrage der steigenden Bevölkerung, oder die Abnahme des Angebots in Folge des Verfalls der Häuser, die Hausrente um den ganzen Betrag der Steuer erhöht haben wird. Alles aber, was die niedrigste Grundrente steigen macht, erhöht auch alle anderen Grundrenten, weil die niedrigste Rente von allen anderen um den wahren Marktwerth ihrer besonderen Vortheile überstiegen wird.

In Bezug auf die meisten Häuser bildet die Grundrente nur einen kleinen Theil der jährlich für das Haus zu leistenden Zahlung und beinahe die ganze Steuer fällt auf den Hausbesitzer. Nur in den gesuchten Lagen in oder bei grossen Städten bildet die Grundrente das vorwiegende Element von der Hausrente. Unter den Arten von Einkommen, welche sich zu einer besonderen Besteuerung eignen, nehmen diese Grundrenten die ersten Stellen ein, da sie das merkwürdigste Beispiel eines enormen Reichthumszuwachses darbieten, der zuweilen in kurzer Zeit und mitunter ganz unerwartet von wenigen Personen erworben wird, bloss in Folge des zufälligen Umstandes, dass sie gewisses Terrain besitzen, für dessen Erwerb sie nicht die mindeste Anstrengung, Auslage oder Risiko gehabt haben. So weit also eine Häusersteuer auf den Grundeigenthümer fällt, unterliegt sie keinem begründeten Bedenken.

So weit sie auf den Hausinhaber oder Miether fällt, ist sie, wenn sie in richtigem Verhältniss zum Werth des Hauses steht, eine der gerechtesten und unbedenklichsten von allen Steuern. Dies ist nicht bloss Mill's Ansicht, sondern auch schon Ad. Smith und Hoffmann dachten ebenso, wenn letzterer auch vorzugsweise von der Miethssteuer in grossen Städten als einer guten Gemeindesteuer spricht. Keine Art von Ausgaben giebt einen bessern Maassstab für die Vermögensverhältnisse der Einzelnen ab und richtet sich im Allgemeinen so sehr nach dem Betrage derselben. Eine Haussteuer entspricht den Anforderungen an eine gerechte Einkommensteuer vielleicht besser, als die direkte Schätzung des allgemeinen Einkommens, da sie den grossen Vortheil hat, von selbst alle Unterscheidungen zu machen, die bei der Anlage einer Einkommensteuer so schwer, und mit voller Genauigkeit unmöglich berücksichtigt werden können. Denn das, was Jemand an Miethe zahlt, lässt auf die Grösse seines Vermögens noch nicht sicher schliessen, wohl aber darauf, was er selbst glaubt, ausgeben zu können. So wie das Einkommen unter einem gewissen Betrage von der Einkommensteuer frei bleiben muss, so sollten auch Häuser oder Wohnungen unter einem gewissen Werth oder unter einem gewissen Miethspreis von der Haussteuer nicht betroffen werden, nach dem Grundsatz, dass der zu einer gesunden Existenz nothwendige Bedarf von Steuern verschont bleiben muss.

Einwenden liesse sich gegen diese Steuer vielleicht, dass der Geizige sich ihr zum Theil entzieht — aber dies gilt auch von allen Verbrauchssteuern; dem Geizigen kann man nur durch eine direkte Einkommensteuer gerecht beikommen. Indessen ist die Zahl der Geizigen, namentlich solcher, die ihre Schätze vergraben und ihren Reichthum nicht produktiv verwenden, nicht gross. Ein anderer Einwand könnte sein, dass Jemand nicht wegen seiner Wohlhabenheit, sondern wegen seiner zahlreichen Familie eine grössere und daher kostbarere Wohnung hat. Dieser Einwand verdient aber keine Berücksichtigung. Denn wer mehr Kinder erzeugt hat, als er nach seinen Vermögensverhältnissen behaglich und gut erziehen kann, hat offenbar kein Recht, zu fordern, dass er deshalb weniger Steuern zahlt, dass folglich mehr Steuern von Anderen gezahlt werden, die nicht mehr Kinder erzeugt haben, als sie behaglich und gut erziehen können. Wenn man ferner noch einwendet, dass auf dem Lande die Miethen gewöhnlich viel niedriger sind, als besonders in grossen Städten, und dass deshalb die Steuer ungleich drücke, so kommt in Betracht, dass man sich in grossen Städten auch mit kleineren Wohnungen behilft, und dass an manchen Orten die Miethen deshalb niedrig sind, weil die Bewohner arm sind.

Das Wesen einer guten Haussteuer liegt übrigens nicht in der Absicht, eine Besteuerung des Einkommens aus Häusern zu bilden, sondern vielmehr eine Besteuerung der durch die Wohnung verursachten Ausgabe. Man braucht demnach nicht zu ermitteln, wie viel ein Haus einbringen würde, wenn es vermiethet wäre, sondern was es dem kostet, welcher es bewohnt. Ist der Bewohner der Eigenthümer, so muss ein anderer Maassstab zur Anwendung kommen. Die Miethe, welche das Haus bringen könnte, wenn der Eigenthümer es nicht selbst bewohnte, würde in grossen Städten zwar einen geeigneten Maassstab abgeben; in vielen anderen Fällen aber auch nicht, namentlich in allen den Fällen nicht, wo ein Miether sich überhaupt nur deshalb finden würde, weil die Miethe ausser allem Verhältniss zum Erbauungspreise sein würde, z. B. bei einem Palast auf dem Lande. Man müsste in solchen Fällen vielmehr das Haus schätzen, aber nicht nach dem Verkaufspreise, sondern lediglich nach dem, was es wieder zu bauen kosten würde; und diese Schätzung müsste jährlich berichtigt werden, theils in Bezug auf stattgehabte Deteriorationen, theils auf Meliorationen. Der Betrag dieser berichtigten Schätzung würde das Stammkapital darstellen, dessen Zinsen, nach dem bei den öffentlichen Fonds sich ergebenden Zinsfuss berechnet, den jährlichen Werth bilden würden, wonach das Gebäude zu besteuern wäre.

Ein grosser Theil der Besteuerung in England wird mittelst einer Haussteuer aufgebracht, indem die Kirchspielssteuern der Städte ganz und in den ländlichen Gemeinden zum Theil aus einer Abgabe von der Hausrente bestehen. In Preussen hat es seither noch keine allgemeine Staatssteuer, welche den Wohnungsaufwand trifft, gegeben. Die Haus- und Miethssteuer nach der Verordnung vom 26. Januar 1815 war eine Gemeindesteuer für Berlin; die Haussteuer sollte 4 % des Miethsertrages, die Wohnungs- oder Miethssteuer $8\frac{1}{3}$ % des Miethsbetrages betragen.

Wenn es sich von Einführung einer allgemeinen Wohnungssteuer in Preussen handelte, so wäre der jährliche Wohnungsaufwand, welcher freigelassen werden müsste, unter 40 Thlr. anzunehmen. Würde ein höherer Wohnungsaufwand mit $2\frac{1}{2}\,\%$ besteuert, wäre also von 40 Thlrn. Wohnungsaufwand 1 Thlr., von 200 Thlrn. 5 Thlr., von 1000 Thlrn. 25 Thlr. Steuer zu zahlen, so würde eine solche Steuer von nur einer einzigen Gattung von Ausgaben Manchem unangenehm, wirklich drückend aber wohl nicht sein. Jährlich müsste der Wohnungsaufwand ermittelt oder geschätzt werden. Die Schätzung müsste theils nach der Miethszahlung, theils nach den Herstellungskosten der Gebäude erfolgen. Es wäre demnach jährlich zunächst zu schätzen, was der Neubau des Hauses, welches der Steuerpflichtige bewohnt, kosten würde. Kostet er z. B. 10,000 Thlr., so macht der Steuerpflichtige, bei einem Zinsfusse von $5\,\%$, einen Wohnungsaufwand von 500 Thlrn. und davon würde er $12\frac{1}{2}$ Thlr. Steuer zahlen müssen. Sind aber die Wohnungsräume, welche das Haus darbietet, höher vermiethet, etwa zu 750 Thlr., so müsste der Miether $18\frac{3}{4}$ Thlr. steuern. Könnten diese Räume für das laufende Steuerjahr sogar mit 1000 Thlr., also noch höher, vermiethet werden, so müsste der Inhaber oder Miether 25 Thlr. Steuer zahlen. Die kleinen Grundbesitzer auf dem Lande haben meist einen Wohnungsaufwand von weniger als 40 Thlr. jährlich; ihre Gebäude brauchten also in der Regel nicht geschätzt zu werden. Dies würde nur bei den grösseren Grundbesitzern nöthig sein. Ländliche Grundbesitzungen von mehr als 30 Morgen giebt es nur 4—500,000. In den grösseren Städten bedarf es einer Schätzung des Neubauwerthes der Wohngebäude in der Regel auch nicht. Denn hier sind die meisten Wohnungen vermiethet, und wie hoch eine von dem Hauseigenthümer selbst bewohnte Wohnung vermiethet werden könnte, lässt sich ziemlich sicher schätzen. Die Miethen sind überdies meistens höher als die Zinsen von den Baukosten. Hiernach dürfte es nicht besonders schwierig oder kostbar sein, eine solche Haussteuer zu erheben. Wenn der steuerpflichtige Wohnungsaufwand in Preussen jährlich nur 50 Millionen Thaler betrüge, so würde die Steuer bei dem Satz von nur $2\frac{1}{2}\,\%$ schon $1\frac{1}{4}$ Millionen Thaler bringen. Uebrigens würde es sich empfehlen, den Steuersatz für Wohnräume etwas über $2\frac{1}{2}\,\%$, den Satz für Geschäfts- und Gewerbsräume aber erheblich niedriger als $2\frac{1}{2}\,\%$ zu setzen. —

Es ist schon oben (S. 261) bemerkt worden, dass es die Staatsgewalt nicht unbedingt durchsetzen kann, dass eine Steuer auf das Einkommen und nicht auch auf das Kapital fällt, dass aber auch Steuern auf das Kapital nicht in allen Fällen verwerflich sind. In den Vereinigten Staaten werden die Bedürfnisse nicht der Union, wohl aber der einzelnen Staaten durch direkte Besteuerung des Vermögens aufgebracht, wenn auch nicht der ganze Werth des Vermögens zur Veranlagung gelangt. Der veranlagte Werth des Vermögens, welcher zur Besteuerung kam, betrug 1850 7136 Millionen und 1860 16,160 Millionen Dollars [1]). So wie es räthlich ist, eine Einkommensteuer einzuführen und sie auch in gedeihlichen Zeiten zu einem mässigen Satz beizubehalten, um in Nothzeiten durch Erhöhung des Satzes sich eine ausserordentliche Einnahme zu sichern, so könnte es auch nützlich sein, eine mässige Vermögenssteuer einzuführen, um sich in Nothzeiten durch Erhöhung ihres Satzes Hülfsmittel zu sichern.

Nicht schwer ausführbar dürfte besonders die Erhebung einer mässigen Immobiliarvermögenssteuer sein. Eine solche Steuer würde einer gewöhnlichen Grundsteuer — die übrigens daneben fortbestehen bleiben könnte — vorzuziehen sein, da sich dabei auf die Schulden Rücksicht nehmen liesse, während bei der Grundsteuer der Grundbesitzer von dem ganzen Ertrage seines Grundstücks steuern muss, wenn er davon auch Hypothekenzinsen zu zahlen, also auch von einem Ertrage zu steuern hat, den er in der That nicht bezieht. Durch eine solche Steuer können auch die Realgläubiger betroffen werden, wenn dieselbe von dem ganzen Werth der Immobilien von den Besitzern eingezogen wird und diese den entsprechenden Betrag der Steuer sich von ihren Gläubigern dadurch erstatten lassen, dass sie ihnen um so weniger an Zinsen zahlen. Wenn ein solcher Zinsenabzug durch Vertrag nicht ausgeschlossen werden kann und darf, so kann dadurch auch der sogenannte Realkredit nicht leiden. Denn kein Gläubiger würde wohl deshalb sein Kapital so leicht kündigen und etwa im Auslande anlegen, wenn in dem ganzen grossen Staate der Abzug stattfindet.

Wenn man den Werth eines vererblichen Vermögens dem 20fachen Jahresertrage gleichsetzt, so wird man den Werth eines lebenslänglichen oder einer Leibrente dem 12½fachen Jahreswerth gleichsetzen können. Beträgt nun die Steuer ½ ‰ des Werths, so hat der Eigenthümer eines Immobiliarvermögens von 100,000 Thlrn. jährlich 50 Thlr. zu steuern. Ist der Inhaber dieses jährlich 5000 Thlr. eintragenden Vermögens nur Fideikommissbesitzer, so hat er von dem zum 12½fachen Ertrage mit 62,500 Thlr. kapitalisirten Werth nur 31¼ Thlr. Steuer zu zahlen. Wenn aber der Inhaber Eigenthümer, jedoch verschuldet ist, und wenn er z. B. zu zahlen hat

[1]) Zeitschrift für Staatswissenschaft. 1855. S. 130—147. Deutsche Jahrbücher. Bd. 11. (1864) S. 373.

	Thlr.		Thlr.
1) eine Leibrente von jährlich . . .	2000	12½ fach	25,000
2) von einer Hypothek von 10,000 à 4 %	400	20 „	8,000
3) „ „ „ „ 10,000 „ 5 „	500	20 „	10,000
4) „ „ „ „ 26,666⅔ „ 6 „	1600	20 „	32,000
so hätte er von einem Ertrage von 5000 Thlrn. an seine Gläubiger jährlich abzugeben	4500		
was gleichkäme einem Kapital von			75,000.

Wäre nun von dem Ertrage von 5000 Thlrn. eine Grundsteuer von 1 % mit 50 Thlr. zu zahlen, so hätte der Eigenthümer von dem ihm verbleibenden Einkommen von nur 500 Thlrn. nicht weniger als 10 % Steuer zu zahlen; seine Realgläubiger zahlten aber nichts. Wird dagegen das Kapitalvermögen des Besitzers und seiner Realgläubiger mit ½ ‰ besteuert, so entrichtet der Besitzer zwar die ganze Steuer, zieht aber dafür seinen Gläubiger ab

			Thlr.			Thlr.				Thlr.		Thlr.
ad	1.	von	25,000	½ ‰	mit	12½	und	zahlt	nur	1987½	statt	2000
„	2.	„	8,000	„	„	4	„	„	„	396	„	400
„	3.	„	10,000	„	„	5	„	„	„	495	„	500
„	4.	„	32.000	„	„	16	„	„	„	1584	„	1600
			75,000	„	„	37½	„	„	„	4462½	„	4500
								dazu		37½		
								sind		4500	Thlr.	

	Thlr.	Thlr.	Sgr.
Der Besitzer zahlt also selbst von	25,000 ½ ‰	12	15
und die Gläubiger zahlen von . .	75,000 ½ ‰	37	15
so dass vom ganzen Werth von . .	100,000 ½ ‰	50	—

gesteuert werden.

Nach dem Preussischen Einkommensteuergesetz soll auch das Einkommen aus Hypothekenforderungen besteuert werden. Ob und welche Hypothekenforderungen Jemand besitzt, bleibt aber der Veranlagungsbehörde oft unbekannt. Ferner sollen die Zinsen von Hypothekenschulden von dem zu besteuernden Einkommen abgerechnet werden. Dies geschieht mitunter auch in solchen Fällen, wo die Hypothekenschuld bezahlt, aber im Hypothekenbuch nicht gelöscht ist. Die Preussische Grundsteuer trifft den verschuldeten Grundbesitzer viel schwerer, als den schuldenfreien. Bei der vorgeschlagenen Immobiliarvermögenssteuer werden dagegen die verschuldeten Grundbesitzer nicht unbillig belastet und die Realberechtigten können nicht steuerfrei bleiben. Ausführbar ist es, dass die Grundbesitzer die Steuer für ihre Gläubiger vorschiessen und ihnen den Betrag bei der Zinszahlung in Abzug bringen. Denn dies beweist England, wo dies Verfahren bei der Einkommensteuer der Grundbesitzer gesetzlich zur Anwendung kommt.

Im Preussischen Staat sind über 2 Millionen Besitzungen mit mehr als 90 Millionen Morgen Acker, Wiesen, Weiden, Waldungen. Die Zahl der Privatgebäude beträgt über $4\frac{1}{2}$ Millionen, davon mehr als 2 Millionen Privatwohnhäuser. Wenn man den Gesammtwerth des Immobiliarvermögens nur zu 5000 Millionen Thaler annimmt, so würde eine Steuer von $\frac{1}{2}\,^0/_{00}$ schon $2\frac{1}{2}$ Millionen Thaler bringen. Bei einer solchen Steuer hätte nur die Schätzung des Werths, die jährlich geschehen oder wenigstens jährlich sorgfältig revidirt werden muss, Schwierigkeiten, die aber nicht unüberwindlich sind. Bei einer Besitzung, die im letzten Jahre angekauft ist, wird der Kaufpreis in der Regel den Werth angeben. In allen anderen Fällen müsste der Besitzer jährlich zu einer Erklärung aufgefordert werden, um welchen Preis er seine Besitzung verkaufen würde. Nur in den Fällen, wo dieser Aufforderung nicht rechtzeitig Genüge geleistet, oder ein offenbar zu niedriger Preis angegeben würde, wäre eine Feststellung des wahrscheinlichen Verkaufspreises nöthig. Orts- und bezirkskundige Personen würden wohl von jeder Besitzung anzugeben im Stande sein, welcher Kaufpreis zur Zeit zu erwarten wäre, wenn eine Veräusserung an den Meistbietenden erfolgte. Nach dem so geschätzten wahrscheinlichen Verkaufspreise wäre dann die Steuer zu berechnen und zu erheben.

Als eine dauernde Steuer würde eine solche Immobiliarvermögenssteuer sich rechtfertigen lassen, wenn sie nach einem mässigen Satz erhoben wird. Anders gestaltet sich die Sache, wenn es sich von einer nur Einmal aufzubringenden grossen Summe handelt. Muss für einen wichtigen Zweck ein einmaliges Opfer gebracht werden, so sind die unvermeidlichen Ungleichheiten leichter zu ertragen und eine minder genaue Abmessung wird wenigstens dauernden Nachtheil kaum bringen.

In Nothzeiten ist von Einführung neuer oder Erhöhung schon bestehender indirekter Steuern wenig Hülfe zu erwarten. Solche kann dann nur von direkten Steuern kommen, also von Steuern von der Einnahme, der Ausgabe, dem Vermögen. So schrieb der Preussische Staat 1812 eine Vermögens- und Einkommensteuer aus. Nach Krug hat die Stadt Danzig in der Periode vom 27. Mai 1807, wo sie den Franzosen übergeben wurde, bis Ende März 1812, um die grossen Bedürfnisse aufzubringen, nach und nach etwas mehr als 18 $^0/_0$ von dem geschätzten Vermögen der Einwohner als Zwangsdarlehen erhoben; dabei wurden noch die direkten und indirekten Abgaben aufs höchste gesteigert. Als 1807 in Berlin die Franzosen eine Kontribution von einer Million Thaler ausschrieben, mussten dazu die Hauseigner 536,665 Thlr. und die Miether 138,335 Thlr. beitragen. Erstere wurden nach dem Werth ihrer Häuser im Feuerkataster taxirt, und sollten die auf ihre Hypothekengläubiger fallenden Antheile von den ihnen zu zahlenden Zinsen abziehen. Häuser von weniger als 8000 Thlrn. Werth zahlten $\frac{1}{2}$ %, die von 8 bis 24,000 Thlrn. 1 % und die von 25,000 Thlrn. und darüber 2 %. Die Miether hatten von einer Miethe von wenigstens 60 Thlrn. 5 %, von wenigstens 100 Thlrn. 10 %, von wenigstens 200 Thlrn. 15 % und von mehr als 300 Thlrn. 20 % Steuer zu zahlen. In ganz Ostpreussen und Litthauen wurde 1808 zur Verzinsung und Tilgung der Königsberger Stadtobligationen — da die Franzosen die Stadt Königsberg verpflichtet hatten, die der Provinz 1807 aufgelegte Kontribution vorzuschiessen — eine Einkommensteuer eingeführt, die beinahe drei Jahre bestanden hat. Von dem Einkommen aus Grundstücken zahlte der Eigenthümer 3 % nach Abzug der mit dem Grundstücke verbundenen Ausgaben: nämlich 7 % des ganzen Ertrages zur Unterhaltung der Gebäude, sämmtlicher Zinsen der eingetragenen Kapitalien und der Zinsen des Kapitals, welches zum Retablissement des Guts erforderlich war. Wenn der Eigenthümer die Besitzung selbst bewirthschaftete, so zahlte er von dem nach obigen Grundsätzen berechneten Ertrage noch 1 $\frac{1}{2}$ %, die in dem Falle, wenn es verpachtet war, der Pächter zahlen musste. Von den auf persönlichen Kredit aufgenommenen Schulden wurde kein Abzug gestattet, weil dem Grundbesitzer frei stand, seinem Gläubiger 3 % von dem Zinsbetrage abzuziehen, wogegen dann der Gläubiger von der Steuer für sein Kapital frei war. Von dem Einkommen aus Zinsen von Kapitalien, aus dem Ertrage von Aktien und Staatspapieren, aus Leibrenten und aus Gehältern von wenigstens 3500 Thlrn., war ebenfalls 3 % zu zahlen. Das Einkommen aus Gewerbsbetrieb wurde in der Regel nach Klassen besteuert, und in Königsberg war in der höchsten Klasse der Steuersatz 1365 $\frac{1}{3}$ Thlr. Säumige Zahler hatten 10 % jährliche Verzugszinsen zu entrichten Im Jahre 1810 wurde in Königsberg das Einkommen aus Grundstücken und Kapitalien bis 500 Thlr. mit 3 % und von 8000 Thlrn. ab mit 15 % Steuer angesetzt; das Einkommen der Gewerbetreibenden wurde klassenweise erhoben und war der höchste Satz 750 Thlr.; das Einkommen aus Besoldungen, Pensionen und Leibrenten betrug bis 500 Thlr. 1 % und von 8000 Thlrn. an 7 $\frac{1}{2}$ % als das Maximum für die erste Hebung eines jeden Jahres. Dazu kam 1812 bis 1814 noch eine Zwangsarmensteuer, berechnet für Schutzverwandte zu $4\frac{2}{3}$ % und für Bürger zu 7 % der jährlichen Wohnungsmiethe. Als 1813 bis 1815 ein neues Königsberger Kriegsschuldenwesen entstanden war, wurden deshalb Steuern von der Wohnungsmiethe, von den Grundstücken und Gewerben erhoben [1]).

Unter Auflagen auf Handelsartikel oder Verbrauchssteuern versteht man gewöhnlich solche Abgaben, welche die Produzenten zu entrichten haben, oder auch die zwischen den Produzenten und den Konsumenten auftretenden Verkäufer oder Vermittler. Verbrauchssteuern könnte man vielleicht auch solche Abgaben nennen, welche denjenigen, welche gewisse Gegenstände besitzen oder gebrauchen, direkt aufgelegt werden, wie Haus-, Pferde- und Wagensteuer; aber man pflegt den Ausdruck auf indirekte Steuern zu beschränken, d. h. auf solche, die von Jemandem vorschussweise gezahlt werden, indem man darauf rechnet, dass dieser im Stande sein werde, sich dafür von Anderen Ersatz zu verschaffen. Die Verbrauchssteuern treffen entweder die einheimische Produktion, oder die Einfuhr vom Auslande, oder auch den Transport und Verkauf im Lande selbst, und werden danach in Accise, Zölle und Transitabgaben (oben S. 66.) eingetheilt. Welcher von diesen Klassen sie auch angehören und in welchem Stadium der Produktion oder des Verkehrs sie einer Waare auch aufgelegt werden, so wirken sie doch wie eine Erhöhung der Produktionskosten, d. h. der Produktionskosten im weitesten Sinn, wozu auch die Kosten des Transports und der Vertheilung, und überhaupt alle Kosten gehören, die erfordert werden, um die Sache an den Markt zu bringen.

In der Wirkung kommt es nun auf dasselbe hinaus, ob die Produktionskosten künstlich durch eine Steuer oder durch natürliche Umstände höher werden. Werden nur einzelne Artikel davon berührt, so steigt ihr Werth und ihr Preis bis zu dem Betrage, welcher den Produzenten oder Verkäufer für die besondere Belastung schadlos hält. Wäre eine Steuer aber auf alle Artikel gelegt, genau in demselben Verhältnisse zu ihrem Werth, so würde eine solche Kompensation nicht eintreten können, und zwar weder durch ein allgemeines Steigen der Werthe, d. h. Tauschwerthe, noch durch ein Steigen aller Preise — ersteres ist nämlich ein Unding, und die Preise, d. h.

---

[1]) Geschichte der Preussischen Staatsschulden. S 318. 319. Zur Geschichte der Berliner Kommunalschulden, in den Deutschen Jahrbüchern. Bd 6 (1863) S. 212. 213 Geschichte der Kommunalschulden in der Provinz Preussen im ersten Viertel dieses Jahrhunderts, in den Preussischen Provinzialblättern von 1864. S. 8—24.

Geldwerthe, hängen von ganz verschiedenen Ursachen ab. Eine Störung der Werthe würde aber eintreten: einige würden steigen, andere fallen, und zwar in Folge der verschiedenen Dauerhaftigkeit des in verschiedenen Gewerben angewendeten Kapitals. Der Rohertrag der Erwerbthätigkeit besteht nämlich aus zwei Theilen, von denen der eine zum Ersatz des konsumirten Kapitals dient, der andere Gewinn ist. Gleiche Kapitalien in zwei verschiedenen Gewerben müssen nun aber gleiche Aussicht auf Gewinn bieten; wenn jedoch bei dem einen Gewerbe das stehende Kapital einen grösseren Theil ausmacht, als bei dem andern, oder wenn dies stehende Kapital bei dem einen von dauerhafterer Beschaffenheit ist, so wird jährlich weniger Kapital verbraucht, und zu seiner Ergänzung weniger erfordert werden, so dass der Gewinn, um ganz derselbe zu sein, eine grössere Proportion des jährlichen Ertrages bilden muss. Hiernach kann man sagen, wenn eine Steuer auf alle Verbrauchsartikel genau in demselben Verhältniss zu ihrem Werth gelegt werden könnte, so würde sie nicht die Verbraucher treffen, sondern auf den Kapitalgewinn fallen und diesen vermindern.

Eine jede Verbrauchssteuer, mag sie auf die Produktion, oder die Einfuhr, oder den Transport eines einzelnen Gegenstandes von einem Ort zum andern, oder auf den Verkauf desselben gelegt sein; mag sie in einer festen Geldsumme, oder in einem Antheil an dem Gegenstande selbst[1]), oder in einer Abgabe vom Werthe bestehen, wird, der allgemeinen Regel nach, den Werth und den Preis des Artikels wenigstens um den Betrag der Steuer, meistentheils aber noch darüber hinaus erhöhen. Denn erstens erfordern fast alle Steuern von der Produktion besondere Anordnungen, um den Umgehungen der Steuer vorzubeugen, welche die Produzenten und die Verkäufer Beschränkungen unterwerfen und immer Quellen von Beschwerden und Belästigungen und gewöhnlich auch von Kosten sind, wofür sich die Produzenten oder Verkäufer durch einen Zuschlag auf den Preis ihrer Artikel entschädigen müssen. Solche Beschränkungen stören auch oft die Fabrikation selbst, indem sie

[1]) Wenn in der Türkei die Zollbeamten und die Kaufleute über den Werth einer nicht tarifirten oder ad valorem gelassenen Waare sich nicht verständigen können, so werden die Zollabgaben wie früher in natura entrichtet — nach dem Vertrage mit Preussen vom 20. März 1862. — Ein Theil der Waare, anstatt der Steuer, kann natürlich nur gegeben werden, wenn die Steuer weniger als 100 % vom Werthe beträgt. Beträgt die Steuer aber 100 oder 200 % vom Werth, so muss sie den Verbrauch sehr beschränken, und aus einer Steuer vom Verbrauch wird eigentlich eine Geldstrafe für den Verbrauch. Für die Staatskassen sind Steuern aber einträglicher als Geldstrafen.

den Produzenten zwingen, dieselbe in der eben nur für die Steuererhebung passendsten Weise zu betreiben und diese Weise ist häufig weder die wohlfeilste, noch für die Produktion die förderlichste. Jede derartige Anordnung erschwert es dem Fabrikanten, neue und verbesserte Fabrikationsmethoden zur Anwendung zu bringen. Ferner macht die vorschussweise Zahlung der Steuer es für die Produzenten und Verkäufer nothwendig, dass sie zum Betriebe ihres Geschäfts mehr Kapital bedürfen, als sonst nöthig sein würde. Sie müssen also für den ganzen Belauf ihres Kapitals den üblichen Gewinn berechnen, obgleich nur ein Theil dieses Kapitals zur Bestreitung der wirklichen Kosten der Hervorbringung oder Einfuhr dient. Der Preis des Artikels muss dann so hoch sein, um den Gewinn für mehr als seinen natürlichen Werth, d. h. die Produktionskosten, abzuwerfen, während sonst der Gewinn sich auf den natürlichen Werth beschränkt haben würde. Ein Theil des Nationalkapitals wird also nicht zur Produktion verwendet, sondern in der Wirklichkeit zu Vorschüssen an die Regierung, welche in dem Preise des Artikels wieder ersetzt werden; und die Konsumenten müssen die Verkäufer für den Gewinn schadlos halten, den sie durch dies Kapital hätten machen können, wenn es wirklich zur Produktion angewendet worden wäre. So kann es vorkommen, dass der Vorschuss, welchen der Produzent oder Importeur leisten muss, von den Konsumenten mit 10 oder 20 % jährlich oder noch höher verzinst werden muss; dies Uebel wird auch nicht ganz beseitigt, wenn die Regierung die Steuerzahlung etwa eine Zeitlang gegen Sicherstellung und Zahlung der gewöhnlichen Verzugszinsen stundet. Dazu kommt noch, dass wenn ein Geschäft ein grösseres Kapital erfordert, die Konkurrenz in demselben beschränkt wird; so erlangt dann eine kleinere Anzahl von Personen gleichsam ein Monopol und kommt in den Stand, entweder den Preis höher zu halten, als der übliche Kapitalgewinn bedingt, oder auch diesen Gewinn bei geringerer Anstrengung in Bezug auf Vervollkommnung und wohlfeilere Herstellung ihrer Artikel zu erlangen.

So kann es geschehen, dass Verbrauchssteuern — auch abgesehen von den eigentlichen Erhebungskosten — durch Erhöhung der Preise der Verbrauchsartikel dem Verbraucher sehr viel mehr kosten, als sie der Staatskasse einbringen.

Noch ein Umstand ist wichtig. Das durch die Steuer herbeigeführte Steigen des Preises vermindert fast immer die Nachfrage nach der betreffenden Waare; und da es nun manche Verbesserungen in der Produktion giebt, die in ihrer Anwendbarkeit eine gewisse Ausdehnung des Absatzes verlangen, so werden diese Verbesserungen behindert und oft ganz verhindert. Zuweilen machen die Industriezweige die geringsten Fortschritte, wo die Regierung durch Beaufsichtigungen und Kontrollen wegen einer Verbrauchssteuer sich am meisten einmischt; und solcher Industriezweig erhält erst dann einen starken Antrieb zur Vervollkommnung, wenn die Steuer, die den Markt beschränkte, aufgehoben wird. —

Bisher wurden die Wirkungen der Verbrauchssteuern nur im Allgemeinen betrachtet. Es giebt nun aber gewisse Artikel — nämlich die für den Arbeiter nothwendigen Gegenstände, namentlich auch Lebensmittel — deren Werth auf die Vertheilung des Vermögens unter die verschiedenen Klassen des Gemeinwesens einen solchen Einfluss übt, dass es nöthig ist, die Wirkung solcher Steuern auf diese besonderen Gegenstände etwas weiter zu verfolgen. Wird z. B. auf Getreide, d. h. also auch auf Brod, eine Steuer gelegt, und steigt der Preis um den Betrag der Steuer, so kann dies eine zweifache Folge haben:

1) Kann es die Lage der arbeitenden Klassen verschlechtern. Vermindert sich dadurch der Verbrauch der Bodenerzeugnisse, oder richtet er sich auf Nahrungsmittel, welche der Boden reichlicher und daher wohlfeiler hervorbringt, so trägt dies bei, die Landwirthschaft auf fruchtbarere Ländereien oder wohlfeilere Bewirthschaftung zu beschränken, und den Werth und Preis von Getreide herabzudrücken; das Getreide wird sich also schliesslich auf einen Preis stellen, der nicht um den ganzen Betrag der Steuer, sondern nur um einen Theil derselben höher sein wird.

2) Kann es auch kommen, dass der hohe Preis der besteuerten Nahrungsmittel den gewöhnlichen Maassstab der Bedürfnisse des Arbeiters nicht hinabdrückt, sondern dass im Gegentheil, in Folge einer Einwirkung auf die Bevölkerungsverhältnisse, der Lohn über kurz oder lang steigt, so dass der Arbeiter für seinen Antheil an der Steuer entschädigt wird — eine solche Entschädigung könnte aber natürlich nur auf Kosten des Kapitalgewinns erfolgen.

Steuern von unentbehrlichen Lebensmitteln mussen daher nothwendig entweder die Lage der arbeitenden Klassen verschlechtern, oder dem Kapitalisten neben der Steuer, die er schon für seinen eigenen Verbrauch zahlt, obendrein noch die Steuer von dem, was der Arbeiter verzehrt, aufbürden. In diesem letzten Fall kommt eine solche Steuer, wie eine Steuer vom Arbeitslohn, einer besonderen Besteuerung des Kapitalgewinns gleich, und diese ist, wie jede andere partielle Steuer, ungerecht so wie nachtheilig für den Nationalwohlstand.

Wie wirkt nun solche Steuer auf die Bodenrente? Wenn wir annehmen, dass der Verbrauch von Nahrungsmitteln sich nicht vermindert, so wird zur Deckung des Bedarfs ebenso viel Land bebaut werden müssen, wie vorher. Dieselben Ländereien und landwirthschaftlichen Kapitalanwendungen, die früher als die mindestergiebigen den Werth und Preis des ganzes Ertrages bestimmten, werden auch künftig die maassgebenden bleiben. Der Einfluss einer Besteuerung der landwirthschaftlichen Erzeugnisse auf die Bodenrente wird davon abhängen, ob die Steuer das Verhältniss des Ertrages der mindest ergiebigen Ländereien und landwirthschaftlichen Kapitalien zu dem Ertrage anderer Ländereien und Kapitalien verändert oder nicht. Dies wird nun von der Weise abhängen, wie die Steuer aufgelegt ist. Ist sie eine Abgabe vom Werthe oder, was auf dasselbe hinausläuft, eine bestimmte Quote des Ertrages, wie z. B. der Zehnte, so muss sie offenbar die landwirthschaftliche Rente vermindern. Sie ist um so höher, als die Ländereien besser sind; Boden von doppelter Fruchtbarkeit hat auch doppelt so viel Zehent zu geben. Wenn aber von zwei Quantitäten mehr von der grösseren als von der kleineren genommen wird, so muss auch das Unterschiedsverhältniss geringer werden. Die Auflegung eines Getreidezehnten würde daher auch wie ein Zehnte von der betreffenden Bodenrente wirken; denn wenn man eine Reihe von Zahlen jede um ein Zehntel reducirt, so reducirt sich auch ihre Differenz um ein Zehntel. Eine Abgabe von einer festen Quote des Ertrages vermindert in demselben Verhältniss die in Getreide geschätzte Bodenrente. Es ist aber nur diese Rente, welche dadurch vermindert wird, nicht die in Geld geschätzte Rente. Denn in demselben Verhältniss, wie die Getreiderente an Quantität abnimmt, steigt das Getreide an Werth. Die Grundeigenthümer werden hiernach im Werthe oder Preise für das, was sie an Quantum verlieren, entschädigt; und nur soweit sie ihre Rente in den Produkten selbst verzehren, oder die in Geld empfangene Rente für Getreide ausgeben, leiden sie darunter: d. h. ebenso wie andere Konsumenten von Bodenerzeugnissen. Als Grundeigenthümer angesehen haben sie eben so viel Einkommen wie früher; der Zehnte fällt also nicht auf den Grundeigenthümer, sondern auf den Konsumenten. Dieselbe Wirkung hätte auch eine Steuer auf die Bodenrente, wenn sie statt in einer Quote des Ertrages in einem bestimmten Geldbetrage pro Scheffel erhoben würde. Eine im Verhältniss zur Bodenrente angelegte Steuer würde weniger eine Steuer von den Produkten selbst, als eine Steuer vom Grund und Boden sein. Eigentliche Steuern von den Produkten, sei es pro Scheffel oder nach dem Werth, berühren nicht die Rente, sondern fallen auf die Konsumenten; der Kapitalgewinn dagegen wird den ganzen oder doch den grössten Theil der von der Konsumtion der arbeitenden Klassen erhobenen Steuer zu tragen haben. In diesem Fall wird der Kapitalgewinn vermindert, mithin die Kapitalansammlung verzögert werden. —

Die Wirkungen der Verbrauchssteuern wurden bisher unter der Voraussetzung betrachtet, dass sie unparteiisch erhoben werden, nämlich ohne Rücksicht darauf, wie der betreffende Artikel producirt oder an den Markt gebracht wird. Andere Erfolge ergeben sich natürlich, wenn diese Unparteilichkeit nicht stattfindet und die Steuer nicht auf den Artikel überhaupt, sondern nur auf besondere Arten seiner Beschaffung gelegt wird. Nehmen wir an, ein Verbrauchsartikel liesse sich auf mehrfachem Wege beschaffen. Ein Fabrikat lässt sich entweder mittelst Handarbeit oder mittelst Wasser- oder Dampfkraft herstellen; Zucker kann aus Zuckerrohr oder aus Runkelrüben gewonnen werden; Vieh kann entweder mit Heu- oder Grasfutter oder mit Oelkuchen und Branntweinschlämpe gemästet werden. Offenbar liegt es im allgemeinen Interesse, dass die Produzenten von den verschiedenen Methoden immer diejenige befolgen, welche den Artikel am besten und am wohlfeilsten herstellt. Da das Interesse der Produzenten ebenfalls hierzu führt — sofern sie nicht gegen Konkurrenz geschützt und vor den Nachtheilen eigener Sorglosigkeit gesichert sind — so wird das dem Gemeinwesen erspriesslichste Verfahren in der Regel eben dasjenige sein, welches sie, falls sie sich selbst überlassen sind, schon ihres eigenen Vortheils wegen wählen wurden. Nun wollen wir annehmen, dass die eine Produktionsweise mit einer Steuer belegt wird, dass aber die anderen unbesteuert bleiben oder geringer besteuert werden. Wenn das besteuerte Verfahren dasjenige ist, welches die Produzenten doch nicht gewählt haben würden, so ist die ganze Massregel erfolglos und überflüssig. Trifft dagegen die Steuer, wie natürlich beabsichtigt wird, dasjenige Verfahren, welches sonst gewählt worden wäre, so giebt sie künstlich ein Motiv ab, um dem unbesteuerten oder dem geringer besteuerten Verfahren, wenn gleich es an sich schlechter ist, den Vorzug zu verschaffen. Hat die Steuer also überhaupt eine Wirkung, so ist die Folge, dass der Artikel in schlechterer Qualität oder mit grosseren Kosten producirt wird, die Steuer bewirkt, dass ein gewisses Quantum Arbeit völlig vergeudet wird, und dass das zum Unterhalt und zur Vergütung solcher Arbeit angewendete Kapital gerade eben so unnütz verausgabt wird, als wenn man z. B. damit Menschen dingte, um Gräben zu machen und um dieselben dann wieder zuzuwerfen. Diese Vergeudung von Arbeit und Kapital vermehrt offenbar die Produktionskosten des Artikels und steigert im entsprechenden Verhältniss dessen Werth und Preis, weil doch die Eigenthümer des Kapitals entschädigt werden müssen. Natürlich fällt der Verlust auf die Verbraucher; zugleich wird aber auch das Kapital des Landes dadurch verringert werden, da die Mittel zur Ersparung und in gewissem Grade auch der Antrieb dazu abnehmen.

Solche Steuern, Unterscheidungsabgaben, Differenzialzölle, widerstreiten dem Grundsatz, dass dem Steuerzahler so wenig wie möglich mehr abgenommen werden soll, als der Staatskasse wirklich zu Gute kommt. Der Verbraucher muss bei ihnen zwei verschiedene Abgaben zahlen, von denen nur die eine, und häufig gerade die minder lästige, an die Staatskasse gezahlt wird. Wenn z. B. eine Steuer auf den aus Zuckerrohr gemachten Zucker gelegt, Runkelrübenzucker aber unbesteuert gelassen oder geringer besteuert wird, so wird, soweit Rohrzucker im Gebrauch bleibt, die Abgabe vom Rohrzucker an die Staatskasse gezahlt — und gegen diese Steuer an sich würde sich kaum etwas einwenden lassen. Sofern aber durch die Abgabe der Rohrzucker, der vorher wohlfeiler war, als Rübenzucker, jetzt theurer und von diesem in bedeutendem Maasse verdrängt wird, indem man nun vieles Land mit Rüben bebaut, und viele oder grosse Rübenzuckerfabriken anlegt, so wird der Staat vom Zucker theilweise keine Steuer beziehen, während doch die Verbraucher davon eine wirkliche Abgabe bezahlen müssen. Sie werden für Rübenzucker mehr bezahlen, als sie früher für Rohrzucker bezahlten, und die Differrenz wird nur dazu dienen, um die Fabrikanten für einen geradezu vergeudeten Theil der Arbeit des Landes zu entschädigen; es wird vielleicht durch die Arbeit von 3 Menschen so viel producirt werden, als sonst durch die Arbeit von 2 hätte erlangt werden können. Wenn z. B. die Arbeit von 2 Menschen 100 Scheffel Weizen producirt und man mit 100 Scheffel Weizen 30 Centner Rohrzucker eintauschen kann, die Produktion von 30 Centner Rübenzucker aber die Arbeit von 3 Menschen erfordert, so wird offenbar die Arbeit eines Menschen vergeudet, wenn man statt Weizen Rübenzucker producirt. Die Arbeit von 3 Menschen hätte dagegen vielleicht bewirken können, dass statt 30 Centner Rübenzucker 45 Centner Rohrzucker, also 15 Centner Zucker mehr, beschafft wäre.

Am häufigsten sind solche Unterscheidungsabgaben derart, dass auf die Einfuhr einer Waare, die auch im Inlande producirt werden kann, eine Abgabe gelegt wird, ohne dass die einheimische Produktion gleichmässig besteuert wird. Im Zollverein z. B. ist Garn, Tuch, Leinwand, Sammt, Oel, Porcellan nur besteuert, wenn es ausländisches Produkt ist, inländisches ist steuerfrei; Zucker und Taback zahlen geringere Abgaben, wenn sie inländisches Produkt sind, als wenn sie ausländisches sind. Nun wird niemals eine Waare regelmässig vom Auslande bezogen werden, wenn sie nicht im Ganzen mit geringerem Aufwande von Kapital und Arbeit bezogen werden kann, als ihre inländische Erzeugung kosten würde. Wenn also ein Einfuhrzoll es vortheilhafter macht, eine Waare im Lande selbst hervorzubringen, als sie einzuführen, so wird ein Extrabetrag von Arbeit und Kapital, ohne Extraertrag, verausgabt. Die Arbeit bleibt nutzlos, und das Kapital ist verausgabt worden, um Menschen zu bezahlen, die bei aller Arbeit nichts hervorbringen. Zölle also, die zugleich zur Ermunterung und Begünstigung — Beschützung — der inländischen Erzeugung des besteuerten Artikels dienen sollen, sind die allerverschwenderischeste Weise, den Staatsbedarf zu erheben.

Dies gilt besonders von Eingangszöllen von Produkten der Landwirthschaft, insofern sie nicht durch Abgaben von der inländischen landwirthschaftlichen Produktion aufgewogen werden. Sie bringen im Vergleich zu dem, was sie den Verbrauchern nehmen, der Staatskasse ausserordentlich wenig ein. Wenn z. B. ein Land 100 Millionen Scheffel Getreide producirt und 110 Millionen konsumirt, so dass 10 Millionen Scheffel aus dem Auslande bezogen werden müssen, und wenn nun von diesen 10 Millionen Scheffeln ein Einfuhrzoll erhoben wird, der den Preis pro Scheffel um 1 Thlr. erhöht, so wird der Preis nicht allein für die eingeführten 10 Millionen, sondern für die überhaupt konsumirten 110 Millionen Scheffel erhöht. Nehmen wir nun den günstigsten, wenn auch unwahrscheinlichsten Fall an, dass die Einfuhr sich nicht vermindert und die inländische Produktion sich nicht vermehrt. In diesem Fall erhält der Staat nur von 10 Millionen Scheffel eine Einnahme an Steuern, während die Konsumenten zum Belauf von 110 Millionen Thalern besteuert werden: denn 100 Millionen Thaler sind eine Abgabe an die inländischen Produzenten und Grundbesitzer. So zahlt der Konsument dem Grundeigenthümer eine neue Steuer, die das Zehnfache von dem beträgt, was er dem Staate entrichtet. Nun wollen wir aber den wahrscheinlicheren Fall annehmen, dass die Steuer wirklich die Einfuhr vermindert, dass die Einfuhr in gewöhnlichen Jahren gänzlich verhindert wird — indem sich ergiebt, dass die 10 Millionen Scheffel durch mühsameren

Landbau oder durch Urbarmachung geringeren Bodens etwas wohlfeiler producirt werden können, als wie der Aufschlag von 1 Thlr. auf den ursprünglichen Preis ausmacht; wir wollen annehmen, diese Produktion lasse sich mit einem Aufschlag von $^1/_2$ Thlr. pro Scheffel herstellen. Dann würde die Staatskasse nichts erhalten, ausser bei Missernten, wo eine ausserordentliche Einfuhr nöthig wäre. Indessen die Konsumenten bezahlen jährlich eine Abgabe von $^1/_2$ Thlr. pro Scheffel auf das ganze Bedarfsquantum von 110 Millionen Scheffel, also 55 Millionen Thaler. Hiervon sind nun 5 Millionen Thaler eine Entschädigung für die durch das Zollgesetz veranlasste Vergeudung von Arbeit und Kapital an die Produzenten der letzten 10 Millionen Scheffel; die andern 50 Millionen Thaler gehen, wie vorher, in die Tasche der Grundeigenthümer. — Wie wohlthätig die Aufhebung der Englischen Krongesetze war, hat die Zeit gelehrt. Seit 1849 ist oder gilt der Zoll bloss als ein nomineller, er beträgt jetzt auf Getreide pro Centner 3 d. und auf Mehl pro Centner $4^1/_2$ d., doch ist kaum zu bezweifeln, dass er über kurz oder lang ganz abgeschafft werden wird. In den vier Jahren $18^{41}/_{44}$, wo die Kornzölle mit ihrer gleitenden Skala noch bestanden, wurden jährlich im Durchschnitt 1,825,000 Quarter Weizen in das Vereinigte Königreich eingeführt; der Preis des Britischen Weizens war 1841 64 s. 4 d., 1842 57 s. 3 d., 1843 50 s. 1 d., 1844 51 s. 3 d. In den vier Jahren $18^{60}/_{63}$ waren die durchschnittlichen Einfuhren 6,970,000 Quarter und die Preise zwischen 44 s. 9 d. und 55 s. 5 d. Der jährliche Durchschnittsverbrauch von fremdem Getreide und Mehl betrug $18^{52}/_{63}$ 11,865,000 Quarter im Werth von beinahe 25,000,000 £ und die durchschnittliche jährliche Quantität pro Kopf war $18^{42}/_{45}$ 0,8 Bushel, $18^{52}/_{55}$ 2,3 Bushel, $18^{60}/_{63}$ 4,4 Bushel [1]).

Das von den Einfuhrzöllen überhaupt Gesagte gilt ebenfalls von den Differenzialzöllen, welche die Einfuhr von bestimmten Orten oder Ländern her, oder in bestimmter Weise im Gegensatz zu andern begünstigen, wie z. B. die Bevorzugung der Produkte einer Kolonie oder eines Landes, mit welchem Handelsverträge geschlossen sind; oder die höheren Zölle, welche in Folge von Schiffahrtsgesetzen auf Waaren gelegt werden, die nicht in nationalen Fahrzeugen eingeführt werden. Alle solche Unterscheidungsabgaben sind vom wirthschaftlichen Standpunkt nichts weiter als Vergeudung. Sie nöthigen zu einem kostspieligeren Wege, eine Waare zu beziehen, wo ein wohlfeilerer offen gestanden hätte, und veranlassen dadurch, einen Theil

1) The Athenaeum 15. October 1864

der Arbeit, welche zur Versorgung des Landes mit ausländischen Erzeugnissen angewendet wird, ohne entsprechende Vergütung zu opfern.

Die Englischen Schiffahrtsgesetze, welche sich aus Cromwell's Zeit herschreiben, sollten der Englischen Schiffahrt eine fortwährende Beschäftigung sichern. Es durften die Erzeugnisse Asien's, Afrika's und Amerika's nur in Britischen Schiffen, die von Britischen Unterthanen befehligt und grösstentheils bemannt waren, eingeführt werden. Unter Carl II legte ein Gesetz besondere Zölle auch auf Europäische Erzeugnisse, wenn diese mit fremden Schiffen eingeführt wurden. So erhielt die Britische Schiffahrt ein Monopol. Anfangs schien die Massregel vortheilhaft zu wirken, bis der Amerikanische Krieg ausbrach. Die Nordamerikanischen Schiffe, welche vorher die Privilegien des Mutterlandes genossen hatten, wurden nun davon ausgeschlossen. Sie kamen daher mit Ballast nach England, während Britische Schiffe zwischen England und Amerika mit vollen Ladungen hin und her fahren konnten. Die Amerikaner legten nun dieselben Beschränkungen auf Englische Schiffe, welche die Engländer auf Amerikanische gelegt hatten. So mussten denn die Schiffe beider Nationen mit Ballast ausfahren, um mit Ladungen heimzukehren. Die Verbraucher der Ladungen hatten natürlich von jeder Waare wirklich doppelte Fracht zu zahlen, und dieser Zustand wurde erst 1815 aufgehoben. Im Jahre 1822 wurden in England überhaupt die Beschränkungen der fremden Schiffahrt etwas gemildert und jetzt ist von den alten Schiffahrtsgesetzen nichts mehr in Anwendung. In Folge dessen hat die Englische Schiffahrt ganz ausserordentlich zugenommen — der prophezeite Ruin derselben ist nicht eingetreten — und die Schiffahrt anderer Nationen nach England und von England hat sich ebenfalls in Folge dessen sehr entwickelt, namentlich die Deutsche und die Preussische Schiffahrt. — Dergleichen Schiffahrtsbeschränkungen und Differenzialzölle bestanden seither in ausserordentlichem Maasse in Frankreich, durch den Handelsvertrag von 1860 sind die Verhältnisse zu Gunsten Englands sehr verbessert. — Auch Preussen hat im neunzehnten Jahrhundert seine Schiffahrtsakte erhalten. Am 20. Juni 1822 erging eine K. O. wegen bewilligter Begünstigung inländischer Rhedereien. Eine königliche Verordnung vom 25. April 1864 setzte die am 20. Juni 1822 angeordnete Erhöhung der Hafenabgaben von ausländischen, beladen ein- und ausgehenden Schiffen — das sogenannte extraordinäre Flaggengeld — auf sechs Monate ausser Kraft; und eine K. O. ebenfalls vom 25. April 1864 bestimmte, dass für die Dauer von sechs Monaten die übrigen bei dem Besuche Preussischer Häfen zu entrichtenden Abgaben von ausländischen Schiffen nur zu den nämlichen Beträgen erhoben werden sollten, wie von Preussischen Schiffen. —

Die Abgaben, welche auf den Transport von Waaren aus einem Lande in ein anderes gelegt werden, haben, wenn es nicht Differenzialabgaben sind, auch Wirkungen auf den internationalen Austausch. Man könnte meinen, dass Abgaben vom auswärtigen Handel auf die Konsumenten fallen, dass also Ausfuhrzölle die auswärtigen und Einfuhrzölle die einheimischen Verbraucher treffen müssten. So einfach gestaltet sich aber die Sache nicht. Namentlich sind die Wirkungen der Ausfuhrzölle ausserordentlich verschieden. Die Umstände, von welchen diese Wirkungen abhängen, sind aber meistens so schwer zu erkennen, dass sich kaum bestimmen lässt, ob ein Land bei Erhebung eines Ausfuhrzolls gewinnt oder verliert. Es scheint, dass mit solcher Abgabe gewöhnlich das Ausland wenigstens theilweise betroffen wird, dass das Ausland sie aber selten ganz trägt. Was aber das eine Land dabei gewinnt, wird jedenfalls von einem andern verloren, und die Erhebungskosten kommen noch dazu. Wenn daher internationale Moralität richtig erkannt und ihre Anforderungen befolgt würden, so müssten solche Steuern als dem allgemeinen Wohl zuwiderlaufend, nicht bestehen. Uebrigens sind Ausfuhrzölle immer mehr ausser Anwendung gekommen. Nach dem Handelsvertrage zwischen Preussen und der Türkei von 1862 sollen auch dort die Ausfuhrzölle bis auf 1 % des Werths der Ausfuhrartikel heruntergesetzt werden.

Da Ausfuhrzölle zum Theil auch von dem Lande, welches sie auflegt, getragen werden müssen, so wird es nicht auffallen, dass Einfuhrzölle zum Theil auch auf das Ausland fallen können.

Nehmen wir beispielsweise an, dass England sich mit Deutschen Leinen und Deutschland sich dagegen mit Englischem Tuch versorgt und dass nun England Deutsche Leinen mit einer Einfuhrabgabe belegt, die aber nicht ein Schutzzoll, d. h. eine so hohe Steuer ist, dass dadurch England veranlasst würde, seinen Bedarf an Leinen selbst zu produciren. Wenn die Auflegung der Steuer den Verbrauch von Leinen in England irgendwie vermindert, so wird das Gleichgewicht des Handels gestört. Denn da die Abgabe bei der Einfuhr in England erhoben wird, so erhält der Deutsche Exporteur nur denselben Preis wie früher, obgleich der Englische Konsument einen höheren bezahlt. Sobald also ein geringeres Quantum von Leinen in England eingeführt wird, schuldet auch England eine geringere Summe Geldes an Deutschland, obgleich in England eine grössere Summe Geldes für Leinen wirklich verausgabt wird. Und diese geringere Summe wird nicht mehr diejenige Summe aufwiegen, welche Deutschland für Tuch an England schuldet; für den Saldo wird also Geld von Deutschland nach England fliessen. Leinen wird in Deutschland im Preise sinken und Tuch in England im Preise steigen. Deutschland wird das Tuch in England theurer bezahlen müssen, und weniger Geldeinkommen zum Kaufen haben, während England das Leinen wohlfeiler erhält, d. h. der Preis desselben wird seinen früheren Betrag um weniger als den Betrag der Steuer übersteigen, während seine Mittel zum Ankauf von Leinen durch das vermehrte Geldeinkommen zugenommen haben. Wenn die Auflegung des Einfuhrzolls die Nachfrage nicht vermindert, so bleibt der Handel ganz unverändert. England wird eben so viel einführen und ausführen, wie früher, und die ganze Abgabe wird von England allein getragen werden. Die Auflegung einer Abgabe vermindert indessen beinahe immer die Nachfrage des besteuerten Gegenstandes. Als Regel kann man daher annehmen, dass ein Einfuhrzoll, sobald er wirklich als eine Steuer und nicht als ein gänzliches oder theilweises Einfuhrverbot wirkt, fast immer zum Theil auf die Ausländer, welche unsere Waaren konsumiren, zurückfällt, und dass auf diesem Wege eine Nation dahin kommen kann, von der Vermehrung, die in der allgemeinen Produktivität der Arbeit und des Kapitals der Welt in Folge des internationalen Austausches der Waaren eintritt, einen grösseren Antheil auf Kosten des Auslandes zu erlangen, als sie unter andern Umständen daran gehabt haben würde.

Hiernach kann man behaupten, dass Einfuhrzölle theilweise vom Auslande gezahlt werden; aber nicht vom auswärtigen Produzenten werden sie gezahlt. Nicht auf die Ausländer, von denen wir kaufen, sondern auf diejenigen, welche von uns kaufen, fällt von selbst ein Theil unserer Einfuhrzölle. Der auswärtige Verbraucher unserer Ausfuhrartikel wird genöthigt, einen höhern Preis dafür zu bezahlen, weil wir von den eingeführten Produkten des Auslandes Zölle erheben.

Die Einfuhrzölle sind zweifach. Entweder bezwecken sie die Aufmunterung, Beförderung und Unterstützung eines besonderen Zweiges der einheimischen Erwerbthätigkeit, oder sie haben einen solchen Zweck nicht. Die Zölle der ersteren Art, die Schutzzölle — die in England beinahe ganz abgeschafft sind — sind immer nachtheilig, sowohl für das Land, welches sie auflegt, als auch für die Länder, mit welchen es Handel treibt. Sie verhindern eine Ersparung von Arbeit und Kapital, welche, wenn sie stattfinden könnte, in der einen oder andern Weise zwischen dem einführenden Lande und den Ländern, welche diesem seine Ausfuhrartikel abnehmen oder abnehmen könnten, sich vertheilen würde. Die andere Art von Einfuhrzöllen begünstigt nicht eine besondere Weise, einen Artikel auf Kosten der anderen zu erlangen, sondern lässt den Austausch ganz so geschehen, als ob die Abgabe nicht bestände. Bei ihnen, den Finanzzöllen, würde also die Arbeitsersparung fortbestehen, welche eben den Beweggrund des internationalen wie jedes anderen Handels abgiebt. Dahin gehören Einfuhrzölle von solchen Waaren, die unter keiner Bedingung im Lande selbst erzeugt werden können, und solche Einfuhrzölle, die nicht hoch genug sind, um den Unterschied der Kosten zwischen der inländischen Produktion des Artikels und seiner Einfuhr aufzuwiegen. Von dem Gelde, welches der Staatskasse eines Landes durch Einfuhrzölle letzter Art zufliesst, wird nur ein Theil von den eigenen Angehörigen, und das übrige von den auswärtigen Konsumenten der betreffenden Artikel bezahlt.

Indessen ist doch auch die letzte Art von Einfuhrzöllen im Princip eben so wenig zu empfehlen, als die erstere, obwohl nicht gerade aus demselben Grunde. Ein Schutzzoll kann dem Lande, welches ihn auflegt, niemals Gewinn bringen, sondern immer nur Verlust, insoweit er nämlich überhaupt für seinen Zweck wirksam ist. Dagegen wird ein Einfuhrzoll, der nicht Schutzzoll ist, meistens zu einer Quelle von Gewinn für das Land, welches ihn auflegt, werden — insoweit es nämlich ein Gewinn ist, einen Theil der Steuerlast auf die Angehörigen eines andern Staats zu werfen. Dennoch aber möchte es wohl selten räthlich sein, dazu zu greifen, da dieser Zweck sehr leicht durch Befolgung desselben Verfahrens von Seiten anderer Staaten vereitelt werden kann. Wenn in dem vorher angenommenen Fall England mehr als seinen natürlichen Antheil an den Vortheilen des Handels mit Deutschland durch einen Einfuhrzoll auf Deutsche Leinen für sich zu erlangen suchte, so brauchte Deutschland nur einen Einfuhrzoll auf Englisches Tuch zu legen, um die Nachfrage nach Englischem Tuch in demselben Maass zu beschränken, als die Nachfrage nach Deutschem Leinen in England durch diese Abgabe abgenommen hat. Dann würden die Dinge wieder so sein, wie früher, und jedes Land müsste seine eigenen Abgaben bezahlen — ausgenommen freilich, wenn die Summe der beiden Zölle den ganzen Vortheil aus dem Handel überwiegen sollte, wo dann der Handel und sein Vortheil ganz aufhören müssten.

Es würde demnach die Auflegung solcher Zölle mit der Absicht, dadurch in der angegebenen Weise Gewinn zu erlangen, keinen Vortheil bringen. Wenn aber der Staatsbedarf zum Theil auch durch Verbrauchssteuern erhoben werden muss, so möchte gegen diese nicht mehr einzuwenden sein, als gegen andere. Auch kommen offenbar Rücksichten der Reciprocität, die ganz unwesentlich sind, wo es sich um Schutzzölle handelt, sehr in Betracht, wo die Abschaffung von Zöllen dieser anderen Art in Frage kommt. Kein Land wird nämlich leicht auf die Macht, die Auswärtigen zu besteuern, Verzicht leisten wollen, so lange das Ausland nicht dieselbe Schonung beweist. Die einzige Art nun, wie ein Land Verlusten durch Finanzzölle, die andere Länder von seinen Exportartikeln erheben, entgehen kann, besteht in der Auflegung entsprechender Zölle auf ihre Waaren. Man muss aber darauf achten, dass diese Zölle nicht eine Höhe erreichen, welche die Vortheile aus dem Handel, so viel davon noch vorhanden ist, übersteigen und der Einfuhr dadurch ein Ende machen, dass sie zur einheimischen Produktion oder zum Beziehen aus einer theureren Quelle nöthigen.

Wenn man alle Steuern entweder als direkte oder als indirekte ansehen will, so könnte man vielleicht mit Hoffmann alle Steuern auf den Besitz direkte, und alle Steuern auf Handlungen indirekte nennen. Indessen ist die Eintheilung der Steuern in Steuern auf Besitz und Steuern auf Handlungen doch nicht allgemein üblich geworden. Einfacher ist es daher wohl, wenn man mit Mill zuerst die direkten Steuern, dann die Verbrauchssteuern und zuletzt die übrigen, die Steuern verschiedener Art, behandelt, da in den meisten Ländern doch Steuern vorkommen, die nicht ganz zu den direkten oder zu den Verbrauchssteuern zu gehören scheinen. In einigen Ländern ist fast kein Vorfall des Lebens, von der Geburt bis zum Tode, der nicht zu irgend einer Gelderpressung benutzt wird; viele ganz gewöhnliche unvermeidliche Handlungen dürfen nicht ohne eine Genehmigung einer obrigkeitlichen Behörde vorgenommen werden, und diese Bewilligung wird nur gegen Bezahlung ertheilt, besonders wenn die Handlung eine Mitwirkung oder besondere Garantie von Seiten einer öffentlichen Autorität erfordert. Hier sind übrigens nur solche Abgaben zu betrachten, die in den civilisirten Staaten vorzukommen pflegen.

So findet fast in allen Ländern eine Besteuerung von Verträgen statt. Häufig wird die öffentliche Urkunde, welche zuweilen den einzigen Beweis des Vertrages bilden darf, besteuert, indem sie auf Stempelpapier, welches die Regierung theuer verkauft, geschrieben werden muss. Jeder schriftliche Vertrag wird zuweilen in dieser Art besteuert; auch kommt es vor, dass eben der Besteuerung wegen, gewisse Verträge schriftlich abgeschlossen werden müssen, um gültig zu sein. In manchen Ländern müssen gewisse Verträge sogar gerichtlich oder notariell abgeschlossen werden und diese Art der Abschliessung wird zu einer weiteren Erhebung von Gebühren benutzt.

Die wichtigste von solchen Abgaben ist die von Eigenthumsveräusserungen, namentlich vom Kauf und Verkauf. Abgaben vom Verkauf verzehrbarer Gegenstände sind eigentlich Verbrauchsabgaben. Wird die Abgabe nur auf gewisse Gegenstände gelegt, so erhöht sie den Preis derselben und fällt auf die Verbraucher; könnte sie von jedem Kauf und Verkauf erhoben werden, so wäre sie eine Steuer von allen Verbrauchsgegenständen und würde die Preise nicht weiter berühren; müsste der Verkäufer sie bezahlen, so wäre sie eine Besteuerung des Kapitalgewinns; hätte der Käufer sie zu bezahlen, so wäre sie eine Besteuerung des Verbrauchs, und es könnte keiner von beiden sie auf andere überwälzen. Wird die Steuer auf bestimmte Verkaufsarten beschränkt, z. B. auf Auktionen, so hält sie von der Anwendung dieser Verbrauchsarten ab. Denn mittelst Auktion verkauft man grossentheils nur, wenn man in Noth ist und dann fällt die Steuer auf den Verkäufer, erhöht jedoch seine Noth, da der Käufer selten genöthigt ist, gerade in Auktion zu kaufen. Derartige Abgaben sind daher, wenn sie nicht mässig bleiben, zu verwerfen.

Auch Abgaben von Kauf und Verkauf des Grundeigenthums unterliegen in vielen Fällen demselben Einwurf. Zum Kaufen von Grundeigenthum ist man seltener genöthigt, als zum Verkaufen; den Verkäufer trifft also die Steuer, und um so härter, je mehr er sich in der Nothwendigkeit des Verkaufens befindet. Ueberhaupt sind alle Abgaben zu verwerfen, die dem Verkauf von Grundeigenthum Hindernisse in den Weg legen. Solche Verkäufe tragen naturgemäss bei, das Eigenthum produktiver zu machen. Derjenige, welcher, sei es aus Noth oder freiwillig, verkauft, wird gewöhnlich ohne die Mittel oder die Fähigkeit sein, den grösstmöglichen Nutzen aus dem Eigenthum in Hinsicht auf produktive Zwecke zu ziehen; der Käufer dagegen wird meist geneigt und auch im Stande sein, das Eigenthum zu verbessern; für solche Käufer hat das Eigenthum daher den meisten Werth und sie können also den höchsten Preis dafür bieten. Deshalb ist jede Abgabe von Verkaufsverträgen über Grundeigenthum entschieden nachtheilig, und man kann im Gegentheil nicht genug Alles begünstigen, was das Grundeigenthum in den Verkehr bringt und es diejenige Form der Verbindung oder Zerstückelung annehmen lässt, welche seine Ergiebigkeit am meisten fördert. Sind nämlich die Grundbesitzungen zu gross, so sollte die Veräusserung steuerfrei sein, damit sie parzellirt werden; sind sie zu klein, so sollte die Veräusserung ebenfalls steuerfrei sein, damit sie möglichst leicht verbunden werden können. Demnach müssten alle Abgaben von der Veräusserung von Grundeigenthum aufgehoben werden. Wo das Grundeigenthum in wenigen Händen ist und wo längere Verpachtungen wesentliche Bedingungen tüchtiger Bewirthschaftung sind, da ist eine Besteuerung solcher Verpachtungen ebenfalls nachtheilig.

Die Besteuerung der Versicherungen hat man wohl schon wie Bestrafungen der Vorsichtigkeit und Bedachtsamkeit angesehen. Indessen wäre eine mässige Besteuerung, sofern dadurch ein Ertrag von Erheblichkeit erzielt werden kann, doch nicht unbedingt zu verwerfen.

Das Feuerversicherungsgeschäft scheint sich in Frankreich mehr ausgebildet zu haben und mit billigeren Prämien auszukommen, als in England. Dennoch hat hier die Steuer von Feuerversicherungen eingebracht 1816 618,000 £ und 1862 1,609,000 £, und zwar in England und Wales 1,400,000 £, in Schottland 120,000 £ und in Irland 80,000 £, wozu noch eine kleine Stempelgebühr von Policen kommt, welche 1862 13,000 £ einbrachte. Das Steigen des Ertrages ist nicht durch Erhöhung des Steuersatzes, sondern bloss durch die Zunahme der Versicherungen herbeigeführt. Die Steuer von der Versicherung landwirthschaftlicher Vorräthe wurde sogar 1833 abgeschafft, was demnächst Handelsleute und Manufakturisten veranlasste, über diese Begünstigung der Landwirthe zu klagen. Die Steuer beträgt 3 s. auf 100 £ Versicherungssumme oder 1½ $^0/_{00}$. Die Versicherungsprämie ist zwar bei Londoner Wohnhäusern nur 1 s. 6 d. $^0/_0$, durchschnittlich aber 5 s. $^0/_0$ oder 2½ $^0/_{00}$, so dass die Steuer durchschnittlich 66 $^0/_0$ der Prämie ausmacht, und die Versicherung durchschnittlich 4 $^0/_{00}$ kostet. Gegen eine Herabsetzung der Steuer hat man geltend gemacht, dass seit 1833 jährlich im Durchschnitt die steuerpflichtigen Versicherungen um 7,3 $^0/_0$, die steuerfreien landwirthschaftlichen Versicherungen nur um 2,7 $^0/_0$ zugenommen, so wie dass die Erhebung der Steuer keine Schwierigkeiten dargeboten und die Kosten 4—5 $^0/_0$ selten überstiegen hätten; dass eine Herabsetzung der Steuer den dadurch entstehenden Einnahmeausfall durch eine Zunahme der Versicherungen nicht wieder gutmachen würde; dass das versicherungsfähige Vermögen sich gleich bliebe, wenn die Steuer hoch oder niedrig ist; dass der jetzige Steuersatz wirklich Niemanden vom Häuserbau und von Anschaffung von Mobilien abhielte. Indessen wurde doch im Unterhause im Juli 1863 eine Resolution, dass die Steuer von Feuerversicherungen excessiv wäre und ermässigt werden müsste, mit 103 gegen 67 Stimmen angenommen, obgleich der Schatzkanzler Gladstone sich dagegen aussprach[1]). Für Waarenlager, Maschinen und dergleichen wurde 1864 die Steuer von 3 s. auf 1 s. 6 d. (oder auf $\frac{3}{4}$ °/₀₀) heruntergesetzt; und im März 1865 fand die Resolution Annahme, dass es nach der Meinung des Hauses zweckdienlich sei, die in voriger Session vorgenommene Ermässigung der Feuerversicherungssteuer bei ehester Gelegenheit auf Häuser, Hausrath und alle Arten versicherbaren Eigenthums auszudehnen.

In Preussen betrugen 1862 die Prämien bei den Feuerversicherungs-Aktiengesellschaften durchschnittlich nur 1,24 °/₀₀, wogegen bei den sogenannten öffentlichen Feuersocietäten 2,16 °/₀₀ Beiträge zu zahlen waren. Die ersteren leisteten also dem Publikum billigere Dienste als letztere. Das weitere Fortbestehen dieser überdies mit ungerechtfertigten Privilegien versehenen öffentlichen Societäten ist meines Erachtens durchaus nicht erforderlich. Ueberhaupt waren im genannten Jahre auf Gegenseitigkeit 1999 Millionen und gegen feste Prämien 2353 Millionen, zusammen 4352 Millionen Thaler, und zwar gegen Beiträge und Prämien von durchschnittlich 2,15 °/₀₀ versichert[2]). Wenn also, wie in England, eine Steuer von $1\frac{1}{2}$ °/₀₀ zu zahlen wäre, so würde die Versicherung im Ganzen doch nur durchschnittlich auf 3,65 °/₀₀ zu stehen kommen. Auf 4352 Millionen Thaler Versicherungsbetrag würde eine Steuer von nur $\frac{1}{2}$ °/₀₀ schon 2,176,000 Thlr. einbringen; natürlich dürfen mit Rücksicht auf Artikel 101 der beschworenen Verfassung die Versicherungen bei den öffentlichen Societäten nicht steuerfrei bleiben. Nach dem Stempelgesetz von 1822 ist jetzt für Assekuranzpolizen $\frac{1}{2}$ °/₀ der gezahlten Prämie, in allen Fällen, wo die gezahlte Prämie 100 Thlr. nicht übersteigt, $^1/_2$ Thlr., und wenn die Prämie 50 Thlr. nicht erreicht, nichts an Steuer zu entrichten. Diese Versicherungssteuer hat den grossen Fehler, dass sie nur sehr wenig einbringen kann. Denn wer z. B. ein Vermögen von 50,000 Thlrn. gegen Feuerschaden versichern lässt und dafür 2,15 °/₀₀ Prämie oder 107,5 Thlr. zahlt, hat $\frac{1}{2}$ °/₀, also nur 0,53 Thlr. Steuer zu entrichten — und wie selten kommen so hohe Versicherungssummen vor! —

[1]) George Dodd, Fire Insurance and its Taxation, im Companion to the Almanac for 1864 S. 88—102.

[2]) Zeitschrift des statistischen Bureaus 1864 S. 86, 94, 95.

An die Abgaben von Verträgen schliessen sich die Abgaben von den Verkehrsmitteln an. Wenn die Wegegelder und das Postporto übermässig hoch sind, so erleiden alle Unternehmungen, Güter von einem Ort nach einem andern zu transportiren, und Artikel an einem Platz zu produciren, damit sie an einem andern verbraucht werden sollen, dadurch Hemmnisse und Hinderungen; und doch sind solche Unternehmungen nicht allein eine Hauptquelle von Arbeitsersparniss, sondern auch nothwendige Bedingung jedes Fortschritts in der Produktion und eines der stärksten Reizmittel der Erwerbthätigkeit.

Demselben Vorwurfe unterliegt auch eine Steuer von Ankündigungen, weil, da öffentliche Anzeigen einem Geschäfte durch die Annäherung des Konsumenten an den Produzenten oder Verkäufer der Sache nützen, eine Abgabe davon die Zeit verlängern kann, wo die Waare unverkauft und das Kapital daher in Unthätigkeit verbleibt, wenn nämlich die Abgabe so hoch ist, dass dadurch Ankündigungen zu theuer und demnach wirklich verhindert werden.

Eine Steuer von Zeitungen ist zu verwerfen, nicht sowohl für die Fälle, wo sie entrichtet wird, als auch für die Fälle, wo sie nicht entrichtet wird, wo sie nämlich den Gebrauch von Zeitungen verhindert. Jetzt werden dieselben meistens nur von den Wohlhabenden angeschafft, beinahe wie ein Luxusartikel; eine mässige Steuer davon wäre also nicht gerade tadelnswerth. Wo die Zeitungen der Censur oder anderen Präventivmassregeln, Beschränkungen oder Hemmungen unterliegen, sind sie wenig anziehend. Interessanter und besser werden sie erst mit Abschaffung der Censur und mit der nöthigen Freiheit. Belehrender würden sie werden, wenn sie so billig herzustellen wären, dass die Zahl der Käufer sehr gross würde, weil dann auf ihre Produktion in vorzüglichster Quantität ein grosses Kapital und die besten Talente verwendet werden könnten. Jede Besteuerung der Zeitungen, wie auch der Zeitschriften und Druckschriften überhaupt, sei es nun durch Zeitungsstempel, Zoll oder Accise von Papier, hohes Porto, Kautionen, Monopole, Privilegien etc. bewirkt, dass weniger Zeitungen angeschafft, also auch weniger gelesen werden. Die meisten Menschen, welche überhaupt in der Schule lesen gelernt haben, lesen späterhin wenig Bücher, sondern höchstens Zeitungen und etwa Kalender, und das ist gewöhnlich ihr einziges Unterrichtsmittel. Jede Besteuerung der Zeitungen trifft also nicht allein die Zeitungsleser, sondern hält die meisten Menschen vom Lesen überhaupt ab, sie ist also eine Verhinderung oder Besteuerung und Bestrafung der Belehrung, folglich eine schlechte Steuerart. —

In Bezug auf die Gerichtsgebühren (S. 149) ist hier nur noch zu bemerken, dass die Kosten der Justiz von den streitenden Parteien allein nicht getragen werden können. Denn wenn diese auch Vortheil von einer guten Rechtspflege haben, so haben doch alle Anderen, welche die durch die Gesetze und Gerichte gewährte Sicherheit von Unrecht geniessen, noch mehr Vortheil, wenn sie den Schutz des Richters nicht anzurufen brauchen. —

Ausser den eigentlichen Staatssteuern giebt es in den meisten Ländern noch Steuern, die man im Allgemeinen als Lokalsteuern bezeichnen kann, zur Bestreitung von solchen öffentlichen Ausgaben, deren Verwaltung und Kontrolle örtlichen Autoritäten überlassen ist. So werden vielfach Abgaben aufgebracht für Provinzen, Kreise, Gemeinden (vergl. oben S. 52, 277), kirchliche und Schulverbände, Armenverbände, Deichgenossenschaften u. s. w. Mill hält es für einen wichtigen Grundsatz, dass dergleichen Lokalsteuern möglichst speciell, d. h. für eine bestimmte Dienstleistung angeordnet werden und die dafür wirklich verausgabten Kosten nicht übersteigen sollten, weil diese Art Steuern weniger der Oeffentlichkeit und Erörterung unterlägen als die Handlungen der Staatsregierung; und neben dieser Beschränkung wäre es ferner wünschenswerth, wenn irgend thunlich, die Last denen aufzulegen, für die der Dienst geleistet würde. Hinsichtlich der Staatssteuern ist es nützlich, dass sie nicht auf immer oder auf eine unbestimmte Zeit bewilligt werden (S. 14, 15, 69). Daher sagte auch in der Sitzung des Abgeordnetenhauses vom 16. März 1865 der nicht der Opposition angehörende Abgeordnete Graf Wartensleben: „Ich meine, man sollte doch etwas vorsichtiger mit Steuern umgehen, als man es thut; ich meinerseits, fürwahr, möchte keine Steuer länger als auf ein Jahr bewilligen.“ Nach diesem Grundsatz müssten aber auch alle Lokalabgaben, namentlich Kreis- und Gemeindeabgaben, niemals auf unbestimmte Zeit, vielmehr in der Regel nur auf ein Jahr höchstens bewilligt oder genehmigt werden. Dadurch wird wenigstens zu häufig wiederholten Prüfungen der Nothwendigkeit Anlass gegeben. Wenn solche Prüfung nicht von Zeit zu Zeit erfolgt, so wird die Abgabe sehr leicht eine fortdauernde, und auch eine Ermässigung derselben ist kaum jemals zu hoffen. Es ist nämlich sehr wahrscheinlich, dass, wenn eine Verwaltung nur Geldmittel hat, sie dieselbe auch auszugeben wissen wird; will man also überhaupt unnütze Ausgaben verhindern und Ersparungen bewirken, so muss man der Verwaltung immer nur äusserst knappe Geldmittel lassen.

Abgesehen davon, dass in London noch von Wein und von Kohlen eine Abgabe erhoben wird, sind in England beinahe alle Lokalabgaben direkt, während der grösste Theil der Staatssteuern indirekt erhoben wird; Zölle, Accise und Stempel bringen etwa 50 Millionen £. Dagegen wird in Frankreich, Oesterreich und in andern Ländern die direkte Besteuerung weit umfassender vom Staat benutzt und der Lokalaufwand der Städte hauptsächlich durch Steuern von dort eingeführten Waaren bestritten. Solche indirekte Steuern sind aber offenbar in Städten viel mehr zu verwerfen, als an den Landesgrenzen, weil die Artikel, womit das Land die Städte versorgt, meistens nothwendige Lebensmittel und Rohstoffe für die Fabrikation sind, während der grössere Theil dessen, was ein Land vom Auslande einführt, zu den Luxusgegenständen gehört. Eine grosse Einnahme kann eine städtische Eingangssteuer nicht bringen, ohne die arbeitenden Klassen schwer zu bedrücken; ausser wenn in Folge desselben der Lohn sehr steigt, in welchem Fall die Abgabe zum grossen Theil auf die Verbraucher der städtischen Erzeugnisse fällt, gleichviel ob sie in oder ausserhalb der Stadt wohnen, da das Kapital nicht in den Städten bleiben wird, sofern der Kapitalgewinn in ihnen tiefer sinkt als in den ländlichen Distrikten. Nach den Grafschaftsrechnungen von England und Wales belief sich die gesammte Schätzung (assessment) für die Grafschaftssteuer auf 71,339,174 £; die Einnahme aus Grafschafts- und Polizeisteuern betrug in dem mit dem 29. September 1863 endenden Jahre 1,323,591 £; der Staatszuschuss für Verfolgung von Gefangenen und zu Polizeikosten 333,973 £; und die Einnahme wegen Irren 59,966 £. Die Hauptausgabeposten waren 618,187 £ für ländliche Polizei, 351,164 £ auf Gefängnisse, 131,699 £ auf Verfolgung und 21,049 £ auf Transportirung von Gefangenen, 122,782 £ auf Irrenanstalten. Grafschaftsbrücken kosteten 52,774 £, Friedensgerichtsschreiber erhielten 46,594 £ und Coroner 58,431 £. Die Ausgaben für Unterstützung der Armen beliefen sich für England und Wales in dem mit Mariä Verkündigung 1863 endenden Jahre auf 6,527,036 £, d. h. pro Kopf auf 6 s. $4^1/_2$ d.; für Schottland in dem mit dem 14. Mai 1863 endenden Jahre auf 736,027 £; für Irland in dem mit dem 29. September 1863 endenden Jahre auf 605,981 £.

In Preussen werden die Lokalabgaben, namentlich die Gemeindesteuern (S. 52, 53), häufig nach dem Fuss von Staatssteuern erhoben. Doch giebt es keine von allen Unterthanen zu zahlende direkte Staatssteuer, welche zum Massstab für die Gemeindesteuern geeignet wäre. Zu den besseren Gemeindesteuern sind diejenigen zu rechnen, welche als Zuschläge zur Einkommen- und zur Klassensteuer erhoben werden, die schlechtesten sind aber die Gemeindezuschläge zur Mahl- und Schlachtsteuer. Die Städteordnung vom

30. Mai 1853 bestimmt, dass derjenige, welcher, ohne in dem Stadtbezirk zu wohnen, daselbst Grundbesitz hat, oder ein stehendes Gewerbe betreibt, dennoch verpflichtet ist, an denjenigen Lasten Theil zu nehmen, welche auf den Grundbesitz, oder das Gewerbe, oder auf das aus jenen Quellen fliessende Einkommen gelegt sind. Dieselbe Verpflichtung haben juristische Personen, welche in der Stadt Grundeigenthum besitzen oder ein stehendes Gewerbe betreiben. Bei den Gemeindezuschlägen zur Staatseinkommensteuer muss das ausserhalb der Gemeinde belegene Grundeigenthum ausser Berechnung bleiben. Nach den K.O. vom 29. April 1829 und 18. Oktober 1834 können die Gemeinden das Halten von Hunden besteuern. Behufs Unterstützung der Armen können sie nach dem A. L.R. II. 19. §. 27 den Luxus, die Ostentation und die öffentlichen Belustigungen ihrer wohlhabenden Einwohner mit gemässigten Taxen belegen. Zu demselben Zweck darf nach den K.O. vom 7. November 1841 und 30. März 1842 das Halten von Nachtigallen, und in mahl- und schlachtsteuerpflichtigen Städten nach der K.O. vom 24. April 1848 das Einbringen von Wildpret besteuert werden. In Breslau wird auch von Brennmaterialien eine Gemeindesteuer erhoben. Die schon (S. 100) erwähnte Jagdscheinsteuer ist eine Kreissteuer. Ganz genaue Nachrichten über den Gesammtbetrag der Lokalsteuern in Preussen sind nicht vorhanden. Es sind zwar Nachweisungen darüber aufgestellt, sie gelten aber nicht für zuverlässig und für vollständig. Nach der Uebersicht des Haushalts sämmtlicher Kommunen für das Jahr 1849 wurden von den Kommunalbedürfnissen durch Kommunalsteuern überhaupt 9,266,402 Thlr. aufgebracht, durchschnittlich pro Kopf 19 Sgr. 2 Pf. Nach der Uebersicht der Beiträge aller Art zu Provinzial-, Kreis- und Ortskommunalzwecken für 1855 betrugen die Beiträge zu Provinzial-, Kreis-, Kommunal-, Kirchen- und Schulzwecken überhaupt 21,964,320 Thlr., durchschnittlich pro Kopf 39 Sgr. 3 Pf. Endlich betrug nach der Uebersicht der Beiträge aller Art zu Provinzial-, Kreis-, Kommunal-, Kirchen-, Pfarr- und Schulzwecken für 1857 die Gesammtsumme der Beiträge zu Provinzial-, Kreis- und Kommunalzwecken überhaupt 28,530,778 Thlr., durchschnittlich pro Kopf 50 Sgr. und 103,9 $^0/_0$ der direkten Staatssteuern [1]).

In Frankreich werden, nach Hock, die Ausgaben, besonders der grösseren Gemeinden grossentheils durch Verbrauchsabgaben erhoben, indem von Getränken, Esswaaren, Futter-, Brenn- und Baustoffen bei ihrem Eingange in die Gemeinde Abgaben erhoben werden,

---

[1]) Zeitschrift des statistischen Bureaus 1863 S. 1—7.

welche Octrois heissen und von deren Reinertrag $^{1}/_{10}$ an den Staat abgegeben werden muss. Es sind alte Lokalabgaben. Durch Gesetz vom 19. Februar 1791 wurden sie aufgehoben, aber durch das Gesetz vom 27. Vendémiaire VII für Paris und durch die Gesetze vom 11. Frimaire und 5. Ventose VIII für andere Städte wieder eingeführt. Anfangs 1830 bestand das Octroi in 1508 Gemeinden und brachte brutto $67^{1}/_{2}$ Millionen Franken ein; 1850 war es in 1436 Gemeinden und brachte brutto 95,2 Millionen. Pro Kopf der Bevölkerung kam davon in Paris 36 und in Marseille 25 Franken. Dem Octroi waren, bis 1857 wenigstens, in Paris unterworfen: 1) Wein, Obstwein, Meth, gebrannte geistige Flüssigkeiten, Bier, Essig, fette und ätherische Oele, Firnisse, Schmieren, abgeriebene Farben, Theer; 2) frisches und geräuchertes Fleisch, Würste, Geflügel, Wildpret, Fische, Schalthiere, Pasteten, Trüffeln, Fette aller Art, Butter, Eier, Käse, Salz, Eis; 3) Brennmaterialien aller Art, Wachs und Wallrath, Stearin, Lichte; 4) Kalk, Cement, Mörtel, Bausteine, Schiefer, Ziegel, Pflastersteine, Thonerde, Sand, Bau- und Werkholz, Eisenbestandtheile zu Baukonstruktionen; 5) Heu, Stroh, Hafer, Gerste. — Bis 1860 hatte Paris eine Ausdehnung von 3288 Hektaren mit 1,174,346 Seelen. Um von einer grösseren Menschenzahl Octroi erheben zu können, wurden nun die Octroigrenzen weiter hinausgerückt und so erhielt Paris eine Ausdehnung von 7088 Hektaren mit 1,525,942 Seelen. Für 1862 wurde das Octroi dort auf 77 Millionen veranschlagt. — In Belgien wurden die Octrois 1862 gänzlich aufgehoben und in Holland wurde dasselbe 1864 beabsichtigt.

Es ist eine alte Streitfrage, ob direkte oder indirekte Besteuerung den Vorzug verdiene. Viele zeigen sich den indirekten Steuern, unter welchen vorzugsweise die Verbrauchssteuern verstanden werden, günstig gesinnt, oder vielmehr sie sind Feinde der direkten. Manchem ist auch vielleicht nicht so sehr die Summe, als die Art der Zahlung verhasst. Es erscheint ihm ungemüthlich, auf Geheiss des ihm widerwärtigen Steuereinnehmers eine bestimmte Summe an einem bestimmten Termin zahlen, oder sich dem ihm noch widerwärtigeren Exekutor fügen zu müssen. Vielleicht ist er auch nicht ganz im Klaren, ob nicht das Geld, welches er direkt aus seiner Tasche nimmt, die einzige Steuer ist, von der er ganz gewiss weiss, dass er sie zahlt. Indessen wird es doch in keiner Weise vom Gesetzgeber verheimlicht, dass die Steuer von Kaffee, Bier, Salz diese Artikel wenigstens um den Betrag der Steuer theurer machen, also ihren Verbrauch beschränken muss, und dem Verbraucher braucht dies auch nicht geheim zu bleiben. So besteht denn zuweilen eine unklare Abneigung gegen direkte Besteuerung, obgleich sich das Publikum ziemlich geduldig in den Preisen seiner Bedürfnisse rupfen lässt. In Folge dieser Wahrnehmung ist nun die Behauptung aufgestellt worden, dass gerade der Grund, welcher direkte Steuern anstössig macht, ihr Vorzug sei. Bei den direkten Steuern merke Jeder, wie theuer Kriege oder andere kostspielige nationale Luxusausgaben zu stehen kommen; und wenn nun alle Steuern direkt wären, so würde der Hass gegen Steuern so stark werden, dass verschwenderische Staatsausgaben mehr würden unterbleiben müssen.

Dies Argument zu Gunsten direkter Besteuerung ist gewiss nicht ohne sehr erhebliches Gewicht. Indessen verliert dasselbe immer mehr an Bedeutung. Denn die wahre Einwirkung der indirekten Steuern wird doch täglich deutlicher erkannt und in immer weiteren Kreisen begriffen. Aber auch gegen die Sache lässt sich dies selbe Argument anwenden. Der jetzige Staatsbedarf aller grösseren Länder ist einmal so bedeutend geworden, dass eine äusserst gefährliche Unzufriedenheit hervorgerufen werden würde, wenn man es versuchen wollte, ihn ganz durch direkte Steuern zu decken. Ueberdies können grosse und wichtige Reformen im Staate selten vorgenommen werden, ohne die Staatsausgaben wenigstens eine Zeit lang zu erhöhen. Oft würden die Reformen selbst unmöglich werden, wenn die Aufbringung der erforderlichen Kosten sehr gehässig wäre; und doch können sich manche Reformen, trotz der Steuererhöhung, nach einiger Zeit hundertfältig bezahlt machen, wie Verbesserungen des Unterrichtswesens, auch der Polizei nach jetzigem Englischen Muster.

So wie direkte Steuern erhöht oder indirekte durch direkte ersetzt werden sollen, um die Staatsausgaben und daher auch die Staatseinnahmen zu erhöhen, pflegen sogleich Vertheidiger der indirekten Steuern aufzutreten, zumal solche, welche voraussehen, dass sie selbst künftig an Steuern überhaupt mehr als seither werden zahlen müssen. Diese Vertheidiger verfahren natürlich keineswegs alle heuchlerisch, aber wenn sie auch in gutem Glauben auftreten, so können sie doch nicht als ganz unparteiisch erscheinen, auch wenn sie geltend machen, dass alte Steuern gemeinhin sehr viel leichter getragen würden als neue (S. 261), und dass bei den indirekten Steuern die Verbraucher in den Preisen in „wenig merklichen" Antheilen die vorgeschossene Steuer vergüten. „Wenn eine Regierung," sagte 1847 Bastiat, „ein, zwei oder drei Milliarden nöthig hat, so ist sie gezwungen, dieselben dem Volke gewissermaassen mit List abzuzapfen. Die Aufgabe besteht darin, den Bürgern die Hälfte,

Zweidrittel, Dreiviertel ihrer Einnahmen tropfenweise und stündlich, ohne dass sie etwas davon merken, zu nehmen. Darin liegt die schöne Seite der indirekten Steuern. Die Abgabe vermischt sich so innig mit dem Preise der Dinge, dass es absolut unmöglich ist, sie herauszufinden. Mit der Vorsichtsmassregel, nach der kaiserlichen Politik zuerst nur eine sehr mässige Steuer einzuführen, um nicht eine zu merkbare Veränderung der Preise zu veranlassen, kann man demnächst zu überraschenden Resultaten gelangen. Bei jeder neuen Vertheuerung sagt der Fiskus: Was machen ein oder zwei Centimen auf den Kopf im Durchschnitt? oder auch: Wer giebt uns dafür Sicherheit, dass die Vertheuerung nicht von anderen Ursachen herkommt?" Nach dieser Theorie der Unmerklichkeit der indirekten Steuern müsste man, wie mir scheint, sich viel glücklicher schätzen, wenn einem von Anfang Januar bis Ende December täglich der Werth eines Thalers gestohlen würde, ohne dass man es merkt, als wenn man genöthigt würde, am 1. Juli eine Steuer von 365 Thlrn. zu zahlen. Uebrigens hat es mit der Erhöhung der indirekten Steuern seinen Haken. Jede Erhöhung der Steuer erhöht den Preis, beschränkt also den Verbrauch, so dass nothwendig ein Moment kommt, wo eine weitere Erhöhung der Steuer den Ertrag derselben vermindert. Bevor Peel durch Herabsetzung der Zölle und Einführung einer direkten Steuer die Deficits beseitigte und Ueberschüsse schaffte, hatten seine Vorgänger Zölle und Accise um 5 % erhöht — das Resultat war aber nicht allein gar keine Zunahme, sondern vielmehr eine Abnahme des Ertrages.

Wenn für die indirekten Steuern häufig angeführt wird, dass sie minder drückend seien, weil man ihnen entgehen könne, wenn man den besteuerten Aufwand unterlasse, so ist dies nur eine Täuschung. In diesem Fall bringt man doch ein Opfer an seiner Lebensannehmlichkeit, welches den Betrag einer gleichen direkt erhobenen Steuer aufwiegen würde. Wenn eine Abgabe auf Wein den Preis der Quantität Wein, die Jemand jährlich verbraucht, um 30 Thlr. erhöht, so kann er freilich der Abgabe entgehen, wenn er seinen jährlichen Weinverbrauch um 30 Thlr. vermindert. Wenn aber diese 30 Thlr. anstatt auf Wein gelegt zu sein, ihm in Form einer Einkommensteuer genommen werden, so kann er durch Verringerung seiner Ausgabe für Wein um 30 Thlr. den Betrag der Steuer offenbar eben so gut ersparen. Der Unterschied zwischen beiden Fällen beruht also nur auf einer Einbildung. Ob dem Steuerpflichtigen 30 Thlr. auf die eine oder die andere Art abgenommen werden, so muss er doch immer den Betrag von seiner Konsumtion abkürzen, wenn er nicht seine Vermögensumstände verschlechtern will; in beiden Fällen wird ihm dasselbe Opfer aufgelegt. Manche Verbrauchssteuern haben allerdings den Vorzug, dass sie zu einer Zeit und in einer Weise erhoben werden, die wahrscheinlich dem Zahler am gelegensten sein werden. Man entrichtet sie zu einer Zeit, wo man jedenfalls eine Zahlung zu machen haben würde, hat also keine besondere Mühe und Beschwerde dabei. Auch kann man, ausser bei sehr vergänglichen Waaren, zu passender Zeit einen grösseren Vorrath anschaffen, und so die Zeit der Steuerzahlung selbst wählen. Nur der Producent oder Verkäufer, welcher die Steuer vorschussweise entrichtet, kann deshalb zuweilen in Verlegenheit kommen; aber die Steuerverwaltung kann gegen Sicherstellung Erleichterungen hinsichtlich der Zahlungszeit zulassen. Was indessen auch immer zu Gunsten indirekter Steuern gesagt werden kann, gilt doch am wenigsten von den Steuern auf Lebensnothwendigkeiten, deren Ankauf einen Aufschub nicht gestattet.

Für die direkten Steuern spricht dagegen, dass ein Volk, wenn es die öffentlichen Ausgaben durch direkte Steuern bestreitet, im Ganzen weniger Steuern zahlt, als wenn es dieselben durch indirekte Steuern bestreitet, weil die Erhebungskosten der letzteren viel höher sind. In England kostet die Erhebung der Zölle 6 bis 7 % und der Einkommensteuer zwischen 2 und 3 %. In Frankreich [1]) sollen sich die Erhebungskosten der Zölle auf 16⅔ %, der indirekten Steuern auf 11 bis 12 %, der direkten auf 3 % belaufen. In Preussen kosten, so viel sich aus dem Etat für 1861 ergiebt, die indirekten Steuern, jedoch mit Ausschluss des Salzmonopols, 12 % und die direkten 4 %.

Die direkten Steuern haben für die Verwaltung das Unangenehme, dass Steuerreste [2]) nicht ganz zu vermeiden sind. Auch wäre es unter einer sehr verhassten Regierung denkbar, dass die Unterthanen mit Zahlung der direkten Steuern allgemein aufhörten, und in einem grösseren Lande würde eine rechtzeitige exekutivische Einziehung allgemein nicht ausführbar sein; und wenn sie ausführbar wäre und wenn für jeden Steuerrest ein Pfandstück erlangt werden könnte, wie könnte man das Volk zwingen, die Pfandstücke zu kaufen? In die-

[1]) Revue des deux mondes vom 15. Mai 1861 S. 361, 362.

[2]) Aus Oesterreich wurde im Februar 1865 berichtet, dass die Steuerrückstände, die 1862 und 1863 nur 12 % betrugen, 1864 auf 19 % des Gesammtsteuerbetrages, oder auf 26½ Millionen gestiegen seien, wovon ziemlich 20 Millionen auf Ungarn, Kroatien, Siebenbürgen und nicht ganz 7 Millionen auf die Deutsch-Slavischen Kronlande entfallen.

ser Beziehung haben die indirekten Steuern allerdings Vorzüge. Steuerreste kommen nicht vor. Die Produktion oder Einfuhr eines steuerpflichtigen Artikels kann wirklich ziemlich verhindert werden, wenn die Steuer nicht vorher gezahlt ist. Aber freilich wenn das Volk den Verbrauch gewisser besteuerter, jedoch entbehrlicher, Waaren freiwillig aufgiebt, z. B. den Mässigkeitsaposteln folgend, nicht mehr Brantwein trinkt, oder nicht mehr Taback raucht, so wird die Steuerkasse auch nicht gefüllt. Die Verbrauchssteuern von unentbehrlichen Lebensmitteln sind für unpopuläre Regierungen die sichersten Steuern, weil das Volk, wenn es nicht verhungern will, sie zahlen muss.

„In diesen letzten Zeiten hat man sich viel mit der Steuerfrage abgegeben. Soll die Steuer direkt oder indirekt sein? Sogleich haben wir eine Lobrede der indirekten Steuer hören müssen. Wohlan, ich trete gegen die indirekte Steuer überhaupt auf. Ich glaube, dass es ein Gesetz der Steuer giebt, welches die ganze Frage beherrscht und welches ich in die Formel fasse: Die Ungleichheit der Steuer steht mit ihrer Grösse im Verhältniss. Ich will damit sagen, dass, je geringer eine Auflage ist, um so leichter ist es, sie billig zu vertheilen; je drückender sie dagegen ist, um so mehr strebt sie, trotz des guten Willens des Gesetzgebers, dahin, sich ungleich zu vertheilen, um so mehr strebt sie, wie man sagen könnte, dahin, umgekehrt zunehmend zu werden, d. h. die Bürger im umgekehrten Verhältniss ihrer Fähigkeiten zu treffen. Wenn Ihr von den Bürgern nicht 200 Millionen, sondern 500, 600, 800 Millionen fordert, dann entschlüpft Euch in dem Maasse, als Ihr die Auflage erhöht, die direkte Auflage, und es ist klar, dass Ihr zu einem Moment gelangt, wo ein Bürger eher zu dem Gewehr greifen würde, als dem Staat etwa die Hälfte seines Vermögens zu bezahlen. Dann wird man Euch nicht zahlen. Was soll man also thun? Man muss zu den indirekten Auflagen seine Zuflucht nehmen; das hat allenthalben stattgefunden, wo man grosse Ausgaben hat machen wollen. Allenthalben, wo der Staat den Bürgern alle Arten von Wohlthaten verschaffen wollte, Unterricht, Religion, Moral, ist man genöthigt, diesem Staate bedeutende indirekte Abgaben zu geben. Wenn die Ausgabe innerhalb gewisser Grenzen beschränkt war, so konnte man ganz sicher gewisse indirekte Abgaben auffinden, welche die Gleichheit verletzen, welche aber nicht das Gefühl der Gerechtigkeit verletzen würden, weil es Luxussteuern sein würden: aber sobald man viel Geld erheben will, dann stellt man nach der Voraussetzung, worauf ich mich stelle, ein wahres Prinzip auf, wenn man sagt, dass die beste Auflage die ist, welche die Gegenstände des allgemeinsten Verbrauchs trifft. Wie ein Wechselagent täglich vielleicht 500 Franken gewinnt, so gewinnt ein Arbeiter 500 Franken jährlich, und die Gerechtigkeit verlangt, dass die 500 Franken des Wechselagenten dem Schatz eben so viel brächten, als die 500 Franken des Arbeiters. Aber so ist es nicht; denn der Wechselagent wird Tapeten, Bronzen, Luxusgegenstände mit seinem Gelde kaufen, d. h. Gegenstände beschränkten Verbrauchs, die keine Abgabe zahlen, während der Arbeiter Wein, Salz, Taback kauft, d. h. Gegenstände allgemeinen Verbrauchs, die belastet sind. In dem System der indirekten Abgaben, in diesem System, welches ich nicht billige, sind vernünftig, wahrhaft vernünftig nur diejenigen Abgaben, welche die Gegenstände des allgemeinsten Verbrauchs treffen. So fangt Ihr an, die Luft zum Athmen mit der Thür- und Fenstersteuer zu treffen, dann das Salz, dann die Getränke, dann den Taback, endlich Alles, was Jedermann gebraucht. Glaubt Ihr, dass, wenn man den Steuerbeitrag von jedem Bürger in direkter Form forderte; wenn man ihm einen Steuerzettel schickte, der nicht allein die Summe enthält, die er für das Jahr zahlen soll, sondern auch die Einzelnheiten seiner Steuern, denn das ist leicht anzugeben: so viel für die Justiz; so viel für die Polizei; so viel für Algier; so viel für die Expedition nach Rom u. s. w. [1]); glaubt Ihr danach, dass das Land nicht gut würde regiert sein? Herr Charency sagte uns eben, dass das Land mit der indirekten Steuer sicher wäre, gut regiert zu werden. Nun, was mich betrifft, ich sage das Gegentheil. Mit allen diesen hinterlistig abgenommenen Steuern leidet das Volk, murrt und beschwert sich dafür über Alles: das Kapital, das Eigenthum, die Monarchie, die Republik, und die Steuer ist daran Schuld." Das sind Worte B a s t i a t's, die er am 12. December 1849 in der gesetzgebenden Versammlung bei der Debatte über die Getränkesteuer sprach.

Ungeachtet der Vorzüge, welche die direkte Besteuerung vor der indirekten hat, sind doch in den meisten Ländern die Staatsbedürfnisse so gross, dass sie, wie auch wohl ziemlich allgemein anerkannt wird, durch direkte Steuern a l l e i n nicht bestritten werden k ö n n e n. Demnach muss eine indirekte Besteuerung als ein unvermeidliches Uebel, aber freilich nicht in einem grösseren Umfang, als unbedingt nothwendig ist, ertragen werden. —

---

[1]) Im Jahr 1843 hat B a s t i a t folgendes Conto für einen Grundbesitzer, der 500 Franken direkte Steuern zahlt, was ein Einkommen von höchstens 2400 bis 2600 Franken voraussetzt, entworfen:

Es entsteht hiernach die Frage, welche indirekte Steuern am wenigsten verwerflich sind.

Einige Formen der indirekten Besteuerung müssen als durchaus unzulässig erachtet werden. So dürfen Steuern, welche zur Bestreitung des Staatsbedarfs auf gewisse Verbrauchsartikel gelegt werden, nicht als Differenzialabgaben oder Schutzzölle wirken; sie müssen vielmehr unparteiisch von allen Arten, wie die Artikel beschafft wer-

---

Contocorrent des öffentlichen Schatzes mit Herrn N. für 1843.

Soll, empfangen für Herrn N.	Fr.	C.	Haben, gezahlt im Interesse des Herrn N.	Fr.	C.
An direkten Steuern	500	—	Für Zinsen der öffentlichen Schuld	353	—
Enregistrement, Stempel, Domänen	204	17	Civilliste	14	—
Zölle und Salz	158	—	Spendung der Gerechtigkeit	20	—
Forsten und Fischereien	30	10	Religion	36	—
Indirekte Steuern	206	67	Diplomatie	8	—
Post	39	—	Oeffentlicher Unterricht	16	—
Universitätseinnahmen	2	50	Geheime Ausgaben	1	—
Verschiedene Einnahmen	21	87	Telegraphen	1	—
Saldo	89	17	Aufmunterungen an Musiker und Tänzerinnen	3	—
			Dürftige, Kranke, Schwache	1	10
			Unterstützungen an Flüchtlinge	2	15
			Aufmunterungen für den Ackerbau	—	80
			Desgl. für Seefischereien	4	—
			Desgl. für Manufakturen	—	23
			Gestüte	2	—
			Schäfereien	—	63
			Unterstützungen für Kolonisten	—	87
			Desgl. für Ueberschwemmte und Abgebrannte	1	90
			Departementalausgaben	72	—
			Präfekten und Unterpräfekten	7	20
			Wege, Kanäle, Brücken und Häfen	52	60
			Armee	364	—
			Marine	114	—
			Kolonien	26	—
			Steuererhebung und Verwaltung	150	—
Summa	1251	48	Summa	1251	48

Der Saldo zeigt an, dass der Schatz für Rechnung des Herrn N. 89 Fr. 17 C. mehr ausgegeben als empfangen hat. Aber Herr N. möge sich beruhigen. Die Herren Rothschild und Genossen sind so gütig gewesen, diese Summe vorzuschiessen, und Herr N. braucht davon nur die Zinsen auf ewig zu bezahlen; d. h. von jetzt ab 4 bis 5 Franken jährlich mehr zu zahlen.

den können — sei es durch Produktion im Lande oder durch Einfuhr vom Auslande — in demselben Verhältniss zum Werth erhoben werden.

Ferner sind zu verwerfen alle Abgaben von nothwendigen Lebensbedürfnissen, so wie von denjenigen Stoffen und Werkzeugen, welche zur Produktion dieser Lebensnothwendigkeiten erforderlich sind, da solche Abgaben leicht auch das zu einer gesunden Existenz nur eben ausreichende Einkommen, was unbesteuert bleiben muss, treffen. Und selbst bei der günstigsten Annahme, nämlich dass in Folge solcher Steuern der Arbeitslohn hoch genug steigen sollte, um den Arbeiter für die Steuer schadlos zu halten, wirken sie als eine besondere Steuer vom Kapitalgewinn, was eben so unbillig an sich, als dem Nationalwohlstande nachtheilig ist. Rohstoffe und Werkzeuge der Produktion in allen Fällen steuerfrei zu lassen, erscheint jedoch nicht nothwendig. Sofern dieselben nicht zur Hervorbringung von Lebensnothwendigkeiten erfordert werden, eignen sie sich zur Besteuerung eben so gut, wie das fertige Fabrikat. Falls letzteres indessen mit Accisegefällen belegt ist, wird man die dazu erforderlichen Rohstoffe und Werkzeuge nicht noch mit einem Einfuhrzoll belegen dürfen.

Sonach bleiben nur noch Abgaben von dem Verbrauch von Gegenständen des Luxus, im weiteren Sinn freilich, übrig und diese sind sehr empfehlenswerth. Zunächst können sie niemals diejenigen treffen, deren ganzes Einkommen für Lebensnothwendigkeiten verausgabt wird, während sie allerdings auch diejenigen treffen, welche das, was sie zur Bestreitung nothwendiger Bedürfnisse verwenden sollten, auf blosse Genussmittel verwenden. Dazu kommt noch, dass sie in einigen Fällen als eine nützliche, und zwar als die einzige nützliche Art, den Luxus zu beschränken, wirken. Manche Ausgaben der höheren und auch der mittleren Stände geschehen nämlich nicht wegen des Genusses der dafür angeschafften Dinge — wogegen an sich nichts einzuwenden wäre, — sondern bloss aus Rücksicht auf die Meinungen Anderer und in dem Wahne, dass gewisse Ausgaben als eine Folge der gesellschaftlichen Stellung erwartet würden. Wenn nun Ausgaben solcher Art durch Steuern eingeschränkt werden, so haben diese etwas Gutes bewirkt, und anderenfalls haben sie nicht geschadet; und soweit Abgaben von Gegenständen erhoben werden, die bloss aus derartigen Motiven begehrt und besessen werden, leidet Niemand darunter. Wenn eine Sache nicht ihres Nutzens, sondern bloss ihrer Kostbarkeit wegen gekauft wird, so ist ihre Wohlfeilheit keine Empfehlung. Der Umstand, dass ein Gegenstand der

Eitelkeit wohlfeiler wird, hat nicht die Folge, dass dann weniger dafür aufgewendet wird, sondern vielmehr die Folge, dass die Käufer an die Stelle des wohlfeiler gewordenen Gegenstandes nun einen theureren oder sorgfältiger angefertigten setzen. Da aber die geringere Qualität den Zweck der Eitelkeit ebenso gut erfüllte, als sie ebenso kostspielig war, so würde eine darauf gelegte Steuer wirklich von Niemandem bezahlt; es wird auf diese Weise eine Staatseinnahme geschaffen, bei der Niemand verliert. —

Um so viel wie möglich die Unzuträglichkeiten von Verbrauchssteuern zu vermeiden und ihre Vortheile zu vermehren, sind folgende sieben Regeln für die indirekte Besteuerung aufgestellt worden;

1) Es muss eine so grosse Einnahme als nur immer möglich von denjenigen Arten von Luxusgegenständen erhoben werden, die am meisten mit der Eitelkeit und am wenigsten mit wirklichem Genuss zusammenhängen, wie z. B. von den kostbaren Arten von Kleidung und Schmucksachen aller Art.

2) So weit es irgend ausführbar, muss die Steuer nicht vom Produzenten, sondern möglichst unmittelbar vom Konsumenten erhoben werden, weil die Entrichtung durch den ersten den Preis des Gegenstandes immer mehr, und oft um sehr viel mehr, als den Betrag der Steuer erhöht.

3) Da nun aber bloss diejenigen indirekten Steuern, welche auf Gegenstände allgemeiner und sehr verbreiteter Konsumtion fallen, eine grosse Einnahme gewähren, so ist es nöthig, einige Steuern auch von wirklichen Genussmitteln zu erheben, d. h. von solchen Gegenständen, die an sich Genuss gewähren, und die aus diesem Grunde und nicht bloss ihrer Kostbarkeit wegen geschätzt werden. Aus dieser Ursache müssen dann diese Abgaben wo möglich so angelegt werden, dass sie mit demselben verhältnissmässigen Gewicht auf das geringe, mässige und grosse Einkommen fallen. Dies ist aber schwierig, weil die Artikel, welche ein einträgliches Steuerobjekt bilden, verhältnissmässig mehr von den Aermeren, als von den Reicheren konsumirt werden. Kaffee, Zucker, Spirituosen, Taback lassen sich kaum in einer Weise besteuern, ohne dass die Armen mehr als ihren billigen Antheil der Last tragen. Etwas gewinnt man in dieser Beziehung, wenn man die besseren Sorten, die bei den reicheren Konsumenten im Gebrauch sind, sehr viel höher im Verhältniss zu ihrem Werth besteuert — statt viel niedriger, wie jetzt fast allenthalben geschieht. Die Schwierigkeit, die Steuer irgendwie nach dem Werthe zu bestimmen, so dass keine Umgehung geschehen kann, gilt indessen

beinahe für unüberwindlich. Daher sind gewöhnlich alle Qualitäten mit derselben festen Abgabe, nach dem Gewicht oder der Stückzahl, belegt. Dies ist aber eine ganz offenbare Ungerechtigkeit gegen die ärmeren Klassen, insofern sie nicht wenigstens durch das Bestehen anderer Steuern entschädigt werden, von denen sie ganz frei bleiben, wie z. B. in England von der Einkommensteuer.

4) So weit es mit den bisher angeführten Regeln vereinbar ist, sollte die Besteuerung sich lieber auf wenige Artikel beschränken, als auf viele zersplittern. Dadurch würden die Kosten der Erhebung und Ueberwachung mässig gehalten werden können, auch nicht so viele Gewerbe durch die Einmischung von Beamten belästigt zu werden brauchen.

5) Unter den Luxusgegenständen allgemeinen Verbrauchs sollte die Besteuerung sich vorzugsweise an die aufregenden Getränke halten. Dieselben sind zwar an sich wohl ein eben so zulässiger als heilsamer Genuss als mancher andere; aber sie führen doch leichter als die meisten anderen zum Uebermaass, und deshalb ist es bei ihnen besser als bei anderen Dingen angebracht, dass durch die Besteuerung ihr Verbrauch beschränkt wird.

6) So viel wie möglich sollten die indirekten Steuern sich auf Einfuhrzölle beschränken. Denn die Einfuhr kann mit weniger belästigender Einmischung und mit weniger nachtheiligen Nebenwirkungen besteuert werden, als mit anderen Verbrauchsabgaben, die auf dem Felde oder in der Werkstatt erhoben werden müssen, verbunden sind. Gegen Einfuhrzölle ist caeteris paribus weit weniger einzuwenden, als gegen Acciseabgaben. Aber die Zölle müssen nur auf solche Artikel gelegt werden, die im Inlande nicht producirt werden können oder wenigstens nicht producirt werden. Sonst muss ihre Produktion im Inlande verboten werden — wie in England bei dem Taback der Fall ist, und wie im Zollverein sowohl bei dem Taback als auch bei dem Zucker der Fall sein könnte — oder mit einer Acciseabgabe belegt werden, welche durchaus nicht niedriger sein darf, als der Eingangszoll. In Ländern, wo die Grenzen schwer zu bewachen, oder wo wegen der Kleinheit des Landes unverhältnissmässig viel Grenzen sind, so wie auch in Ländern, die eine sehr zerrissene Lage haben, sind Zölle schwierig zu erheben. Leichter sind sie anwendbar in Staaten, welche aus grossen Inseln bestehen, und wo nur in grossen Häfen und mit grossen Schiffen zu landen ist. Deshalb sind in England und den Vereinigten Staaten Zölle anwendbarer und zweckmässiger als in Deutschland. Land- und Flussgrenzen sind am schwersten zu bewachen. Endlich

7) sollte keine Steuer so hoch sein, dass sie in dem Maasse zur Umgehung anreizt, dass diese durch gewöhnliche einfache Aufsichtsmassregeln nicht verhindert werden kann. Insbesondere sollte niemals eine Waare so hoch besteuert werden, dass dadurch Menschen dazu verlockt werden, die Umgehung der Abgabe beinahe gewerbsweise zu betreiben. — Im Zollverein erwartet die Zolldefraudanten hohe Geldbusse und, wenn sie nicht zahlen können, Gefängnissstrafe. Einzelne Zollsätze sind aber so hoch, dass doch geschmuggelt wird, und zwar mit Lebensgefahr, denn nach dem Gesetz vom 28. Juni 1834 dürfen die Grenzaufsichtsbeamten, ohne dadurch straffällig zu werden, unter gewissen Umständen Personen, welche sie für Schmuggler halten, todtschiessen. —

Bei den Zöllen und Acciseabgaben in England sind in neuerer Zeit viele Reformen vorgenommen worden. Abgeschafft wurden alle Abgaben von den gewöhnlichen Nahrungsmitteln, sei es für Menschen oder für Vieh; Abgaben von Bauholz, weil sie auf die Materialien für Wohnungen fallen, die zu den nothwendigen Lebensbedürfnissen gehören; ferner alle Abgaben von Metallen und dem daraus gefertigten Geräth; die Steuer von Seife, die ein nothwendiges Bedürfniss zur Reinlichkeit ist, von Talg als dem Material sowohl zu diesem wie zu anderen Bedürfnissen; die Steuer von Papier, welches ein unentbehrliches Hülfsmittel fast aller Geschäfte und der meisten Arten des Unterrichts ist. Von den Erträgen der Zölle und Accisen fällt das meiste auf Zucker, Kaffee, Thee, Wein, Bier, Spirituosen und Taback. An sich sind dies zweckmässige Steuern; in ihrer jetzigen Gestalt sind sie aber doch sehr ungerecht, weil sie mit unverhältnissmässigem Druck auf die ärmeren Klassen, welche sich mit Waaren der schlechtesten Qualitäten begnügen müssen, fallen. Die Zölle von Taback und Wein sind so hoch, dass der Schmuggel bedeutend ist. Dass eine sehr bedeutende Heruntersetzung den Verbrauch dieser beiden Artikel so erhöhen würde, dass der Zollertrag nicht wesentlich sinken würde, wird wenigstens von Einzelnen angenommen.

Wenn nun, während England Acciseabgaben aufhob, die Vereinigten Staaten solche einführten, so ist dies, wie aus Trollope's Buch (Nordamerika, 1862, Bd. 3) zu entnehmen ist, doch nicht etwa deshalb geschehen, weil man direkte Steuern für schlechtere Steuern hielt. In der Verfassung vom 17. September 1778 heisst es nämlich: „Die Zahl der Volksvertreter und die direkten Steuern sollen unter die verschiedenen Staaten, welche in diesen Bund aufgenommen sein werden, je nach ihrer Volkszahl vertheilt werden; diese soll so festgestellt werden, dass zur ganzen Zahl freier Personen, mit

Einschluss der auf eine gewisse Reihe von Jahren zum Dienen Verpflichteten und mit Ausschluss der nicht beschatzten Indianer, drei Fünftel aller andern Personen zugezählt werden. Die Zählung soll innerhalb dreier Jahre nach der ersten Versammlung des Kongresses der Vereinigten Staaten und innerhalb jeder folgenden Frist von zehn Jahren in solcher Weise geschehen, wie sie durch Gesetz anordnen werden. Die Zahl der Volksvertreter soll nicht einen auf je 30,000 übersteigen, jeder Staat soll aber wenigstens einen Vertreter haben u. s. w." Seither erhoben nun die einzelnen Staaten direkte Steuern in verschiedener Weise; die Union hat dies aber nicht gethan. Die Zahl der Vertreter im Repräsentantenhause ist daher noch nicht nach dem Betrage der direkten Steuern, sondern lediglich nach der Volkszahl bestimmt worden. Soll nun die Zahl der Repräsentanten für die einzelnen Staaten nicht ganz anders werden, so müsste die Verfassung geändert werden, wenn der Kongress die Erhebung von direkten Steuern für die Gesammtausgabe anordnen wollte. Wenn man z. B. das Einkommen besteuern wollte, so müssten zwei Staaten, die eine gleiche Zahl Mitglieder in das Repräsentantenhaus schicken, auch die gleiche Summe an Einkommensteuer aufbringen. Das geht aber nicht, weil nicht alle Staaten gleich reich sind. Trotz des Bürgerkrieges und der dadurch ungeheuer vermehrten Ausgaben hatte man direkte Steuern noch nicht eingeführt, sondern nur neue indirekte, nämlich neben den Eingangszöllen noch Acciseabgaben, die in den Vereinigten Staaten bis dahin noch nicht erhoben worden waren. Nach einem Gesetz, welches am 1. Mai 1862 in Kraft treten sollte, waren Steuern gelegt auf Salz, Seife, Licht, Oel und andere Brennflüssigkeiten, Gas, Nadeln, Papier, Tinte und Leder. Die Besteuerung von Mehl war zwar Anfangs auch vorgeschlagen, fand aber schliesslich keine Annahme. Alle Gegenstände, die aus Baumwolle, Wolle, Seide, Flachs, Hanf, Zucker, Gummi, Guttapercha, Holz, Glas, Thon, Leder, Papier, Eisen, Stahl, Blei, Zinn, Kupfer, Zink, Messing, Gold und Silber, Horn, Elfenbein, Knochen, Borsten, ganz oder zum Theil oder aus anderem Material gefertigt sind, sollten besteuert werden, mit Ausnahme jedoch, dass Bücher, Monats- und Wochenschriften, Flugschriften und Zeitungen nicht als Fabrikate angesehen werden. Von allen solchen Fabrikaten sollten 3 % vom Werth gezahlt werden.

Sechstes Kapitel.

Von einzelnen Steuern.

Bei der Abhandlung der Grundsätze der Besteuerung überhaupt konnte auf die einzelnen Steuern nicht näher eingegangen werden. Dies wird daher in diesem Kapitel nachgeholt werden. Eine ausführlichere Behandlung werden jedoch nur die wichtigeren Steuern erfahren, vorzugsweise die Preussischen Staatssteuern, insoweit ihrer nicht schon in den vorhergehenden Kapiteln gedacht ist. Eines Zurückgehens auf die Zeit vor 1806 wird es aber kaum bedürfen, um so weniger, als Liebhaber historischer Ermittelungen hier noch viel Arbeit finden können, wenn auch aus solcher Arbeit erheblicher praktischer Nutzen schwerlich zu erwarten steht. In den Annalen der Preussischen Staatswirthschaft und Statistik, welche L. H. Jakob und L. Krug in Halle 1804 und 1805 herausgaben, sagte ersterer (Bd. 2 S. 366), dass nichts in den Preussischen Staaten im Allgemeinen so unbekannt sei, als die Details über das Steuerwesen. Für jene Zeit sind die Hauptquellen Krug's schon öfters angeführte Betrachtungen über den Nationalreichthum des Preussischen Staats, die auch C. F. W. Dieterici, der Volkswohlstand im Preussischen Staate, 1846, vielfach benutzt hat.

In der Zeit vor 1806 brachten die Kontribution und Grundsteuern aller Art $5^4/_5$ Millionen, Accise und Zölle $9^1/_2$ Millionen, die Salzregie $4^1/_2$ Millionen und die Stempel über $^1/_2$ Millionen Thaler ein. Dies waren die Hauptsteuern. Die sonstigen Steuern und Staatseinnahmen aller Art, ausser von den Domänen und Forsten, beliefen sich wohl nicht über 3 Millionen. Nur der geringere Theil der Steuern wurde direkt aufgebracht, namentlich die Kontribution, die Steuer des platten Landes, wo in der Regel nur die unentbehrlichsten Handwerker geduldet wurden. Die Accise, deren Erhebung 8000 Beamte erforderte, war die wichtigste Steuer, da sie von allen Steuern dem Staat das meiste einbrachte; aber sehr viel mehr kostete sie den Unterthanen. Sie gehörte zu den schlechtesten Arten von Verbrauchssteuern, welche die Verarmung befördern. Wie Krug berichtet, brachte die Accise für Getreide, Mehl, Malz, Brantwein, Schroot, Mehl- und Hülsenfrüchte 38 % der gesammten Einnahme, wogegen die Abgaben von Wein, Weinessig, mineralischen Brunnen, Juwelen, Gold-, Silber- und Seidenwaaren, so wie Putzwaaren nur $7\frac{1}{3}$ % des Ganzen brachten. Handwerke, Fabriken und Handel durften in der Regel nur in den Städten getrieben werden. Was in die Städte gebracht wurde, musste Accise zahlen. Nach Dieterici (S. 7, 62, 63) gab es einst nicht weniger als 67 verschiedene Accisetarife. Fast in allen Provinzen waren die Sätze verschieden und beinahe Alles wurde versteuert. Die Accise erstreckte sich auf 2775 versteuerte Gegenstände, mithin auf fast alle im gemeinen Leben und im Gewerbe vorkommenden Objekte. Das Ganze war wie ein durch blinden Zufall entstandenes Chaos. Es bestanden Grenzzölle und innere Zölle, die letzteren vorzüglich in der Kurmark, indem die älteren Landesfürsten das kaiserliche Privilegium zu Anlegung beliebiger Zölle für ihre Kassen so hoch nutzten, als es nur immer möglich war. Natürlich waren die inneren Zölle noch viel nachtheiliger als die Grenzzölle. Die fast in allen Provinzen nach verschiedenen Sätzen angelegten Acciseabgaben hatten vorzüglich die in neuern Zeiten angelegten Zölle, die bei der Einfuhr aus einer Provinz in die andere erhoben wurden, erschaffen; indem eine Waare, die in der Kurmark höher ist, als in Pommern, von dorther wohlfeiler in die Kurmark gebracht werden könnte, als aus anderen Ländern, wenn man nicht die Veranstaltung getroffen hätte, dass durch die gegenseitigen Zölle und die sogenannte Nachschussaccise das Fehlende an der Grenze den Kassen ersetzt würde. Alle Rechnungskünste und das Nachdenken einer Menge von Beamten mussten darauf verwendet werden, um die Ungleichheiten des Konsumtionssteuersystems so viel wie möglich im Gleichgewicht zu erhalten. Alle diese Abgaben erlitten häufig Veränderungen, die überdies wegen ihrer so grossen Menge dem Publikum nicht bekannt gemacht werden konnten, sondern die derjenige, der sie bezahlen musste, in der Regel erst von dem Beamten erfuhr, der sie einnahm.

Die Einnahmen des Preussischen Staats, für welche im Laufe dieses Jahrhunderts die allgemeine Bezeichnung Grundsteuer üblich geworden ist, umfassen Abgaben, die in den verschiedenen Provinzen zu verschiedener Zeit aufkamen und verschiedene Namen hatten: wie Schoss in Ostpreussen; Kontribution in Westpreussen, Kurmark, Neumark, Magdeburg, Pommern, Schlesien; Lehnpferdegelder in Ostpreussen, Pommern, Kurmark, Neumark, Magdeburg; Ofiara und

Rauchfanggelder in Posen; Schocksteuer, Kavalleriegelder und Quatembersteuer in Sachsen; endlich Servis. In den westlichen Provinzen kommt nur der Name Grundsteuer vor.

Nachdem unter dem grossen Kurfürsten manche Reformen im Steuerwesen vorgenommen waren, geschah ein Weiteres unter Friedrich Wilhelm I in Bezug auf die Grundsteuern in Preussen, Pommern und Magdeburg; geringer waren die Reformen in der Kurmark. Als der Landesmarschall der Preussischen Landstände in einem Französisch abgefassten Berichte gegen die Einführung des Generalhufenschosses mit der Warnung protestirte: „tout le pays sera ruiné,“ schrieb der König an den Rand: tout le pays sera ruiné? „Nihil Kredo, aber das Kredo, dass die Junkers ihre Autorität, nie pos volam, wird ruinirt werden. Ich aber stabilire die Souverainété wie einen Rocher von Bronce!“ Ohne einen Landtag zu berufen, wurde in Preussen der Generalhufenschoss 1719 eingeführt. Auch die Magdeburger Ritterschaft sträubte sich gegen die Einführung der Lehnpferdegelder und, als der König mit Gewalt einschritt, verklagten ihn die Betheiligten bei dem Reichshofrath, der zu Gunsten der Edelleute erkannte. Da sich der Prozess jedoch sehr in die Länge zog, so befahl der König in seiner Instruktion für das Generaldirektorium vom 20. December 1722, „diesen renitenten Edelleuten allerhand Chicanen zu machen, und ihnen solchergestalt den Kitzel zu vertreiben, gegen ihren angebornen Landesherrn und ihre Obrigkeit dergleichen frevelhaftes und gottloses Beginnen weiter zu gedenken, geschweige denn selbiges wirklich vorzunehmen und auszuführen.“ In Schlesien, Glatz und Westpreussen wurde die Grundsteuer unter Friedrich II und in Südpreussen und Neuostpreussen unter Friedrich Wilhelm III regulirt.

Der Servis in den Städten der Provinzen Preussen, Schlesien, Pommern und Brandenburg nach ihrer Begrenzung in den Jahren 1807 bis 1813, so wie in der Provinz Sachsen rechts der Elbe, hatte seinen Ursprung darin, dass den Städten die Aufnahme und Unterbringung der Truppen übertragen war; und so diente er insbesondere zur Ausgleichung der Einquartierungslast. Er wurde einerseits als Ablösung eingehoben, andrerseits als Vergütung derselben gewährt. Diese Ausgleichung beschränkte sich nicht auf die Hausbesitzer einer Stadt unter einander, sondern wurde auf sämmtliche Städte einer Provinz, und noch weiter auf alle Provinzen ausgedehnt. Von den Städten wurde der Servis an die Provinzialserviskasse abgeführt, und die Regierungen überwiesen daraus den bequartierten Städten die zu ihren Ausgaben erforderlichen Summen. Die Quotisirung der Städte nach dem Servisbetrage des Jahres 180$^5/_6$ wurde zuletzt dahin abgeändert, dass die städtische Bevölkerung der Maassstab ward, wie die Stadtquote nach einem bestimmten Satz auf den Kopf der Bevölkerung ermittelt wurde, und dieser Betrag war für die grossen, mittleren und kleineren Städte verschieden. Die Art der Aufbringung blieb den Städten überlassen. So wurde die Abgabe theils eine Realabgabe, theils eine Personal- und Gewerbsabgabe. Zuletzt wurde sie meistens nicht besonders aufgebracht, sondern war wie eine feste Jahresrente, welche die Stadtgemeinde an den Staat abzuführen hatte.

Unerwähnt darf hier nicht bleiben, dass in diesem Jahrhundert bis 1865 die Grundsteuer eine Erhöhung nicht einmal in den Kriegsjahren, wo die Finanznoth doch sehr gross war, erfahren hatte. Das Edikt über die Finanzen vom 27. Oktober 1810 bestimmte in Betreff der Grundsteuer, dass sie nach einem neuen Kataster anderweit veranlagt, aber im Ganzen nicht erhöht, sondern unter Aufhebung aller Exemtionen — wofür übrigens eine Entschädigung nicht verheissen wurde — von allen Grundbesitzern gleichmässig gezahlt werden sollte.

In den Landestheilen, welche Preussen 1813 bis 1815 neu- oder wiedererwarb, fanden sich sehr verschiedene Grundsteuereinrichtungen vor. Das allgemeine Abgabengesetz vom 30. Mai 1820 bestimmte nun, dass die Grundsteuer in jeder Provinz nach den seitherigen Grundsätzen und Vorschriften auch ferner erhoben werden sollte; wo sie aber seit 1789 neu eingeführt oder erhöht sei, könne die Herabsetzung auf $^1/_5$ des Reinertrages gefordert werden. Die Domänen sollten nur mit Grundsteuer belegt, wenigstens zu $^1/_6$ des Reinertrages, veräussert werden. Servis sollte im bisherigen Betrage an die Staatskasse abgeführt werden. Was die westlichen Provinzen betrifft, so war schon zur Französischen Zeit auf der linken Rheinseite mit Aufnahme eines Grundsteuerkatasters, in Folge der Französischen Gesetzgebung der Revolution, angefangen worden. Diese Katastrirung setzte die Preussische Regierung fort. Die K.O. vom 26. Juli 1820 bestimmte, dass die beiden westlichen Provinzen auf ihre Kosten, die sich wohl auf 5 Millionen belaufen haben, nach gleichen Grundsätzen genau katastrirt und dann die Grundsteuer danach dort allenthalben nach gleichem Procentsatz des Reinertrages erhoben würde. Von 1818 bis 1834 war unausgesetzt an dem Kataster gearbeitet worden, und darauf erging, nach Berathung mit den Provinzialständen, ein Grundsteuergesetz für die westlichen Provinzen vom 21. Januar 1839, nach welchem nur wenig Exemtionen von der Grundsteuer stattfanden. Nach dem Gesetz vom 24. Februar 1850 sollten im ganzen Staate beinahe alle Grundstücke, welche einen Reinertrag gewähren, künftig Grundsteuer entrichten und Privilegien und Bevorzugungen aufhören. Dies sollte auch hinsichtlich der Städte gelten, welche Servis zahlen, oder weder Servis, noch Grundsteuer entrichten. Die Entscheidung darüber, ob und in wie weit den bisher befreiten oder bevorzugten Grundbesitzern Entschädigung zu gewähren sei, blieb der weiteren Gesetzgebung vorbehalten. Die vorläufige Veranlagung der bisher befreiten oder bevorzugten Grundstücke sollte durch den Finanzminister angeordnet und dann den Kammern ein Grundsteuergesetz vorgelegt werden. In der Session von $18^{51}/_{52}$ wurde auch den Kammern ein Grundsteuergesetz vorgelegt, doch liess die Regierung es nicht zur Berathung desselben kommen, sondern löste die Kammern auf. Der neugewählten zweiten Kammer wurde am 9. December 1852 wieder ein Grundsteuergesetz vorgelegt, wonach Entschädigung gewährt werden sollte. Da die Kammer aber in Betreff dieser Entschädigung nicht so stimmte, wie die Regierung wünschte, so zog letztere am 8. März 1853 den Gesetzentwurf zurück.

„Zur Erledigung der in den Finanzedikten vom 27. Oktober 1810 und vom 7. September 1811 wegen der Grundsteuer ertheilten Verheissungen, des darauf bezüglichen, im Eingange des Gesetzes über die Einrichtung des Abgabenwesens vom 30. Mai 1820 enthaltenen Vorbehaltes, so wie der Bestimmung im Artikel 101 der Verfassungsurkunde vom 31. Januar 1850, endlich zur Ausführung des Gesetzes vom 24. Februar 1850, die Aufhebung der Grundsteuerbefreiungen betreffend," verordnete das Gesetz, betreffend die anderweite Regelung der Grundsteuer, vom 21. Mai 1861, für den Umfang der Monarchie, mit Ausschluss der Hohenzollernschen Lande und des Jahdegebietes, dass die Grundsteuer fortan zerfällt: a) in die von den Gebäuden und den dazu gehörigen Hofräumen und Hausgärten unter dem Namen „Gebäudesteuer" zu entrichtende Staatsabgabe, und b) in die eigentliche Grundsteuer, welche mit Ausschluss der zu a) bezeichneten, von den ertragsfähigen Grundstücken — von den Liegenschaften — zu entrichten ist. Von der Gebäudesteuer werden nur solche Hausgärten betroffen, deren Flächeninhalt Einen Morgen nicht übersteigt. Grössere Hausgärten unterliegen mit ihrem ganzen Flächeninhalte der Grundsteuer von den Liegenschaften. Die Gebäudesteuer wird nach einem besonderen Gesetze erhoben. Die Grundsteuer von den Liegenschaften ist vom 1. Januar 1865 ab auf einen Jahresbetrag von 10 Millionen Thalern festgestellt. Dieser Betrag ist nach Verhältniss des zu ermittelnden Reinertrages der steuerpflichtigen Liegenschaften auf die einzelnen Provinzen, beziehungsweise die einzelnen, einem besondern Grundsteuersystem unterliegenden ständischen Verbände gleichmässig zu vertheilen. Die hiernach jeder Provinz, beziehungsweise jedem der bezeichneten Verbände zufallende Grundsteuer-Hauptsumme ist als ein Kontingent zu behandeln, welches der Staatskasse gegenüber nur durch einen Zugang steuerpflichtig werdender oder den Abgang steuerfrei zu stellender Grundstücke erhöht, sonst aber nur im Wege der Gesetzgebung und nur in dem Falle erhöht oder vermindert werden kann, wenn die Bedürfnisse des Staats eine allgemeine Erhöhung der Grundsteuer nothwendig machen, oder eine allgemeine Herabsetzung derselben gestatten. Innerhalb der Provinzen, beziehungsweise innerhalb der erwähnten ständischen Verbände, sind die festgestellten Grundsteuer-Hauptsummen auf die einzelnen Kreise, innerhalb dieser auf die Gemeinden und selbstständigen Gutsbezirke, und innerhalb der Gemeinden auf die steuerpflichtigen Liegenschaften nach Verhältniss des Reinertrages gleichmässig zu vertheilen. Befreit von der Grundsteuer bleiben besonders die dem Staat gehörigen Grundstücke; die Domanialgrundstücke der Deutschen Standesherren; die den Provinzen, Gemeinden u. s. w. gehörenden Grundstücke, insofern sie zu einem öffentlichen Dienste oder Gebrauche bestimmt sind, wie Wege, Kanäle, Begräbnissplätze u. s. w.; Brücken, Kunststrassen, Eisenbahnen, öffentliche Kanäle u. s. w.; gewisse Grundstücke der Kirchen, Schulen u. s. w. Alle übrigen seither grundsteuerfreien oder bevorzugten Grundstücke werden vom 1. Januar 1865, ihrem Reinertrage entsprechend, gleichmässig zur Grundsteuer herangezogen — gegen Gewährung einer Entschädigung nach einem besonderen Gesetze. Die Ermittelung des Reinertrages erfolgt nach einer besonderen Ausführungsanweisung. Die Kosten der Ausführung sind von den Provinzen aufzubringen. Eine königliche Verordnung soll die den einzelnen Provinzen, beziehungsweise ständischen Verbänden aufzulegenden Grundsteuer-Hauptsummen, welche vom 1. Januar 1865 ab zur Staatskasse eingezogen werden, feststellen. Ueber die definitive Untervertheilung und Erhebung der festgestellten Grundsteuer-Hauptsummen soll für die sechs östlichen Provinzen ein besonderes Gesetz ergehen. Vom 1. Januar 1865 ab treten alle hinsichtlich der Grundsteuer bestehenden älteren Vorschriften ausser Kraft. Eine Anweisung für das Verfahren bei Ermittelung des Reinertrages der Liegenschaften behufs anderweiter Regelung der Grundsteuer ist dem Grundsteuergesetz vom 21. Mai 1861 beigefügt.

Durch die beiden Verordnungen vom 12. December 1864 sind die Grundsteuer-Hauptsummen, welche im Gesammtbetrage von jährlich 10,000,000 Thlrn. zur Staatskasse einzuziehen sind, festgestellt:

	Thlr.	Sgr.	Pf.
1) für die Provinz Preussen auf	1,330,042	22	—
2) für die Provinz Posen auf	726,367	5	1
3) für die Provinz Pommern, mit Ausschluss des ständischen Verbandes von Neuvorpommern und Rügen, auf	618,783	28	6
4) für die Provinz Schlesien, mit Ausschluss desjenigen Theils derselben, welcher zu dem ständischen Verbande der Oberlausitz gehört, auf	1,634,900	8	7
5) für die Provinz Brandenburg, mit Ausschluss derjenigen Theile, welche zu den ständischen Verbänden der Ober- und der Niederlausitz gehören, auf	999,973	6	11
6) für die Provinz Sachsen auf	1,642,054	2	7
7) für den ständischen Verband von Neuvorpommern und Rügen auf	206,828	2	1
8) für den ständischen Verband der Oberlausitz auf	104,210	3	8
9) für den ständischen Verband der Niederlausitz auf	110,736	22	4
10) für die Provinz Westphalen auf . . .	961,231	6	4
11) für die Rheinprovinz auf	1,664,872	11	11.

Das Gesetz, betreffend die Einführung einer allgemeinen Gebäudesteuer ist ebenfalls vom 21. Mai 1861. Diese Gebäudesteuer tritt gleichzeitig mit der Steuer von den Liegenschaften in Hebung. Von da ab werden die seitherigen Gebäudesteuern, wo dergleichen bestehen, ausser Hebung gesetzt. Befreit davon sind unter andern: die dem Staat, Provinzen, Kreisen, Gemeinden gehörigen, zu einem öffentlichen Dienst oder Gebrauch bestimmten Gebäude; gottesdienstliche Gebäude; Gebäude zum öffentlichen Unterricht; unbewohnte Gebäude, welche nur zum Betrieb der Landwirthschaft bestimmt sind u. s. w.; ferner solche zu gewerblichen Anlagen gehörigen, Gebäude, welche nur zur Aufbewahrung von Brennmaterialien und Rohstoffen u. s. w. dienen. Die Veranlagung der Gebäudesteuer erfolgt dergestalt, dass jedes der Steuer unterliegende Gebäude nach Massgabe seines jährlichen Nutzungswerthes zu einer der in dem, dem Gesetz beigefügten Tarif bestimmten Steuerstufen eingeschätzt wird.

Die Steuer beträgt für Gebäude, die vorzugsweise zum Bewohnen benutzt werden, 4 % des Nutzungswerths: und für solche Gebäude, die vorzugsweise zum Gewerbebetriebe dienen, 2 % des

Nutzungswerthes; jedoch mit der Massgabe, dass nur der Miethswerth des räumlichen Gelasses, ohne Rücksicht auf die damit verbundenen Triebwerke oder die darin befindlichen Maschinen oder Geräthschaften, in Betracht kommt. In den Städten und in den ländlichen Ortschaften, wo eine überwiegende Anzahl von Wohngebäuden regelmässig durch Vermiethung benutzt wird, ist der Nutzungswerth der steuerpflichtigen Gebäude mit Einschluss der zu diesen gehörigen Hofräume und Hausgärten nach dem mittleren jährlichen Miethswerth derselben festzustellen und letzterer nach den durchschnittlichen Miethspreisen abzumessen, welche innerhalb der dem Veranlagungsjahre vorangegangenen 10 Jahre in der Stadt oder Ortschaft bedungen worden sind. In so weit in den übrigen Ortschaften aus wirklichen Miethspreisen ein Anhalt für die Feststellung des Nutzungswerths der Gebäude nicht zu gewinnen ist, sind neben der Grösse, Bauart und Beschaffenheit der zu den Gebäuden gehörigen Hofräume und Hausgärten, auch die Gesammtverhältnisse der zu denselben gehörigen Besitzungen und nutzbaren Grundstücke zu berücksichtigen. So soll in der Regel für Wohngebäude, die zu ländlichen Grundstücken von so geringem Ertrag gehören, dass deren Besitzer zu ihrem Unterhalt noch Verdienst durch Lohnarbeit suchen müssen, der jährliche Nutzungswerth nur bis 15 Thlr. angesetzt werden; derselbe soll für Wohngebäude, welche zu solchen selbstständigen ländlichen Besitzungen gehören, deren wirthschaftlicher Reinertrag weniger als 1000 Thlr. beträgt, zu 25—200 Thlr. geschätzt werden; gehören die Wohngebäude aber zu grösseren ländlichen Besitzungen, so ist ihr Nutzungswerth zwischen 100—750 Thlr. zu schätzen. Niemals sollen aber diese Wohngebäude in eine höhere Stufe eingeschätzt werden, als ähnliche Wohngebäude in den nächst belegenen Landstädten. Das Gesetz enthält über die Veranlagung der Gebäude in diesen ländlichen Ortschaften noch nähere Bestimmungen. Die Kosten der Gebäudesteuerveranlagung fallen der Staatskasse zur Last. Die Gebäudesteuer wird allenthalben nach Massgabe der für die Grundsteuer bestehenden Bestimmungen zur Staatskasse erhoben. Die Gemeinden und Besitzer selbstständiger Gutsbezirke in den östlichen Provinzen müssen die Gebäudesteuer von den einzelnen Steuerpflichtigen monatlich einziehen und an die Staatskasse abführen, wofür sie eine Hebegebühr von 3 $^0/_0$ der eingegangenen Steuer erhalten. Alle 15 Jahre soll die Gebäudesteuerveranlagung einer Revision unterworfen werden.

Nach dem Gesetz, betreffend die für die Aufhebung der Grundsteuer-Befreiungen und Bevorzugungen zu gewährende Entschädigung, ebenfalls vom 21. Mai 1861, soll für die angeordnete Heranziehung bisher befreiter oder bevorzugter Grundstücke zur Grundsteuer eine Entschädigung aus der Staatskasse gewährt werden. Die Besitzer solcher ländlichen oder städtischen Grundstücke, welchen die Grundsteuerbefreiung oder Bevorzugung mittelst eines lästigen Vertrages oder eines speciellen Privilegiums vom Staat verliehen ist, oder welche den Nachweis führen, dass ihrem Gut aus einem andern Titel des Privatrechts der Rechtsanspruch auf Steuerfreiheit oder Bevorzugung dem Staat gegenüber zur Seite steht, erhalten als Entschädigung den 20fachen Betrag desjenigen Grundsteuerbetrages, den das betreffende Gut nach der neuen Grundsteuerveranlagung mehr als seither zur Staatskasse zu entrichten hat. Ist in dem Vertrage oder Privilegium in dieser Beziehung anderweite Bestimmung getroffen, so behält es dabei sein Bewenden. Hat aber der betreffende Grundbesitzer einen solchen besonderen Rechtstitel nicht geltend zu machen, so ist ihm im Ganzen ein Kapital zu gewähren, dessen Höhe durch den $13^1/_3$ fachen Betrag derjenigen Summe bestimmt wird, welche er mehr als seither an Grundsteuer zu entrichten haben würde, wenn das Gut nur nach Massgabe der in dem betreffenden Landestheil bestehenden Steuerverfassung zu der dort üblichen Grundsteuer veranlagt wäre. Die Entschädigungsbeträge werden denen, welche ihre Ansprüche rechtzeitig anmelden, in zu $4\frac{1}{2}$ % verzinslichen Staatsschuldverschreibungen nach deren Nennwerth, oder in baarem Gelde gewährt.

Diese Gebäudesteuer hat nicht die Vorzüge der oben (S. 274—278) abgehandelten und empfohlenen Haus- und Wohnungssteuer.

Was die eigentliche Grundsteuer und die Gebäudesteuer zusammen dem Staate an Einnahmevermehrung bringen werden, lässt sich noch nicht genau übersehen, da erst abgewartet werden muss, wie hoch sich die jährlichen Zinsen von der neuen aus den Entschädigungen erwachsenden Staatsschuld und die Veranlagungskosten belaufen werden.

In England hatten die Parlamente von einer sehr frühen Periode an bis zur Mitte des 17ten Jahrhunderts für die ausserordentlichen Bedürfnisse der Regierung durch die Bewilligung von Beisteuern (subsidies) gesorgt. Eine Beisteuer wurde durch eine Auflage auf die Bevölkerung des Landes nach ihrem angenommenen Vermögen aufgebracht. Grundeigenthum wurde der Hauptgegenstand der Besteuerung und wurde nominell zu 4 s. vom £, oder zu 20 % vom Ertrage, angesetzt. Aber die Veranlagung erfolgte in solcher Weise, dass sie nicht allein nicht im Verhältniss zu dem Steigen des

Bodenwerthes oder zu dem Sinken des Werths der edlen Metalle stieg, sondern fortwährend zu sinken fortfuhr, als die Steuer in Wahrheit weniger als 2 s. vom £ betrug. Zur Zeit Carl's I würde eine wirkliche Steuer von 4 s. vom £ wahrscheinlich nahe an $1^1/_2$ Millionen gebracht haben; aber eine Beisteuer belief sich auf wenig über 50,000 £. Das lange Parlament ersann eine wirksamere Methode, Güter zu besteuern. Die zu erhebende Summe wurde festgestellt, und dann auf die Grafschaften im Verhältniss zu deren angenommenem Wohlstande vertheilt und in jeder Grafschaft nach einem Anschlage erhoben. Das aus diesen Veranlagungen zur Zeit der Republik gezogene Einkommen wechselte von 25,000 bis 120,000 £ den Monat. Nach der Restauration schien die Legislatur eine Zeitlang geneigt, im Finanzwesen wie in andern Dingen zu der älteren Praxis zurückzukehren. Carl II erhielt ein oder zwei Mal Beisteuern bewilligt. Aber bald zeigte sich das alte System weniger zweckmässig als das neue, und während der Zeit zwischen der Restauration und der Revolution wurde ausserordentlichen Anforderungen durch Veranlagungen, welche den Veranlagungen der Republik ähnlich waren, begegnet. Nach der Revolution machte der Krieg mit Frankreich es nöthig, sich jährlich an diese reiche Einnahmequelle zu wenden. In den Jahren 1689, 1690 und 1691 waren grosse Summen vom Boden erhoben worden. So wurde 1690 beschlossen, dass 1,650,000 £ durch eine direkte monatliche Grundanlage erhoben werden sollte. Endlich beschloss man 1692, in grösserem Maasse als je Beisteuern vom Grundeigenthum zu erheben. Die Gemeinden beschlossen nämlich, dass eine neue und genauere Abschätzung der Güter im ganzen Reiche veranstaltet und dass von dem so ermittelten Rentbetrage eine Pfundsteuer an die Regierung gezahlt werden sollte.

Das war der Ursprung der jetzigen Englischen Grundsteuer. Die $16^{92}/_{93}$ gemachte Abschätzung ist bis auf unsere Zeit unverändert geblieben. Danach betrug 1 s. vom £ für die Rentenmasse des Königreichs in runder Summe $^1/_2$ Million. Während 106 Jahren wurde dem Parlament jährlich eine Grundsteuerbill vorgelegt und angenommen, wenn auch nicht ohne Murren von Seiten der Landaristokratie. Die Steuer betrug 1694 und auch später in Kriegszeiten 4 s. vom £. In Friedenszeiten wurden vor der Regierung Georg's III gewöhnlich nur 2 bis 3 s. bewilligt, unter dem Ministerium Walpole kurze Zeit nur 1 s. Aber nachdem der Krieg mit den Amerikanischen Kolonien ausgebrochen war, betrug die Steuer niemals unter 4 s. Endlich 1798 entband sich das Parlament der Mühe, jedes Jahr eine neue Acte zu beschliessen. Die Grundsteuer wurde zu 4 s. vom £ für bleibend, aber für ablösbar erklärt. Die Grundsteuerbill von 1693 war übrigens nicht ohne grossen Widerstand des Oberhauses durchgegangen, aber dies hatte endlich nachgegeben, weil es wusste, dass Wilhelm III lieber 50 Pairs gemacht haben würde, als dass er die Grundsteuerbill hätte scheitern lassen. Die Steuer brachte etwa 2 Millionen ein, eine Summe, die, wie Macaulay sagt, vorher niemals in einem Jahre durch direkte Besteuerung erhoben worden war. Uebrigens war die damalige Ertragschätzung nach Ad. Smith sehr ungleich. Obgleich der Eigenthümer des Guts der eigentliche Zahler der Steuer ist, so schiesst sie der Pachter [1]) doch gewöhnlich vor, und bringt sie bei der Pachtzahlung in Abzug. Da die Besteuerung jedes Bezirks nicht steigt, wenn gleich die Pächte höher geworden sind, so theilt nicht der Staat mit dem Grundbesitzer die Früchte der Verbesserungen, die dieser auf seinen Ländereien vornimmt. Zwar, wenn in Einem Bezirk nur ein oder das andere Gut verbessert worden ist, so kann von solchen Verbesserungen vielleicht zuweilen etwas abgefordert werden, um die Last der übrigen Gutsbesitzer des Bezirks zu erleichtern. Aber die dadurch veranlasste Erhöhung der Steuer auf einzelnen Gütern ist immer so klein, dass sie nie von jenen Verbesserungen abschrecken und also die grösstmögliche Vermehrung der Erzeugnisse des Landes nicht verhindern kann. Die Steuer legt daher dem Erwerbfleisse des Volks keine Hindernisse in den Weg.

Wie erwähnt, wurde 1798 die Grundsteuer, die damals 2,037,627 £ betrug, für ablöslich erklärt, derart, dass der Eigenthümer gegen Hingabe einer gewissen Summe in Fonds sich für immer davon frei machen konnte. Jedes £ Grundsteuer sollte durch Ueberweisung von 1 £ und 10 % Zins in den dreiprocentigen Fonds, also mit $36^2/_3$ £ Nominalbetrag derselben abgelöst werden können. Der Staat verlor dann zwar eine Grundsteuereinnahme von 20 s., sparte dagegen aber eine Zinsenausgabe von 22 s. Da die Dreiprocentigen damals auf 50 standen, so konnte man mit $18^1/_3$ £ einen Nominalbetrag von $36^2/_3$ £,

[1]) Die Verpachtung ist in England schon längst die Regel. Wenn der grössere Theil der Gutsbesitzer in die Versuchung käme, alle ihre Ländereien selbst zu bewirthschaften, so würde, nach Ad. Smith's Meinung, das Land anstatt fleissiger und sparsamer Pächter, die durch ihren eigenen Vortheil getrieben werden, das Land so gut anzubauen, als es ihr Kapital und ihre Geschicklichkeit erlaubt, mit müssigen und liederlichen Amtleuten und Verwaltern angefüllt werden, deren fahrlässige oder tyrannische Verwaltung bald den Ackerbau in Verfall bringen, und die jährlichen Erzeugnisse des Bodens nicht nur zum Schaden der Einkünfte ihrer Herren, sondern auch zur Schmälerung des Einkommens der ganzen Gesellschaft, in seinem wichtigsten Zweige vermindern würde.

die 22 s. Zinsen brachten, ankaufen, und damit 20 s. Grundsteuer ablösen. Man löste also die Grundsteuer mit ihrem $18^1/_3$ fachen Jahresbetrage, d. h. mit einer zu $5\frac{5}{11}$ $^0/_0$ kapitalisirten Summe ab. Je höher der Cours der Dreiprocentigen stieg, desto weniger vortheilhaft musste die Ablösung den Grundbesitzern werden. Um sie zu erleichtern, bestimmte ein Gesetz vom 15. August 1853, dass man statt 10 $^0/_0$ mehr, künftig $7\frac{1}{2}$ $^0/_0$ weniger an Zinsen von Fonds zu überweisen habe, mithin für 20 s. Grundsteuer nur 18 s. 6 d. Zinsen, d. h. also in Dreiprocentigen einen Nominalbetrag von $30^5/_6$ £. Diese kosten, wenn sie, wie Anfangs 1865, auf 90 stehen, $27^3/_4$ £. Man löst also dann mit dem $27^3/_4$ fachen Jahresbetrage ab, d. h. mit einer zu etwa $3\frac{3}{5}$ $^0/_0$ kapitalisirten Summe. Die noch nicht abgelöste Grundsteuer wurde für $18^{58}/_{59}$ auf 1,135,677 £ angegeben.

Vor einem Vierteljahrhundert schrieb Hoffmann: „Der Zeitpunkt, worin ein Ablösbarstellen der Grundsteuern auch im Preussischen Staate zu hoffen sein dürfte, scheint bei dem jetzigen Zustande der Ansichten und Ueberzeugungen allerdings noch sehr entfernt. Er wird jedoch so gewiss nicht ausbleiben, als überhaupt auf eine fortschreitende Verbesserung des Steuerwesens vertraut werden darf." Mit 1 Thlr., den die Regierung von dem Steuerzahler erhält, kann sie dem Staatsgläubiger nicht 1 Thlr. Zinsen zahlen. Rechnet man die gesammten Kosten der Steuererhebung und der Staatsschuldenverwaltung nur zu $7\frac{1}{2}$ $^0/_0$, so kann mit einer Steuereinnahme von 1 Thlr. nur eine Zinsenausgabe von 27 Sgr. 9 Pf. bestritten werden. Der Staat hätte also keinen Verlust, wenn die Ablösung von 1 Thlr. Grundsteuer durch 27 Sgr. 9 Pf. Zinsen, zulässig wäre, d. h. also durch Hingabe von Staatsschuldscheinen im Nominalbetrage von $26^3/_7$ Thlrn. Diese kosten, wenn sie wie Anfangs 1865 auf 91 stehen, $24^1/_{20}$ Thlr. Man würde dann mit dem $24^1/_{20}$ fachen Jahresbetrage ablösen, d. h. mit einer zu etwa $4\frac{1}{6}$ $^0/_0$ kapitalisirten Summe.

In Frankreich sollte nach dem Gesetz vom 23. November 1790 bei einem angenommenen Reinertrag des Grundeigenthums die Grundsteuer 240 Millionen Franken betragen, die nach ungefährer Schätzung auf die Departements und Gemeinden umgelegt wurde. Das Gesetz vom 15. September 1807 ordnete ein allgemeines Kataster an. Kein grosses Land hat jetzt ein so vollständiges und gleichartiges Kataster, wie Frankreich, kein Volk hat aber auch für Katasterarbeiten so viel bezahlen müssen, als das Französische. Die hernach dennoch zu Tage getretenen Ungleichheiten der Vertheilung der Grundsteuer hat man durch Heruntersetzung der Steuer der als überlastet anerkannten Departements zu beseitigen gesucht. So betrug, nach Hock, die Grundsteuer 1822 nur 154,7 Millionen und stieg allmählich durch Zuwachs steuerpflichtiger Gründe und neuer Gebäude wieder auf 161,4 Millionen. Die Grundsteuer beträgt jetzt nicht, wie Anfangs beabsichtigt war, durchschnittlich 20, sondern nur 8 % des Reinertrags, nach Garnier sogar häufig nur 1 % des gegenwärtigen Ertrages. Manche Departements sind $2^1/_2$ mal und manche Gemeinden 10 mal so hoch besteuert als andere. Seit dem Gesetz vom 31. Juli 1821 dienen die Katasterarbeiten in der Regel nur zur Bemessung der individuellen Steuerquoten innerhalb der Gemeinde. Die Kosten der Katasterarbeiten beliefen sich bis 1844 auf 150 Millionen, von denen 60 Millionen der Staat und 90 Millionen die Departements bestritten hatten. Rau giebt die Katasterkosten auf 200 Millionen an. Für 1861 gab Garnier die Grundsteuer zu 284 Millionen an; er sagt, dass gegenwärtig durch das Budgetgesetz die Grundsteuer auf die verschiedenen Departements, durch den Generalrath auf die Arrondissements, und durch den Arrondissementsrath auf die Gemeinden vertheilt würde, und dass hier ein Ausschuss sie nach den Katasterschätzungen der Parzellen und nach gewissen Veranlagungs- und Rechnungsprincipien auf die Grundeigenthümer umlegt.

Durch die Aufhebung aller Zünfte und Innungen wurde in Frankreich Gewerbefreiheit, d. h. Freihandel mit Arbeit, begründet. Demnächst musste diese Freiheit aber auch noch besonders bezahlt werden, indem jährlich ein Patent zu lösen war. Aehnliches wurde auch in Preussen angeordnet. Als Steuergesetz war das Edikt über die Einführung einer allgemeinen Gewerbesteuer vom 2. November 1820 beinahe von geringerer Bedeutung, als dadurch, dass es eine Gewerbefreiheit schaffte, die wenigstens bis 1845 doch noch ziemlich ausgedehnt war. Die Berechtigung zum Gewerbebetriebe wurde von Lösung eines Gewerbescheins abhängig und Niemand hatte ein Widerspruchsrecht dagegen. Von der Verpflichtung, jährlich einen Gewerbeschein zu lösen, waren nur diejenigen entbunden, welche das Gesetz ausdrücklich davon befreite, namentlich Landwirthe, Beamte, Tagelöhner und gemeines Gesinde. Dispositionsfähigen und unbescholtenen Personen konnten Gewerbescheine für ein oder mehrere Gewerbe in der Regel nicht versagt werden, und sie konnten dann ohne Weiteres und ohne einer Zunft beizutreten und ohne alle Prüfungen die in den Gewerbescheinen bezeichneten Gewerbe betreiben.

Nach dem Gewerbesteuergesetz vom 30. Mai 1820 ist die Steuerpflichtigkeit der Gewerbe nicht mehr Regel; vielmehr sind nur diejenigen Gewerbe, welche das Gesetz ausdrücklich bezeichnet, steuerpflichtig. Gewerbescheine werden aber nur noch für solche Gewerbe ausgefertigt, welche im Umherziehen betrieben werden. Zu welchem Gewerbebetriebe Gewerbescheine nachzusuchen sind, ist hauptsächlich nach dem ministeriellen Regulativ über den Gewerbsbetrieb im Umherziehen und insbesondere das Hausiren vom 28. April 1824, welche durch K.O. vom 21. des folgenden Monats genehmigt wurde, zu entscheiden. Diejenigen Gewerbe, welche nicht gewerbescheinpflichtig sind, werden jetzt „stehende Gewerbe" genannt.

Gewerbesteuerpflichtig sind: in Klasse A und B, Handel aller Art, einschliesslich Fabrikbetrieb; C, Gast-, Speise- und Schankwirthschaft; Verfertigen von Waaren auf den Kauf, wohin D, das Gewerbe der Bäcker, E, Fleischer, F, Brauer und G, Brenner gerechnet wird; H, Handwerke unter gewissen Umständen; I, Betrieb von Mühlenwerken; K, das Gewerbe der Schiffer, der Fracht- und Lohnfuhrleute und der Pferdeverleiher; endlich L, Gewerbe, welche im Umherziehen betrieben werden. Brantweinbrennerei wurde 1824, und Bergbau, Hütten- und Hammerbetrieb wurden 1823 und 1834 gewerbesteuerfrei; endlich wurde aber der Betrieb der Hüttenwerke, wie schon (S. 113) erwähnt, mit 1865 wieder gewerbesteuerpflichtig.

Mit dem Jahre 1858 wurden nach einem Gesetz vom 18. November 1857 alle Aktiengesellschaften, die ganz oder theilweise auf einen Handels- oder Gewerbebetrieb irgend einer Art gerichtet sind — mit Ausschluss der Eisenbahnaktiengesellschaften — imgleichen alle zu einem gewerblichen Zwecke gebildeten Gesellschaften, deren Grundkapital in Aktien oder ähnliche Antheile zerlegt ist, der Gewerbesteuer unterworfen. Dieselbe war für jedes Kalenderjahr nach der Summe der Zinsen und Dividenden, welche für das vorherige Kalenderjahr an die Inhaber der Aktien oder sonstigen Antheile zur Vertheilung kommen, zu berechnen, und betrug für das Jahr $^1/_{50}$ der gedachten Summe, oder wenigstens 36 Thlr. Mit dem Jahre 1862 wurde dies Gesetz zwar aufgehoben, aber an die Stelle trat das Gesetz vom 19. Juli 1861, betreffend einige Abänderungen des Gesetzes wegen Entrichtung der Gewerbesteuer vom 30. Mai 1820. Die Gesellschaften in der Gewerbesteuer zu erleichtern, lag wohl nicht in der Absicht des neuen Gesetzes, welches eben überhaupt die Gewerbesteuer noch einträglicher zu machen bezweckte und besonders hart den Handelsstand trifft. Es wurde aus der Klasse A, behufs höherer Besteuerung, eine erste Klasse ausgesondert, welche umfassen soll: „diejenigen Fabrik- und Handelsunternehmungen, mit Einschluss der Kommissions-, Speditions-, Agentur-, Bank-, Geld-, Wechsel-, Versicherungs- und Rhedereigeschäfte, sowie der auf Vermittelung von Handels- oder Geldgeschäften gerichteten Gewerbe, bei welchen theils nach der Höhe des dazu erforderlichen Anlage- und Betriebskapitals, theils nach der Erheblichkeit ihres jährlichen Umsatzes auf einen Betrieb von bedeutendem Umfange zu schliessen ist."

Aus dem allgemeinen Bericht der Kommission des Abgeordnetenhauses zur Prüfung des Staatshaushaltsetats vom 27. Februar 1865 und den Anlagen dieses Berichts ergiebt sich, dass die Handelsklasse 1860 an Gewerbesteuer zu zahlen hatte:

253	Aktiengesellschaften	102,640 Thlr.
39,483	Gewerbetreibende in Klasse A.	647,446 "
179,034	Gewerbetreibende in Klasse B.	640,872 "
218,770	Gewerbetreibende	1,390,958 Thlr.

Die Veranlagung für 1864 ergab:

	Steuerzahler	Steuerbetrag
Klasse A. I.	2,465	230,977 Thlr.
" A. II.	54,289	796,332 "
" B.	195,329	713,462 "
Handelsklasse	252,083	1,740,771 "
Klasse C.	79,926	547,784 "
" D.	27,622	174,125 "
" E.	21,644	151,024 "
" F.	6,306	52,414 "
" H.	55,135	309,225 "
" I.		283,252 "
" K.		78,491 "
" L.		345,057 "
	Summa	3,682,143 "

Mit Recht sagte Hoffmann, dass nur ein verhältnissmässig geringer Theil des Einkommens, welches sich die grossen wahrhaft selbstständigen Staaten durch Abgaben verschaffen müssen, mittelst einer Gewerbesteuer aufgebracht werden kann. Er bemerkte ferner, dass nach völliger Ablösung der Grundsteuer das Einkommen aus Gewerbsteuern durch eine zweckmässige Anwendung derselben auf das landwirthschaftliche Gewerbe beträchtlich vermehrt werden könnte. Es scheint mir aber, dass die Frage, ob die Landwirthe gewerbesteuerpflichtig sein sollten, mit der Grundsteuer keine nothwendige Beziehung hat. Die Gewerbesteuer in der Gestalt, welche ihr das

Gesetz von 1820 gab, sah Hoffmann nur als einen Zusatz zur Klassensteuer an; ihre wahre Bestimmung wäre, das Missverhältniss auszugleichen, welches dadurch entstehe, dass ein beträchtlicher Theil der Gewerbtreibenden weder durch die Klassensteuer noch durch die Verbrauchssteuern unmittelbar und mittelbar nach dem vollen Maasse seiner Fähigkeit, Steuern zu zahlen, betroffen werden könne. Wenn man diese Auffassung richtig findet, so lässt sich jetzt, nach Einführung der Einkommensteuer, das Fortbestehen der Gewerbesteuer, namentlich vom stehenden Handel und von Handwerken, um so weniger rechtfertigen, als die Einkommensteuer von den Grund- und Fondsbesitzern nicht nach einem höheren Procentsatz erhoben wird, als die Einkommensteuer von unfundirtem Einkommen.

Eine der Preussischen Gewerbesteuer ähnliche Steuer giebt es in England [1]) nicht. Es werden zwar von Mieths- und Landkutschen, von herumziehenden Krämern, vom Kleinverkauf von Spirituosen, von Bierschank-Licenzen und einigen anderen Gewerben besondere Steuern gezahlt. Fabriken aller Art und fast sämmtliche Handelsgeschäfte sind jedoch einer besonderen Besteuerung nicht unterworfen — und dies scheint mir vollkommen gerechtfertigt zu sein, da sie Einkommensteuer zahlen und nicht abzusehen ist, weshalb sie eine Steuer zahlen sollen, von welcher die Landwirthe — mögen sie Gutseigenthümer oder Pächter sein — frei sind. Die Grundsteuer wird ja nicht von dem Landwirthe als solchem gezahlt. Sie fällt auf den Eigenthümer, mag dieser das Gewerbe als Landwirth oder als Kaufmann oder irgend ein anderes oder gar kein Gewerbe betreiben.

Im Preussischen Staat sind durch direkte Aufwandsteuern den Kassen grosse Einnahmen noch nicht zugeführt worden. Hoffmann war nicht für diese Steuern. Er meinte 1840, dass der verhältnissmässig geringe Ertrag dieser Besteuerung allzu theuer erkauft würde durch die Nachtheile, welche dieselbe hervorbringe. „Werden schon zahlreiche Missverhältnisse dadurch erzeugt, dass nicht im Geburtsadel allein, sondern auch in der Gesinnung, welche das Verdienst oder auch nur die Würde des Vaters noch in dessen Hinterlassenen ehrt, ein mehr oder minder bestimmt ausgesprochener Rang, ohne die Mittel ihn zu behaupten, verderblich ist: so fügt die Regierung durch direkte Luxussteuern nur noch neue

[1]) Vergl. Zeitschrift für Staatswissenschaft 1862. S 272 ff.

Schwierigkeiten hinzu." Vincke[1]) war ganz anderer Meinung. In einem beachtenswerthen Aufsatz vom Februar 1809 schlug er Steuern mit progressiven Sätzen vom Mannsgesinde, von Pferden, Hunden, Wagen, Haarpuder, Zeitungen, Gold- und Silbergeräth, und von mit Tressen besetzten Livreen vor, von welchen er einen Ertrag von 945,167 Thlrn. erwartete. Gegen die Steuern von den zuletzt genannten Gegenständen würde, meinte er, der unbedeutende Ertrag eingewendet werden, „aber aus kleinen Summen bilden sich grössere, und wenn das steuerreiche England auch den kleinsten Zufluss nicht unbeachtet lässt, so ist kein Grund vorhanden, weshalb das arme Preussen solche verachten soll." Auch Mill ist für Steuern von Pferden, Wagen, Hunden, Dienstboten; er meinte aber, in Bezug auf Wagen und Pferde sollte die Besteuerung derer, die nur Ein Reitpferd oder Einen Wagen besonders der wohlfeileren Art haben, sehr niedrig sein, weil es viele Personen gäbe, für welche dies wegen ihrer Gesundheit weniger ein Luxusgegenstand als ein nothwendiges Lebensbedürfniss sei; dagegen sollte die Steuer sehr schnell steigen für die Besitzer mehrerer und kostspieligerer Wagen und Pferde. In England gelten derartige Steuern für sehr praktisch. In Frankreich konnte die Regierung eine Besteuerung der Pferde und Wagen noch nicht durchsetzen, ihr desfälliger Gesetzentwurf wurde am 23. Juni 1862 von dem gesetzgebenden Körper mit 173 gegen 73 Stimmen verworfen.

Eine Preussische Verordnung wegen Ankauf des Gold- und Silbergeräthes und wegen Besteuerung desselben und der Juwelen vom 12. Februar 1809 bestimmte: 1) dass die Münzämter angewiesen werden sollen, goldenes und silbernes Geräthe anzukaufen; 2) das gegenwärtig vorhandene edle Metallgeräth, welches die Besitzer der Münze nicht verkaufen wollen, ist einer Abgabe von ein Drittel des Werths und zu dem Ende einer Stempelung unterworfen; von Juwelen wird ein Sechstheil des Werths entrichtet; 3) alles künftig verarbeitete und verkaufte edle Metall wird mit einer Abgabe des vierten Theils vom Werth belegt und einer Stempelung unterworfen; 4) der Gebrauch einer mit Tressen von Gold und Silber besetzten Kleidung für Bedienten, ist nur gegen eine jährliche Abgabe von 5 Thlrn. gestattet.

Die Münzämter nahmen das edle Metallgeräth in Empfang und zahlten für die Mark fein Gold $193\frac{1}{2}$ Thlr. und für die Mark fein Silber 14 Thlr. in Courant, vergüteten ausserdem noch für die Façon

[1]) Vergl. Leben des Oberpräsidenten Freiherrn v. Vincke, von E. v. Bodelschwing. 1853. S. 419—423.

beim Golde 5, beim Silber 10 vom Hundert des Betrages. Die Bezahlung erfolgte in Münzscheinen, die keine Zinsen brachten, aber zum Nennwerth beim Verkauf von Domänen, Forsten und Jagden, ingleichen bei Berichtigung der bis zum 1. Februar 1809 rückständigen Steuern für baares Geld angenommen wurden. Der Ankauf sollte sogleich anfangen und mit dem 14. April 1809 schliessen; bloss die Münzämter in Berlin und Breslau sollten den Einkauf noch länger fortsetzen, jedoch ohne Vergütung der Façon.

Mit geringen Ausnahmen unterlagen alle dermalen vorhandenen zur Zierde oder zum Gebrauche dienende Gold- und Silbergeräthe und Waaren der Abgabe, welche nach dem Gewicht für jedes Karat Gold 3 Thlr. und für jedes Loth Silber 6 Ggr. in Courant betrug. Wenn Gold- und Silbergeräth oder Juwelen mit Fideikommiss belegt waren, so konnte der zeitige Fideikommissbesitzer ohne Rückfrage mit den übrigen Interessenten, entweder das Fideikommiss dem Staate verkaufen oder die Steuer entrichten. Letzteren Falls wurde der dritte Theil des Fideikommisses sein freies Eigenthum, ersteren Falls wurde das Fideikommiss in ein Geldfideikommiss verwandelt. Das Einschmelzen von Gold- und Silbergeräth war bis zum 24. April 1809 bei Strafe der Konfiskation untersagt; das Konfiskat sollten der Angeber und die Ortsarmenkasse theilen, der Defraudant sollte überdem den gedoppelten Abgabenbetrag zur Staatskasse zahlen und sein Name in den öffentlichen Blättern auf seine Kosten bekannt gemacht werden.

Die als bleibend verordnete Abgabe vom Werthe künftig verarbeiteter und verkaufter edler Metallwaaren wurde am 9. Juli 1812 abgeschafft. Dagegen habe ich kein Gesetz aufgefunden, welches die Steuer von mit Tressen von Gold und Silber besetzter Kleidung abgeschafft hat.

Der Cours der Münzscheine war im December 1809 73—74 %. Bei der Vermögens- und Einkommensteuer von 1812 wurden sie nur zu 60 % angenommen. Wieviel überhaupt an Münzscheinen ausgegeben wurde, ist nicht bekannt. Anfangs 1813 waren davon noch 1,464,304 Thlr. in Umlauf. Im October 1818 sollten die im Publikum noch vorhandenen baar eingelöst werden, und was bis Ende Februar 1820 nicht präsentirt war, wurde präkludirt [1]).

Auch im Jahre 1848 kaufte der Staat Edelmetall mit Staatsschuldverschreibungen, die aber mit 5 % verzinst wurden, an. In Betreff der schon (S. 68) erwähnten sogenannten freiwilligen Staatsanleihe

---

[1]) Krug. Geschichte der Preussischen Staatsschulden. S. 126.

machte nämlich der Finanzminister Hansemann am 5. Mai 1848 bekannt, dass die Beiträge dazu bestehen könnten 1) in solchen Geldsorten, deren Annahme in den Staatskassen gestattet ist; 2) in Gold oder Silber in Barren; 3) in verarbeitetem Golde oder Silber. Der Schluss dieser Bekanntmachung lautete: „Nach Ablauf einer noch näher zu bestimmenden Frist wird die Annahme von Beiträgen für geschlossen erklärt werden. Es werden alsdann über die Verbriefung der eingegangenen Beiträge und über den Bezug der bis dahin aufgelaufenen und später fällig werdenden Zinsen, sowie nöthigen Falls über die in der Allerhöchsten K. O. vom 25. d. M. vorbehaltene Anrechnung derselben auf eine nach Verhältniss des Vermögens zu erhebende Anleihe oder ausserordentliche Steuer, sofern zu einer solchen Massregel geschritten werden sollte, die näheren Bestimmungen ergehen.“ Die Mark fein Silber wurde zu 14 Thlr. und die Mark fein Gold zu $219^{9}/_{13}$ Thlr. Courant angerechnet. Eine Bekanntmachung des Finanzministers vom 3. August drohte mit einer Zwangsanleihe, welche in einem Gesetzentwurf vorgesehen sei, und eine fernere Bekanntmachung vom 7. December 1848 setzte den Schlusstermin zu Einzahlungen von Beiträgen auf eine freiwillige Anleihe auf den 31. d. M. fest und bestimmte, dass ungemünztes Gold und Silber dazu nicht mehr angenommen werden sollte.

Die nach dem Edikt vom 28. Oktober 1810, der Deklaration vom 14. September 1811 und der K. O. vom 16. Juli 1812 angeordneten Luxussteuern wurden schon durch die Verordnung vom 2. März 1814 wieder abgeschafft. Wer zu seiner persönlichen Bequemlichkeit männliche Bedienten hielt, sollte jährlich zahlen für einen 6 Thlr., bei zweien für jeden 8 Thlr., bei dreien für jeden 10 Thlr., bei vieren für jeden 12 Thlr., bei fünfen für jeden 15 Thlr., bei sechs oder mehreren für jeden 20 Thlr. Wer einen Knecht oder Jungen, der zum Betriebe der Landwirthschaft oder eines Gewerbes gehalten wurde, nebenher auch zur persönlichen Bedienung brauchte, zahlte für denselben jährlich 3 Thlr.; bei weiblicher Bedienung blieb eine Person stets steuerfrei. Wurde daneben noch eine gehalten, so waren für diese zu zahlen jährlich 2 Thlr.; bei zweien darüber für jede 3 Thlr., bei dreien darüber für jede 4 Thlr., bei vieren darüber für jede 5 Thlr., und bei fünfen oder mehr darüber für jede 6 Thlr. Wer zur persönlichen Bequemlichkeit einen vierrädrigen Wagen hielt, zahlte für diesen 8 Thlr., für einen zweirädrigen 6 Thlr.; es trat dabei eine Steigerung des Satzes um 1 Thlr. ein, wenn zwei, um 2 Thlr., wenn drei Wagen gehalten wurden u. s. w. Ein Reit- oder Kutschpferd wurde jährlich besteuert mit 6 Thlrn., zwei für jedes mit

8 Thlrn., drei für jedes mit 10 Thlrn., vier oder mehr für jedes mit 15 Thlrn. Für jeden Hund sollte jährlich 1 Thlr. entrichtet werden; nur die Hunde, welche wegen eines Gewerbes gehalten werden mussten, die Hirtenhunde und die Hunde, welche Bauern zur Bewachung ihrer Höfe halten, waren steuerfrei. Wenn von dieser Steuer das erste mit dem 1. Juni 1812 endende Rechnungsjahr nach Hoffmann nur eine Einnahme von 213,470 Thlrn., einschliesslich 54,642 Thlr. Rückstände, ergab, so muss man bedenken, dass eine direkte Steuer, die ganz neu ist, wobei also für die Veranlagung und Erhebung gehörig geschulte Organe noch fehlen, in den ersten Jahren nicht so viel bringen kann, als in den folgenden, zumal wenn die widerwilligen Zahlungspflichtigen vorzugsweise den angesehensten und einflussreichsten Klassen angehören. Dazu kommt, dass Preussen noch nicht ein Viertel so viel Einwohner hatte, als es jetzt hat, und dass dieselben damals arm waren und nur wenig Luxus treiben konnten. Dass durch jene Luxussteuern jetzt eine Million Thaler oder mehr jährlich aufkommen würde, ist wohl anzunehmen.

Ad. Smith erzählt von den Kopfsteuern, die in England unter Wilhelm III eingeführt wurden und grösstentheils nach dem Range vertheilt wurden. Der Herzog zahlte mehr als der Marquis, dieser mehr als der Graf, und so ging es durch alle Stufen des Adels bis zum Esquire und Gentleman herunter. Die älteren Söhne der Pairs zahlten mehr, als die jüngeren. Alle Gewerbsleute und Ladenhändler, die mehr als 300 £ im Vermögen hatten, d. h. die Wohlhabenden unter ihnen überhaupt, bezahlten eine gleiche Kopfsteuer, so ungleich auch ihr Vermögen war. Auch bei ihnen sahe man mehr auf den Rang als das Vermögen. Selbst die, welche bei der ersten Kopfsteuer nach dem Anschlage ihres Vermögens angesetzt worden waren, wurden in der Folge nach ihrem Range besteuert. Die Prokuratoren, Advokaten und sogenannten Sergeants at law, die zuerst in der Klasse derer, die nach dem Vermögen, das man bei ihnen voraussetzte und zwar mit 3 s. vom £ standen, wurden in der Folge nach ihrem Range als Gentlemen angesetzt. Bei der Vertheilung einer nicht allzu schweren Auflage wurde ein beträchtlicher Grad von Ungleichheit für ein geringeres Uebel angesehen, als ein geringerer Grad von Willkühr. Die Einführung einer solchen Rangsteuer in Preussen, wo die Chargengebühren mit 1811 abgeschafft wurden, würde jetzt vielleicht Widerspruch finden. In Bezug auf einen Antrag Orla Lehmann's im Januar 1865, dass in Zukunft keine Verleihung von Adel, Titel und Rang erfolgen dürfe, bemerkte ein Dänisches Blatt, dass derselbe am besten durchzuführen wäre, wenn man die verschiedenen

Titel zu hohen Preisen an die Meistbietenden versteigerte, da dann der Dänische Staatskalender binnen Jahresfrist kaum eine Seite Titelinhaber enthalten dürfte. Eine solche Massregel würde aber der Staatskasse wenig dauernden Vortheil bringen. Wenn jeder Preussische Unterthan für den Besitz eines jeden Charakters, Titels (mit Ausnahme der Amtstitel, aber einschliesslich der Titel der Titularräthe, Hoflieferanten u. s. w.), Ordens und Ehrenzeichens, sowohl wenn die Verleihung vom Könige oder einer kompetenten inländischen Autorität, als auch vom Auslande geschehen ist, jährlich nur Einen Thaler zu zahlen hätte, so würde eine solche doch nicht drückende Steuer der Staatskasse einen nicht ganz unerheblichen Ertrag bringen. Aus Coburg meldeten die öffentlichen Blätter im Februar 1865, dass Landtagsmitglieder vorhätten, einen Antrag auf Einführung einer progressiven Titel- und Ordensteuer, vom Hofhandwerker und der Verdienstmedaille an aufwärts zu stellen.

Die Aufwandsteuern, welche in England unter dem Namen Assessed Taxes, 1798 als Kriegssteuern eingeführt wurden, hat man nicht wieder abgeschafft, und die Sätze sind auch jetzt bedeutend. So ist nach dem Gesetz vom 20. August 1853 jährlich zu zahlen z. B. für jeden männlichen Dienstboten von achtzehn Jahren 1 £ 1 s. und für jeden jüngeren 10 s. 6 d.; für jeden von zwei oder mehr Pferden oder Maulthieren gezogenen vierräderigen Wagen 3 £ 10 s.; wenn derselbe nur von einem Pferde oder Maulthier gezogen wird, 2 £; für jeden Wagen mit weniger als vier Rädern, wenn er nur von einem Pony oder Maulthier gezogen wird und diese Thiere nicht über dreizehn Hände hoch sind, 10 s., und wenn solcher Wagen nur zum Vermiethen gehalten und gebraucht wird, die Hälfte; für jedes Rennpferd 3 £ 17 s. (25⅔ Thlr. jährlich!); für jedes andere zum Fahren oder Reiten benutzte Pferd oder Maulthier, welches mehr als 13 Hände, zu vier Zoll jede, hoch ist, 1 £ 1 s.; für ein anders benutztes Pferd oder Maulthier, oder für ein kleineres Pony oder Maulthier 10 s. 6 d.; für ein so kleines Pony oder Maulthier, welches nicht zum Reiten oder Fahren benutzt wird, 5 s. 3 d.; für jeden Hund 12 s., doch hat Niemand für alle seine Hunde mehr als 39 £ 12 s. oder für alle Windhunde mehr als 9 £ zu bezahlen; Hunde, die bloss als Schäfer- oder Hirtenhunde gehalten werden, sind frei; für jede Person, die Haarpuder trägt, 1 £ 3 s. 6 d.; für den Gebrauch von Wappenschildern an einem Wagen, wenn für diesen 3 £ 10 s. als assessed tax zu zahlen ist, 2 £ 12 s. 9 d., sonst nur 13 s. 2 d. — Von dem mit März 1863 endenden Jahre bis zu dem mit März 1864 endenden Jahre stieg die Steuer von Dienstboten von 203,893 £ auf 208,830 £, von Wagen von

340,106 £ auf 350,833 £, von Hunden von 199,965 £ auf 205,329 £, von Wappenschildern von 58,359 £ auf 60,182 £, die Steuer von Haarpuder fiel aber bis unter 1200 £.

Im Laufe dieses Jahrhunderts sind Personal-, Vermögens- und Einkommensteuern im Preussischen Staat in verschiedener Weise erhoben worden. Die Vermögens- und Einkommensteuern, welche 1807 und später in Berlin, Danzig und Königsberg, sowie in ganz Ostpreussen und Litthauen gezahlt werden mussten, sind schon (S. 281) erwähnt. Auch in Schlesien hat man damals bedeutende Summen durch Vermögenssteuern aufgebracht. Um auch die Hypothekengläubiger zu treffen, ohne ihre Kapitalien zu ermitteln, besteuerte man das Grundeigenthum nach den Kaufsummen oder den vorhandenen Taxen und gestattete den Grundeigenthümern 1 % von den Zinsen abzuziehen, sich also dadurch ihren Vorschuss erstatten zu lassen. Stein fand daran auszusetzen, dass die Geldbesitzer zu wenig beigetragen hätten. Man wollte zwar die Ausmittelung der Kapitale umgehen, indem man den Schuldnern gestattete, 1 % der Zinsen abzuziehen; aber viele Gläubiger wehrten sich dagegen durch angedrohte Kündigung des Kapitals und wurden darin von den Gerichten unterstützt. Stein fand 1 % zu wenig und erklärte sich gegen die ungerechtfertigten Urtheile mit den Worten: Es kommt bei der Vertheilung der Kriegssteuer auf die staatswirthschaftlichen Grundsätze an, wonach Abgaben erhoben oder vertheilt werden, nicht auf bloss juristische Ansichten [1]). Das Edikt über die Erhebung der Beiträge zur Verpflegung der Französischen Truppen in den Oderfestungen und auf den Märschen vom 6. December 1811 ordnete für Stadt und Land eine für die ganze Monarchie gleiche Einkommensteuer nach Klassen, mit wenig Exemtionen, an. Es musste im Simplum gezahlt werden von einem Jahreseinkommen von wenigstens 20 Thlr. $^1/_6$ Thlr., von 40 Thlr. $^1/_3$ Thlr., von 100 Thlr. $^1/_2$ Thlr., von 150 Thlr. $^2/_3$ Thlr., von 200 Thlr. 1 Thlr., von 300 Thlr. 2 Thlr., von 500 Thlr. 4 Thlr., von 700 Thlr. 6 Thlr., von 900 Thlr. 8 Thlr., von 1000 Thlr. an wurde von jedem 100 Thlr. des Einkommens 1 Thlr. an Beitrag entrichtet.

Diese Einkommensteuer hörte mit dem Edikt vom 24. Mai 1812 auf und danach sollte im Lauf des Jahres 1812 in drei Terminen eine Vermögens- und Einkommensteuer entrichtet werden. Erstere betrug 3 % vom gesammten Vermögen. Von dem Grundeigen-

---

[1]) Pertz, Leben Stein's Bd. 2. S. 58. 630.

thum konnten die Schulden nicht in Abzug gebracht werden. Die Grundbesitzer hatten den Vorschuss für ihre Gläubiger zu leisten und konnten denselben bei ihrer Zinszahlung in Abzug bringen. Wer noch ein besonderes reines Einkommen hatte, welches nicht durch die Anwendung eines Vermogens hervorgebracht wird, oder gar kein Vermögen, aber ein besonderes Einkommen aus Gewerben, Besoldungen u. s. w. hatte, musste davon steuern Bei einem Jahreseinkommen von weniger als 100 Thlr war $^1/_2$ oder $^3/_4$ Thlr., von wenigstens 100 Thlr. 1 %, und von wenigstens 300 Thlr. 5 % zu zahlen. Eingegangen waren 4,552,561 Thlr., einschliesslich 590,966 Thlr. in Papieren, als am 19. Januar 1813 eine neue Vermögenssteuer und eine zweite Einkommensteuer ausgeschrieben wurde. Diese Steuern kamen aber nicht zur Erhebung und wurden demnächst unterm 7. September 1814 ausdrucklich erlassen.

Das Finanzedikt vom 27. October 1810 erklärte es für nöthig, von den Unterthanen die Entrichtung erhöhter Abgaben, hauptsächlich von der Konsumtion und von den Gegenständen des Luxus (S. 334) zu fordern, die aber vereinfacht, auf weniger Artikel zurückgebracht, mit Abstellung der Nachschusse und der Thor-Accisen, so wie mehrerer einzelner lästiger Abgaben verknupft und von allen Klassen der Nation verhältnissmässig gleich getragen, und gemindert werden sollten, sobald das damit zu bestreitende Bedürfniss aufhören würde. Zugleich wurde eine vollige Gewerbefreiheit gegen Entrichtung einer massigen Patentsteuer mit Aufhoren der bisherigen Gewerbesteuern versprochen (S. 328). Am Tage darauf schon erging das Edikt über die neuen Konsumtions- und Luxussteuern. Unter diesen Konsumtionssteuern war auch eine Mahlaccisse von 12 Ggr. vom Scheffel Weizen und von $2^1/_2$ Ggr. vom Scheffel anderem Getreide. Obgleich die Kontrolle strenge, sogar der Gebrauch von Handmühlen verboten war, so wollte sich doch diese Steuer, namentlich auf dem Lande nicht durchfuhren lassen. Das fernerweite Edikt über die Finanzen des Staats und das Abgabensystem vom 7. September 1811 bestimmte daher, dass — da es grosse Schwierigkeiten fände, die sämmtlichen Städte und das platte Land jetzt schon nach einerlei Grundsätzen, in Absicht auf die Abgaben und die Gewerbefreiheit zu behandeln — ein Unterschied gemacht werde, zwischen a) solchen Städten, die in Rücksicht auf ihre Bevölkerung, ihres städtischen Gewerbes und ihres Handelsverkehrs, sich dazu eignen, die Konsumtionsabgaben, die das Edikt vom 28. October 1810 vorschrieb, aufzubringen, und b) solchen, die sich in jenen Rücksichten nicht dazu eignen und die solchemnach, unbeschadet ihrer städtischen Gerechtsame, in Absicht auf die Abgaben, dem platten Lande gleich zu stellen sein würden. In den Städten der letztgedachten Art, so wie auch auf dem platten Lande wurde nun die Mahlaccise wieder aufgehoben, ch einige der anderen Konsumtionssteuern etwas ermässigt. Dagegen wurde eine fixirte Personensteuer aufgelegt, die für jede überzwölfjährige Person ohne Ausnahme gezahlt werden musste. In den Städten der erstgedachten Art verblieb es aber sowohl bei der Mahlaccise, als auch den übrigen am 28. October 1810 angeordneten Konsumtionssteuern.

Nach Beendigung des Krieges wurde es nöthig, endlich das ganze Abgabenwesen neu zu gestalten. Dies geschah zunächst durch Zölle und Verbrauchssteuern von ausländischen Waaren (Gesetz vom 26. Mai 1818), demnächst durch Besteuerung des inländischen Brantweins, Braumalzes, Weinmostes und Tabacks (Gesetz vom 8. Februar 1819); fortdauern sollte die Besteuerung des Salzes (Gesetz vom 17. Januar 1820) und daneben sollten Grund- und Gewerbesteuern (Gesetze vom 30. Mai 1820) und eine Stempelsteuer (Gesetz vom 7. März 1822) bestehen. Es blieb aber noch ein Bedarf von etwa 8 Millionen jährlich aufzubringen. Von der Personensteuer von 1811 konnte man, wenn sie allgemein gemacht worden wäre, einen Ertrag von 4 Millionen erwarten; man zweifelte aber, ob dadurch 8 Millionen zu erlangen wären, wenn auch die wohlhabenderen Einwohner mit einem verhältnissmässig höheren Satze belegt würden. So entstand der Vorschlag, eine nach Klassen abgestufte Personensteuer im ganzen Staat einzuführen. In den grossen und Mittelstädten hielt man damals jedoch eine solche Steuer noch nicht für ausführbar. So wurde denn nach dem Gesetze vom 30. Mai 1820 für die grösseren Städte eine Mahl- und Schlachtsteuer für die übrigen Städte und das platte Land aber, statt der Personensteuer von $^1/_2$ Thlr. für jeden, eine klassificirte Personensteuer eingeführt. Die Grenzen der verschiedenen Klassen zu finden, war indessen schwierig und diese Schwierigkeit war auch durch Vermehrung der Klassen kaum zu vermindern. Man wollte nicht eine Steuer nach dem Einkommen oder Vermögen, sondern wenig Klassen mit mässigen Sätzen machen und die Klassen bloss nach äusseren Verhältnissen, wie Stand und Beruf, abmessen. Die Steuer sollte im Wesentlichen nach Haushaltungen erhoben werden, selbstständige Personen ohne eigne Haushaltung sollten den halben Haushaltungssatz zahlen. Nach dem Gesetz wegen Einführung der Klassensteuer waren jährlich in der ersten Klasse für eine Haushaltung 48 Thlr. und in der untersten Klasse von jeder übervierzehnjährigen Person $^1/_2$ Thlr. zu entrichten, doch sollten aus einer und derselben

Haushaltung niemals mehr als drei Personen die Steuer bezahlen. Bald erschienen höhere und mehr Sätze erforderlich, und nach der K.O. vom 5. September 1821 sollten jährlich zahlen: 1) die besonders wohlhabendern und reichern Einwohner 144, 96 oder 48 Thlr.; 2) die wohlhabendern Einwohner 24, 18 oder 12 Thlr.; 3) der geringere Bürger- und Bauernstand 8, 6 oder 4 Thlr., und 4) die gewöhnlichen Lohnarbeiter, das gemeine Gesinde und die Tagelöhner, so wie die ganz geringen Grundbesitzer und Gewerbtreibenden, welche sich hauptsächlich vom Tagelohn nähren 3, 2 oder $1^1/_2$ bis $^1/_2$ Thlr. Der für jeden steuerpflichtigen Haushalt und Einzelnen innerhalb dieser vier Hauptabtheilungen anzuwendende Steuersatz war nach Massgabe dessen mehrerer oder minderer Leistungsfähigkeit nach dem pflichtmässigen Ermessen der Veranlagungs- und Revisionsbehörden zu bestimmen. Für die Rheinprovinz wurde 1829 die Klassensteuer kontingentirt. In dieser Provinz sind nämlich Standesunterscheidungen, welche bei der Klassensteuerveranlagung nicht unberücksichtigt bleiben sollten, viel weniger ausführbar als in den übrigen Provinzen. Man machte hier noch Haushaltungssätze von 120, 72, 60, 36, 30 und 10 Thlr. Doch wurde dadurch die Einschätzung nicht eben sehr erleichtert. Dieselbe war aber deshalb überhaupt schwierig, weil ein näheres Eindringen in die Vermögenslage der Steuerpflichtigen nicht gestattet war. Die Klassensteuer zeigte sich besonders in Beziehung auf die höheren Klassen immer unhaltbarer und wurde beinahe eine Vermögenssteuer, aber eine ungerechte, da die Allerreichsten verhältnissmässig am wenigsten zahlten. Besser erwies sich die Steuer für die unteren Klassen; es kamen hier verhältnissmässig weniger Reklamationen vor und diese liessen sich meistentheils wohl nach der Billigkeit entscheiden. Dagegen war die Entscheidung der vielen Reklamationen in den oberen Klassen nothwendig etwas willkührlich, weil die Entscheidungsgründe eben nicht aus näherer Ermittelung des Vermögens entnommen werden konnten. Der Ertrag der Klassensteuer nahm weniger zu als die Bevölkerung. Der bestehende Zustand wurde immer unhaltbarer, zumal die öffentliche Meinung sich allmählig auch etwas über die Schädlichkeit der Mahl- und Schlachtsteuer aufzuklären anfing.

Nach dem Gesetzentwurf, welchen die Regierung 1847 dem Ersten Vereinigten Landtage vorlegte, sollten die Mahl- und Schlachtsteuer, so wie die seitherige Klassensteuer aufhören, und an ihre Stelle für diejenigen, deren Jahreseinkommen wenigstens 400 Thlr. beträgt, eine Einkommensteuer, und für alle übrigen eine verbesserte Klassensteuer treten. Auf eine Vermehrung des Steuereinkommens im Ganzen hatte es die Regierung damals nicht abgesehen. Auf ihre wohlwollenden und zweckmässigen Vorschläge gingen die Herren des Vereinigten Landtags aber nicht ein. Die reichsten Leute waren also bis auf Weiteres sicher, dass ihnen eine höhere Klassensteuer als 144 Thlr. nicht abgefordert werden konnte, und auch davon kamen sie nach der K. O. vom 18. Juli 1825 für das Kalenderjahr frei, in welchem sie 6 Monat und 1 Tag sich persönlich in einer mahl- und schlachtsteuerpflichtigen Stadt aufgehalten hatten.

Unterm 22. September 1849 legte die Regierung der zweiten Kammer ein Gesetz vor, wonach die alte Klassensteuer und die Mahl- und Schlachtsteuer durch eine verbesserte Klassensteuer und eine Einkommensteuer ersetzt werden sollte. Zu letzterer sollten alle beitragen, die wenigstens 1000 Thlr. Jahreseinkommen hatten, und der Satz sollte ohne Unterschied 3 % sein. Nachdem die Frage, ob die alte Klassensteuer und die Mahl- und Schlachtsteuer allenthalben ganz aufhören und dafür eine Einkommensteuer für diejenigen, welche über 1000 Thlr. jährliches Einkommen haben, und für die übrigen eine neue Klassensteuer eintreten soll, am 5. Februar 1850 mit 250 gegen 41 Stimmen bejaht worden war, wurde demnächst das ganze Gesetz angenommen. Die erste Kammer stimmte aber nicht zu und Alles blieb beim Alten.

Endlich kam das Gesetz vom 1. Mai 1851 zu Stande, welches die alte Klassensteuer aufhob, die Mahl- und Schlachtsteuer aber beibehielt. Es wird nun danach seit dem 1. Juli 1851 erhoben: 1) von denen, welche weder über 1000 Thlr. Einkommen jährlich haben, noch in einer mahl- und schlachtsteuerpflichtigen Stadt wohnen, eine neue Klassensteuer, und 2) von denen, welche jährlich über 1000 Thlr. Einkommen haben, eine klassificirte Einkommensteuer. Jedem Steuerpflichtigen in einer mahl- und schlachtsteuerpflichtigen Stadt wird für die gleichzeitig zu entrichtende Mahl- und Schlachtsteuer jährlich 20 Thlr. in Anrechnung gebracht und nur der nach diesem Abzuge übrig bleibende Einkommensteuerbetrag von ihm eingezogen.

Die neue Klassensteuer hat nun jeder Uebersechszehnjährige zu zahlen. Ausgenommen sind diejenigen, welche einer Haushaltung angehören und von dem Hausherrn oder der Hausfrau Wohnung und Unterhalt erhalten, ferner gewisse Militärpersonen, Uebersechszigjährige in der untersten Steuerstufe, gewisse Arme und Ausländer unter gewissen Umständen.

Die erste Hauptklasse umfasst gewöhnliche Lohnarbeiter, Handwerksgesellen, gewöhnliches Gesinde und Tagelöhner, so wie Grundbesitzer und Gewerbtreibende, welche noch durch Tagelohn oder Lohnarbeit Nebenverdienst suchen müssen. Der Jahressatz ist in der ersten Stufe, und zwar in der Unterstufe a: $^1/_2$ Thlr. für jede steuerpflichtige Person, jedoch mit der Massgabe, dass in dieser Stufe aus derselben Haushaltung niemals mehr als zwei Personen zur Steuer herangezogen werden dürfen; in der Unterstufe b, zu welcher jedoch nur Einzelnsteuernde veranlagt werden dürfen, 1 Thlr.; in der zweiten Stufe 2 Thlr. und in der dritten 3 Thlr. Zur zweiten Hauptklasse gehören kleinere Grundeigenthümer und Gewerbetreibende ohne Nebenverdienst durch Tagelohn; in fremdem Lohn und Brod stehende Personen, welche nicht als Tagelöhner oder Gesinde angesehen werden können; endlich diejenigen Staats- und Gemeindebeamten, Aerzte, Notarien u. s. w., von denen nach ihrem Einkommen und ihren sonstigen Verhältnissen angenommen werden darf, dass sie den obengedachten Steuerpflichtigen hinsichtlich ihrer Leistungsfähigkeit ungefähr gleichstehen — mit den Stufen zu 4, 5, 6, 8 und 10 Thlr. Die dritte Hauptklasse umfasst alle übrigen, welche nicht die klassificirte Einkommensteuer zu zahlen haben — mit den Stufen zu 12, 14, 16 und 24 Thlr.

Die Einschätzung geschicht von einer Kommission, welche aus dem Gemeindevorstande und Mitgliedern, die von der Gemeindevertretung gewählt sind, besteht, unter Aufsicht der Landräthe, denen auch die Vorrevision obliegt. Die Feststellung der Steuerbeträge erfolgt durch die Bezirksregierung. Ueber Reklamationen entscheidet, nach darüber eingeholtem Gutachten einer von der Kreisvertretung zu wählenden Kommission, die Regierung. Diese Entscheidung muss, wenn dem Gutachten der Kreisvertretung nicht beigetreten wird, durch Plenarbeschluss erfolgen. — Davon, dass die Entscheidung über gewisse Klassensteuerreklamationen der kompetenten Abtheilung entzogen und dem Plenum zugewiesen ist, erwächst m. E. wirklich kein Vortheil. — Gegen die Entscheidung der Regierung steht dem Reklamanten noch ein Rekurs an das Finanzministerium offen.

Nach dem oben (S. 330) erwähnten Bericht ergab die Klassensteuerveranlagung für 1852 7,798,592 Thlr. und für 1864 9,632,926 Thlr., mithin 1864 23,5 % mehr. Die klassensteuerpflichtige Bevölkerung war für 1852 14,642,122 und für 1864 16,201,101 Köpfe, mithin 1864 10,6 % mehr. Es trafen auf den Kopf pro 1864 der klassensteuerpflichtigen Bevölkerung 19 Sgr. 4 Pf., der Gesammtbevölkerung 17 Sgr. 10 Pf., der übersechszehnjährigen klassensteuerpflichtigen Bevölkerung 32 Sgr. 9 Pf.

Der klassificirten Einkommensteuer sind mit Ausnahme der Mitglieder des königlichen Hauses und der beiden Hohenzollernschen Fürstenhäuser alle Preussen, auch wenn sie sich im Auslande aufhalten, unterworfen, welche selbstständig, beziehungsweise unter Hinzurechnung des etwaigen besonderen Einkommens der zu ihrem Haushalt gehörigen Familienglieder, ein jährliches Einkommen von mehr als 1000 Thlr. beziehen. Wegen des Einkommens aus ihrem im Auslande belegenen Grundeigenthum sind sie steuerfrei, wenn sie nachweisen, dass sie wegen jenes Grundeigenthums im Auslande einer „gleichartigen" Besteuerung unterliegen. Die Veranlagung erfolgt lediglich nach Massgabe des Gesammteinkommens, welches dem Steuerpflichtigen A) aus Grundeigenthum; B) aus Kapitalvermögen oder aus Rechten auf periodische Hebungen oder auf Vortheile irgend welcher Art; C) aus dem Ertrage eines Gewerbes oder irgend einer Art gewinnbringender Beschäftigung zufliesst. Von dem Einkommen der Steuerpflichtigen werden die Zinsen ihrer Schulden in Abzug gebracht. Bei den Einkommen B ist bei Dividenden aus Aktienunternehmungen der für das vorhergegangene Jahr gezahlte Betrag in Ansatz zu bringen. Das Einkommen C umfasst die Einnahmen, welche nicht als die Jahresrente eines unbeweglichen oder beweglichen Vermögens zu betrachten sind. Der Gewinn aus Handel, Gewerbe, Pachtungen u. s. w. ist nach dem Durchschnitt der drei letzten Jahre, sofern das Geschäft oder die Pacht schon so lange gedauert hat, zu berechnen. Als Ausgaben dürfen dabei, ausser der üblichen Absetzung für jährliche Abnutzung von Gebäuden und Utensilien, nur solche in Abzug gebracht werden, welche behufs der Fortführung des Handels oder Gewerbebetriebes u. s. w. in dem bisherigen Umfange gemacht worden sind, mithin nicht solche Ausgaben, welche sich auf die Bestreitung des Haushalts des Steuerpflichtigen und des Unterhalts seiner Angehörigen beziehen, oder welche in einer Kapitalanlage zur Erweiterung des Geschäfts oder zu Verbesserungen aller Art bestehen. Feststehende Einnahmen sind mit dem vollen Betrage zur Berechnung zu ziehen. Die auf Grund einer gesetzlichen Verpflichtung zu leistenden Pensions- und Wittwenkassenbeiträge müssen von den Besoldungen oder Pensionen in Abzug gebracht werden. Dienstwohnungen und Dienstländereien, für welche nicht schon ein Abzug an der Besoldung stattfindet, sind dabei nach den ortsüblichen Mieths-, beziehungsweise Pachtpreisen in Ansatz zu bringen. Enthält das Diensteinkommen zugleich die Entschädigung für den Dienstaufwand, so ist der dafür zu berechnende Betrag ausser Ansatz zu lassen.

Die Einkommen A und B kann man als fundirte und die Einkommen C als unfundirte ansehen. Während die letzten, wie schon oben (S. 255) erwähnt, nach dem Gesetzentwurf von 1847 einen geringeren Steuersatz zahlen sollten, als die beiden ersten, schreibt das jetzige Gesetz allgemein vor, dass in den angeordneten 30 Steuerstufen bei keinem Steuerpflichtigen der Jahresbetrag seiner Steuer 3 % seines Einkommens übersteigen soll. — Das steuerpflichtige Einkommen, namentlich aus dem ländlichen Grundbesitz, würde sich wahrscheinlich erheblich grösser als jetzt herausstellen, wenn die Zinsen für Schulden vom Einkommen nicht abgezogen werden dürften, wenn die Steuerpflichtigen vielmehr von ihren ganzen Einkommen die Steuer zahlen müssten, aber ihren Gläubigern entsprechende Abzüge an den Zinsen machen könnten. Ferner würde die Ermittelung des steuerpflichtigen Einkommens in vielen Fällen erleichtert werden, wenn behufs Erhebung des Erbschaftsstempels (oben S. 88) der Betrag aller Erbschaften und Vermächtnisse, mit Ausnahmen der ganz geringen, ermittelt werden müsste.

Die Einschätzung zur Steuer erfolgt jährlich durch eine Kommission, welche jährlich für jeden Kreis, so wie für jede zum Kreisverbande nicht gehörige Stadt [1]) gewählt wird. Sie soll jedes lästige Eindringen in die Vermögens- und Einkommensverhältnisse der einzelnen Steuerpflichtigen vermeiden, kann aber von den Verhandlungen der freiwilligen Gerichtsbarkeit und den Hypothekenbüchern Einsicht nehmen. Gegen die Entscheidung der Einschätzungskommission kann Berufung eingelegt werden bei der Bezirkskommission, welche für jeden Regierungsbezirk, so wie auch für die Stadt Berlin jährlich gewählt wird. Gegen die Entscheidung der Bezirkskommission findet ein Rekurs nicht statt. Die Mitglieder beider Kommissionen werden zur Geheimhaltung der Vermögens- und Einkommensverhältnisse, welche bei diesem Geschäft zu ihrer Kenntniss gelangen, mittelst Handschlages an Eidesstatt besonders verpflichtet. Die Bezirkskommission darf eine genaue Feststellung der Vermögens- und Einkommensverhältnisse des Reklamanten veranlassen, deshalb auch Zeugen gericht-

[1]) Die Kommissionsmitglieder in den grossen Städten fungiren ganz unentgeltlich. Weshalb erhalten nicht die Mitglieder aller Einschätzungskommissionen eine Tantieme von der Steuereinnahme des Kreises oder der Stadt? Vergl. meine, 1846 abgefassten, Vorschläge zur Verbesserung der Preussischen Steuergesetzgebung von 1820, im Archiv der politischen Oekonomie. N. F. Bd. 6. S. 186. Ich schlug damals vor, die Mahl- und Schlacht-, so wie auch die Gewerbesteuer ganz abzuschaffen, dagegen Jedem, der wenigstens 500 Thlr. Jahreseinkommen hat, eine klassificirte Einkommensteuer aufzulegen, und für alle Anderen die Klassensteuer beizubehalten resp. einzuführen, jedoch nur noch die Sätze von weniger als 12 Thlr. anzuwenden.

lich und eidlich vernehmen lassen, und den Reklamanten zur Erklärung an Eidesstatt über die in Betreff seines Einkommens von ihm selbst gemachten Angaben auffordern. Wer bei einer Reklamation auf die dieserhalb an ihn ergangene besondere Aufforderung wissentlich einen Theil seines Einkommens verschwiegen oder zu gering angegeben hat, verfällt in eine, nöthigenfalls gerichtlich auszusprechende, Strafe zur Höhe des vierfachen Jahresbetrages der Steuer, um welche der Staat verkürzt worden ist oder verkürzt werden sollte. — Wirksamer dürfte Gefängnisstrafe sein, nach der Meinung des verstorbenen Ruppenthal (Generalprokurators und dann Regierungspräsidenten in Cöln), dass man überhaupt den Aermeren zunächst Geldstrafe, den Reicheren dagegen nicht Geld-, sondern Gefängnisstrafe auflegen müsse. —

Zu den Steuerstufen und Jahressteuern hat eine finanzministerielle Instruktion vom 8. Mai 1851 das Jahreseinkommen bestimmt:

Stufe	Steuer Thlr.	Einkommen über Thlr.	Stufe	Steuer Thlr.	Einkommen über Thlr.	Stufe	Steuer Thlr.	Einkommen über Thlr.
1.	30	1000	11.	144	4800	21.	1560	52000
2.	36	1200	12.	180	6000	22.	1920	64000
3.	42	1400	13.	216	7200	23.	2400	80000
4.	48	1600	14.	288	9600	24.	3000	100000
5.	60	2000	15.	360	12000	25.	3600	120000
6.	72	2400	16.	480	16000	26.	4200	140000
7.	84	2800	17.	600	20000	27.	4800	160000
8.	96	3200	18.	720	24000	28.	5400	180000
9.	108	3600	19.	960	32000	29.	6000	200000
10.	120	4000	20.	1200	40000	30.	7200	240000

Die Zahl der Einkommensteuerzahler betrug im Jahre 1854 47,722 Personen. Unter dieser Summe befanden sich 24,177 oder beinahe 49 % in den mahl- und schlachtsteuerpflichtigen Städten. Es waren überhaupt veranlagt von einem Einkommen von

weniger als 2000 Thlr.	34,459 Personen	mit	1,297,580 Thlr.
„ „ 4000 „	9,655 „	„	725,388 „
„ „ 9600 „	2,835 „	„	438,096 „
von 9600 „ u. mehr	773 „	„	392,160 „
	47,722 Personen		2,853,224 Thlr. [1])

Wie der Kommissionsbericht vom 27. Februar 1865, dessen schon (S. 330) gedacht ist, zeigt, ergab die Einkommensteuerveranlagung im ganzen Staat für 1852 2,708,484 Thlr. und für 1864 3,565,112 Thlr., mithin 1864 71,5 % mehr. Die Zahl der Einkom-

[1]) Zeitschrift für Staatswissenschaft 1854. S. 378--386.

mensteuerzahler war 1852 43,391 und 1864 68,111, mithin für 1864 57 % mehr. In Berlin allein betrug die Einkommensteuer nach der Veranlagung für 1852 357,724 Thlr. und für 1864 676,924 Thlr., mithin 1864 89,2 % mehr; die Zahl der Einkommensteuerzahler war 1852 8,170 und 1864 11,539, mithin 1864 41 % mehr.

Ueber die zu niedrige Veranlagung der ländlichen, besonders grösseren Grundbesitzer spricht sich nachfolgendes Circular des Finanzministers v. Patow vom 24. October 1860 aus:

„Das Ergebniss der diesjährigen Einkommensteuer-Veranlagung bestätigt die schon früher vielfach gemachte Wahrnehmung, dass die Einkommensteuerpflichtigen auf dem platten Lande bisher zu einer verhältnissmässig geringeren Steuer herangezogen worden sind, als die Einkommensteuerpflichtigen in den Städten, ohne dass in den letzteren irgend eine Ueberbürdung nachzuweisen sein möchte. Die gesammte, für das laufende Jahr veranlagte Einkommensteuer (ohne Abzug der Mahl- und Schlachtsteuer-Vergütung) zum Betrage von 3,645,336 Thlrn. vertheilt sich auf die Städte und das platte Land in der Art, dass auf die ersteren $^2/_3$ mit 2,444,298 Thlr. kommen, dagegen auf das letztere nicht voll $^1/_3$ mit 1,201,038 Thlr. trifft, während umgekehrt von der aus den Klassen- und Einkommensteuer-Nachweisungen sich ergebenden Gesammtzahl der Bevölkerung von 17,561,519 weniger als $^1/_3$, nämlich nur 5,273,549 Einwohner den Städten, und mehr als $^2/_3$, nämlich 12,287,970 dem platten Lande angehören. Von je 157 Einwohnern des platten Landes zahlt ferner nur Einer die Einkommensteuer oder gehört einer Einkommensteuer zahlenden Familie an, während in den Städten schon von je 31 Einwohnern Einer die Einkommensteuer entrichtet, beziehungsweise einer Einkommensteuer zahlenden Familie angehört. Ist auch die Zahl der Wohlhabenden in den Städten verhältnissmässig grösser als auf dem platten Lande, so ist doch nicht zu übersehen, dass in mehreren kleinen Landstädten Niemand ein Einkommen von mehr als 1000 Thlr. hat, dass in vielen andern Städten nur sehr wenig Einkommensteuerpflichtige sich vorfinden und dass in den grösseren Städten verhältnissmässig viele Fabrikarbeiter und der dienenden Klasse angehörige Personen sich aufhalten, wogegen in mehreren Gegenden des Staates, abgesehen von den grösseren Gutsbesitzern, sich viele Bauerndörfer vorfinden, in denen ein grosser Theil der Ackerbürger ein die Veranlagung zur Einkommensteuer rechtfertigendes Einkommen bezieht. Während, wie erwähnt, die Zahl der zur Einkommensteuer veranlagten Personen in den Städten verhältnissmässig bei weitem grösser ist, als auf dem Lande, ist der auf den einzelnen Einkommensteuer-Zahlenden durchschnittlich treffende Betrag der Steuer auf dem platten Lande höher, als in den Städten, und es scheint daher, dass namentlich die zur Veranlagung in einer der unteren Stufen der Einkommensteuer geeigneten Landbewohner vielfach nur zur Klassensteuer eingeschätzt sind. Der Königlichen Regierung ist deshalb mittelst Erlasses vom heutigen Tage die sorgfältige Prüfung der Einkommenverhältnisse aller in die 11. und 12. Stufe der Klassensteuer eingeschätzten Steuerpflichtigen aufgegeben worden, um aus denselben nach Umständen diejenigen auszusondern und den Vorsitzenden der Einschätzungs-Kommissionen zur Veranlagung der Einkommensteuer zu überweisen, welche hierzu nach der Höhe ihres Einkommens geeignet erscheinen.

„Was die Veranlagung der grösseren Grundbesitzer zur klassificirten Einkommensteuer betrifft, so lässt sich bei näherer Prüfung ihrer Verhältnisse, insbesondere der der Einschätzung zu Grunde liegenden Veranschlagung des Einkommens aus Grund und Boden nicht verkennen, dass die gedachten Grundbesitzer im Grossen und Ganzen mit den Erträgen ihres Grundeigenthums verhältnissmässig und zum Theil erheblich geringer eingeschätzt sind, als die in den höheren Stufen der Klassensteuer veranlagten bäuerlichen Grundbesitzer, dass namentlich bei der Berechnung des steuerpflichtigen Einkommens der grösseren Grundbesitzer dasjenige, was dieselben aus ihren Wirthschaften unmittelbar für sich und ihre Familie verwenden, sowie der Werth der freien Wohnung, ferner dasjenige, was aus dem Ertrage der Güter zur dauernden Verbesserung, mithin zur Erhöhung des Kapitalwerthes derselben verwendet wird, theils gar nicht, theils nicht zum vollen Werthe bisher in Ansatz gebracht worden ist. Wie ungerechtfertigt ein solches Verfahren ist, zeigt am augenfälligsten der Vergleich mit solchen Einkommensteuerpflichtigen Bewohnern der Städte, welche aus ihrer Einnahme alle Wirthschaftsbedürfnisse, sowie die Wohnungsmiethe bestreiten müssen, denen aber um deswillen so wenig, als weil sie etwa einen Theil ihres Einkommens nicht zur Bestreitung ihrer Bedürfnisse verwenden, sondern ersparen und kapitalisiren, ein Abzug bei der Berechnung ihres steuerbaren Einkommens gemacht werden darf.

„Auf die Beseitigung des jetzt bestehenden Missverhältnisses zwischen der Belastung durch die Einkommensteuer einerseits und durch die Klassensteuer andererseits, durch welches den zu letzterer Steuer veranlagten Steuerpflichtigen gerechter Grund zu Beschwerden und Berufungen gegeben wird, und welches die Herstellung eines gleichmässigen Besteuerungsverhältnisses innerhalb des Gebietes der Klassensteuer ungemein erschwert, muss fortan mit Aufbietung aller zu Gebote stehenden Mittel hingewirkt werden, und ich kann Euer Hochwohlgeboren im Interesse einer gleichmässigen, der Gerechtigkeit entsprechenden Steuervertheilung unter Hinweisung auf die wegen Veranlagung der klassificirten Einkommensteuer bereits erlassenen Verfügungen, namentlich die Cirkular-Verfügung vom 17. November 1854, nicht dringend genug empfehlen, Sich die strenge Durchführung der gesetzlichen Bestimmungen recht angelegen sein zu lassen, insbesondere der irrigen Auffassung über die Besteuerung der Gutseinkünfte, welche noch von vielen sonst gebildeten Landwirthen getheilt wird, und in den Ergebnissen der Einkommensteuer-Veranlagung sich bemerkbar macht, mit Entschiedenheit entgegen zu treten.

„Ich verkenne hierbei nicht, dass bei der, den Staatsbehörden gesetzlich nur in geringem Umfange zustehenden Einwirkung auf die Steuer-Veranlagung, der Verbesserung der letzteren erhebliche Schwierigkeiten entgegentreten, nichtsdestoweniger darf in den diesfälligen Bemühungen nicht nachgelassen werden. Vor Allem kommt es darauf an, den Eifer der Vorsitzenden der Einschätzungskommissionen rege zu erhalten und sich ihres Einflusses auf die Letzteren zu bedienen, um wenigstens nach und nach zu günstigeren Resultaten zu gelangen. Namentlich bedarf es einer recht gründlichen Erörterung der Boden- und Ertragsverhältnisse innerhalb der einzelnen Einschätzungsbezirke und einer Zusammenstellung der Gegensätze, welche sich aus den Ertragsabschätzungen des Grund und Bodens behufs der Klassensteuer und behufs der Einkommensteuer unter sonst gleichen Voraussetzungen herausstellen. Der Anerkennung der in der fraglichen Beziehung überall zu ermittelnden thatsächlichen Verhältnisse können sich die Einschätzungskommissionen nicht wohl entziehen und darf daher auch die Hoffnung gehegt werden, dass es einer umsichtigen und sachgemässen Einwirkung der Vorsitzenden der Ersteren in der Mehrzahl der Fälle gelingen wird, die Kommission zur Fassung entsprechender Beschlüsse zu vermögen. So weit dennoch der gewünschte Erfolg nicht zu erzielen sein sollte, muss gegen abweichende Beschlüsse der Einschätzungskommissionen Berufung an die Bezirkskommissionen eingelegt werden, und wird es dann Ew. etc. Aufgabe sein, den Letzteren die Ueberzeugung von der Richtigkeit der gestellten Anträge zu verschaffen und die angemessene Entscheidung auf die eingelegten Berufungen durchzusetzen.

„In einigen Einschätzungsbezirken ist das Veranlagungs-Soll der klassificirten Einkommensteuer für das laufende Jahr gegen das vorige zurückgegangen und die Ursache hiervon nicht in dem Wegziehen oder dem Tode hochbesteuerter Personen, sondern in einer durchgreifenden Steuerermässigung, insbesondere der Grundbesitzer, zu suchen, wofür die höchst ungünstigen Ertragsverhältnisse (Missernten u. s. w.) als Rechtfertigungsgründe angeführt sind. Dass ein solches Verfahren den bisher erzielten Einschätzungsresultaten gegenüber nicht für gerechtfertigt anzuerkennen sei, ist bereits in dem Circular-Erlass vom 11. November v. J. des Näheren ausgeführt. Ew. etc. ersuche ich daher, auf den Inhalt desselben die Vorsitzenden der Einschätzungskommissionen wiederholt aufmerksam zu machen.

„Einer entsprechenden Vermehrung des Einkommensteuer-Soll-Aufkommens für das Jahr 1861 glaube ich mit um so grösserer Sicherheit entgegensehen zu können, als sich die maassgebenden Verhältnisse im Allgemeinen, insbesondere aber die der Grundbesitzer, während des laufenden Jahres nicht ungünstig entwickelt und gegen die verflossenen Jahre wesentlich verbessert haben."

Die Englische Einkommensteuer[1]) bringt nicht bloss absolut, sondern auch relativ sehr viel mehr ein, als die Preussische. Das liegt nicht bloss in grösserem Englischen Reichthum, sondern auch darin, dass das steuerpflichtige Einkommen dort vollständiger zur Steuer herangezogen wird. Die Steuer brachte jährlich im Durchschnitt ein 1799/1801 6,185,000 £ und $18^{06}/_{15}$ 14,187,283 £; hörte 1816 auf, wurde aber 1842, jedoch nicht in Irland, wieder eingeführt und brachte $18^{42}/_{51}$ durchschnittlich 5,697,654 £. Nachdem sie auch in Irland eingeführt war, brachte sie 1855 14,358,090 £,

---

[1]) Vergl. Zeitschrift für Staatswissenschaft. 1854. S. 203. 219. 239. 499. 548. 1855. S. 384. 1862. S. 326. In einem Briefe an Stein, aus Manchester vom 8. August 1800, sagte Vincke: Mein Gott, wenn der König einmal genöthigt werden sollte, etwas Aehnliches als eine Income Tax bei uns zu verlangen! Hier hat Niemand widersprochen und Adel und Kaufmannschaft bezahlen sie neben der ungeheuren Last anderer Auflagen, welche aber den Wohlhabenden so ganz vorzüglich treffen, ohne alles Murren! jeder wetteifert mit dem andern, das Gouvernement auf alle Weise zu unterstützen, und durch eigene Aufopferung zu befestigen; dagegen der grössere Haufe unseres Adels noch immer wähnt, der Staat könne nicht bestehen ohne seine unbedingte Exemtion von allen wesentlichen Beiträgen, ohne Druck und Dienstbarkeit der anderen Stände, und die geringste Abänderung und Nachgiebigkeit müsse unfehlbar den Zusammensturz des Gouvernements zur Folge haben, und wie viel würde nicht dazu gehören, den dummen Glauben auszurotten, dass dies Alles bis ans Ende der Welt stehen bleiben werde, dass es daher thöricht sein würde, etwas aufzuopfern, um sich das Wesentliche zu erhalten u. s. w. Leben des Oberp. Freih. v. Vincke. S. 137.

1856 16,545,508 £ und 1857 16,915,332 £. Im Jahre 1801 war jeder Steuerpflichtige verbunden, sein Einkommen dem Gesammtbetrage nach anzugeben; die Steuer brachte damals bei dem Steuersatz von 10 % 5,628,000 £ ein; 1806 führte man das auch jetzt herrschende System ein, das Einkommen bei seinen Quellen zu ergreifen und die Steuer brachte 11,633,000 £.

Gegenstand der Besteuerung ist nach dem Einkommensteuergesetz von 1842 alles Einkommen, aus welchen Quellen dasselbe auch fliessen mag oder auf welche Weise es erworben werde. Nur insofern findet eine Ausnahme statt, als Personen, deren Gesammteinkommen 150 £ (seit 1853 100 £) nicht erreicht, gänzlich befreit sind. Es ist gesetzlich bestimmt, wie das steuerpflichtige Einkommen zu ermitteln ist und welche Abzüge von dem Gesammteinkommen gestattet sind. Diese Regeln sind nach den Quellen, aus welchen das Einkommen entspringt, verschieden. Das Gesammteinkommen jeder steuerpflichtigen Person ist nicht zu ermitteln und danach die Steuer festzusetzen, sondern der steuerpflichtige Ertrag jedes Grundstücks, jedes Gewerbes oder gewinnbringenden Geschäfts ist einzuschätzen und danach die Steuer zu bestimmen. Der Inhaber eines Grundstücks oder Geschäfts hat davon die ganze Steuer zu entrichten; er kann aber diejenigen, welche in der einen oder andern Form einen Antheil an dem Ertrage des Grundstücks, Geschäfts u. s. w. haben, durch entsprechende Abzüge zur verhältnissmässigen Uebernahme der Steuer mit heranziehen. Nur wenn sich die Betheiligten hierüber nicht einigen können und selbst die schiedsrichterliche Entscheidung einer Behörde in Anspruch nehmen, nimmt diese davon Kenntniss. Bloss in Bezug auf Einnahmen, welche auf diese Weise nicht ergriffen werden können, wie hinsichtlich der Zinsen aus ausländischen Papieren oder von Kapitalien, die in den Kolonien angelegt sind, wird man besonders befragt. Im Uebrigen ist man über seine Schulden und Vermögensverhältnisse zu Angaben nicht verpflichtet. Strenge genommen bringen die Steuerbehörden von keinem einzelnen Steuerpflichtigen die Summe seines Gesammteinkommens in Erfahrung. Personen, welche die Steuerfreiheit für sich in Anspruch nehmen, sind nachzuweisen verbunden, dass ihr Gesammteinkommen den steuerpflichtigen Betrag nicht erreicht. Die Behörden sind ausser Stande, eine Uebersicht sämmtlicher Steuerpflichtigen nach der Höhe ihres Einkommens oder der im Ganzen von ihnen gezahlten Steuer aufzustellen; bei den Zusammenstellungen der Zahl der Gewerbetreibenden beziehen sich die Angaben über Steuer und Einkommen nur auf das Einkommen aus Gewerbebetrieb. Die unvermeidliche Folge dieses Systems einer gewissermaassen indirekten Besteuerung ist die Nothwendigkeit, die bereits erhobene Steuer in grossem Umfang wieder zurückzuzahlen. Dass diese Rückerstattungen sehr viele Mühewaltungen erfordern, ist nicht in Abrede zu stellen. Dennoch sind die Erhebungskosten der Englischen Einkommensteuer nur gering, indem sie sich in den Jahren $18^{43}/_{50}$ durchschnittlich auf weniger als $2\frac{1}{8}$ % beliefen.

Bei der Veranlagung der Steuer ist leitender Grundsatz, das Einkommen bei seinen Quellen zu ergreifen. Man besteuert das Einkommen, welches aus Grundbesitz oder Gewerbebetrieb fliesst, im Ganzen, ohne Rücksicht darauf, ob es in einer Hand bleibt, oder ob mehrere Antheil daran haben. Der Pächter zahlt die Steuer für den Eigenthümer, der Kaufmann für den Kapitalisten, dessen Vermögen er in seinen Geschäften angelegt hat und verzinst; dagegen ist der Erwerbende berechtigt, den entsprechenden Theil der Steuer bei der Auszahlung der Pachtrente, des Zinses u. s. w. abzuziehen. Ein Gläubiger, welcher sich diesen gesetzlichen Abzug nicht gefallen lassen will, ist mit 50 £ Strafe bedroht; auch sind alle Verträge, welche zur Umgehung eines solchen Abzuges geschlossen werden, nichtig. Das gesammte nationale Einkommen wird nach der Verschiedenheit seiner Quellen und Beschaffenheit in fünf Hauptabtheilungen getheilt und es sind dem entsprechend in dem Gesetz in fünf verschiedenen, mit den Buchstaben A. B. C. D. E. bezeichneten Titeln, Schedules, die Grundsätze für dessen Besteuerung ausführlich angegeben. Schedule A umfasst alle Renten aus Grundeigenthum und erblichen Gerechtsamen, einbegriffen Zehnten, kirchliche Zinsen, Laudemien, Steinbrüche, Bergwerke, Kanäle, Brücken, Zölle, Eisenbahnen u. s. w. Unter Sched. B. gehört der Gewinn der Pächter oder Inhaber von Ländereien, erblichen Gerechtsamen und Zehnten. Für die Miethe von Wohn- und Waarenhäusern, die zum Betriebe eines bereits besteuerten Gehöfts gehören, wird man nicht besonders besteuert. Sched. C. umfasst das Einkommen an Jahrgeldern und Zinsen, welche aus einer unter öffentlicher Aufsicht stehenden Kasse gezahlt werden, wie die Zinsen und Jahrgelder, welche die Bank von England, die Verwaltung der Staatsschuld u. s. w. auszahlen. Ausgenommen und von der Steuer frei sind die mit gesetzlicher Bewilligung bei öffentlichen Kassen angelegten Gelder der Sparkassen, milden Stiftungen u. s. w. Sched. D. begreift alles Einkommen aus dem Betriebe eines Gewerbes, sowie einer jeden gewinnbringenden Beschäftigung, welche nicht unter den Begriff eines Gewerbes gebracht zu werden pflegt, wie das Einkommen aus ärztlicher oder juristischer

Praxis, Einkommen von Werkführern, Literaten. Auch wird unter dieser Rubrik alles Einkommen besteuert, welches nicht bereits unter den anderen Rubriken aufgeführt und besteuert ist. Unter Sched. E gehören alle aus öffentlichen Kassen gezahlten Besoldungen und Pensionen von Beamten.

Die Steuer betrug 1843 — 1854 jährlich 7 d. pro £ oder $2\frac{11}{12}$ %, 1855 14 d. oder $5\frac{5}{6}$ %, 1856 und 1857 16 d. oder $6\frac{2}{3}$ % und seit dem 6. April 1864 6 d. oder $2\frac{1}{2}$ %. Für Irland, welches seit 1854 der Steuer ebenfalls unterworfen ist, war der Satz niedriger. Ein Einkommen von 100 bis 150 £ zahlt etwas weniger. In dem am 5. April 1862 endenden Jahre, als die Steuer 9 d. oder $3\frac{3}{4}$ % war, betrug der Nettoertrag 10,990,103 £, nämlich:

Schedule.	England.	Schottland.	Irland.
A . . .	4,177,620 £	513,500 £	501,894 £
B . . .	524,398 „	46,513 „	36,667 „
C . . .	1,047,895 „	—	42,725 „
D . . .	2,937,254 „	284,779 „	168,132 „
E . . .	626,615 „	37,545 „	44,566 „
	9,313,782 „	882,337 „	793,984 „

Es trug hiernach zur Steuer der Grundbesitz (Sched. A) 47 % und der Gewerbsbetrieb (Sched. D) 31 % bei. In dem am 5. April 1863 endenden Jahre war, bei dem Satz von ebenfalls 9 d., der Nettoertrag 11,248,641 £, und in dem am 30. September 1864 endenden Jahre der Bruttoertrag 8,551,000 £. Unter Sched. D steuerten in $18^{61}/_{62}$ 303,059 und $18^{62}/_{63}$ 310,906 Personen.

Im Preussischen Staate betrugen nach den Beilagen des oben (S. 330) angeführten Kommissionsberichts die Bruttoeinnahmen der direkten Steuern nach den allgemeinen Rechnungen für 1850 und nach dem Etatsentwurf für 1865:

	1850	1865
Grundsteuer	10,107,728 Thlr.	10,100,232 Thlr.
Gebäudesteuer		3,506,000 „
Einkommensteuer		3,468,000 „
Klassensteuer	7,706,254 „	9,497,000 „
Gewerbesteuer	2,558,401 „	3,847,000 „
Eisenbahnabgabe		1,070,000 „
Summa (einschliesslich verschiedener Einnahmen) . .	20,389,436 „	31,511,632 „
ausserdem Bergwerksgefälle .	850,172 „	521,108 „
Summa	21,239,608 „	32,032,740 „

Der Ertrag der indirekten Steuern ist angegeben:

	1850	1865
Eingangs- und Ausgangsabgaben	12,396,340 Thlr.	12,340,000 Thlr.
Rübenzuckersteuer	663,106 „	4,410,000 „
Brantweinsteuer und Uebergangsabgabe	5,087,597 „	7,220,000 „
Braumalzsteuer und Uebergangsabgabe	1,182,951 „	1,550,000 „
Mahlsteuer	1,103,459 „	1,435,000 „
Schlachtsteuer	1,274,778 „	1,655,000 „
Stempelsteuer	4,013,904 „	5,200,000 „
Gesammteinnahme	29,072,617 „	37,207,533 „
Gesammtausgabe an Erhebungskosten	4,001,987 „	4,481,533 „
Ueberschuss	25,070,630 Thlr.	32,726,000 Thlr.

Hiernach ist von 1850 bis 1864 die Bruttoeinnahme der direkten Steuern um 51 % und der indirekten Steuern um 28 % gestiegen. Die Erhebungskosten der indirekten Steuern absorbirten vom Bruttoertrage 1850 138 ‰ und 1865 120 ‰.

Zu den indirekten Steuern werden von Hoffmann auch die Sporteln und Stempel gerechnet.

Der Gerichtssporteln ist schon (S. 251. 300) gedacht worden. Die Ausfertigungs- und Verhandlungssporteln der Provinzial-Verwaltungsbehörden hob die Verordnung vom 22. November 1842 auf. Nach Artikel 102 der Verfassung können Gebühren von Staats- oder Kommunalbeamten nur auf Grund eines Gesetzes erhoben werden. Mir ist kein Gesetz bekannt, welches die Gemeinde-, oder Polizei-, oder sonstigen Verwaltungsbehörden zur Erhebung von Sporteln oder Gebühren ermächtigt.

Das Hauptgesetz über die Stempelsteuer ist vom 7. März 1822. Schon erwähnt wurde der Stempel von Spielkarten und Kalendern (S. 209), von Polizen (S. 299), von Erbschaften (S. 253. 262). Von Kaufverträgen von Immobilien beträgt der Stempel 1 % des Werths, von schriftlichen Kaufverträgen über andere Gegenstände $\frac{1}{3}$ %, von Aktien, Wechseln, Schuldverschreibungen und gewissen Quittungen $\frac{1}{12}$ %. Ferner sind Atteste, Ausfertigungen, Bittschriften, Pässe, Vollmachten u. s. w. stempelpflichtig. Der Zeitungsstempel wurde in Gemässheit der octroyirten Verfassung durch Verordnung vom 8. December 1848 aufgehoben. Mit dem 1. Juli 1852 wurde aber ein Zeitungsstempel wieder eingeführt, welcher jetzt nach den Gesetzen vom 29. Juli 1861 und 26. September 1862 erhoben wird. Der jährliche Durchschnittsertrag der Stempelsteuer war $18^{35}/_{38}$ 3,445,087 Thlr.; davon kam 26 % allein an Stempeln von Kaufverträgen über Immobilien ein, und den Satz von 1 % nannte Hoffmann eine „immer noch mässige Abgabe", obgleich er doch mitunter ein Viertel des Jahresertrages absorbiren kann. Mir scheint die Aufhebung dieses Stempels aus den oben (S. 297) angeführten Gründen höchst wünschenswerth. Dagegen liesse sich durch eine Abänderung der Stempelgesetzgebung von Erbschaften, Vermächtnissen und Schenkungen eine nicht unerhebliche Ertragsvermehrung erzielen. Hoffmann fand die Frage noch zweifelhaft, ob eine Besteuerung der Erbschaften und Vermächtnisse uberhaupt und innerhalb welcher Grenzen besonders dieselbe für billig zu erachten sein dürfte; mit „Milde und Schonung angeordnet" sei diese Besteuerung bei uns — mir scheint aber, dass diese Milde und Schonung weiter geht, als nöthig ist (vergl. oben S. 88).

In Uebereinstimmung mit dem Abgeordnetenhause und unter Zustimmung des Herrenhauses kann die Preussische Regierung zwar direkte Steuern einführen, erhöhen oder abändern. In Bezug auf Verbrauchssteuern — sowohl Accisen oder „innere Steuern" als auch Zölle — ist aber die Souverainetät des Preussischen Staats zeitweise durch Verträge beschränkt. Die verfassungsmässige Mitwirkung der Volksvertretung bei der Gesetzgebung über Verbrauchssteuern bestand seither im Wesentlichen nur darin, von der Regierung mit anderen Staaten abgeschlossenen Verträgen nachträglich zuzustimmen. Nach Art. 11 des Vertrags vom 4. April 1853 wegen der Fortdauer des Zollvereins bis Ende 1865 und §§. 18—20 des Zollvereins-Zollgesetzes vom 23. Januar 1838 können zwar auch in Preussen die auf der Hervorbringung, der Zubereitung oder dem Verbrauche von Erzeugnissen ruhenden innern Steuern beibehalten, verändert oder aufgehoben, sowie neue Steuern dieser Art eingeführt werden, doch bezieht sich dies „nur auf folgende inländische und gleichnamige zollvereinsländische Erzeugnisse, als: Branntwein, Bier, Essig, Malz, Wein, Most, Cider (Obstwein), Taback, Mehl und andere Mühlenfabrikate, desgleichen Backwaaren, Fleisch, Fleischwaaren und Fett" — also nicht auf Zeitungen (S. 353), Brennmaterialien (S. 303) und andere Erzeugnisse. Durch besondere Vertragsbestimmungen ist Preussen ferner gehindert, in Bezug auf die Besteuerung von Süssigkeiten selbstständig etwas zu ändern und zu bessern. Selbstständig, wie England, Frankreich oder Russland, kann es also finanzielle Reformen in Bezug auf innere Steuern und Zölle nicht vornehmen, und wenn die Staatsausgaben grösser werden, so muss die dazu nöthige Erhöhung der Staatseinnahmen vorzugsweise durch erhöhte oder neue direkte Steuern herbeigeführt werden. Es liegt also offenbar im Interesse aller Gegner der direkten Steuern, neue oder vermehrte Staatsausgaben, sei es zu produktiven oder zu unproduktiven Zwecken, nicht zu bewilligen.

Die Steuer von Branntwein [1]) sollte nach dem Gesetz vom 8. Februar 1819 durch einen Blasenzins in dem Maasse erhoben werden, dass von jedem Quart Branntwein zu 50 % Alkohol nach dem Alkoholometer von Tralles, welcher bei dem als Regel angenommenen Betriebe gewonnen werden kann, 1 Ggr. 3 Pf. entrichtet wird. Als Regel wurde angenommen, dass der in 24 Stunden erzeugte Branntwein von 50 % Alkohol sich zum Blasenraum wie 1 zu 4 verhält, wonach der Blasenzins 1 Ggr. 3 Pf. auf 4 Quart Blaseninhalt für jene Zeit beträgt. Bei schnellerem Betriebe wurde der Blasenzins verhältnissmässig erhöht. Bei kleineren und abgelegenen Brennereien war eine Fixation des Blasenzinses zulässig. Genaue Kontrollen des ganzen Gewerbes und aller Gewerbslokalien fanden fortwährend statt. Bald entstand nun ein solcher Wetteifer in Verbesserung der Destillirapparate, dass es schwierig wurde, demselben durch Schätzungen zu folgen; auch zeigte sich der Blasenzins nicht ganz anwendbar auf den Betrieb der sehr unvollkommenen kleinen Brennereien, welche den als Regel angenommenen Fabrikationssatz oft nicht einmal erreichen konnten.

Daher wurde schon durch Regulativ vom 1. December 1820 eine andere Erhebungsart, die Maischsteuer, angeordnet. Man nahm an, dass in einem Gefässe von 25 Quart Raum aus mehligen Substanzen durch Gährung so viel Weingeist entwickelt werde, als zum Gewinn eines Quarts Branntwein von 50 % Alkohol erfordert wird. Da die Steuer vom Quart Branntwein 1 Ggr. 3 Pf. betragen sollte, so war von 20 Quart Maischraum an Steuer 1 Ggr. zu entrichten. Nach der K.O. vom 10. Januar 1824 sollte die Steuer von der Bereitung des Branntweins aus Getreide oder mehligen Substanzen, ohne Unterschied der Stärke oder Bestimmung desselben, von der zur Einmai-

---

[1]) Vergl. J. G. Hoffmann. Lehre von den Steuern. S. 276 ff Die Befugniss zum Gewerbbetrieb. 1841 S. 426 ff. Engel, die Branntweinbrennerei in ihren Beziehungen zur Landwirthschaft, zur Steuer und zum öffentlichen Wohl. 1853 H. Janke, die direkte Besteuerung des Spiritus. 1861.

schung oder Gährung der Maische benutzten Gefässen mit 1 Sgr. 6 Pf. für jede 20 Quart ihres Rauminhalts und für jede Einmaischung erhoben werden. Landwirthschaftliche Brennereien, die nur vom 1. November bis 1. Mai im Gange sind, nur aus selbstgewonnenen Erzeugnissen brennen und an Einem Tage nicht über 200 Quart Bottichraum zum Einmaischen ansagen, entrichten von 20 Quart Maischraum nur 1 Sgr. 4 Pf. Für die Branntweinbereitung aus anderen als mehligen Substanzen sollte statt des Blasenzinses eine gleichmässige Steuer von der zu verarbeitenden Substanz nach deren Quantität festgesetzt und erhoben werden.

Die weiter fortgeschrittene Vervollkommnung des Verfahrens bei der Gährung und überhaupt die Verbesserung der ganzen Fabrikation, wodurch für die grössten und besten Brennereien die Steuer am niedrigsten wurde, gab Anlass, die Steuer mehrmals zu „berichtigen", d. h. zu erhöhen, und so ist nach dem Gesetz vom 19. April 1854 seit dem 1. August 1856 der allgemeine Satz der Maischsteuer für jede 20 Quart der zur Einmaischung oder Gährung der Maische benutzten Gefässe und für jede Einmaischung 3 Sgr., und der Satz für landwirthschaftliche Brennereien, welche nur vom 1. November bis 16. Mai einschliesslich im Betriebe sind, nur selbst gewonnene Erzeugnisse verwenden und an einem Tage nicht über 900 Quart Bottichraum bemaischen, für 20 Quart Maischraum 2 Sgr. 6 Pf. Die Steuervergütung für ausgehenden Branntwein beträgt nach einer finanzministeriellen Bekanntmachung vom 29. August 1856 10 Pf. für das Quart zu 50 % Alkohol nach Tralles. Nach dem Zolltarif vom 27. Juni 1860 beträgt der Eingangszoll von Brantwein aller Art, auch Arrak, Rum, Franzbranntwein und versetztem Branntwein 8 Thlr. und von Hefe aller Art, mit Ausnahme der Weinhefe, 11 Thlr. pro Centner.

Als die Branntweinbrennerei in den Städten steuerpflichtig, auf dem Lande aber noch steuerfrei war, wurde sie als ein ländliches Nebengewerbe lohnend. Anfangs verwendete man hauptsächlich Getreide, besonders Roggen; der Verkauf des Branntweins bezahlte überreichlich den Aufwand an Körnern und Brennmaterial. Der grösste Theil des nährenden Stoffs verblieb in dem Rückstande vom Destilliren und gab ein kräftiges Futter für Mastochsen und Milchkühe, welches man durch dies Verfahren kostenfrei gewann. So konnte man einen beträchtlichen Viehstand reichlich ernähren, ohne dem Getreidebau Land zum Anbau von Futtergewächsen zu entziehen. Die nächste Folge davon war eine stärkere Düngung, welche nicht nur den Boden so weit verbesserte, dass auch lohnendere Gewächse, besonders

Oelfrüchte, kräftig darauf gediehen. Güter, die ihr Getreide nur auf entfernten Märkten absetzen konnten, gewannen auch dadurch, dass der Branntwein viel leichter zu verführen ist als Getreide. So konnten denn grössere Landwirthe bei der Brennerei besonders dann Vortheil haben, wenn ihnen die Berechtigung dazu, wie Regel war, ausschliesslich zustand. Dabei verfiel die städtische Brennerei beinahe. Für die ländliche entstand einige Verlegenheit um Absatz, wenn das Branntweintrinken nicht zunahm. Sobald auch sie besteuert wurde und der 1819 eingeführte Blasenzins eine Belohnung auf den möglichst besten Gebrauch der Zeit setzte, überboten sich die grossen Brennereien in Anwendung zeitersparender Einrichtungen derart, dass die kleineren nicht folgen konnten. Als durch Einführung der Maischsteuer der Raum besteuert wurde, konnten die kleineren Brennereien zwar etwas besser mit den grösseren konkurriren, aber doch nicht nachkommen, wenn sie nicht in der Steuer begünstigt wurden oder sehr bestrebt waren, den Absatz ihres Produkts ganz in der Nähe zu erlangen und das Branntweintrinken zu vermehren. Die grosse Vermehrung der ländlichen Brennereien vermehrte das Branntweintrinken; und dadurch, dass die kleineren Brennereien in der Steuer bebegünstigt sind, wird es gehindert, dass die Brennerei sich mehr von der Landwirthschaft trennt und ein selbstständiges, nur in grossem Umfange lohnend betriebenes Gewerbe wird, dessen Erzeugniss in der Ferne und auch im Auslande Absatz findet. Hoffmann war schon der Meinung, dass die Steuerbegünstigung der kleinen Brennereien aufhören müsste. Uebrigens ist im Zollverein, namentlich in den östlichen Provinzen Preussens, Spiritus jetzt ein wichtiger Ausfuhrartikel geworden.

Auch Engel ist gegen die Begünstigung der kleinen Brennereien und glaubt, dass sie das Branntweintrinken vermehren. Nach seiner Meinung wirft der Brennereibetrieb bei normalen Preisen einen merkantilen Gewinn nicht ab und der Reinertrag des Bodens im Dienste der Brennerei ist nur ein mässiger. Nicht des Branntweins wegen treibt der Deutsche Landwirth die Brennerei aus Kartoffeln, sondern er brennt Branntwein, um das erforderliche Mastfutter zu gewinnen, um mehr Rindvieh halten zu können, dadurch mehr Milch, Butter, Käse, Fleisch zu erzielen, und um mehr Dünger zu gewinnen und dadurch das Land besser befruchten zu können. Ein Stück Land gewährt übrigens im Dienst der Kartoffelbrennerei mehr als doppelt so hohen Reinertrag, wie im Dienst der Getreidebrennerei. Steuerliche Begünstigungen der ländlichen Getreidebrennereien sind hiernach gar nicht gerechtfertigt, weil bei ihnen von einer höheren Bodennutzung und darum von vortheilhafter Rückwirkung auf die Landwirthschaft nicht die Rede sein kann. Und wo die Kartoffel als menschliche Nahrung gut zu verwerthen ist, ist bei der Kartoffelbrennerei wahrscheinlich kein rechter Vortheil, also auch kein Grund zur Begünstigung der kleinen Kartoffelbrennereien. In dünnbevölkerten Gegenden bei grossen Güterkomplexen mit schlechtem Boden sind dagegen Kartoffelbrennereien am rechten Orte, und zwar solche von grossem Umfange, da diese verhältnissmässig grössere Vortheile bringen, als die kleinen Anstalten. Jetzt ist die Steuer nicht allgemein von gleicher Höhe.

Der Betrieb der Brennereien hat sich im Lauf der Zeit sehr vervollkommnet. Der jährliche Gesammtinhalt des versteuerten Maischbottichraums hat sich erheblich vermindert und dennoch ergiebt die Branntweinproduktion über das Dreifache von dem Erlöse früherer Jahre aus dem zur Versteuerung gebrachten Raume. Andrerseits dagegen versteuert die Branntweinproduktion dem Raume nach, den sie zur Erzeugung des Fabrikats aufwendet, nahezu ein Drittel weniger, als dies in den 20ger und 30ger Jahren geschehen ist. Aus möglichst wenig Maischraum wird möglichst viel Spiritus extrahirt. Das übermässig dicke Einmaischen wurde besonders seit den Steuererhöhungen von 1838 und 1854 üblich. Aber die Steuerverwaltung kontrollirt auf das Strengste und im grössten Detail die Branntweinbereitung dreifach, bei der Hefenbereitung, dann in den Bottichen selbst und nachher in den Destillirapparaten, und jede Vernachlässigung einer Formalität ist mit hohen Strafen bedroht. Wie 1854 bekannt wurde, zahlte $18^{47}/_{51}$ durchschnittlich 1 Quart Spiritus zu 50 $^0/_0$ Tralles in den östlichen Provinzen 8—9 Pf., in der Rheinprovinz $10^1/_2$ Pf. und in Westpfahlen $13^1/_2$ Pf., und es wurde berechnet, dass bei den jetzigen Steuersätzen die Steuer pro Quart Spiritus von 50 $^0/_0$ Tralles, bei hohem Spiritusgewinn nur 10 Pf., bei geringem Spiritusgewinn dagegen, also in den unvollkommneren Brennereien, 18 Pf. beträgt. Daher kam in neuerer Zeit die Abschaffung der Maischbottichsteuer und die Ersetzung derselben durch eine Steuer vom Spiritus in Vorschlag. Die direkte Besteuerung des Fabrikats findet Janke in vieler Beziehung empfehlenswerth, wenn auch die Ausführung praktische Schwierigkeiten darböte, namentlich in Bezug auf die Spiritusmesser und auf die Kontrollvorschriften. Jedenfalls würde die Steuer gleichmässiger sein als jetzt. Auch die Verwendung von mancherlei Stoffen zur Spiritusfabrikation würde zulässig sein, die bei der Maischsteuer mit Vortheil nicht zur Anwendung zu bringen sind, wie kranke Kartoffeln, Runkelrüben, Mohrrüben, Mais,

Melasse. Es würde dann die Spiritusindustrie nicht so viel beaufsichtigt zu werden brauchen; die Kontrolle würde wahrscheinlich auf die Destillirapparate beschränkt werden können. Nach dem Gesetz von 1819 wollte man von 1 Quart Branntwein zu 50 % Tralles 1 Sgr. $6^3/_4$ Pf. Steuer erheben. Janke schlägt nun vor, bei der Fabrikatsteuer den Satz von 1 Sgr. $6^3/_4$ Pf. festzuhalten, dagegen aber statt 50 % jetzt 70 % Tralles bei $12^4/_9$ Grad Réaumur als Norm aufzustellen. Bei einem solchen Satz würden nach seiner Meinung die Besitzer kleinerer Brennereien wahrscheinlich weniger Steuer zu zahlen haben, als jetzt; und auch die Besitzer der grössten Anstalten, die seither verhältnissmässig die geringste Steuer zahlten, dürften mit der vorgeschlagenen Einrichtung zufrieden sein, sofern nur die jetzigen sehr lästigen Kontrollvorschriften gemildert würden, was ausführbar sei; endlich, dass der Ertrag der Steuer für die Staatskasse bei der vorgeschlagenen Einrichtung geringer werden würde, sei nicht wohl anzunehmen.

Ohne Zweifel muss man wünschen, dass Alle eine gleich hohe Steuer zahlen; ob aber alle diejenigen, welche bisher die niedrigste Steuer zahlten, dies wünschen oder sich freiwillig dazu verstehen würden, ist nicht sicher. Bei dem Landesökonomiekollegium kam im December 1862 die Frage der Maischsteuererhöhung zur Verhandlung und eine grosse Majorität war für Nichterhöhung; die Minorität fand erst bei der Frage, ob die Maischsteuer in eine Fabrikatsteuer verwandelt werden solle, Gelegenheit, ihrer Meinung Ausdruck zu geben. Hierbei zeigte sichs, dass viele Mitglieder des Kollegiums bezüglich ihrer Ansicht eine Wandelung insofern durchgemacht hatten, als diejenigen, welche früher die Fabrikatsteuer als die vorzüglichere vertheidigten, jetzt sich gezwungen sahen zu bekennen, dass näheres Studium der Handhabung dieser Steuer in England, Frankreich und Oesterreich sie vom Gegentheil überzeugt habe. Wenn jedoch mit Hinweis auf diese Länder, namentlich auf England, behauptet wurde, dass die Fabrikatsteuer noch mehr als die Maischsteuererhöhung dazu beitragen werde, das Brennereigewerbe zu centralisiren, so begegneten derartige Präsumtionen vielfachem, wohl auch gerechtfertigtem Widerspruch; es wurde von den beredten Vertretern der Fabrikatsteuer vielmehr aus der Natur des Gewerbes sowohl, wie der Steuerpraxis selbst nachgewiesen, dass diese Steuerform gerade das Gegentheil der Centralisation, die Decentralisation, zur Folge haben müsse und könne. Die centralisirende Wirkung der Maischraumsteuer sei bewiesen und läge in erschreckender Weise vor, die der Fabrikatsteuer sei zur Zeit nur eine Vermuthung. Da man letztere

Steuerform allseitig als die principiell richtigere anerkennen musste, und man nur vor ihrer, den Brennereibetrieb noch mehr als die Raumsteuer belästigenden Handhabung sich fürchtete, so ging das Votum der Majorität des Kollegiums dahin, die Einführung der Fabrikatsteuer so lange von der Hand zu weisen, bis man nicht durch eine bestimmte Vorlage sich über die Art der Handhabung dieser Steuer durch die königlichen Steuerbehörden unterrichten und daraufhin einen positiven Beschluss fassen könne. Auch Das wurde betont, und es dürfte bei diesem Votum mitsprechend gewesen sein, dass die Erhöhung der Fabrikatsteuer ohne grosse Schwierigkeiten vorgenommen werden könne, während die Maischsteuer jetzt schon an den Gipfelpunkt ihrer Erhöhung angelangt sei.

Eine so häufig unbeachtete oder falsch betrachtete Folge der Konsumtionssteuern ist die, dass sie die Konsumtion selbst und den Werth der zu konsumirenden Produkte vermindern. Allgemein bekannt ist es, dass sonst die Konsumtion des Biers weit grösser war als jetzt, aber kein steuerbarer Gegenstand ist von Zeit zu Zeit so sehr mit Abgaben belegt worden, als das Bier, und die Konsumtion desselben ist dadurch unglaublich vermindert worden; der daraus entstehende Schade trifft nun nicht bloss den Konsumenten, der bei dem jetzigen Preise dieses gesunden Getränks an der Quantität und an der Qualität seine Konsumtion einschränken muss, sondern er trifft alle mit diesem sonst wichtigen Nahrungszweige beschäftigte Personen; diese Abgabe hat das Gewerbe der Brauer, sonst eines der wohlhabendsten städtischen Gewerbe, unbedeutend gemacht, sie hat dem Boden, der das rohe Material erzeugte, einen Ausweg zum Absatze seiner Produkte entzogen, und dadurch der Reproduktion selbst geschadet und sie hat uns mit Kaffee und Thee, mit Wein und Branntwein zu unserm Schaden mehr bekannt gemacht. Das sagte 1805 Krug, und 1846 berechnete Dieterici den durchschnittlichen Bierverbrauch pro Kopf im Preussischen Staat für 1805 auf 15, für 1831 auf 15,19 und 1842 auf 13,11 Quart. Das Einkommen aus der Braumalzsteuer betrug nach Hoffmann $18^{33}/_{38}$ jährlich im Durchschnitt 1,283,926 Thlr.

Hiernach würde eine Erhöhung der Besteuerung des Biers sich nicht empfehlen lassen. Letztere erfolgt seit 1819 durch eine Maischsteuer, indem vom Centner Malz beim Einmaischen desselben $^2/_3$ Thlr. erhoben werden. Seit dem 1. Juli 1858 trat insofern eine Steuererhöhung ein, als die Steuer nicht mehr vom alten Preussischen Centner, sondern von dem neuen etwas kleineren Zollcentner erhoben wird. Die Steuer wird von allem eingemaischten Malze erhoben, ohne Rücksicht, ob daraus Bier oder Essig erzeugt wird. Die Versteuerung muss geschehen, bevor die Einmaischung erfolgt. In Gegenwart des Steuerbeamten wird das Malz gewogen und eingemaischt; die sämmtlichen Braulokale stehen unter Beaufsichtigung der Steuerbeamten. Die meisten anderen Stoffe, woraus Essig bereitet wird, namentlich Wein und Branntwein, sind höher als Braumalz besteuert. Jedes gegohrne Getränk, welches durch einen Aufguss auf Malz erzeugt wird, bleibt unbesteuert, wenn dazu nur die gewöhnlichen Küchengeräthschaften gebraucht werden und die Bereitung nur für den eignen Bedarf einer Haushaltung geschieht, worin sich höchstens 10 übervierzehnjährige Personen befinden. Bei ländlichen Brauereien können seit 1827 Abfindungen wegen der Braumalzsteuer stattfinden.

Der Einfuhrzoll beträgt nach dem Tarif von 1860 pro Centner Bier aller Art in Fässern, auch Meth in Fässern $2^1/_2$ Thlr., Essig aller Art in Fässern $1^1/_3$ Thlr., Bier und Essig, in Flaschen oder Kruken eingehend 8 Thlr.

Die 1819 eingeführte, später veränderte Besteuerung des inländischen Weins macht es nöthig, dass die Weinlese und Kelterung, sowie die Weinbestände in den Gemeinden, in welchen noch unversteuerter Wein vorhanden ist, unter Kontrolle der Steuerbehörden gehalten werden. Die Steuer beträgt, nach Verschiedenheit der örtlichen Beschaffenheit $1^1/_6$, $^5/_6$, $^7/_{12}$, $^5/_{12}$, $^1/_3$ oder $^1/_4$ Thlr. für den Eimer von 60 Quart; in den östlichen Provinzen kommen nur die drei niedrigsten Sätze zur Anwendung. Die Berechnung der Steuer erfolgt nach dem Maasse des gewonnenen Mostes nach Abzug von 15 %.

Der Eingangszoll beträgt nach dem Tarif von 1860 pro Centner Wein und Most, auch Cider, in Fässern eingehend 6 Thlr., in Flaschen 8 Thlr. Den Weingrosshändlern wird unter gewissen Umständen ein Rabatt am Eingangszoll gewährt.

Diese verschiedene Besteuerung des inländischen und des ausländischen Weins scheint gegen die Unparteilichkeit zu verstossen, und demnach müsste die Steuer vom inländischen Wein erhöht und die vom ausländischen heruntergesetzt werden. Im Jahre 1848 wurde ein Zollsatz pro Centner von 3 Thlrn. ohne Rabatt für Wein, Most und Cider, sowohl in Fässern als auch in Flaschen, vorgeschlagen und dabei angenommen, dass das Verhältniss dieser Steuer zum durchschnittlichen Werthe beinahe noch 41 % wäre [1]. Es ist kaum zu

[1]) Entwurf zu einem Zolltarif für das vereinte Deutschland. S. 6. 63. 84. 94.

bezweifeln, dass bei diesem Satz der Verbrauch so zunehmen und das Einschwärzen so abnehmen würde, dass nach einiger Zeit die Einnahme der Staatskasse erheblich steigen würde.

Eine Erhöhung der Steuer vom inländischen Wein kann indessen nicht rathsam erscheinen. Das mit Reben bepflanzte Land beträgt im ganzen Staat noch nicht 70,000 Morgen, kann also das Bedürfniss des Landes nicht im entferntesten befriedigen. Der Preussische Staat gehört, wie Hoffmann richtig bemerkt, zu den Ländern, welche auf der natürlichen Grenze des Weinbaues liegen, und die Steuer davon ist sehr unsicher, so dass dieselbe eigentlich nur als eine zufällige Einnahme anzusehen ist. Von wesentlicher Bedeutung ist doch nur der Weinbau am Rhein bis Bonn herunter, dann an der Mosel, der Saar und der Nahe, und dort ist manches Stück Land, welches, wenn es nicht mit Reben bepflanzt wäre, höchstens zum Holzanbau gebraucht werden könnte. Beinahe $^9/_{10}$ des gesammten Einkommens aus der Besteuerung des inländischen Weins fällt auf die Rheinprovinz.

Im Zollvereinsvertrage von 1833 wurde, da in den südlichen Zollvereinsstaaten der Wein einer Produktionssteuer nicht unterliegt, eine Ausgleichungsabgabe und zwar von 20 Sgr. für den Centner Traubenmost und von 25 Sgr. für den Centner Wein festgesetzt, und im Vertrage vom 4. April 1853 aufrecht erhalten. Bei den Verhandlungen über eine weitere Erneuerung des Zollvereins ist aber ihr Wegfall in Aussicht genommen. Mit der Aufhebung dieser Uebergangsabgabe würde auch die Steuer vom inländischen Wein wegfallen. —

Auf dem Weinverbrauch lasten in England hohe Zölle und in Paris hohe Octrois. Der Bruttoertrag der Englischen Weinzölle betrug 1863 1,214,762 £. In England, sowie in Paris wird mehr Wein getrunken als eingeführt, denn — es wird dort viel gemacht, „sieht aus wie Wein, Ist's aber nicht.“

Vom Taback hat der, welcher ihn baut, weniger Steuer zu zahlen, als der, welcher ihn einführt; und wer Taback fabricirt, hat weniger Steuer zu zahlen als der, welcher fabricirten Taback einführt. Ohne Vortheil für die Staatskasse zahlen die Verbraucher mehr Steuer als nöthig ist, lediglich zum Vortheil der Tabacksbauer und Tabacksfabrikanten — ein Beispiel zweifacher Differenzialabgaben (S. 289).

Nach der Gesetzgebung von 1819 sollte nur der, welcher eine Grundfläche von mehr als 5 Quadratruthen mit Taback bepflanzt hat, vom Centner getrockneter Blätter 1 Thlr. an Steuer entrichten. Die

K.O. vom 29. März 1828 bestimmt, dass die Steuer vom inländischen Taback nach der Grösse der mit Taback bepflanzten Grundfläche in vier Abtheilungen erhoben werden soll, und zwar jährlich von je 6 Quadratruthen mit Taback bepflanzten Bodens in den vier Klassen mit 6 Sgr., 5 Sgr., 4 Sgr. oder 3 Sgr. Zu welchem dieser Sätze in jedem Kreise gleichförmig gesteuert werden muss, bestimmt der Finanzminister zeitweise. Wer 6 Quadratruthen oder mehr mit Taback bepflanzt hat, muss der Steuerbehörde vor Ende Juli davon Anzeige machen. Die nach geschehener Prüfung berechnete Steuer hat der Steuerschuldner, sobald er die Hälfte des Erntegewinns in andere Hände bringt, oder wenn eine Veräusserung des Tabacks nicht früher stattgefunden hat, Ende Juli des nach der Ernte folgenden Jahres zu zahlen. Es lässt sich hiernach nicht bestimmt angeben, wie hoch sich die Steuer von einem Centner inländischen Taback durchschnittlich beläuft.

Der Eingangszoll beträgt nach dem Tarif von 1860 pro Centner: a) Tabacksblätter, unbearbeitete, und Stengel 4 Thlr.; b) Rauchtaback in Rollen, abgerollten oder entrippten Blättern, oder geschnitten; Karotten oder Stangen zu Schnupftaback, auch Tabacksmehl und Abfälle 11 Thlr.; c) Cigarren und Schnupftaback 20 Thlr. Diese drei Zollsätze verhalten sich also wie 100, 275, 500. Bei diesen ungeheuren Schutzzöllen ist es kein Wunder, dass hauptsächlich nur der niedrigste Zollsatz von 4 Thlrn. der Staatskasse Einnahmen bringt und dass die allermeisten Verbraucher sich mit Tabacksartikeln begnügen müssen, welche im Inlande aus inländischen oder aus ausländischen Blättern fabricirt sind.

Der Englische Fiskus weiss den Tabacksverbrauch besser auszubeuten, er erhob 1863 an Tabackszoll 5,986,447 £. Nach dem Gesetz vom 27. März 1863 beträgt der Zoll pro Pfund Tobacco unmanufactured, containing 10 ℔ or more of moisture in every 100 ℔ 3 s. Tobacco, manufactured; viz. Segars 5 s. Der niedrigste Zollsatz verhält sich zum höchsten also nur wie 100 zu $166^2/_3$. Wenn dasselbe Verhältniss in Preussen angewendet würde, so wäre bei dem Satz für Blätter von 4 Thlrn., für Cigarren und alle andern Fabrikate ein höherer Satz als $6^2/_3$ Thlr. gar nicht anwendbar, es sei denn, dass man das Englische Verhältniss dadurch annähme, dass man den Zoll von Blättern erhöhte. In diesem Falle wäre es unvermeidlich, auch nicht unausführbar, ebenso wie in England, den Tabacksbau im Lande zu verbieten. Die dortigen hohen Zollsätze von Tabacksfabrikaten sowohl als auch von Blättern haben aber den Nachtheil, dass sie zu sehr starkem Schmuggel Anlass geben und zu dessen Abwendung viele Verkehrsbeschränkungen nöthig machen.

Im Jahre 1848 wurde an Zoll pro Centner vorgeschlagen: a) Tabacksblätter, unverarbeitete und Stengel 2 Thlr.; b) Rauchtaback in Rollen, abgerollten oder entrippten Blättern, auch Tabacksmehl und Abfälle 4 Thlr.; c) Taback, geschnittener; Kautaback; Karotten oder Stangen zu Schnupftaback 6 Thlr.; d) Cigarren und Schnupftaback 15 Thlr. „Bei der Bestimmung eines Zollsatzes für Tabacksblätter und Stengel kommen verschiedene Rücksichten in Betracht: die bestehenden von einander sehr abweichenden Abgabensätze im Zollverein und in den übrigen Deutschen Staaten, das finanzielle Interesse, die einheimische Produktion dieses Artikels, die Rücksicht auf die Konsumenten, das Interesse des Handels und der Schiffahrt. Alle diese Momente unbefangen und im Zusammenhange erwogen, wird die im Zollvereinstarif bestimmte Eingangsabgabe von 5 Thlr. 15 Sgr. pr. Centner als unhaltbar, dagegen die Feststellung eines Zollsatzes von 2 Thlrn. für den künftigen gemeinschaftlichen Deutschen Tarif als am angemessensten anerkannt werden müssen. Um auf die oben angedeuteten Punkte etwas näher einzugehen, ist zu bemerken: 1) dass die Eingangsabgabe für Taback in Blättern, im Steuerverein nur 1 Thlr. $^3/_4$ Sgr., in Schleswig-Holstein 1 Thlr. 5$^3/_4$ Sgr. beträgt. Schon eine Erhöhung dieses Satzes auf 2 Thlr. wird dort wie auch in Mecklenburg sehr ungern gesehen werden, ein noch höherer Zoll aber den entschiedensten Widerspruch hervorrufen. 2) Bei dem gegenwärtig im Zollverein so sehr verbreiteten Verbrauch des im Ganzen anerkannt minder guten inländischen Tabacks (es sollen 1845 über 520,000 Centner davon im Zollverein producirt worden sein, während die Einfuhr 323,039 Centner betrug) lässt die beantragte Reduktion des übertriebenen Zolls eine bedeutende Zunahme der Einfuhr und also eine Kompensation für die Zolleinnahme voraussehen. 3) Der Anbau von Taback im Mecklenburgischen, wo fremder Taback so gut wie zollfrei eingeht, zeigt, dass selbst, wenn der inländische Tabacksbau gar keine Begünstigung geniesst, derselbe nicht aufgegeben zu werden braucht. Um so weniger wird dies der Fall sein, wenn ein fortbestehender Finanzzoll von 2 Thlrn. (während die Steuer vom inländischen Tabacksbau in Preussen nur auf 1 Thlr. pr. Centner auskommt, welche auch bei der künftigen einheitlichen Anordnung dieser Steuern nicht erhöht werden dürfte), den Tabacksproduzenten im Inlande einen ziemlichen Vortheil ferner gewähren wird. Der Boden, der jetzt, nur in Folge eines übertriebenen Schutzzolls, zu einer nicht naturgemässen Kultur benutzt wurde, wird leicht wieder zu einer anderen, keine fremde Mitbewerbung scheuenden landwirthschaftlichen Verwerthung benutzt werden können. 4) Die Konsumenten werden den Vortheil haben, dass sie bessere Waare zu billigeren Preisen sich werden verschaffen können. Die Vertheuerung der ausländischen Waare durch einen davon zu entrichtenden mässigen Zoll kommt dem Staatshaushalte, also indirekt ihnen selbst wieder zu Gute, während die Vertheuerung des gleichartigen inländischen Erzeugnisses in Folge des Schutzzolles, nur zu Gunsten einer künstlichen Produktion, so gut wie verloren geht, höchstens einzelnen Distrikten prekären Nutzen bringt. 5) Der ausserordentliche Werth eines möglichst niedrigen Tabackszolls für den auswärtigen Handel und die Schiffahrt leuchtet von selbst ein, da hierdurch die Handelsbeziehungen mit so äusserst wichtigen kommerziellen Ländern wie Nordamerika und Westindien bedeutend gehoben werden, indem durch so vermehrte Einfuhr von dort auch der transatlantische Ausfuhrhandel befördert wird, und ausserdem die beträchtliche Zunahme der Einfuhr eines so voluminösen Artikels wie Taback, der Rhederei sehr zu Statten kommt. Schliesslich ist auch das nicht zu übersehen, dass bei der Schwierigkeit einer Bewilligung von Rückzöllen für solche Gegenstände, wobei im Inlande erzeugte Produkte mit in Betracht kommen, die im kommerziellen Interesse sehr beachtenswerthe Wiederausfuhr von Tabacksfabrikaten, im Falle hoher Eingangsabgaben für Taback in Blättern und Stengeln sehr erschwert und beschränkt sein würde [1])."

Wenn man auch dem vorgeschlagenen mässigen Zollsatz für Tabacksblätter und Stengel zustimmen könnte, so scheint es mir doch, dass die anderen vorgeschlagenen Sätze mit einander nicht im Einklang sind. Denn die Sätze 2, 4, 6, 15 Thlr. verhalten sich wie 100, 200, 300, 750. So verschieden sind die Werthe nicht. Wenn man das Verhältniss von 100 zu $166^2/_3$, wie es in England für den niedrigsten und höchsten Satz angenommen ist, festhält, so müsste, wenn der niedrigste Satz 2 Thlr. ist, der höchste nicht 15, sondern nur $3^1/_3$ Thlr., oder wenn der höchste 15 Thlr. ist, der niedrigste nicht 2 Thlr., sondern 9 Thlr. sein. Bei der ersten Alternative würde die Staatskasse gegen den jetzigen Zustand durch vermehrten Verbrauch fremden Tabacks und fremder Tabacksfabrikate und geringeren Schmuggel erheblich gewinnen; bei der letzten Alternative — welche aber ein Verbot des inländischen Tabacksbau's nothwendig machen würde — wahrscheinlich aber noch mehr gewinnen. Denn der

---

[1]) A. a. O. S. 8. 62

Verbrauch würde sich wohl kaum vermindern. Seither sind die Preise durch die Schutzzölle zu Gunsten der Produzenten und Fabrikanten erhöht, künftig würden sie zu Gunsten der Staatskasse erhöht sein, aber schwerlich in stärkerem Maasse als gegenwärtig.

Von allen Preussischen Steuern scheint mir die Mahl- und Schlachtsteuer [1]) die schlechteste zu sein. Dies ist auch faktisch dadurch anerkannt, dass diese Steuer, welche 1820 in 132 Städten eingeführt wurde, jetzt nur noch in 76 Städten besteht, und in der Provinz Westphalen in keiner einzigen mehr.

Die Mahlsteuer wird sowohl von den auf den städtischen Mühlen hergestellten, als auch von den in die Städte eingeführten Fabrikaten erhoben. Der Steuersatz für 1 Centner Waizen ist $^2/_3$ Thlr. und für 1 Centner Roggen, Gerste, Buchwaizen und andere Getreidearten und Hülsenfrüchte $^1/_6$ Thlr., wenn daraus Mehl, Schrot, Graupen, Grütze und Gries durch eine Mühle bereitet werden. Malz und Getreide, welches zur Brennerei und Brauerei verwendet ist, unterliegt der Mahlsteuer nicht. Sie ist zu erlegen, bevor das Getreide zur Mühle kommt. Bewegliche Mahlmühlen, Handmühlen und Stampfen zu halten, ist in mahlsteuerpflichtigen Städten nicht erlaubt. In Breslau [2]), Trier, Liegnitz, Brieg und Saarlouis wird die Mahlsteuer von allen Getreidearten zu demselben Satz erhoben.

Die Schlachtsteuer wird von allem geschlachteten Rindvieh, Schafen, Ziegen und Schweinen, mit Einschluss der Kälber, Lämmer und Ferkel, entrichtet, und soll von 1 Centner Fleisch mit 1 Thlr. erhoben werden. Bei erfolgender Verwiegung wird das ganze ausgeschlachtete Stück unzerschnitten mit dem Fleische, den Knochen und dem Fette gewogen; doch werden Füsse, Eingeweide und Darmfett nicht mit gewogen. Die Steuer kann auch nach Stücksätzen, die der Finanzminister für jede Stadt bestimmt, entrichtet werden.

Bei der Einfuhr in die Stadt ist zu zahlen: von Kraftmehl, Puder, Graupen, Grütze und Gries das doppelte, von Mehl das $1^1/_3$ fache, von Schrot und Backwerk aller Art das einfache des Satzes, welchen das Getreide, woraus diese Erzeugnisse bereitet worden, steuert;

---

[1]) Vergl. Reinick, Resultate der Mahl- und Schlachtsteuer 1838—1861, in der Zeitschrift des stat. Bureaus 1863 S. 215—234 und 1864 S. 160—167.

[2]) Im Mai 1865 waren die Detailpreise der Phönixmühle in Breslau: 50 Pfd. feinstes Waizenmehl, unversteuert $63\frac{3}{4}$ Sgr. und versteuert 72 Sgr.; 50 Pfd. Roggenmehl No. 3 unversteuert $27\frac{1}{2}$ Sgr. und versteuert $37\frac{1}{2}$ Sgr. Die Steuer vertheuerte also das Waizenmehl um $8\frac{1}{4}$ Sgr. oder nur um 13 %, das Roggenmehl dagegen um 10 Sgr. oder um 36 %.

die Fleisch- und Fettwaaren werden mit $1^1/_3$ des Satzes von dem in den Städten ausgeschlachteten Fleische berechnet.

Im Jahre 1847 wurde in Betracht der ganz ungewöhnlichen Theuerung der ersten Lebensbedürfnisse die Erhebung der Mahlsteuer von allen Getreidearten, Körnern und Hülsenfrüchten im April bis zum 1. August ausgesetzt. Der Durchschnittsmarktpreis von Roggen im Preussischen Staat war im Jahre 1847 86 Sgr. 2 Pf. Im Jahre 1854 war er 83 Sgr. 3 Pf., 1855 91 Sgr. 7 Pf. und 1856 85 Sgr. 1 Pf. In diesen Jahren wurde aber die Mahlsteuer nicht erlassen, es wurde vielmehr, wie schon oben (S. 69) erwähnt, in den Jahren 1854—1856 und 1859—1862 die Mahl- und Schlachtsteuer um 25 % erhöht.

Seit dem 1. Juli 1858 sind beide Steuern dauernd dadurch erhöht, dass an die Stelle des Preussischen der kleinere Zollcentner getreten ist. Dass den Einkommensteuerzahlern wegen der Mahl- und Schlachtsteuer 20 Thlr. angerechnet werden, ist schon (S. 341) erwähnt. Da hierbei kein Unterschied gemacht wird, ob Jemand zur ersten oder dreissigsten Einkommensteuerstufe veranlagt ist, so scheint angenommen zu werden, dass die Mahl- und Schlachtsteuer für Jeden gleich viel beträgt. Wodurch dieser Satz von 20 Thlr. gerechtfertigt wird, ist mir nicht bekannt. Jedenfalls enthält er ein legales Anerkenntniss, dass die Mahl- und Schlachtsteuer eine sehr hohe Steuer ist; für die ärmeren Klassen wird sie da noch unverhältnissmässig höher, wo, wie beinahe in allen grossen Städten, damit noch 50 % Gemeindezuschläge erhoben werden.

In der dem Vereinigten Landtag vorgelegten Denkschrift des Finanzministers v. Duesberg vom März 1847 werden als Uebelstände der Mahl- und Schlachtsteuer, abgesehen „von der unverhältnissmässigen Belastung der städtischen Bevölkerung und insbesondere der weniger wohlhabenden Einwohnerklasse“, hauptsächlich zur Last gelegt: 1) die Nothwendigkeit, Behufs der Erhebung der Mahl- und Schlachtsteuer im Innern des Landes Steuerlinien zu errichten und dadurch den Verkehr zwischen Stadt und Stadt einer Beschränkung zu unterwerfen; 2) die bei der Erhebungsweise der Steuern niemals völlig zu verhindernden Defraudationen und die dadurch veranlasste Demoralisation eines Theils der Bevölkerung; 3) die Höhe der Hebungskosten; 4) die Nothwendigkeit, die in der Nähe der mahl- und schlachtsteuerpflichtigen Städte gelegenen Ortschaften gewissen Beschränkungen zu unterwerfen, wonach die Einwohner faktisch neben der Klassensteuer auch durch die Mahl- und Schlachtsteuer betroffen werden.

Es wurden 1844 nicht weniger als 9210 Mahl- und Schlachtsteuerkontraventionen entdeckt, schon auf je 200 Einwohner der im engeren Stadtbezirke wohnenden Bevölkerung eine Kontravention. Dass die Zahl der nicht entdeckten Kontraventionen geringer wäre, als die der entdeckten, ist nicht zu glauben. Die Kosten der Erhebung der Steuer liessen sich nicht vollständig angeben, weil die zur Erhebung dieser Steuer erforderlichen Beamten und Lokalien auch zu andern Geschäften der indirekten Steuerverwaltung benutzt werden. Nach einem Ueberschlage betrugen sie mitunter über $18\frac{1}{2}$ %, durchschnittlich beinahe $11\frac{1}{2}$ %. Die durchschnittliche Konsumtion einer Arbeiterfamilie lässt sich zwar nicht bestimmt angeben, aber wie geringe man auch deren Verzehr an Fleisch, entweder als unmittelbares Nahrungsmittel oder doch zur Zubereitung und Fettung der Speisen veranschlagen und den geringen Verbrauch an Waizen ausser Betracht lassend, nur den Bedarf an Roggenmehl in Rechnung stellen mag, so hat eine solche Arbeiterfamilie immerhin schon mehrere Thaler an Steuer zu zahlen, während sie an Klassensteuer nur 1 Thlr. zu entrichten brauchte. Jährlich im Durchschnitt war $18^{42}/_{44}$ in den klassensteuerpflichtigen Ortschaften der Bruttoertrag der Klassensteuer nicht ganz 16 Sgr. 5 Pf. auf den Kopf, während die Mahl- und Schlachtsteuer auf den Kopf der in den mahl- und schlachtsteuerpflichtigen Städten vorhandenen Bevölkerung 51 Sgr. aufgebracht hat (also netto bloss für den Staat). Die Steuer macht die Lebensnothwendigkeiten theurer. Damit die Armen die höheren Preise zahlen können, wird ihnen Unterstützung gegeben. Damit ihnen Unterstützung gegeben werden kann, müssen alle, also auch die Armen selbst, durch die Mahl- und Schlachtsteuer besteuert werden [1]).

Wie Kühne mittheilte, wurden bloss in dem letzten Quartal von 1846 „in Berlin allein 62 sogenannte Mehlkürasse konfiscirt, mittelst deren Mehl, unter den Kleidern verborgen, eingeschwärzt wird; und das geschieht nicht des Hungers wegen, denn unter 100 Defrauden ist auch nicht eine, wo Roggenmehl eingeführt wäre, Alle haben Waizenmehl eingeführt, welches doch eben nur zur Stillung des Hungers verbraucht wird. Bei diesen Resultaten der Verwaltung, ganz

[1]) In Oppeln haben sich die städtischen Behörden im Februar 1865 gegen die Ersetzung der Mahl- und Schlachtsteuer durch die Klassensteuer erklärt, weil daraus der ärmeren Klasse kein Vortheil erwachse. Sonderbar! als wenn hohe Prèise für die Armen nicht ein Uebel wären. Sind die Preise durch eine Missernte erhöht, so ist dies ein unvermeidliches, sind sie aber durch eine Steuer erhöht, so ist dies ein vermeidliches Uebel. Bei erhöhten Preisen essen zwar die Reicheren nicht weniger, bedeutend werden aber die Nahrungsportionen der Aermeren verkleinert und die Sterblichkeit wird grösser. In nachstehender Zusammenstellung ist A der Martiniroggenpreis im Regierungsbezirk Breslau, B die

abweichend von allen übrigen, hat gewiss die Regierung hinreichende Veranlassung gehabt, über die Aufhebung dieser Steuer nachzudenken; sie hat dabei auf die Zustimmung der Vertreter der grösseren Städte gerechnet, sie hat provozirt auf diese Versammlung, ob sie sich nicht getäuscht habe, ob das Geschrei oder diese Reklamationen, die von Seiten der öffentlichen Blätter gegen die Mahl- und Schlachtsteuer erhoben sind, die wirkliche öffentliche Meinung bezeugen oder nur grundloses Gerede sind, das wird die Frage sein, die hier vorliegt." Die Majorität der Versammlung sprach sich nicht für Abschaffung der Mahl- und Schlachtsteuer aus; sie wollte keine Einkommensteuer. Im Februar 1850 sagte Kühne in der ersten Kammer, als ein Redner dem Finanzminister empfahl und mit Zuversicht hervorhob, dass Massregeln getroffen würden, um die Mahl- und Schlachtsteuerdefraudationen zu hindern: „Ich habe die Ehre gehabt, sieben Jahre Generalsteuerdirektor zu sein und ich habe es mir sehr angele-

---

Zahl der Gebornen und C die Zahl der Gestorbenen bei der Civilbevölkerung der Stadt Breslau:

		A.			B.	C.
	1855	3 Thlr.	18 Sgr.	4 Pf.	4055	5410
	1856	1 „	21 „	8 „	4294	4544
	1857	1 „	13 „	3 „	4712	4359
	1858	1 „	24 „	3 „	5150	4486
	1859	1 „	20 „	5 „	5100	4018
	1860	2 „	2 „	6 „	5033	3848
	1861	1 „	29 „	10 „	4985	3795
	1862	1 „	22 „	8 „	4874	4353
	1863	1 „	14 „	10 „	5357	5422
	1864	1 „	12 „	4 „	5564	4954
Durchschnitt	1855—1859	2 „	1 „	7 „	4662	4563
„	1860—1864	1 „	22 „	5 „	5163	4474
Verhältniss	1855—1859				1000	979
„	1860—1864				1000	866

Müsste man nach diesen Zahlen nicht schon mit Rücksicht auf das fünfte Gebot die fernere Beibehaltung der Mahl- und Schlachtsteuer bedenklich finden?

Der Magistrat und die Stadtverordneten in Breslau, so wie auch die Stadtverordneten in Danzig hatten sich schon 1849 für Abschaffung der Mahl- und Schlachtsteuer ausgesprochen; und der Magistrat in Berlin soll 1864 eine Anfrage der Staatsregierung dahin beantwortet haben, dass in der Einnahme, welche die Stadt Berlin jetzt aus der Mahl- und Schlachtsteuer ziehe, kein Grund liege, dieselbe fortbestehen zu lassen, falls die Regierung die Ueberzeugung gewinne, dass die Nachtheile dieser Steuer grösser seien, als die Vortheile derselben, eine Ueberzeugung, welche der Magistrat theile.

gen sein lassen, diese Defraudationen zu hindern; es ist mir aber nicht gelungen, die Mehlkürasse zu vertilgen, und auf einen Vorschlag, dass man die steuerfreie Quantität auf zwei Pfund herabsetzen möge, konnte ich nicht eingehen, weil dies zu einer Taschenvisition geführt haben würde." — Das Gesetz vom 2. April 1852 hat den Finanzminister ermächtigt, die Steuerfreiheit von $^1/_{16}$ Centner bis auf 2 Pfund zu beschränken, und von dieser Ermächtigung ist z. B. in Breslau, Schweidnitz, Brieg, Frankenstein, Glogau, Görlitz, Ratibor, Glatz Gebrauch gemacht worden. —

Die Abstimmung in der zweiten Kammer v. 5. Febr. 1850 ergab, wie schon (S. 341) erwähnt, eine Mehrheit von 209 Stimmen für gänzliche Abschaffung der Mahl- und Schlachtsteuer. Dennoch besteht sie noch, aber sie wird allenthalben abgeschafft werden, wenn gleich noch nicht bestimmt anzugeben ist, in welchem Jahre. Jetzt kann man nicht mehr für die Beibehaltung derselben kämpfen, in der Meinung, dadurch die Einführung der Einkommensteuer abzuwehren. Die Zahl der Gegner der Mahl- und Schlachtsteuer wächst fortwährend. Als solche erklärten sich auf dem Vereinigten Landtag und in der Volksvertretung v. Duesburg, Kühne, v. Bodelschwingh, Camphausen, Alfred v. Auerswald, v. d. Heydt, Offermann, Hansemann, Krause, Dittrich, Baum, Winzler, Graf Renard, Graf Gneisenau, Dorenberg, Diergard, vom Rath, Gier, Hanisch, Lindner, v. Brünneck, v. Gudenau, Naumann, v. Beckerath, Graf Schwerin, Zimmermann, Hesse, Riedel.

Zuckersiedereien entstanden in Preussen durch das wohlgemeinte Machtgebot Friedrichs II, der nach den damals geltenden wirthschaftlichen Ansichten seinem Staate das viele für Zucker aus dem Lande gehende Geld ersparen wollte und dem Handelstande dieser Ansicht gemäss, ohne Rücksicht darauf, dass oft alles auf den Ort ankommt, an welchem eine Fabrik errichtet wird, frei stellte, entweder unter mächtiger Begünstigung des Staats Zuckersiedereien im Lande anzulegen, oder ihm den Zuckerhandel ausschliesslich zu überlassen. Dass die hierzu erforderlichen grossen Kapitalien in anderen Geschäftszweigen viel nützlicher angelegt werden könnten, dass nur die Hafenstädte, wo der Rohzucker am häufigsten und wohlfeilsten zugeführt wird, als schickliche Orte für Zuckersiedereien zu betrachten wären, solche und andere Erwägungen kamen nicht in Betracht. Dem Handelsstande blieb nichts übrig als die Anlegung von Zuckersiedereien, wenn er nicht einem seiner besten Erwerbsgegenstände, dem Zuckerhandel, entsagen wollte. „Unterdessen war der Schutz, den die

Preussischen Zuckersiedereien von der damaligen Steuerverfassung möglicherweise erhalten konnten, seiner Natur nach nicht ausreichend, den fremden raffinirten vom prohibirten Markte abzuhalten und so mochten wohl die Preussischen Zuckersiedereien selbst zugleich die Hauptvertriebsorte des fremden raffinirten Zuckers sein" [1]).

Ein Kapitalist Splittgerber in Berlin erbat sich 1749 ein Privilegium zur Anlegung einer Raffinerie, damit der Arbeitslohn nicht nach Hamburg gehe. Das Privilegium wurde ertheilt, auch 1751 die Einfuhr fremden raffinirten Zuckers strenge verboten. Der Zucker wurde vertheuert, um den Monopolisten Splittgerber zu bereichern; da seine Fabrik aber nicht genug Zucker raffiniren konnte, so wurde viel eingeschwärzt. Nachher erhielten er und noch Andere Konzessionen zur Anlage von Zuckerraffinerien auch an andern Orten. Ihre Anzahl betrug Anfangs dieses Jahrhunderts 14 oder 15; sie beschäftigten weniger als 500 Arbeiter und der Werth ihres Fabrikats betrug $2^1/_2$ Millionen Thaler, woraus ein Zuckerverbrauch pro Kopf von jährlich nur 1 bis $1^1/_2$ Pfd. berechnet worden ist [2]).

Jetzt ist allerdings der Zuckerverbrauch grösser, aber doch sehr beschränkt im Vergleich mit England. Dort werden die natürlichen Preise aller Zuckerarten nur durch Finanzzölle, und zwar durch nicht übermässige, erhöht, und es wird verhältnissmässig viel mehr Rohzucker als raffinirter Zucker verbraucht. Bei uns sind die Zölle und Steuern mit geringer Berücksichtigung der Interessen der Verbraucher und der Staatskasse angelegt. Nach dem Zollgesetz vom 26. Mai 1818, musste man von Zucker, der von Hamburg (wo der Centner Rohzucker 1818 etwa 17 Thlr., 1834 9 Thlr. und 1848 7 Thlr. kostete) nach Berlin gebracht wurde, 1 Thlr. 8 Ggr. Zoll pro Centner und $1^3/_4$ Ggr. Verbrauchssteuer pro Pfund zahlen, während der Zuckersieder nur 16 Ggr. pro Centner Zoll und $^2/_3$ Ggr. Verbrauchssteuer pro Pfund zu zahlen hatte. Später wurde zwischen Zoll- und Verbrauchssteuer nicht mehr unterschieden. Die Steuern von Süssigkeiten sind im Lauf der Zeit öfters verändert worden, aber immer Unterscheidungsabgaben geblieben und zwar zur Begünstigung der Rohrzuckersieder und zu noch grösserer Begünstigung der Runkelrübenzuckerproducenten. So wie die Steuern von Taback das erste, so bieten die Steuern von Süssigkeiten das zweite Beispiel doppelter Differentialabgaben.

---

1) Ferber, Beiträge zur Kenntniss des gewerblichen und commerziellen Zustandes der Preussischen Monarchie. 1829. S. 157 flg.

2) Dieterici, der Volkswohlstand im Preuss. Staate S. 17. 18.

Es war an Eingangszoll pro Centner zu zahlen: von Syrop seit 1822 4 Thlr., seit 1832 5 Thlr., seit 1840 4 Thlr., seit 1854 theils 4 Thlr. theils 2 Thlr.; von Rohzucker seit 1822 8 Thlr., seit 1837 9 Thlr., seit 16. März 1842 8 Thlr.; von Rohzucker für Siedereien seit 1822 4 Thlr., seit 1832 5 Thlr.; von raffinirtem Zucker seit 1822 10 Thlr., seit 1832 11 Thlr., seit 1840 10 Thlr. In dem „Versuch über die Preussische Zuckersteuer" hatte mein Vater Joh. Carl Bergius († 1829) Vorschläge gemacht, wie durch Zollheruntersetzungen, ohne Verlust für die Staatskasse, die Begünstigung der Zuckersieder beseitigt und sie für das Aufgeben ihres Geschäfts noch entschädigt, auch der Zucker den Verbrauchern billiger gemacht werden könnte. Nachdem seinen Vorschlägen einige schwache, schutzzöllnerische Einwendungen entgegengesetzt worden, wurde eine weitere Diskussion nicht zugelassen [1]).

Die Fabrikation von Zucker aus Runkelrüben konnte lange Zeit ganz steuerfrei betrieben werden. Dann wurde endlich eine Steuer darauf gelegt, die aber in der ersten Zeit so gering war, dass sie kaum als eine Steuer anzusehen war; zwar wurde sie mehrmals erhöht, aber auch jetzt noch wird von Rübenzucker sehr viel weniger Steuer gezahlt, als von Rohrzucker. Am 22. April 1841 schrieb Varnhagen: „Preussen drang seit langer Zeit auf Besteuerung des Runkelrübenzuckers im Zollverein, wollte sogar für sich allein eine Steuer anordnen, gewann mit Mühe und Eifer endlich die Zustimmung der andern Staaten und jetzt, da deren Abgeordnete hier sind, um das Verabredete in Vollzug zu bringen, setzt Preussen plötzlich seinen Lauf um, und verneint nun heftig seine von ihm angeregte Besteuerung! Die Sache macht das übelste Aufsehen und schadet ungemein der Achtung, die uns bisher so nützlich war. Man sagt, einige der adlichen Gutsbesitzer, die doch immer das meiste Gehör und die sicherste Gunst beim Könige haben, hätten ihm vorgestellt, die Landwirthschaft bedürfe der freien Erzeugung des Runkelrübenzuckers. Der König hat von den betreffenden Behörden neue Denkschriften und Gutachten über den Gegenstand begehrt und nicht verhehlt, in welcher Richtung er sie wünscht." Diejenigen, welche Kapital in der Rübenzuckerfabrikation angelegt haben und dies einst wohl bedauern könnten, handelten nicht ungewarnt. Hoffmann [2]), der schon lange als eine Autorität galt, machte in demselben Jahre

[1]) Verhandlungen des Vereines zur Beförderung des Gewerbfleisses in Preussen. 1826. S. 155—162. 268. 271.

[2]) Die Befugniss zum Gewerbbetriebe. S. 431—437.

darauf aufmerksam, dass die Zuckerbereitung aus Runkelrüben nur so lange vortheilhaft bleiben konnte, als der Indische Rohrzucker durch ausserordentliche Zeitverhältnisse ganz unmässig vertheuert wurde. Die Französische Regierung „hat die Einfuhrabgaben auf Kolonialzucker beträchtlich herabgesetzt, die Zubereitung des Runkelrübenzuckers dagegen sehr mässig besteuert, und hierdurch mit beträchtlicher Aufopferung von Eigenthum ein Gleichgewicht zwischen dem Indischen und dem Europäischen Zucker hergestellt, wobei die Kolonien die Verminderung ihres Absatzes, die Runkelrübenfabriken die grosse Beschränkung der früheren Vortheile, die Seeplätze endlich die Verringerung des Verkehrs mit den Kolonien mit gleichem Rechte beklagen. Die Regierung der vereinigten Reiche von Grossbritannien und Irland liess dagegen einen Wettstreit zwischen Indischem und Europäischem Zucker unter ihrer Herrschaft gar nicht aufkommen. Bei dem regesten Triebe zu grossen Unternehmungen und der Fülle von Mitteln dieselben auszuführen, hat doch in England Niemand daran gedacht, Runkelrübenzuckerfabriken anzulegen. Jedermann wusste sehr wohl, dass dieselben im Augenblick des Entstehens entweder durch ein Verbot, oder durch eine gleiche Besteuerung mit dem Indischen Zucker unterdrückt werden müssten, weil die Regierung eben so wenig eine Hemmung des Verkehrs mit ihren auswärtigen Besitzungen, als eine Verringerung ihres grossen Einkommens vom inländischen Zuckerverbrauche zulassen konnte. Ist auch der Anbau der Rübe wenigstens in Norddeutschland schon misslicher, und sind auch die Einfuhrabgaben auf Indischen Zucker nirgends so hoch als sie weiland in Frankreich waren, so bleibt doch bei dem jetzt so sehr verbesserten Zustande der Zuckerbereitung aus Runkelrüben noch Gewinn genug übrig, um zu grossen Fabrikanlagen anzureizen, so lange nur noch die Preise des Indischen Zuckers nicht noch erheblich herabsinken, und die Deutsche Zuckerfabrik unbesteuert ist. Aber die Fortdauer dieser beiden Bedingungen ist mehr als bloss ungewiss. Ausserdem aber ist es ganz unzweifelhaft, dass die zum Deutschen Zollverein verbündeten Staaten niemals einen beträchtlichen Theil ihres grossen Einkommens vom Verbrauche des Zuckers werden aufopfern wollen. Unter allen vom Auslande eingehenden Genussmitteln ist der Zucker mit Einschluss des Syrops bei weitem das einträglichste für die Zollkassen. Noch immer bedarf das nördliche und östliche Deutschland Zufuhr von Schlachtvieh, und die gründlichste Verbesserung unserer Landwirthschaft wird noch immer mit Recht in der Vermehrung und Veredlung unseres Viehstamms gesucht. Die Runkelrübe giebt allerdings auch ein gedeihliches Viehfutter, und wird deshalb im östlichen Frankreich und auch wohl in Süddeutschland mit Nutzen gebaut; aber ihr Anbau zur Zuckerbereitung wird nur lohnend für den Landbau auf Kosten der gesammten Nation, welcher sie den Genuss des Zuckers vertheuert, ohne dass die Mehrausgabe dafür, wie bei dem Indischen Zucker, in die Staatskasse fliesst. Es gehört zu den Verirrungen der Gewerbsamkeit, dass auf die Zubereitung von Zucker aus Runkelrüben jetzt von Deutschen Landwirthen ein hoher Werth gelegt, und die Regierung zur Begünstigung desselben aufgefordert wird. Allerdings kann einige Jahre hindurch Vortheil für Inhaber solcher Fabrikanlagen daraus hervorgehen, aber nur, wie bereits erwähnt worden, auf Kosten der Völker und ihrer Regierungen. Da jedoch ein solches Verhältniss nur so lange bestehen kann, als seine Verderblichkeit unerkannt bleibt, so wird es wahrscheinlich in nicht sehr fernen Zeiten bereut werden, dass grosse Kosten auf unhaltbare Fabrikanlagen verwandt worden sind."

Die näheren Bestimmungen über die Erhebung der Rübenzuckersteuer finden sich in der Verordnung vom 7. August 1846 und dem Gesetz vom 12. Februar 1855. Nach der Uebereinkunft vom 4. April 1853 wird diese Steuer im Zollverein allenthalben gleichmässig erhoben und ihr Ertrag unter den Zollvereinsstaaten ebenso vertheilt, wie der Ertrag der Eingangsabgaben. Noch nicht wieder aufgehoben ist die widerspruchsvolle Vertragsbestimmung, dass die Steuer vom vereinsländischen Rübenzucker gegen den Eingangszoll vom ausländischen Zucker stets so viel niedriger gestellt werden soll, als nöthig ist, um der inländischen Fabrikation einen angemessenen Schutz zu gewähren, ohne zugleich die Konkurrenz des ausländischen Zuckers auf eine, die Einkünfte des Vereins oder das Interesse der Konsumenten gefährdende Weise zu beschränken. Die Steuer vom Centner der zur Zuckerbereitung bestimmten rohen Rüben beträgt seit 1. September 1858 $7^1/_2$ Sgr. Für raffinirten ausländischen Zucker wurde schon seit langer Zeit eine Steuervergütung gewährt, wenn er ausgeführt wird. Nach der Uebereinkunft vom 25. April 1861 soll für Rohzucker und Farin, so wie für Brod-, Hut- und Kandiszucker, nicht minder für gestossenen (gemahlenen) Brod- und Hutzucker, wenn deren Ausfuhr über die Zollvereinsgrenze oder deren Niederlegung in eine öffentliche Niederlage erfolgt, vom 1. September 1861 ab eine der Rübenzuckersteuer entsprechende Vergütung gewährt werden, insofern nicht die höhere Zollvergütung für raffinirten ausländischen Zucker eintritt. Diese Vergütung beträgt nach Anordnung des Finanzministers vom 2. Juli 1861 für Brod-, Hut- und Kandiszucker $3^1/_3$ Thlr., für allen andern

Zucker $2^3/_4$ Thlr. pro Centner. Der Eingangszoll von ausländischen Süssigkeiten beträgt pro Centner seit dem 1. September 1858 von Brod- und Hut-, Kandis-, Bruch- oder Lumpen- und weissem gestossenen Zucker, so wie von Auflösungen von Zucker, welche als solche bei der Revision bestimmt erkannt werden, $7^1/_3$ Thlr.; von Rohzucker und Farin (Zuckermehl) 6 Thlr.; von Rohzucker für inländische Siedereien unter den besonders vorzuschreibenden Bedingungen und Kontrollen $4^1/_4$ Thlr. und von Syrop $2^1/_2$ Thlr.

Wie hoch die Rübenzuckersteuer ist, hängt nun davon ab, ob aus den Rüben 10 oder 15 oder $20^0/_0$ Süssigkeiten gezogen werden. Die grössten und besten Fabriken zahlen die niedrigste Steuer. In der Denkschrift, wodurch die erwähnte Uebereinkunft vom 25. April 1861 motivirt wurde, heisst es: „Um zu verhüten, dass mittelst der Vergütung (an Steuer für ausgeführten Rübenzucker) eine über den Betrag der Rübensteuer hinausgehende Summe, also eine Ausfuhrprämie gewährt werde, hat bei der Bemessung des Betrages der Vergütung von dem günstigsten Betriebsergebniss ausgegangen werden müssen, und es ist demgemäss angenommen worden, dass zur Gewinnung eines Centners Rohzucker 11 Centner rohe Rüben erforderlich sind und dass aus 1 Centner Rohzucker 82,6 Pfd. Raffinade gewonnen werde, wenn der Gewinn an Farin in der Art auf Raffinade zurückgeführt wird, dass 1 Pfd. Farin $^4/_5$ Pfd. Raffinade einander gleichgestellt werden."

Wenn 11 Centner Rüben 1 Centner oder $9\frac{1}{11}\,^0/_0$ Rohzucker geben, und Rohzucker $82,6\,^0/_0$ Raffinade giebt, so steuern (abgesehen von der Besteuerung des Syrops) pro Centner:

					Verhältniss
A.	Rohzucker				
	Rübenzuckerfabrikanten	2 Thlr.	22 Sgr.	6 Pf.	100
	Rohrzuckersieder . . .	4 „	7 „	6 „	154
	Andere	6 „	— „	— „	219
B.	Raffinade				
	Rübenzuckerfabrikanten	3 „	— „	10 „	110
	Rohrzuckersieder . .	5 „	4 „	4 „	187
	Andere	7 „	10 „	— „	267

Die Sätze von $7^1/_3$ Thlr. und 6 Thlr. sind in der That kaum besser als Verbote. Der Zoll von Rohzucker für Siedereien brachte 1847 7,053,505 Thlr. und 1860 nur noch 392,830 Thlr., die Rübenzuckersteuer dagegen 1845 194,520 Thlr. und 1860 9,476,590 Thlr. Im Zollverein gelangen jetzt selten noch andere als aus Rüben angefertigte Süssigkeiten zum Verbrauch. Derselbe hat in den 19 Jahren $18^{45}/_{63}$ an Eingangszoll für Zucker

eingenommen	überhaupt Thlr.	jährlich durchschnittlich Thlr.
von Brod-, Hut- und Kandiszucker	302,774	15,935
von Farin und Rohzucker	47,246	2,487
von Rohzucker für Siedereien .	72,446,574	3,812,978
von Syrop	1,982,524	104,343
zusammen	74,779,118	3,935,743
ferner an Rübensteuer	78,860,807	4,150,568
zusammen	153,639,925	8,086,311
An Vergütungen für ausgeführten Zucker wurden in gedachtem Zeitraum zurückgezahlt	11,787,894	620,415
verblieb also an gemeinschaftlicher Einnahme	141,852,031	7,465,896

Die Vergütungen für ausgeführten Zucker haben in den Jahren 1846 bis 1856 stets mehr, sonst weniger und zum Theil erheblich weniger als 620,415 Thlr., — den Durchschnitt — betragen. Die seit 1861 eingeführte Exportbonifikation für Rübenzucker veranlasste zwar zu steigenden aber immer doch nur geringen Ausgaben (1861 8251 Thlr., 1862 103,803 Thlr., 1863 255,124 Thlr.); die Exportprämie hat jedoch nur in beschränktem Maasse gewirkt; die innere Konkurrenz war nicht stark genug, der Schutz gegen die äussere Konkurrenz noch viel zu stark, als dass auswärtige Versendungen des vereinsländischen Produkts in ausgedehntem Maasse hätten stattfinden müssen. In dem mit dem März 1864 endenden Jahre wurden im ganzen Zollverein 39,667,998 Centner Rüben versteuert und zwar in Preussen 34,189,600, Braunschweig 2,420,721, Würtemberg 1,184,795, Baden 987,303, Baiern 405,304, Thüringen 243,960, Hannover 142,455, Sachsen 80,070 und Kurhessen 13,790. Dafür wurde eingenommen . . . . 9,916,999 Thlr.
ab Exportbonifikation . . . . 381,018 „
bleiben zur gemeinschaftlichen Vertheilung . . . 9,535,981 Thlr.
„Nimmt man den Rübengewinn zu 7 $^0/_0$ an, so wurden in den Jahren $18^{45}/_{63}$ 28,744,430 Centner Rohzucker erzeugt. Hätte man diese Masse gegen 5 Thlr. vom Auslande bezogen, so hätte man an Zoll eingenommen . . . . 143,722,150 Thlr.
man nahm aber an Rübensteuer ein netto . . 88,029,611 „
man opferte also . . . . 55,692,539 Thlr.“
So rechnete 1864 das Bremer Handelsblatt, und die Rechnung ist nicht etwa übertrieben, im Gegentheil das Opfer war viel grösser. Denn es werden im Durchschnitt nicht 7 $^0/_0$, sondern beinahe dop-

pelt so viel Zucker aus den Rüben gezogen, und man darf nicht bloss die Opfer zu Gunsten der Rübenzuckerfabrikanten, sondern muss auch noch die Opfer zu Gunsten der Rohrzuckersieder in Anschlag bringen.

Die Gerechtigkeit und wie mir scheint auch der Artikel 101 der beschwornen Verfassung erheischen die Beseitigung der Begünstigungen der Rübenzuckerfabrikanten und der Rohrzuckersieder und der in diesen Differentialabgaben liegenden Vergeudungen (vergl. oben S. 289). Wenn nun an dem Satz von $7^1/_3$ Thlr. für Raffinade festgehalten wird, so müssten künftig die Rübenzuckerfabrikanten und die Rohrzuckersieder vom Centner Rohzucker wie alle anderen ehrlichen Leute 6 Thlr. zahlen. Man könnte aber auch allen Rohzucker auf den Satz des Rübenrohzuckers setzen, und wenn dieser 2 Thlr. 22 Sgr. 6 Pf. wäre, auf allen fremden raffinirten Zucker (im Verhältniss von 6 zu $7^1/_3$) einen Einfuhrzoll von 3 Thlr. 10 Sgr. 10 Pf. legen.

Die letztere Methode würde den Vorzug verdienen. Bastiat hat schon 1847 darauf hingewiesen, dass, wenn zwei gleichartige Industrien ungleich besteuert sind, es nicht einerlei sei, ob man die Gleichheit dadurch wiederherstellt, dass man die eine höher besteuert oder dadurch, dass man die Steuer der andern heruntersetzt, da man im ersten Fall den Absatz vermindere, im zweiten aber für alle beide den Absatz erhöhe. „Es ist wohl offenbar, dass, wenn man die Bedingungen für beide Zuckerarten dadurch gleichgemacht hätte, dass man den Kolonialzucker hinsichtlich der Steuern entlastet hätte, anstatt den inländischen damit zu belasten, dieser den Kampf noch vortheilhafter hätte bestehen können, als er ihn bestanden hat; denn der Nachlass der Steuer hätte den Verkaufspreis niedriger gemacht, den Verbrauch ausgedehnt, die Nachfrage angespornt und am Ende für beide Zuckerarten den lohnenden Preis erhöht. Die Freihändler, welche nach dem, was dem Rübenzucker begegnet ist, argumentiren, um daraus zu deduciren, was mit den andern Industriezweigen geschehen würde, wenn man ihnen den Schutz entzöge, rauben also ihrem Argument das, worin seine Stärke liegt; denn sie stellen zwei Prozesse der Gleichmachung auf dieselbe Linie, von welchen der eine immer vortheilhaft ist und der andere tödtlich sein kann. Mit dem Freihandel hat die inländische Industrie drei Wege offen, um sich mit der ausländischen auf gleiche Linie zu stellen: 1) das Hinzutreten eines grösseren Maasses von Geschicklichkeit, die durch die Konkurrenz angespornt wird; 2) das Sinken des Preises der Rohstoffe, der bewegenden Kräfte, der Nahrung u. s. w.; 3) das Steigen des Verbrauchs, der Nachfrage, und ihr Einwirken auf den lohnenden

Preis. Der Rübenzucker hat nur das erste dieser Hülfsmittel zu erringen gehabt, und es hat ausgereicht. Die Handelsfreiheit stellt sie alle drei zur Verfügung unserer Industrien. Ist in der That zu besorgen, dass sie unterliegen würden? Das Restriktivsystem masst sich an, zum Vortheil des Erzeugers den Preis des Erzeugnisses zu erhöhen; aber es kann dies nicht thun, ohne dies Erzeugniss ausser den Bereich einer gewissen Zahl von Personen zu bringen, ohne die Verbrauchsfähigkeiten zu lähmen, ohne die Nachfrage zu vermindern, und endlich, ohne auf den Preis selbst, den es zu erhöhen strebt, in herabdrückender Richtung zu wirken. Seine erste Tendenz besteht, wie wir zugeben, darin, den Preis zu erhöhen, indem es den Erzeuger begünstigt; seine zweite Tendenz besteht darin, den Preis zu erniedrigen, indem es den Verbraucher entfernt; und diese zweite Tendenz kann so weit gehen, dass sie die erste überwältigt. Und wenn dies geschehen ist, so verliert das Publikum den ganzen Verbrauch, der durch die Massregel verhindert wird, ohne dass der Erzeuger etwas auf den Preis gewinnt. Dieser spielt dann die lächerliche Rolle, in welcher wir den Englischen Fiskus haben erscheinen sehen. Man erinnert sich, dass, als die Steuern unaufhörlich erhöht wurden und der Verbrauch im Verhältniss abnahm, ein Moment eintrat, wo man, als man dem Satze der Steuern 5 % hinzufügte, 5 % weniger Einnahme hatte."

Nach dem Englischen Gesetz vom 13. Mai 1864 beträgt der Eingangszoll pro Centner

Molasses	3 s.	6 d.	oder 1 Thlr.	5 Sgr.	— Pf.
braune Muscovado . .	9 „	4 „	„ 3 „	3 „	4 „
gelbe Muscovado . . .	10 „	6 „	„ 3 „	15 „	— „
Kandis- und raffinirten Zucker	12 „	10 „	„ 4 „	8 „	4 „

Von Zucker, der im Vereinigten Königreich gemacht ist, müssen Steuern gezahlt werden, die den Eingangszöllen gleich sind. Die Abgaben von den Süssigkeiten brachten 1863 ein 6,717,183 £ oder mehr als 40 Millionen Thaler, also erheblich mehr, als der ganze Zollverein, der mehr Einwohner hat als das Vereinigte Königreich, durch alle Zölle und durch die Rübenzuckersteuer erhielt.

In dem schon erwähnten Zolltarifsentwurf von 1848 wurden — unter der Voraussetzung, dass die Rübenzuckerproduktion gleich hohen Steuern unterworfen würde — folgende Zollsätze pro Centner vorgeschlagen: Rohzucker und Farin (Zuckermehl), so wie Rohzucker für inländische Siedereien 3 Thlr.; Zucker, raffinirter: Brod- und Hut-, Kandis-, Bruch-, Lumpen- und weisser gestossener Zucker

5 Thlr.; Syrop und Melasse $1^1/_2$ Thlr., und dabei wurde bemerkt, dass das Verhältniss der vorgeschlagenen Eingangsabgabe zum damaligen Werthe beim rohen Zucker 35,4 %, beim raffinirten Zucker 45,8 % und beim Syrop 28,8 % wäre.

Es wurden ehemals im Preussischen Staate nicht an allen Landesgrenzen Zölle erhoben. Das alte Accisesystem, wonach beinahe alle Gegenstände, welche in die Städte eingebracht wurden, an den Thoren derselben versteuert werden mussten, bestand noch bis zum Herbst 1806, besonders in den Landestheilen rechts der Elbe, liess sich aber nicht mehr aufrecht halten. Neues musste geschaffen werden. In welchem Geist die damaligen Preussischen Staatsmänner reformirend vorgehen wollten, zeigt der bekannte §. 50 der Geschäftsinstruktion für die Regierungen in sämmtlichen Provinzen, d. d. Königsberg den 26. December 1808. Zu den hier ausgesprochenen Freihandelsgrundsätzen hatte sich damals noch kein Staat offen bekannt und danach gehandelt. Indessen hat Preussen seither keineswegs strenge daran festgehalten.

Nachdem sich in England viel später Freihandelsgrundsätze durcharbeiteten und danach von dem Ministerium Peel Grosses geleistet war, folgte 1846 das Ministerium Russell, welches in demselben Sinn weiter ging. Das Ministerium Derby-Disraeli, welches im Februar 1852 zu Stande kam, war schutzzöllnerisch, musste sich aber, um sich halten zu können, dem Freihandel zuwenden. Im November desselben Jahres ging indessen im Unterhause mit 415 gegen 80 Stimmen folgende Resolution durch: „Dieses Haus ist der Ansicht, dass die verbesserte Lage des Landes und besonders der gewerbtreibenden Klassen grossentheils eine Folge der neueren Gesetzgebung ist, welche das Princip der ungehemmten Konkurrenz festgestellt, die zu Schutzzwecken auferlegten Steuern abgeschafft, und dadurch die Hauptnahrungsmittel des Volkes weniger kostspielig gemacht und die Fülle derselben vermehrt hat. Es ist die Ansicht dieses Hauses, dass diese Politik, mit Festigkeit aufrecht erhalten und mit Klugheit weiter ausgedehnt, den Landbau am besten in den Stand setzen wird, seine Bürde zu tragen und dadurch die Wohlfahrt und Zufriedenheit des Volks sicherlichst fördern wird. Dieses Haus wird jegliche mit diesen Principien übereinstimmende Massregel, die in Gemässheit von Ihrer Majestät gnädiger Thronrede und Empfehlung ihm vorgelegt werden mag, bereitwilligst in Betracht ziehen." Und am 6. December nahm das Oberhaus einstimmig die Resolution an: „Dass dieses Haus an dem nun eingeführten Handelssystem festhält und jeden neuen Versuch, dessen Wirksamkeit zu hindern oder dessen Fortgang zu stören, mit Bedauern sehen würde." Bald darauf trat das Ministerium ab und seitdem hat Volk und Regierung am Freihandel festgehalten und wird, da der Segen desselben immer allgemeiner erkannt wird, auch ferner daran festhalten. Ob in Preussen die Majorität des Abgeordnetenhauses und des Herrenhauses schutzzöllnerisch oder freihändlerisch ist, kann man eigentlich nicht sagen, da die Volksvertretung noch niemals in der Lage gewesen ist, ein Zollgesetz oder einen Zolltarif zu berathen. Preussen hat sich, wie schon (S. 354) erwähnt, durch Verträge derart fesseln lassen, dass es nicht die geringste Tarifreform durchsetzen kann, wenn nicht eine Menge kleinere Staaten, in welchen viel Schutzzöllnerei steckt, ihre gnädige Zustimmung geben. —

Nach der Besetzung Berlins durch die Franzosen verlangten die Französischen Behörden die Aufstellung eines Tarifs, der für jede Waare, die aus Frankreich komme, den Satz bestimme, für welchen sie einzulassen sei. Der entworfene Tarif enthielt 30 Artikel; die Sätze waren bei den wichtigsten Artikeln 20 % des Werths, namentlich bei Seide, halbseidenen und wollenen Waaren. Die Franzosen reducirten die Sätze überall auf die Hälfte, so dass namentlich seidene, halbseidene und baumwollene Waaren zu 10 % eingelassen werden sollten, viele andere Waaren gegen 4 bis 6 %. So wurde 1807 das Verbotsystem gegen Frankreich aufgehoben. Dadurch wurden besonders die Fabriken in Seide und Halbseide in Berlin berührt, doch auch die Baumwollenweberei, zumal immer Mittel gefunden wurden, Englische Waaren als Französische einzuführen. Demnächst wurde auch allgemein die Einfuhr aller bisher verbotenen oder hoch besteuerten ausländischen Manufakturwaaren gegen $8\frac{1}{3}$ % gestattet. Jede Einschränkung, worunter der Handel in Preussen in Folge des Kontinentalsystems gelitten hatte, wurde durch Edikt vom 20. März 1813 aufgehoben und den Schiffen und Waaren aller befreundeten und neutralen Nationen der Eintritt in Preussische Häfen und Länder gestattet. Alle Französischen Waaren wurden jedoch zum Verbrauch und Durchgang verboten. Nach wiederhergestelltem Frieden 1815 war nun der Zustand so, dass in den Provinzen rechts der Weichsel und in den wiedererworbenen Polnischen Provinzen alle fremden Waaren zum innern Verbrauch gegen $8\frac{1}{3}$ % Steuer eingingen; in den Provinzen, welche zum Königreich Westphalen gehört hatten, gegen eine Abgabe von 6 %; in den westlichen Provinzen, Rheinland und Westphalen, unterlagen die fremden Waaren beim Eingange keiner Abgabe, mit Ausschluss eines Theils des Regierungsbezirks Minden; in Neuvorpommern, im Herzogthum Sachsen und in den sonst neu erworbenen Provinzen waren die Abgaben sehr unbedeutend; in Schlesien, der Mark und Pommern war der Eingang der hauptsächlichsten fremden Manufaktur- und Fabrikwaaren zwar verboten, das Verbot war aber wirkungslos, da mit zeitweisem Ausschluss der Baumwollenwaaren Pässe zum Eingang gegen $8\frac{1}{3}$ % nie verweigert wurden. In den neu hinzugetretenen Provinzen hatte man diese Verhältnisse der Einfuhr gelassen, wie sie theils nach der Verfassung (wie in Vorpommern und Sachsen) schon länger gesetzlich bestanden, oder wie sie sich im Verlauf der letzten Jahre während der Kriegszüge von selbst gebildet hatten.

Am 7. Januar 1817 machte der Finanzminister Graf v. Bülow über eine neue Steuergesetzgebung Vorschläge. Alle Zölle im Innern des Landes wollte er abschaffen und an die Grenzen verlegen. Es sollte freier Handelsverkehr mit dem Auslande stattfinden, also ausländische Erzeugnisse eingeführt und inländische ausgeführt werden können. Dabei sollten aber Massregeln genommen werden, „um dem inländischen Gewerbfleisse Schutz und den einheimischen Fabrikaten einen hinreichenden Vorzug zu sichern.“ Durchgehends seien die vorgeschlagenen Tarifsätze von solchem Belange, dass die Landesfabriken zum Verkauf ihrer Waaren im Inlande dadurch einen vollkommen genügenden Vorsprung hätten. Indem im Gesetzentwurf die fremden Fabrikate nicht über 10 % nach Durchschnittssätzen vom Werthe belegt seien, betrügen die Auflagen, auf Arbeitslohn und Profit bezogen, 15—25 % und darüber, so dass, wenn die Fabrikanten darin nicht hinreichenden Schutz finden sollten, alle Anstrengungen des Staats zu ihren Gunsten vergeblich sein müssten. Fremde Haupt- und Hülfsmaterialien seien theils mit gar keinen, theils mit ganz geringen Eingangsabgaben belegt. Es würde weiter zu keinem guten Ziele führen, wenn man die Steuersätze noch steigern wollte. Sie würden einem völligen Verbote ähnlich wirken, den Staatskassen die Revenüen entziehen und nur Schleichhändlern ein Mittel in die Hände geben, ihr schädliches Gewerbe zu treiben. Sind die Abgaben zu hoch, oder treten Verbote ein, so häufen sich die Defraudationen; diese werden dann aus dem Gesichtspunkte harter Geschäftsnothwendigkeit angesehen und sogar bessere Menschen nehmen an Einschwärzungen Theil. Es ist nichts weniger als gleichgültig, ob man den Geist zum Defraudiren beim Volke und der damit verbundenen Bestechlichkeit der Offizianten nähre. Es darf der Beachtung nicht entgehen, dass die Sitten mächtiger sind als die Gesetze. Das wohlerwogene Interesse der Finanzverwaltung erfordere, die öffentliche Meinung zu gewinnen, und dies könne nur durch Mässigung und Billigkeit erlangt werden. Die fremden geniessbaren Waaren (Kaffee, Zucker, Gewürze) seien zum Theil mit zu 30 % und darüber belegt, welche sie tragen können. Als Artikel von grösserem Umfange und Gewichte, im Verhältniss zum Werthe, können sie nicht so leicht eingeschwärzt werden wie Fabrikate; sie eignen sich daher zur höheren Besteuerung, ohne Besorgniss des heimlichen Einbringens. Bei ihrer Belegung mit Abgaben zur Konsumtion ist das Finanzinteresse vorwaltend.

Diese Bülow'schen Vorschläge gelangten zur Prüfung des Staatsraths. Hier wurde dafür eine besondere Kommission aus 24 Personen bestellt, darunter Wilhelm v. Humboldt, der den Vorsitz hatte, Friese, der Referent war, Rother, Maassen, Ladenberg, Hoffmann, Scharnweber, v. Beguelin, Kunth, Ferber, so wie die Oberpräsidenten. Die Kommission stimmte den Vorschlägen im Wesentlichen bei. Als aber im Publikum bekannt wurde, dass meist gegen 10 % Abgabe alle fremden Manufakturwaaren zugelassen werden sollten — ein Satz, der noch höher war, als in Preussen und besonders in den westlichen Provinzen bisher bei der Einfuhr gegolten hatte — machten Berliner und Schlesische Fabrikanten dringende Vorstellungen und verlangten Verbotszölle oder gänzliche Verbote. Diese Forderungen wurden schon damals durch alle die Gründe motivirt, welche die Schutzzöllner auch heut zu Tage noch vorbringen, ohne neue und bessere Gründe hinzufügen zu können. Zur Prüfung dieser Forderungen wurde noch eine Spezialkommission unter dem Vorsitz des Oberpräsidenten von Brandenburg, v. Heydebreck, bestellt, die Kaufleute, andere Sachverständige, Fabrikenkommissarien u. s. w. zuziehen konnte. Diese Kommission trug darauf an, das Verbotssystem, wie es bis 1806 bestanden, wieder in volle Kraft zu setzen und die Anordnungen von 1807, welche solches zum Theil suspendirt hatten, wieder aufzuheben. Kunth (einst Erzieher der Brüder Humboldt, damals Generalhandels- und Fabrikenkommissarius, † 1829) und Maassen, welche gleichfalls Mitglieder dieser Spezialkommission gewesen und bei der Abstimmung in der Minorität geblieben waren, übergaben ein Separatvotum vom 25. März, welches Kunth abgefasst hatte. Darin heisst es: „Der Antrag der Fabrikkommissarien Weber, Liebermann und Schlesinger: das Verbotsystem noch fünf Jahre bestehen zu lassen und nach deren Verlauf den Eingang aller fremden Fabrikate, gegen Abgabe, stattfinden zu lassen, lässt sich in der gut gemeinten Absicht entschuldigen; würde aber die Frist nur auf zwei oder drei Jahre und nur auf die Baumwollenwaaren beschränkt, so ist nach aller bisherigen Erfahrung zu fürchten, dass das Uebel alsdann durch weitere Vermehrung noch verschlimmert und dass alsdann ein neuer Grund gefunden werden möchte, die Frist zu verlängern. Auch bedarf es keiner weitern Ankündigung, nachdem die Grundsätze bereits seit neun bis zehn Jahren öffentlich ausgesprochen und selbst in den mittlern Provinzen im Ganzen, mit wenigen periodisch erklärten Ausnahmen, in den übrigen zwei Drittheilen des Staats aber unbedingt angewandt oder beibehalten worden sind. Auch scheint diese halbe Massregel unanwendbar, wenn die Absicht ist, den Staat auch in seinen Handelsbeziehungen so bald als möglich zu einem Ganzen zu vereinigen." — Hätte man damals den Schutzzöllnern noch eine Frist von fünf Jahren gegeben, so ist doch keine Sicherheit, dass wir jetzt seit 48 Jahren vollständigen Freihandel hätten. —

Die Eingaben der Fabrikanten und das Gutachten der Spezialkommission mit dem Separatvotum gelangten nun an die Staatsrathskommission, wo Kunth und Maassen auch Widerspruch fanden. Hiergegen gab Hoffmann ein schriftliches Votum ab. Darin findet sich folgende merkwürdige Notiz: „In der Mark Brandenburg fand unter den Askaniern ein völlig freier Verkehr statt. Die Kultur und Bevölkerung des platten Landes und die Blüthe der Nationalgewerbe waren Folgen davon. Sie war so gross, dass die Mark Brandenburg — das platte Land — 1375, nach Ausweis des Landbuchs Kaiser Karl's IV, bevölkerter und bebauter war als jetzt. Die Fertigung wollener und leinener Zeuge war bedeutend; die gröberen Gattungen waren Nationalfabrikation der Wenden, die feineren wurden von einwandernden Niederländern gemacht, von denen in Helmond's Chronik der Slaven gesagt ist: et increverunt divitiis super omnem aestimationem. Die Zollrollen und Handelsverträge aus den Jahren 1236 und 1282 beweisen den lebhaften Verkehr der Mark in damaliger Zeit mit dem Auslande; die meisten Städte der Altmark, ferner Brandenburg, Frankfurt u. s. w. traten der Hansa bei. Einfuhr und Ausfuhr war damals frei." Von 22 anwesenden Mitgliedern der Kommission waren nur 2 für Verbote und 20 für das Kunth-Maassen'sche Votum. Der Staatsrath endlich stimmte mit 53 gegen 3 für die Ansichten der Majorität der Staatsrathskommission, und demnächst sprach in einer an den Staatskanzler gerichteten K.O. vom 1. August 1817 der König aus, dass das Princip der freien Einfuhr fremder Fabrikate gegen Erlegung einer verhältnissmässigen Abgabe als

Grundsatz für die Gesetzgebung des Preussischen Staats für alle Zukunft angenommen werden solle [1]).

Unterm 26. Mai 1818 ergingen das Gesetz über den Zoll und die Verbrauchssteuer von ausländischen Waaren und über den Verkehr zwischen den Provinzen des Staats und die Zoll- und Verbrauchssteuer-Ordnung. Danach können alle fremde Erzeugnisse im ganzen Umfange des Staats eingeführt, verbraucht und durchgeführt werden und allen inländischen Erzeugnissen ist die Ausfuhr gestattet. Von diesen Grundsätzen können aber Ausnahmen gemacht werden, auch beziehen sie sich nicht auf den Verkehr mit Salz und Spielkarten. „Die vorstehend ausgesprochene Handelsfreiheit" soll den Verhandlungen mit andern Staaten in der Regel zur Grundlage dienen. Fremde Waaren sollten in der Regel pro Centner $^1/_2$ Thlr. Eingangszoll zahlen, der Tarif wies die Waaren nach, die zollfrei oder mit niedrigeren oder höheren Zollsätzen belegt sind. Bei der Ausfuhr ist Zollfreiheit Regel, doch weist der Tarif die Ausnahmen nach. Ausser dem Einfuhrzoll hatten mehrere fremde Waaren beim Verbleiben im Lande eine Verbrauchssteuer zu zahlen. Diese Steuer soll bei Fabrik- und Manufakturwaaren 10 $^0/_0$ des Werths in der Regel nicht übersteigen; „sie soll aber geringer sein, wo es unbeschadet der inländischen Gewerbsamkeit geschehen kann." Der Verkehr im Innern soll frei sein, und keine Beschränkungen desselben zwischen den verschiedenen Provinzen und Landestheilen des Staats künftig stattfinden. Alle Staats-, Kommunal- und Privatbinnenzölle sollten aufhören.

Dies so oft gerühmte Gesetz stellte treffliche Grundsätze auf, behielt aber Ausnahmen vor. Will man es etwa deshalb preisen, dass es Handelsfreiheit und Schutzzöllnerthum — also Entgegengesetztes — vermitteln will? [2]) In Abrede kann man doch nicht stel-

[1]) Dieterici, der Volkswohlstand im Preussischen Staate. S. 60—127.

[2]) Gervinus, Geschichte des neunzehnten Jahrhunderts, Bd. 7. S. 337. rühmt das Gesetz von 1818, weil es „einfach, in einer massvollen Mitte zwischen Freihandel und Prohibition", die Handelsfreiheit im Princip anerkannt habe. — Bastiat setzte am 20. Februar 1848 Auszüge auf aus der geheimen Instruktion, welche eine Anzahl Catolonischer schutzzöllnischer Wähler ihrem Abgeordneten gegeben hätten, und darin heisst es am Schluss: „Zuweilen wird man sich auf die Principien berufen. Machen Sie sich über die Principien lustig, machen Sie die Principien lächerlich, verhöhnen Sie die Principien. Das wirkt sehr bei einer skeptischen Nation. Sie werden für einen praktischen Menschen gelten und grosses Vertrauen einflössen. Ueberdies verleiten sie auf diese Weise die Gesetzgebung, bei jedem besonderen Falle alle Wahrheiten in Frage zu stellen, und das wird uns Zeit gewinnen lassen. Bedenken Sie nur, wie wäre es mit der

len, dass der letzte Zolltarif schutzzöllnerischer und höher ist als der erste; man braucht nur die Zollsätze — die nicht nach dem Werthe, sondern meist nach dem Gewicht normirt sind — mit dem gleichzeitigen Werth der betreffenden Waaren ausserhalb Preussens, z. B. in Hamburg, zu vergleichen. Absolut erhöht sind wenige Zollsätze, aber sie sind verhältnissmässig höher geworden, weil die Preise vieler Waaren bedeutend gefallen sind.

In Folge des Gesetzes von 1818 wurden nun alle Grenzen des Preussischen Staats behufs Erhebung und Kontrollirung der Zölle bewacht, was natürlich sehr lästig und für den Verkehr störend war, namentlich für die von Preussen enclavirten Länder. Schon 1819, 1822 und 1823 schlossen daher die Schwarzburgischen und Anhaltinischen Staaten Verträge mit Preussen und nahmen in Folge dessen die Preussischen Zollgesetze an, wofür sie von Preussen einen Antheil an der Zolleinnahme erhielten, und die gemeinschaftlichen Grenzen brauchten nicht weiter bewacht zu werden. Auch wurde 1828 mit dem Grossherzogthum Hessen ein Abkommen getroffen. Kurhessen schloss sich 1831 an Preussen an. Demnächst traten 1833 Baiern und Würtemberg bei, dann auch die Sächsischen Länder als Thüringischer Zoll- und Handelsverein. So entstand der Zollverein, der nichts anderes sein sollte, als eine gute Maschinerie der Regierungen, um ihren Unterthanen leichter als vorher einträgliche Verbrauchssteuern von ausländischen Waaren abnehmen zu können [1]).

Astronomie, wenn der Lehrsatz: Die drei Winkel eines Dreiecks sind zwei rechten Winkeln gleich, nach der Beweisführung nicht ein für allemal anerkannt wäre, und wenn man ihn bei jeder Gelegenheit beweisen müsste. Man würde nicht zu Ende kommen. Ebenso verlangen Sie, wenn Ihre Gegner beweisen, dass jede Beschränkung zwei Verluste gegen einen Gewinn herbeiführt, dass sie den Beweis in jedem Fall von vorn anfangen, und sagen Sie dreist, dass es in der politischen Oekonomie keine absolute Wahrheit giebt. Machen Sie sich den ungeheuren Vortheil zu Nutze, mit einer Nation zu thun zu haben, die glaubt, dass nichts wahr und nichts falsch ist. Bewahren Sie immer Ihre gegenwärtige Stellung in Bezug auf unsere Gegner. Was verlangen wir? Privilegien. Was verlangen sie? die Freiheit. Sie wollen unsere Rechte nicht usurpiren, sie begnügen sich damit, die ihrigen zu vertheidigen. Glücklicherweise sind sie in ihrem ungeduldigen Eifer so schlechte Taktiker, dass sie nach Beweisen suchen. Lassen Sie sie machen. Sie legen sich so die Rolle auf, die uns gebührt. Thun Sie, als wenn Sie glaubten, dass sie ein neues, fremdartiges, verwickeltes, gewagtes System aufstellen, und dass das onus probandi ihnen obliegt. Sagen Sie, dass Sie dagegen weder eine Theorie, noch ein System aufstellen. Sie werden davon befreit sein, etwas zu beweisen. Alle gemässigten Männer werden für Sie sein."

[1]) Der Zweck des Zollvereins war keineswegs, die Staatskassen nur mässig zu füllen und die Industrie zu schützen, d. h. durch Zölle, welche Ver-

Den Zollvereinsverträgen liegen das Zollgesetz und die Zollordnung vom 23. Januar 1838 zum Grunde, welche dem Gesetz vom 26. Mai 1818 nachgebildet sind. Sie enthalten jedoch nicht die Bestimmung, dass der Zoll von Manufaktur- und Fabrikwaaren in der Regel 10 % des Werths nicht übersteigen soll. Der Tarif vom 10. Oktober 1845 wurde nach seinem Ablauf prolongirt und blieb mit einigen Abänderungen in Geltung, bis mit dem Gesetz vom 27. Juni 1860 ein vollständiger Zolltarif bekannt gemacht wurde. Dieser zerfällt in fünf Abtheilungen. Die erste führt die Gegenstände, welche zollfrei sind, besonders auf, namentlich gewisse Produkte der Land- und Forstwirthschaft und des Bergbaues, Abfälle u. s. w. In der zweiten Abtheilung wird bestimmt, dass $^1/_2$ Thlr. pro Centner brutto in der Regel beim Eingange und weiter keine Abgabe bei dem Verbrauche im Lande, noch auch dann erhoben werden solle, wenn Waaren ausgeführt werden. Ausnahmen treten ein bei den Gegenständen, die entweder vom Eingangszoll frei sind, oder mehr oder weniger als $^1/_2$ Thlr. Eingangszoll zahlen, oder bei der Ausfuhr mit einer Abgabe belegt sind. Die Nachweisung dieser Ausnahmen umfasst 43 Hauptrubriken mit vielen Unterrubriken. Der dritte Abschnitt handelt von den Durchfuhrabgaben. Der vierte Abschnitt bestimmt, dass es wegen der Schiffahrtsabgaben auf der Elbe, der Weser, dem Rhein, der Mosel, dem Main und dem Neckar bei den desfallsigen besonderen

boten gleichkommen, Privilegien und Monopole zu schaffen oder zu bewahren zur Bereicherung einer kleinen Zahl gewisser Produzenten auf Kosten der Gesammtheit der Konsumenten. Hoffmann, der es wissen konnte, sagte 1846, dass das Gesetz seinem Zwecke, ein Einkommen aus Verbrauchssteuern zu gewähren, bereits hinreichend genügte, „als die Regierung einsam noch mit den Schwierigkeiten einer durch geographische, politische und gewerbliche Verhältnisse bedrohten Grenzbewachung zu kämpfen hatte. Indem das Zollgebiet sich erweiterte, ward die Hebung wohlfeiler und sicherer: die Grenzlinie, welche der Verein jetzt auf gemeinschaftliche Kosten bewacht, ist kaum eben so lang, als diejenige, welche Preussen in seiner Vereinzelung weiland allein zu besetzen hatte, obwohl der Verbrauch einer seitdem beinahe verdoppelten Volkszahl dadurch nunmehr besteuerbar wird. An den Vortheilen der hierdurch so sehr erleichterten Erhebung eines beträchtlichen Einkommens nimmt die Finanzverwaltung aller hier vereinigten Staaten gleichmässig Antheil: die minder mächtigen unter ihnen, welchen der Umfang und die Zerstückelung ihres Machtgebiets jede Steuererhebung, die Grenzbewachung erfordert, ganz unmöglich macht, gewannen eine früher kaum geahnte Vermehrung ihres Einkommens: aber auch den ansehnlichern und selbst den grössten unter ihnen wuchsen seit ihrem Eintritt in den Zollverein Ueberschüsse zu, welche für ihren Hausstand bedeutend werden." Nachlass kleiner Schriften S. 10. — Vergl. auch A. Emminghaus, Entwickelung, Krisis und Zukunft des Deutschen Zollvereins. 1863.

Uebereinkünften bewendet. Die fünfte Abtheilung enthält allgemeine Bestimmungen.

Die Ausfuhrabgaben bringen im Ganzen nicht viel ein und sollten endlich ganz abgeschafft werden. Ihnen unterliegen noch Eisen- und Stahlstein, Stufen, Galmey, Zinkblende, rohe Häute und Felle, Haare, Holzborke oder Gerberlohe, Holzkohlen, Holzasche, Lumpen und andere Abfälle zur Papierfabrikation, alte Fischernetze, altes Tauwerk und Stricke, Schafwolle.

Die Durchfuhrabgaben, welche in den meisten civilisirten Ländern schon früher abgeschafft worden sind, hörten im Zollverein endlich auch mit dem 1. Mai 1861 auf.

Nach den Zollvereinsverträgen von 1833 sollten in den Gebieten der kontrahirenden Staaten möglichst übereinstimmende Gesetze über die Zölle bestehen. Die Zollverwaltung soll auf gleichem Fuss eingerichtet sein. Im Innern des Vereins herrscht Verkehrfreiheit; doch sollen Waaren, welche an der Aussengrenze steuerpflichtig sind, auch im Innern nur auf gewissen Zollstrassen passiren können und müssen an dieserhalb bestehenden Anmeldestellen angemeldet werden. Auf den sogenannten konventionellen Strömen soll der Verkehr möglichst frei sein, und Befreiungen, welche in dieser Beziehung der eine Staat zu Gunsten seiner eigenen Unterthanen eintreten lässt, sollen auch den Angehörigen der andern Vereinsstaaten zu Gute kommen. Alle Stapel- und Umschlagsrechte sollen im Vereinsgebiete aufhören und Niemand soll zur Anhaltung, Verladung und Lagerung gezwungen werden können, ausser, wo die gemeinschaftliche Zollordnung, oder die betreffenden gemeinschaftlichen Schiffahrtsreglements es zulassen oder vorschreiben. Es soll ein gemeinschaftliches Zollkartell zum Schutz gegen Schmuggel und Defraudation in Kraft treten. Bestehende Begünstigungen einzelner Messplätze, namentlich Rabattprivilegien, sollen nicht erweitert, vielmehr ihrer Aufhebung entgegengeführt werden. Die Zollerhebungs- und Verwaltungskosten trägt jeder Staat für sich; nur für die Bewachung der Aussengrenzen und für die Kosten der Zollerhebung an diesen Grenzen werden die Staaten durch festgesetzte Pauschquanta entschädigt.

Von der Bestimmung, dass Gegenstände, welche sich im freien Verkehre des einen Staats befinden, ohne weiteres auch in das andere Gebiet eingeführt werden können, sind Ausnahmen gestattet: 1) bei den zu den Staatsmonopolien gehörigen Gegenständen, insbesondere Spielkarten und Salz. Es können 2) solche Gegenstände nicht beliebig frei ein- und ausgehen, welche einer Ausgleichungs- oder Uebergangsabgabe unterworfen sind. — Solche Abgaben werden in Preussen von dem aus anderen Zollvereinsstaaten eingehenden Wein, Most, Bier, Branntwein, Taback und Tabacksfabrikaten erhoben. — Endlich 3) ist noch der Verkehr mit solchen Gegenständen nicht nur beschränkt, sondern geradezu verboten, welche ohne Eingriff in die von einem Vereinsstaate ertheilten Erfindungspatente oder Privilegien nicht nachgemacht oder eingeführt werden können, daher für die Dauer der Patente und Privilegien von der Einfuhr in den Staat, welcher dieselben ertheilt hat, noch ausgeschlossen bleiben müssen. Ferner sind noch folgende Bestimmungen anzuführen: 1) Chaussee-, Pflaster-, Brückengelder u. s. w. sollen nur in, den gewöhnlichen Herstellungs- und Unterhaltungskosten angemessenen, Beträgen erhoben werden. 2) Kanal-, Schleusen-, Brücken-, Fähr-, Hafen-, Waage-, Krahn- und Niederlagegebühren, so wie Leistungen für Anstalten, die zur Erleichterung des Verkehrs bestimmt sind, sollen nur bei Benutzung wirklich bestehender solcher Einrichtungen von den Benutzenden gefordert werden. 3) Die Vereinsstaaten wollen dahin wirken, dass durch Annahme gleichförmiger Grundsätze die Gewerbsamkeit gefördert, und der Befugniss der Unterthanen des einen Staats, in dem anderen Arbeit und Erwerb zu suchen, möglichst freier Spielraum gegeben werde. Daher sollen Arbeits- und Erwerbsuchende des einen Staats in dem andern möglichst auf gleichem Fusse mit den eignen Unterthanen behandelt werden. 4) Handelskonsuln des einen Staats sollen sich der Interessen der andern, am gleichen Platze nicht vertretenen Staaten möglichst mit annehmen. 5) Hafenabgaben in Preussischen Häfen sollen für Angehörige anderer Vereinsstaaten nicht höher sein, als für Preussische Unterthanen.

Die Zollrevenüen sollen den Vereinsstaaten gemeinschaftlich zu Gute kommen; dem privativen Genusse der Vereinsstaaten sollen jedoch vorbehalten bleiben: 1) die Steuern, welche im Innern der Staaten von inländischen Erzeugnissen erhoben werden, einschliesslich der Ausgleichungsabgaben; 2) die Wasserzölle auf den Binnenflüssen; 3) die Chausseeabgaben, die Pflaster-, Damm-, Brücken-, Fähr-, Kanal-, Schleusen- und Hafengelder, die Waage- und Niederlagsgebühren u. s. w.; 4) die Zollstrafen und Konfiskate. Der Ertrag der in die Gemeinschaft fallenden Abgaben wird nach Abzug 1) der Erhebungs- und Verwaltungskosten; 2) der Rückerstattung für etwanige unrichtige Erhebung; 3) der auf dem Grunde besonderer gemeinschaftlicher Verabredungen erfolgten Steuervergütungen und Ermässigungen, unter den Vereinsstaaten nach dem Verhältniss der Vereinsbevölkerung vertheilt.

Hessen-Homburg, Baden und Nassau schlossen sich 1835, Frankfurt 1836 und Luxemburg 1842 dem Zollverein an, der bis Ende 1853 verlängert wurde. Die desfallsigen Verträge änderten nur in unwesentlichen Beziehungen die Grundlagen des ursprünglichen Vertrages. —

Die Englische Ligue (gegen die Korngesetze) vertritt die Freiheit, die Deutsche Ligue (der Zollverein) die Beschränkung. So begann Bastiat im December 1845 eine Erwiederung an eine schutzzöllnerische Zeitung. Es wäre unrecht, sagte er, von dem Gedanken des Zollvereins zu sprechen, denn der Zollverein beruht nicht bloss auf einem, sondern auf zwei Gedanken, und was mehr ist, auf zwei sich widersprechenden Gedanken: einem Gedanken der Freiheit und einem Gedanken der Beschränkung. Er hat die Verbindungen der Deutschen mit den übrigen Menschen gefesselt, aber die Verbindungen der Deutschen unter sich freigemacht. Er hat den grossen Schlagbaum, welcher den Verein einschliesst, erhöht, aber er hat die unzähligen Schlagbäume, welche jeden der Vereinsglieder umgrenzten, umgestürzt. Der eine Staat z. B. sah die Schwierigkeiten seiner Verbindungen auf der südlichen Grenze zunehmen, aber die Hindernisse, welche dieselben auf seinen drei andern Grenzen trafen, schwinden. Für die enclavirten Staaten hat sich der Kreis, in welchem sie sich frei bewegen können, bedeutend erweitert. Der Zollverein hat also zwei diametral entgegengesetzte Principien in Anwendung gebracht. Nun ist es klar, dass Deutschland den Wohlstand, der daraus hervorgegangen ist, nicht den gleichzeitigen Wirkungen zweier Principien, die sich widersprechen, zuschreiben kann. Ja, es ist fortgeschritten; aber ist dies den verstärkten Schlagbäumen, oder den niedergerissenen Schlagbäumen zu danken? Denn, wie stark auch immer die Zeitungen auf die Leichtgläubigkeit ihrer Abonnenten rechnen mögen, ich denke nicht, dass sie sie wieder für dermaassen dumm geworden ansehen, als man voraussetzen müsste, um es zu wagen, ihnen ins Gesicht zu sagen: dass ja und nein zu gleicher Zeit wahr ist. Da Deutschland zum Guten und zum Schlimmen gezogen war, so fragt es sich noch, ob, wenn das Gute überwog, dies der Abschaffung der besondern Tarife oder der Erhöhung des allgemeinen Tarifs zu danken ist. Wir glauben, dass Deutschland seine Fortschritte den Fesseln, von denen es befreit wurde, zu verdanken hat, und deshalb schliessen wir, dass dieselben noch schneller gewesen sein würden, wenn bei dem Gedanken der Befreiung ein restriktiver Gedanke sich nicht eingemischt hätte. Deutschland hatte beide Arme geknebelt; der Zollverein kam zu

Stande und befreite den rechten Arm (den innern Handel), und machte den linken Arm (den auswärtigen Handel) etwas fester; in dieser neuen Lage machte es einige Fortschritte. In Bezug auf den internationalen Verkehr liegt die Wahrheit in dem Satze: Es ist besser, das im Auslande zu kaufen, was selbst zu machen theurer zu stehen kommt; — oder in dem: Es ist besser, die Sachen selbst zu machen, wenn dies weniger theuer zu stehen kommt, als sie im Auslande zu kaufen. —

Durch einen Vertrag zwischen Preussen und Hannover, vom 7. September 1851, dem sich auch Oldenburg und Braunschweig anschlossen, wonach dieselben dem Zollverein beitraten, hoffte Preussen anscheinend mit Hannovers Hülfe Herabsetzung von Zöllen durchsetzen zu können; da dies bei den süddeutschen Staaten nicht gelang, so kündigte Preussen den Zollvereinsvertrag zum 31. December 1853, schloss aber, da die in Berlin eröffneten Konferenzen zu keinem Ziele führten, mit Braunschweig und den Thüringer Staaten einen Separatvertrag über die Zollvereinigung mit Hannover. Mit Oesterreich schloss Preussen am 19. Februar 1853 einen „Handels- und Zollvertrag", der mit Ende 1865 abläuft [1]), und dessen Inhalt hier um so mehr unerwähnt bleiben kann, als dieser ganze Vertrag meines Erachtens für Preussen eigentlich keinen Vortheil gebracht, vielmehr nur Fesseln geschaffen hat. Diesem Vertrage traten übrigens in dem Zollvereinserneuerungsvertrage vom 4. April 1853 die früheren und die neuen Zollvereinsmitglieder bei.

Der Erneuerungsvertrag, abgeschlossen bis Ende 1865, ist mit den früheren Verträgen im Wesentlichen übereinstimmend, auch der

---

[1]) Mit diesem Vertrage wurde auch ein Zollkartell abgeschlossen und demgemäss in Preussen auf Grund des Gesetzes vom 22. August 1853 unter demselben Tage eine königliche Verordnung erlassen, wonach Preussische Unterthanen, welche nach Oesterreich schmuggeln, deshalb auch in Preussen bestraft werden sollen. Es ist gut, dass auch diese Verordnung mit Ablauf des Jahres 1865 ihre Geltung verliert. Dass überhaupt ein Schmuggelhandel nach Oesterreich, so wie auch nach Russland stattfindet, liegt nur an den Oesterreichischen und Russischen verbotartigen Zöllen. Die Oesterreichische und die Russische Regierung werden aber diese Zölle schwerlich abschaffen oder auch nur wesentlich heruntersetzen, wenn Preussen selbst die Erhebung derselben unterstützt. Wünschenswerth ist ein Schmuggelhandel freilich nicht. Wenn die Preussischen Handelsleute, besonders in den Provinzen Preussen, Posen und Schlesien, mit Vortheil einen ehrlichen Handel treiben könnten, so würden sie sich auf den gefährlichen Schmuggelhandel nicht einlassen. Da aber ein Schmuggelhandel vortheilhafter ist, als gar kein Handel, so sollte die Preussische Regierung im Interesse ihrer eigenen Unterthanen den Schmuggel nach Russland und Oesterreich in keiner Weise erschweren.

Tarif erhielt nur unwesentliche Modifikationen. Der Steuerverein (Hannover-Oldenburg) wurde mit dem zwischen den übrigen kontrahirenden Staaten erneuerten Zoll- und Handelsverein verbunden, dergestalt, dass beide Vereine einen durch ein gemeinsames Zoll- und Handelssystem verbundenen und alle darin begriffenen Länder umfassenden Gesammtverein bilden. Der Grundsatz der Vertheilung des Nettoertrages war bisher mit einer einzigen Ausnahme (Frankfurt erhält ein Aversum und hat die Kosten zu tragen) festgehalten worden. Jetzt trat an die Stelle allgemein der Grundsatz der Vertheilung des Bruttoertrages, und zwar soll der von dem Bruttoertrag der Zölle und der Rübenzuckersteuer nach dem Verhältniss der dem Verein angehörenden Bevölkerung auf Hannover und Oldenburg fallende Antheil um drei Viertheile seines Betrages vermehrt und vorabgenommen, die gemeinschaftlichen Verwaltungskosten aber nach dem einfachen arithmetischen Verhältnisse der Bevölkerung von Hannover und Oldenburg zur Gesammtbevölkerung des Vereins vertheilt werden. Das so festgestellte Präcipuum soll jedoch, was die Eingangsabgaben und die Rübensteuer betrifft, den Betrag von 20 Sgr. für jeden Einwohner der begünstigten beiden Staaten nicht übersteigen. Erwähnt zu werden verdient noch, dass unterm 26. Januar 1856 zwischen dem Zollverein und Bremen ein Vertrag wegen Beförderung der gegenseitigen Verkehrsverhältnisse abgeschlossen wurde.

Die Veränderungen, welche der Zolltarif während des Bestehens des Zollvereins erlitten hat, waren nicht zahlreich, und darunter waren mehr Erhöhungen als Ermässigungen von Zollsätzen. So wurde z. B. 1844 auf Roheisen nicht allein ein Eingangszoll gelegt, sondern auch die Zölle von anderen Eisensorten erhöht, was natürlich alles Eisen für alle Verbraucher vertheuerte. Ferner wurde den Webern ihr Material theurer gemacht, als man 1846 den Eingangszoll von rohem Leinengarn, Maschinengespinnst, von 5 Sgr. auf 2 Thlr., d. h. von 100 auf 1200, erhöhte, was auch für die Seehandlung, welche in Erdmannsdorf und Landeshut Flachsgarnmaschinenspinnereien (S. 232, 233) angelegt hatte, vortheilhaft sein mochte. Dass 1853 die Zölle von Kaffee, Wein, Thee heruntergesetzt wurden, war eine Verbesserung. Der Preussische Fiskus hat aber einen sehr bedeutenden Vortheil von der Steuererhebungsmaschine des Zollvereins nicht, da die finanziellen Ergebnisse des Zollvereins schwach sind. Im Jahre 1847 war der Ertrag von den Zöllen und der Rübensteuer am höchsten, nämlich pro Kopf im Durchschnitt 28 Sgr. 3 Pf., $18^{54}/_{62}$ dagegen jährlich im Durchschnitt 25 Sgr. 10 Pf. Ein viel höherer Ertrag lässt sich für die Zukunft auch kaum erwarten — falls Preussen nicht etwa die

Zollvereinsstaaten unter Zustimmung der Bevölkerung annektiren kann und will, und dann einen neuen, zeitgemässen, Zolltarif, der nur Finanzzölle enthält, aufstellt.

Welche bedeutende Steuererträge man übrigens einem Volke, selbst ohne irgend erhebliche Bedrückung, durch zweckmässig angelegte Zölle von wenigen Artikeln abnehmen kann, zeigt England [1]). Hier kam 1863 ein von

Zucker	6,717,183	£
Taback	5,986,447	„
Thee	4,652,822	„
Spirituosen	2,789,344	„
Wein	1,214,762	„
Getreide und Mehl	795,509	„
Kaffee	412,332	„
Früchten: Korinthen, Feigen, Rosinen	402,226	„
Holz	271,858	„
Gewürzen: Pfeffer	116,535	„
Kakao	17,111	„
Andern Artikeln	212,803	„
Summa	23,588,932	£
Ab für Rückzölle u. s. w.	371,295	„
Bleibt Ertrag von den Zöllen	23,217,637	£

[1]) Im Februar 1865 sagte der „Economist" in Bezug auf die in der Französischen Thronrede angekündigten freihändlerischen Massregeln: „Die continentalen Völker sind von der Vorstellung besessen, dass England von einer schlauen, selbstsüchtigen, aber entschlossenen Aristokratie regiert werde, die stets bereit sei, den Rest der Welt auszuplündern, und glückliche commercielle Pläne entwerfe, die jedoch von gewissenhaften Menschen nicht nachgeahmt werden könnten. Erst also, wenn ein demokratischer Souverain, und Kaiser Napoleon ist, wie unumschränkt er auch sein mag, doch demokratisch, sich in Bewegung setzt, fühlen sie sich bewogen die neue Lehre zu prüfen ohne geheimes Misstrauen in Bezug auf ihre Anwendbarkeit für Länder, die anders als Grossbritannien organisirt sind. Vor Allem ist Europa gewöhnt, von Frankreich, und nicht von England, die Initiative zu erwarten. Englische Ideen verbreiten sich nicht, nicht etwa weil die Englischen Ideenverbreiter nicht den Gedankengang anderer Völker begreifen, sondern weil sie die Lücken in jenem Gedankengang nicht verstehen. Sie nehmen Thatsachen als ausgemacht an, die nach der Ansicht ihrer Zöglinge erst bewiesen werden müssen. Der Franzose macht diesen Fehler selten, weil seine Landsleute einfach dieselben Lücken erst auszufüllen haben, und eine Idee, ist sie einmal Französisch geworden, verbreitet sich sehr rasch. Sollte sich die denkende Klasse in Frankreich jemals zum Freihandel bekehren, und die Erfahrung führt sicher zur Bekehrung, so wird die gebildete Klasse in Deutschland, in Spanien und selbst in Russland bald die Unhaltbarkeit ihrer

Rechnet man nun die Bevölkerung des Vereinigten Königreichs auf $29\frac{1}{4}$ Millionen, so kommt auf den Kopf im Durchschnitt an Zöllen 15 s. $10\frac{1}{2}$ d. oder nicht weniger als 5 Thlr. 8 Sgr. 8 Pf.

Vorurtheile anerkennen und in ganz Europa wird dann der Freihandel bevorstehen, und keine Regierung wird dem Reiz einer grössern Staatseinnahme mehr Widerstand zu leisten vermögen."

Siebentes Kapitel.

Von den Staatsschulden.

Eine jede Regierung kann in den Fall kommen, dass sie sich in Verlegenheit befindet, wie sie ausserordentliche Ausgaben bestreiten soll. Schulden in grossem Umfang zu diesem Zweck zu machen ist nicht so leicht. Erst in neueren Zeiten ist es ausführbarer geworden. Macaulay sagte, seit einer Periode von unvordenklichem Alter sei es Gebrauch jeder Englischen Regierung gewesen, Schulden zu machen; was die Revolution einführte, das wäre der Gebrauch, sie ehrlich zu bezahlen. Die Ehrlichkeit im Bezahlen wurde in alter Zeit für weniger praktisch angesehen, wie heut zu Tage, wo die Erfahrung gelehrt hat, dass eine Regierung, welche sich in Geldsachen als ehrlich erwiesen hat, mächtigere Hülfsquellen besitzt, als eine andere, deren Vergangenheit weniger rein ist.

Zur Vorbeugung einer verderblichen Zerrüttung der Privatvermögensverhältnisse und des Bruchs aller früheren Verträge ist es nothwendig, den einmal festgestellten Münzfuss unverletzt zu erhalten. Während hunderter oder tausender von Jahren sind die Münzfüsse aber unendlich oft absichtlich verändert worden. Beinahe in jedem Lande wurden die Schuldner auf Kosten ihrer Gläubiger bereichert. Die Noth und die Verschwendung der Regierungen hat sie genöthigt zu borgen. Und um ihre Schulden los zu werden, haben sie beinahe allgemein zu dem schmählichen Auskunftsmittel gegriffen, die Münzen zu verschlechtern (vergl. oben S. 153) oder leichter zu machen; d. h. diejenigen zu betrügen, die ihnen Geld geliehen hatten, und jeden Privatschuldner in ihrem Lande in den Stand zu setzen, es mit seinen Gläubigern ebenso zu machen. Diese Art von Betrug wurde durch die Unwissenheit des Volks in fernen Zeitaltern erleichtert. Wären die Namen der Münzen verändert worden, wenn das Quantum des in ihnen enthaltenen Metalls verringert wurde, so wäre kein Anlass zu einer Täuschung gewesen. Aber obgleich das Gewicht der Münzen fortwährend und ihre Reinheit gelegentlich vermindert wurden, so wurden doch diese Benennungen fortwährend beibehalten. Und diejenigen, welche sahen, dass Münzen von einem bestimmten Gewicht und einer bestimmten Feinheit unter dem Namen von Gulden oder Livres im Umlauf waren und auch im Umlaufe blieben, nachdem sowohl ihr Gewicht als auch ihre Feinheit verringert worden waren, fingen an zu glauben, dass sie ihren Werth mehr von dem ihnen unter Gewähr der Regierung aufgedrückten Stempel, als von der in ihnen enthaltenen Quantität Edelmetalls erlangten. Das war lange eine sehr verbreitete Meinung. Aber das Steigen der Preise, welches beständig jeder Erniedrigung des Münzfusses folgte, und die Zerrüttung, welche sie in allem Geldverkehr verursachte, enttäuschte das Publikum und führte es immer mehr zu der Ueberzeugung, dass es räthlich ist, den Münzfuss unverletzt zu erhalten. Die Verschlechterung der Münzfusse ist in verschiedenartiger Weise ins Werk gesetzt worden. In England jedoch ist der Münzfuss weniger verschlechtert worden, als in irgend einem andern Lande. Das Odium und der positive Nachtheil, die aus der Verschlechterung des Metallgeldes folgen, haben zuletzt die meisten Regierungen dazu gebracht, davon abzustehen. Aber sie haben nur der einen Weise, mit dem Eigenthum ihrer Unterthanen ein unredliches Spiel zu treiben, entsagt, um ein anderes und noch viel verderblicheres vorzunehmen. Die Ungerechtigkeit, die früherhin durch Verminderung des in den Münzen enthaltenen Edelmetalls geschah, wird jetzt mit grösserer Leichtigkeit und in viel zerrüttenderem Umfange durch die Entwerthung von Papiergeld verübt [1]).

Die Nachtheile des Papiergeldes werden jetzt wohl in keinem Staate von Theoretikern und Praktikern besser begriffen, als in Oesterreich. Ad. Wagner [2]) erörtert die Frage, ob im Falle eines Krieges die Ausgabe von Papiergeld nicht unvermeidlich sein würde? und meint, man würde dabei vielleicht an das Beispiel Englands und Frankreichs im Krimkriege denken, da beide Staaten die enormen Kriegskosten durch Zuschläge zu den gewöhnlichen Steuern und durch grosse freiwillige Anleihen völlig gedeckt hätten. England sei aber das reichste und Frankreich gehöre wenigstens zu den reichsten Ländern und besässe eine concentrirte Staatsgewalt, welche den grössten Einfluss auf die freiwillige und halbfreiwillige Opferfreudigkeit des Volks ausübe. Ferner hätten beide Staaten den Krieg auf einem

---

1) Mc Culloch, Geld und Banken, S. 51—70.

2) Zeitschrift für Staatswissenschaft, 1863 S. 402.

entfernten Kriegsschauplatz geführt, wodurch sich zwar die Kosten der Kriegführung etwas erhöhten, aber ihr Land vor Noth und Aussaugung bewahrt blieb. Endlich stände selbst jene grosse Kriegsausgabe zu den heutigen Ressourcen dieser Länder nicht in so ungünstigem Verhältniss, wie das in längeren, auf heimischem Boden geführten Kriegen der Fall zu sein pflegt. „Für Deutschland liegen aber alle Chancen von vornherein ungünstiger. Die Erfahrungen mit der Kriegsanleihe von 30 Millionen Thaler (von 1859) in Preussen sind wahrlich nicht eben ermuthigend. Was sind aber heutzutage 30 Millionen Thaler beim Kriegführen? Der letzte Italienische Krieg kostete Oesterreich, über die normalen Ausgaben für das Heer hinaus, rund 210 — 220 Millionen Gulden oder per Tag für die etwa 70 Feldzugstage 3 Millionen Gulden. Davon wurde unmittelbar während dieser 70 Tage wenigstens die Hälfte verausgabt, — und es lässt sich durch die Bankausweise ziemlich genau kontrolliren — der Rest fällt auf spätere Abwickelung der Kriegskosten, für Lieferungen u. s. w. Es musste also sofort für wenigstens 110 Millionen Gulden oder $1^1/_2$ Millionen per Tag Rath geschafft werden. Berücksichtigt man nun auch den Einfluss des Agio's auf die Preise, die später aufgedeckten Missbräuche im Lieferungswesen, die vielleicht etwas billigere Preussische Administration, so darf man doch vermuthen, dass Preussen, wenn es in einem etwanigen Feldzuge gegen Frankreich mit eben so grossen Streitkräften, wie Oesterreich im Italienischen Kriege, erscheinen will, — und es wird es wollen und wollen müssen — unter allen Umständen täglich auch wenigstens 1 Million Gulden oder $^2/_3$ Million Thaler oder 20 Millionen Thaler in einem Monat neben seinem gewöhnlichen Armeebudget sofort zur Kriegführung bedarf. Was das bei Preussens gefährdetem Gebiete sagen will, bedarf keiner Erläuterung. Aehnlich, nur relativ noch ungünstiger, gestalten sich die Dinge in den Mittelstaaten."

Wie soll und kann ein Staat, der einmal in die Papiergeldwirthschaft stark hineingerathen ist, davon sich wieder frei machen? — Treten nicht andere günstigere Verhältnisse und rettende Thaten dazwischen, so ist das Ende solcher Zustände leicht abzusehen. Der Cours fällt stärker und rascher und der Werth des Papiergeldes nimmt zuletzt in solchem Maasse ab, dass es dem Staat die Druckkosten nicht mehr lohnt, und er gesetzlich aussprechen muss, was die nackten Thatsachen faktisch herausgestellt haben, dass jenes keinen oder nur einen höchst geringen Werth besitze. Binnen sieben Jahren waren in Frankreich die Assignaten von 400 Millionen auf 32,834 Millionen, die Mandaten auf 2407 Millionen Franken, in vierzehn Jahren in Oesterreich die Bankozettel von 88 Millionen auf 2650 Millionen Gulden gestiegen, der Werth der Assignaten war auf 0,3 bis 0,5 %, der Mandate auf 2 bis 4,6 %, der Bankzettel auf 6 % des Nominalbetrages gefallen, bis die Gesetze vom 16. März und 26. Juni 1796 und vom 20. Februar 1811 den Staatsbankerott aussprachen. In Frankreich verschwanden die Noten aus dem Umlauf, in Oesterreich wurden sie auf ein Fünftheil ihres Nominalwerths reducirt; allein dort wurde mit jenem Schlage das Staatspapiergeld für immer abgeschafft, hier trat an die Stelle jener Noten ein anderes Staatspapiergeld, statt des Bankozettels kam der Einlösungs- und der Anticipationsschein, der ebenfalls keine andere Deckung als den allgemeinen Kredit des Staats hatte und darum binnen weniger als drei Jahren abermals auf ein Viertheil seines Nominalwerthes sank, um endlich mit Hülfe der am 1. Juni 1816 errichteten und nach manchen Phasen auf Grund der Statuten vom 15. Juli 1817 am 1. Januar 1818 in Wirksamkeit getretenen Oesterreichischen Bank zum Course von 250 : 100 gegen Silber oder Banknoten, je nach dem Belieben des Inhabers, eingelöst zu werden. Oft bleiben alle Mittel zur Liquidation der Bank und beziehungsweise des Staatspapiergeldes wie zur Fixirung des Staatspapiergeldes fruchtlos, theils weil die Ursachen, welche die Entwerthung der letzteren hervorgerufen, nicht gründlich gehoben werden, die schlechte Verwaltung, das Deficit, die innere Unzufriedenheit, die äussere Gefahr, theils weil die Kräfte und der Kredit des Staats nicht ausreichen, die Einlösung des Papiergeldes bis zur Erreichung des Ziels fortzusetzen. Jedes solches Misslingen steigert aber das Uebel aufs Aeusserste, weil aller Aufwand des Heilungsprocesses verloren ist, alle Hoffnungen, die sich an ihn knüpfen, verschwinden, und ein allgemeines sauve-qui-peut zur Hintangabe des nunmehr, wie man glaubt, unwiderruflich uneinlöslichen Papieres um jeden Entgelt hindrängt. Alle Folgen einer raschen und starken Entwerthung stellen sich ein, neue Papieremissionen, verminderte Staatseinnahmen, eine erweiterte Kluft zwischen den Preisen in dem Mittelpunkte und an den Rändern der Bewegung. Diese Kluft hindert auch, die Steuer auf jenen Punkt zu erhöhen, welcher der Entwerthung der Valuta, in der man sie zahlt, entsprechen würde; denn sie würde dann ungleich getragen, leicht von den Industriellen, Kaufleuten, Städtern, hart von den Landleuten, Salarirten, Rentnern. Am empfindlichsten berührt den durch die vorausgegangenen Kraftanstrengungen erschöpften Staat das so stark hervortretende Missverhältniss zwischen seinen Einnahmen und Ausgaben, er fühlt sich in allem seinem Wirken gelähmt, die Verlegenheiten des Augenblicks wachsen, und jedes

Mittel, um diesen zu begegnen, Anticipationen der nächsten Einnahmen, Verpfändungen einzelner Einnahmequellen, Veräusserung von Staatsgütern oder gar neue Papieremissionen, verschlimmert die Lage der nächsten Zukunft, durch Untergrabung des Kredits, Verminderung der Einnahmen, Erhöhung der Zinsenlast. Wie oft bereut dann der Finanzmann, zu einem Anlehen in der trügerischen Form des Papiergeldes seine Zuflucht genommen zu haben. Es ist das wucherischeste aus allen; denn es fälscht die Valuta, in der es ausgezahlt wird, und es ist das gefährlichste, denn es richtet mit dem Schuldner auch alle die Cessionare zu Grunde, die es aus den Händen des ersten Gläubigers erhielten. Schulden anderer Art, mögen sie noch so drückend sein, sind es doch nur in einzelnen Momenten, wie bei dem Abschluss des Anlehens durch die hohen Abzüge vom Nominalbetrage, welche der Staat sich gefallen lassen muss, oder nur mit dem Betrage der Zinsen, aber das Papiergeld äussert seine unheilvollen Wirkungen dauernd und mit einem grossen Theile seines Kapitalbetrages. Es lässt oft dem Staate nichts übrig, als das Staatspapiergeld für gänzlich ungültig zu erklären, also die Schuldtitel, welche es darstellt, nicht mehr anzuerkennen — mit anderen Worten — den Staatsbankerott. Ein Staatsbankerott kann zwar auch durch andere Schulden, deren Abzahlung oder Verzinsung unmöglich geworden, verursacht werden. Das Elend, welches dann entsteht, ist ein grenzenloses. Aber dennoch ist es ein kleineres, weil in seinem Umfange beschränktes, im Vergleich mit jenem, das entsteht, wenn der Bankerott zugleich das Staatspapiergeld umfasst, denn da erstreckt sich das Unglück in die weitesten Kreise und der Verlust des Einzelnen wird durch den plötzlichen Wechsel in den Vermögensverhältnissen Anderer verbittert und erhöht. Häufig, wir erinnern an die Finanzwirthschaft Frankreichs im vorigen Jahrhundert und an die Ereignisse in Oesterreich nach dem Jahre 1811, war das Ende des einen Staatsbankerotts der Anfang des neuen. — So hat sich neuerlich ein Oesterreichischer höherer Beamter, v. Hock [1]), ausgesprochen.

Als in Frankreich die Masse des Papiergeldes immer vermehrt wurde und alle Preise stiegen, veranlasste dies für die arbeitenden Klassen und die Armen grosse Noth; aber für diese nicht allein, auch die öffentlichen Beamten hatten kaum zu leben, die Rentenirer verhungerten beinahe, und nur die Armeen auf fremdem Gebiete waren

[1]) Die öffentlichen Abgaben und Schulden, 1863 S. 357 ff.

etwas besser daran. Damals zahlten die Herren für ein Paar Stiefel 8—10,000 Papierfranken, die Köchinnen 6—700 für ein Pfund Butter und die Kindermädchen 20—30 und mehr für ein Stück Gerstenzucker. Im Sommer 1793 fand sich der Convent veranlasst, das Aeusserste der Preise der Waaren zu dekretiren, und diesen gesetzlich vorgeschriebenen, durch harte Strafen aufrecht erhaltenen Preis nannte man das Maximum. Dennoch ging der Cours der Assignaten weiter herunter und ein immer weiteres Sinken drohte, obgleich jeder Geldhandel und jede Waarenvertheuerung von mehr als 500,000 Aufpassern belauert und mit Kerker und Blutgerüst bedroht wurden. Gegen die Natur der Dinge kämpfte dieser Despotismus wie jeder andere vergeblich. Am 23. December desselben Jahres erfolgte die Aufhebung des Maximums. Die Waarenpreise erfuhren dadurch nur noch eine geringe Steigerung, die vollkommen mit dem Course der Assignaten Schritt hielt; und diese sanken allerdings mit jeder Woche im Werthe, aber in keinem stärkeren Verhältnisse, als es unter allen Umständen mit oder ohne Maximum nach der Vermehrung ihrer Masse und der Unsicherheit ihrer Versilberung der Fall gewesen war. Schon im Herbst 1794 war mit dem Aufhören der Schreckensregierung der Werth der Assignaten in Frankreich so gesunken, dass 100 Livres Assignaten nicht ganz 7 Livres Silber galten. Von dem Au enblick der Besetzung des Deutschen linken Rheinufers wurde auch hier der Zwangscours eingeführt. Die Assignaten sind, erklärtegeine Bekanntmachung vom 10. December 1794, die Münze der Republik, ihr Unterpfand ist die Rechtlichkeit des Franzosenvolks, und dieses Unterpfand giebt ihnen einen unendlichen Vorzug vor den verächtlichen Metallen, die dem sträflichen Wucher der Habsucht unterliegen. Jeder musste in allen Zahlungen die Assignaten zu deren vollem Nennwerth nehmen, und ward, wenn er die Annahme verweigerte, oder für Waaren in Assignaten einen höheren Preis, als in klingender Münze, begehrte, vor ein Militärgericht gestellt und als Feind des Französischen Volkes bestraft. Da in Folge dieser Bestimmung die Soldaten möglichst schnell die fast werthlosen Papierzettel, in denen sie ihren Sold erhielten, gegen Waaren aller Art umzusetzen suchten, so wollte Niemand verkaufen. Ein Befehl aber erschien, nach welchem jeder Kaufmann als Rebell bestraft werden sollte, welcher seinen Laden nicht offen hielt oder den Verkauf einer Waare verweigerte. Der höchste Preis, der gefordert werden durfte, sollte das in Lille für jede einzelne Waare festgesetzte Maximum nicht überschreiten. Die Französischen Behörden liessen sich genaue Angaben aller Vorräthe machen, nahmen davon, was ihnen beliebte, und zahlten dafür das Maximum in Assignaten. Da zugleich alle öffentlichen Kassen ihr Gold und Silber bei den Französischen Machthabern gegen Assignaten umtauschen mussten, so hatte die einheimische Bevölkerung fast nur noch Papiergeld in Händen; der Werth desselben sank durch die am 25. April 1795 verfügte Aufhebung des Zwangscourses in solchem Grade, dass ein Pfund Zucker 400 Livres, ein Pfund Seife 230 Livres in Assignaten kostete; wenige Monate später war das Papier gänzlich werthlos und das linke Rheinufer hatte einen Geldverlust, dessen Höhe unberechenbar ist.

Nach der Februarrevolution autorisirte die Regierung die Bank von Frankreich, ihre Baarzahlungen zu suspendiren, und diese Autorisation blieb zwei Jahre in Geltung, 1848—1850. Da die Emissionen weislich beschränkt gehalten waren, so verloren die Banknoten nicht mehr als 2 bis 3 % an Werth und zwar in den ersten Zeiten des Panics[1]). Viel schlimmer stand es in Oesterreich, wo nicht bloss das Silber verschwand, sondern — da Kupfer mehr werth ist, wie Papier — auch die Scheidemünze und zwar derartig, dass man, um nur kleine Summen bezahlen zu können, das kleine Papiergeld in mehrere Stücke zerriss, und dass sogar, z. B. in Böhmen, Privatpapiergeld, auf einen Kreuzer lautend, umlief, welches Krämer, Gastwirthe u. s. w. ausgegeben hatten. Dass Frankreich wieder in eine Papiergeldwirthschaft hineinkommen wird, ist weniger wahrscheinlich, als dass Oesterreich so bald aus seiner Papiergeldwirthschaft herauskommen wird. —

Lehrreich ist auch die Russische Papiergeldgeschichte. Die erste Papiergeldemission in Russland war eine Folge des Krieges mit der Türkei. Nachdem über diesen am 18. November 1768 ein Manifest erlassen worden, erging am 29. folgenden Monats ein weiteres Manifest, worin Catharina II als Grund der Ausgabe von Papiergeld anführte, dass das Kupfergeld, damals Hauptzahlungsmittel in Russland, sich für den Verkehr und namentlich für die Versendung von Ort zu Ort wenig eigne. Diese Assignationen sollten in allen Staatskassen bei Steuerzahlungen statt baaren Geldes angenommen werden, von je 500 Rubel sollte man sogar 25 Rubel in Assignationen entrichten. Bei den in Petersburg und Moskau errichteten Assignationsbanken konnte man die Assignationen in klingende Münze umwechseln. Auch konnte man für Metallgeld hier Assignationen erhalten. Das

---

[1]) Garnier, Traité de Finances, p. 399 sqq. H. v. Sybel, Geschichte der Revolutionszeit von 1789 bis 1795, Bd. 3 S. 209. 576. C. T. Perthes, Politische Zustände und Personen in Deutschland zur Zeit der Französischen Herrschaft, das südliche und westliche Deutschland. 2. Aufl 1862 S. 124.

Publikum zahlte für Papiergeld sogar $\frac{1}{4}$ % Agio. Es wurden 1772 an verschiedenen Orten Comtoirs errichtet, welche Assignationen gegen Kupfergeld einlösten. Der Cours derselben hielt sich auf 98—99 %.

Nach einem Ukas vom 10. Januar 1774 sollten mehr als 20 Millionen Papiergeld keinenfalls ausgegeben werden. Doch bestimmte ein Manifest vom 28. Juni 1786, dass die Menge der Bankassignationen nie und in keinem Falle die Summe von 100 Millionen überschreiten würde.

	Assignationen	Preis des Silberrubels in Papiergeld	oder Cours von	Wechselcours auf London	oder 1 £ =
1788	40 Mill. Rub.	103 Kop.	97 %	41 d.	5,85 Rub.
1790	100 „ „	115 „	87 „	$31\frac{1}{4}$ „	7,68 „
1792	117 „ „	126 „	79 „	$23\frac{1}{4}$ „	10,32 „
1794	124 „ „	141 „	71 „	$27\frac{3}{4}$ „	8,65 „
1796	150 „ „	147 „	68 „	$31\frac{1}{4}$ „	7,68 „.

Die Vermehrung des Papiergeldes erhöhte alle Preise und in Folge davon wurde 1794 die Kopfsteuer der Bauern erhöht; ebenso die Steuern der Kaufleute; die Steuern auf Gusseisen, Kupfer, Schmelzöfen; die Preise des Stempelpapiers, die Gebühren für Pässe u. s. w. Unbebaute Kronländereien sollten nicht mehr zu den früher festgestellten Preisen, sondern in öffentlicher Auktion verkauft werden. Auch wurden die Militärgehälter erhöht. Bei dem Tode der Kaiserin (9. November 1796) waren 157,703,000 Rub. Papiergeld ausgegeben.

	Assignationen	Cours	Cours auf London	oder 1 £ =
1797	163 Mill. Rub.	$79\frac{1}{3}$ %	$29\frac{3}{4}$ d.	8,06 Rub.
1800	212 „ „	$65\frac{1}{3}$ „	$28\frac{1}{2}$ „	8,42 „
1804	260 „ „	$79\frac{1}{3}$ „	$31\frac{3}{4}$ „	7,56 „
1807	382 „ „	$67\frac{1}{2}$ „	$25\frac{2}{5}$ „	9,45 „.

Bis 1810 war der Betrag der Assignationen auf 577 Mill. Rub. angewachsen und ihr Cours war $33\frac{2}{3}$ %; 1814 war ihr Cours $25\frac{1}{5}$ % und der Cours auf London $12^1/_2$ d. oder 1 £ = 19,20 Rub. Ein Manifest Alexander's I vom 2. Februar 1810 erklärte die Assignationen für eine Staatsschuld und versprach durch Einstellung öffentlicher Bauten und Arbeiten eine Ersparung von 20 Millionen. Die Steuern wurden erhöht. Ein Manifest vom 27. Mai 1810 verkündigte eine innere Anleihe und den Verkauf von Reichsdomänen. Durchgreifende Reformen begannen aber erst 1817, wo der Betrag der Assignationen auf 836 Millionen angewachsen war. Es wurde eine innere Anleihe zu $83\frac{1}{3}$ % abgeschlossen mit Obligationen zu 6 %. Diese Anleihe wurde in Papiergeld gemacht, und so wurde die unverzinsliche Schuld zum Theil in eine verzinsliche verwandelt. 1818 wurden ähnlich auf je 85 eingezahlte Papierrubel 100 Rubel in 6 % Obligationen ausgegeben. 1820 wurde eine 5 % Anleihe im Auslande zu 72 % in Silber abgeschlossen, so dass die Regierung statt der nominellen 40 Millionen kaum 29 Millionen erhielt, also zu etwa 7 % Zinsen anlieh — nicht ungünstiger, als Preussen 1818 in London angeliehen hatte. 1820 wurden noch 5 procentige Anleihen zu 77 und 77½ % gemacht und ein Theil dieser Summen wurde zur Einlösung von Papiergeld verwendet. So war 1822 das Papiergeld auf 595,776,000 Rub. vermindert worden, und dieser Betrag blieb bis 1839. In dieser Zeit wurde bei den Staatskassen der Silberrubel zu 3,60 Rubel und der halbe Imperial zu 18,25 Rubel angenommen. Im Verkehr gab man für den Silberrubel 4 Rubel 30—40 Kopeken Papier und für den halben Imperial 23 Rubel Papier. Nach einem Manifest vom 1. Juli 1839 soll im ganzen Reiche die Russische Silbermünze Hauptzahlungsmittel und der Silberrubel die Münzeinheit sein; die Reichsassignationen (Bankrubel) bleiben blosses Hülfszeichen des Werths, im festen Cours von 1 Silberrubel gleich 3,50 Rubel Bankassignationen; alle Berechnungen und Geschäfte sollen auf Silbermünze abgemacht werden; nur der festgesetzte Cours der Assignationen soll gelten, eine Anzeige des Courses der Assignationen soll an den Börsen nicht notirt werden, Wechselcourse, Preiscourante u. s. w. sollen in Silber angegeben werden.

Die Bankassignationen wurden nun gegen neue Reichskreditbillets eingezogen. Diese kursiren noch. An die Stelle von 595,776,000 Rub. Bankassignationen traten 1843, zu 3,50 Rub. = 1 Rub., 170,221,714 Rubel Reichskreditbillets. Dabei kamen 12,287,000 Rub. nicht zum Umwechseln, waren also verloren gegangen. Aber es kamen 6,857,000 Rubel nachgemachte Assignationen zum Vorschein. Im December 1844 wurden auf Befehl des Kaisers 70,464,246 Rub. Silber, theils in Barren, theils in Gold- und Silbermünzen bestehend, zur Sicherheit der Reichskreditbillets dienend, in der Petersburger Citadelle niedergelegt; ferner wurden am 12. Juli 1845 12,180,000 Rub. baar in Gold und Silber, als Fonds der Reichskreditbillets, in das Vorrathsgewölbe der Peter-Pauls-Festung gebracht. — Welcher Vortheil hierdurch für die derzeitigen Inhaber von Papiergeld erwachsen konnte, ist nicht abzusehen.

Das Papiergeld betrug 1849 300,317,000 Rub. Silber. Dann kam der Orientalische Krieg, und das Papiergeld betrug 1854 356, 1855 509, 1856 689 und 1857 735 Millionen. Die klingende

Münze floss ins Ausland; Gold und Silber erhielt ein Agio von 10 % und drüber; der Wechselcours auf auswärtige Plätze fiel und die Waarenpreise stiegen, besonders in Petersburg, Moskau und andern grossen Handelsplätzen. Die höchsten und niedrigsten Course auf London waren in den Jahren

1857	2. Januar . .	$38\frac{11}{16}$ d.	oder	1 £ = 6,20 Rub.
„	12. November	34 „	„	1 „ = 7,06 „
1859	16. Januar . .	$36\frac{15}{16}$ „	„	1 „ = 6,49 „
„	1. Mai . . .	$31\frac{1}{4}$ „	„	1 „ = 7,68 „
1861	10. Januar . .	$35\frac{5}{8}$ „	„	1 „ = 6,73 „
„	24. November	$32\frac{7}{8}$ „	„	1 „ = 7,30 „.

Nach einer Bestimmung vom 1. Juli 1853 sollten die Staatskassen in den Gouvernements jedem auf Verlangen Reichskreditbillets bis 100 Rub. in klingender Münze einlösen. Nur in Petersburg zahlte die Expedition des Papiergeldes unlimitirte Summen aus, und in Moskau die dort bestehende Kasse je 3000 Rub. an die einzelnen Präsentanten. Trotz dieser beschränkten Einlösbarkeit hatte sich das Papiergeld bis zum Orientalischen Kriege gut gehalten. Ein kaiserlicher Erlass vom 14. April 1860 verkündete eine abgeschlossene Anleihe von 15 Mill £ à 5 %. Damit sollte auch Papiergeld eingelöst werden, und zwar vom 1. Mai 1862 ab; der halbe Imperial sollte zu 5,70 Rub. und der Silberrubel zu $110\frac{1}{2}$ Kopeken angenommen werden, vom 1. August 1862 ab aber der halbe Imperial zu 5,60 Rub. und der Silberrubel zu $108\frac{1}{2}$ Kop. Um 100 Silberrubel zu erhalten, musste man also erst $110\frac{1}{2}$ und dann $108\frac{1}{2}$ Rub. Reichskreditbillets geben, und das Papier wurde nicht zum Nominalwerth, sondern nur mit 90,49 % und 92,17 % eingelöst. Es war am

		Papiergeld im Umlauf	Metallvorrath
1. Mai . .	1862	707,063,666 Rub.	91,440,418 Rub.
5. August	„	704,151,944 „	95,974,998 „
$^{15}/_{27}$. October	„	696,831,672 „	93,457,313 „.

Es hatte sich also wirklich das Papiergeld um mehr als 10 Millionen vermindert. Ein wie grosser Theil der Anleihe zur Einlösung von Papiergeld verwendet wurde, ist nicht bekannt. Der Cours auf London war 1862 im Mai $34\frac{1}{8}$—$^{11}/_{16}$ d. und im September 35—$35\frac{9}{16}$ d.; er wurde also besser, sowie das Agio für Gold und Silber eine Ermässigung erfuhr[1]). Es lässt sich nicht in Abrede stellen, dass Russland bemüht war, die Uebel der Papiergeldwirthschaft zu

[1]) A. Brückner, Die Geschichte des Russischen Papiergeldes u. s. w., in den Jahrbüchern für Nationalökonomie und Statistik v. B. Hildebrand. 1863 S. 48—64

mindern. Ob und wann es gelingen wird, das Uebel zu beseitigen, vermag Niemand vorher zu sagen. Der Petersburger Wechselcours berechnet sich pari auf etwa $107^3/_4$. Ende 1864 war in Berlin notirt Petersburg 100 S. R. 3 W. 85 Thlr.

Ein Papiergeld, welches nicht Staatspapiergeld war, ist im Preussischen Staat im vorigen Jahrhundert nicht ausgegeben worden. Denn die damals von der königlichen Bank ausgegebenen Banknoten waren in der That Staatspapiergeld.

In den Jahren 1805 und 1806, wo die Regierung manche ausserordentliche Ausgabe voraussah, bemühte sie sich, durch einzelne Anleihen eine bedeutende Summe zur Disposition zu erhalten, die später durch Ersparungen wieder gedeckt werden sollte. Man brachte so beinahe 2 Millionen zusammen, die als Realisationsfonds für die Tresorscheine[1]) dienen sollten.

Durch die Verordnung vom 4. Februar 1806 wurde nämlich ein Papiergeld unter dem Namen von Tresorscheinen eingeführt. Dieselben sollten, ähnlich wie die schon vorhandenen Banknoten (S. 239), umlaufen und bei den Bankocomtoirs, sowie bei dem Seehandelscomtoir in Warschau gegen baar umgesetzt werden können. Bei allen Zahlungen, ohne Unterschied, ob die Verbindlichkeit dazu vor oder erst nach dieser Verordnung entstanden sei, ob die Zahlung aus einer königlichen Kasse, oder an eine solche zu leisten sei, oder unter Privatpersonen stattfinde, sollte es dem Zahler freistehen, das, was er in Silbercourant abzutragen hat, in Tresorscheinen zu berichtigen — jedoch mit einigen Ausnahmen. Bei den Zahlungen in Silbergeld an königliche Kassen sollte, so weit die Theilbarkeit der Summe es erlaubt, der vierte Theil in Tresorscheinen gezahlt und dieser auch nicht anders von den Kassen angenommen werden. Es wurden Tresorscheine zu 5, 50, 100 und 250 Thlrn. ausgegeben. Es waren 4 Mill. Thlr. davon in Umlauf gesetzt, als das Eindringen der Französischen Armeen im October 1806 die Aufhebung der Realisationskassen bewirkte. Noch vor Ablauf des Jahres waren sie schon etwas unter den Nominalwerth gesunken, obgleich die Französischen Behörden, und namentlich die damalige Kommunalverwaltungsbehörde in Berlin, Comité administratif genannt, bekannt machte, dass die Tresorscheine, wie die Banknoten, auch in öffentlichen wie in Privatzahlungen gleich dem Silbercourant unweigerlich angenommen werden sollten. Uebrigens kamen damals auch richterliche Entschei-

[1]) Krug. Geschichte der Preussischen Staatsschulden. S. 45—101. 352.

dungen vor, worin ausgesprochen wurde, dass die Tresorscheine zwangsweise in Zahlung genommen werden müssten.

Die Nachricht von der Schlacht bei Friedland (14. Juni 1807) und von der Besetzung Königsberg's durch Französische Truppen brachte die Tresorscheine auf $82^1/_2$ herunter; die Nachricht von dem Abschluss eines Waffenstillstandes hob sie wieder, bis die Bekanntmachung des wirklichen Abschlusses des Tilsiter Friedens (9. Juli 1807) sie wieder herunterwarf, da die Bedingungen dieses Friedens viel ungünstiger waren, als man erwartet hatte. Nach einer Bekanntmachung vom 29. October 1807 sollten bei Zahlungen aus den Staatskassen die Tresorscheine, wo die Summe 5 Thlr. oder mehr beträgt, nach dem Course derselben unweigerlich angenommen werden. Demgemäss wurde der Cours durchschnittlich ermittelt, und als Normalcours bekannt gemacht. Dies geschah vom 1. December 1807 bis 28. Februar 1809. Der erste und der letzte Normalcours in Königsberg war 66, der höchste war 71 am 14. December 1808, und der niedrigste 27 im Juli 1808.

Nach einer Verordnung vom 11. Februar 1809 konnte der, welcher 20 Thlr. an Abgaben zu zahlen hatte, $^1/_4$ davon in Tresorscheinen nach dem Nennwerth zahlen, und konnte sogar dazu genöthigt werden. Nach einer ferneren Verordnung vom 4. December 1809 wurde die Anwendbarkeit der Tresorscheine bedeutend erweitert. Es wurden nämlich für etwas über 2 Mill. Thlr. Scheine zu 1 Thlr. gefertigt und dagegen eben so viel grössere vernichtet. Vom 1. Februar 1810 sollten für diese Thalerscheine Realisationskomtoire errichtet werden. Es wurde auch die Einwechselung der Scheine über 50, 100 und 250 Thlr. gegen Fünfthalerscheine gestattet. Im Jahre 1810 wurden für 2 Mill. Thlr. alte Tresorscheine vernichtet, was aber auf den Cours nicht unmittelbar einwirkte. Im Jahre 1811 schwankte der Cours zwischen 80 und 90.

Die im Jahre 1812 (S. 337) eingeführte Vermögens- und Einkommensteuer führte zu einer neuen Art von Tresorscheinen, nämlich den gestempelten. Man war nämlich wegen der damaligen Forderungen der Französischen Armeen in Verlegenheit, und brauchte schleunig bedeutende Zahlungsmittel. Diese schaffte man dadurch, dass man, neben der Anfertigung von sogenannten Vermögenssteueranweisungen auf die Summen von 5000, 4000, 3000, 2000, 1000 und 500 Thlrn., Tresorscheine von 250, 100, 50 und 5 Thlrn., die noch in den Kassen vorräthig waren, als Anweisungen auf die durch die neue Steuer zu erwartenden Einnahmen stempelte, und ihnen dadurch einen Zwangscours zu verschaffen suchte: dass jeder

Inhaber solchen Papiers berechtigt wurde, es bei der Vermögens- und Einkommensteuer als baares Geld anzugeben. Sie sollten bei Entrichtung der gewöhnlichen Gefälle nicht in Zahlung angenommen, aber, wenn diese Steuer vollendet sei, und sich noch dergleichen gestempelte Tresorscheine im Umlaufe befänden, dem baaren Gelde gleich gebraucht werden können. Es wurden wirklich im Ganzen nur für 944,685 Thlr. auf diese Art zu Steueranweisungen gestempelt.

Nach dem Edikt vom 19. Januar 1813 waren Tresorscheine ver-

fertigt		9,093,210 Thlr.
Thalerscheine		2,000,000 „
Summa		11,093,210 „
davon gegen Thalerscheine eingezogen		
und vernichtet	2,000,000	
gestempelt	1,000,000	3,000,000 „
es befanden sich daher noch		8,093,210 „

Tresor- und Thalerscheine theils in den Staatskassen, theils im öffentlichen Umlauf, doch betrug der Antheil, der im December 1812 im öffentlichen Umlauf war, nicht mehr als die Summe von 731,625 Thalern.

Nach der Schlacht von Grossgörschen (2. Mai 1813) trat ein Stillstand aller Geschäfte in Berlin ein, und nach dem Waffenstillstand vom 4. Juni erreichten die Tresorscheine den niedrigsten Cours, den sie jemals hatten, nämlich 24 $^0/_0$. Sie waren später notirt Anfangs Januar 1816 99, Mitte Januar 100, vom 16. Januar 1816 ab bis Ende 1818 $99^5/_8$, und von da ab 100.

Nach einer Verordnung vom 15. Februar 1816 wurden die im Umlauf befindlichen, ehemals Sächsischen Kassenbillets im Betrage von 1,750,000 Thlrn. den Tresorscheinen gleichgestellt. Das Staatsschuldengesetz vom 17. Januar 1820 gab die Summa der unverzinslichen Schuld auf überhaupt 11,242,347 Thlr. an. Das Papiergeld des Preussischen Staats betrug damals aber nur 7,225,547 Thlr.

Im Jahre 1824 wurde ein neues Papiergeld unter dem Namen von Kassenanweisungen im Betrage von 11,242,347 Thlrn. ausgefertigt und statt des bisherigen Papiergeldes ausgegeben. Dadurch wurde die Masse des Papiergeldes um 4,016,800 Thlr. vermehrt, abgesehen davon, dass von dem älteren Papiergeld vieles verloren gegangen oder durch Zufall vernichtet war. Hierdurch gewann die Staatskasse über 5 Millionen disponibles Geld, welches damals höchst nöthig war. Die K.O. vom 21 December 1824 sagt, dass die Kassenanweisungen „ein, zum öffentlichen Umlaufe für den Umfang Meiner ganzen Monarchie bestimmtes, gemünztes (?), dem baaren Metall-Courantgelde gleich zu achtendes Papier" sei. Nach dem Strafgesetzbuche von 1851 begeht auch derjenige, welcher Papiergeld oder Banknoten nachmacht, nicht eine Urkundenfälschung, sondern eine Münzfälschung.

Eine K.O. vom 22. April 1827 verfügte, da nach dem Bericht des Finanzministers die Summe der vorhandenen Kassenanweisungen nicht mehr ausreichend sei, eine Vermehrung derselben um 6 Millionen Thaler. Der Finanzminister wurde angewiesen, einen gleichen Nominalbetrag in Staatsschuldscheinen oder Domänenpfandbriefen einzuziehen, welche bei der Hauptverwaltung der Staatsschulden niedergelegt werden sollten, wogegen letztere 6 Millionen Thaler Kassenanweisungen ausfertigen und an die Generalstaatskasse abliefern sollte. Hierdurch ersparte oder gewann der Staat jährlich an Zinsen davon 240,000 Thlr. Ausserdem gewann er mehr als 600,000 Thaler, da er die Staatsschuldscheine nach dem Tagescourse von 87 bis 90 einkaufte und dafür volle 100 in Kassenanweisungen ausgab.

Das von der Seehandlung und der Bank unter dem Namen von Kassenscheinen (oben S. 229. 239) ausgegebene Papiergeld, sowie auch die von der ritterschaftlichen Privatbank in Stettin ausgegebenen Pommerschen Bankscheine sollten nach der K.O. vom 5. December 1836 eingezogen, 5,500,000 Thlr. neue Kassenanweisungen ausgegeben und ein gleicher Nominalbetrag von Staatsschuldscheinen bei der Hauptverwaltung der Staatsschuldscheine niedergelegt werden.

Eine K.O. vom 9. Mai des folgenden Jahres verordnete eine weitere Vermehrung der Kassenanweisungen um 3 Millionen Thaler, und dass ein gleicher Nominalbetrag von Staatsschuldscheinen oder Obligationen der Anleihe von 1830 bei der Hauptverwaltung der Staatsschulden niedergelegt werden sollte.

So belief sich der Betrag der Kassenanweisungen

auf	25,742,347 Thlr.
vernichtet waren	4,900,000 „
denn nach dem Gesetz vom 7. März 1850 war die unverzinsliche Staatsschuld nur	20,842,347 Thlr.

Noch ein neues Papiergeld unter dem Namen von Darlehnskassenscheinen sollte nach dem Gesetz vom 15. April 1848 bis zum Belaufe von 10 Millionen Thaler ausgegeben, spätestens in drei Jahren aber wieder eingezogen werden. Diese letzte Bestimmung wurde durch das Gesetz vom 30. April 1850 wieder aufgehoben, so dass sich nun die in Kassenanweisungen und Darlehnskassenscheinen bestehende Papiergeldschuld auf 30,842,347 Thlr. belief.

Das Gesetz vom 19. Mai 1851 verordnete die Einziehung dieses Papiergeldes und die Ausgabe neuer Kassenanweisungen zum Belauf von 30,842,347 Thlr. Was der Staat hierbei durch verloren gegangenes und durch Zufälle vernichtetes Papiergeld gewonnen hat, ist mir nicht bekannt.

Nach dem bereits (S. 243) erwähnten Gesetz vom 7. Mai 1856 sollten alle Kassenanweisungen eingezogen und dagegen 16,598,000 Thlr. Staatsschuldverschreibungen zu $4\frac{1}{2}$ % verzinslich, und 15,842,347 Thlr. neue Kassenanweisungen, und zwar 8,000,000 Thlr. in Apoints zu 5 Thlr. und 7,842,347 Thlr. in Apoints zu 1 Thlr. ausgegeben werden.

Diese Kassenanweisungen zum Nennwerth in Zahlung anzunehmen, wird sich rechtlich Niemand weigern können. Sie haben also einen Zwangscours. —

Dass im Jahre 1806 Tresorscheine ausgegeben wurden, ist zu bedauern; noch viel mehr aber ist es zu bedauern, dass die Masse des Papiergeldes in der Friedenszeit von 1820 bis 1848 von etwas über 7 Millionen bis weit über 30 Millionen Thaler erhöht wurde. Die Regierung hat jedoch im Jahre 1856 erkannt, dass dies ein Uebel war und daher den Betrag vermindert. Bedenklich ist es aber, dass die Kassenanweisungen jetzt über 5 Thlr. und sogar über 1 Thlr. lauten. Denn nur das auf grosse Summen ausgestellte Papiergeld, sei es nun in irgend einer Weise von Seiten der Regierung, oder sei es als Noten von Privatbanken emittirt, kann m. E. ungefährlich sein. Wenn nur solches im Umlauf ist, so muss noch so viel Metallgeld im Umlauf bleiben, als nöthig ist, um die Zahlungen, welche zu klein sind, um mit Papiergeld geleistet werden zu können, mit Metallgeld zu leisten. Aber mehr Edelmetall, als in der Gestalt von Metallgeld nothwendig ist, verbleibt nicht in dieser Gestalt im Lande; es geht fort, wenn Papiergeld seine Stelle vertreten kann, und es also zu vortheilhafterer Verwendung verfügbar wird. Wenn z. B. in Preussen die Regierung oder Privatbanken selbst 500 Millionen Thaler Papier in Apoints von 100 Thlrn. oder mehr als 100 Thlr. ohne Zwang in Umlauf bringen und im Umlauf erhalten könnten, so würde daneben doch so viel Metallgeld im Umlauf bleiben müssen, um alle Zahlungen von weniger als 100 Thlr. leisten zu können. Wollte man aber auch nur 100 Millionen Thaler Papiergeld in Apoints von 1 Thlr. ausgeben, so würden in kurzer Zeit ausser einigen wenigen $^1/_6$ Thalerstücken (vergl. oben S. 154. 160) nur noch, sowohl ächte als auch nachgemachte, Scheidemünzen in Umlauf sein. Ueberdies würde wahrscheinlich auch bald nachgemachtes Papiergeld in Massen mit umlaufen. Natürlich kann alles Papiergeld, welches gemacht wird, auch mehr oder weniger gut nachgemacht werden. Nachgemachtes Papiergeld über grosse Summen bleibt selten lange unentdeckt. Nachgemachtes Papiergeld über kleine Summen ist aber nicht schwer, massenhaft in Umlauf zu bringen, weil nicht jeder Empfänger jedes einzelne Stück genau betrachtet und betrachten kann; und bei nachheriger zufälliger Entdeckung eines nachgemachten Stücks, wird es, zur Vermeidung eigenen Verlustes, weiter in Zahlung gegeben. Je mehr ferner das, ächte und nachgemachte, Papiergeld über kleine Beträge zunimmt, um desto höher steigen alle Preise. Uebrigens lässt sich durchaus nicht behaupten, dass Papiergeld über 5 Thlr. und über 1 Thlr. unentbehrlich sei. — Dass die Bank von England, eine von der Regierung unabhängige Privatbank, deren Aktionäre den Gouverneur, den Vicegouverneur und die Direktoren aus sich wählen, Banknoten über weniger als 5 £ nicht ausgiebt, veranlasst gar keine Verlegenheiten für den Verkehr. — Ich halte dafür, dass von allen Schulden des Preussischen Staats zuerst die Kassenanweisungen über 1 Thlr., und demnächst diejenigen über 5 Thlr. abgezahlt werden sollten. Dazu würden lange nicht 15,842,347 Thlr. erforderlich sein, weil viele Stücke verloren gegangen oder durch Zufall vernichtet, mithin als bezahlt anzusehen sind.

Was die alte königliche Bank an Papiergeld, in Noten, ausgegeben hatte, betrug, wie schon erwähnt, nicht viele Millionen. Seitdem die Preussische Bank aber Noten ausgiebt und zwar ohne Beschränkung auf ein Maximum, circulirt so viel Papiergeld, wie niemals zuvor [1]). Rechtlich ist zwar keine Privatperson verpflichtet, die Noten der Preussischen Bank in Zahlung zu nehmen, die öffentlichen Kassen müssen sie aber allezeit zum Nennwerth annehmen. Die alte, von Organen der Regierung verwaltete, königliche Bank wurde insolvent — lässt sich etwa die Möglichkeit in Abrede stellen, dass die Preussische Bank, welche ebenfalls von Organen der Regierung verwaltet wird, einst in schweren Zeiten ein gleiches

---

[1]) Nach der von dem königlich Preussischen Haupt-Bank-Direktorium am 30. April 1865 bekannt gemachten Monats-Uebersicht der Preussischen Bank hatte dieselbe 163.913,000 Thlr. Activa, nämlich geprägtes Geld und Barren 68,450,000 Thlr., Kassenanweisungen und Privatbanknoten 1,700,000 Thlr., Wechselbestände 68,223,000 Thlr., Lombardbestände 11,736,000 Thlr., Staatspapiere, verschiedene Forderungen und Activa 13,804,000 Thlr.; und 142,264,000 Thlr. Passiva, nämlich Banknoten im Umlauf 116,781.000 Thlr., Depositenkapitalien 22,524.000 Thlr., Guthaben der Staatskassen, Institute und Privatpersonen, mit Einschluss des Giroverkehrs 2,959,000 Thlr

Schicksal haben wird? In diesem Fall hätten nicht bloss vertrauende Privatleute, sondern auch die öffentlichen Kassen, statt werthvollen Edelmetalls, werthloses Papier — und der Verlust träfe die Steuerzahler. Für diese erwächst daraus, dass die Noten der Preussischen Bank in allen Staatskassen, Gemeindekassen, Kreiskassen, Kirchenkassen und allen übrigen öffentlichen Kassen unbedingte [1]) Annahme finden, kein Gewinn — wenn dadurch auch für die Bankantheilseigner die Dividenden höher werden.

Sollten in Preussen Regierung und Volksvertretung aus der Geschichte des Papiergeldes überhaupt, und namentlich aus der Geschichte der Oesterreichischen Papiergeldwirthschaft nicht sehr gute Lehren entnehmen können? „Schwört nicht zu Oestreich, wenn Ihr's könnt vermeiden. — Seid Ihr erst Oesterreichs, seid Ihr's auf immer."

In dem **Münz**vertrage vom 24. Januar 1857 haben die kontrahirenden Regierungen (Artikel 22 [2])) auch Verpflichtungen in Bezug auf Papiergeld übernommen. Die Preussische Regierung hat die Kassenanweisungen seitdem, so viel bekannt, zwar nicht über die in dem Gesetz vom 7. Mai 1856 festgesetzte Summe vermehrt, aber auch seit dem 1. Januar 1859 weder ihren Zwangscours aufgehoben, noch sie umwechselbar gemacht. Welchen Vortheil hat dieser Artikel nun dem Preussischen Volke gebracht? und welchen dem Oesterreichischen Volke? In Oesterreich circulirt nur uneinlösliches Papier, und Oesterreichisches Silbergeld nur ausser Oesterreich. Was nützt die Oesterreichische Nationalbank [3]), von deren Aktien

---

[1]) Bald nach Erlass der Bankordnung entstanden — wahrscheinlich bei den Gerichten — „Zweifel" wegen Annahme der Noten bei öffentlichen Kassen, so dass eine K. O. vom 9. Juni 1847 zur Beseitigung dieser Zweifel, nach dem Antrage des Staatsministerii, erklärte, „dass sämmtliche öffentliche Kassen, zu denen in dieser Beziehung auch die gerichtlichen Depositalkassen gerechnet werden sollen, unter allen Umständen verpflichtet sind, die Noten der Preussischen Bank für den vollen Betrag, auf welchen dieselben lauten, in Zahlung anzunehmen."

[2]) Keiner der vertragenden Staaten ist berechtigt, Papiergeld mit Zwangscours auszugeben, falls nicht Einrichtung getroffen ist, dass solches jederzeit gegen vollwerthige Silbermünzen auf Verlangen der Inhaber umgewechselt werden könne. Die in dieser Beziehung zur Zeit etwa bestehenden Ausnahmen sind längstens bis zum 1. Januar 1859 zur Abstellung zu bringen. Papiergeld oder sonstige zum Umlaufe als Geld bestimmte Werthzeichen, deren Ausgabe entweder vom Staate selbst oder von anderen unter Autorität desselben bestehenden Anstalten erfolgt, dürfen künftig nur in Silber und in der gesetzlich bestehenden Landeswährung ausgestellt werden.

[3]) O. Hübner, Jahrbuch für Volkswirthschaft und Statistik, achter Jahrg. 1863. S. 140 ff.

überdies vielleicht mehr als die Hälfte Nichtösterreichern gehören, dem Oesterreichischen Volke? So wie in Preussen die königliche Bank als ein Geldinstitut des Staats bezeichnet wurde, so könnte man die Oesterreichische Nationalbank auch ein Geldinstitut, oder vielmehr ein Papiergeldinstitut des Staats nennen. Sie hat dem Staat möglichst viel geliehen, gewährt ihren Aktionären ganz hübsche Dividenden, löst aber ihre Noten nicht ein. Nach ihren neuen Statuten von 1863 hat die Aufnahme der Silberzahlungen der Bank erst im Jahr 1867 zu erfolgen. Ihr Privilegium ist — vorläufig — bis Ende 1876 verlängert. Ihre Noten geniessen ausschliesslich die Begünstigung, dass sie bei allen in Oesterreichischer Währung zu leistenden Zahlungen im ganzen Umfange der Monarchie, mit Ausnahme des Lombardisch-Venetianischen Königreichs, von Jedermann, sowie von allen öffentlichen Kassen nach ihrem vollen Nennwerth angenommen werden müssen.

Die Staatsschulden werden in erzwungene und vertragsmässige eingetheilt. Zu den erzwungenen Staatsschulden, zu welchen man sich öfters gewendet habe, wenn man nicht auf einen hinreichenden Kredit zu bauen wagte, welche jedoch grösstentheils neben dem in jeder Staatsschuld liegenden Uebel noch andere Nachtheile mit sich führten, rechnet Rau: Rückstände der Ausgaben; geforderte Steuervorschüsse; Zwangsanleihen; Bürgschaftsgelder oder Kautionskapitale; und endlich auch „eine gefährliche Art von Staatsschulden", das Ausgeben von Staatspapiergeld, welches für ein gesetzliches Zahlungsmittel erklärt wird und daher einen Zwangsumlauf hat, so dass es von den Staatskassen zu den Staatsausgaben gebraucht werden kann.

Was zuvörderst die Ausgaberückstände betrifft, so wird das Vertrauen zur Regierung untergraben, wenn sie versprochene oder schuldige Zahlungen nicht rechtzeitig und vollständig leistet. Hierdurch gerathen viele Familien in Noth und Jeder muss bedenklich werden, sich mit der Regierung in Verträge irgend einer Art einzulassen. Und dadurch werden dann natürlich auch alle Anschaffungen für die Regierung vertheuert. Den Gläubigern etwa verzinsliche Schuldscheine auszuhändigen, mildert den Uebelstand nur wenig, weil die meisten die ausstehenden Summen nicht entbehren können und die Schuldscheine um jeden Preis, also mit grossem Verlust verkaufen müssen.

Durch die Ereignisse von 1806 und 1807 kam die Preussische Regierung in grosse Geldnoth. Es waren für den Krieg und für Preussische und fremde Truppen grosse Lieferungen ausgeschrieben worden und unbezahlt geblieben. Diese Lieferungen und Kriegsschäden und Lasten wurden auch später nicht vollständig vergütet. Die Forderungen bis zum 1. November 1808 sollten liquidirt werden. Die Sache kam aber durch den 1813 wieder ausgebrochenen Krieg ins Stocken; nach dem Edikt vom 3. Juni 1814 wurden jedoch Lieferungsscheine ausgefertigt, die vom Staate allmählich eingelöst werden sollten. An sogenannten Kompensationsanerkenntnissen waren für 20 Mill. Thlr. ausgestellt und davon wurden 12,900,000 Thlr. in Lieferungsscheine umgeschrieben. Ueberhaupt sind an Lieferungsscheinen 34,600,000 Thlr. ausgestellt worden. Davon waren bis 1819 über 17 1/2 Mill. in Staatsschuldscheine umgeschrieben. Welche Landestheile vorzugsweise hatten Kriegslieferungen machen müssen, ergiebt sich ungefähr aus den Beträgen, welche sie späterhin an Lieferungsscheinen erhielten. So gelangten Lieferungsscheine an die Regierungsbezirke Königsberg 4—5 Mill., Gumbinnen über 5 Mill., Breslau einschliesslich Oberschlesien über 7 Mill., Liegnitz 6 1/2 Mill., die Neumark beinahe 1 Mill., die Kurmark beinahe 1/2 Mill. Thaler. Natürlich waren diese Papiere nur mit Verlust verkäuflich. Von 1816 ab wurde ihr Cours an der Berliner Börse notirt. Die Anerkenntnisse standen Februar 1816 33, December 1817 16 1/2, December 1819 25, und die Lieferungsscheine Anfangs Januar 62 1/2, 23. Februar 1816 75, 24. Februar 1818 53 1/2, 29. October 1821 83 3/4 [1]. —

Es ist für die Steuerpflichtigen höchst drückend, wenn ihnen Steuervorschüsse abgefordert werden. Das Mittel ist nur als eine augenblickliche Nothhülfe einer bedrängten Regierung anzusehen. Die Gestattung eines die Zinsen vergütenden Abzuges oder Diskontos mildert die Härte auch nur wenig. Wenn die Vorausbezahlung nicht zwangsweise, sondern gegen Bewilligung eines Diskontos freiwillig geschieht, so kann die Massregel zweckmässig sein, ist aber dann wie eine freiwillige Anleihe. —

Zwangsanleihen können einer Regierung bei grosser Geldnoth zuweilen zwar eine augenblickliche Hülfe gewähren, aber diese ist mit grossen Nachtheilen verbunden. Die Nöthigung zu einem Vorschuss müsste, um gerecht zu sein, nach dem Maasse aller Steuern, die Jeder zu zahlen hat, stattfinden; aber sie wird um so härter, je weniger gerecht die Steuern haben umgelegt werden können. Ausserdem ist die Möglichkeit der Aufbringung auch sehr verschieden;

---

[1]) Krug. Geschichte der Preuss. Staatsschulden. S. 162—184. 220. 317.

Grund- und Hausbesitzer z. B. werden eine Zwangsanleihe gewöhnlich noch schwerer aufbringen können, als Geschäfts- und Handelsleute. Eine Regierung, welche eine Zwangsanleihe ausschreibt, erkennt dadurch selbst öffentlich an, dass sie kreditlos ist, und erzeugt dadurch wirklich ihre Kreditlosigkeit. Zwangsanleihen geben übrigens auch nur eine beschränkte Hülfe, und vermindern die Aussicht, künftig eine freiwillige Anleihe, auch zu harten Bedingungen, abzuschliessen.

Dass in England Zwangsanleihen ausgeschrieben worden, ist mir nicht bekannt. In Frankreich wurde 1793 eine Zwangsanleihe von 1000 Mill. verordnet, sie ging aber sehr langsam, unter dem Widerspruch der Reichen, die man treffen wollte, ein und brachte nur 400 Mill. Oesterreich hat mehrmals Zwangsanleihen versucht, aber meist nur mit geringem Erfolge, 1705, 1760, 1794, 1806, 1850; die Zwangsanleihe von 75 Mill. Gulden in Lombardei-Venedig von 1859 konnte in der Lombardei wegen der ungünstigen Wendung des Krieges nicht eingezogen werden.

In Preussen sind mehrmals Zwangsanleihen ausgeschrieben worden. Die sogenannte Kriegsanleihe von 1745 war eine Zwangsanleihe, welche auf die Magisträte, Stifter und grossen Gutsbesitzer vertheilt wurde, aber überhaupt nur 299,740 Thlr. betragen hat. Während des siebenjährigen Krieges scheinen zwei ähnliche Anleihen gemacht zu sein, die auch nicht von grossem Umfang waren. Die Münzscheine von 1809 (S. 333) werden auch wohl als eine Zwangsanleihe angesehen werden können. Ein Edikt vom 12. Februar 1810 schrieb eine Anleihe von $1\frac{1}{2}$ Mill. aus, und da sie als eine freiwillige nicht ganz zu Stande kam, wurde sie als Zwangsanleihe auf die Kreise und Städte vertheilt. In den Kriegsjahren von 1813—15 wurden verschiedene Zwangsanleihen gemacht, namentlich von den damaligen Militärgouvernements. In den Rheinprovinzen wurden jedoch die ausserordentlichen Kriegsbedürfnisse 1813 und 1814 mehr durch ausserordentliche Steuern als durch Anleihen gedeckt. Alle damaligen Zwangsanleihen scheinen zusammen aber viele Millionen nicht betragen zu haben [1]). —

Beamte, welche öffentliche Gelder verwalten oder Personen, welche Domänen pachten, haben gewöhnlich Kautionen zu stellen. Wird die Kaution Eigenthum des Staats und von diesem verzinst, so wird die betreffende Person gezwungen, dem Staat eine Anleihe zu machen, und diese Anleihe ist dann eigentlich nichts anders als eine

[1]) Krug a. a. O. S. 29. 30. 128. 129. 186 sqq.

Zwangsanleihe. Die Kautionen vergrössern dann die Staatsschulden und bilden eine besondere Art derselben. Diese Schuld verändert sich aber in ihrem Gesammtbetrag wenig, da fortwährend neue Anstellungen stattfinden und Stellen durch Tod oder Austritt erledigt werden, und so etwa so viel Kautionen neu eingezahlt als zurückgezahlt werden. Die Einrichtung kann zweckmässig sein, wenn nicht etwa grössere Kautionen gefordert werden, als nöthig ist, um den Staat einigermaassen gegen Verluste zu sichern.

In Frankreich werden bedeutende Kautionen baar bestellt. So zahlt der Staatscentralcassirer 300,000, manche Generaleinnehmer zahlen 100,000 Franken als Kaution. Für die eingezahlte Kaution wird eine 3procentige Inscription auf das grosse Buch der Staatsschuld gewährt, worüber der Beamte nach Beendigung seines Amts, wenn er nichts mehr zu vertreten hat, verfügen kann. Eine grosse Zahl von Beamten hat Kaution zu bestellen, auch die Herausgeber von Journalen, so dass die kautionspflichtigen Personen auf 57,000 geschätzt werden. Wenn man nun erwägt, dass viele Kautionen lange Zeit nach der beendigten Amtswirksamkeit der betreffenden Personen bis zur vollständigen Rechnungsdecharge oder bis zur eingetretenen Verjährung etwaniger Rechnungsansprüche liegen bleiben müssen, während die Kautionen ihrer Amtsnachfolger noch vor deren Dienstantritt zu erlegen sind, so erklärt es sich, dass nach Hock die Summe der Kautionen Jahr aus Jahr ein an 250 Millionen beträgt.

Auch in Preussen sind Anleihen in der Form von Kautionen gemacht worden. Es wurde nämlich durch eine an den Schatz- und an den Finanzminister gerichtete K. O. vom 11. Februar 1832 bestimmt, dass die Kautionen der Beamten, welche eine Staatskasse oder ein Magazin verwalten, oder auch bloss Einnahmen von Geld, oder von Materialien dem Staat angehörig, zu besorgen haben, Kautionen in baarem Gelde an die Generalstaatskasse einzahlen sollten. Der Betrag der Kautionskapitale sollte bei der Hauptverwaltung der Staatsschulden als ein besonderes Depositum verwaltet werden. Aeltere Kautionen, die nicht gegen Einzahlung baarer Kautionen zurückgenommen wurden, mit Ausnahme der Hypotheken-Kautionen, gingen in das Eigenthum des Staats über. Alle baaren Kautionen wurden mit 4 % jährlich verzinst. Der Staatshaushaltsetat für 1850 führte in der Ausgabe auf: Zinsen für Amtskautionen 227,000 Thlr. Hieraus muss man schliessen, dass die Kautionsschuld sich damals auf 5,540,000 Thlr. belief. Später wurde die Schuld grösser. Durch die Verordnung vom 5. Juni 1850 und das Gesetz vom 12. Mai 1851 wurden Zeitungskautionen eingeführt, die baar bei der Generalstaatskasse eingezahlt, gleich den Amtskautionen der Hauptverwaltung der Staatsschulden überwiesen und mit 4 % verzinst wurden. Seit dem 1. Juli 1860 sind Amts- und Zeitungskautionen jedoch nicht mehr in baarem Gelde, sondern nur in inländischen Staatspapieren zu stellen. Sobald die früherhin in baarem Gelde gestellten Kautionen zurückgezahlt sein werden, hört die Kautionsschuld des Staats auf.

Den erzwungenen sind die vertragsmässigen Staatsschulden entgegengesetzt, bei welchen von dem Staatskredit Gebrauch gemacht wird. Die freiwilligen Anleihen, welche unter allen Umständen weniger schädlich sind, als die erzwungenen Schulden, werden entweder zu einer bloss vorübergehenden Aushülfe oder auf längere Zeit abgeschlossen. Man unterscheidet sonach eine schwebende oder unfundirte und eine fundirte Schuld.

Eine jede Regierung kann in den Fall kommen, dass ihre Einnahmen zur Bestreitung ihrer Ausgaben augenblicklich oder auf kurze Zeit unzulänglich sind. Die Deckung solcher augenblicklichen Finanzverlegenheiten durch das Aufnehmen von Geld, wie z. B. durch das Ausgeben von Schatzkammerscheinen, rückzahlbar in höchstens einem oder zwei Jahren aus den Erträgen der bestehenden Steuern, hat nichts Bedenkliches. Dies ist, wie Mill meint, eine ganz passende und wo die Regierung keinen Staatsschatz hat, oftmals nothwendige Aushülfe für den Fall ausserordentlicher Ausgaben oder bloss vorübergehenden Ausbleibens der gewöhnlichen Staatseinkünfte.

In Asien kommt es noch vor, dass bei einem Herrscher ein Schatz gefunden wird, aber ein eigentlicher Staatsschatz pflegt es nicht zu sein. In Frankreich hat Heinrich IV, bei einem Einnahmebudget von 35 Millionen, einen durch die Sorgfalt Sully's aufgesammelten Schatz von 30 Millionen Livres hinterlassen. Auch Napoleon I hielt sich eine Reserve in den Tuilerien[1]). Ad. Smith sagte, der König von Preussen (Friedrich II) und sein Vater wären die einzigen grossen Fürsten in Europa, die seit Heinrich's IV Tode, 1610, einen beträchtlichen Schatz gesammelt hätten. Ich habe keine sicheren Nachrichten darüber finden können, wie gross der von Friedrich II hinterlassene Schatz gewesen ist, ob derselbe in ungeprägtem Edelmetall, oder in geprägten vollhaltigen Goldmünzen, oder in vollhaltigen Silbercourantmünzen, oder worin er sonst bestanden hat. Zwar hatte er, wie schon (S. 234) erwähnt, 1765 versprochen, 8 Mil-

---

[1]) Garnier, Traité de Finances. S. 18. 435.

lionen Thaler aus seinem Schatz für die Bank herzugeben; dennoch möchte man zweifeln, ob damals sein Schatz an Edelmetall wirklich einen so hohen Werth gehabt hat. Krug, in dessen ungedruckten Papieren sich keine Notizen darüber finden, sagt nur [1]: „Wie sich dieser ausserordentliche Regent in den grossen Geldverlegenheiten half, welche der siebenjährige Krieg herbeiführte, ist aus der Geschichte bekannt genug, und er hatte, vielleicht in dem Gefühle, seinen Nachfolgern in der Regierung die Nothwendigkeit zu ersparen, ähnliche Massregeln zu ergreifen, als er ergriffen hatte, einen bedeutenden Schatz gesammelt, auch die etatsmässigen Einkünfte des Landes mit den zu erwartenden Ausgaben in einem solchen Verhältnisse hinterlassen: dass in Jahren der Ruhe von Aussen keine Finanzverlegenheiten im Innern entstehen konnten. Selbst der Feldzug der Preussischen Armee nach Holland, bald nach dem Tode Friedrich's II, der bedeutende Ausgaben über den gewöhnlichen Etat veranlasste, machte noch keine ausserordentlichen Finanzoperationen nöthig: indem die Ersparnisse Friedrich's II dazu hinreichten, und nur erst die thätige Theilnahme der Preussischen Regierung an der Französischen Revolution und deren Folgen veranlassten die nachher fortgesetzten Finanzoperationen zur Aufnahme von Kapitalien im Auslande und zu einem wirklichen Schuldenwesen."

Dass Friedrich einen Schatz hinterliess, gereicht ihm, wie mir scheint, weniger zum Ruhme, als dass er — im Gegensatz der jetzigen Methode, nach welcher auch in Friedenszeiten zur Bestreitung von Ausgaben, welche die eben herrschende Partei für nützlich hält (vergl. oben S. 16), grosse Schulden gemacht werden — eine so geringe Schuld hinterliess, dass selbst die Hauptverwaltung der Staatsschulden in ihrem Immediatbericht vom 1. Juni 1833 die Höhe derselben anzugeben ausser Stande war.

Wenn ein Schatz seinen einzigen denkbaren Zweck erfüllen, also ein Mittel darbieten soll, um unerwartet nöthig werdende Ausgaben sogleich bestreiten zu können, so darf er in nichts anderem als in Edelmetallen bestehen. Er kann folglich keine Einnahmen bringen, sondern durch seine sichere Aufbewahrung, damit er nicht gestohlen wird, nur Ausgaben verursachen. Dies sind aber noch die geringsten Opfer. Nothwendig erhöht ein Staatsschatz die Steuern. Wenn zufällige Einnahmen in den Schatz gelegt werden, anstatt um so weniger Steuern zu erheben, so zahlen die Unterthanen mehr Steuern, als erforderlich ist, um die derzeitig nothwendigen Staatsausgaben

[1] Geschichte der Preussischen Staatsschulden. S. 30.

bestreiten zu können. Eben so ist es, wenn Steuern erhoben werden, um einen Schatz zu sammeln. Wird eine Anleihe gemacht, nicht um jetzt eine, sei es nothwendige oder sei es nützliche, Ausgabe des Staats zu bestreiten, so müssen die Steuern erhöht werden, um die Zinsen von dieser Anleihe zahlen zu können. Wenn die Regierung zur Deckung einer nothwendigen Ausgabe eine Anleihe macht, so scheint dies dem Volke weniger zu kosten, als wenn sie einen Schatz hat. Denn dieser kostet fortwährend Zinsen, während eine Anleihe erst von da ab Zinsen zu kosten braucht, wo ihre Kontrahirung nöthig wird. Aber nicht bloss Zinsverlust kommt in Betracht, sondern auch entgangener Gewinn. Das Todtliegen bedeutender Geldsummen führt einen Verlust für die Gewerbthätigkeit und das Einkommen des Volks herbei. Hiernach möchten sich wohl kaum Fälle denken lassen, wo in einem Staate, der Kredit geniesst, ein Staatsschatz wirthschaftlich sein kann. Und in einem Staate, welcher keinen Kredit geniesst, weil er keinen verdient, wird ein Staatsschatz auch schwerlich gesammelt werden. Rau verwirft auch noch deshalb mit Recht das Sammeln eines Staatsschatzes, weil „das Vorhandensein so grosser Summen leicht zu überflüssigen Ausgaben verleitet, die dann die angesammelten Schätze bald erschöpfen.“

Liegt denn aber überhaupt darin nicht ein grosser Widerspruch, dass in einem Staate, in welchem zur Bestreitung der Regierungsausgaben fortwährend Steuern erhoben werden müssen und welcher ausserdem nicht unerhebliche Schulden hat, die Regierung einen Schatz bewahrt oder sammelt?

Durch die von Hardenberg kontrasignirte Verordnung wegen der künftigen Behandlung des gesammten Staatsschuldenwesens vom 17. Januar 1820 garantirte der König, wie schon (S. 49) erwähnt, für die Staatsschulden und deren Sicherheit, insoweit letztere nicht schon durch Spezialhypotheken gewährt ist, mit dem gesammten Vermögen und Eigenthume des Staats, insbesondere mit den sämmtlichen Domänen u. s. w. Eine unter demselben Tage an das Staatsministerium erlassene K. O. bestimmte, dass Ersparnisse, welche im Laufe der Administration ermittelt werden, sowie auch nach vorheriger Deckung der Restausgaben die Resteinnahmen bis Ende 1819 nebst allen etwanigen, dem Staate zugehörenden Beständen der Hauptkassen in baaren Geldern oder Effekten, ferner jede Mehreinnahme bei der laufenden Verwaltung besonders gesammelt, und von den resp. Ministerien mit noch andern von dem Könige, den Umständen nach, dahin zu verweisenden „zufälligen Einnahmen“, dem Staatsminister Grafen v. Lottum, dem der König die Bildung eines Staatsschatzes in seiner Funktion als Chef des Schatzministerii und der Generalkontrolle übertrug, zur besonderen Berechnung überliefert werden sollten. — Die Geschäfte des Schatzministerii, welches 1823 aufgelöst wurde, und der Generalkontrolle, welche 1826 aufgehoben wurde, sind an das Finanzministerium übergegangen. Durch einen von allen Ministern kontrasignirten Allerhöchsten Erlass an das Staatsministerium vom 3. Januar 1859 wurde die Münzverwaltung, welche bisher mit der Verwaltung des Staatsschatzes vereinigt gewesen, dem Finanzministerium überwiesen und bestimmt, dass die Verwaltung des Staatsschatzes „unter der Leitung der beiden mit dieser Verwaltung beauftragten Staatsminister in ihrer gegenwärtigen Stellung als eine selbstständige Behörde bestehen" bleiben sollte. — Ob und welche Einnahmen und Ausgaben des Staatsschatzes für 1861 veranschlagt waren, ist aus dem Staatshaushaltsetat nicht ersichtlich. Bei den Ausgaben ist die Verwaltung des Staatsschatzes zwar aufgeführt, dabei aber nur bemerkt, dass die Ausgabefonds dieser Verwaltung in dem Etat für das Bureau des Staatsministeriums nachgewiesen seien.

Nach der an das Staatsministerium gerichteten merkmürdigen K. O. vom 17. Juni 1826 erstreckt sich die den Staatsgläubigern in der Verordnung vom 17. Januar 1820, ausser der allgemeinen Garantie durch das gesammte Staatsvermögen, zugesagte Spezialgarantie auf sämmtliches Staatseigenthum, das, unter der Benennung der landesherrlichen Domänen, durch das Finanzministerium verwaltet wird und diejenigen etatsmässigen Nutzungen gewährt, die als Domänen- und Forstrevenüen der Hauptverwaltung der Staatsschulden, zur regelmässigen Verzinsung und Tilgung der Staatsschulden überwiesen sind. Auch die dem Staatseigenthum als Domänen einverleibten Güter der aufgehobenen Klöster und geistlichen Stiftungen gehören zu dieser Spezialgarantie, und die Einkünfte derselben sind unter den zur Verzinsung und Tilgung der Staatsschulden bestimmten Domänen- und Forstrevenüen begriffen. Was aus dem Verkaufe oder der Erbverpachtung dieser unter der vorstehenden Bestimmung begriffenen Domänen an Kauf- oder Erbstandsgeldern oder aus Ablösungen von Kanon, Zinsen u. s. w., welche zur Domänenverwaltung gehören, zur Staatskasse vereinnahmt wird, enthält den Erlös aus der Veräusserung von Staatsgütern, welcher zur regelmässigen Tilgung der Staatsschulden überwiesen ist. Dagegen aber sollen zu den „zufälligen Einnahmen", welche die K. O. vom 17. Januar 1820 dem Staatsschatz übereignet, gehören:

1) Der Erlös aus der Veräusserung oder Erbverpachtung solcher Besitzungen und Anlagen des Staats, die nicht unter den Domänen

begriffen worden, der Domänenverwaltung nicht beigelegt, und mit ihren Nutzungen dem Tilgungs- und Verzinsungsfonds der Staatsschulden nicht überwiesen sind, z. B. die von dem Ministerium des Innern abhängigen Hütten-, Hammer-, Gruben- und Salzwerke — welche übrigens 1834 dem Ministerium des Innern abgenommen wurden und seit 1848 dem damals gebildeten Ministerium für Handel, Gewerbe und öffentliche Arbeiten zugewiesen sind — gewerbliche Anlagen, Gebäude aller Art, die nicht zu den Wohn- und Wirthschaftsgebäuden auf den Domänen zu zählen sind, als: Militärgebäude, Gebäude der Steuerverwaltung, Kollegienhäuser u. s. w., insofern der Erlös aus dem Verkaufe nicht den Verwaltungsbehörden, behufs anderer an die Stelle der veräusserten tretender Einrichtungen, verbleiben muss.

2) Das Entgelt aus Ablösungen und Prästationen, die zu den eben genannten, nicht unter den Domänen begriffenen Staatsgütern, oder aus einem andern, als dem domanialgrundherrlichen Rechtstitel gegen den Staat zu leisten sind, z. B. aus der Verbindlichkeit eine Fabrikanstalt fortdauernd zu erhalten.

3) Zurückzuzahlende Darlehne und Vorschüsse, die aus dem Extraordinario der Generalstaatskasse an Provinzen, Kommunen oder Privatpersonen gegeben sind.

Nach dem von allen Ministern kontrasignirten Allerhöchsten Erlass an das Staatsministerium vom 4. März 1850 — welcher als eine königliche Verordnung im Sinn des Art. 63 und 106 der Verfassung anzusehen ist — sollen auch die Ueberschüsse von dem königlichen Kreditinstitute für Schlesien an den Staatsschatz abgeführt werden.

Durch ein Gesetz vom 21. Mai 1859 wurden der Kriegsminister und der Chef der Marineverwaltung zu den ausserordentlichen Ausgaben ermächtigt, welche durch die angeordnete Kriegsbereitschaft und die etwa erforderlichen weiteren militärischen Massregeln veranlasst würden, und der Finanzminister sollte der Militär- und Marineverwaltung die nöthigen Geldmittel zu den gedachten Ausgaben überweisen. Dieselben sollten aus dem Staatsschatze und aus den verfügbaren Beständen der Generalstaatskasse entnommen, beziehungsweise durch eine verzinsliche Staatsanleihe, die 40 Millionen Thaler nicht übersteigen sollte, beschafft werden. Demnächst wurde eine zu 5 % verzinsliche Staatsanleihe von 30 Millionen Thalern aufgenommen. Das Gesetz vom 27. Juni 1860 ermächtigte den Finanzminister, dem Kriegsminister die zur Deckung der ausserordentlichen Bedürfnisse der Militärverwaltung in der Zeit vom 1. Januar bis zum 1. Mai 1860 erforderliche Summe bis zum Betrage von 1,500,000 Thlr. zu überweisen. Die dem Kriegsminister zu überweisende Summe sollte aus demjenigen Bestande entnommen werden, welcher von den dem Finanzminister durch das Gesetz vom 21. Mai 1859 zur Verfügung gestellten Geldmitteln nach Bestreitung der durch dasselbe Gesetz genehmigten Ausgaben, einschliesslich der Beiträge zu den Kosten der Ausrüstung der Bundesfestungen verblieben war; der hiernach nicht zur Verwendung gelangende Betrag des gedachten Bestandes sollte mit Einschluss der noch zu erwartenden Rückeinnahmen auf die geleisteten ausserordentlichen Ausgaben an den Staatsschatz abgeführt werden. — Andere „Gesetze", welche Vereinnahmungen und Verausgabungen bei dem Staatsschatz angeordnet haben, sind mir nicht bekannt.

Beinahe zwanzig Jahre waren die Ueberschüsse der Einnahmen aus früheren Finanzjahren zu nothwendigen oder auch nützlichen Ausgaben des laufenden Jahres verwendet worden. Von 1840 bis 1846 war dies alljährlich geschehen, die Gesammtsumme der so verwendeten Ueberschüsse betrug während dieser Periode mehr als 54 Millionen, während nur 6,450,000 Thlr. an den Staatsschatz abgeführt wurden. Das Ministerium Manteuffel hatte mit geringeren Summen die gleiche Praxis fortgesetzt. In gleicher Weise wollte der Finanzminister v. Patow 1,300,000 Thlr. für die extraordinären Ausgaben des laufenden Verwaltungsjahrs verwenden. Das Abgeordnetenhaus stimmte zu, das Herrenhaus erhob aber Widerspruch und der Antrag Stahl-Arnim, welcher die Ueberweisung der 1,300,000 Thlr. an den Staatsschatz und demgemäss eine Abänderung des vorgelegten Budgets forderte, wurde mit 89 gegen 37 Stimmen angenommen [1]).

Die Höhe des Staaatsschatzes wurde Ende 1847 auf 23,433,967 Thaler — darunter aber nur zwischen $15^1/_2$ und 16 Millionen Thaler in Courant und Goldmünzen — und Ende 1850 zu 4,295,010 Thlr. angegeben. In der Budgetskommission des Abgeordnetenhauses hatte im August 1862, nach den öffentlichen Blättern, der Kommissar des Finanzministers mitgetheilt, dass Ende 1861 die Bestände des Staatsschatzes betragen hätten

schatzes betragen hätten	16,235,345	Thlr.
dazu kämen die disponibeln Ueberschüsse aus den Jahren 1860 und 1861 mit	3,867,839	„
und	511,315	„
ferner Einnahmerückstände	15,135,533	„
Transport	35,750,032	„

[1]) Deutsche Jahrbücher. Bd. 7. 1863. S. 196.

Transport	35,750,032 Thlr.
die Ende 1861 in den Staatskassen vorhandenen Betriebsfonds	9,873,135 „
die zur Tilgung der Beamtenkautionen bei der Hauptverwaltung angesammelten Mittel von etwa	5,000,000 „
wonach sich ein Vermögensstand ergäbe von .	50,623,167 Thlr.

Im April 1863 wurde der Bestand des Staatsschatzes zu $20^1/_2$ Millionen angegeben. Derselbe mag wohl niemals ausschliesslich aus Edelmetall bestanden haben.

Der oben (S. 330) erwähnte Kommissionsbericht vom 27. Februar 1865 sagt über den Staatsschatz und die Generalstaatskasse, welche letztere gewissermaassen einen zweiten Staatsschatz zu enthalten scheint:

„Zu einer gründlichen Prüfung eines jeden vorgelegten Staatshaushaltsetats, sowie der sonstigen finanziellen Anforderungen an die Landesvertretung Seitens der königlichen Staatsregierung ist es unerlässlich, dass auch gleichzeitig eine Uebersicht sämmtlicher disponibeln Staatsmittel gewährt werde. Zu diesen gehört in erster Reihe der Staatschatz. Die Einnahmen, welche dem Staatsschatz zufliessen, sind durch die gesetzlichen Vorschriften vom 17. Januar 1820 und vom 17. Juni 1826 fest bestimmt. Der Staatsschatz ist somit eine gesetzliche Institution, und es kann über ihn nur im Wege der Gesetzgebung verfügt werden. Bis zum Schlusse des Jahres 1863 waren nach Angabe der königlichen Staatsregierung (eine specielle Nachweisung ist noch nicht gewährt) die baaren Bestände desselben bis auf Höhe von 21,000,000 Thlr. herangewachsen. Die königliche Staatsregierung hat sich für befugt erachtet, im Jahre 1864 aus den Baarbeständen des Staatsschatzes ohne Zustimmung der beiden andern Faktoren der Gesetzgebung nachstehende Summen zu entnehmen:

1) 5,000,000 Thlr. zur Deckung der Kosten der anderweitigen Regulirung der Grundsteuer, obschon nach den Bestimmungen des §. 6 des Gesetzes vom 21. Mai 1861 diese Beträge aus der Staatskasse entnommen werden sollten;
2) 5,000,000 Thlr. zur theilweisen Deckung der Kriegskosten gegen Dänemark, an die Generalstaatskasse abgeführt.

Es verbleiben somit am Schlusse des Jahres 1864 im Staatsschatze Baarbestände in Höhe von rund 11,000,000 Thlrn. Ausserdem sind die Ueberschüsse aus dem Jahre 1861 mit 546,973 Thlr. 12 Sgr. 11 Pf. und ferner die Ueberschüsse aus dem Jahre 1862 mit 35,000 Thlrn., welche nach den Bestimmungen der vorerwähnten Gesetze dem Staatsschatz hätten zugeführt werden müssen, bei den Kosten der anderweitigen Regulirung der Grundsteuer den gesetzlichen Bestimmungen entgegen, zur Verwendung gelangt. Dem Specialberichte über die Rendantur des Staatsschatzes wird es vorbehalten bleiben müssen, über die Gesetzmässigkeit der von der königlichen Staatsregierung aus dem Staatsschatz einseitig entnommenen und anderweit zur Verwendung gebrachten Mittel sich auszusprechen und darauf bezügliche Anträge dem Hause der Abgeordneten zu unterbreiten. Abgesehen von dem vorstehend nachgewiesenen Baarbestande des Staatsschatzes von rund 11,000,000 Thlrn., abgesehen ferner von den Betriebsmitteln der Generalstaatskasse von 7,000,000 Thlrn., und abgesehen von den Einnahmen der laufenden Verwaltung fanden sich in der Generalstaatskasse im Jahr 1864 vor:

1) die, wie oben erwähnt, aus dem Staatsschatze entnommenen	10,000,000	Thlr.
2) die Ueberschüsse aus der Staatsverwaltung für das Jahr 1863 mit	5,351,608	„
3) die Ausgabereste der laufenden Verwaltung mit	8,291,659	„
4) die aus der Restverwaltung vom Jahre 1862 et retro von	2,308,550	„
im Ganzen	25,951,817	Thlr.

Ausser vorstehendem Betrage sind aus dem im Laufe des Jahres 1864 bewerkstelligten Verkauf von 8,170,000 Thlrn. Staatsanleihe für Eisenbahnzwecke am Schlusse des Jahres 1864 noch 2,600,000 Thlr. verfügbar geblieben. Welche Summe am Anfange des Jahres 1865 aus diesen disponibeln Mitteln noch vorhanden gewesen ist, welche Resultate das Jahr 1864 überhaupt gewährt hat, insbesondere ob und welche Ueberschüsse aus demselben verblieben sind, dies Alles kann erst nach dem Finalabschlusse der Generalstaatskasse für das Jahr 1864 ersichtlich gemacht werden.“ —

Kein grosser Europäischer Staat hat einen Staatsschatz, daher ist ein solcher auch für Preussen weder nöthig, noch nützlich. Der vorhandene Bestand sollte daher zur Abtragung von Staatsschulden bald möglichst vollständig verwendet, und alle darauf bezüglichen Vorschriften, insoweit dieselben noch mit dem Inhalt der Verfassung rechtlich im Einklang sind, sollten im Wege der Gesetzgebung gänzlich aufgehoben werden, was gewiss nicht zum Nachtheil, sondern zum Vortheil des Staatskredits gereichen würde.

Der Weg, auf welchem die grossen Nationen in Europa zu ihren ungeheuren Schulden gekommen sind, „durch die sie jetzt schon gedrückt, und von welchen sie in der Folge werden zu Grunde gerichtet werden", ist, wie Ad. Smith sagt, bei allen ziemlich einer und derselbe gewesen. Die Völker haben eben so, wie einzelne Personen damit angefangen, auf ihren Privatkredit zu borgen, ohne einen Fonds zur Bezahlung der Schulden anzuweisen oder zu verpfänden; und erst nachdem ihnen diese Hülfsquelle versagt war, bequemten sie sich, Sicherheit zu bestellen. Das was in Grossbritannien die unfundirte Staatsschuld genannt wird, ist auf jene erste Weise aufgenommen worden. Sie besteht theils aus einer Schuld, die keine Zinsen trägt, oder doch dafür angesehen wird, als trüge sie keine und die also den Buchschulden eines Kaufmanns ähnlich ist; theils aus einer Schuld, welche Zinsen trägt, und also mit den Schulden, die ein Privatmann durch Wechsel oder blosse Verschreibungen macht, verglichen werden kann. Von der ersten Art sind 1) die Summen, welche der Staat für ausserordentliche Dienste, zu deren Leistung er entweder nicht zum Voraus Anstalten gemacht oder die er doch zur Zeit, da sie ihm geleistet wurden, wirklich nicht bezahlt hat, schuldig ist; 2) ein Theil der ausserordentlichen Ausgaben für die Armee, Flotte und Artillerie; 3) die Rückstände von den an fremde Mächte zu zahlenden Subsidien, von dem Solde der Truppen u. s. w. Zu der zweiten gehören die Seeproviantamts- und Schatzkammerscheine (Navy- and Exchequer Bills), die zuweilen zu Bezahlung jener ersten Schulden, zuweilen zu anderm Behufe ausgefertigt werden; unter welchen die Schatzkammerscheine von dem Tage der Ausfertigung an, die Scheine des Seeproviantamts ein halbes Jahr später Zinsen tragen. Die Bank von England hält, indem sie entweder diese Scheine diskontirt, oder nach einem Uebereinkommen mit der Regierung, sie in Umlauf bringt, sie al pari annimmt, und beim Empfange zugleich die bis zu diesem Dato aufgelaufenen Zinsen bezahlt, den Werth dieser Papiere aufrecht; und setzt dadurch die Regierung in den Stand, die Schulden dieser Art sehr zu vermehren. Die Navy Bills sind jetzt nicht mehr in Anwendung.

Mit der Entstehung der Schatzkammerscheine hatte es folgende Bewandtniss. Als das Parlament im November 1695 zusammenkam, sprach Wilhelm III in seiner Thronrede von den Uebeln, die aus dem beklagenswerthen Zustande der Münzen entsprungen wären und von der Nothwendigkeit, ein schleuniges Gegenmittel anzuwenden. Demnächst wurden die von Montague eingebrachten Resolutionen angenommen und (wie schon oben S. 158 kurz erwähnt) beschlossen, dass die Silbermünzen des Königreichs nach dem alten Fuss sowohl des Gewichts als auch der Feinheit umgeprägt werden sollten, und dass der Verlust an den abgenutzten und beschnittenen Stücken nicht von den Inhabern, sondern von dem Gemeinwesen getragen werden sollte. Die Kosten der Massregel schätzte man auf wenigstens 1,200,000 £ und zu deren Deckung wurde, trotz des Krieges mit Frankreich, eine Auflage auf Häuser beschlossen, nämlich die Fenstersteuer — welche man 1851 durch eine Haussteuer, nämlich eine Abgabe vom Miethszinse der bewohnten Häuser, ersetzt hat. Vom 4. Mai 1696 ab sollten nur noch neugeprägte vollhaltige Münzen Geltung haben. Die Münzprägung begann und wurde in grossartiger Weise betrieben. Anfangs Mai war das meiste des alten Silbergeldes verschwunden. Das neugeprägte Geld kam aber erst sehr langsam aus der Münze hervor. Es fehlte sogar sehr an Zahlungsmitteln, besonders für den kleinen Verkehr. Mit Hülfe des Goldes, mit Banknoten und Kreditgeben suchte man sich zu helfen. Die Verlegenheit war aber gross. Die Bank von England konnte zur Einlösung ihrer Noten nur schwer Geld anschaffen. Ihre Noten fielen auch unter den Nominalwerth. Zu einer Zeit war das Diskonto nur 6, zu einer andern 24 %. Montague setzte es nun durch, dass die Regierung ermächtigt wurde, ein nach dem Satz von 3 d. täglich — oder $4\frac{9}{16}$ % jährlich — zinstragendes und verkäufliches Papier auszugeben. So erschienen dann inmitten der allgemeinen Noth und Verwirrung die ersten Schatzkammerscheine, in verschiedenen Beträgen, von 100 £ bis auf 5 £ herab ausgestellt. Sie verbreiteten sich rasch über das ganze Land und waren überall willkommen [1]).

Die Summe der Schatzkammerscheine wird jährlich vom Parlament bewilligt. Der Zins wird nach dem herrschenden Zinsfuss bestimmt, aber so, dass er in Pence von 100 £ für den Tag ausgedrückt werden kann. Er betrug im Februar 1853 $1\frac{1}{2}$ d. täglich oder 2 £ 5 s. $7\frac{1}{2}$ d. jährlich, und wurde damals, wo der Bankdiskonto 3 % war, auf 1 d. täglich oder 1 £ 10 s. 5 d. jährlich festgesetzt. Von Zeit zu Zeit hat man einen Theil der Schatzkammerscheine in eine Art der bleibenden Schuld umgewandelt, fundirt. Die grösste Summe in einem Jahre, 1813, ausgegebener Schatzkammerscheine war 54,158,000 £. Seit 1825 war die jährliche Ausgabe unter 30 Millionen. Am 31. März 1864 belief sich die unfundirte Schuld auf 13,136,000 £.

Nach dem Gesetz vom 18. April 1862 sollen die Schatzkammer-

---

[1]) Deutsche Jahrbücher. Bd. 7. 1863. S. 212.

scheine in der von der Treasury bestimmten Form ausgefertigt werden. Der Zins wird durch die Kommissare der Treasury, nicht über 5 £ 10 s. % fürs Jahr, festgesetzt, zahlbar halbjährlich durch die Bank von England. Jedesmal 14 Tage vor Ablauf des 12. Monats vom Tage der Emission ab wird bekannt gemacht, dass die Zahlung geschehen soll; und wenn diese nicht verlangt wird, sollen die Scheine weitere 12 Monate Umlauf haben, und so fort von Jahr zu Jahr; doch kann der Inhaber die Zahlung in der Zeit zwischen den jährlichen Bekanntmachungen nicht verlangen, ausser dass solche Scheine während eines Theils der letzten 6 Monate jedes Jahres in Zahlung gegeben werden können für alle der Krone schuldigen Steuern und Taxen, wobei die Zinsen davon bis zum Tage einer solchen Zahlung vergütet werden. Die Treasury ist befugt, neue Schatzkammerscheine an Stelle der getilgten oder für Steuern oder Taxen eingegangenen zu emittiren; auch neue Schatzkammerscheine zu emittiren zur Ersetzung früherer Scheine zu einem Betrage, der 13,230,000 £ nicht übersteigt, und bis zu diesem Betrage darf die Bank Geld auf diese Scheine leihen.

Die schwebende Schuld Frankreichs ist allmählich zu einer ausserordentlichen Höhe angewachsen. Vom Anfang bis zum Ende der Regierung Louis Philipp's stieg sie von 252,9 Mill. auf 630,8 Mill. Franken. Die provisorische Regierung verwandelte einen Theil derselben, nämlich die Depositen der Gemeinden, der öffentlichen Anstalten, der Sparkassen, im Gesammtbetrage von 491,1 Mill., ohne Weiteres in eine nicht rückzahlbare feste Schuld. Danach betrug die schwebende Schuld Anfangs 1849 nur 227,7 Mill. Seitdem hat sie sich wieder sehr erhöht, und betrug Anfangs 1855 881,8 Mill.; nur durch grosse Rentenverkäufe war sie Ende dieses Jahres auf 785,6 Mill. vermindert.

Ihre Bestandtheile bilden: 1) die Einlagen der Konsignations- und Depositenkasse. An diese Kasse gelangen alle gerichtlichen und administrativen Depositen, die Kautionen der Unternehmer öffentlicher Bauten und Lieferungen, die Einlagen der Sparkassen u. s. w. Viele Handelsgesellschaften legen auch ihre Reservefonds in diese Kasse. Sie kauft damit Renten, leiht Gelder an Departements und Gemeinden, giebt Vorschüsse auf börsenmässige Staats- und Industriepapiere, kauft Schatzscheine. Aber der grösste Theil ihrer Fonds ist dem Staatsschatz gegen offene Rechnung anvertraut. Da die Kasse gewöhnlich mehr Gelder empfängt als sie zu zahlen hat, so stellt sich ihr Bestand als ein steigender und grossentheils nicht rückzahlbarer Theil der schwebenden Schuld dar. Ende 1855 betrug er

482,4 Mill., wovon 205,7 Mill. in Renten angelegt, 213 Mill. auf offene Rechnung dem Staatsschatz übergeben, 47,8 Mill. zu Anleihen an Departements, Gemeinden und öffentliche Anstalten verwendet waren. Die Sparkasseneinlagen werden mit 4 %, die Depositen mit 3 % verzinst. Die Zinsenvergütung beginnt in der Regel mit dem 31sten Tage nach der Einlage, bei zwangsweisen Hinterlegungen aber mit dem 61sten Tage. 2) Entsteht ein Theil der schwebenden Schuld durch die sogenannten Korrespondenten des Staatsschatzes, d. h. dadurch, dass Gemeinden und öffentliche Anstalten ihre Kassenbestände, die nicht zum augenblicklichen Bedarf erforderlich sind, nicht zurückbehalten dürfen. Diese Vorschüsse werden vom Staate verzinst. 3) Wechsel und Anweisungen des Staatsschatzes. 4) Schatzscheine, bons de trésor. Dies sind Anleihen, die auf 4 oder manchmal auch auf 3 Monate bis 1 Jahr gemacht sind. Der Verkehr mit Schatzscheinen nimmt auf dem Französischen Geldmarkt einen bedeutenden Platz ein. Ihr Zinsfuss wird nach den wechselnden Verhältnissen von Zeit zu Zeit festgesetzt und ist desto höher, auf je längere Zeit das Geld dargeliehen wird. Um 1856 betrug er 4—5 %; oft war er auch auf 1½ bis 3 % heruntergegangen. Das Maximum der Schatzscheine, welches in Umlauf gesetzt werden darf, wird jedes Jahr durch ein kaiserliches Dekret festgesetzt.

Eher der schwebenden als der fundirten Schuld beizuzählen sind die Anleihen, welche der Staat zu verschiedenen Zeiten bei der Bank von Frankreich kontrahirt hat. Von diesen Anleihegeschäften muss das Girogeschäft unterschieden werden, welches der Staat mit der Bank dauernd unterhält. Er überweist ihr den grössten Theil der Baarsendungen, die für ihn nach Paris gelangen, und sie verzinst dieselben und berichtigt bis zu ihrem Betrage die Anweisungen, die vom Staatsschatze auf sie gezogen werden. Dem Staat ist ein eigenes Blatt im Girobuch der Bank gewidmet. Durch diese Einrichtung wird nicht allein das Müssigliegen bedeutender Summen in den Staatskassen vermieden, sondern es wird auch der den Banknotenumlauf sichernde Metallvorrath der Bank vermehrt.

Die Aktiva des Staats, sein Kassenvorrath, sein Wechselportefeuille, sein Guthaben bei der Bank schwankten seit 1848 bis 1857 zwischen 200 bis 350 Mill. Franken. Davon sollen die Summen baaren Geldes, die müssig in den verschiedenen öffentlichen Kassen in Frankreich und Algier lagen, kaum ¼ betragen haben. Und das ist nach Hock's[1]) Meinung ein günstiger Beweis für die Vorzüglich-

---

[1]) Die Finanzverwaltung Frankreichs. S. 130. 530—536. 669.

keit des Französischen Rechnungs- und Kassensystems, wenn man damit die Kassenbestände vieler anderer Länder in Staats- und Gemeindekassen, sowie in den Kassen der öffentlichen Anstalten zusammenstelle.

Der Finanzminister Fould hat die schwebende Schuld am 1. Januar 1864 auf 936 Mill. und am 1. Januar 1865 auf 808 Millionen Franken angegeben.

Die Frage, wie es mit den schwebenden oder unfundirten Schulden des Preussischen Staats steht, vermag ich nicht bestimmt zu beantworten. Nach der Verfassung finden Anleihen für die Staatskasse nur auf Grund eines Gesetzes statt. Die Volksvertretung ist noch nicht in der Lage gewesen, die Aufnahme einer Anleihe in einer den Englischen Schatzkammerscheinen ähnlichen Form zu genehmigen. Ob die Regierung verfassungsmässig befugt ist, ohne Gesetz schwebende oder andere Schulden zu machen, wenn es nur nicht durch eine Anleihe geschieht, kann hier unerörtert bleiben. Mill hält, wie schon (S. 415) erwähnt, die Ausgabe von Schatzkammerscheinen für eine ganz passende und oftmals nothwendige Aushülfe, wo die Regierung keinen Staatsschatz hat. Schon lange bevor im Jahre 1820 in Preussen die Bildung eines Staatsschatzes angeordnet wurde, hatte die Regierung die Bank und die Seehandlung, welche in einer sehr geldknappen Zeit am 16. December 1808 und 27. Oktober 1810 als „Geldinstitute des Staats" getauft sind, zur Geldbeschaffung benutzt. England erfreut sich ohne solche Geldinstitute und ohne Staatsschatz eines sehr guten Kredits. Sie sind auch für den Staatskredit Preussens weder nöthig und nützlich, und es scheint mir kein Hinderniss obzuwalten, dass Preussen sich das Englische System der Schatzkammerscheine aneignet. Die Aufhebung der Seehandlung würde die Regierung, wie schon oben (S. 232) erwähnt, bald durchführen können. Ein besonderes Gesetz scheint dazu nicht einmal erforderlich zu sein. Noch eher würde sich mit Zustimmung der Bankantheilseigner die Aufhebung der Bank bewirken lassen. Nach §. 2 des Bankgesetzes vom 7. Mai 1856 würde sie aber ohne Zustimmung der Bankantheilseigner erst mit Ende 1871 aufgehoben werden können, insofern ein spätestens im Jahre 1869 zu erlassendes Gesetz ihre Aufhebung verordnete. Nach Erlass eines solchen Gesetzes würde sich, falls die Regierung nicht etwa hemmend dazwischen träte, ohne Zweifel die erforderliche Anzahl von Privatbanken bilden, welche dem Publikum alle Dienste leisten würden, welche die Preussische Bank nur leisten kann.

Verschieden von den Anleihen zur Deckung augenblicklicher Finanzverlegenheiten, welche in ein oder zwei Jahren aus den Erträgen der bestehenden Steuern vollständig zurückgezahlt werden, sind die fundirten Schulden oder solche Anleihen, die entweder allmählich oder nach längerer Zeit oder auch gar nicht zurückgezahlt werden sollen. Man kann unterscheiden, ob Anleihen dieser Art zu produktiven oder unproduktiven Verausgabungen gemacht werden.

Zu den unproduktiven Ausgaben werden namentlich Ausgaben für Kriegszwecke gerechnet. Ob eine Ausgabe eine produktive sein wird, lässt sich keineswegs immer sicher vorhersagen. Es sind Ausgaben, die nicht nothwendige sind, sondern zu denen gerechnet werden müssen, die dermalen für nützliche gelten. Hält man nun an dem Princip fest, dass die Regierung Ausgaben, die nicht nothwendig sind, vermeiden soll (S. 12. 16), so wird man ihr auch nicht gestatten dürfen, dass sie zu Ausgaben, die bloss nützlich sind oder vielmehr von der Partei, die eben am Ruder ist, dafür gehalten werden, Anleihen macht. Hieraus folgt, dass Anleihen zu produktiven Ausgaben im Princip zu verwerfen sind. In England würde das Parlament Anleihen solcher Art nicht leicht bewilligen.

In den grösseren civilisirten Staaten Europa's ist es gegenwärtig nicht Aufgabe der Regierung, gewerbliche Unternehmungen oder Spekulationen irgend welcher Art zu machen, da sie dies nur auf Gefahr und Kosten ihrer Unterthanen könnte, diesen aber lediglich selbst überlassen bleiben muss, welche Risikos zu übernehmen sie geneigt sind. Unter den Staatsanleihen behufs produktiver Verausgabung stehen jetzt auf dem Kontinent in erster Linie die Staatseisenbahnanleihen. Wer staatliche Spekulationen missbilligt, kann auch derartige Anleihen nicht gutheissen. Die Regierung soll alle produktiven Ausgaben [1]) ihren unternehmungslustigen Unterthanen überlassen.

---

[1]) Beachtenswerth ist, was der „Courr. du Dim.“ im Februar 1865 über diese Materie sagte: „Wir sind nun einmal den „„produktiven““ Ausgaben geweiht; wir decken die Häuser ab, reissen Dach und Fach nieder, demoliren die Mauern und werfen alle Steine durcheinander. Wir bauen Strassen, Plätze und Boulevards bis in alle Ewigkeit, und um zu den Arbeiten des Friedens die Lorbern des Krieges zu gesellen, werden wir Maximilian unterstützen und ihn in Mexico halten. Dann, aber erst dann nur, wird Frankreich, mit Ruhm und Schulden bedeckt, sich wieder um seine inneren Angelegenheiten zu kümmern anfangen und Geschmack an der Freiheit gewinnen. — Gott ist gerecht! Man hat so lange und so hitzig geschrieen: „„Die Freiheit schadet den Geschäften und beunruhigt die Millionen,““ dass das Dekret vom 17. Februar 1852 und mehrere andere uns vollständig von der Sucht kurirt haben, unsere Vorgesetzten zu kri-

Eine andere Frage ist, ob **Staatsgarantien** etwa eher zu rechtfertigen sein möchten, als Staatsanleihen zu produktiven Ausgaben? In Preussen spielen die Staatsgarantien, besonders in Bezug auf Eisenbahnen, wie oben (S. 133) schon erwähnt worden, eine sehr grosse Rolle. Die Gefahren der Staatsgarantien sind nachher aber doch anerkannt worden. Denn sowohl in der octroyirten als auch in der beschworenen Verfassung wurde vorgeschrieben, dass überhaupt Garantien zu Lasten des Staats nur auf Grund eines Gesetzes stattfinden. Dass die Volksvertretung zu Gesetzen dieser Art öfters und in grossem Umfang ihre Zustimmung ertheilt hat, wird künftig wahrscheinlich noch sehr bedauert werden. Der Kredit eines Staats, welcher mit vielen und grossen Garantien belastet ist, wird dadurch unmöglich gestärkt. Staatsschulden und Staatsgarantien sind Uebel, erstere Uebel von bestimmter, letztere Uebel von unbestimmter Grösse. Für gewöhnliche, friedliche Zeiten scheinen Staatsgarantien weniger Gefahr zu drohen. Aber in Nothzeiten, wo es der Regierung und dem Volk an Geld fehlt, da ist gerade zu erwarten, dass der Staat auf Grund der Garantien wird Zahlungen leisten müssen, für welche im Staatshaushaltsetat keine Vorsorge getroffen ist. Künftige Nothzeiten, die nicht ausbleiben werden, werden durch Staatsgarantien nur erschwert.

Hiernach wäre, wie mir scheint, sehr zu wünschen, dass die Volksvertretung den leider schon viel zu grossen Betrag der Staatsgarantien aller Art wenigstens nicht noch grösser werden lässt, da es doch wohl kaum noch in ihrer Macht steht, ihn zu vermindern.

---

tisiren. Man kann also nicht die auswärtigen Kriege und die ungeheure Zunahme der öffentlichen Schuld der Freiheit aufbürden. Nichts hat unsere Finanzmänner abgehalten, Wunderbares zu Stande zu bringen, die Steuern zu vermindern und Herrn Gladstone nachzuahmen. Wenn sie es nicht gethan haben, wenn das Budget sich heute auf 2300 bis 2400 Millionen beläuft, wem ist dafür die Schuld beizumessen? Dies zu untersuchen ist Sache des gesetzgebenden Körpers. — Untersuchen wir jedoch lieber Nichts. Tragen wir, da es nun einmal so sein soll, alle Lasten der Vergangenheit, aber, bei Gott! schnüren wir für die Zukunft den Beutel fest zu, oder, wenn man durchaus darauf besteht, dass wir ihn öffnen, verlangen wir wenigstens etwas dagegen, z. B. die Abschaffung der Pressgesetzgebung vom 17. Februar. Um diesen Preis wäre ich der Ansicht, dass man Herrn Haussmann Geld genug gebe, dass er die Hälfte von Paris niederreissen und nach dem Plane der Architekten von Babylon und Baalbeck in der Ebene von St. Denis wieder aufbauen könnte. Auch wenn es uns 6 Milliarden kosten sollte, hätten wir noch ein vortheilhaftes Geschäft gemacht. — Allein, wird die Regierung darauf eingehen?"

Soll die Regierung zu einer Zeit, wo sie zu niedrigen Zinsen anleihen kann, diese Gelegenheit benutzen? Ich glaube, dass sie dies nur in dem Fall thun sollte, wo sie eine neue niedrig verzinsliche Anleihe abschliessen kann, um eine ältere höher verzinsliche damit abzuzahlen. Denn wenn das Princip, dass die Regierung nur nöthige Ausgaben machen soll, wie ich glaube, richtig ist, so darf sie sich auch durch den Umstand, dass ihr etwa Anleihen zu niedrigen Zinsen angeboten werden, nicht verleiten lassen, zu bloss nützlichen und produktiven Ausgaben anzuleihen. Da nun zu unproduktiven, aber nothwendigen Ausgaben in friedlichen und gedeihlichen Zeiten Anleihen, wie mir scheint, nicht gerechtfertigt werden können, so würde die Regierung zu niedrigen Zinsen wohl nur zu dem eben erwähnten Zweck anleihen.

Anleihen zu unproduktiven Ausgaben werden aber doch nicht unter allen Umständen zu verwerfen sein. Die Frage ist nur, ob unproduktive ausserordentliche Ausgaben in Kriegs- oder anderen Nothzeiten lediglich durch S t e u e r n o d e r ganz oder zum Theil durch, wenn auch hoch verzinsliche, A n l e i h e n, die spät oder gar nicht zurückzuzahlen sind, bestritten werden sollen.

Steuern werden gemeiniglich aus dem Einkommen entrichtet und können durch vermehrte Sparsamkeit theilweise oder ganz wieder gut gemacht werden. Anleihen dagegen werden vom Kapital genommen und müssen daher zur Verarmung des Landes wirken. Hiernach sollte man meinen, dass es besser wäre, die ausserordentlichen Staatsausgaben durch Steuern, als durch Anleihen zu bestreiten. Nicht aus dem Theil des Landeskapitals, welcher in Werkzeugen, Maschinen, Gebäuden besteht, kann die Anleihe genommen werden. Sie muss also vollständig aus demjenigen Theil desselben genommen werden, welcher zur Bezahlung der Arbeiter angewendet wird. Mithin müssen diese demgemäss leiden, indem sie weniger an Lohn erhalten. Wenn nun die Arbeiter so viel wie sonst gewöhnlich hervorbringen, dabei aber viele Millionen Thaler weniger Bezahlung erhalten, so werden diese Millionen von ihren Arbeitgebern gewonnen. Der Ausfall in dem Kapital des Landes wird auf solche Weise alsbald wieder gut gemacht, aber es geschieht durch die Entbehrungen und oft durch das wirkliche Elend der arbeitenden Klassen. So können solche Perioden Zeiten grossen Gewinns für diejenigen sein, deren Gedeihen in der Meinung der Gesellschaft gewöhnlich für das Gedeihen der Nation gilt.

Die gewöhnliche Meinung ist nun, dass, wenn man den ganzen Bedarf in Einem Jahre fordere, man etwas Unmögliches oder doch sehr Lästiges fordere; dass das Volk nicht ohne grosses Ungemach das Ganze auf Einmal aus seinem jährlichen Einkommen zahlen könne und dass es daher viel besser sei, von ihm jedes Jahr eine kleine Zahlung in der Form von Zinsen zu fordern, als ein so grosses Opfer Ein für alle Mal. Indessen, was immer ausgegeben wird, kann nur aus dem jährlichen Einkommen genommen werden. Das Ganze sowie jeder Theil des im Lande hervorgebrachten Vermögens bildet das Einkommen von irgend Jemand, oder trägt dazu bei. Die Entbehrung, welche, wie man annimmt, daraus hervorgeht, dass man einen Betrag in der Form von Steuern nimmt, wird dadurch nicht vermieden, dass man ihn als Anleihe nimmt. Das Drückende wird dadurch nicht abgewendet, sondern nur auf die arbeitenden Klassen gewälzt, die am wenigsten fähig und berufen sind, es zu tragen. Alles Kapital, welches der Produktion und den dazu bestimmten Fonds entzogen wird, um dem Staat geliehen und unproduktiv ausgegeben zu werden, entgeht vollständig den arbeitenden Klassen. Die Anleihe wird in Wahrheit aus dem Einkommen des nämlichen Jahres bezahlt; das ganze zur Auszahlung erforderliche Opfer wird schon wirklich gebracht, nur wird es den unrechten Personen ausgezahlt, und tilgt deshalb die Schuld nicht. Nachdem auf diesem Wege die zur Tilgung der Schuld nothwendige Anstrengung durchgemacht ist, bleibt doch das Land mit derselben, und der Bezahlung der Zinsen dafür dauernd belastet. Wenn also das von der Regierung angeliehene Kapital aus den in der Produktion schon angelegten oder doch dazu bestimmten Fonds entnommen wird, so ist dies ebenso, als wenn der ganze Betrag der Anleihe von dem Lohne der arbeitenden Klasse genommen würde — als wenn die Regierung den ganzen Betrag innerhalb des Jahres durch eine ausschliesslich die arbeitende Klasse treffende Steuer erhoben hätte. Schlimmer wäre es nicht, wenn die Regierung ihren Bedarf durch offen anerkannte Besteuerung genommen hätte. Denn in diesem Fall wäre die Sache mit allen Uebeln beendigt worden, während bei diesem Umwege der den Arbeitern entzogene Werth nicht dem Staate, sondern den Arbeitsgebern zu Gut kommt, und der Staat mit der Schuld und der dauernden Verzinsung belastet bleibt.

Es giebt indessen Umstände, unter welchen Staatsanleihen solche verderbliche Folgen nicht haben, nämlich:

1) wenn das angeliehene Kapital dem Auslande angehört und aus dem Ueberströmen der allgemeinen Kapital-Ansammlung der Welt genommen wird; oder
2) wenn es Kapital ist, das entweder gar nicht erspart sein würde, wenn ihm nicht diese Gelegenheit zur Anlegung geboten worden

wäre, oder, falls erspart, in unproduktiven Unternehmungen vergeudet oder zur Belegung nach dem Auslande verschickt worden wäre.

Wenn einmal der Fortgang der Ansammlung den Kapitalgewinn auf das äusserste, oder doch das praktisch mögliche, Minimum hinabgedrückt hat, d. h. auf das Maass, wo ein ferneres Sinken entweder die Vermehrung des Kapitals verhindern, oder die fernere Ansammlung ins Ausland drängen würde, so kann die Regierung, ohne die Beschäftigung und den Lohn der arbeitenden Klassen des Landes selbst und vielleicht auch anderer Länder zu beschränken, jährlich diese neue Ansammlung abschneiden. Und wie Mill (Buch I. Kap. 5. §. 7. Buch V. Kap. 7. §. 1) meint, kann also das Anleihesystem bis zu diesem Punkt ausgedehnt werden, ohne gänzlich verurtheilt zu werden, was allerdings geschehen müsste, sobald es diese Grenzen überschreitet.

Ein Merkmal, dass diese Grenze überschritten ist, zeigt sich deutlich, wenn die Regierung durch ihre Anleihenegotiationen den Zinsfuss steigert. Wenn die Regierung nur denjenigen Kapitalien, die sonst nicht angesammelt oder doch nicht im Inlande angelegt worden wären, einen Kanal eröffnet hat, so beweist dies, dass das von der Regierung genommene und verausgabte Kapital bei dem bestehenden Zinsfuss keine Anwendung gefunden haben würde. So lange die Anleihen nicht mehr absorbiren, als diesen Ueberschuss, verhindern sie nur eine Neigung zum Sinken des Zinsfusses, und werden ihn nicht zum Steigen bringen. Steigern die Anleihen aber den Zinsfuss, so liegt darin der Beweis, dass die Regierung ein Konkurrent mit den gewöhnlichen Kanälen produktiver Belegung des Kapitals ist, und nicht bloss die Fonds in Anspruch nimmt, die keine produktive Verwendung im Lande gefunden hätten, sondern auch solche, die sich noch hätten produktiv anwenden lassen. Nun könnte man vielleicht meinen, der Zinsfuss sei nur gestiegen, weil der Kapitalgewinn stieg. Wenn aber die Staatsanleihen das Steigen des Kapitalgewinns durch die grosse Kapitalienmenge, die sie verschlangen, veranlassten, so kann diese Wirkung nur durch eine Herabdrückung des Arbeitslohns herbeigeführt sein. Indessen könnte man auch vielleicht denken, dass nicht die durch die Anleihen vorgenommene Ableitung des Nationalkapitals den Kapitalgewinn hochhielte, sondern der rasche Fortschritt gewerblicher Verbesserungen. Diese Verbesserungen in der Erwerbthätigkeit müssten jedoch eben Raum für einen grösseren Kapitalbestand machen. Bemächtigte sich nun die Regierung eines grossen Theils der jährlichen Ansammlung, so verhinderte sie zwar schliesslich nicht, dass das Kapital sich bildete, aber sie verhinderte doch, dass das Kapital früher entstand, und liess also einen Theil davon nicht zur Vertheilung unter die producirenden Arbeiter gelangen. Hätte die Regierung das Kapital nicht durch Anleihen aufgenommen, und es den Arbeitern zu Gute kommen lassen, dagegen aber ihren Bedarf durch eine direkte Besteuerung der arbeitenden Klassen erhoben, so wären die volkswirthschaftlichen Wirkungen dieselben geblieben, wie die, welche die Anleihen verursachten; doch hätte das Land nicht die Schulden. Die Regierung hätte also einen Weg eingeschlagen, der um den ganzen Betrag der Schulden schlimmer ist, als wenn sie den Bedarf innerhalb eines Jahres durch die schlechteste aller Steuern erhoben hätte, nämlich eine Steuer vom Arbeitslohn.

Einer so strengen Verurtheilung unterliegen nun die Staatsanleihen nicht, wenn sie sich auf das überfliessende Nationalkapital, oder auf diejenige Ansammlung, die sonst gar nicht erfolgt wäre, beschränken. Sie entziehen nämlich zur Zeit Niemandem etwas, ausgenommen durch die Zahlung der Zinsen, und können sogar den arbeitenden Klassen während der Zeit der Verausgabung nützen, durch ihre Anwendung zu direkter Besoldung von Arbeit, welche Fonds sonst vielleicht das Land ganz verlassen haben würden. In diesem Fall handelt es sich wirklich darum — was man gewöhnlich für alle Fälle annimmt, — zwischen einem einmaligen grossen Opfer und einer ins Unbestimmte ausgedehnten Reihe kleiner Opfer zu wählen. Es ist hier nun, einerseits, gewiss ein richtiger Grundsatz, dass die gegenwärtige Generation selbst für alle ihre Bedürfnisse sorgen muss. Auf der anderen Seite ist aber auch zu berücksichtigen, dass in einem fortschreitenden Lande die nothwendigen Ausgaben des Staats nicht in demselben Verhältnisse steigen, wie das Kapital und die Bevölkerung. Jede Last wird daher dem Volk immer weniger schwer. Da nun überdies solche ausserordentliche Staatsausgaben, wie sie überhaupt nothwendig sind, meistens auch über die gegenwärtige Generation hinaus Vortheil bringen, so erscheint es vielleicht nicht ganz unbillig, die Nachwelt einen Theil des Preises dafür zahlen zu lassen, sofern in der That die ganze Bestreitung aus den Anstrengungen und Opfern der Generation, die sie vornimmt, zu lästig ist. —

Weniger als Mill sind Andere geneigt, Anleihen unter gewissen Umständen vor Steuern den Vorzug einzuräumen.

Man kann die Anleihe gewissermaassen als eine besondere Varietät der Steuer ansehen; denn durch jährliche Beiträge erhalten die Regierungen die nöthigen Fonds, um den Darleihern oder Staatsgläubigern die bedungenen Zinsen zu zahlen. Aber diese Art von Steuererhebung unterscheidet sich von allen anderen durch zwei ihr eigenthümliche Eigenschaften, die einen grossen Vortheil und ein grosses Uebel mit sich führen.

Der Vortheil der Anleihe liegt darin, dass die Nation sich ein bedeutendes Kapital gewissermaassen augenblicklich verschaffen kann, indem sie es, wie Jacques Laffitte sagt, nimmt, wo es ist, d. h. indem sie es von den Reichen fordert, oder eigentlich von den Besitzern disponibler Kapitalien, was nicht immer möglich sein würde vermittelst der Steuer, die sich an Alle wendet, und oft verhältnissmässig mehr an die Armen als an die Reichen.

Ein Uebel, und ein bedenkliches, ist es, dass Regierungen und Völker dazu gebracht werden, die Mittel, welche ihnen der Kredit verschaffen kann, zu verschwenden, sich zu Kriegen, die hätten vermieden werden können, hinreissen zu lassen, oder zu unnöthigen Ausgaben, Verschwendungen aller Art. Ausserdem ist es ein Uebel, dass, wenn das Opfer der Steuerpflichtigen nicht ein augenblickliches ist, es unendlich hinausgeschoben wird und auf Generationen fällt, deren Zustimmung für die Ausgabe, welche meistentheils für sie ohne Nutzen gemacht ist, nicht eingeholt worden ist.

Uebrigens ist es auch nicht ganz richtig, dass man, wenn man die Anleihen den Steuern vorzieht, die Gegenwart entlastet, um die Zukunft zu belasten. Was richtig ist, das ist, dass die Gegenwart und die Zukunft belastet werden.

Die Regierungen und die Volksvertreter, auf welche die Verantwortlichkeit für die Wahl zwischen der Steuer und der Anleihe fällt, dürfen daher niemals ausser Acht lassen, dass, wenn die letztere Weise, sich Geldmittel zu verschaffen, so weit öffentlicher Kredit besteht, die leichteste und zuweilen die einzig mögliche ist, sie auch die gefährlichste und diejenige ist, welche die Erfahrung als die verderblichste erwiesen hat. Hiernach besteht der erste Rath, welcher den Finanzpolitikern zu geben ist, darin, dass sie nicht zu viel Zurückhaltung in den Ausgaben, welche Anleihen nöthig machen, und nicht zu viel Sorge wegen der Abzahlung der Schulden haben können. Bemeistern wir, sagte Ricardo, nach Kräften die Schwierigkeiten, die sich dabei entgegenstellen, und machen wir uns von allen alten Ausgaben frei. Während er die Anleihen und ihre Folgen verdammte, muss man sich daran erinnern, dass er durch sein Talent ein reicher Kapitalist geworden war und dass er sich oft selbst bei der Subscription der Anleihen Englands betheiligt hat.

Diese Ansicht, abgesehen davon, dass sie sich auf bedeutende

Namen, wie Ricardo und J. B. Say u. s. w. stützt, lässt sich auch durch den gesunden Verstand und die Erfahrung vertheidigen. Nach dem gesunden Verstande verlangt der Normalzustand der Finanzen eines Volks, wie der Finanzen einer grossen Gesellschaft, eines Handlungshauses oder einer Familie, dass die Schulden nur mit der grössten Einschränkung kontrahirt werden; und dass, wenn sie einmal kontrahirt sind, sie durch unmittelbare Opfer und Ersparungen abgezahlt werden. Zu denken, dass die Nationen finanzielle oder andere Mittel, sich freizumachen, die von denen einfacher Privatleute verschieden sind, haben, das heisst an etwas wie ein perpetuum mobile glauben, heisst sich unter dem Einflusse einer Verirrung befinden.

Nach den für England aufgestellten Berechnungen von 1793 bis 1816 hat man gefunden, dass in 25 Jahren die Ausgaben die Einnahmen um 114 Millionen, d. h, um $4^1/_2$ Millionen jährlich, überstiegen haben. Anfangs waren die Ausgaben 28 Millionen, zuletzt 101 Millionen. Später, im Jahre 1827, elf Jahre nach dem Frieden, betrugen sie noch 54 Millionen. Say meinte danach, dass die Steuerpflichtigen, welche Lasten haben tragen können, die von Jahr zu Jahr stiegen, bis die jährliche Ausgabe 101 Millionen überschritt, auch von 1793 an eine durchschnittliche Ausgabe von 28 Millionen und noch $4^1/_2$ Millionen, d. h. 33 Millionen £ hätten tragen können. So ist es wohl einleuchtend, dass das Englische Volk nach dem Frieden viel mehr, als während des Krieges gezahlt hat, ohne zu rechnen, dass, wenn es den Krieg nicht mit Kreditbenutzung geführt hätte, es dabei mehr Sparsamkeit und Klugkeit angewendet hätte.

Die Frage, ob Steuern oder Anleihen vorzuziehen sind, kam auch bei Gelegenheit der durch den Orientalischen Krieg ($18^{54}/_{55}$) nothwendig gewordenen Ausgaben im Parlament zur Erörterung. Gladstone, der damals Schatzkanzler war, vertheidigte die Ansichten Ricardo's und Say's. Er machte geltend, dass der Krieg oft vermieden würde, wenn dem Volke recht positiv zum Bewusstsein käme, dass es unmittelbar berufen sei, die Kosten des Kampfes ganz oder theilweise zu bestreiten. Die Erfahrung beweise, dass, wenn man dagegen die Gegenwart freilasse, um die künftigen Generationen zu verpfänden, man leicht durch die Leidenschaft und durch die politischen und nationalen Vorurtheile fortgerissen würde, um so mehr, als die finanziellen Bewegungen, wozu die Anleihe Anlass giebt, und die Gewinne, welche sie den einflussreichen Klassen schaffe, die Gemüther beunruhigen und wie eine Ermuthigung zum Verschwenden wirkten, und schliesslich wie eine Prämie für die Vernichtung von

Menschen. Gladstone behauptete im Jahre 1851, dass, wenn die Einkommensteuer einige Jahre vor 1798 eingeführt worden wäre, der grösste Theil der Englischen Schuld nicht existiren würde — sei es, dass sie ganz die Stelle von Anleihen vertreten hätte, sei es, dass sie zur Verminderung der Ausgaben geführt hätte.

In der That, wenn seine Meinung auch nicht vollkommen angenommen wurde, so muss man doch anerkennen, dass England nur in einem beschränktem Maasse den öffentlichen Kredit benutzt und hauptsächlich mit Erhöhung der Jahressteuern die Ausgaben gedeckt hat. Und was noch mehr ist, diese wichtige Discussion war nicht ohne Gewinn für die ökonomische Bildung Englands und anderer Länder, und um in der öffentlichen Meinung die Ansicht zu stärken, dass es den Vorzug verdient, sich mit den Finanzökonomisten für das ehrlichere und mannhaftere System der Steuern zu entscheiden. Man erhöhte in England die Einkommensteuer und als der Krieg länger dauerte, wurde dem Nachfolger Gladstone's eine Anleihe von 16 Millionen £ oder 400 Mill. Franken bewilligt. In Frankreich dagegen wurden für diesen Krieg nacheinander 250 Millionen, 500 und 750 Millionen angeliehen, ohne die schwebende Schuld zu rechnen, deren Betrag auf beinahne 1000 Millionen Franken anwuchs[1]).

Die Preussische Regierung legte dem Abgeordnetenhause am 5. April 1865 einen Gesetzentwurf, betreffend die ausserordentlichen Geldbedürfnisse der königlichen Marine vor. Es handelte sich von einer Ausgabe von 19 Millionen Thalern, welche in sechs Jahren stattfinden sollte und die Regierung forderte dazu eine Anleihe von 10 Millionen Thalern. Wenn es nothwendig ist, 19 Millionen zu ausserordentlichen Ausgaben für die Marine zu verwenden, so würde es doch wirthschaftlicher sein, diesen Betrag extraordinär durch Besteuerung, als ganz oder theilweise durch eine Anleihe aufzubringen. Ueberdies würde es nicht einmal so viel Muth erfordern, im Frieden 19 bis 20 Millionen Thaler direkte Extrasteuern für 1865 zu verlangen, als die Regierung, an deren Spitze Hardenberg stand, zeigte, indem sie für das Jahr 1812, welches als ein Friedensjahr doch nicht angesehen werden kann, eine Vermögens- und Einkommensteuer verlangte und damit 4 bis 5 Millionen Thaler von den damals gewiss nicht reichen Preussischen Unterthanen, deren Anzahl sich auf weniger als 5 Millionen belief, erhob. Jetzt giebt es beinahe 20 Millionen Preussische Unterthanen, und es lässt sich wohl nicht in Abrede stellen, dass 1865 durch direkte Besteuerung extraordinär 19 bis

---

[1]) Garnier. Traité de Finance. S. 217—224 403.

20 Millionen leichter aufgebracht werden könnten, als dies mit 4 bis 5 Millionen im Jahre 1812 der Fall war.

Die freiwilligen Anleihen, welche nicht auf kurze Zeit abgeschlossen werden, können in verschiedener Weise zu Stande kommen, nämlich als einfache verzinsliche Anleihen, oder in Rentenform, oder als Lotterieanleihen.

Die einfachen verzinslichen Anleihen mit festgesetztem Zinsfuss können auf eine bestimmte Zeit, mit oder ohne Sicherstellung abgeschlossen werden. Dass dem Gläubiger durch Faustpfand oder Hypothek auf Domänen, oder gewisse Staatseinkünfte, namentlich Zolleinnahmen, Sicherheit gestellt wird, kommt gegenwärtig selten vor. In den Vereinigten Staaten wurden die Anleihen seither auf eine bestimmte Zeit kontrahirt. Die sogenannte freiwillige Anleihe, welche in Preussen am 25. April 1848 ausgeschrieben wurde, verpflichtete sich die Regierung in zehn Jahren zurückzuzahlen. Anleihen, die an einem bestimmten Termin oder innerhalb einer bestimmten Frist zurückgezahlt werden müssen, sollten jedoch möglichst vermieden werden, da sie die Regierung sehr in Verlegenheit bringen können. Noch mehr kann die Regierung in Verlegenheit kommen, wenn sie bei Abschliessung der Anleihe dem Gläubiger ein Kündigungsrecht eingeräumt hat. Anleihen, welche auf Seiten des Gläubigers unkündbar sind, erscheinen vortheilhafter für die Regierung. Heut zu Tage hat die Abschliessung solcher Anleihen in der Regel keine Schwierigkeit, da es selten an Kapitalisten fehlt, welche eine Forderung kaufen wollen, welche auf die Dauer eine bestimmte Einnahme gewährt. Es wird empfohlen, dass sich die Regierung das Recht vorbehält, nach ihrerseits geschehener Kündigung das vereinbarte Kapital zurückzuzahlen.

Bei der letztgedachten Art von Anleihen geschieht die Abschliessung derselben dadurch, dass der Staat ewige Renten, rentes perpétuelles, perpetual annuities, verkauft. Der Gläubiger oder Rentenkäufer kann das Kapital vom Staat nicht zurückfordern, aber er kann seine Rente weiter verkaufen, da, wenn der Staat guten Kredit geniesst, diese Renten als Kapitalsanlagen gesucht werden.

Die Abschliessung solcher Anleihen kann in zweifacher Weise geschehen. Nach einer Vereinbarung über den Zinsfuss stellt die Regierung dem Darleiher über die gezahlte Summe Schuldverschreibungen oder Obligationen aus. Der Preis dieser Obligationen kann natürlich nicht unveränderlich sein; ihr Cours fällt oder steigt, je nachdem der Zinsfuss überhaupt steigt oder fällt. Steigt der Cours über

Pari, so hat der Gläubiger, wenn eine Rückzahlung erfolgt, doch keine grössere Summe zu fordern, als die als Darlehn eingezahlte. Fällt dagegen der Cours unter Pari, so ist er nicht genöthigt, sich mit einer geringeren Summe als der dargeliehenen abfinden zu lassen. Kann die Regierung aber im freien Verkehr die Schuld unter Pari zurückkaufen, so hat sie Vortheil und dem Gläubiger geschieht kein Unrecht, da ihm ein Zwang nicht angethan wird.

Der jetzt gewöhnlichere Fall ist, dass die Regierung zwar einen bestimmten Zinsfuss von der zu verschreibenden Schuld verspricht, dass aber eine geringere Summe gezahlt wird, als die Obligation angiebt. Die Regierung stellt z. B. eine 3procentige Schuldverschreibung über 100 Thlr. aus, obgleich sie nur 75 Thlr. erhalten hat. Für ein Kapital von 75 Thlr. erhält der Darleiher 3 Thlr. Zinsen oder 4 %. Um 100 Thlr. geliehen zu erhalten, erkennt die Regierung an, 133 Thlr. schuldig zu sein. Der Zinsfuss der angeliehenen Summe ist daher von dem der verschriebenen (Nominal-) Summe verschieden. Das Geschäft ist als ein Rentenkauf anzusehen und die Tilgung geschieht in derselben Weise durch den Ankauf der Obligationen nach dem Course. Angenommen wird jedoch, dass die Regierung durch die Zahlung des Nennwerths sich von der Schuld befreien kann; und natürlich muss von der Regierung diese Abtragungsweise dann gewählt werden, wenn der Cours sich über Pari erhoben hat.

In Frankreich war lange Zeit von gar keinem Schuldkapital die Rede, man verkaufte vielmehr bloss Renten. Das grosse Buch der Staatsschuld nach dem Gesetz vom 24. August 1793 erwähnt keine Kapitalsumme; man sieht daher auch jetzt noch die Schuld weniger als ein gewisses angeliehenes Kapital, als eine Masse schuldig gewordener Renten an, deren Preis veränderlich ist. Das Gesetz vom 1. Mai 1825 sprach jedoch aus, dass die Tilgung durch den Ankauf nach dem Course nicht über dem Zwanzigfachen der Rente geschehen dürfe und stellte also diese als den 5procentigen Zins eines Nominalbetrages dar.

Die Frage, ob die Regierung gegen niedrigen Zins anleihen, aber eine höhere Schuld übernehmen soll, als die Summe, welche sie wirklich erhalten hat, beträgt, oder ob sie sich zu einem hohen Zins verstehen, aber keine höhere Schuld als die Summe, welche sie wirklich erhalten hat, anerkennen soll, lässt sich wohl im Allgemeinen nicht beantworten, wird vielmehr in jedem vorkommenden Fall erwogen werden müssen. Ist die Regierung überhaupt genöthigt anzuleihen — und nur in Nothzeiten sollte es ihr gestattet werden — so muss sie jedesmal berechnen, welche von den ihr zur Auswahl stehenden Bedingungen die am wenigsten ungünstigen sind.

Nicht bloss in der Form von ewigen Renten, sondern auch in der Form von Zeitrenten können Anleihen abgeschlossen werden, indem der Staat solche für einen möglichst hohen Preis verkauft. Es sind dies Anleihen mit einer die Verzinsung und allmähliche Tilgung enthaltenden Rente. Anstatt dass der Staat den erhaltenen Kaufpreis verzinst und zurückzahlt, zahlt er eine Zeitlang bloss eine Rente, die jedoch höher ist, als der übliche Zinsfuss. Anleihen in der Form von Zeitrenten sind jetzt nicht sehr im Gebrauch. Sie sind entweder für eine bestimmte Zeit, oder Leibrenten, oder Tontinen. Eigentliche Zeitrenten, Annuitäten für eine bestimmte Anzahl von Jahren hält man nicht gerade für sehr wünschenswerthe Kapitalanlagen, weil sie die Aufzehrung des Kapitals befördern. Dergleichen Annuitäten sind in England noch am meisten in Anwendung. Wenn dauernde Renten, wie dort zuweilen geschieht, in Zeitrenten umgewandelt werden, so werden die Ausgaben des Staats für eine Reihe von Jahren zwar erhöht, nach Ablauf derselben aber dauernd verringert. Bei Leibrenten bestimmt sich der Zinsfuss von dem eingezahlten Kapital mit Rücksicht auf die wahrscheinliche Lebensdauer des Leibrentenkäufers. Bei Tontinen treten mehrere Kapitalisten in Gemeinschaft derart, dass die Leibrente der verstorbenen Mitglieder den Ueberlebenden zuwächst, bis der letzte gestorben ist. Anleihen, welche in der Form von eigentlichen Zeitrenten, von Leibrenten und von Tontinen geschlossen sind, werden zurückgezahlt, indem mit jeder Zinszahlung noch eine weitere Zahlung geleistet wird. Die Regierung kann die Rückzahlung nicht nach ihrer Konvenienz aufschieben oder beschleunigen. Anleihen, die auf Seiten des Gläubigers unkündbar, aber nach dem Belieben der Regierung rückzahlbar sind, scheinen daher Vorzüge vor allen Anleihen in Form von Zeitrenten zu haben.

Derselbe Mangel klebt auch den Lotterieanleihen an, die Regierung muss ihre Schuld an bestimmten, lange vorher bestimmten Terminen zurückzahlen; sie kann dieselbe nach ihrer Konvenienz weder beschleunigen noch verschieben. Letzteres würde sie thun, wenn sie eben in Geldnoth ist. So können dergleichen Anleihen bewirken, dass die Regierung genöthigt wird, eine alte niedrig verzinsliche Schuld abzuzahlen und gleichzeitig eine neue, höher verzinsliche Anleihe zu machen. Lotterieanleihen können in mannigfaltiger Form abgeschlossen werden. In England wurde 1694 durch eine Lotterieanleihe 1 Million £ aufgebracht. Jetzt sind in England und Frankreich solche Anleihen nicht üblich, wohl aber noch in Deutschland, wo die Regierungen, wenn sie auf die Spielsucht ihrer Unterthanen spekuliren, vortheilhafter anleihen zu können glauben. Auch Preussen hat mehrmals Lotterieanleihen gemacht, im Jahre 1796, 1808 und auch 1820, wo Staatsschuldscheine mit Prämienscheinen ausgegeben wurden. Krug sagte, dass diese Operation, die anfangs nicht vortheilhaft zu gehen schien, nach Verlauf eines Jahres einen so guten Fortgang gewonnen habe, „dass man sie als einen Beweis der Neigung des grossen Publikums für die Lotterie im Allgemeinen ansehen kann; diese Papiere erhielten nicht bloss auf den auswärtigen, mit dem Preussischen Staate in Verbindung stehenden Geldmärkten bald einen guten Cours, sondern es liess sich auch leicht berechnen: dass die Geldbesitzer, welche solche Papiere kauften, nach der Wahrscheinlichkeitsrechnung ihr Geld vortheilhafter angelegt haben würden, wenn sie auf ganz einfache Art gewöhnliche Staatsschuldscheine gekauft hätten [1]).“ Zuletzt machte Preussen im Jahre 1854 eine Lotterieanleihe von 15 Mill. Thalern. Es wurden Schuldverschreibungen über 100 Thlr. ausgegeben, welche $3^1/_2$ $^0/_0$ Zinsen bringen. Diese 150,000 verzinslichen Prämienscheine mit laufenden Nummern in 1500 Serien, jede zu 100 Nummern, sollen durch 40 Verloosungen, die letzte im Jahre 1894, getilgt werden. Die niedrigsten Prämien betragen 104 Thlr. und die höchsten 100,000 Thlr. —

Die Schuldurkunden, welche die Regierung ausstellt, lauten entweder auf den Namen des Gläubigers, oder auf den Inhaber. Im ersteren Fall muss bei dem Verkauf einer Obligation dieselbe auf den Käufer überschrieben werden. Im letzteren Fall pflegt man der Schuldverschreibung ebenfalls auf den Inhaber lautende Zinscoupons beizufügen. Durch die Ausstellung von Obligationen au porteur wird die Uebertragung der Forderungen von einer Person auf eine andere zwar erleichtert, dagegen aber hat das System der Einschreibungen oder Inscriptionen den grossen Vortheil, dass Verlust, Diebstahl oder Vernichtung der Obligationen wenig Schaden bringt. Denn bei diesem System werden die Gläubiger in das grosse Staatsschuldbuch eingetragen und dadurch werden ihre Forderungen bewiesen. Hierdurch wird eine viel grössere Sicherheit geschafft, besonders für solche, die ihr Vermögen nicht selbst verwalten, wie namentlich alle juristische Personen und Minderjährige. Das System der Inscriptionen ist in Frankreich und England die Regel, während in Deutschland und auch in Preussen die Staatsschuldverschreibungen auf den Inhaber ausgestellt zu werden pflegen. In England können indessen nach den Ge-

---

[1]) Geschichte der Preuss. Staatsschulden. S. 40. 125. 255 sqq.

setzen vom 8. Juni und 28. Juli 1863 die Besitzer von Regierungs- und auch von India Stocks sich dafür auf den Inhaber lautende Certificate ausstellen lassen. Die Regierung, auch in Preussen, sollte den Staatsgläubigern, so wie sie es wünschen, Papiere au porteur in Inscriptionen verwandeln, oder auch umgekehrt. Mancher würde, um seine Sicherheit oder Bequemlichkeit zu erhöhen, für die Umwandlung gewiss gern eine kleine Gebühr zahlen.

Die Frage, ob die Abzahlung der Staatsschulden erfolgen soll, lässt sich im Princip wohl nicht verneinen. Allerdings ist, wenn die Gläubiger die Unterthanen des Staats selbst sind, die Zinsenzahlung kein Verlust für die Nation, sondern nur eine Uebertragung. Da aber diese Uebertragung zwangsweise geschieht, so ist sie ein ernstliches Uebel. Jede Erhebung einer grossen Extraeinnahme durch Steuern verursacht so viele Kosten, Beschwerden, Störungen der Erwerbthätigkeit und andere Nachtheile noch neben der blossen Entrichtung des Geldes, welches die Regierung haben muss, dass es immer schon einer grossen Anstrengung werth ist, sich von der Nothwendigkeit einer solchen Besteuerung zu befreien. Dasselbe Opfer, dessen Uebernahme sich gelohnt haben würde, um damals die Kontrahirung der Schuld zu vermeiden, lohnt sich noch zu jeder späteren Zeit, um diese Schuld zu bezahlen oder zu tilgen.

Man hat zwei Mittel vorgeschlagen, um die Staatsschuld zu tilgen: entweder auf Einmal, durch eine allgemeine Steuer, oder allmählich, durch Ueberschüsse der Staatseinnahmen über die Ausgaben. Das erste Mittel würde unstreitig das beste sein, wenn es ausführbar wäre. Und es wäre ausführbar, wenn es sich in gerechter Weise durch eine ausschliessliche Besteuerung des Eigenthums bewerkstelligen liesse. Trüge das Eigenthum allein die ganze Zinszahlung der Schuld, so könnte es, mit grossem Vortheil für sich, dieselbe abbezahlen. Es wäre dies eigentlich nur die Uebergabe des Stammkapitals an den Gläubiger, dem doch schon gesetzlich der jährliche Ertrag desselben gehört. Es wäre ebenso, als wenn ein Grundeigenthümer einen Theil seines Gutes verkauft, um den Rest von einer Hypothek zu befreien. Indessen zahlt das Eigenthum nicht die ganze Verzinsung der Staatsschuld, und könnte auch mit Recht nicht angehalten werden, dieselbe zu zahlen. Man hat die Meinung aufgestellt, die gegenwärtige Generation habe nur so weit die Schulden früherer Generationen zu bezahlen, als die von ihnen überkommene Habe reiche, und nicht aus dem Ertrage ihrer eigenen Erwerbthätigkeit. Aber auch Andere, als diejenigen, welche ihr Eigenthum von früheren

Generationen ererbt haben, haben von letzteren etwas erhalten. Die Vortheile aller Verbesserungen des Bodens, Strassen, Kanäle, Städte, Fabriken u. s. w. bringen nicht bloss den Grundeigenthümern Vortheil. Das durch die Arbeit und die Enthaltsamkeit früherer Generationen gesammelte Kapital kommt auch Anderen zu Gute, als solchen, welche in einen Theil davon durch gesetzliches Erbrecht succedirt sind.

Der Plan, die Tilgung einer irgend erheblichen Staatsschuld durch allgemeine Besteuerung des Gemeinwesens zu bewerkstelligen, erscheint kaum ausführbar. Begüterte Leute würden ihren Beitrag durch Aufopferung eines Vermögenstheils allenfalls leisten können, und dadurch in ihrem Einkommen nicht geschmälert werden. Aber wenn diejenigen, welche kein Vermögen, sondern nur Einkommen haben, durch eine einmalige Zahlung das Aequivalent der jährlichen Beiträge, welche durch die Steuern für die Zinsenzahlung von ihnen erhoben werden, entrichten sollten, so würden sie genöthigt sein, eine Privatschuld zum Betrage ihres Antheils an der öffentlichen Schuld einzugehen. Davon würden sie jedoch bei der ungenügenden Sicherheit, die sie meistens nur gewähren können, weit höhere Zinsen zahlen müssen, als jetzt für ihren Antheil durch den Staat gezahlt werden. Ueberdies hat eine Gesammtschuld, die durch Steuern verzinst wird, den grossen Vorzug vor einer eben so grossen, auf viele Individuen vertheilten Schuld, dass sie in ihrer Wirkung einer gegenseitigen Versicherung der Kontribuenten gleichkommt. Vermindert sich das Vermögen des Einen, so vermindern sich seine Steuern; verliert er Alles, so hören sie ganz auf, und sein Theil der Schuld wird auf die solventen Mitglieder des Gemeinwesens übertragen. Würde ihm die Schuld als eine Privatverbindlichkeit auferlegt, so würde er verpflichtet bleiben, auch wenn er keinen Pfennig mehr hat. —

Wenn der Staat Eigenthum, Grundeigenthum irgend einer Art, oder sonstiges Eigenthum, besitzt, und keine triftigen Gründe des öffentlichen Wohls obwalten, dies Eigenthum disponibel zu halten, da sollte alles dieses Eigenthum, soweit es reicht, zur Abtragung der Staatsschulden verwendet werden. Jeder zufällige Gewinn oder unerwartete Erwerb müsste natürlich dieselbe Bestimmung erhalten.

Hierüber hinaus liegt das einzige rechtmässige und ausführbare Mittel der Abtragung oder Verringerung einer Staatsschuld in dem Ueberschuss der Einnahmen.

Die Preussischen Staatsschulden würden grösseren Theils oder vielleicht ganz abgezahlt werden können, wenn dazu verwendet würden: der Staatsschatz, die Domänen, die Staatsforsten, die im Besitz des Staats befindlichen Bergwerke, Hütten, Salinen, Gestüte, die Staatsdruckerei [1]), die Porzellan- und sonstigen Fabriken, der Staatsantheil der Preussischen Bank, die Activa der Seehandlung [2]), die

[1]) Nach dem Bericht der Hauptverwaltung der Staatsschulden vom 10. November 1863 hat die erst in neuerer Zeit angelegte Staatsdruckerei im Jahre 1862 einen Ueberschuss von 44,786 Thlr. 5 Sgr. 9 Pf. ergeben, welcher an die Generalstaatskasse abgeliefert ist. Unter ihren Einnahmen ist aufgeführt: Erlös aus den gefertigten Arbeiten 189,186 Thlr. Wenn, wie wahrscheinlich, diese Arbeiten für Staatsbehörden gemacht und aus deren Kassen bezahlt sind, so hat die Kasse der Staatsbuchhalterei so viel Geld eingenommen, als andere Staatskassen ausgegeben haben. Durch diese Operation würde der Fiskus nicht reicher geworden sein. Dass (zumal neben der königlichen Geheimen Oberhofbuchdruckerei) noch eine Staatsdruckerei besteht, scheint mir weder nothwendig noch nützlich zu sein. Auch in England giebt es, so viel ich weiss, keine Staatsdruckerei, wenn es gleich dort in L. Hansard († 1828, vergl. Martineau, Geschichte Englands, Bd. 2. S. 101—104) einen berühmten Parlamentsdrucker gab. Mit der Preussischen Staatsdruckerei scheint es ähnlich zu sein, wie mit der Salinenverwaltung, wo, wie schon (S. 117. 217. 219) erwähnt, die Summen in Einnahme stehen, welche bei der Salzmonopolverwaltung in Ausgabe stehen. Noch ein ähnlicher Fall wurde bei der Debatte des Abgeordnetenhauses vom 11. Mai 1865 über den Verkauf der Sayner-Hütte bekannt, indem ein Regierungs-Kommissar sagte: „Das Sayner-Hüttenwerk hat seit langen Jahren nur ungünstige Betriebsresultate gehabt, und erst, seit das Werk im Jahre 1860 mit bedeutenden Kosten meliorirt wurde, sind die Ueberschüsse beträchtlicher geworden. Seit vielen Jahren war der Durchschnittsertrag des Werkes 40,000 Thlr. Man kann allerdings, wenn man, wie der Vorredner gethan, nur einzelne Zahlen herausgreift und insbesondere dabei nicht den sehr wesentlichen Unterschied des Ueberschusses von dem Ertrage des Werkes berücksichtigt, zu ganz anderen Resultaten kommen, die aber nicht die thatsächlichen sind. Der grösste Theil dieses Durchschnittertrages von 40,000 Thlrn., nämlich 25,000 Thlr., resultirte aus den Lieferungen von Eisenmaterial für das Kriegsministerium zur Geschützgiesserei in Spandau. Nun ist aber das Kriegsministerium in der Lage, in der Folge seine Geschütze aus Gussstahl fertigen zu lassen. Man geht allgemein ab von dem Bezug des Geschützmaterials aus Gusseisen, die bisherigen Lieferungen von Roheisen aus der Sayner-Hütte nach Spandau sind daher in Zukunft nicht mehr in Aussicht, und damit fällt eine Hauptertragsquelle für das Werk fort. Da ausserdem das Werk, mit Ausnahme eines im Jahre 1860 neu gebauten Hochofens bei Mühlhofen, aus alten und unzweckmässig eingerichteten Anlagen besteht, für deren nöthigen Umbau eine Summe von über eine Million hätte beansprucht werden müssen, die in den nächsten Jahren im Staatshaushaltsetat figurirt hätte, so war es zweckmässig, an eine Veräusserung des Werkes zu denken.“ Wenn nun die Hüttenverwaltung 25,000 Thlr. als Einnahmen gebucht hat, welche im Ressort des Kriegsministers als Ausgaben gebucht sind, so hat der Fiskus dadurch nicht 25,000 Thlr. Gewinn gehabt.

[2]) Die Seehandlung, welche das Privilegium hat, mittelst ihres Leihamtes Pfandleihgeschäfte gegen $12^1/_2$ $^0/_0$ jährlicher Zinsen in Berlin zu machen, berechnet diesem Leihamte, nach dem von v. Schuckmann, v. Brenn und Mühler

Staatseisenbahnen. Diese Verwendung habe ich schon in den früheren Kapiteln empfohlen. Eine andere Verwendung dürfte rechtlich auch nicht zulässig sein, da — der oben (S. 418) erwähnten Kabinetsordre vom 17. Juni 1826 ungeachtet — das gesammte Vermögen und Eigenthum des Staats den Staatsgläubigern verschrieben ist.

Vor der Französischen Revolution stand Preussen in dem Rufe, dass es keine oder doch nur sehr unbedeutende Staatsschulden habe. Dies ist aber nicht ganz richtig. Die früheren Regenten waren oft in grosser Geldnoth und mussten dann Hülfe bei den Landständen suchen, um ihre verpfändeten Domänen wieder einlösen zu können. So schon Markgraf Albrecht 1472, wo es sich von einer Schuld von 100,000 Gulden handelte. Im Jahre 1542 ist von 519,000 Gulden kurfürstlicher Schulden die Rede. Bei dem Tode Joachims II 1572 haftete auf der Kur- und Neumark, einem Lande von nur 660 □ Meilen, eine Landesschuld von 3,689,980 Thlr. Diese Schuld beträgt nach dem heutigen Silberwerth mindestens 22 Mill. Thaler. Jetzt enthält der Preussische Staat 5000 □ Meilen. Danach würde jene Schuld mit einer jetzt zahlbaren Schuld von 168 Millionen Thaler gleichzusetzen sein. Die damalige Einwohnerzahl kann nur etwa $^1/_2$ Million betragen haben. In demselben Verhältniss würde die Schuld für den ganzen Staat sich jetzt auf mehr als 500 Millionen Thaler belaufen. Bei dem Tode Friedrichs II können die Schulden des Staats nicht erheblich gewesen sein. Zu Ende 1804 betrugen sie 24,780,220 Thlr. und 1806 54,419,149 Thlr.

Alle Staatsschulden, mit Ausnahme der Forderungen, die nicht als Anleihen zu betrachten sind, und der auswärtigen Anleihe — hiess es in dem Finanzedikt vom 27. October 1810 — „sowohl diejenigen, welche jetzt als solche betrachtet werden, mit Einschluss der Schulden, Aktien und Papiere der Seehandlung und der Hauptbank, auch anderer Institute des Staats, als solche, die Wir von den Provinzial- und Kommunalschulden künftig für dergleichen erklären und auf die Staatsschuldenfonds übernehmen werden, sind, um der Agiotage zu steuern, zu konsolidiren, mit Ausschluss der Bankobligationen, bei denen die bisherige Verzinsung bleibt, auf einerlei Zinsfuss von Vier Procent zu setzen und die bisherigen Verschreibungen gegen

vollzogenen und durch K. O. vom 25. Februar 1834 bestätigten Reglement. Für das demselben überwiesene Kapital 4% Zinsen jährlich. Durch diese Zinsen, welche bei dem Leihamt als Ausgaben und bei der Seehandlung als Einnahmen verrechnet werden müssen, kann unmöglich für den Fiskus ein Vermögenszuwachs oder für den Staat ein Nutzen erwachsen.

neue einzuwechseln. Abseiten der Gläubiger darf keine Aufkündigung stattfinden; sie müssen die Zahlung, wenn sie derselben bedürfen, auf dem Markt durch Verkauf suchen, aber es wird eine Summe unveränderlich bestimmt, die spätestens gleich nach Abtragung der Kontribution an Frankreich und der rückständigen Zinsen, jährlich auf die Weise abbezahlt wird, dass von den numerirten Obligationen eine den Abtragssummen gleichkommende Anzahl durch das Loos ausgewählt und öffentlich gezogen werde. Wir behalten Uns dabei vor, auch mehr abzutragen, wenn die Umstände es gestatten. In wiefern die Provinzial- und Kommunalkriegesschulden, oder ein Theil derselben, für Staatsschulden zu erklären sind, muss noch von vorhergehenden Untersuchungen abhängig gemacht werden.“ Demnächst machte das Finanzministerium bekannt, dass alle im Umlaufe vorhandene Staatsschuldverschreibungen mit dem Anfange des Jahres 1811 in neue Schuldverschreibungen, Staatsschuldscheine genannt, umgeschrieben werden sollten; die Bankobligationen und Banknoten, die Brennholz- und Nutzholzobligationen (S. 210), so wie die Bergwerksobligationen, oder die von der Bergwerkspartie aufgenommenen Kapitalien, wurden jedoch nicht in Staatsschuldscheine verwandelt.

Die Summe der ausgefertigten und im Umlaufe befindlichen Staatsschuldscheine, von welchen die Zinsen vom 1. Juli 1814 ab regelmässig bezahlt wurden, betrug Anfangs 1813 beinahe 20 Millionen Thaler, 1816 30 Millionen, 1818 35 Millionen, 1819 56 Millionen. In dem mit dem Staatsschuldengesetz vom 17. Januar 1820 veröffentlichten Etat waren aufgeführt: die Staatsschuldscheine, oder: die konsolidirte Staatsschuld, mit Einschluss der in den Jahren $18^{17}/_{19}$ nothwendig gewesenen Mehrausgaben, und der annoch unumgänglich erforderlichen extraordinären Bedürfnisse, als Zinsen- und Kapitalrückstände, Zahlungen an auswärtige Staaten, Festungs-, Garnisoneinrichtungs-, Land- und Wasserstrassen- und andere Bauten, Retablissements der Festungsanwohner u. s. w. mit 119,500,000 Thlr.

Zu Ende 1812 schloss die Summe der Schulden mit 131,765,336 Thlr. ab. Die grossen Anstrengungen, welche die Jahre 1813 bis 1815 erforderten, um eine Armee von mehr als 250,000 Mann zu schaffen und mit allen Bedürfnissen zu versehen, die dem Staate gebliebenen, die wieder eroberten Festungen in Stand zu setzen und mit dem Nöthigen zu versehen, so wie die Einrichtung der neuen Verwaltung im Innern waren so bedeutend, dass die von Frankreich gezahlte Kontribution von 145 Millionen Franken bei Weitem nicht hinreichte, um die ausserordentlichen Bedürfnisse zu decken. So hatte sich bis Ende 1819 die Schuld wieder um 85,483,426 Thlr. vermehrt. Unter dieser Summe sind aber begriffen

1) die mit den neu erworbenen Ländern übernommenen Schulden	34,749,302 Thlr.
2) die Geldabfindungen wegen erworbener Territorialrechte und nutzbarer Gerechtsame . . .	10,169,917 „
zusammen	44,919,219 Thlr.,

welche nicht zu den durch die Kriegsrüstungen und die Führung des Kriegs entstandenen Schulden gehören. Ausserdem war eine bedeutende Summe in dem Hauptetat mit enthalten, die für die ausserordentlichen, noch nicht befriedigten Bedürfnisse vorbehalten war, welche nicht durch die ordentlichen Einnahmen bestritten werden konnten.

In dem Etat von 1820 war zwar die Summe der eigentlichen Staatsschuldscheine zu 119,500,000 Thlr. angegeben; damals war aber nur etwa die Hälfte in diesen Staatsschuldscheinen ausgefertigt. Die Regierung musste nämlich darauf eingerichtet sein, dass bei dem noch nicht vollendeten Steuersystem noch manche Ausfälle bei den Staatskassen übernommen und dass noch manche grosse Bedürfnisse befriedigt und manche in ihrer ganzen Ausdehnung noch nicht übersehbare Schuld übernommen werden musste; sie behielt sich daher noch eine bedeutende Summe zur Disposition vor, die erst nach und nach in der Form von Staatsschuldscheinen ausgegeben oder zur Anschaffung der nöthigen Summen bei anderen Operationen gebraucht wurde. Was ferner die im Etat vor der Linie stehenden provinziellen Staatsschulden betrifft, so war die angegebene Summe von 25,914,694 Thlr. nur eine vorläufige Annahme. Auch die Schulden dieser Art sollten der allgemeinen Staatsschuldenverwaltung überwiesen und von ihr deren Verzinsung und allmähliche Tilgung besorgt werden.

Für die in dem Staatsschuldenetat angegebenen Staatsschulden wurde durch das Staatsschuldengesetz, wie schon (S. 49) erwähnt, mit dem Vermögen und Eigenthum des Staats Garantie geleistet. Die in dem Finanzedikt vom 27. October 1810 versprochene Tilgung der Schuld durch allmähliche Verloosung und Auszahlung nach dem Nennwerth sollte aber erst dann eingeleitet werden, wenn die betreffenden Schulddokumente nicht mehr unter dem Nennwerth aufgekauft werden können. Zur Ausführung des Staatsschuldengesetzes wurde eine von der übrigen Staats- und Finanzverwaltung ganz abgesonderte Behörde, „Hauptverwaltung der Staatsschulden“, aus einem Präsidenten und vier Mitgliedern bestehend, eingesetzt, und dafür verantwortlich gemacht, dass weder Ein Staatsschuldschein mehr, noch andere Staatsschuldendokumente irgend einer Art ausgestellt werden, als der vom Könige vollzogene Etat besagt. Sie war verpflichtet, der künftigen reichsständischen Versammlung, und bis zur Einführung derselben, dem Staatsrath jährlich Rechnung zu legen. Der Präsident und die Mitglieder wurden wegen der zu übernehmenden Verpflichtungen und dass sie bei ihrer Verwaltung nach keinen andern als den hier ausgesprochenen Grundsätzen verfahren wollen, besonders vereidet.

Eine K. O. vom 13. Mai 1824 bestimmte, dass der Ankauf der Staatsschuldscheine für den Tilgungsfonds aufhören und dagegen Verloosung eintreten sollte. Da diese Massregel aber den erwarteten günstigen Erfolg nicht gehabt hatte, so verordnete die K. O. vom 25. Februar 1826, dass die zur jährlichen Tilgung der Staatsschuldscheine gesetzlich bestimmte Summe für das Jahr 1826 und fernerhin wieder zum Ankauf verwendet werden sollte.

Für die Zeit von Anfangs 1811 an bis Ende 1825 hat Krug den Cours der Staatsschuldscheine mitgetheilt und zur Erläuterung dabei in Anmerkungen die wichtigsten Zeitereignisse angeführt. An der Berliner Börse galten 100 Thaler Staatsschuldscheine am 2. Januar 1811 $52^1/_2$, 6.—10. Jahuar 1812 45, 1. Juli 31, 25. Januar 1813 $37^1/_2$, 5. März $42^1/_2$, 5.—12. Juli 26, 25.—27. October $50^1/_2$, 21. Februar 1814 75, 20. Februar 1815 86, 21. April $58^1/_2$, 31. Juni $81^1/_2$, 29. December $76^1/_2$, 1. März 1816 $80^1/_4$, 1. September 1818 $63^7/_8$, 28.—31. December 1819 $71^3/_8$, 30. December 1823 $73^7/_{12}$, 3. Januar 1825 $90^1/_2$, 31. December 1825 $87^3/_8$. Anfangs 1842 standen sie auf 104 und ihre Zinsen wurden von 4 auf $3^1/_2$ heruntergesetzt. Am 1. Juli 1847 war ihr Cours 93, und im Jahre 1848 standen sie Mitte Januar 92, Anfangs März 81, Anfangs April 64, 23. Juni $66^3/_4$, Mitte November $76^1/_2$ und Ende December $79^1/_2$. Mitte Juli 1854 war der Cours 93, Ende 1854 $83^1/_2$ und Anfangs Mai 1865 $91^3/_8$.

Durch das Gesetz vom 24. Februar 1850 wurde die Hauptverwaltung der Staatsschulden, welche aus einem Direktor, der nicht zugleich Minister sein darf, und drei Mitgliedern bestehen soll, unter der oberen Leitung des Finanzministers, unter die fortlaufende Aufsicht einer besonderen „Staatsschuldenkommission“ gestellt. Der Direktor und die Mitglieder der Hauptverwaltung der Staatsschulden haben vor Antritt ihres Amtes in öffentlicher Sitzung des Obertribunals einen besondern Eid zu leisten: „dass sie weder einen Staatsschuldschein, noch irgend ein anderes Staatsschuldendokument über den in den bestehenden oder in Zukunft zu erlassenden Gesetzen bestimmten Betrag hinaus ausstellen, oder durch Andere ausstellen lassen, auch mit allem Fleiss und allem Nachdruck darauf halten und dafür sorgen wollen, dass die ihrer Verwaltung anvertraute Staatsschuld prompt und regelmässig verzinset, das Kapital aber in der durch die Gesetze vorgeschriebenen Art getilgt werde und dass sie sich von Erfüllung dieser Pflichten und der übrigen, ihnen mit eigener Verantwortlichkeit übertragenen Obliegenheiten durch keine Anweisungen oder Verordnungen irgend einer Art abhalten lassen wollen." Die Staatsschuldenkommission übt die fortwährende Kontrolle über alle, der Hauptverwaltung der Staatsschulden unter eigener Verantwortlichkeit übertragenen Geschäfte. Sie besteht aus drei Abgeordneten der Ersten und drei Abgeordneten der Zweiten Kammer, welche mit absoluter Stimmenmehrheit auf drei Jahre gewählt werden, und aus dem Präsidenten der Oberrechnungskammer. Die Beschlüsse der Kommission werden nach Stimmenmehrheit gefasst, doch ist zu einem Beschlusse die Anwesenheit von wenigstens vier Mitgliedern erforderlich. Die aus den Kammern gewählten Mitglieder der Staatsschuldenkommission werden vom Präsidenten in öffentlicher Sitzung unter Hinweisung auf ihren als Abgeordnete geleisteten Eid (Artikel 108 der Verfassungsurkunde vom 31. Januar 1850), der Präsident der Oberrechnungskammer aber in der öffentlichen Sitzung des Obertribunals, unter Hinweisung auf seinen Amtseid, auf die Erfüllung ihrer besondern Obliegenheiten verpflichtet. Bei dem jährlichen regelmässigen Zusammentritt der Kammern erstattet die Staatsschuldenkommission den beiden Kammern Bericht über ihre Thätigkeit, so wie über die Ergebnisse der unter ihre Aufsicht gestellten Verwaltung des Staatsschuldenwesens in dem verflossenen Jahre. Die Rechnungen der Staatsschuldentilgungskasse werden, nachdem sie von der Oberrechnungskammer revidirt und festgestellt worden sind, der Staatsschuldenkommission zugestellt, welche dieselben zu prüfen und demnächst mit ihrem Bericht den Kammern zu überreichen hat. In der Sitzung des Abgeordnetenhauses vom 6. Mai 1865 wurde folgender Antrag angenommen: Da für das Jahr 1862 ein Etatsgesetz nicht zu Stande gekommen, auch für in diesem Jahre geleistete Ausgaben eine Indemnität seitens der Königlichen Staatsregierung nicht nachgesucht und eine solche nicht ertheilt ist, findet sich das Haus der Abgeordneten zur Zeit **n i c h t** in der Lage, der Hauptverwaltung der Staatsschulden über darin für das Jahr 1862 gelegte Rechnungen die Decharge zu ertheilen.

Wie sich aus dem Bericht der Hauptverwaltung der Staatsschulden vom 10. November 1863, dem Bericht der Staatsschuldenkommission vom 31. December 1864 über die Verwaltung des Staatsschuldenwesens im Jahre 1862 und dem schon (S. 330) erwähnten allgemeinen Bericht der Kommission des Abgeordnetenhauses über den Entwurf zum Staatshaushaltsetat pro 1865 ergiebt, betrug die Gesammtschuld

Ende	1820	217,975,518 Thlr.,	davon unverzinslich	11,242,347 Thlr.
„	1850	182,601,611 „	„ „	20,842,347 „
„	1855	247,833,595 „	„ „	30,842,347 „
„	1861	271,652,224 „	„ „	15,842,347 „
„	1862	265,261,043 „	„ „	15,842,347 „
„	1864	272,316,994 „	„ „	15,842,347 „

Die Summe der bewilligten Anleihen seit 1848 beträgt 196,278,000 Thlr. Der Vereinigte Landtag von 1848 und die auf Grund des octroyirten Wahlgesetzes vom 30. Mai 1849 — welches ein Bestandtheil der beschwornen Verfassung geworden ist — gewählten Volksvertretungen haben diese Anleihen bewilligt. Die nach dem Wahlgesetze vom 8. April 1848 gewählte Versammlung zur Vereinbarung der Preussischen Verfassung, welche am 5. December aufgelöst wurde, so wie auch die nach dem Wahlgesetze vom 6. desselben Monats gewählte und am 27. April 1849 aufgelöste zweite Kammer hatten keine Anleihen bewilligt. Die Summe der Tilgung der verzinslichen Staatsschuld seit 1820 ist 162,329,706 Thlr. Die öffentliche Schuld würde ohne diese Tilgung pro 1864 betragen haben:

A. Bestand im Jahre 1820	217,975,518 Thlr.
B. Tilgung seit 1820	162,329,706 „
C. pro 1864 gegen 1820 mehr	54,341,476 „
in Summa	434,646,700 Thlr.

— und zwar verzinslich 418,804,353 Thlr. und unverzinslich 15,842,347 Thlr. — und sie würde sich vom Jahre 1820 bis zu dem Jahre 1864 erhöht haben um die unter B und C bezeichneten Beträge von 216,671,182 Thlr.

Im Jahre 1862, wo die Hauptverwaltung der Staatsschulden 16,577,346 Thlr. 10 Sgr. 9 Pf. eingenommen hatte, hat sie ausgegeben:

	Thlr.	Sgr.	Pf.
an Zinsen pro 1861 und rückwärts	1,473,981	16	7
an Zinsen pro 1862	8,942,779	16	10
zur Tilgung	5,519,772	26	3
an Kosten der unverzinslichen Schuld . . .	6,000	—	—
an Renten	411,452	20	11
extraordinär, an Konvertirungsprämien für die Anleihe vom Jahr 1850	148,770	—	—
an Verwaltungskosten	74,589	20	2
zusammen	16,577,346	10	9

	Thlr.	Sgr.	Pf.
Zu zahlen blieben noch Zinsen pro 1861 und rückwärts	71,374	9	3
pro 1862	1,455,947	6	8.

Wie Rau anführt, hätte schon Sonenfels gesagt: „Je unbeschränkter eine Monarchie, desto begrenzter ist ihr Kredit; der Despotismus hat gar keinen.“ Hieraus darf man noch nicht den Schluss ziehen, dass sobald ein Staat aufhört, ein absoluter zu sein, dann auch seine Schulden grösser werden. Denn auch in anderer Weise als durch Anleihen können Staatsschulden entstehen; doch kommen die Schulden, welche ein absolut regierter Staat nicht durch freiwillige Anleihen macht, dem Volk in der Regel am theuersten zu stehen. Indessen sind auch keineswegs alle absoluten Staaten so kreditlos, dass sie nicht mitunter grosse Anleihen zu Stande bringen könnten. Russland z. B. hat schon sehr viel angeliehen, aber freilich unter erheblich ungünstigeren Bedingungen als England.

Die Verzinsung oder Zurückzahlung der Schulden kann nun unterbleiben, freiwillig und unfreiwillig, ganz und theilweise. Ein Staat, welcher einen Staatsbankerott (S. 398) gemacht hat, kann aber nachher schwer wieder Anleihen erhalten und wenn sein Bankerott ein betrüglicher war, so wird sein Kredit vorzugsweise gelitten haben.

Wenn Nationalschulden einmal bis auf einen gewissen Grad gehäuft sind, so ist, sagt Ad. Smith, fast kein Beispiel vorhanden, dass sie völlig und ehrlich bezahlt worden wären. Sind irgendwo verpfändete öffentliche Einkünfte frei gemacht worden, so ist dies immer durch einen Bankerott geschehen, es mag nun ein offenbarer oder ein versteckter gewesen sein, die Bezahlung der Schulden mag geradezu verweigert oder nur dem Scheine nach geleistet worden sein. „Wenn es einem Staate unvermeidlich ist, sich für bankerott zu erklären, so ist für ihn, so wie für jeden Privatmann, ein offener, unverhohlener und regelmässiger Bankerott der ehrenvollste; er ist zugleich für seine Gläubiger der unschädlichste. Für die Ehre eines Staats wird gewiss dadurch sehr wenig gesorgt, wenn er, um der Schande eines wirklichen Bankerotts zu entgehen, zu solchen Taschenspielerkünsten seine Zuflucht nimmt, die man doch so leicht durchschaut und die zugleich so verderbliche Folgen haben.“

Der Abbé Terray, welcher 1768 bis 1774 Französischer Finanzminister war, äusserte, wie Rau berichtet, que la banqueroute était nécessaire un fois tous les siècles, afin de mettre l'état au pair; qu'un roi ne risquait rien d'emprunter, parcequ'il était le maitre de ne plus payer les anciennes rentes, quand elles avaient été servies assez longtemps! Und ein berühmter Amerikanischer Staatsmann, Jefferson († 1826), äusserte sogar Zweifel, ob es mit wahrer demokratischer Freiheit wohl im Einklang stände, dass Eine Generation die folgenden Generationen verpflichten könnte, ihre Schulden zu bezahlen [1]). Zu erwähnen ist hier auch die sogenannte Repudiation oder die in Nordamerika vorgekommene Weigerung einiger Staaten, ihre Schulden zu bezahlen. Sie ging vom Staate Mississippi aus und wurde auf die Behauptung gestützt, die Anleihen seien nicht in gesetzlicher Form gemacht, auch grösstentheils unredlich verschleudert worden. Danach entstand ein ungeheures Sinken der Schuldscheine mehrerer Staaten auf etwa 20 $^0/_0$, und Tyler klagte in seiner Präsidentenbotschaft vom December 1842, dass die Union nicht vermocht habe, in Europa eine Anleihe zu Stande zu bringen, obschon Europäische Regierungen um niedrigen Zins geliehen hätten. Im Jahr 1848 verweigerten noch Mississippi, Florida, Michigan und Arkansas die Bezahlung, fünf andere Staaten erkannten ihre Verbindlichkeit, waren aber im Rückstande. Die Anleihen, welche 1848/50 die vom Deutschen Bunde eingesetzte Landesregierung von Schleswig-Holstein kontrahirt hatte, und welche sich auf 11,862,599 Mark oder beinahe $4^3/_4$ Mill. Thaler beliefen, wurden nach einer Bekanntmachung des Dänischen Finanzministers vom 7. Juni 1852 nicht anerkannt, sondern im Verhältniss zur Staatskasse für null und nichtig erklärt.

Willkührliche Heruntersetzungen der Staatsschulden sind auch vorgekommen. In Frankreich setzte 1797 das Direktorium die Staatsschuld auf $^1/_3$ herab. Dasselbe geschah auch in den später an Frankreich gekommenen Ländern, namentlich in Holland und dem Königreich Westphalen. In Oesterreich wurde 1807 die Verzinsung einer Zwangsanleihe von 1794 eingestellt und die Tilgung in 25 Jahresbeträgen angeordnet.

Nach Auflösung des Königreichs Westphalen wurden die darauf haftenden ursprünglich Preussischen Landesschuldverschreibungen, welche willkührlich auf $^1/_3$ ihres Nennwerths herabgesetzt und worüber zum Theil neue Schuldverschreibungen ausgefertigt waren, auf ihren alten Werth erhoben. Die Summe dieser alten Schulden, welche der Preussische Staat wieder zu ihrem früheren Werth erhob, war mit Einschluss der zum Kapitale geschlagenen Zinsreste 7,201,849 Thlr. [2]).

[1]) Edinb. Rev. 1861. October. S. 566.

[2]) Krug. Geschichte der Preuss. Staatsschulden. S. 208 209.

Auch Preussen hat einige Staatsschulden nicht ganz, andere gar nicht anerkannt. Dies gilt von der auf Schlesien haftenden Schuld [1]). Von den alten Schulden der Republik und Stadt Danzig waren bis zum Mai 1806 durch die Preussische Regierung 1,231,646 Thlr. bezahlt. Im Jahre 1824 wurde die ganze Schuld mit Einschluss aller Zinsrückstände und aller zinslosen Forderungen auf 11,992,603 Thlr. angeschlagen und auf $^1/_3$ des Nennwerths heruntergesetzt; anstatt die Zinsen zu 6 $^0/_0$, wie es die Originalverschreibungen versprachen, zu zahlen, wurde bestimmt, dass der jetzt fixirte Cours von 33 $^1/_3$ $^0/_0$ vom 1. Januar 1824 ab bis zur gänzlichen Tilgung mit 1 $^1/_3$ $^0/_0$ jährlich erhöht werden solle, so dass die Vergütung der Zinsen seit dem 1. Januar 1824 in diesem Course enthalten sein werde [2]). Der Preussische Antheil an der Centralschuld des Königreichs Westphalen wird zu 7,208,382 Franken angegeben [3]). Am 31. Januar 1827 erging eine K.O. wegen Regulirung des Preussischen Antheils an der Centralschuld des ehemaligen Königreichs Westphalen. Danach blieben, für jetzt und vor endlicher Auseinandersetzung mit den übrigen hierbei betheiligten Regierungen, von der Liquidation und Festsetzung namentlich auch die Forderungen aus den drei Westphälischen Zwangsanleihen von resp. 20, 10 und 5 Millionen ausgeschlossen. In Gemässheit eines Vertrages zwischen Preussen, Hannover, Kurhessen und Braunschweig, die Regulirung der Centralschuldverhältnisse des Königreichs Westphalen betreffend, vom 29. Juni 1842, wurden durch K.O. vom 3. Mai 1843 die zur Abtragung von Kriegskontributionen durch die Westphälischen Dekrete vom 19. October 1808, 1. December 1810 und 12. Juni 1812 ausgeschriebenen Zwangsanleihen mit den dazu gehörigen Zinsansprüchen von Preussen weder ganz noch theilweise anerkannt, wie auch zur Befriedigung dieser Forderungen die Regierungen von Hannover, Kurhessen und Braunschweig in Bezug auf die von dem ehemaligen Königreich Westphalen auf sie unmittelbar übergegangenen Landestheile jede Mitwirkung verweigert haben. Die Gläubiger des ehemaligen Königreichs Westphalen haben Grund, wegen Justizverweigerung Beschwerde zu führen. Die Bundesversammlung hat ihnen aber noch keine Hülfe gewährt, sich vielmehr für inkompetent erklärt [4]).

[1]) Krug, a. a. O. S. 28. 131. 132. 139—142.

[2]) Krug, a. a. O. S. 44. 318—327. Im Jahre 1857 sollte nach einer Bekanntmachung der Hauptverwaltung der Staatsschulden vom 11 Juni der Rest dieser Schuld mit 77 $^1/_3$ $^0/_0$ getilgt werden.

[3]) Krug. a. a. O. S. 298.

[4]) Klüber, öffentliches Recht des Teutschen Bundes. 4te Aufl. §. 169. e.

Das letzte rechtmässige und ausführbare Mittel, die Staatsschuld abzutragen oder zu vermindern, ist, wie schon (S. 442) erwähnt, nur durch einen Ueberschuss der Einnahme. Ohne Zweifel ist es daher wünschenswerth, einen solchen zu haben. Dennoch aber erscheint es nicht rathsam, unter allen Umständen die sich ergebenden Ueberschüsse zur Schuldentilgung zu verwenden. Wenn die Staatseinnahmen dauernd Ueberschüsse gewähren, so ist es nützlicher, die lästigsten Steuern abzuschaffen, als Staatsschulden abzuzahlen. Erst wenn tadelnswerthe Steuern nicht mehr bestehen, wird es in einem Lande, welches an Wohlstand fortschreitet und wo die Staatseinnahmen zunehmen, sich empfehlen, die Ueberschüsse zur Schuldentilgung zu verwenden. „Eventuell könnte es rathsam sein, den ganzen Ertrag bestimmter Steuern für diesen Zweck auszusetzen, weil, wenn der dazu bestimmte Fonds abgesondert gehalten und nicht mit der Gesammteinnahme des Staats vermischt wird, eine grössere Sicherheit vorhanden ist, dass man bei der Liquidation wirklich beharren wolle. Wahrscheinlich würden sich die Erbschafts- und Vermächtnisssteuern (S. 88. 253. 263) zu diesem Zwecke besonders eignen, indem Steuern, die wie diese vom Kapital entrichtet werden, passender zur Zurückzahlung von Kapital als zur Bestreitung laufender Ausgaben verwendet werden. Wenn ein solcher abgesonderter Tilgungsfonds gebildet ist (if this separate appropriation were made), so könnte ein Ueberschuss, der sich etwa noch durch die Vermehrung des Ertrages anderer Steuern und durch die Ersparung an Zinsen von dem abgetragenen Theile der Schuld ergeben sollte, zu weiteren Verminderungen in der Besteuerung benutzt werden.“ Indem ich diese Worte Mill's anführe, bemerke ich, dass er es nicht der Mühe werth erachtet hat, hier eines sonstigen Tilgungsfonds auch nur zu erwähnen.

In England, wo es einen besonderen Tilgungsfonds nicht mehr giebt, erfolgt auf Grund eines Gesetzes von 1829 eine Tilgung der Staatsschuld nur dann, wenn es nach Bestreitung des Staatsaufwandes aus Einnahmeüberschüssen geschehen kann; in diesem Fall wird in der Regel ein Viertel des Ueberschusses dazu verwendet. Jetzt ist die Schuld bedeutend geringer, als sie im Jahre 1816 war, wo sie auf 885 Millionen angegeben wird. Uebrigens wurde auch im Frieden die Schuld nicht sogleich geringer, da vor den Zeiten Huskissons irgend erhebliche Reformen in Bezug auf Steuern und das Schuldenwesen nicht eingetreten waren [1]).

Ein Tilgungsfonds ist übrigens keine neue Erfindung. Es

---

[1]) Vergl. Martineau, Geschichte Englands. Bd. I. S. 194 — 214.

gab dergleichen schon im siebenzehnten Jahrhundert. Ad. Smith scheint nicht viel davon erwartet zu haben. Er meinte, ein solcher Tilgungsfonds, ob er gleich eigentlich bestimmt sei, alte Schulden zu bezahlen, sei doch zu gleicher Zeit ein Mittel, neue Schulden mit mehr Leichtigkeit zu machen. Er sei ein Hülfsfonds, der immer bei der Hand sei, um jeden andern unsichern Fonds zu ergänzen, auf welchen man in irgend einem Nothfall Geld aufzunehmen gesonnen sei. — Die während eines Krieges aufgelegten neuen Abgaben hörten nach der Rückkehr des Friedens selten auf, weil sie auf immer verpfändet seien, um die Zinsen der aufgenommenen Anleihen zu bezahlen. Da nun die neuen Steuern eben bloss zur Bezahlung der Zinsen für die geborgten Gelder aufgelegt worden, so erwarte und verlange man von ihnen keinen grösseren Ertrag, als der zu dieser Bezahlung zureiche. Sie gäben auch selten einen beträchtlichen Ueberschuss. Die Tilgungsfonds entständen demnach nicht sowohl daraus, dass von den sämmtlichen Einnahmen des Staats, nach Bezahlung der sämmtlichen Ausgaben — die Zinsen der erborgten Kapitalien mit eingerechnet — viel übrig bleibe, als vielmehr aus der mit der Zeit erfolgenden Heruntersetzung des Zinsfusses. So wäre im Jahre 1655 der Tilgungsfonds Hollands, und im Jahre 1685 der des Kirchenstaats gebildet worden; aber eben daraus erhelle auch, dass diese Fonds zur Tilgung der Schulden schwerlich zureichen könnten.

Pitt war es, der auf Anrathen Price's die Einrichtung eines Tilgungsfonds in England herbeiführte, in Folge dessen demnächst auch in anderen Ländern Einrichtungen gemacht, nachher aber mehr oder weniger wieder aufgegeben wurden. Bei der Besprechung von Earl Stanhope's „Life of Pitt" hat das „Edinburgh Review" vom Juli 1862 sich auch über den Sinking Fund ausgelassen, und daraus entnehme ich folgende Mittheilungen.

Die philosophischen Schriftsteller des achtzehnten Jahrhunderts, Hutchinson, Hume, Blackstone und selbst Ad. Smith, haben alle mit einer Art von Schrecken auf den Fortschritt der Nationalschuld seit der Revolution von 1688 geblickt, und schon 1716 wurde ein Plan für einen Sinking Fund theilweise adoptirt. Im Jahre 1726 stellte Sir Nathanael Gould die Lehre auf, dass eine Summe Geldes, auf Zinseszinsen angelegt, sich derart vermehren würde, um zuletzt eine Schuld zu tilgen; so zeigte er, dass eine Million £, zu 4 Procent Zinsen angelegt, in 105 Jahren auf 1575 Millionen anwachsen würde. In seiner 1771 veröffentlichten Flugschrift stellte Dr. Price denselben Trugschluss in sehr plausibler Weise auf; und bald, nachdem Pitt in's Ministerium trat, veranlasste er Price, Vorschläge für einen Sinking Fund auszuarbeiten, von denen einer demnächst vom Parlament angenommen wurde. Der Plan bestand darin, durch Parlamentsakte 250,000 £ vierteljährlich auszusetzen, womit Kommissare Stocks ankaufen sollten; die Dividenden von den angekauften Stocks sollten dem Fonds zugeschlagen werden, bis er sich auf 4 Millionen beliefe. — Pitt scheint nicht beachtet zu haben, dass das völlig Trügliche dieses Systems und des Prinzips, worauf es sich stützt, gegen Price in einem von Wimpey 1772 veröffentlichten Pamphlet nachgewiesen worden war; auch entdeckte er selbst nicht die Natur der Täuschung, die jetzt offenbar geworden ist. Dennoch hatte sie Wimpey in wenigen Sätzen dargethan: „So lange das Volk das Geld geben kann, um die ganzen laufenden Ausgaben des Jahres zu bestreiten, und noch einen Ueberschuss, so wird dieser Ueberschuss, wenn er so verwendet wird, wie er verwendet werden sollte, sicherlich die Schuld verringern. Wenn aber diese Ausgaben sein äusserstes Vermögen übersteigen, so wird die Schuld, trotz aller Künste, steigen; und ich meine, es kann keinen Unterschied machen, wie auch immer frühere Ueberschüsse verwendet sein mögen, wenn zur Abzahlung alter Schulden neue gemacht werden müssen mit einer immer wachsenden Zinsenlast. Der Sinking Fund hat nichts von der Natur eines Springbrunnens in sich: er muss von Zeit zu Zeit Zuflüsse erhalten, oder er wird nothwendig aufhören wirksam zu sein und bloss dem Namen nach bestehen. Die einzige Quelle ist der Beutel des Volks; und wenn dieser leer ist, dann gute Nacht mit allen Fonds, Ihr mögt sie nennen, wie Ihr wollt. Die unendlichen Interessen und die allmächtige Macht derselben verschwinden sogleich. Ein Fonds von 200,000 £ jährlich, oder von einer Million jährlich, 500 Jahre hintereinander, würde nichts helfen, wenn das Volk nicht noch ausser diesen Summen die Zinsen der gegenwärtigen Schuld und seine laufenden Ausgaben bestreiten könnte. Ohne solche Fähigkeiten ist ein Sinking Fund eine blosse Chimäre, und eine neue Schuld möchte mit doppelt so grosser Schnelligkeit anwachsen, als die alte getilgt werden könnte. Es wäre ebenso, als wenn man eine doppelte Kreide in der einen Hand und einen Schwamm in der andern hielte, und mit der rechten zwei Striche machte, während man mit der linken einen wegwischte; und je länger Ihr anschreibt und wegwischt, desto grösser und länger würde die Rechnung werden. Dass Geld zu Zinseszinsen in der überraschenden Weise, wie Ihr sagt, anwachsen würde, ist erweislich sicher; und es ist gerade eben so sicher, dass die Zinsen von geborgtem Gelde, wenn sie nicht pünktlich gezahlt werden, in eben derselben Weise und mit derselben Schnelligkeit anwachsen würden."

Diese Bemerkungen mögen Pitt niemals vor Augen gekommen sein; und es ist unzweifelhaft richtig, dass Price's Träumereien beinahe allgemeine Annahme bei den Staatsmännern und dem Volke fanden, die Zeitgenossen Ad. Smith's waren. Doch die ganze Täuschung müsste Pitt entdeckt haben, wenn er sich die Frage vorgelegt hätte: woher soll das Wachsen kommen? Geld heckt nicht Geld, wenn auch die Benutzung von Kapital dies thut: aber hier war die einzige Quelle des Zuflusses eine hinzugefügte Summe, die jährlich aus den Steuern des Volks bei Seite gelegt ward. Es war dem Dr. Hamilton zu Aberdeen vorbehalten, bei der 1813 stattgehabten Wiederveröffentlichung seiner „Untersuchung über den Ursprung und den Fortschritt der Nationalschuld" das System darzustellen und zu vernichten, und der Beweis ist durch die seitdem durch M'Culloch gesammelten noch weiteren Nachrichten vervollständigt worden. Wir sind durch diesen Schriftsteller in den Stand gesetzt, darzuthun, was eben die Wirkung von Pitt's Sinking Fund war: „Aus diesen Thatsachen kann man leicht sehen, dass der Sinking Fund nicht eine plumpe allein, sondern auch eine kostspielige Betrügerei war. Zum Beweise hiervon bitten wir zu beachten, dass die Anleihen, die in jedem Jahre von 1794 bis einschliesslich 1816 abgeschlossen wurden, sich zusammen auf 584,874,557 £ beliefen, mit einer jährlichen Last für das Volk von 30,174,364 £. Von diesen Anleihen empfingen die Kommissare des Sinking Fund 188,522,350 £, und hiervon betrug die verhältnissmässige jährliche Last 9,726,090 £. Aber ferner ergiebt sich aus den bezüglichen Rechnungen, dass der Stock, welchen die Kommissare mit dieser Summe von 188,522,350 £, die ihnen aus den Anleihen überwiesen wurde, ankauften, nur eine jährliche Dividende von 9,168,232 £ brachte, so dass im Ganzen die Operationen der Kommissare während des Krieges für das Land einen direkten reinen Verlust von jährlich 557,857 £ herbeiführten, welcher zu 3 Procent einem Kapital von 18,595,233 £ gleichkommt, ausschliesslich der Verwaltungskosten, die etwa 60,000 £ betrugen. Dies war das praktische Resultat von Pitt's famosem Sinking Fund, der so lange als das Palladium des öffentlichen Kredits und als der Nothanker der Nation betrachtet worden ist."

Lange vorher hatte Ad. Smith bemerkt, dass ein Sinking Fund, wenn gleich eingerichtet zur Zahlung alter Schulden, doch das Abschliessen neuer sehr erleichtere: und in der That, das war der Zweck, zu welchem Pitt's Sinking Fund bald angewendet wurde. Vielleicht setzte derselbe den Minister in den Stand, Anleihen unter weniger ungünstigen Bedingungen aufzunehmen, als worauf er sonst hätte eingehen müssen, nach dem, wenn gleich trüglichen Glauben, dass gewisse mysteriöse Mittel wirksam wären, um einen Theil der früheren Schuld aufzuheben. Wie dies auch immer sein mag, so ist es doch sicher, dass der Minister, der seinen Amtsantritt durch einen eifrigen und lobenswerthen Wunsch, die durch den amerikanischen Krieg herbeigeführten Lasten zu vermindern, bemerkenswerth machte, in der That diese Lasten ungeheuer erhöhte. Die Totalsumme von Pitt's Finanzverwaltung kann mit drei Ziffern beschrieben werden. Die Nationalschuld zur Zeit des Friedens von Versailles 1783 war 249,851,628 £. In den zehn Friedensjahren von 1783 bis 1793 betrug die abgezahlte Schuld 5,732,993 £. In neun Kriegsjahren von 1793 bis 1802 stieg die Schuld auf 520,207,101 £; die Zunahme war zum Belauf von 30 Millionen jährlich; dennoch kann man nicht sagen, dass England während dieser ganzen Zeit eine wirksame Armee im Felde gehabt hätte, oder einen Alliirten auf dem Kontinent, dem es hätte trauen können. In vielen Beziehungen haben wir gesehen, dass Pitt's Meinungen seiner Zeit voraus waren und er sich nicht selten genöthigt sah, diese Meinungen den Vorurtheilen seiner Zeitgenossen zu opfern. Aber bei dieser Frage des Sinking Fund, der der Schlussstein seines Finanzsystems war, wissen wir jetzt, dass alle leitenden Männer damaliger Zeit in gleicher Weise getäuscht waren; und unmöglich kann man Männern, die sich so konnten täuschen lassen, für ihre Kenntnisse und ihren Scharfsinn in Finanzsachen die höchsten Ehren zuerkennen. Die sieben Jahre von 1785 bis 1792 waren indessen in England Jahre der Ruhe und des Fortschritts, und die Resultate von Pitt's Verwaltung, unterstützt durch seinen weisen Handelsvertrag mit Frankreich, rechtfertigten das stolze Wohlgefallen, womit er im letzten Jahre sein Budget im Hause der Gemeinen einbrachte. Die Einfuhren waren von 1782 bis 1790 von 9,714,000 £ auf 19,139,000 £ gestiegen. Im Jahre 1791 wurden die Vierprocentigen und die Fünfprocentigen zu 107 1/4 und 122 3/4 Procent verkauft. Die Einnahmen hatten sich auf 16 1/2 Millionen erhöht, was einen Ueberschuss von 400,000 £ zu der Million des Sinking Fund liess und Pitt setzte unverständiger Weise voraus, dass nach weiteren funfzehn Jahren, nämlich 1808, der Fonds die Summe von 4 Millionen jährlich erreichen würde, die dann dem Parlament zur Verfügung stehen würden. Mit mehr Wahrheit entwickelte er jene zuversichtliche und triumphirende Ueberschau eines glücklichen Ministers durch einen beredten Tribut an die Industrie und die Energie des Landes, die Wirkungen der Ansammlung von Kapital und der Freiheit des Volkes von England. „Wir können in der That,“ sagte er zum Schluss, „jenen Schwankungen unterliegen, die häufig in den Angelegenheiten einer grossen Nation vorkommen, und die man unmöglich berechnen und vorhersehen kann, aber, so weit auf menschliches Denken irgend Verlass ist, haben wir den besten Grund, mit Befriedigung auf die Gegenwart und mit Vertrauen auf die Zukunft zu blicken.“ So war die Sprache des Ministers am Vorabend jenes furchtbaren Kampfes, in den sich zu stürzen er bestimmt war, ehe der Monat Februar wiederkehrte, ein Kampf, der ihn nöthigen sollte, ungeheure Lasten der Besteuerung des Landes hinzuzufügen, die Nationalschuld mit unbegreiflicher Schnelligkeit zu vermehren und in weniger als fünf Jahren zu einer Suspension der Baarzahlungen zu gelangen. Niemand, welcher Pitt's Politik studirt hat, kann ihm irgend eine heftige Begierde, sich in Krieg zu verwickeln oder eine Neigung, ihn fortzusetzen, zum Vorwurf machen, im Gegentheil, er war einzig blind gegen die Gefahren desselben, selbst als sie ihm in's Gesicht starrten, und einzig in Verlegenheit, sowohl ihn zu führen, als auch ihn zu beendigen. In diesem Moment indessen betrachten wir dessen Wirkungen auf sein Finanzsystem, und es ist offenbar, dass das, was daran auch immer gut war, durch die Ereignisse der folgenden wenigen Jahre zu den Winden des Himmels verweht wurde, während die Lasten der Schuld und der Steuern stärker als jemals auf die Nachkommenschaft drückten. —

Nicht England allein, auch andere grosse Staaten haben ihre Schulden mittelst Tilgungsfonds oder Amortisationskassen zu tilgen versucht. Ihre Schulden sind aber grösser geworden. In Frankreich hat die Amortisationskasse seit 1816 3,178 Millionen Franken zu ihrer Verfügung gehabt; sie hat 1,633 Millionen zum Rückkauf von Renten verwendet und 1,545 Millionen gingen in Kosten drauf; während die Kasse 1633 Millionen tilgte, lieh der Staat 3,429 Millionen an — ungerechnet die für den Orientalischen Krieg angeliehenen 1500 Millionen (S. 436), die für den Italienischen Krieg 1859 angeliehenen 500 Millionen und die 150 Millionen der sogenannten Obligations trentenaires von 1861. Cavour dagegen, als er die Errichtung eines grossen Buchs für die Fusion der Schulden der verschiedenen Italienischen Staaten beantragte, schlug im April 1861 dem Italienischen Parlament zugleich vor, auf „das alte und trügerische Amortisationssystem, eine nutzlose Fiktion“ zu verzichten. Die Vereinigten Staaten, welche niemals eine Amortisationskasse hatten, haben durch das einfache Mittel, ihre Ausgaben zu vermindern und ihre

Einnahmen zu erhöhen, mehrmals ihre Schuld getilgt. Von 1790 bis 1848 haben sie eine Schuld von 500 Millionen Dollars abgezahlt. Der Unabhängigkeitskrieg hinterlies eine Schuld, die sich am Ende des Jahrhunderts auf 79,4 Millionen Dollars belief und die 1835 durch Einnahmeüberschüsse getilgt war. Landerwerbungen, die Kriege mit den Indianern und andere Ursachen veranlassten seitdem eine andere Schuld, die 1857 bis auf 25 Millionen Dollars erniedrigt war [1]). Seitdem sind freilich weitere Schulden entstanden, ganz besonders durch den Bürgerkrieg seit 1861. Ende März 1865 soll die Nationalschuld sich auf 2,366,955,077 Dollars belaufen haben. Einen Brief vom 5. Februar 1865 an seinen Freund B. R. Wood, Gesandten der Vereinigten Staaten in Kopenhagen, schloss Rich. Cobden [2])

[1]) Garnier, Traité de Finances. S. 245. 252. 253. 441.

[2]) Er vertrat zuletzt Rochdale. In einer dort wenige Tage nach seinem Tode (2. April) abgehaltenen Wählerversammlung sprach sein langjähriger Freund Bright: „Manche sagen, es sei in unserer Zeit kein Unterschied mehr zwischen Wighs und Tories. Ich glaube nicht, dass dies ganz wahr ist, obgleich es manche Wighs giebt, die gar sehr manchen Tories gleichen. Warum lässt es sich heutzutage in England besser leben, als zur Zeit, da alle Männer hier in Kinderschuhen gingen? Warum haben wir seit Jahren nichts von der Unzufriedenheit im Lande gehabt, die vor 4 Decennien noch allgemein herrschte? Warum beseelt alle Klassen des Gemeinwesens ein besseres und sanfteres Gefühl, als in den Tagen unserer Väter? Weil seit 20 Jahren in vielen Zweigen unserer Gesetzgebung und Verwaltung grosse Veränderungen vorgenommen worden sind, und die grosse Masse des Volkes — um welche die Regierungen nur zu oft sich wenig kümmern — sich besser behandelt sieht. Unser Gegenkandidat, Mr. Brett, tritt in seiner eigenen Adresse als ein ausgesprochener und fester Anhänger Lord Derby's auf. Die Politik Lord Derby's war vor allem, dass zwei Millionen Menschen Herrn Schmalhans zum Küchenmeister erhalten sollen; dass jenes ganze verhasste, kopflose und nichtsnutzige Protektionssystem aufrecht erhalten werde, und seine Politik war, durch Entkräftung des glorreichen Cobden'schen Handelsvertrages Frankreich und England auf ewig auseinander zu halten; seine Politik war, die Millionen in Unwissenheit zu erhalten, denn er weigerte sich, die treffliche Pennypresse in die Wohnstätten des Volks zu lassen; aber diese Menschen alle sind für das Gute, wenn es einmal gethan ist. Wenn wir Jahre unseres Lebens daran gesetzt haben, wenn Ihr von Jugend auf gestrebt und gerungen habt, um für die Verbreitung gerechter Prinzipien und die Einführung weiser Gesetze zu wirken, und wenn Ihr dies alles gegen den vereinigten Widerstand all der Bretts von England gethan habt, dann kommen die Bretts und sagen, dass die Abschaffung der Korngesetze ganz recht war, dass der Französische Vertrag eine gute Massregel, und dass die Pressfreiheit eine grosse Wohlthat ist, aber doch halten sie es mit Lord Derby. Und handelt es sich um irgend eine Frage, nicht der Vergangenheit, sondern der Zukunft, so habt Ihr für jedes künftige Gute einen eben so schweren Kampf gegen die Bretts zu bestehen wie in den letzten 20 Jahren für alles Gute, das sie so lange gehindert haben und nicht mehr hindern können. Unser Gegen-

mit den Worten: „Sie werden genug zu thun haben, um alle Ihre Energie in Ihrem Lande zur Regelung der Finanzen anzuwenden. In Fragen politischer Oekonomie herrscht in Ihren leitenden Kreisen ein erschrecklicher Mangel an Einsicht und Fähigkeit, und man scheint bei Ihnen noch auf derselben Stufe der Unwissenheit zu stehen, von welcher wir vor vierzig Jahren aufzusteigen begonnen haben. Von den Arbeiten eines Huskisson, Peel und Gladstone scheint den Herren — & Comp. nie etwas zu Ohren gekommen zu sein. Verlassen Sie sich darauf, so wenig es einen Nürnberger Trichter für Wissenschaft giebt, eben so wenig giebt es einen Washingtoner Trichter für die Staatswohlfahrt (as there is no „Royal road" to learning, so there is no „Republican path" to prosperity). Sie müssen sich die Lehren der Erfahrung zur Richtschnur nehmen. Schulden sind Schulden, hüben wie drüben, und *nur durch Klugheit und Sparsamkeit und eine weise Vertheilung der Lasten ist es möglich, sie abzutragen.*"

In Preussen betrugen die Ausgaben für die Staatsschulden — jedoch ohne die im Ganzen sehr bedeutenden Leibrenten, nämlich

kandidat macht in seiner Adresse den arbeitenden Klassen schöne Komplimente, nur findet er eins an ihnen bedenklich — nämlich, dass ihrer so viele seien Erinnert Euch der parlamentarischen Geschichte dieses Burgfleckens. Seit 1841 hat kein liberaler Kandidat im Rochdale einzelne Wähler um ihre Stimme angesprochen oder einen Penny für Wahlunkosten ausgegeben; kein Burgflecken in England hat eine ehrenvollere Geschichte; und einst wenn wir Alle verstummt sind, wird es Generationen Eurer Landsleute geben, die, von Mr. Cobden sprechend, unsere Enkel zu patriotischen Thaten aneifern und mit Stolz sagen werden, dass er einst diesen Ort im Parlament vertreten hat. Ich traue mir noch nicht die Kraft zu, von ihm so zu sprechen, wie ich zu sprechen wünschte. Ich muss dies auf eine ruhigere Zeit verschieben, wenn meine Nerven sich von dem vorige Woche erlittenen Stoss einigermaassen erholt haben; aber so viel will ich sagen, dass ich überall — sei es in England oder in einem anderen Theile der Welt — mich schämen würde zu gestehen, dass ich einer der hiesigen Wähler war, wenn Rochdale, sich selbst, seinen Prinzipien und Interessen den Rücken kehren und einen Gegner der glorreichen Sache des Fortschritts wählen sollte. Bleibet der grossartigen Politik der Vergangenheit getreu! Verlanget nicht von Mr. Potter, dass er von Haus zu Haus gehe, und um Stimmen bettele, oder dass er die Kosten eines Wahlkampfs bestreite. Halten wir uns rein unter uns und rein vor den Augen des Landes und der Welt. Wir leben in einer Zeit der Krisis, die Reformfrage liegt nicht in der entfernten, sondern in der nahen Zukunft, nichts als das Verbleiben des gegenwärtigen Premierministers versperrt den Weg zur Reform. Wenn die Veränderung kommt, die eines Tages kommen muss, dann giebt es nichts von der Art eines liberalen Ministeriums, das sich einen Monat halten kann, wenn es nicht entschlossen ist, die Reformfrage in die Hand zu nehmen.

die Pensionen beim Militär, bei der Justiz und bei allen Verwaltungsdepartements — nach den Etats für

1820	10,143,027 Thlr.	davon zur Tilgung	2,505,850 Thlr.
1850	7,501,531 „	„ „ „	2,533,017 „
1855	11,715,310 „	„ „ „	3,735,324 „
1861	15,547,700 „	„ „ „	4,267,445 „

Ausser diesen Summen enthalten die Etats aber noch Ausgaben, so wie auch Einnahmeposten, die sich auf öffentliche Schulden beziehen. So führt der Etat für 1821 unter den Ausgaben 1,159,730 Thlr. auf für das Ministerium des Schatzes, mit Einschluss der nunmehr an die Hauptverwaltung der Staatsschulden übergehenden Verzinsung der provinziellen Staatsschulden und theilweisen Amortisation derselben.

Im Etat für 1861 finden sich folgende Ausgaben aufgeführt:

Passivrenten und Abgaben	90,102 Thlr.
Abgaben und Lasten, welche auf dem Rheinzoll haften	32,484 „
Renten und Entschädigungen für aufgehobene Rechte und Nutzungen	557,483 „
Zuschuss zur Verzinsung und Tilgung verschiedener nicht übernommener Provinzial- und Kommunalschulden	22,134 „
Zur Tilgung der Schuldverschreibungen der Eichsfeldschen uud Paderbornschen Tilgungskasse . . .	31,809 „
Zur Ablösung von Passivrenten und anderen Verpflichtungen	50,000 „
Zusammen	784,012 Thlr.

Dagegen steht unter den Einnahmen aufgeführt, und zwar bei der Preussischen Bank: Zuschuss zur Verzinsung und Tilgung der Staatsanleihe von 1856 621,910 Thlr.

Im Jahre 1862 betrugen die Ausgaben bei der Hauptverwaltung der Staatsschulden, wie schon (S. 449) erwähnt, 16,577,346 Thlr., davon zur Tilgung 5,519,773 Thlr.

Das Steigen der Ausgaben liegt in dem seither angewendeten Tilgungssystem. In dem Staatsschuldengesetze vom 17. Januar 1820 heisst es, dass zur allmählichen Abtragung aller verzinslichen Schulden „für immer Ein Procent jährlich von der gegenwärtigen Höhe des Schuldkapitals zu einem allgemeinen Tilgungsfonds“ bewilligt würde. „Diesem Fonds treten auch die aus der allmählichen Abtragung der Schuld entstehenden Zinsersparnisse hinzu, und zwar: a. —“. „Dagegen aber findet c., bei den übrigen Schulden (insbesondere auch deu Hauptschulden, nämlich den Staatsschuldscheinen) das Hinzutreten der aus der allmählichen Kapitalstilgung entstehenden Zinsersparniss zu dem allgemeinen Tilgungsfonds nur in bestimmten Fristen statt; zunächst in den Jahren 1820 bis 1822, jedoch mit Hinzurechnung der durch die Schuldentilgung in den Jahren 1818 und 1819 schon erlangten Zinsersparnisse; vom 1. Januar 1823 ab aber immer in Zeitabschnitten von zehn auf einander folgenden Jahren; um so den Bedarf zur Verzinsung von Zeit zu Zeit vermindern und dadurch Unseren Unterthanen bei Entrichtung der Abgaben nach und nach Erleichterung gewähren zu können."

Im Jahre 1820 hielt man in England den Glauben, durch Tilgungsfonds die Staatsschulden tilgen zu können, noch nicht allgemein für Aberglauben. In Preussen jedoch scheinen Regierung und Volksvertretung immer noch an dem Nutzen von Tilgungsfonds zu glauben.

Eine neue Schuld aufzunehmen, um eine alte zu tilgen, kann räthlich sein, wenn die erste weniger Zinsen kostet, als die letzte. Das Umgekehrte dürfte sich jedoch niemals empfehlen.

Der Krimkrieg und der Italienische Krieg haben den Preussischen Unterthanen zwar Blut nicht gekostet, sie kosten ihnen aber Zinsen. Durch das Gesetz vom 20. Mai 1854 wurde dem Kriegsminister zu den im Jahre 1854 etwa erforderlich werdenden ausserordentlichen Bedürfnissen der Militärverwaltung ein Kredit bis zum Betrage von 30 Millionen Thaler eröffnet und der Finanzminister ermächtigt, zu diesem Behufe nach dem eintretenden Bedürfnisse eine Staatsanleihe von 30 Millionen aufzunehmen. Demnächst wurden im Juni 15 Millionen zu $4\frac{1}{2}$ % und ferner im November 15 Millionen in Form einer Lotterieanleihe aufgenommen. Wie viel Procent Zinsen die letztere Anleihe dem Staate jährlich kostet, kann ich nicht angeben. Die erstere kam so zu Stande, dass man für Einzahlung einer Summe von 93 Thlrn. eine Schuldverschreibung über 100 Thlr. erhielt. Hiernach hat der Staat jährlich $4\frac{5}{8}$ % Zinsen zu zahlen. Noch theurer kommt ihm die schon (S. 396. 419) erwähnte Anleihe von 1859 im Betrage von 30 Millionen Thalern zu stehen. In der Bekanntmachung des Finanzministers v. Patow vom 30. Mai 1859 waren vom 1. Juli ab 5 % Zinsen versprochen, die vor dem 1. Januar 1870 nicht heruntergesetzt werden sollen. Um eine Schuldverschreibung über 100 Thlr. zu erlangen, hatte man nicht mehr als 95 Thlr. einzuzahlen und zwar bis zum 11. Juni 10 Thlr., bis 8. Juli 30 Thlr., bis 22. August 25 Thlr. und bis 8 Oktober 30 Thlr. Bei den im Juli und August stattfindenden Einzahlungen konnte auch die ganze gezeichnete Summe vorausbezahlt werden, in welchen Fällen weniger zu zahlen war. Demnach hat der Staat etwa $5\frac{1}{4}$ bis $5\frac{1}{3}$ % Zinsen zu zahlen. Während so neue Schulden entstanden, wurde gleichzeitig mit Tilgung der alten, niedriger verzinslichen Schulden fortgefahren.

Das Resultat eines solchen Systems ist, dass die jährlichen Ausgaben für die Staatsschulden grösser werden.

Nach den schon oben (449. 461) angegebenen Zahlen kostete die Gesammtschuld überhaupt

1820	4,65 %
1850	4,11 „
1855	4,73 „
1861	5,72 „
1862	6,25 „.

Die Gesammtschuld kostete, wenn man die Ausgaben zur Tilgung ausser Betracht lässt

1820	3,50 %
1850	2,72 „
1855	3,22 „
1861	4,15 „
1862	4,17 „.

Die Schuld, nach Abzug der unverzinslichen, kostete ohne Berücksichtigung der Ausgaben zur Tilgung

1820	3,69 %
1850	3,07 „
1855	3,68 „
1861	4,41 „
1862	4,43 „.

Dass der Procentsatz für 1850 geringer ist, als für 1820, liegt wahrscheinlich vorzugsweise darin, dass in der Zwischenzeit die Zinsen der Staatsschuldscheine von 4 % auf $3\frac{1}{2}$ % heruntergesetzt wurden. Wäre die Tilgung von 162 Millionen Thalern erspart, so betrüge die verzinsliche Schuld 1864 418,804,347 Thlr. Wenn auch eine Zinsenherabsetzung nicht stattgefunden hätte und wenn die Verzinsung noch, wie im Jahre 1820, 3,69 % kostete, so hätte die Schuld 1864 nur 15,453,878 Thlr. gekostet, also 1,123,468 weniger, als die Hauptverwaltung der Staatsschulden im Jahre 1862 verbraucht hat.

Die durch das Staatsschuldengesetz von 1820 erweckte Hoffnung, dass es durch das Wirken des Tilgungsfonds möglich sein würde, „den Bedarf zur Verzinsung von Zeit zu Zeit vermindern und dadurch Unseren Unterthanen bei Entrichtung der Abgaben nach und nach Erleichterungen gewähren zu können,“ muss nach mehr als vierzigjähriger Erfahrung aufgegeben werden.

Kein grosser Staat hat so ehrlich und so beharrlich die Schuldentilgung vermittelst Tilgungfonds zu bewirken gesucht, wie Preussen. Den Steuerzahlern sind aber dadurch Erleichterungen nicht zu Theil geworden, obgleich seit einem halben Jahrhundert das Land von Krieg verschont geblieben ist. Daher dürfte es nun endlich wohl an der Zeit sein, die bestehenden Tilgungsgesetze abzuschaffen, die seitherige Tilgungsweise aufzugeben und — nach Abzahlung der Kassenanweisungen (S. 409) — an Steuern fünf Millionen Thaler wenigstens fürs Jahr zu erlassen.

Sollte man gegen diesen Vorschlag etwa ernstlich einwenden, ein solcher Steuererlass sei unzulässig, weil der Preussische Staatskredit leiden würde, wenn die alte Tilgungsmethode aufgegeben würde, so darf man sich nur auf die Erfahrungen England's berufen. Der Englische Staatskredit hat durch die Beseitigung des Sinking Fund durchaus nicht gelitten. Und obgleich die Englische Staatsschuld sowohl absolut als auch relativ erheblich grösser ist, als die Preussische, so steht doch fortwährend der Cours der Englischen Dreiprocentigen verhältnissmässig viel höher, als der Cours der Preussischen Dreieinhalbprocentigen.

Wenn in den Jahren, wo neue Anleihen nicht aufgenommen zu werden brauchen, Ueberschüsse von den Staatseinnahmen vorhanden sind und diese — wie es gegenwärtig in England Regel ist — theils zu Steuererlassen und theils zur Abtragung von Schulden verwendet werden, so sollte man nicht mehr, wie jetzt geschieht, alle Arten von Schulden gleichzeitig tilgen.

Alle Forderungen an den Preussischen Staat werden doch als gleich sicher angesehen werden können, und danach sollte man denken, dass die darin angelegten Kapitalien denselben Zinsfuss bringen würden. Wäre dieser nun 4 $^0/_0$, so müssten die

$3\frac{1}{2}$	procentigen	stehen	auf	$87\frac{1}{2}$
4	„	„	„	100
$4\frac{1}{2}$	„	„	„	$112\frac{1}{2}$
5	„	„	„	125.

So können diese Papiere aber niemals stehen. Da alle entweder durch Ankauf zum Course oder durch Verloosung zum Nennwerth gleichzeitig getilgt werden, so wird man die höher verzinslichen nicht viel über den Nennwerth bezahlen, um nicht etwa das Aufgeld zu verlieren, vielmehr lieber die niedriger verzinslichen theuer bezahlen, wenn man auch geringere Zinsen zieht. Zu Ende des Jahres 1864 standen die

3½procentigen	auf	91	und brachten danach	Linsen	3,85 %
4	„	„ 97	„	„	4,12 %
4½	„	„ 102	„	„	4,41 %
5	„	„ 105½	„	„	4,74 %

Mit 1,000,000 Thlr. könnte man also zum Course oder zum Nennwerth tilgen

	Kapital, und	jährlich an Zinsen ersparen
3½procentige	1,098,901 Thlr. . .	38,461 Thlr.
4 „	1,030,928 „ . . .	41,236 „
4½ „	1,000,000 „ . . .	45,000 „
5 „	1,000,000 „ . . .	50,000 „

Hiernach würde es am vortheilhaftesten erscheinen, immer die am höchsten verzinslichen Schulden zu tilgen, weil man hierdurch sogleich die grössten Zinsenersparung erlangen würde.

Dennoch bin ich im Interesse der Steuerzahler, die ferner erleichtert werden müssen und können, der Ansicht, dass die Tilgung immer auf die am niedrigst verzinslichen Schulden beschränkt werden muss.

Ich habe bereits eine gesetzliche Vorschrift (S. 55) empfohlen, dass die Kirchen und kirchlichen Anstalten, sowie die Religions-, Kirchen- und geistlichen Gesellschaften aller Art anderes Eigenthum als Preussische Staatsschuldscheine künftig nicht mehr sollen rechtlich erwerben können. Ich habe auch (S. 244) ein Gesetz empfohlen, wonach für alle Gelder, welche jetzt bei der Preussischen Bank zu 2, 2½ oder 3 % Zinsen angelegt werden müssen, künftig Staatsschuldscheine anzukaufen wären. Ferner schlage ich vor, das Gesetz vom 24. Juni und die Verordnung vom 28. Oktober 1861 dahin abzuändern, dass die bei der Depositenkasse für den Bezirk des Appellationsgerichtshofes in Cöln eingehenden Gelder nicht mehr bei der Preussischen Bank zu 2½ oder 2 % angelegt werden dürfen, sondern sämmtlich zum Ankauf von Staatsschuldscheinen verwendet werden und die Hinterleger die Zinsen davon unverkürzt, und nicht bloss 2½ % erhalten müssen. Endlich scheint mir, und nicht bloss für den Staatskredit, sondern auch im Interesse aller sparsamen Leute, ein Gesetz sehr wünschenswerth, wonach alle Sparkasseneinlagen bei allen Sparkassen künftig nur in Staatsschuldscheinen angelegt werden dürfen. Wenn diese von mir vorgeschlagenen Gesetze bald erlassen und pünktlich befolgt würden, so unterliegt es, wenn Ruhe und Friede bleibt, keinem Zweifel, dass der Cours der Staatsschuldscheine bedeutend steigen muss; ja es wäre nicht unmöglich, dass die verstärkte Nachfrage ihren Cours bis an oder über Pari brächte — da nur noch etwa 76

Millionen Thaler Staatsschuldscheine vorhanden sind. Je mehr aber der Cours der Staatsschuldscheine dem Pari sich nähert, um so weiter müssen die 4, $4\frac{1}{2}$ und 5procentigen Staatsschulden das Pari überschreiten, wenn ihre Verloosung und Rückzahlung zum Nennwerth unterbleibt. Wenn die Regierung demnächst im Stande wäre, zu $3\frac{1}{2}$ % al Pari anzuleihen, so würde es ausführbar werden, den Zinsfuss der gesammten Staatsschuld auf $3\frac{1}{2}$ % herunterzusetzen und dadurch den Steuerzahlern durch Abschaffung der schlechtesten Steuern bedeutende Erleichterungen zu verschaffen.

Das grossartigste Beispiel einer solchen Reduktion bietet England unter Peel's Ministerium. Da der Wohlstand Fortschritte machte, Kapitalien im Ueberfluss vorhanden waren und der Cours der Fonds stieg, so sahen die Inhaber der Dreieinhalbprocents voraus, dass sie bald von einem Plane der Regierung, den Zins dieser Fonds herabzusetzen, vernehmen würden. Jedermann sagte, dass eine solche Reduktion ein gutes und geeignetes Mittel zur Verminderung der Lasten wäre, da die Zinsen der Kapitalien sehr niedrig standen und es wahrscheinlich war, dass sie sich so halten würden. Am 8. März 1844 trat der Schatzkanzler Goulbourn mit seinem Plane, der äusserst günstig aufgenommen wurde, hervor. Es sollten Dreieinhalbprocents im Betrage von 250,000,000 £ auf 10 Jahre in Dreieinviertelprocents verwandelt und im Jahre 1854 auf 3 % herabgesetzt werden, mit einer Gewährleistung gegen fernere Herabsetzungen für einen zwanzigjährigen Zeitraum von jenem Termin an gerechnet. Durch diesen Plan wurde für zehn Jahre eine sofortige Ersparung von 625,000 £ jährlich erlangt, und nachher von 1,250,000 £ — oder $8\frac{1}{3}$ Million. Thaler — jährlich. Als Frist zum Widerspruch von Seiten der Inhaber wurden vierzehn Tage für England, drei Monate für Personen auf dem Kontinent und elf Monate für jeden weiter Entfernten bewilligt. Die vorgeschlagenen Resolutionen gingen einstimmig durch, und die darauf begründete Bill wurde auch im Oberhause am 19. desselben Monats angenommen. Widerspruch erhoben äusserst Wenige, und das Geschäft wickelte sich beispiellos glatt ab [1]).

In Frankreich hatte nach einem Dekret vom 14. März 1852 jeder Inhaber einer Rente von 5 auf 100 zwischen einer Rückzahlung al Pari (100 Franken) oder einer Reduktion der Zinsen von 5 auf $4\frac{1}{2}$ zu wählen. Die Fünfprocents repräsentirten im Augenblick der Konversion ein Kapital von 3,587,000,000 Franken und eine Rente von 179,000,000. Die Anträge auf Rückzahlung beliefen sich nur auf

---

[1]) Martineau, Geschichte Englands. Bd. 4. S. 223 sqq.

73,700,000 und in Renten auf 3,685,000. Die aus der Konversion entstehenden Viereinhalbprocents repräsentiren ein Kapital von 3,513,000,000 und eine Rente von 158,000,000. Die jährliche Ersparung beläuft sich also auf 17,500,000 Franken — oder 4⅝ Million. Thaler — welche zum Satz von 4½ ein Kapital von 390,000,000 Franken repräsentirt. Den Inhabern der Viereinhalbprocents wurde auf zehn Jahre eine Garantie gegen jede neue Reduktion gewährt [1]).

Die bedeutendste Zinsherabsetzung in Preussen wurde mit den Staatsschuldscheinen vorgenommen. Eine K.O. vom 27. März 1842, die als Gesetz verkündigt wurde, ermächtigte die Hauptverwaltung der Staatsschulden, die Staatsschuldscheine — welche über Pari, auf 104, standen — behufs Herabsetzung der Zinsen von 4 auf 3½ % zur baaren Zurückzahlung nach 6 Monat, vom Erscheinen der sofort zu erlassenden Bekanntmachung an gerechnet, oder jedenfalls am 2. Januar 1843 zu kündigen; und bei Bekanntmachung der Kündigung sämmtliche Inhaber von Staatsschuldscheinen aufzufordern, diese Papiere, unter Erklärung ihrer Absicht, die Kündigung anzunehmen, spätestens bis zum 1. September diese Papiere einzuliefern, mit der Verwarnung, dass von denjenigen Inhabern von Staatsschuldscheinen, welche dieser Aufforderung nicht nachkommen, werde angenommen werden, dass sie die geschehene Kündigung ihrer Staatsschuldscheine zur baaren Zurückzahlung der Valuta ihrerseits nicht annehmen, sondern diese Papiere mittelst stillschweigender Vereinigung ohne Weiteres der allgemeinen Konvertirung unterwerfen und demgemäss von dem bestimmt gewesenen Verfalltage, dem 2. Januar 1843 ab, nur den heruntergesetzten Zinssatz von 3½ % fortbeziehen wollen. Wer sich bis Ende Juni, Juli oder August unter Einreichung seiner Staatsschuldscheine zu der Konvertirung freiwillig verstand, erhielt eine Prämie von resp. 2, 1½ und 1 % und die Zusicherung, dass eine Verloosung der neuen 3½ procentigen Staatsschuldscheine vor 1847 nicht stattfinden, vielmehr der Bedarf für den Tilgungsfonds durch Ankauf beschafft werden solle. — Nach dem Immediatbericht der Hauptverwaltung der Staatsschulden vom 9. November 1843 wurde ein Kapitalbetrag von 98,973,350 Thlrn. in 402,617 Staatsschuldscheinen zum Zweck der Herabsetzung des Zinsfusses von 4 auf 3½ % am 10. April 1842 gekündigt. „Hiervon sind

					Thlr.
a) zur Konvertirung eingereicht	396,965	Stücke	über		98,383,175
b) zur baaren Rückzahlung gelangt	60	„	„		6,825
Transport	397,025	„	„		98,390,000

[1]) Garnier, Traité de Finances. S. 256

					Thlr.
	Transport	397,025	Stück	über	98,390,000
c) gar nicht vorgelegt, also stillschweigend der Konvertirung unterworfen	. . . .	5,592	„	„	583,350
Summa wie oben	. . . . .	402,617	Stück	über	98,973,350

Für die zur Konvertirung eingereichten Staatsschuldscheine wurden an Prämien gezahlt:

à 2 %	von 97,509,825 Thlr.	1,950,196 Thlr.	15 Sgr.
à 1½ „	„ 635,700 „	9,535 „	15 „
à 1 „	„ 237,650 „	2,376 „	15 „
überhaupt	von 98,383,175 Thlr.	1,962,108 Thlr.	15 Sgr.

Von diesen Prämien haben jedoch Staats- und andere königliche Fonds und Kassen, namentlich der Staatsschatz, der Krontresor, der Kron- und der königl. Familien-Fideikommiss-Fonds, die Generalstaatskasse, die General-Militärkasse, die Staatsschulden-Tilgungskasse, die Hauptbank, die Seehandlung, die Justizbeamten-Wittwenkasse, die Kasse des Kadetten-Instituts und das Militärwaisenhaus auf die ihnen gehörigen 27,484,850 Thlr. Staatsschuldscheine 549,697 Thlr. empfangen[1]). Auch sind den Gerichts- und vormundschaftlichen Depositorien, den Kämmereien, Landgemeinden, Kirchen, frommen und milden Stiftungen und Korporationen sehr bedeutende Prämien zugeflossen. Wir erwähnen nur des Kurmärkischen Pupillendepositoriums, des hiesigen städtischen Vormundschaftsdepositoriums, der Depositorien des Kammergerichts und des Stadtgerichts, sowie der hiesigen Kämmerei, welche auf die ihnen zugehörigen konvertirten Staatsschuldscheine über 2,610,050 Thlr., an Prämien 52,201 Thlr. empfangen haben. Die alten 4 procentigen Staatsschuldscheine sind eingezogen und den Besitzern der konvertirten neue 3½ procentige Schulddokumente nach einem von Ew. Königl. Majestät bereits unter dem 30. August 1841 Allerhöchst genehmigten Formulare in denselben Apoints ausgehändigt worden. — Die Kosten, welche die Konvertirung der Staatsschuldscheine verursacht hat, beliefen sich und zwar:

[1]) Dieser Passus ist staatsrechtlich unklar. Denn eine Forderung an den Fiskus, die eine Behörde, welche den Fiskus vertritt, für denselben erworben hat, ist durch Confusion aufgehoben; und da es nur Einen Fiskus giebt und Niemand an sich selbst etwas zahlen kann, so wird Fiskus dadurch, dass unter dem Namen einer Konvertirungsprämie Geld aus einer fiskalischen Kasse herausgenommen und in eine andere fiskalische Kasse hinein gelegt wird, weder ärmer, noch reicher. Vergl. oben S. 45. 164. 443

	Thlr.	Sgr.	Pf.
a) die Kosten der Konvertirung auf . . .	3,512	12	9
b) die Kosten der Ausfertigung und Ausreichung der neuen Staatsschuldscheine und Zinscoupons auf	66,286	8	11
Dazu sind später noch gekommen: die den Beamten bei den Regierungshauptkassen und bei der Kontrolle der Staatspapiere für diese ausserordentlichen Geschäfte bewilligten Remunerationen mit	5,700	—	—
c) die Konvertirungsprämie auf	1,962,108	15	—
Summa aller Kosten	2,037,607	6	8

welche der allgemeine Betriebsfonds getragen hat. Dagegen beläuft sich das Ersparniss, welches durch die Herabsetzung des Zinsfusses von 4 auf $3\frac{1}{2}$ % erwächst, auf jährlich 494,866 Thlr. 22 Sgr. 6 Pf."

Der letzte Versuch, die Zinsen von Staatsschulden herunter zu setzen, wurde nicht auf Grund eines Gesetzes gemacht. Die Hauptverwaltung der Staatsschulden machte am 21. März 1862 bekannt, dass der Zinsfuss der Staatsanleihen von 1850 und 1852, im Betrage von noch etwa 29 Millionen Thaler, von $4\frac{1}{2}$ auf 4 % herabgesetzt werden sollte. Demgemäss wurden diese sämmtlichen Schuldverschreibungen den Inhabern behufs der Rückzahlung des Kapitals am 1. Oktober 1862 gekündigt. Diejenigen, welche auf die Zinsherabsetzung eingehen und dies bis zum 30. April zu erkennen geben, sollten eine Prämie von $\frac{1}{2}$ % des Kapitals erhalten. Von denjenigen, welche die Schuldverschreibungen nicht bis zum 30. April eingereicht und in die Zinsherabsetzung gewilligt haben, wurde angenommen, dass sie auf die Zinsherabsetzung nicht eingehen wollten und die Rückzahlung des Kapitals am 1. Oktober 1862 vorziehen. Die Inhaber von 13 Millionen Thaler von diesen Anleihen hatten sich nicht erklärt, dass sie in die Zinsherabsetzung willigen. In der Sitzung vom 10. Juni 1865 erklärte das Abgeordnetenhaus: Der Allerhöchste Erlass vom 21. März 1862 — wegen Herabsetzung des Zinsfusses der nach dem Erlass vom 7. Mai 1850 und vom 28. November 1851 kreirten Staatsanleihen von $4\frac{1}{2}$ auf 4 % — war mit der Verfassung nicht im Einklang, und bedarf zu seiner Rechtsgültigkeit der Genehmigung beider Häuser des Landtags.

Während im Preussischen Staate eine Zinsherabsetzung von $4\frac{1}{2}$ auf 4 % ohne Genehmigung der Volksvertretung versucht und nicht vollständig geglückt ist, wurde in Baden um dieselbe Zeit mit vorheriger Genehmigung der Volksvertretung eine Zinsherabsetzung von $4\frac{1}{2}$ auf 4 % glücklich durchgeführt.

Uebrigens ist dennoch nicht in Abrede zu stellen, dass die Finanzlage des Preussischen Staats gut ist, indessen kann — was alle Parteien wünschen müssen — für Nothzeiten sein Kredit erst steigen, wenn alle seine disponibeln und disponibel zu machenden Activa zur Verminderung seiner Passiva verwendet sein werden; wenn ferner die Volksvertretung künftig weder Staatsgarantien, noch Anleihen zu Ausgaben, die bloss für nützlich oder für produktiv gehalten werden, bewilligt; und endlich, wenn die Regierung in Friedenszeiten die Anforderungen an die Unterthanen fortwährend auf das wirklich Nothwendige beschränkt. In diesem Falle würde nicht bloss ihre Zahl, sondern auch ihr Vermögen stärker zunehmen als seither, und nur dann würden sie, falls es sich vielleicht einst von Vertheidigung des noch nicht gut arrondirten Landes gegen den Angriff eines auswärtigen Feindes handeln sollte, nöthigenfalls bereit und im Stande sein, grössere Opfer zu bringen, als ihre Voreltern in den Freiheitskriegen gebracht haben.

Ergänzungen.

Zu Seite 13. Dass die Verantwortlichkeit der Minister auch in Preussen eine solidarische ist, ist, so viel ich weiss, noch nicht bestritten worden. Auch hat keine Partei und kein Minister Widerspruch erhoben, als in der Sitzung des Abgeordnetenhauses vom 16. März 1865 der Abgeordnete Graf v. Schwerin sagte: — „Es ist ganz unzweifelhaft, dass das Ministerium, was damals am Ruder war, die Solidarität der Verantwortlichkeit auch für diese Massregel zu übernehmen hat, und wir werden die solidarische Verantwortung dafür eben so wenig ablehnen, wie für irgend etwas anderes, was geschehen ist." —

S. 52. Im gesetzgebenden Körper wurde am 28. Mai 1865 eine Vorlage, welche die Stadt Paris zur Kontrahirung einer Anleihe von 250 Millionen ermächtigt, eingebracht. Die innerhalb 60 Jahren zurückzahlbaren 250 Millionen sollten ausschliesslich verwandt werden auf: 1) ausserordentliche Ausgaben jeder Art, welche durch die Ausdehnung des Stadtgebietes und die Verbesserung verschiedener Dienstzweige in den annectirten Stadttheilen nothwendig geworden sind; 2) ausserordentliche Ausgaben für kirchliche Gebäude, Spitäler, städtische Anstalten und Schulen in den alten Stadttheilen; 3) Vollendung der allgemeinen Wasserleitung und des Kloakennetzes, und 4) Vorausbezahlung an den städtischen Wohlthätigkeitsfonds der Verkaufssummen für die ehemaligen Marktplätze von Paris.

S. 53. Vom 1. Juli 1865 ab sollen die Einwohner Breslau's, welche über 1000 Thlr. Einkommen haben, die Kommunaleinkommensteuer nicht mehr zu einem niedrigeren Procentsatz zahlen, als diejenigen, welche weniger Einkommen haben. In diesem Jahre sollen auch noch einige weitere Verbesserungen stattfinden, indem die (S. 303 erwähnte) Brennmaterialiensteuer, das Einzugsgeld und das Bürgerrechtsgeld abgeschafft werden.

S. 59. Im Abgeordnetenhause kam der Erlass eines Gesetzes, wegen der Naturralleistungen für die bewaffnete Macht und deren Vergütung während des Friedensstandes, in Anregung und wurde der betreffende Antrag nebst den von verschiedenen Städten eingegangenen Petitionen und mit dem vorgelegten Gesetzentwurf der Staatsregierung mit der Aufforderung überwiesen, behufs der dringend erforderlichen gesetzlichen Regelung des darin behandelten Gegenstandes jedenfalls dem nächsten Landtage die zweckentsprechende Vorlage zu machen. In der Sitzung vom 9. Juni 1865, worin die Sache verhandelt wurde, bemerkte der Abgeordnete Hoppe, und zwar ohne Widerspruch zu erfahren, dass man gewiss dazu kommen würde, 5 bis 6 Millionen Thaler als die bis jetzt in keinem Etat, in keinem Budget stehenden Kosten für die Naturalquartierung der Städte nicht für zu hoch zu halten.

S. 62. Während des Schleswig'schen Krieges brachte die Gesetzsammlung einen Allerhöchsten Erlass vom 20. Juni 1864, betreffend die Genehmigung eines Prisen-Reglements, sowie die Bestimmungen über das Verfahren in Prisensachen. Diesen Erlass hat aber das Abgeordnetenhaus in seiner Sitzung vom 12. Juni 1865 mit 103 gegen 100 Stimmen für rechtsungultig erklärt.

S. 75. Die neuesten und sichersten Nachrichten über die Finanzlage Englands gab in der Unterhaussitzung vom 27. April 1865 der Schatzkanzler Gladstone. Er schildert den Gegensatz zwischen der gegenwärtigen Lage Englands und Europa's überhaupt und derjenigen, in der sich die Welt befand, als das jetzige Parlament gewählt wurde, und bemerkt, dass die Staatsausgabe für 1864 bis 65 auf 66,890,000 £ veranschlagt worden war, in Wirklichkeit aber um 611,000 £ weniger betragen habe. Der Ueberschuss der Einnahme mache 3,185,000 £. Die Ausgabe des vorigen Jahres sei ohne Zweifel gross gewesen, habe jedoch in Einklang mit den berechtigten Bedürfnissen und Wünschen des Volkes gestanden. Die gesammte Staatsschuld belief sich am 31. März d. J. auf 808,288,000 £, d. h. auf 17,646,000 £ weniger als am selben Datum des Jahres 1859, so dass in den letzten sechs Jahren ungefähr drei Millionen jährlich aus dem Schuldbuch der Nation gestrichen werden konnten. Der Handel mit Frankreich, in Imports und Exports, sei fortwährend im Steigen begriffen, und der Gesammthandel des vereinigten Königreichs erreichte am 31. December des vorigen Jahres die ungeheure Ziffer von 486,000,000 £, wovon 274,000,000 £ auf Imports und 212,000,000 £ auf Exports kamen. Indem er der Nation zu diesem blühenden Zustande Glück wünsche, sagte Mr. Gladstone, könne er unmöglich des Mannes vergessen, der so sehr zu seiner Hervorbringung beigetragen, — Mr. Cobdens (S. 459), dessen Name zu den Erbgütern des Landes gehöre, und der im Gedächtniss seiner Landsleute als einer ihrer Edelsten und Verdienstvollsten lange fortleben werde. Die Staatsausgabe für 1865—66 sei auf 66,139,000 £ oder auf 1,110,000 £ weniger als für 1864—65 veranschlagt, und bestehe aus folgenden Posten:

Interessen der Staatsschuld	26,350,000 £
Consolidirte Fonds	1,900,000 „
Armee	14,348,000 „
Flotte	10,392,000 „
Erhebung der Steuern	4,657,000 „
Packet-Post-Dienst	842,000 „
Diverse Civildienst-Zweige	7,650,000 „
Summa	66,139,000 £.

Die Staatseinnahme für das Jahr sei veranschlagt auf 70,170,000 £, nämlich:

Zoll-Einnahmen	22,775,000 £
Accise-Einnahmen	19,030,000 „
Stempelgefälle	9,550,000 „
Direkte Steuern	3,350,000 „
Einkommensteuer (besonders)	7,800,000 „
Post	4,250,000 „
Kronländereien	315,000 „
Diverse Einnahmen	2,650,000 „
Chinesische Entschädigung	450,000 „
	70,170,000 „.
Nach Abzug der veranschlagten Ausgabe von .	66,139,000 „
bleibt ein Ueberschuss von	4,031,000 £.

Um von dieser Summe einen erspriesslichen Gebrauch zu machen, schlage er vor, eine geringe Ermässigung vorzunehmen in den Stempelgebühren auf Kontrakte bei Vermiethung kleiner Wohnungen auf kurze Zeit, auf Abschätzungen, auf kirchliche Licenzen, auf Erlangung von Freibriefen, auf Schiffsversicherungen und auf Uebertragungen gewisser Sicherheiten. (Die Stempelgebühren für Uebertragung auswärtiger Papiere und Anleihezettel werden fortan den analogen Gebühren für Englische Papiere u. s. w. gleichgestellt.) Eine Abschaffung der Malzsteuer würde das Bier für den kleinen Konsumenten nicht merklich wohlfeiler machen, aber dem Staatsschatz Millionen entziehen; im ersten Jahre 2,484,000 £ und im zweiten 3,360,000 £. Bier sei jetzt mit 20 % per Fass, Wein mit 50 % ad valorem, und Thee mit 40 % besteuert, so dass die Bierkonsumenten sich nicht beklagen dürfen; doch beabsichtige er eine Bill einzubringen, welche den Betheiligten die Wahl liesse, die Gerste nach dem Gewichte anstatt nach dem Maasse besteuern zu lassen. Da seiner Meinung nach die Konsumenten von Thee und Zucker mehr Anspruch auf Berücksichtigung hätten als die von Spirituosen und Malz, so werde er empfehlen, den Theezoll von 1 s. auf 6 d. das Pfund herabzusetzen. Den Konsumenten werde diese Ermässigung einen direkten und sofortigen Vortheil bringen, dem Staatsschatz dagegen ein Opfer von 1,868,000 £ kosten, nachdem 225,000 £ als Ertrag gesteigerter Konsumtion angerechnet sind. Der Zeitpunkt scheine ihm gekommen, die Einkommensteuer um ein Drittel herabzusetzen. Er schlage daher vor, das £ des Einkommens künftig mit 4 d. (d. h. nur $1\frac{2}{3}$ %) anstatt mit 6 d. (d. h. $2\frac{1}{2}$ %) zu belasten, und das Parlament werde es wahrscheinlich für wünschenswerth halten, diese Steuer, wenn sie überhaupt fortdauern soll, auf dieser Höhe stehen zu lassen. Für das gegenwärtige Finanzjahr werde die Reduktion einen Ausfall von 1,650,000 £, später aber einen von 2,500,000 £ verursachen. Endlich beabsichtige er, einer neulichen Beschlussfassung des Hauses gehorchend, die Feuerversicherungssteuer vom kommenden 20. Juni an von 3 s. % auf 1 s. 6 d. herabzusetzen, und ebenso die Stempelgebühr für Policen von 1 s. auf 6 d. zu ermässigen. Letztere Aenderung werde gewiss den kleinen Versichernden, welche die Stempelgebühr sehr gedrückt habe, sehr angenehm sein. Den Verlust, welchen diese Ermässigung zur Folge haben werde, veranschlage er zu 260,000 £. Wenn diese Aenderungen in Kraft getreten sind, werde die dem Publikum abgenommene Last eine Summe von 5,420,000 £ repräsentiren, nämlich

Nachlass im Theezolle	2,300,000 £
„ in Einkommensteuer . .	2,600,000 „
„ „ Feuerversicherungssteuer	520,000 „
Summa	5,420,000 £.

Der unmittelbare Verlust für den Staatsschatz werde sein an

Thee	1,868,000 £
Einkommensteuer . . .	1,650,000 „
Feuerversicherung . .	260,000 „
Summa	3,778,000 £.

Nach Abzug des angegebenen Verlustes von dem veranschlagten Ueberschuss von 4,031,000 £ würde ein Rest von bloss 253,000 £ bleiben, und hoffentlich werde das Haus der Regierung beistehen, diese bescheidene Bilanz vor Invasionen zu schützen.

Der sehr ehrenwerthe Gentleman schloss seine Rede unter lauten und wiederholten Cheers, von den ministeriellen Bänken und auch von anderen Seiten, mit Ausnahme der vordersten Oppositionsbank, auf der die konservativen Führer und Hauptleute sitzen. Mehrere Mitglieder erhoben sich, um ihre Ausstellungen zu machen und über getäuschte Hoffnungen zu klagen, doch ist unter diesen Kritikern noch kein hervorragender Oppositionsmann. Mr. Bentink, Mr. Du Cane und Mr. Barrow, sowie Lord J. Manners schreien laut über die gegen das Malz bewiesene schonungslose Grausamkeit, und ihnen schliesst sich auch Mr. Bass (der berühmte Alebrauer) an, obgleich er in allen andern Punkten das Budget ausgezeichnet findet. —

Auch ausser England findet Gladstone verdiente Anerkennung. Nebst den Nachrichten aus Amerika — sagte ein angesehenes Oesterreichiches Blatt, — bildet in England Gladstone's grosse Budgetrede das Ereigniss des Tages. Vier Millionen Pf. St. Ueberschuss und eine Erhöhung dieses lachenden Finanzausweises für das laufende Verwaltungsjahr in Aussicht gestellt! Das ist allerdings eine starke Prise. Von derartigen Zuständen und der Möglichkeit eines so grandiosen Ueberschusses der Staatsrevenüen scheint man am Kontinente und vollends bei uns auch nicht die entfernteste Ahnung zu haben. Und das Geheimniss dieses Wohlstandes lässt sich doch auf so einfache Prinzipien zurückführen — auf eine so triviale Doktrin, vor welcher aber die tiefsten Forschungen der Nationalökonomen und Finanzlehrer zurückstehen müssen, den Satz nämlich, der für Nationen wie für Individuen gilt: dass, wenn die Einnahmen nicht erhöht werden können, die Ausgaben verringert werden müssen.

Die Staatsschuld Oesterreich's belief sich zu Ende 1864 auf 2601 Millionen Gulden, und als in Friedenszeiten im Juni 1865 der damalige Finanzminister v. Plener von dem Abgeordnetenhause die Genehmigung zu einer Anleihe von 117 Millionen Gulden verlangte, sagte ein Berliner Börsenbericht: Man weiss in der That nicht mehr, welches Ende es schliesslich mit den Oesterreichischen Finanzwirren nehmen soll. Die Schuld nimmt reissend zu, das Staatsdeficit bleibt dasselbe und die Valutenverhältnisse bessern sich nicht. Dabei sind die Oesterreichischen Eisenbahnen grossentheils in höchst unerquicklichen Finanzverhältnissen, die Industrie liegt darnieder, der Getreideexport hat fast aufgehört und mit dem Wollexport wird es bei der jetzigen Lage des Geschäfts sich ebenfalls nicht günstig gestalten.

Was Frankreich betrifft, so erklärte im gesetzgebenden Körper im Juni 1865 Thiers, dass das zu berathende Budget schliesslich ein Deficit von 300 Millionen Franken herausstellen würde, das durch eine Anleihe gedeckt werden müsse. Betreffs der Supplementarkredite sagte er, man werfe ihm vor, er habe ebenfalls Supplementarkredite verlangt, einen sogar von 200 Mill.: „Dies ist wahr. Aber wenn ich Ihnen die Supplementarkredite seit 18 Jahren zeige, so werden Sie sehen, dass sie eine andere Höhe haben, als diese grosse Ziffer von 200 Millionen. Man wollte mich damals in Anklagestand versetzen. Was mich davor rettete, war der Wunsch, gerettet zu werden. Hier die Aufstellung Ihrer Supplementarkredite: Ich konnte die vom Jahre 1855 nicht auffinden; 1856 betrugen sie 612 Mill., 1857 151 Mill., 1858 108 Mill., 1859 509 Mill. (es war ein Kriegsjahr, ich erkenne dieses an), 1860 337 Mill., 1861 408 Mill., 1862 231 Mill., 1863 93 Mill., 1864 135 Mill. Sie sehen, dass die grossen Supplementarkredite in die finanziellen Gewohnheiten übergegangen sind. Haben wir entsprechende Hülfsquellen? Nein! Sie haben 1 Milliarde 930 bis 940 Millionen wirkliche Einnahmen und Sie müssen jedes Jahr 200 bis 300 Millionen hinzufügen, welche sie durch die Hülfsquellen des Amortisirungsfonds und durch mehr oder weniger entstellte Anleihen aufbringen. Diese Berechnung stützt sich auf die Budgets von 1863, 1864 und 1865." Redner konstatirt nun, dass im Budget von 1863 359 Millionen mehr verausgabt worden sind, als die wirklichen Einnahmen betragen. Das Budget von 1864 würde 342 Millionen zu seiner Liquidation bedürfen, da die wirklichen Einnahmen nur 1927 Millionen, die Ausgaben aber 2260 bis 2270 Mill. betragen werden. Für das Jahr 1865 fehlten 270 Mill. Die Totalsumme für die drei Jahre sei also 900 Mill., zu deren Deckung man dem Amortisationsfonds 530 Mill. entnommen und den Rest durch die Rückzahlungen der Eisenbahngesellschaften (26 Mill.), den Verkauf von Staatsgütern, die Kriegsentschädigung von Cochinchina und China zu decken gesucht habe, und da dieses nicht ausgereicht habe, so habe man auf die Einnahmen auch die 96 Mill., die man von Mexico erhalten soll, gesetzt. „Sie wollen diesem Lande Ihre Truppen lassen und sein Geld nehmen? Es wäre besser, Sie würden ihm Geld geben und keine Soldaten, das Geld kompromittirt nicht, wohl aber die Soldaten. Unsere einzigen Hülfsquellen bestehen nur in der Verminderung der öffentlichen Bauten und der Zurückziehung unserer Truppen aus Mexico. Das Mittel missfällt Ihnen? Sagen Sie, dass ich ein unvollkommener Arzt bin, aber fragen Sie mich dann nicht nach dem Mittel. Wenn Sie die öffentlichen Bauten vermindert und Ihre Ausgaben für Mexico reducirt haben, so werden Sie sich der Verbesserung nähern, nach der Sie streben müssen. Die Amortisirung wird suspendirt bleiben, aber Sie werden zum wenigsten keine neuen Anleihen machen. Die Macht des Landes beruht auf zwei Hauptgrundlagen: auf seinen Finanzen und seinen militärischen Streitkräften. Ich will beide sicher stellen, aber die Finanzen erregen besonders meine Fürsorge; denn zuweilen kann man doch schnell die geringe Zahl der Truppen ersetzen, während es unmöglich ist, finanzielle Ressourcen zu improvisiren, wenn man seine Finanzen kompromittirt hat."

S. 81. Aus dem (S. 330 erwähnten) allgemeinen Bericht über den Entwurf zum Staatshaushaltsetat pro 1865, welchen die Kommission des Abgeordnetenhauses zur Prüfung des Staatshaushaltsetats am 27. Februar 1865 erstattet hat, verdient Folgendes hier mitgetheilt zu werden:

— Die Verhältnisse der Oberrechnungskammer und die Existenz der Restverwaltung erschweren nicht nur einen vergleichenden Rückblick auf die Vergangenheit, sondern auch die sichere Prüfung jedes vorliegenden Etatsentwurfs. Beide Punkte bedürfen daher hier einer näheren Erörterung.

Das durch Art. 104 der Verfassung jetzt seit 15 Jahren vorgeschriebene und verheissene Gesetz über Einrichtung und Befugnisse der Oberrechnungskammer fehlt noch immer.

Seit einer Reihe von Jahren haben die beiden Häuser des Landtags fast in jedem Jahre die königliche Staatsregierung an die Vorlage eines solchen Gesetzentwurfs erinnert, bis endlich im Jahre 1862 der so sehr urgirte Gesetzentwurf eingebracht wurde. Der über diesen erstattete Kommissionsbericht kam jedoch wegen der Auflösung des Hauses nicht zur Verhandlung; dagegen erklärte der damalige Finanzminister (v. d. Heydt, welcher im März 1862 an die Stelle v. Patow's trat) in der ersten Session der darauf folgenden Legislaturperiode und zwar in der Sitzung des Abgeordnetenhauses vom 5. Juni 1862, dass der betreffende Gesetzentwurf in der nächsten Session vorgelegt werden würde. Seit jener Zeit ist die Verheissung der königlichen Staatsregierung trotz wiederholter Erinnerungen von ihr nicht erfüllt worden. Bis zu dem Jahre 1862 waren seitens der königlichen Staatsregierung ferner trotz ihrer verfassungsmässigen Pflicht nicht einmal die im Art. 104 Alinea 2 der Verfassung vorgeschriebenen Bemerkungen der Oberrechnungskammer zu der Prüfung der allgemeinen Rechnung der Landesvertretung zugegangen. Erst in Folge eines Antrages der Budgetskommission des Abgeordnetenhauses erklärte der damalige Finanzminister im Namen der Regierung in der Sitzung des Hauses vom 27. Juni 1862, dass den allgemeinen Rechnungen vom Jahre 1859 ab die Bemerkungen der Oberrechnungskammer beigefügt werden sollten.

Diese wurden dann auch in der darauf folgenden Session, im Anfange des Jahres 1863, vorgelegt, jedoch in so mangelhafter Weise, dass das Abgeordnetenhaus in seiner Sitzung vom 23. Januar 1864 auf Antrag der Budgetskommission folgenden Beschluss mit grosser Majorität fasste:

Die königliche Staatsregierung aufzufordern, die Bemerkungen der Oberrechnungskammer zu den allgemeinen Rechnungen der Jahre 1859, 1860 und 1861 dahin ergänzen zu lassen, dass auch die Bemerkungen der Oberrechnungskammer über diejenigen erheblichen Mängel in der Verwaltung, welche aus Veranlassung der Prüfung der Rechnungen entdeckt worden sind, sowie über diejenigen Abweichungen von dem gesetzlich festgestellten Staatshaushaltsetat und von den demselben zu Grunde liegenden Etats und Nachweisungen, welche etwa durch Allerhöchste Ordres schon vor der Rechnungsrevision justificirt worden sind, der Landesvertretung mitgetheilt werden.

Diesem Antrage ist in diesem Jahre bei Vorlegung der allgemeinen Rechnung und der dazu gemachten Bemerkungen ebenfalls nicht genügt worden, obschon die in dem ersten Theile des Antrages geforderten Bemerkungen der Oberrechnungskammer über die entdeckten Mängel in der Verwaltung bei jeder Etatsberathung, namentlich aber bei Erstattung eines Berichtes, wie des vorliegenden, von der grössten Wichtigkeit und entschiedensten Bedeutung sind, und die in der Verfassung dem Landtage zugewiesene Kontrolle der Staatsverwaltung bei Nichtgenügung des letzten Theils des Antrages geradezu illusorisch wird. Auf diesen Mangel hat das Herrenhaus auch schon in früheren Jahren hingewiesen, und die Nothwendigkeit der Bemerkungen durch wiederholt von ihm angenommene Anträge anerkannt.

In dem Berichte der Budgetskommission des Herrenhauses wird das dahin gerichtete, dringende Verlangen ausführlich motivirt und trotz der Gegenerklärungen der Regierung ein Antrag, dem sich auch später das Herrenhaus in seinen Sitzungen vom 1. Mai 1857 und vom 24. April 1858 anschloss, dahin einstimmig angenommen:

Die dringende Erwartung auszusprechen, dass bis dahin, wo ein Entwurf zu dem im Art. 104 der Verfassungsurkunde verheissenen, besonderen Gesetze über die Einrichtung und die Befugnisse der Oberrechnungskammer werde erlassen werden können, die allgemeine Rechnung des Staatshaushaltsetats mit den allgemeinen gutachtlichen Aeusserungen und Vorschlägen der Oberrechnungskammer über die Ergebnisse der Staatshaushaltsverwaltung für das betreffende Jahr vorgelegt werde.

Werden die mehrgedachten Bemerkungen der Oberrechnungskammer und die durch dieselben gerügten Mängel in der Verwaltung der Landesvertretung nicht bekannt gemacht, so wird dadurch die Berathung der einzelnen Posten, also der Spezialetats, sehr wesentlich beeinträchtigt; die Bedeutung, welche dieser Berathung von der Verfassung eingeräumt worden und welche sie bei Feststellung der Ausgaben haben sollte, reducirt sich alsdann, da ihr der erforderliche feste Boden, die nothwendige Aufklärung, entzogen sind, auf eine blosse Revision von Zahlen.

Von nicht minderer Bedeutung ist die Prüfung der Restverwaltung für die Feststellung eines vorgelegten Etatsentwurfs und für einen Rückblick auf die Vergangenheit. In den Ausgaberesten der einzelnen Staatsverwaltungen befinden sich als solche reservirt ganz bedeutende Beträge, welche in den betreffenden Etatsjahren nicht zur Verwendung gekommen sind. In den Etatsentwürfen der folgenden Jahre werden für Ausgaben derselben Art ebenfalls Beträge in Ansatz gebracht.

So finden sich bei der Uebersicht der Einnahmen und Ausgaben für das Jahr 1863 in der Militärverwaltung bei den einzelnen Titeln der Ausgabe als Reste:

a)	im Ordinarium die Summe von	714,194 Thlrn.
b)	im Extraordinarium	379,870 „
c)	in der Restverwaltung für 1862 et retro im Ordinarium	1,601,609 „
d)	ebendaselbst im Extraordinarium	175,350 „.

In derselben Restverwaltung des Jahres 1862 ist bei dem Etat des Kriegsministeriums in den Ausgaberesten dieses Jahres und der Vorjahre bei den einzelnen Titeln der Verwaltung im Ordinarium die Summe von 1,126,630 Thlrn., im Extraordinarium von 4,170 Thlrn. als erspart aufgeführt.

Diese grossen Ersparnisse bei der Restverwaltung ergeben zur Evidenz, dass bei allen Titeln, in welchen diese stattgehabt, in den betreffenden Etats zu hohe Summen bewilligt resp. beansprucht worden sind.

Für die Bewilligung der Ausgaben wird daher die Prüfung der Restverwaltung und namentlich die Erörterung der Frage, wieviel von den in den Vorjahren bewilligten Ausgaben wirklich verwendet ist, oder noch in den Händen der Staatsregierung sich befindet, namentlich aber die Prüfung der vorhandenen Summen in den übertragbaren Fonds, immer von dem grössten Interesse bleiben.

Abgesehen von diesen beiden Umständen wurde aber die Arbeit der Kommission und namentlich ein vollständig sicherer und erschöpfender Rückblick auf die Vergangenheit noch durch folgende im Laufe dieses Berichts noch näher und spezieller erörterte Verhältnisse erschwert. Das Hineingreifen von Anleihen und bedeutenden extraordinären Ausgaben in einzelne Positionen einzelner Jahre verdunkelt die Resultate der Finanzverwaltung dieser und der folgenden Jahre.

Die Grundsätze der Aufstellung des Etats sind im Laufe der Jahre wesentlich verändert worden.

Eine grössere Spezialisirung des Etats ist eingetreten. Sichere statistische Nachrichten und Tabellen fehlen, obgleich oder vielleicht weil erst neuerdings das statistische Büreau besser dotirt worden ist.

Die Kommission musste überdies lediglich mit eigenen Kräften ohne Unterstützung durch eine vollständig für sich bestehende Kalkulatur des Hauses arbeiten und die Arbeit musste geleistet werden ohne Unterbrechung der Geschäfte des Hauses, dessen Existenz bei den Grundsätzen des budgetlosen Regiments auch nicht auf Wochen oder Tage hinaus gesichert erscheint.

Trotz dieser für eine Kommission der Landesvertretung gewiss unerfreulichen Lage glaubt die Kommission ein möglichst sicheres Bild der Finanzlage geben zu können. Es ist überdies wenigstens durch diesen Bericht die Anregung gegeben, denselben zu geeigneten Zeitpunkten immer vollständiger und sicherer zu wiederholen.

Der Bericht giebt nun zuvörderst eine Entwickelung der Einnahmen und Ausgaben in den einzelnen Etats resp. Etatsentwürfen seit 1849, geht hierauf zur Erörterung des Staatsschatzes und der Staatsschulden über, und kritisirt sodann — möglichst nach der Reihenfolge des von der Staatsregierung zum Etatsentwurfe pro 1865 erstatteten Vorberichts — die Ueberschuss- und schliesslich die Zuschussverwaltungen, nur die erheblicheren und ins Gewicht fallenden derselben behandelnd, minder wichtige Verwaltungen der Spezialberichterstattung vorbehaltend. —

Am 24. Mai 1865 hat das Abgeordnetenhaus beschlossen: die königliche Staatsregierung aufzufordern, die Instruktion der Oberrechnungskammer vom 21. Juni 1862 dahin zu erweitern, dass auch die Bemerkungen der Oberrechnungskammer über diejenigen erheblichen Mängel der Verwaltung, welche aus Veranlassung der Prüfung der Rechnungen entdeckt worden sind, sowie diejenigen Abweichungen von den gesetzlich festgestellten Staatshaushaltsetats und von den denselben zu Grunde liegenden Etats und Nachweisungen, welche etwa durch Allerhöchste Ordres schon vor der Rechnungsrevision justificirt worden sind, der Landesvertretung mitgetheilt werden; auch die geforderte Entlastung der königlichen Staatsregierung in Beziehung auf die allgemeinen Rechnungen der Jahre 1859, 1860 und 1861 zu versagen. Der Antrag: das Haus der Abgeordneten wolle die von der Staatsregierung nachgesuchte nachträgliche Genehmigung zu der von ihr geführten Verwaltung und Verwendung der Staatsmittel für das Jahr 1862 versagen, wurde am 17. Juni 1865 angenommen.

Der von der Regierung vorgelegte Staatshaushaltsetat für 1865 hatte 150,714,031 Thlr. in Einnahme und in Ausgabe und wurde von dem Abgeordnetenhause am 12. Juni in Einnahme auf 151,505,653 Thlr. und in Ausgabe auf 143,913,545 Thlr., einschliesslich 9,138,817 Thlr. an einmaligen und ausserordentlichen Ausgaben, festgestellt. Am 16. Juni nahm das Herrenhaus den Kommissionsantrag: „den Gesetzentwurf, betreffend die Feststellung des Staatshaushaltsetats für das Jahr 1865, wie solcher aus den Beschlüssen des Abgeordnetenhauses vom 12. d. M. hervorgegangen ist, abzulehnen,“ an. Namentlich ist nicht abgestimmt, also nicht festgestellt, wie viel von den 272 jetzt existirenden Herrenhausmitgliedern die Majorität gemacht haben.

S. 146. Eine den Englischen Money-orders ähnliche Einrichtung sind die im Preussischen mit Anfangs 1865 in Anwendung gekommenen Post-Anweisungen.

S. 150. In Bezug auf Geldstrafen ist noch zu erwähnen, dass in dem Etat für 1861 sich auch bei der Verwaltung der indirekten Steuern eine Einnahme von 80,000 Thlrn. für Strafgelder aufgeführt findet. —

Durch die Verordnung vom 2. Januar 1849 wurde die Privatgerichtsbarkeit, und zwar ohne Entschädigung, aufgehoben. Der Staat erlangte dadurch also Anspruch auf alle Geldstrafen, welche bis dahin nach dem A. L.R. II, 17. §§. 114. 115. 119. 120 und der Kriminalordnung §. 576 den Gerichtsherren zufielen. Später wurde den Besitzern von adligen, Dominial oder Rittergütern wieder gestattet, wegen Uebertretungen Geldstrafen bis einschliesslich 5 Thlr. vorläufig festzusetzen und wenn gegen diese Festsetzung nicht rechtzeitig gerichtliche Entscheidung beantragt wird, dieselben für sich einzuziehen. Uebrigens sollen alle Strafgelder oder Geldstrafen, welchen nicht in den ergangenen Strafgesetzen selbst besondere Bestimmungen angewiesen sind, zur Verpflegung der Armen angewendet werden. Dass diese im A. L.R. II, 19. §. 28 enthaltene Vorschrift durch ein späteres Gesetz wieder aufgehoben worden wäre, ist mir nicht bekannt. Im Bereich des A. L.R. scheinen die Staatskassen hiernach auf sehr viele Geldstrafen, wie z. B. die auf Grund der Disciplinargesetze vom 7. Mai 1851 und 21. Juli 1852 festgesetzten, rechtlich keinen Anspruch zu haben.

S. 154. Privatmünzen, den Englischen Tokens ähnlich, zeigten sich in neuerer Zeit auch in den Vereinigten Staaten. So meldete die „Weserzeitung" im Mai 1863: Durch die Mannschaft der „Hansa" sind mehrere der kuriosen Münzen von New-York mit herübergebracht, deren sich die dortigen Geschäftsleute in Ermangelung ausreichender Scheidemünzen bedienen und die sie entweder selbst verfertigen oder zum Werthe von 1 Cent für eigene Rechnung prägen lassen. Eine derselben trägt die Umschrift: „Gustav Lindenmüller, New-York" und in der Mitte ein bekränztes Bierseidel. Die Rückseite der Münze trägt das Portrait des bekannten Lindenmüller und die Jahreszahl 1863. Eine zweite Münze trägt eine ganze Geschäftsfirma von J. A. C. Grube und auf der Kehrseite: „Erinnerung an 1863"; eine dritte zeigt eine aufzischende Schlange mit der Ueberschrift: „Beware", auf der Rückseite das Portrait „Washingtons" mit der Umschrift: „The union must and shall be preserved". Ein anderes Geldstück mit der Bezeichnung „1 Cent", trägt auf dem Avers die Inschrift: „Knickerbocker Currency". Verschiedene Münzen dagegen sind nur mit der Firma der Geschäfte versehen, welche sie prägen liessen.

S. 243. Durch Beschluss des Abgeordnetenhauses vom 6. Mai 1865 wurden die königlichen Erlasse vom 7. und 24. Oktober 1864, betreffend die Aufhebung der Vorschrift des Schlusspassus des §. 6 der Bankordnung vom 5. Oktober 1846 über die Beschränkung des Zinsfusses bei Lombardgeschäften wegen mangelnder Zustimmung der beiden Häuser des Landtags für rechtsungültig erklärt.

S. 301. Bei dem neuen grossen Kloakenwerke London's, welches im April 1865 eröffnet wurde, kommen die Grundsätze Mill's zur Anwendung, indem die Kosten durch eine specielle Steuer aufgebracht werden, und zwar nicht etwa durch irgend eine indirekte, sondern ausschliesslich durch eine direkte. Das ganze Riesenwerk kostet etwa 26 Millionen Thaler, welche von dem bevollmächtigten Gesundheitsamte (Board of Works) durch eine Anleihe auf die Steuerkraft der Bewohner erhoben sind und mit „3 Pence aufs Pfund“ (oder $1\frac{1}{4}$ %) Steuern verzinst und in 40 Jahren amortisirt werden. Drei Pence = $2^1/_2$ Sgr. aufs Pfund (6 Thlr. 20 Sgr.) Wohnungs- oder Hausmiethe oder dessen Miethswerth bei Eigenthümern sind eine geringe Abgabe auf jeden gesunderen Athemzug, der damit für jeden Bewohner erkauft und bezahlt wird. In kleineren Städten des Kontinents, wo vollständige unterirdische Drainirungen hergestellt werden müssen, könnte das Kapital und die Zinsen vielleicht höher steigen, aber mit 6—9 Pfennigen auf jeden Miethsthaler, d. h. im Durchschnitt mit 3—5 Thlr. jährlicher Abgabe für jedes Familienhaupt, würden viel mehr für Doctor und Apotheke erspart, gute, gesunde Luft, die Hauptbedingung alles gesunden Gedeihens, dauernd erkauft werden. Dafür ist der doppelte und dreifache Preis nicht zu hoch und noch ein unendlicher Gewinn, so dass solche Gesundheitswerke sich überall gegen jede Art von Hindernissen ausführen lassen.

S. 304. In Holland haben 1865 die Kammern die vollständige Abschaffung der Gemeinde-Accisen votirt.

S. 314. Der §. 2 des Gesetzes über den Waffengebrauch der Grenzaufsichtsbeamten vom 28. Juni 1834 lautet: „Die Grenzaufsichtsbeamten können ferner bei Ausübung ihres Dienstes der Waffen, und namentlich der Schusswaffen sich bedienen: a) wenn im Grenzbezirke, ausserhalb eines bewohnten Ortes und ausserhalb der Landstrasse mehr wie zwei Personen als Fussgänger, Reiter oder als Begleiter von Lastfuhrwerken und Lastthieren zur Nachtzeit (d. h. eine Stunde nach Sonnenuntergang bis eine Stunde vor Sonnenaufgang) oder mit Gepäck oder Ladung auch zur Tageszeit betroffen werden und auf einen zweimaligen Anruf, wobei der Anrufende sich als Grenzaufsichtsbeamter zu erkennen gegeben hat, nicht anhalten, sich vielmehr einzeln oder sämmtlich entfernen; und b) wenn im Grenzbezirke Schiffer, welche zur Nachtzeit, oder mit verdeckten oder beladenen Schiffsgefässen zur Tageszeit in der Fahrt angetroffen werden, auf einen solchen Anruf nicht anhalten, oder nicht wenigstens ihre Bereitwilligkeit zum Anhalten durch die That unzweideutig zu erkennen geben, sondern sich vielmehr zu entfernen suchen. Der Gebrauch der Schusswaffen ist jedoch in den vorstehenden unter a und b bezeichneten Fällen den Beamten nur dann erlaubt, wenn wenigstens zwei von ihnen zur Wahrnehmung des Dienstes auf einem Posten zusammen sind." In der Sitzung vom 9. Juni 1865 beschloss das Abgeordnetenhaus ein Gesetz, wodurch vorstehende Bestimmung aufgehoben wird.

S. 321. Die Kosten der Grundsteuerregulirung, welche nur zu 3 Millionen angenommen waren, haben sich auf 7 Millionen Thaler belaufen und sind aus dem Staatsschatz gezahlt worden.

S. 328. Das Edikt über die Einführung einer allgemeinen Gewerbesteuer ist nicht vom 2. November 1820, sondern vom 2. November 1810.

S. 336. Während in England für männliche Dienstboten und Pferde, namentlich Rennpferde, hohe Steuern zu zahlen sind, wird auf der Niederschlesisch-Märkischen (Staats-) Eisenbahn für Rennpferde und ihre Begleiter, sowie für Vollblut-Mutterstuten nach der Bekanntmachung vom 20. Mai 1865 Frachtermässigung gewährt.

S. 352. In Hamburg wird über die Einführung einer Einkommensteuer schon seit einer Reihe von Jahren verhandelt. Im Jahre 1854 kam es in Anregung, an Stelle einiger bestehenden Steuern, namentlich der Accise, eine Einkommensteuer von 3% bis zu einem Minimum von 500 Mark jährlichen Einkommens einzuführen, und davon wurde eine Einnahme von 2,150,000 Crt. ℔. erwartet.

Zur Motivirung eines desfalls 1857 entworfenen Gesetzes wurde auch bemerkt, wie es hinfällig sei, wenn in Bezug auf die Verbrauchssteuern vom Unentbehrlichen geltend gemacht würde, dass, da sie vom Verzehrer tagtäglich und jedesmal nur in den allerkleinsten Raten entrichtet werde, ihr Druck ihm gar nicht zum Bewusstsein komme, und er auf diese Weise eine vielfach höhere Steuer leichter zu tragen im Stande sei, als eine andere geringere, die nicht in gleicher Weise pfennigweise und halbpfennigweise und im Preise seiner Genussmittel verhüllt bezahlt werde. „Zur Widerlegung genügt es, einfach auf die aller Widersprüche ungeachtet notorisch mit accisepflichtigen Gegenständen mit am stärksten und in erster Reihe von den Konsumenten selbst getriebenen Schmuggelhandel hinzuweisen. Um einer Steuer zu entgehen, die gar nicht zum Bewusstsein kommt, und deren Druck man nicht merkt, setzt man wahrhaftig sich nicht der Gefahr der Konfis-

kation und empfindlicher Strafe aus. Noch liefert einen weiteren sehr schlagenden Beleg u. A. die Geschichte der Schlacht- und Mahlsteuer in Preussen. Als die früher in den mahl- und schlachtsteuerpflichtigen Städten allen Einbringungen bis $\frac{1}{16}$ Ctr. Mehl gewährte Steuerfreiheit, namentlich in Folge von Beschwerden der durch die steuerfreie Konkurrenz der Konsumenten sich bedroht glaubenden Bäcker auf Einbringungen von bis nur 2 Pfund beschränkt wurde (S. 370), vermehrte sich der Steuerertrag allein in der ca. 60,000 Einwohner zählenden Stadt Danzig um 24,000 Thaler jährlich. Dies beweist, in welcher grossen Ausdehnung die steuerpflichtigen Konsumenten bis dahin von der Steuerfreiheit Gebrauch gemacht hatten, um dem — „unmerklichen" Drucke der Steuer sich zu entziehen, und zwar Konsumenten, welche überwiegend noch ganz und gar nicht zu den ärmsten gehören, da sie in der Lage waren, schon immerhin grössere Quantitäten Mehl auf einmal anzukaufen. Vor Allem widerlegt jedoch alle den Konsumtionssteuern vom Unentbehrlichen nachgerühmten finanziellen Vortheile, was Hamburg betrifft, die Eine Thatsache, dass die Erträge der Accise im Verlauf der Jahre nicht bloss im Verhältniss zum notorischen Wachsthum des allgemeinen Wohlstandes und der Vermehrung der Bevölkerung, sondern absolut zurückgegangen sind. Es waren dieselben nämlich im Durchschnitt der Jahre $18^{43}/_{45}$ 1,380,077
\- - - - $18^{50}/_{52}$ 1,221,437
\- - - - $18^{53}/_{56}$ 1,203,568 Crt. ℛ.

Es fand also gegen $18^{43}/_{45}$ eine Verminderung statt, in $18^{50}/_{52}$ um 11,4 % und in $18^{53}/_{56}$ um 12,8 %, während die Bevölkerung der accisepflichtigen Stadttheile war $18^{43}/_{45}$ 130,085, $18^{50}/_{52}$ 137,768, $18^{53}/_{56}$ 145,483 Köpfe, also gegen $18^{43}/_{45}$ eine Vermehrung stattgefunden hatte, in $18^{50}/_{52}$ um 5,8 %, in $18^{53}/_{56}$ um 11,7 %. Diese Zahlen reden für sich selbst und sind der unwiderlegliche Beweis, dass die accisepflichtige Bevölkerung Hamburgs durch die Accise sich überbürdet sieht und die Last derselben nur entweder unter zunehmender Verkürzung des zu ihrer Leibesnahrung und Nothdurft Unumgänglichen oder unter — zunehmender Defraude zu ertragen vermag."

Der Etrag der direkten Steuern war im Durchschnitt der Jahre $18^{43}/_{45}$ 2,358,357 ℛ und $18^{53}/_{55}$ 2,981,137 ℛ, woraus eine Zunahme des Ertrages in $18^{53}/_{55}$ gegen $18^{43}/_{45}$ um 20,9 % sich ergiebt. Dagegen war der Ertrag der indirekten Steuern $18^{43}/_{45}$ 4,029,108 ℛ und $18^{53}/_{55}$ 4,359,682 ℛ, und ergiebt sich danach eine Zunahme des Ertrages in $18^{53}/_{55}$ gegen $18^{43}/_{45}$ um nur 8,2 %. In den Jahren $18^{53}/_{55}$ betrugen die Kosten der direkten Steuern nur 1,19 %, die der indirekten dagegen 6,33 %. In der Wirklichkeit ist das Verhältniss noch ungünstiger. Denn unter den Kosten der indirekten Steuern begreifen die Staatshaushaltsabrechnungen nur einen Theil derselben, indem sie die oft beträchtlichen Verwendungen für diejenigen baulichen, wie militärischen Vorkehrungen, welche zur Sicherung der Erhebung des Zolles und der Accise getroffen werden, unter verschiedenen andern Rubriken aufführen.

Im December 1863 hat der Senat der Bürgerschaft ein Gesetz zur Mitgenehmigung vorgelegt, wonach eine Einkommen- und Vermögenssteuer eingeführt werden sollte. An Einkommensteuer sollte entrichtet werden von Crt. ℳ 500 bis Crt. ℳ 2000 von je Crt. ℳ 100 Crt. ℳ 1
und von jedem weiteren Crt. ℳ 100
zwischen Crt. ℳ 2000 und Crt. ℳ 3000 von je Crt. ℳ 100 „ 2 mehr
„ „ 3000 „ „ 4000 „ „ „ „ „ 3 „
u. s. w.; von über Crt. ℳ 6600 3%. Demnach war z. B. zu zahlen bei einem Einkommen von

Crt. ℳ	500 —	Crt. ℳ	5. —
„	2100 —	„	22. —
„	3100 —	„	43. —
„	4100 —	„	74. —
„	5100 —	„	115. —
„	6100 —	„	166. —
„	6600 —	„	196. —

Ausserdem sollte von dem Vermögen aller Hamburger Staatsangehörigen, sowie von Erbschaftsmassen und von Familienfideikommissen eine Vermögenssteuer entrichtet werden, und zwar von einem Vermögen von Bco. ℳ 20,000 und darüber bis zu einer Million Mark Banco, 1 per Mille Courant. Von denjenigen, welche mehr als eine Million Mark Banco besitzen, ist für die zweite Million, d. h. für den Mehrbetrag des Vermögens über eine Million bis zu zwei Million. Mark Banco $^3/_4$ per Mille Courant; für die dritte und vierte Million in demselben Sinne $^1/_2$ per Mille Courant; für die fünfte und jede weitere Million $^1/_4$ per Mille Courant zu entrichten. Bei denjenigen, welche weniger als Bco. ℳ 100,000 besitzen, wird die Steuer von dem geschätzten Vermögen nach Abzug von Bco. ℳ 10,000 berechnet. Wer weniger als Bco. ℳ 20,000 an Vermögen besitzt, wird zu dieser Steuer nicht herangezogen.

Nachdem dies Gesetz von der Bürgerschaft verworfen worden war, erklärte diese sich im Mai 1865 gegen den Senat für einen modificirten Gesetzentwurf betreffend die Einkommensteuer. Hiernach wird entrichtet

Von Crt. ℔ 500—600 . . . . . Crt. ℔ 2 —
und dazu von jedem weiteren Crt. ℔ 100

Crt. ℔ 601—800	. . . . Crt. ℔.	—	8	Schill.	mehr
„ 801—1400	. . . . „	—	12	„	„
„ 1401—1600	. . . . „	1	—	„	„
„ 1601—2300	. . . . „	1	4	„	„

u. s. w., so dass z. B. zu zahlen ist bei einem Einkommen von

Crt. ℔ 500 —	Crt. ℔	2.	—
„ 600 —	„	2.	8.
„ 800 —	„	3.	8.
„ 1000 —	„	5.	—
„ 5100 —	„	78.	—
„ 6600 —	„	126.	—
„ 9900 —	„	292.	—

Von über 10,000 Crt. ℔ ist 3 % zu zahlen. Wer weniger als Crt. ℔ 500 jährlich einnimmt, wird zu dieser Steuer nicht herangezogen. Diejenigen Steuerpflichtigen, deren Einkommen 4500 ℔ nicht erreicht, und welche eine Familie von mehr als 4 Personen (zwei Kinder bis zum vollendeten 14. Jahre für eine Person gerechnet) zu ernähren haben, werden um ein Viertel ihres Steuersatzes ermässigt. —

In Bremen ward eine Vermögenssteuer nicht regelmässig, sondern nur zur Ausgleichung des Budgets in besonderen Fällen erhoben. Seit 1849 ist daselbst ein Vermögensschoss nur zweimal, im Jahre 1854 und 1863 erhoben worden. Obgleich durch völlig unkontrollirte Schätzung erhoben, zeigt sich für Bremen ein Vermögen im Jahre 1863 von 123,733,200 Thlr. Gold. Die Einkommensteuer in Bremen zeigt für 1863 bei 1 % 119,538 Thlr. 48 Gr., ein Einkommen von 12 Millionen Thaler.

S. 356. Nach dem Zolltarif vom 1. Mai 1865 beträgt der Einfuhrzoll von Branntwein aller Art, auch Arrak, Rum, Franzbranntwein und versetzten Branntweinen in Fässern und Flaschen nur noch 6 Thaler.

Der letzte Beschluss in der letzten Sitzung des Herrenhauses (am 17. Juni) war die einstimmige Annahme der Resolution: Das Herrenhaus spricht die Erwartung aus, dass die Staatsregierung auf Ermässigung des Eingangszolls für Spiritus in Grossbritannien ferner hinwirke und insbesondere daran festhalten werde, Tarif-Zugeständnisse an Grossbritannien von dieser Ermässigung abhängig zu machen.

S. 361. Nach dem Zolltarif von 1865 beträgt der Einfuhrzoll von Bier aller Art, auch Meth, nur noch $^2/_3$ Thlr., Essig aller Art in Fässern $1^1/_3$ Thlr. und Essig in Flaschen oder Kruken nur 4 Thlr.

Der Einfuhrzoll von Wein und Most, auch Cider in Fässern und Flaschen ist auf 4 Thlr. heruntergesetzt. Durch das Gesetz vom 15. April 1865 ist die Steuer von dem im Lande erzeugten Wein aufgehoben, und nach einer Bekanntmachung des Finanzministers vom 8. Mai 1865 soll von dem in Baiern, Würtemberg, Baden, dem Grossherzogthum Hessen, Nassau und im Gebiet der freien Stadt Frankfurt erzeugten Traubenmost und Wein eine Uebergangsabgabe nicht ferner erhoben werden.

S. 393. In England bringen die Zölle mehr als 30% der gesammten Staatseinnahme. In Preussen bringen dagegen nach dem Etat für 1861 die Eingangs-, Ausgangs- und Durchgangsabgaben nur etwas über 8% von der Gesammteinnahme; und von letzterer fallen auf die Eingangs-, Ausgangs- und Durchgangsabgaben, die Uebergangsabgabe von Wein, Most und Taback, die Rübenzuckersteuer, die Niederlage-, Krahn-, Waage-, Blei-, Zettel- und Siegelgelder, die Branntweinsteuer und die Uebergangsabgabe von Branntwein, die Braumalzsteuer und die Uebergangsabgabe von Bier, zusammen noch nicht ganz 19%. Muss man nicht zugestehen, dass die Principien, worauf der Englische Tarif beruht, praktischer sind, als die des Preussischen? Nach der provisorischen Abrechnung über die gemeinschaftlichen Einnahmen des Zollvereins an Zollgefällen für das erste Quartal 1865 hat die Bruttoeinnahme 4,726,023 Thlr. betragen — 170,042 Thlr. weniger als in der entsprechenden Periode des Vorjahres aufkam.

Mit dem 1. Juli 1865 soll nach dem Gesetz vom 1. Mai 1865 an die Stelle des Zolltarifs vom 27. Juni 1860 ein neuer Zolltarif treten. Derselbe zerfällt nicht wie der vorige in fünf, sondern nur in drei Abtheilungen, welche Bestimmungen über die Einfuhr, über die Ausfuhr und allgemeine Bestimmungen enthalten. Die Eingangszölle von einigen Waaren sind aufgehoben, jedoch nicht von Roheisen. Die Vorschrift der früheren Tarife, dass jede Waare $^1/_2$ Thlr. Eingangszoll zahlt, wenn sie nicht mit einem geringeren oder einem höheren Zoll, oder als zollfrei aufgeführt steht, ist weggefallen. Nicht ermässigt sind die Zölle von Leinengarn [1]), roher Leinwand, Tabackfabrikaten,

[1]) In dem Jahresbericht der Handelskammer zu Landeshut für 1864 heisst es: Die Zahl der im Kreise angefertigten Gewebe hat sich gegen 1863 wieder gesteigert und würde sich noch höher beziffern, wenn in den letzten 3 Monaten

Zucker, Syrop. Dagegen haben Zollermässigungen erfahren z. B. Baumwollwatte, Garn und Waaren aus Baumwolle; Bleiwaaren; Bürstenbinder- und Siebmacherwaaren; Eisen und Stahl, Eisen- und Stahlwaaren; Getreide; Glas und Glaswaaren; fertige Kleider und Leibwäsche, auch Putzwaaren; Kupfer und andere unedle Metalle und Waaren daraus; Leder und Lederwaaren; gebleichte Leinwand, Bänder und Zwirnspitzen; Lichte; Bier; Branntwein; Wein und Most, auch Cider in Fässern und Flaschen, so wie Essig in Flaschen oder Kruken; Fleisch; Cichorien; Konfitüren; Austern; Oel; Papier und Pappwaaren; Seide und Seidenwaaren; Seife; Steine und Steinwaaren; Steinkohlen; Porzellan und andere Thonwaaren; Rindvieh; Wachstuch; Wollenwaaren; Zink- und Zinnwaaren. Ganz abgeschafft sind nicht die Ausfuhrzölle von Lumpen und anderen Abfällen zur Papierfabrikation. Alle übrigen Ausfuhrzölle hören aber auf.

In Abrede soll hier nicht gestellt werden, dass dieser neue Tarif einigen Fortschritt gegen den vorigen zeigt. Aber in einem ähnlichen Verhältniss einträglich, wie der Englische Tarif, wird er nicht sein. Preussen ist vom Freihandel jetzt noch weiter entfernt, als es in

des Jahres der Waarenabsatz nicht total ins Stocken gerathen wäre. Grosse Gefahr droht unserer Leinenindustrie, wenn der bisherige Zollsatz von 15 Sgr. pro Centner für Garne aus Böhmen fallen und dafür der allgemeine Zoll von 2 Thlrn. pro Centner eingeführt werden sollte. Bereits im Jahre 1862 haben wir auf diesen hochwichtigen Gegenstand hingewiesen, auf unser neuerdings deshalb gestelltes Gesuch sind wir noch ohne Bescheid und geben uns deshalb der Hoffnung hin, dass dasselbe bei den gegenwärtigen Zollverhandlungen mit Oesterreich Berücksichtigung finden werde. Die Erhaltung des Zollvereins und voraussichtliche Erweiterung des Gebietes durch Zutritt der Herzogthümer Schleswig und Holstein ist für unsere Industrie von grosser Bedeutung. Die Tragweite des Handelsvertrages mit Frankreich lässt sich zur Zeit noch nicht übersehen, doch ist kaum zu bezweifeln, dass durch denselben neue Absatzquellen für die hiesigen Fabrikate gefunden werden. Der Absatz Schlesischer Leinen nach Russland und Polen ist bei hohen Eingangszöllen fortwährend nicht unbeträchtlich, eine Ermässigung derselben würde ihn noch mehr fördern; möchte es desshalb einer hohen Staatsregierung gelingen, bei den in Aussicht genommenen Verhandlungen über einen neuen Handelsvertrag mit Russland eine Reduktion des jetzt bei dem Landtransport 23%, bei Wasserweg 25% des Werths betragenden Einfuhrzolls zu erzielen!

Nachweisung der über das königl. Hauptzollamt zu Liebau und die demselben untergeordneten Zollämter im Jahre 1864 nach Böhmen aus- und von Böhmen eingeführten Gegenstände, — A. Ausfuhr und Durchgang nach Böhmen: 1) aus dem freien Verkehr: 65,000 Centner Flachs, 1091 rohes Leinengarn, Maschinengespinnst, 13 rohes Leinengarn, Handgespinnst; 2) im Transitoverkehr: 26,284 Ctr. Flachs. B. Einfuhr aus Böhmen: 25,948 Ctr. rohes Leinengarn, Maschinengespinnst, 1847 rohes Leinengarn, Handgespinnst, 8639 rohe Leinwand, 1026 Flachs.

der Zeit zwischen 1807 und 1818 war (vergl. oben S. 380—384). Ich möchte überhaupt bezweifeln, dass wir bei dem Fortbestehen des Zollvereins jemals einen Tarif erlangen werden, dessen Sätze sämmtlich bloss mit Rücksicht darauf abgemessen sind, wie sie der Staatskasse die grösste Einnahme bringen können. Die Volksvertretung kann die Regierung auch bei dem Streben nach einem derartigen Tarif mit dem besten Willen nicht unterstützen, wenn ihr, wie seither, schon abgeschlossene Staatsverträge zur nachträglichen blossen Genehmigung vorgelegt werden. Wenn der Zollverein — der nicht weniger als der Münzverein (S. 159) Preussens Souveränetät beschränkt — aufhörte und Preussens Staatseinkünfte durch Abnahme der Einnahme aus Verbrauchssteuern um 10 oder 20% geringer würden, so würde Preussen deshalb nicht zu Grunde gehen. — Selbst die kleine, aber freihändlerische Schweiz [1]) mit ihrer Industrie be-

[1]) Schäffle, der sich beinahe dagegen verwahrt, selbst ein konsequenter Freihändler zu sein, sagt von der Schweiz: „Ihre Industrie ist ohne einen geschützten und grossen innern Markt zu einer mit England rivalisirenden Höhe angewachsen. Ausser starken und konstanten Wasserkräften sind die Faktoren dieser Industrie solche, welche jedes andere Land sich ebenfalls aneignen kann. In vieler Hinsicht war die Lage der Schweiz, fern vom Meer und Kohlenlagern, umgeben von den Schutzmauern protektionistischer Staaten, von diesen lange und eben in der industriellen Entwickelungsperiode mit Transitzöllen belastet, ohne einen die Bevölkerung ganz ernährenden Ackerbau sogar besonders nachtheilig. Der Besitz guter Wasserkräfte aber gehört nicht in allen Theilen der Schweizerischen Industrie zu den wesentlichsten Momenten (Uhren, feine baumwollene und seidene Gewebe). Und dennoch, Dank der Tüchtigkeit der Bevölkerung, tritt eine gewaltige in Beziehung auf niedrige Preise, gewählten Geschmack, schöne Formen und Farben ungemein hervorragende Industrie hervor. Das frühere Tarifsystem war in jeder Beziehung mehr hemmend als entwickelnd für die Industrie, da es in einem kleinen Lande viele Verschiedenheiten zeigte. Der jetzt bestehende Schweizerische Zolltarif aber ist im Wesentlichen auf Finanzzölle angelegt. Es zahlen z. B. in der Einfuhr per Centner (= 50 Kilogr.) Baumwolle 30 Cent., Baumwollgarn 2 Fr., Baumwollgewebe nur 2 Fr. und 8 Fr., Bijouteriewaaren 15 Fr., Maschinen und Maschinenbestandtheile 2 Fr., seidene Waaren nur 15 Fr. Dennoch steht die Schweiz in der Handelsentwickelung obenan. — Die Schweiz, welche eine Reihe der edelsten Industriezweige entwickelt hat, sieht sich durch das freie Verkehrssystem auch nicht zum Handlangerdienst der rohen Arbeiten für andere Nationen herabgedrückt, sie hat die besten Mechaniker, Veredlungsarbeiter, Dessinateure u. s. w. Der innere Kulturwerth ihrer nationalen Arbeit hat also nicht verloren. Der Schweizer hat gelernt sich zu concentriren, für schöne Formen entsprechend zu zahlen, den Geschmack der Absatzländer zu studiren, was er namentlich durch das vortreffliche Kommanditen- und Filialensystem seines Exporthandels vollzieht. Von diesen Thatsachen wird jede zu einem Widerspruch gegen ein Hauptargument auch in der neuesten schutzzöllnerischen Beweisführung. Die Schweiz hat alle

steht ohne Zollverein. — Der Finanzminister würde die Ausgaben seines Ressorts beschränken und seine Kollegen nöthigen, die Ausgaben ihrer Ressorts noch viel mehr zu beschränken; ausserdem würde er die Einkünfte aus direkten Steuern zu erhöhen suchen, was ihm gelingen müsste, wenn das Volk wenig Verbrauchssteuern zu zahlen und veritabeln Freihandel hätte. Demnächst würde er sich auch mit der Volksvertretung über einen Zolltarif verständigen können, welcher nur wenige Artikel trifft und so mässige Sätze enthält, dass die Schmuggler sowohl, als auch die Schutzzöllner verzweifeln, dass aber die Ausdehnung des Verbrauchs fremder Waaren nicht sehr beschränkt wird, dass also der Staatskasse fortwährend steigende Einnahmen zufallen.

Wenn der Volksvertretung nicht lange vor Ablauf der Zollvereinsverträge neue Verträge über die Verlängerung des Zollvereins unter Bedingungen, die nicht schlechter sind, als diejenigen der seitherigen Verträge, vorgelegt werden, so erscheint es Manchem vielleicht nicht ohne alles Bedenken, diesen neuen Verträgen die Genehmigung zu versagen. — So wurde Preussen durch Verlängerung des Zollvereins bis Ende 1877 unbedingt gebunden. — Anders ist es aber doch mit dem Vertrage, welchen Preussen und Oesterreich an Stelle des (S. 390 erwähnten) Handels- und Zollvertrages vom 19. Februar 1853 neuerlich geschlossen haben. Auch wer den Fortbestand des Zollvereins wünscht oder sogar für nothwendig hält, konnte dennoch diesen Vertrag verwerfen, denn auch ohne ihn würde der Zollverein fortbestehen wie er ja schon lange vor dem 1. Januar 1854, wo das Zollkartel mit Oesterreich erst anfing, bestand. — Von dem Oesterreichischen Abgeordnetenhause wurde der Vertrag am 20. Mai mit einer Stimmenmehrheit von zwei Drittel, und von dem Preussischen Abgeordnetenhause am 23. Mai mit 170 gegen 99 Stimmen angenommen. Unter den Zustimmenden waren auch Männer, die seither als Freihändler galten. Von den Ministern sprach nur der Handelsminister über den Vertrag, nicht vertheidigt hat ihn der Finanzminister, der nur Finanzzölle wünschen, und für Schutzzöllnerei kein Interesse haben kann. Auch der Minister des Aeusseren zeigte kein Interesse für die Ge-

Vortheile einer lebenskräftigen Industrie sich angeeignet, — trotz des Freihandels unter keineswegs besonderen natürlichen Begünstigungen hat sie sich neben und in Konkurrenz mit England emporgeschwungen. Kein Wunder, dass eben die Schweiz die peinlichste crux in der Argumentation der Schutzzolltheorie geworden ist." Zeitschrift für Staatswissenschaft. 1864. S. 384 — 388. 401. 416. 438. 445. 478

nehmigung des Vertrages, da er der Berathung des Abgeordnetenhauses nicht einmal beiwohnte. — Welchen Nutzen wird der Vertrag dem Preussischen Volke bringen? „Dank vom Haus Oestreich!"

Der Oesterreichischen Regierung schien der Vertrag ganz ausserordentlich am Herzen zu liegen. In der Sitzung des Oesterreichischen Abgeordnetenhauses vom 1. Mai 1865 begründete Sektionschef Freiherr v. Hock die Regierungsvorlage betreffend den Handelsvertrag mit Preussen in einer zweistündigen Rede, aus welcher folgende Stellen entnommen sind:

Indem ich den Inhalt des am 11. April d. J. zwischen Oesterreich und dem Deutschen Zollvereine abgeschlossenen Handels- und Zollvertrages darlege, die Vortheile, die derselbe gewährt, darthue, und seine Annahme und zwar seine vollständige unveränderte und derart beschleunigte Annahme, dass die im Vertrage festgesetzte Ratifikationsfrist eingehalten werden kann, anrathe, bin ich mir wohl bewusst, dass ich eine schwierige Aufgabe übernommen habe.

Der Vertrag ist so vortheilhaft, als ein zwischen zwei gleich unabhängigen und gleich mächtigen Nationen abgeschlossener Handelsvertrag überhaupt sein kann. Die Schwierigkeit liegt mehr in den Interessen, Vorurtheilen und Leidenschaften, welche durch die Zollsystemänderungen angeregt worden sind. Redner kommt auf den zwischen Frankreich und England am 23. Jänner 1860 abgeschlossenen Vertrag und die Wirkung desselben auf den Weltverkehr zu sprechen. Diesem Vertrage sei aber eine ganze Reihe anderer Verträge gefolgt. Holland, Belgien, Italien, die Schweiz, der Zollverein hätten gleiche Verträge auf gleichen Grundsätzen mit Frankreich abgeschlossen. Hierdurch kam es, dass längs unserer ganzen Westgrenze von Krakau angefangen bis hinab nach Mantua neue Systeme von Zolltarifen sich festgestellt haben, welche fast auf dem Boden des Freihandels ruhen.

Dadurch ist es gekommen, dass in ganz Europa Spanien, Oesterreich und Russland jene Staaten sind, in welchen noch das Hochschutzzollsystem besteht. Es ist einleuchtend, dass unter diesem Bestande auch bei uns das Hochschutzzollsystem nicht länger festgehalten werden kann, wir können unmöglich den Anforderungen der Wissenschaft uns entgegenstellen, welche immer lauter und immer einstimmiger sich gegen dieses, der freien Bewegung entgegenstrebende System erklärt, wir können uns nicht den Erfahrungen verschliessen, welche in der Schweiz, in England und Frankreich gemacht worden sind. Wir sehen, dass überall, wo ein freisinnigeres Zollsystem eingeführt wurde, der Handel, der Verkehr und die Industrie sich weit rascher und weit grossartiger entwickelt haben als vordem, und wie alle Befürchtungen über ein plötzliches Einströmen einer grossen Masse fremder Industrieerzeugnisse, über Zugrundegehen einer ganzen Reihe von Industriezweigen in diesen Ländern als unwahr sich erwiesen.

Aber an uns Oesterreicher treten noch ganz specielle Anforderungen zur Reform unseres jetzigen Zollsystems heran. Wir liegen in der Mitte Europa's, wir können uns dem Verkehre mit der Fremde nicht entziehen, nicht hermetisch abschliessen, wir haben in unserer Mitte Völkerschaften, welche ihre Brüder nach Sprache und Sitte ausser unseren Landesgrenzen haben, und wir können nicht ihnen den Verkehr mit diesen Brüdern durch unübersteigliche Zollschranken absprechen. Wir sind politisch vielfach auf die Sympathien der grossen Nationen des Westens angewiesen und diese erlangen wir nicht, wenn wir den Zollkrieg mit ihnen führen.

Durch die grossen agrikolen Umwälzungen, die in den letzten Jahren bei uns stattfanden, hat sich eine grosse Masse von Bodenerzeugnissen angehäuft, welche einen Absatz ins Ausland suchen; sie finden aber diesen Absatz nicht, wenn wir denjenigen Waaren des Auslands den Zugang zu uns versperren, durch welche unsere Bodenerzeugnisse verkauft werden sollen oder können. Und endlich, meine Herren, vergessen wir nicht: durch die Aenderung des Zollsystems unserer Nachbarländer ist ein grosser Theil unserer Grenzen eine sehr ausgedehnte Zollstrecke, welche an vielen Punkten eine sehr dichte Bevölkerung zählt, welche in der engsten Verbindung mit dem Auslande sich befindet; diese ungeheure Zollgrenze ist nun den Wirkungen dieses freien Zollsystems blossgestellt. Wenn wir unser gegenwärtiges Hochschutzzollsystem festhalten, entsteht an diesen Grenzen ein Schmuggel, der durch alle Anstrengungen nicht mehr abgewehrt werden kann.

An den Grenzen unserer Italienischen Provinzen herrscht schon jetzt der Freihandel, die Folge davon ist, dass wir an diesen Grenzen 30 Mann Finanzwache auf die Meile haben, und dass diese ungeheure Zahl nicht ausreicht, den Schmuggel von der Grenze abzuhalten.

An den Grenzen gegen den Zollverein, an welchen wir bis jetzt bloss 8—9 Mann der Finanzwache zum Schutze derselben benöthigen, nachdem in den Nachbarländern ein uns gleichartiges Schutzzollsystem herrscht, und uns bis jetzt überdies das Zollkartel den Schutz der Nachbarstaaten gegen den Schmuggel gewährte, werden wir, wenn längs der Grenze das Freihandelssystem eingeführt ist und gleichzeitig das Zollkartel aufhört, eine gleiche Anzahl von Finanzwache benöthigen, wie wir sie längs der Grenze gegen Italien aufstellen müssen. Unsere Industrie, unsere Finanzen werden eben so wenig wirksam geschützt sein, wie das gegenwärtig an der Grenze gegen Italien der Fall ist.

Redner weist sodann auf die langen und andauernden Kämpfe gegen den Französisch-Preussischen Handelsvertrag. Von dem Tage, als die Kunde von der Paraphirung des Preussisch-Französischen Handelsvertrages der Regierung wurde, hat dieselbe eine Reform ihres Zolltarifs begonnen.

Das Resultat dieser Arbeiten war der Zolltarifsentwurf vom 18. November 1863. Es ist erinnerlich, dass unsere Bemühungen um den Eintritt in den Zollverein, um wesentliche Modifikation des Vertrages Preussen's mit Frankreich ohne Erfolg geblieben sind; ein Theil der Zollvereinsstaaten hat sie ausdrücklich zurückgewiesen, ein Theil nicht mit der nöthigen Stärke und Ausdauer unterstützt. Von dem Augenblicke an, wo die Thatsache des Misslingens dieser unserer Bemühungen festgestellt war, und der Zeitpunkt fällt in die letzten Wochen des Jahres 1863, von diesem Augenblicke an mussten bei der kaiserl. Regierung neue Gesichtspunkte in den Vordergrund treten. Die Zolleinigung war nicht möglich, eine Tarifreform unvermeidlich und musste darum um so durchgreifender sein, weil eine Modifikation des Französisch-Preussischen Vertrages nicht zu erlangen war. Wir bedurften des Vertrages mit dem Zollvereine, um diejenigen Verkehrserleichterungen und Begünstigungen zu erhalten, an welche die Bevölkerung durch eine Reihe von Jahren schon gewöhnt war. Wir bedurften des Vertrages, um nicht gänzlich handelspolitisch von Deutschland ausgeschlossen zu werden. Wenn wir auch nichts Grösseres erreichen konnten, so war das Ziel doch gewiss ein grosses und redliches, wenn wir wenigstens diejenige bevorzugte Stellung in Deutschland aufrecht erhielten, welche wir durch den Vertrag vom 19. Februar 1853 schon errungen haben.

Redner skizzirt nun den Unterschied der Verhandlungen zu Prag und zu Berlin. Wenn dessen ungeachtet die Verhandlungen viele Monate dauerten, so tragen nicht die verhandelnden Persönlichkeiten, es tragen nicht Streitigkeiten über die Form die Schuld, sondern die Ursache lag in der Verschiedenheit der beiderseitigen Tarife und der Ansicht über den Werth und die Bedeutung der gegenseitigen Forderungen.

Der Tarif des Zollvereines ist bei weitem niedriger, als der Zolltarif, welchen Oesterreich im Entwurfe vom 18. November 1863 als den seinigen vorangestellt hat. Die Zollvereinsstaaten wollten auf diesen Umstand die Berechtigung zu Aequivalenten von Seite Oesterreichs gründen, der Oesterreichische Bevollmächtigte aber sagte: Ihr habt diese Zollbestimmungen in den Tarif aufgenommen, den Ihr im Jahre 1864 unter Euch vereinbart habt. Das ist ein allgemeiner Zoll für alle Nationen; Ihr könnt unmöglich diesen Tarif auf Oesterreich nicht anwenden wollen.

Ein zweites wesentliches Hinderniss war, dass die Sätze unseres neuen Tarifentwurfes bei weitem höher sind als jene, welche der Zollverein bisher gezahlt hat. Ebenso waren sie nicht im Mindesten geneigt, Oesterreich neue Zollfreiheiten zu gewähren, und dies war das Hauptthinderniss gegen eine Reduktion des Zolles auf gewisse Oesterreichische Weine, auf welcher der Oesterreichische Bevollmächtigte bis zuletzt mit aller Hartnäckigkeit beharrte. Der wesentlichste Differenzpunkt lag aber in der allzu grossen Bedeutung, welche der Zollverein auf das Zollkartel legte. Die Differenz der beiderseitigen Anträge war so gross, dass das Gelingen der Verhandlungen mit dem Zollvereine sehr oft auf scharfer Schneide war; wenn dessen ungeachtet doch ein Vertrag zu Stande kam, liegt das Verdienst dessen theils in der Ueberzeugung der Bevollmächtigten, dass Oesterreich und Deutschland sich unmöglich gleichgültig oder wohl gar feindlich gegenüberstehen können, und dass unmöglich die engen nachbarlichen Beziehungen, welche in 12 Jahren sich ausgebildet hatten, mit roher Hand auseinander gebrochen werden können. Dies ist die Geschichte der Verhandlungen, und ich wiederhole nur kurz, eine Zolleinigung zwischen uns und dem Zollvereine ist unmöglich, die Tarifreform bei uns ist unvermeidlich, und es wurde die Gelegenheit benutzt, um durch diese Zollreform einen bedeutenden Vortheil für Oesterreich zu gewinnen.

Nach Auseinandersetzung der gepflogenen Verhandlungen prüft Redner den Inhalt des Vertrages.

Der Vertrag vom 11. April 1865 setzt die allgemeine Deutsche Zollvereinigung als anzustrebendes Ziel fest, und Art. 25 giebt es jedem der vertragenden Theile anheim, zu ihm geeignet scheinender Zeit den andern Theil zur Verhandlung über weitere Verkehrserleichterungen und selbst über die Frage der allgemeinen Deutschen Zolleinigung aufzufordern, welcher Aufforderung der andere Staat zu entsprechen verpflichtet ist. Das System der handelspolitischen Zusammengehörigkeit Oesterreichs und Deutschlands ist feierlich anerkannt, und Oesterreich ist die Möglichkeit geboten, einen Handelsvertrag mit dem Zollvereine abzuschliessen, ohne auf dieses durch die Bundesakte und den Februar-Vertrag anerkannte Prinzip förmlich Verzicht zu leisten.

Der Vertrag vom 11. April 1865 gründet zwischen Oesterreich und dem Zollvereine eine so enge Verbindung, wie sie zwischen keinem der vertragenden Theile und einem dritten Staate bestehen. Es ist nämlich denjenigen Waaren, welche den Hauptgegenstand des gegenseitigen Verkehrs bilden, die Zollfreiheit und beziehungsweise die Zollbegünstigung, welche sie bisher genossen, fortan gewährt; unser Getreide, unsere Feldfrüchte, unsere Mehl- und Mahlprodukte, Stärke, Bettfedern, Kleinvieh, getrocknetes und gesalzenes Gemüse, gebackenes Obst und andere Gegenstände gehen zollfrei ein und aus. Da wir aber derjenige Staat sind, welcher das meiste an diesen Gegenständen ausführt, so sind wir sehr im Vortheile; auch für eine Menge anderer Gegenstände, z. B. Butter, Käse, Glas, Porzellan sind beiderseitig Zollbegünstigungen festgestellt. Der Zollverein musste sich in die harte Nothwendigkeit fügen, welche auf seinem Vertrage mit Frankreich beruht, dass er für eine grosse Anzahl von Gegenständen, ich möchte fast sagen, für $^{9}/_{10}$ aller, welche im Vertrage enthalten sind, fortan im Verkehre nach Oesterreich weit höhere Zölle zahlen muss, als Oesterreich dem Zollvereine zahlt und selbst als solche, welche der Zollverein noch dem früheren Vertrage gezahlt hat. Wenn es Gegenstände giebt, welche bei uns niedriger belegt sind, als im Zollverein, so sind es fast durchaus solche, welche den Roh- und Hülfsstoffen der Industrie angehören, welche schon nach dem alten Tarife bei uns geringer belegt waren als im Zollvereine.

Die Bedeutung und das gegenseitige Zifferverhältniss der Zollbegünstigungen, welche man sich gewährt hat, geht aus ihrem sogenannten Zollwerthe hervor. Wenn z. B. 1000 Centner eingebracht würden, und die Waare hat früher 10 Gulden gezahlt, und zahlt jetzt 5 Guld., so sind diese 5000 Guld. der Zollwerth der Reduktion, welche man dem anderen Staate zu lieb gemacht hat. Berechnet man dies, so findet man, dass der Zollverein dem Vertrage ein Opfer von 1,500,000 Guld. gebracht hat, während Oesterreich nur 875,000 Gulden opfern musste. Die Begünstigungen, welche wir einräumten, bestehen meistens in Zollreduktionen, und es ist die Möglichkeit vorhanden, dass wir das, was wir am Zollertrage verlieren, durch die gesteigerte Menge der Einfuhr wieder hereinbekommen. (Hört! Hört!) Bei dem Zollvereine besteht, was er uns gewährt, hauptsächlich in Zollbefreiungen, er kann keinen Ersatz erwarten.

Die Zollsätze allein erschöpfen aber nicht den Inhalt des Vertrags. Aber gleich wie in dem älteren Vertrage sind Ein-, Aus- und

Durchfuhrverbote ausgeschlossen; nur für Taback, Salz, Schiesspulver, Kalender und Spielkarten werden bei Eintritt ausserordentlicher Sanitätsrücksichten oder ausserordentlicher Kriegsumstände Ausnahmen gemacht.

Der Vertrag sanktionirt die gegenseitige Freiheit der Durchfuhrzölle. Von der Freiheit der Ausfuhrzölle sind bloss die Lumpen und bei uns auch die Felle und Häute, Hautabschnitzel und Knochen ausgenommen.

Die gegenseitigen Verkehrserleichterungen gereichen zum grossen Theile vorzugsweise Oesterreich zum Vortheile. Ich erlaube mir in dieser Richtung vorzüglich auf den Verkehr mit roher Leinwand hinzuweisen. Es gehen jährlich 4000 Centner rohe Handgespinnste vom Zollverein zu uns und 4500 Centner von Oesterreich nach dem Zollvereine. Ferner wird von unsern Webern jährlich über 20,000 Centner rohe Leinwand zollfrei in den Verein ausgeführt. Viele Hunderte, wenn nicht Tausende von Webern an der nördlichen Grenze Böhmens und einem Theile unseres Schlesiens leben von diesem Verkehr, und ein Theil der Weber des Mühlviertels von Oberösterreich ist ebenfalls an diesem Verkehr betheiligt. Heben Sie diese Begünstigungen auf, so ist dieser ganze Verkehr abgeschnitten, ein grosser Theil der Bevölkerung des Erzgebirges, eine der ärmsten Gegenden Oesterreichs lebt von den Arbeiten, welche Sächsische Fabriken ihnen zuwenden. Was also übrig bleibt, und wo der Vortheil, wenn man so will, sich mehr auf Seite des Zollvereins befindet, das ist blos der Verkehr mit den Geweben, die zum Druck aus- und eingeführt werden. Während vom Zollverein zu uns 2740 Centner ausgeführt werden, gehen von uns nach dem Zollvereine 22,030 Centner; allein der Nachtheil, den hiedurch unsere Drucker und Färber haben, ist ein Vortheil für unsere Weber, und es ist die Frage, ob eine der beiden Klassen, und welche eine grössere Berücksichtigung verdient als die andere. Es handelt sich hier wie in vielen Fällen um den Kampf der Freiheit mit dem Monopole und um nichts anderes.

Durch den Vertrag haben wir uns ferner das Zollkartel errungen. Es enthebt uns dieses der Nothwendigkeit, mit unserer Tarifreform so weit zu gehen, dass unsere Industrie geschädigt würde; ich brauche nicht hervorzuheben, von welchem Vortheile es auch für die Finanzen eines Staates ist, der bei sich das Tabackmonopol hat.

Ich könnte noch eine ganze Reihe von gegenseitigen Begünstigungen anführen, wenn es mir die Zeit gestatten würde. Alles, was in dem Französischen Vertrage enthalten war, ist nun auch auf uns übergegangen. Ich mag mich hinwenden, wo ich will, immer sehe ich, dass die engste Verbindung zwischen uns und dem Zollverein hergestellt ist, weit enger als jene, welche zwischen dem Zollvereine und Frankreich besteht, und sich in der Folge zu was immer für einer Nation herstellen wird. Meine ursprüngliche Behauptung ist daher gerechtfertigt, dass der Vertrag mit dem Zollvereine so vortheilhaft ist, als es überhaupt ein Handelsvertrag sein kann. Das Ziel, das man sich bei Einleitung der Verhandlung gestellt, es ist durch den Vertrag glücklich erreicht.

In Ihren Händen, meine Herren, ruht das Schicksal des Vertrages, ich bin keinen Augenblick über Ihre Entscheidung im Zweifel. Die Tarifreform ist nöthig, sie ist unverschiebbar; Sie werden also gewiss die Vortheile nicht zurückweisen, welche der Vertrag Ihnen bloss darum gewährt, weil Sie das Unvermeidliche, Unverschiebliche, das Vernünftige mit einigen wenigen Modifikationen vollziehen, welche im Interesse des andern vertragenden Theiles liegen. Sie, meine Herren, wollen das Gleichgewicht zwischen Einnahmen und Ausgaben, Sie können also nicht zugeben, dass die Abnahme des Zollerträgnisses noch länger fortdauere, Sie können unmöglich zugeben, dass durch die Verwerfung des Vertrages die Kosten unserer Grenzbewachung ins Ungeheure steigen und dennoch unsere Industrie nicht heilsam geschützt ist.

Sie, meine Herren, fühlen die grossen Steuerlasten, welche unseren Grundbesitz beschweren, Sie haben sich in dieser Beziehung wiederholt ausgesprochen. Sie können darum unmöglich den zollfreien Absatz der Bodenerzeugnisse zurückweisen, welcher durch den Vertrag gewahrt ist. Sie sprechen so oft und aus innerster Ueberzeugung für die Nothwendigkeit der Aussöhnung mit Ungarn, Kroatien, Slavonien und unseren Italienischen Provinzen, Sie können also unmöglich ein Zollsystem länger aufrecht erhalten wollen, welches den Wünschen und Interessen dieser Länder geradezu entgegen ist.

Unser bisheriges Zollsystem war eine Quelle der steten Klagen Ungarns und des Lombardisch-Venetianischen Königreiches. Unser Zollsystem war einer der Vorwände zur Agitation eines Kossuth. Es hat die Zolleinigung mit Mittelitalien vereitelt, welche Oesterreich beabsichtigte. Sie können daher unmöglich zugeben und durch die Verwerfung des Vertrages es möglich machen, dass noch länger ein Zollsystem bestehe, welches, wie erwähnt, den Interessen dieser Theile des Reiches entgegen ist und diese Theile des Reiches werden unmöglich in eine Versammlung eintreten, wo sie sich in der Minderheit befinden, wenn diese Versammlung ihren Interessen entgegen handelt und die Verwirkungstheorie in voller Strenge gegen sie anwendet. (Rufe links: Das ist ein bischen stark!)

Sie wollen, meine Herren, dass unsere Diplomatie die Würde des Oesterreichischen Namens wahre, Sie können unmöglich den Vertrag zurückweisen, welchen diese nach jahrelangem Kampfe dem Nachbarstaate abgerungen hat, und welcher ein Pfand friedlichen Verständnisses und engen Zusammenlebens mit Oesterreich ist.

Sie, meine Herren, wollen endlich das Ansehen der Oesterreichischen Landesvertretung auf den Geist der öffentlichen Meinung gründen. Sie können sich darum der öffentlichen Meinung nicht entgegenstellen, welche das abgethane und gemeinschädliche Hochschutzzollsystem verwirft. Ganz Europa sieht auf den Entschluss, welchen Sie jetzt fassen, und je nachdem er ausfällt, wird das Urtheil der grossen Kulturvölker Europa's über Sie ergehen. Nein, ich wiederhole es, die endliche Annahme des Vertrages durch Sie, meine Herren, steht mir trotz all dem, was feindliche Stimmen im Hause vorbringen werden, nicht in Zweifel.

Was ich fürchte ist nur, dass etwa diese Annahme nicht vollständig oder nicht zur rechten Zeit erfolge. Der Vertrag kann nur als ein Ganzes angenommen oder verworfen werden. Jetzt noch eine Aenderung durchsetzen zu wollen, ist absolut unmöglich.

Ich bitte nur noch die Ueberzeugung bei sich Wurzel fassen zu lassen, dass der Zollverein nicht genöthigt ist, irgend einen Vertrag mit uns abzuschliessen. Redner geht auf die Nothwendigkeit einer beschleunigten Verhandlung über. Mit Rücksicht auf die nothwendige Berathung im Herrenhause hat das Abgeordnetenhaus für seine Berathung und Beschlussfassung keine grössere Zeit als etwa 14 Tage. Der Vertrag soll am 1. Juli 1865 in Wirksamkeit treten, ebenso der damit zusammenhängende Zolltarif. Ein Zolltarif muss naturgemäss schon einige Zeit vor seiner Einführung publizirt sein, so dass der längste Termin zu seiner Veröffentlichung im vorliegenden Falle der 1. Juni wäre.

Unser Vertrag mit dem Zollvereine läuft Ende 1865 ab. Wenn der neue Vertrag nicht schon am 1. Juli 1865 in Wirksamkeit träte, so würde es einen Zwischenraum geben, in welchem der Vertrag vom 19. Februar 1853, beziehungsweise unser Zollvertrag vom 6. December 1853 gleichzeitig mit dem Französisch-vereinsländischen Vertrage vom 2. August 1863 und dem Zollvertrage vom 28. Juni 1864 in

Wirksamkeit wäre. Daraus würden manche Unzukömmlichkeiten für den Zollverein entstehen, aber noch grössere für uns. Redner weist nach, dass man einerseits an Zolleinkünften verliere, andrerseits die Industrie des nothwendigen Zollschutzes entbehre. Wenn Sie aber, meine Herren, im Laufe dieser Zeit ihren Ausspruch thun, so wird Sie kein Mensch irgend einer Uebertreibung beschuldigen können. Es handelt sich um einen Vertrag, der nur im Ganzen angenommen oder im Ganzen verworfen werden kann; deshalb glaube ich, ist nur im Ganzen zu erwägen, ob die Vortheile gegenüber der Nothwendigkeit einer dringenden Reform des Zolltarifes wirklich so gross sind, um über einen oder den anderen Zollsatz, welcher vielleicht Einem aus Ihrer Mitte nicht zweckmässig erscheinen könnte, hinauszugehen. Uebrigens handelt es sich um einen Tarif, der bereits seit anderthalb Jahren veröffentlicht ist, seit einem Monate in Ihren Händen sich befindet und von der Oeffentlichkeit im Ganzen nicht ungünstig aufgenommen wurde, aus diesem Grunde glaube ich daher, dass die unveränderte und vollständige Annahme der Vorlage von Ihrer Seite keinem Anstande unterliegen werde. (Bravo, bravo!) —

Der in Wien erscheinende „Wanderer", aus welchem vorstehender Auszug ist, sagte mit Bezug auf den Vertrag: „Der Nothstand tunserer Verfassungsfrage mag es rechtfertigen, dass Ungarn und Kroaien um des Reiches willen durch Ausnahmszustände regiert werden, dagegen wäre es unverantwortlich, gewissenlos, ja frevelhaft, die beiden genannten Länder, zusammengenommen nicht viel weniger als die Hälfte der Monarchie, einigen erbländischen Fabrikanten zu Liebe zu kontumaziren. Ihren Wohlstand haben Ungarn und Kroatien nicht an den industriellen Verein von Niederösterreich verwirkt, und ein Votum der Reichsvertretung, welches dies als Grundsatz proklamirte, ist eine moralische Unmöglichkeit. Wer das bestreiten wollte, dem müssten wir sagen, dass wir ein solches Votum dann für nichts anderes als eine mögliche Immoralität halten könnten. Man erstaune nicht über die Offenheit einer solchen Sprache! Das Bewusstsein, den Ueberzeugungen von Nationen Wort zu leihen, die zum Reiche gehörig im Reichsrath nicht vertreten sind, giebt uns den Muth, das Ding beim rechten Namen zu nennen. Was das schutzzöllnerische Hausmittel einer Erhöhung der Zwischenzölle betrifft, dürfte Herr v. Hock denn doch Vielen, die es für ein probates Mittel ansehen, aus dem Traume geholfen haben. Der Plan, die Zwischenzölle gegen Deutschland zu erhöhen, erfreut sich darum einer so grossen Beliebtheit in den Kreisen unserer Schutzzöllner, weil sie die Hoffnung nicht lassen können, dass es bei dieser Erhöhung bleiben und von einer Reduktion der Zölle geraume Zeit lang keine Rede sein werde. Sie möchten die Massregel als eine provisorische einschmuggeln und als eine definitive belassen; wenn auch die Wirkungen, die sie sich von ihr versprechen, ausbleiben sollten (und dass dies geschehen würde, hat, glauben wir, Herr v. Hock überzeugend dargethan), würden sie dennoch an derselben festhalten. Mächtiger als die Empfindung, aus einem hohen Tarif keinen Vortheil zu haben, wirkt bei ihnen die Furcht vor Zollherabsetzungen, aus denen sie sich die grössten Nachtheile versprechen. Jede Reform des Tarifs wird in aller Ewigkeit auf die Einsprache dieser Kreise stossen, während eine nahe Zukunft vielleicht, und hegen wir den patriotischen Wunsch, dass sie nahe sei, die schutzzöllnerische Partei in das Verhältniss einer lärmenden Minorität bringen wird, einer Minorität nicht bloss unter den Völkern, sondern auch im Schosse der Körperschaften, welche alle Länder des Reiches gleichmässig zu vertreten berufen sein werden. Wenn über kurz oder lang dieser Fall eintritt, dürften es Diejenigen, die heute gegen den Oesterreichisch-Preussischen Handelsvertrag agitiren, schwer bereuen, dass sie eine mässige Reform zurückgewiesen, um eine radicale über sich ergehen zu lassen."

Im Preussischen Abgeordnetenhause äusserte am 23. Mai der Abgeordnete Röpell (Danzig), der Abschluss des Vertrages mit Oesterreich heisse nichts anderes, als dass wir den grössten Theil der Oesterreichischen Finanzwache bezahlen sollen, damit Oesterreich seine Grenzen und sein Tabacksmonopol u. s. w. schützen kann. „Das ist die Hauptfolge des Kartels. Wenn Sie den Vertrag annehmen, so zahlen Sie gewissermaassen in die Tasche von Oesterreich hinein!" — Im Oesterreichischen Abgeordnetenhause hatte Hock am 19. Mai gesagt: In dem Augenblick, wo der Französisch-Preussische Handelsvertrag und der darauf basirte Zolltarif an unseren Grenzen zur Geltung gelangte, ist die Frage der Zollreform nicht mehr in unsere Freiheit gegeben, sie ist zur Nothwendigkeit geworden, weil die Zustände, welche schon an unserer Italienischen Grenze obwalten, sich auf unsere ganze Grenze gegen Westen und Nordwesten ausgebreitet haben. Unsere Finanzwache und unsere Zollbeamten sind brav, ich darf nichts gegen sie kommen lassen, aber ein Ideal von Zollorganen wird die Grenze unmöglich vertheidigen können, wenn auf der einen Seite ein Schutzzollsystem und auf der anderen Seite das Freihandelssystem herrscht. Das Freihandelssystem des Zollvereins übt auf uns doppelte Wirkung, es setzt erstens die Preise im Lande selbst, wo es herrscht, herunter, es erleichtert daher den Schmuggel aus dem

Zollverein zu uns. Zweitens erleichtert es, wenn der Unterschied der Zollbelegung gross ist, auch den Schmuggel mit verzollten Waaren. Das einzige Mittel gegen dieses Getreibe wäre, die Finanzwache in dem Maasse zu vermehren, wie wir es in Italien zu thun gezwungen waren, und selbst dieses Mittel würde nicht ausreichen, denn der Schmuggel und seine Reize sind zu gross, als dass ihn die Finanzwache ganz verhindern könnte. Ist aber die Zollreform eine Nothwendigkeit geworden, dann biete der Vertrag die grössten Vortheile, denn alles, was man dafür hingebe, sei nichts, denn man sei durch Nothwendigkeit der Tarifreform ohnehin dazu gewungen.

In Bezug auf den Schmuggel wurde im Preussischen Abgeordnetenhause darauf aufmerksam gemacht, dass die Preussische Regierung gegen Oesterreich anders verführe als gegen Russland. So sagte der Abgeordnete v. Hennig: „Wie ist es überhaupt möglich, dass zwischen zwei Nachbarstaaten etwas derartiges, wie Schmuggel, geduldet werden kann? Meiner Ueberzeugung nach ist die einzige Erklärung und, wenn Sie so wollen, auch die Rechtfertigung der Freigebung des Schmuggels die, dass man sich sagt: ich befinde mich mit meinem Nachbar zwar nicht im Kriege, aber seine Zollmassregeln sind derartige, dass er mir nicht wie ein Nachbar, sondern wie ein Feind gegenübersteht. Ich habe keine Veranlassung, diesen Feind zu schützen; im Gegentheil, wenn er für seine feindseligen Massregeln geschädigt wird, so ist das nicht mehr als recht und billig. Dieses System befolgt unsere Staatsregierung gegenüber Russland. Russland gegenüber wird der Schmuggel von uns geduldet. Es wird geduldet, dass die Schmuggler von den unverzollten Waarenlagern aus, unter Begleitung von Grenzbeamten, sich an die Grenze begeben und, wenn dort gefunden wird, dass die Russischen Zollbeamten wach sind und aufpassen, so werden sie wieder von unseren Zollbeamten zurückgeleitet und sie können die Waaren wieder nach den unversteuerten Lagern zurückbringen. So weit gehen wir gegenüber Russland. Da frage ich mich denn, womit hat Oesterreich es verdient, dass wir es im Verhältniss zu Russland so begünstigen wollen? Hat uns Oesterreich mit seinen Zollsystem irgend begünstigt? Ist uns Oesterreich nicht genau so wie Russland in Zollsachen gegenübergetreten?"

Wenn ein Maroccanisches Gesetz die Einfuhr einer Waare nach Marocco verbietet oder, was praktisch dasselbe ist, mit einem verbotgleichen Zoll belegt, so handelt ein Maroccanischer Unterthan, welcher sie einschmuggelt, ungesetzlich, und daher auch unmoralisch. Wenn dagegen ein Preussischer Unterthan diese Waare in Marocco einschmuggelt, so kann dies für ihn, wenn er sich von der Maroccanischen Regierung fassen lässt, vielleicht schlimme Folgen haben. Aber unmoralisch handelt er nicht. Denn die Maroccanischen Gesetze verpflichten zwar die Maroccanischen, nicht aber die Preussischen Unterthanen, und nach Marocco zu handeln, ist an sich durchaus nicht unmoralisch. Ist nun das Schmuggeln nach Marocco für Preussische Unterthanen nicht unmoralisch, so kann für sie das Schmuggeln nach Oesterreich ebensowenig unmoralisch sein. Und daher möchte ich bei der Ansicht stehen bleiben, dass die Preussische Regierung den Schmuggelhandel nach Oesterreich ebensowenig stören oder belästigen sollte, als den Schmuggelhandel nach Russland oder nach Spanien oder nach Marocco, wenn ein anderer Handelsverkehr einen angemessenen Gewinn nicht bringt, also unmöglich ist. —

Es ist vielleicht nicht ungeignet, bei dieser Gelegenheit an Krakau zu erinnern. Nach dem Vertrage zwischen Preussen, Oesterreich und Russland vom 3. Mai 1815 durften in Krakau und seinem Gebiet durchaus keine Zölle, Brücken- und Wegegelder aber nur zur Unterhaltung der Brücken und öffentlichen Strassen erhoben werden. Es bestand also Freihandel, bis eine Proklamation des Oesterreichischen Generals Castiglione, d. d. Krakau den 16. November 1846, der Welt kundthat, dass auch mit Preussens Zustimmung die Stadt Krakau mit ihrem Gebiete mit der Oesterreichischen Monarchie vereinigt sei. Darauf berichtete die Schlesische Zeitung aus: Berlin, 27. November. Wir sind heute im Stande, einige genauere Mittheilungen über den Erfolg der Breslauer Deputation in Angelegenheiten des Schlesisch-Preussischen Handels mit Krakau zu machen, wodurch unsere in der gestrigen Korrespondenz aufgestellte Ansicht zum Theil berichtigt wird. Die genannte Deputation hat in diesen Tagen hier bei mehreren der Herren Minister Audienzen gehabt, wie bei den Herren Rother, Bodelschwingh und Canitz, und gestern ist ihr die Ehre zu Theil geworden, dem Könige vorgestellt zu werden, um ihre Bitten und Anträge persönlich vorzubringen. — Aus dem, was man von den Unterhaltungen der Deputirten mit den genannten Ministern aus glaubwürdiger Quelle erfährt, geht wohl zur Genüge hervor, dass bei dem schnell ausgeführten Entschluss, das Gebiet des Freistaates Krakau der Oesterreichischen Monarchie einzuverleiben, kaum an die Handelsverhältnisse, in welchen Preussen seither zu jenem Freistaate stand, gedacht worden ist, und dass man höhern Orts auch vielleicht keine Vorstellung von der Wichtigkeit dieser Handelsverhältnisse gehabt habe. Erst durch die neueste Wendung der Dinge und dadurch, dass in Folge derselben die Provinzialbehörden sowohl, als die davon betroffenen diesseitigen Kaufleute mit ihren Kenntnissen über diese wichtigen Handelsbeziehungen öffentlich hervorgetreten sind, ist die richtige Ansicht darüber auch hier gewonnen worden. Auf Grund dieser Aufklärung lässt sich nun wohl erwarten, dass alles nur Mögliche geschehen wird, um die Nachtheile abzuwenden, welche unter Umständen für den diesseitigen Handel die Einverleibung Krakau's haben könnte. Eine dahin lautende Versicherung sollen die Breslauer Deputirten von Sr. Maj. dem Könige erhalten haben und zugleich aufgefordert worden sein, ein ausführliches Promemoria über die gedachten Handelsbeziehungen auszuarbeiten und den Behörden einzureichen, welches demnächst dem Regierungsrath von Kamptz, welcher als diesseitiger königlicher Kommissarius bei den Verhandlungen über die ferneren Arrangements hinsichtlich der Krakauer Angelegenheiten in Wien fungiren soll, zur Grundlage der auf die Handelsverhältnisse bezüglichen Forderungen dienen könnte. Man hat von Seiten der Breslauer Deputation bei den erwähnten Vorstellungen auch darauf hingewiesen, dass bei dem bisher nach Krakau geführten Handel England nicht unbedeutend betheiligt sei und dass, wenn dieser Handel in seiner bisherigen Weise aufrecht erhalten werden könnte, dies einen Grund zur Beruhigung Englands hinsichtlich der Einverleibung Krakau's bilden möchte. Ob aber in diesem Falle eine so kleine Ursache eine so grosse Wirkung haben dürfte, steht wohl zu bezweifeln. Der Antheil Englands an dem Handel nach Krakau im Vergleich zu seinem ganzen Handel ist doch so winzig, dass die grosse Weltmacht gegenüber dem gewichtigen Interesse, welches dort Regierung und Volk an der Aufrechthaltung der Verträge hat, auf denen die heutige Gestaltung Europa's beruht, diese Rücksicht kaum in die Wagschale legen dürfte. Welche Gestaltung diese Frage erhalten wird, muss von den in Wien zu führenden Verhandlungen abgewartet werden. Wenn man auf das Urtheil sachkundiger Männer über den möglichen Ausfall solcher Verhandlungen reflektirt, so darf man die Hoffnung auf einen für den Preussisch-Schlesischen Handelsstand günstigen Erfolg nicht zu hoch spannen; denn Oesterreich hat bei der ganzen Gestaltung seiner Handels- und Steuerverhältnisse ein sehr dringendes und nahe liegendes Bedürfniss, im Gebiete von Krakau weder einen freien Handelsplatz zu begründen, noch das ganze Gebiet ausserhalb seiner Zolllinie liegen zu lassen, sondern es vielmehr derselben einzuverleiben und dadurch allerdings eine Art hermetische Absperrung des ausländischen Handels herbeizuführen. Ist man nun aber bei der ganzen Angelegenheit durch schnelle diplomatische Entschliessung über den Hauptpunkt, die Aufhebung des Freistaats Krakau, hinweggekommen, so steht zu fürchten, dass durch neu angeknüpfte Verhandlungen, um über diesen und jenen Punkt aufs Reine zu kommen, schwerlich der Freihandel mit Krakau aufrecht erhalten werden dürfte.

S. 422. Die Budgetkommission des Abgeordnetenhauses hat einen Bericht über die Nachweisung des Vermögens des Staatsschatzes in den Jahren 1863 und 1864 und über die Rechnungen der Rendantur des Staatsschatzes pro 1860, 1861 und 1862 erstattet. Aus der Nachweisung über das Vermögen des Staatsschatzes ergiebt sich, dass mit dem Schlusse des Jahres 1863, nachdem dem Staatsschatz abzüglich der Rückzahlungen ein Betrag von 144,362 Thlrn. 20 Sgr. 5 Pf. zugewachsen war, das Vermögen desselben in 20,650,558 Thlrn. 7 Sgr. 10 Pf. bestand. Nachdem im Jahre 1864 anderweit hinzugetreten 891,876 Thlr. 23 Sgr. 9 Pf. und daraus wieder 10,552,961 Thlr. 8 Sgr. 10 Pf. entnommen waren, verblieb am Schlusse des Jahres 1864 das Vermögen des Staatsschatzes mit 10,989,473 Thlr. 22 Sgr. 9 Pf. — Die Kommission bestritt der Regierung das Recht, über den Staatsschatz beliebig zu verfügen, und widerlegte die entgegengesetzte Ansicht des Regierungskommissars durch Hinweis auf frühere Erklärungen des Grafen Arnim-Boitzenburg, Stahl's und des Finanzministers Patow, sowie auf frühere Beschlüsse beider Häuser des Landtages. Suche nun auch die Staatsregierung in der Denkschrift vom 8. d. M. die Indemnität hinsichtlich der Summe von 1,304,089 Thlrn. 12 Sgr. 8 Pf. nach, so sei damit weder formell, noch materiell dem Rechte der Landesvertretung genügt; in formeller Beziehung nicht, weil die nachgesuchte Indemnität nur in Form eines Antrages, nicht eines Gesetzes, vorliegt; in materieller Beziehung nicht, weil nicht die vorerwähnte Summe, sondern in der That 5,000,000 Thlr. aus dem Staatsschatze an die General-Staatskasse abgeführt sind, und weil der Rest der im Jahre 1864 entnommenen 5,000,000 Thlr. in Höhe von 3,695,910 Thlrn. 17 Sgr. 4 Pf. bei der General-Staatskasse zur Berichtigung der Restausgaben aus der Kriegführung gegen Dänemark reservirt ist. — Bezüglich der der General-Staatskasse ebenfalls gegen Ueberweisung von Quittungen über Grundsteuer-Regulirungskosten-Vorschüsse von gleichem Betrage zugeführten 5,546,973 Thlr. 12 Sgr. 11 Pf. hält es die Staatsregierung für unnöthig, die Zustimmung der Landesvertretung zu verlangen, glaubt sich vielmehr berechtigt, dieses Verfahren ohne Rücksicht auf die Rechte der anderweitigen Faktoren der Gesetzgebung vornehmen zu können. Wollte man dieses Verfahren, Gelder aus durch Gesetz gesicherten Fonds gegen Niederlegung von Quittungen oder Bons zu entnehmen und diese einseitig zu verwenden, stillschweigend gestatten oder sogar gut heissen, so würde damit jede Sicherheit für das Staatsvermögen schwinden. Aus diesen Gründen wurde der Antrag gestellt und angenommen: „Das Haus der Abgeordneten wolle beschliessen, zu erklären: Die geschehene Entnahme von Geldmitteln aus dem Staatsschatze ohne gesetzliche Ermächtigung durch die Landesvertretung ist verfassungswidrig und das Staatsministerium bleibt für die so entnommenen Beträge verantwortlich."

In Betreff der Rendantur des Staatsschatzes beantragt die Kommission: „Das Haus der Abgeordneten wolle beschliessen: 1) die von der königlichen Staatsregierung fortgesetzt verweigerte Vorlegung der speziellen Nachweisung der Aktivbestände bei der Rendantur des Staatsschatzes mit den verfassungsmässigen Rechten der Landesvertretung als unvereinbar zu erklären; 2) bis zur Vorlegung der speziellen Nachweisung der ultimo 1862 bei dem Staatsschatze verbliebenen Aktivforderungen die Ertheilung der Entlastung rücksichtlich der Rechnung der Rendantur des Staatsschatzes für die Jahre 1860, 1861 und 1862 vorzuenthalten."

Diese Anträge hat das Abgeordnetenhaus am 13. Juni 1865 angenommen. Annahme fand in derselben Sitzung auch der Kommissionsantrag: „den Antrag der k. Staatsregierung, welcher dahin geht: der Landtag wolle der stattgefundenen Verwendung der Verwaltungsüberschüsse der Jahre 1863 und 1864 im Betrage von resp. 5,351,608 Thlr. 20 Sgr. 8 Pf. und 6,861,828 Thlr. 19 Sgr. 8 Pf., sowie einer Summe von 1,304,089 Thlr. 12 Sgr. 8 Pf. aus dem Staatsschatze zur Bestreitung der Kosten des Krieges gegen Dänemark nachträglich seine Zustimmung ertheilen und zugleich sich damit einverstanden erklären, dass die aus derselben Veranlassung herrührenden Ausgaben zur Verstärkung der artilleristischen und fortifikatorischen Ausrüstung mit dem Betrage von 4,256,900 Thlr., vorbehaltlich des rechnungsmässigen Nachweises, ebenfalls aus dem Staatsschatz nach Bedarf entnommen werden, — abzulehnen."

S. 436. Das am 5. April 1865 eingebrachte Gesetz, dessen §. 1 lautet:

Zur Herstellung und Befestigung eines Marineetablissements in der Kieler Bucht, zur Fortführung des Hafenbaues und der Befestigungen an der Jade, sowie zur Anschaffung von Panzerfregatten und schwerer gezogener Gussstahlgeschütze sind die erforderlichen Geldmittel bis auf Höhe von 10 Millionen Thaler durch eine verzinsliche Anleihe zu beschaffen, deren Ertrag nach Massgabe des Bedarfs im Laufe der nächsten sechs Jahre durch den Finanzminister dem Kriegs- und Marineminister zu überweisen ist,

hat das Abgeordnetenhaus am 2. Juni verworfen, und dann die Resolution angenommen:

Das Haus der Abgeordneten befindet sich nicht in der Lage, dem gegenwärtigen Staatsministerium, welches das verfassungsmässige Budgetrecht des Abgeordnetenhauses thatsächlich missachtet, Anleihen zu bewilligen.

S. 448. Am 17. Juni 1865 hat das Abgeordnetenhaus folgenden Antrag der Budgetkommission angenommen:

Das Haus der Abgeordneten wolle beschliessen, mit Bezug auf den Beschluss des Hauses vom 6. Mai über den XIV Jahresbericht der Staatsschuldenkommission, zu erklären: da für das Jahr 1863 ein Etatsgesetz ebenfalls nicht zu Stande gekommen, auch für die in diesem Jahre geleisteten Ausgaben weder eine Indemnität seitens der königlichen Staatsregierung nachgesucht, noch eine solche ertheilt ist, findet sich das Haus der Abgeordneten zur Zeit nicht in der Lage, der Hauptverwaltung der Staatsschulden über deren für das Jahr 1863 gelegte Rechnungen die Decharge zu ertheilen.

Register.

A.

B.

Druck von Fr. Frommann in Jena.

MIX
Papier | Fördert gute Waldnutzung
FSC® C083411

Kolibri 360 GmbH
Ferdinand-Jühlke-Straße 7
99095 Erfurt, Deutschland
produktsicherheit@kolibri360.de